DES INSTITUTIONS JUDICIAIRES

ET

DE LA JUSTICE DE PAIX

EN HAÏTI

---·✳·---

MANUEL THÉORIQUE ET PRATIQUE DE LA JUSTICE DE PAIX

En Matière civile, judiciaire et extrajudiciaire

PRÉCÉDÉ

D'un Aperçu des principes généraux de droit et de procédure
et d'un Historique de la Législation sur le Code civil, le Code de procédure civile
et l'Organisation judiciaire

CONTENANT

L'Indication des règles de compétence et des diverses attributions
des Juges de paix, de leurs Suppléants, Greffiers et Huissiers

Le Texte commenté de la Loi du Code de procédure civile sur le mode de procéder à la Justice
de paix, et des autres articles du même Code
ainsi que de ceux du Code de commerce applicables en Justice de paix

LES FORMULES DE TOUS LES ACTES A L'USAGE DE LA JUSTICE DE PAIX
TANT POUR LA JURIDICTION CONTENTIEUSE QUE POUR LA JURIDICTION GRACIEUSE

et des Extraits de lois concernant l'une et l'autre juridictions

ET SUIVI

D'une Table alphabétique de Formules
et d'une Table alphabétique et analytique des Matières

PAR

DALBEMAR JEAN JOSEPH

Ancien Représentant du Peuple, Juge au Tribunal civil du Cap Haïtien, Sénateur de la République
Secrétaire d'Etat de la Justice
et Bâtonnier de l'Ordre des Avocats de la Juridiction du Cap Haïtien

---

Haiti
1
"DALB"

ISBN 978-0-282-93070-7
PIBN 10379510

Le Secrétaire d'Etat au département de la Justice,

Monsieur D. Jean JOSEPH,

En cette ville.

Mon cher concitoyen,

Je m'empresse de vous expédier, d'après votre demande, la copie du rapport que m'a fait la Commission chargée d'examiner votre travail sur les institutions judiciaires et la Justice de paix en Haïti.

Veuillez agréer, mon cher concitoyen, l'assurance de ma considération très distinguée.

Signé : J.-L. DOMINIQUE.

Port-au-Prince, le 9 juin 1886.

Au Secrétaire d'Etat de la Justice.

Monsieur le Secrétaire d'État,

M. Dalbémar Jean Joseph, pour traiter de l'administration de la Justice dans les tribunaux de paix, a fait un travail précieux. dont l'objet, les divisions et le but révèlent l'utilité et l'importance. Par votre dépêche en date du 4 mars dernier, vous nous avez demandé d'examiner ce travail et de vous faire un rapport sur son mérite.

Nous avons examiné ce manuscrit ; c'est un travail théorique et pratique de la Justice de paix; — à l'heure présente, c'est un bienfait incontestable. L'auteur a pris à tâche d'exposer et de développer, par la science et par l'action, la théorie de la procédure civile et d'expliquer les textes de la loi y relative. — Il a en conséquence fait précéder son travail d'un aperçu historique sur nos institutions judiciaires, ce qui rendra facile l'explication fidèle du sens de la loi, — et l'a fait suivre de formules pour tous les actes de la Justice de paix, ce qui aplanira bien des difficultés.

Dans ces circonstances, nous n'avons qu'à féliciter M. Dalbémar Jean JOSEPH de la pensée opportune qu'il a eue d'entreprendre ce travail et à recommander son œuvre à la bienveillance du Gouvernement.

Recevez, Monsieur le Secrétaire d'Etat, nos salutations empressées.

Signé : B. LALLEMAND, ARTHUR BOURJOLLY, M. ZÉPHIR, H. LECHAUD, K. VILMENAY.

Pour copie conforme délivrée par ordre du Ministre au département de la Justice et des Cultes :

Le Chef de Division,

Signé : EUGÈNE BOURJOLLY.

Ce rapport soumis au Président d'Haïti en son Conseil des Secrétaires d'Etat, il fut bientôt décidé que l'ouvrage, approuvé par le Gouvernement, serait recommandé au Pouvoir législatif.

Ce qui eut lieu, en effet, à la Chambre des Représentants, par l'organe de M. H. Lechaud, devenu Secrétaire d'Etat de la Justice.

Par suite, la Chambre des Représentants accueillit très gracieusement le rapport favorable de son Comité de Justice présenté par M. le Député Cadet Robert.

Le Sénat émit également un vote favorable sur le rapport de son Comité de Justice, présenté par M. le Sénateur P.-A. Stewart (1), et publié au *Moniteur* du 30 septembre 1886. Nous en extrayons le passage suivant :

« .... D'un plan nouveau, excellent, plus étendu, plus com-
« plet que le manuel de Mullery, lequel a vieilli et devient
« chaque jour (sur quelques points) la cause de très graves

---

(1) M. P.-A. Stewart, dont le savoir égale la modestie, est un de nos juristes les plus distingués.

« erreurs, — l'ouvrage de M. D. Jean Joseph mis au courant
« du dernier état de notre législation, répond à un besoin
« réel et urgent. Son incontestable utilité a été reconnue et
« proclamée par une commission d'hommes compétents choisis
« pour l'examiner..... »

Nous demandons pardon de citer encore l'appréciation d'un
homme autorisé, — M. J. Lélio Dominique, — qui venait alors
de laisser le portefeuille da la Justice :

Port-au-Prince, 16 juillet 1886.

Monsieur D. Jean JOSEPH,

En ville.

Mon cher concitoyen,

J'ai parcouru avec un très vif intérêt le manuscrit de votre ouvrage sur les institutions judiciaires de notre pays et sur la justice de
paix. Vous avez fait là une bonne besogne. C'est sans contredit une
œuvre qui répond à un besoin réel et qui se recommande par de sé-
rieuses et solides qualités à l'estime du public studieux. Votre ouvrage
sera surtout utile, indispensable à nos juges de paix, à titre de guide
sûr et d'excellent mémorial pour la préparation de leurs actes et
jugements ; il est écrit dans un style net, facile et à la portée de toutes
les intelligences (1)....

Signé : J.-L. Dominique, avocat.

C'est ainsi que ce livre, que nous pouvons livrer aujour-
d'hui à la publicité, a rencontré un très bon accueil près des
Grands Pouvoirs de l'Etat, de même qu'au sein de la Commission présidée par le savant et éminent M. B. Lallemand, Président du Tribunal de cassation de la République. — Ils ont
ainsi grandement soutenu nos efforts et nous ont aidé à réaliser ce que nous croyons une chose utile au pays.

Remerciements sincères.

L'AUTEUR reconnaissant.

---

(1) Notre intention, en produisant ces témoignages, est de dire simplement
l'utilité du livre reconnue par des hommes tout à fait au courant de la matière.

TABLE DES MATIÈRES

AVERTISSEMENT   XI

INTRODUCTION. — Nécessité de l'étude raisonnée de la procédure et
utilité en général de l'exposé des motifs des lois. *(Extrait de Boncenne.)*   XIII

LIVRE Iᵉʳ

Des Institutions judiciaires d'Haïti

NOTIONS GÉNÉRALES ET HISTORIQUES

CHAPITRE I. — De la Justice, des lois et du droit en général. —
Définitions et distinctions   1

CHAPITRE II. — De la procédure civile. — Principes généraux. . .   12

CHAPITRE III. — Du Code civil d'Haïti. — Historique et matières .   42

CHAPITRE IV. — Du Code de procédure civile. — Historique . . .   77

CHAPITRE V. — De l'institution des Tribunaux Haïtiens. Historique   83

LIVRE II

De la Justice de paix. — Juridiction contentieuse

CHAPITRE I.   — Organisation du Tribunal de paix.   105

CHAPITRE II. — Attributions et compétence des juges de paix . . .   117

CHAPITRE III. — Des suppléants   126

CHAPITRE IV. — Des greffiers   129

CHAPITRE V. — Des huissiers   144

CHAPITRE VI. — Commentaire de la loi n° 1 du Code de procédure
sur le mode de procéder à la Justice de paix (Art. 1 à 56) et formules   159

CHAPITRE VII. — Commentaire et formules sur les articles de la
procédure devant les Tribunaux civils applicables en justice de
paix   301

CHAPITRE VIII. — Vices rédhibitoires et congés de location   489

CHAPITRE IX. — Code de commerce en ce qui touche la Justice de
paix. Historique, commentaire et formules . . . ·   495

LIVRE III

De la Justice de paix. — Juridiction gracieuse

Chapitre I. — Compétence extrajudiciaire. — Attributions 521

Chapitre II. — Préliminaire de conciliation. — Commentaire (Art. 57 à 67, pr. civ.) et formules 529

Chapitre III. — § 1. — Visa et légalisation en cas de saisie immobilière 541

Chapitre III. — § 2. — Voies à prendre pour avoir expédition d'un acte 542

Chapitre IV. — Conseil de famille. — Commentaire et formules 545

Chapitre V. — Scellés . . . . — — 571

Chapitre VI. — Arbitrage volontaire . . — — 598

Chapitre VII. — Commissions rogatoires. — — 606

Chapitre VIII. — Naturalisation . . . . . — — 619

Chapitre IX. — Actes de notoriété . . . — — 625

Chapitre X. — § 1. — Droit de correction paternelle. — Commentaire et formules 632

Chapitre X. — § 2. — Emancipation. — Commentaire et formules 634

Chapitre XI. — Refus et retardement de transcription. — Commentaire et formules 637

Chapitre XII. — Actes divers en matière commerciale. — Commentaire et formules 639

Chapitre XIII. — § 1. — Licence pour avoir des canots selon l'art. 4 du Code rural 646

Chapitre XIII. — § 2. — Injonction et exécutoire en matière d'enregistrement 647

Chapitre XIII — § 3. — Certificat d'indigence 650

Chapitre XIV. — § 1. — Serment des fonctionnaires 651

Chapitre XIV. — § 2. — Installation 652

Chapitre XIV. — § 3. — Cote et parafe 653

Appendice. — Extraits de lois diverses applicables en Justice de paix 654

AVERTISSEMENT

L'administration de la justice, dans les tribunaux de paix est bien le sujet spécial que nous avons voulu traiter.

Mais nous avons pensé qu'il était bon de commencer un travail de ce genre par un aperçu de principes généraux, et qu'il serait peut-être intéressant de tenter, en même temps, quelques recherches historiques sur nos institutions judiciaires. De là, deux parties distinctes : l'une théorique et historique, l'autre pratique surtout et toute spéciale à la justice de paix.

En théorie, il faut bien commencer par les premiers éléments (1).

Dans la pratique, les notions élémentaires servent encore et puissamment à éclairer les textes et les arrêts, à donner l'intelligence des questions et des solutions de la doctrine.

En effet, comment toujours bien comprendre la lettre de la loi et les solutions qu'en tirent la justice ou les auteurs si on n'a pas, au moins, quelque notion des principes qui sont le fondement de cette loi et la raison des commentaires (2)?

---

(1) La connaissance de toute science réside dans l'intelligence de ses principes et dans la liaison de ces principes avec leur cause. (DUPIN, *Réflexions sur l'enseignement et l'étude du droit,* 24.)

(2) La science pratique est le signe d'une saine logique, la pratique exacte n'étant qu'une déduction rigoureuse de la théorie. (LEDRU-ROLLIN, Introduction. — Répertoire du *Journal du Palais.*)

Il est certain que, pour toujours bien administrer la justice, on ne peut pas rester complètement étranger aux définitions et dispositions de la jurisprudence. On a continuellement le besoin d'y remonter pour se faire un guide dans la mêlée des cas difficiles et embarrassants.

C'est, pour ainsi dire, comme un pays nouveau que l'on aborde et dont il faut bien apprendre la langue si l'on veut s'y fixer.

Nous avons, d'ailleurs, pensé que l'utilité de ces notions générales pourrait bien s'étendre même au delà des divers degrés de l'ordre judiciaire. Les législateurs, en faisant la loi, comme les juges et officiers publics en l'appliquant et les publicistes en la commentant, ont besoin d'avoir l'esprit éclairé des lumières que donne la connaissance des principes fondamentaux.

Rappeler ces principes est donc chose utile pour tous.

Certainement, pour beaucoup de personnes, tout cela est matière déjà connue. Mais..... « *ceux qui savent* déjà *aimeront à se souvenir* ».

Dans tous les cas, cette partie théorique pourra être, à la rigueur, laissée de côté par ceux qui, pressés de pratiquer, n'ayant pas le loisir de s'occuper de philosophie du droit, voudront se renfermer dans le cercle spécial des matières de justice de paix. Ils trouveront, ceux-là, dans la seconde partie, ce qui leur sera nécessaire pour une pratique de chaque jour.

Que si maintenant, et malgré les considérations ci-dessus, une justification est encore nécessaire pour les développements (peut-être longs) dans lesquels nous sommes entré sur les principes de droit et de procédure, nous la chercherons, cette justification, dans les extraits que nous donnons ci-après, entre autres, du chapitre lumineux que Boncenne consacre à la nécessité de l'étude raisonnée de la procédure et à l'utilité de l'exposé des motifs des lois.

Et ce sera, certes, la meilleure introduction que nous pourrions offrir à nos lecteurs.

INTRODUCTION

« On pense assez communément, dit Boncenne (*Introduction à la Théorie de la procédure civile, ch. III*), que la procédure doit être apprise, mais qu'elle ne vaut pas la peine d'être étudiée.....

« Le Sage dit qu' « en vain seroit loi en ville ou cité, « s'il n'étoit aucun en icelle qui la sût tenir, garder et la « faire mettre à exécution. A laquelle chose faire, faut « savoir les droits, les usages, les coutumes et errements « de justice. » (*Somme rurale*, de BOUTEILLER.)

« Cette voix du Sage s'adresse à tous les degrés de l'ordre judiciaire, depuis les derniers bancs de l'audience jusqu'aux fleurs de lis.

« On n'a jamais assez distingué la pratique de la science de la procédure.

« La pratique isolément prise est la mémoire des articles, l'art des formules, le calcul des délais, l'habitude d'instrumenter, la tradition des usages; cela s'apprend comme un chemin, en le parcourant tous les jours.....

« La science de la procédure s'étend à tout ce qui compose l'administration de la justice, à la juridiction des différents tribunaux, à leur compétence, à cette complication et à cette immense variété d'affaires qui se forment dans la région orageuse des intérêts humains.

« Sans la procédure, la loi civile ne serait qu'une lettre morte. La procédure, en l'animant, s'unit intimement à ses vues et à ses fins. Comme la loi civile, elle s'élève aux grandes théories du droit naturel, les organise et scelle, par l'autorité des jugements, les principes conservateurs de l'ordre et de la paix publique.

« Une pareille matière mérite d'être étudiée.....

« L'étude des lois consiste surtout dans la recherche de leur esprit et de leur raison.

« Ne savoir que leurs termes, c'est les connaître mal.

« Il n'est plus indispensable de chercher à de grandes profondeurs le fond de la pensée du législateur; nous avons des secours qui manquaient autrefois, les *exposés des motifs* et les *rapports*.....

« Autant il était pénible de s'épuiser en conjectures sur la raison d'un vieux texte, autant il est facile de saisir l'esprit d'une loi contemporaine, donnée avec le commentaire du législateur lui-même.

« Il est permis de s'enorgueillir des facilités que cette alliance du pouvoir qui sanctionne les lois, et de la sagesse qui les explique, fournit chez nous à l'étude et à l'application du droit, lorsqu'on jette les yeux sur la législation de nos voisins.

« Blackstone a dit que de son temps l'étude des lois anglaises exigeait vingt-cinq années.

« Il en faut bien davantage aujourd'hui.

« Les Anglais ont une loi écrite dans les statuts du royaume (*statute law*), dans le droit romain (*civil law*), dans le droit canon (*ecclesiastic law*) et dans les règlements du commerce (*law merchant*). Leur loi non écrite, qu'ils appellent la loi commune (*common law*) est une masse informe et indigeste d'*us et de coutumes*, dont les recueils de jugements sont l'unique dépôt. Leur jurisprudence n'est pas la science du droit; elle n'est, à vrai dire, que la mémoire des *précédents*. Ils ne s'attachent point, dans la discussion d'une affaire, à examiner la loi et à en développer les principes, mais seulement à rechercher ces *précédents* et à prouver que l'espèce actuelle est la même que celle jugée par tel arrêt, ou qu'elle en est entièrement différente.....

« Promulguer les lois anglaises telles qu'elles sont à
« présent, soit les décisions antérieures des juges, soit
« même les statuts des parlements, ce ne serait rien
« faire pour le public, a dit Bentham. Que sont des recueils
« qu'on ne peut entendre? Qu'est-ce qu'une encyclopédie
« pour ceux qui n'ont que des moments fugitifs de loi-
« sir? Un point n'a pas de parties, disent les mathéma-
« ticiens; un chaos n'en a pas non plus. »

« Passant aux diverses branches d'un système de promulgation, le même écrivain a placé dans le plus beau jour les avantages de la *promulgation des raisons des lois*. (*Traité de Législation*, t. III.)

« Si les lois étaient constamment accompagnées d'un
« commentaire raisonné, dit-il, elles rempliraient mieux,
« à tous égards, le but du législateur; elles seraient plus
« agréables à étudier, plus faciles à concevoir, plus aisées
« à retenir.

« C'est un repos ménagé dans une carrière fatigante
« et aride; ce sera un moyen de plaisir si, à chaque pas
« qu'on fait, on trouve la solution de quelque énigme ; si
« on entre dans l'intimité du conseil des sages; si on
« participe aux secrets du législateur; si, étudiant le livre
« des lois, on y trouve encore un manuel de philosophie
« et de morale. C'est une source d'intérêt que vous faites
« jaillir du sein d'une étude dont l'ennui repousse aujour-
« d'hui tous ceux qui n'y sont pas attirés par la nécessité
« de leur condition. »

. . . .

« La lettre de la loi doit être courte et précise. Elle est
l'expression nue d'un commandement. C'est pour l'exécuter mieux que l'intelligence de celui qui la lit aspire à
se mettre en communication avec l'intelligence de celui
qui l'a faite. La lettre de la loi se grave plus profondément
dans la mémoire quand le raisonnement sert de burin.

« Pénétrez un homme de bon sens, étranger aux
affaires, de l'idée principale d'un titre de la procédure, de
celui des Ajournements, par exemple.

« Dites-lui : On ne peut condamner celui qui ne peut
se défendre.

« Pour qu'il puisse se défendre, il faut qu'il soit
appelé devant le juge.

« Cela ne suffit pas. Il est indispensable qu'il sache ce
qu'on lui demande et sur quoi l'on se fonde; qu'on lui
indique le juge devant lequel il devra comparaître ; qu'on
lui donne le temps de chercher les titres qu'il pourra
opposer et de faire ses dispositions pour se rendre au
Tribunal.

« Il faut qu'on lui désigne clairement celui qui le fait

assigner; qu'il ne soit pas exposé à le prendre pour un autre, et qu'il puisse le trouver au besoin. Le même motif exige qu'il connaisse l'avoué qui représentera son adversaire.

« Il n'y a rien là qui ne soit essentiellement nécessaire pour assurer et protéger le droit sacré de la défense. On pourra bien rencontrer des cas particuliers où l'utilité de quelques-unes de ces précautions se fera moins sentir, mais la loi dispose pour ce qui arrive le plus ordinairement, et nous serions bientôt envahis par l'arbitraire et livrés au danger des surprises, si chaque cas particulier obtenait la faveur d'une dispense.

« Ce n'est pas tout. Celui contre lequel l'action est intentée ne se présente point; le condamner, tant qu'il n'apparaît pas qu'il ait été réellement appelé serait une révoltante iniquité.

« A qui le juge s'en rapportera-t-il? Dans la plus haute antiquité, le demandeur sommait lui-même le défendeur de le suivre au Tribunal, ou l'y traînait de force, ou prenait des témoins. On conçoit que cette brutale simplicité n'est plus dans nos mœurs. La preuve testimoniale a beaucoup perdu de son crédit; on ne l'admet plus guère que lorsqu'il n'est pas possible d'en avoir une autre. Il faut donc confier à des officiers revêtus d'un caractère spécial le droit de citer devant les Tribunaux et de certifier par écrit le fait de la citation avec toutes ses circonstances. Voilà une garantie légale pour la conscience du juge.

« L'officier chargé de donner la citation la laissera-t-il au premier venu si celui auquel elle est destinée n'est pas à son domicile? Quelle sûreté y aura-t-il de la remise de cette citation à l'assigné, si elle n'est pas déposée entre les mains d'une personne de sa maison, que les liens étroits ou les rapports journaliers d'habitation attachent à ses intérêts?

« L'homme de bon sens à qui vous tiendrez ce langage comprendra parfaitement votre principe et ses conséquences ; il ira au devant de vos doutes, il les résoudra. Mais, sur la voie, il esquisserait lui-même les articles d'un règlement ; il aviserait, en y réfléchissant, aux difficultés que vous auriez omises ou aux moyens de prévenir les fraudes. Il voudrait que l'officier public fût tenu de se faire connaître et, pour ainsi dire, de se légitimer ; il trouverait l'expédient de faire remettre la citation à un voisin ou au maire, dans les cas que le législateur a prévus.

« On objectera que, si le bon sens indique la nécessité d'un délai dans telle circonstance donnée, le raisonnement ne fera pas deviner la durée de ce délai, dont le terme fatal peut être fixé à dix jours, comme à huit ou à quinze, sans que les principes de la loi naturelle en soient blessés ; qu'il en est ainsi de beaucoup d'autres règles de détail où la lettre de la loi est tout.

« Chaque délai a dû être calculé en raison des distances, suivant la nature des actes et la position des parties. Un terme était surtout nécessaire, et le terme le plus conforme à ces vues a été fixé. Les points purement réglementaires ont beaucoup d'importance pour le palais, et fort peu pour l'école. Les plus intrépides praticiens ne manquent pas d'ouvrir le Code et de le tenir sous leurs yeux, lorsqu'ils ont à commencer et à conduire une procédure neuve et compliquée. On aura donc recours au texte pour ces détails, jusqu'à ce que l'habitude les ait rendus familiers. Je pourrais même ajouter qu'il n'est point d'étudiant qui ne retienne avec la plus prompte facilité la mesure des principaux délais, tels que ceux de l'ajournement, de l'opposition, des enquêtes, de la péremption, de l'appel, de la requête civile, etc.

« Mais le législateur ne descend pas toujours jusqu'aux difficultés trop minutieuses et trop mobiles que peut faire naître inopinément l'instruction d'un procès; cependant, leur solution doit se trouver dans la loi. Or la raison de la loi revient ici avec toute son importance, pour diriger la justice dans le choix des analogies. »

Plus loin, le même auteur dit encore, chap. 4, où il expose le plan de son ouvrage :

« En effet, l'étude de la procédure n'offrira que des mots et des formules à retenir, elle ne produira qu'une tendance à la subtilité et une malheureuse confusion du juste et de l'injuste, si les premiers pas dans la carrière ne sont éclairés par ce développement des principes généraux et dirigés, de conséquence en conséquence, jusqu'aux règles de détail, qui s'expliquent alors d'elles-mêmes et semblent, s'il est permis de le dire, se revêtir de leur utilité.

« Pour la procédure surtout, l'enseignement doit marcher du *connu* à l'*inconnu*. Il serait imprudent de franchir les idées intermédiaires et de les laisser derrière soi, sans les avoir soigneusement explorées. Il faut s'arrêter souvent pour indiquer des origines, donner des définitions et fixer des points de reconnaissance.

« Les définitions sont comme les sondes que les navigateurs ont toujours à la main, lorsqu'ils s'avancent vers des bords ignorés.

« Cette méthode peut présenter de l'intérêt et de la variété, sans admettre de frivoles distractions et sans donner à l'enseignement une étendue démesurée. Si je ne me trompe, quelques recherches historiques sur les anciennes formes, un coup d'œil sur les usages pratiqués chez nos voisins, des rapprochements adaptés avec sobriété à l'explication des titres du Code qui semblent les provoquer, peuvent relever par une sorte d'attrait l'étude de la procédure, répandre sur ses fins un jour favorable et faire mieux apprécier les réformes et les améliorations qu'elle doit aux leçons du passé. »

Et ailleurs, chapitre 1er, à propos des abus qui se sont glissés dans la pratique de la procédure :

« On est à peu près convenu d'appeler les officiers de justice les suppôts de la chicane, la forme l'hydre de la chicane, et le palais l'antre de la chicane.

« Les hommes n'ont rien créé de parfait; le ciment de leurs institutions n'a jamais été à l'épreuve de la filtration des abus, qui pénètrent, comme en toutes choses, dans un régime judiciaire. Mais ce serait une grande erreur que de croire qu'ils tiennent essentiellement au système de la procédure, puisque son but est de les prévenir; ne taxons pas les lois d'imprévoyance à cet égard. Il y avait beaucoup d'abus autrefois; l'expérience a mis à nu tous les points sur lesquels ils ont laissé quelques empreintes; ni les codes, ni les règlements de discipline ne manquent de précautions et de sévérité contre les négligences ou les prévarications de tout ce qui concourt à l'administration de la justice; c'est aux magistrats de les surveiller et de les réprimer.

« Répéterai-je ici tout ce qu'on a dit et écrit pour ou contre les formes de la procédure?

« La plupart des gens du monde se récrient contre cet axiome : *La forme emporte le fond,* — contre les nullités, les déchéances, qu'ils signalent comme autant d'écueils où vient se perdre la justice.

« M. de Voltaire écrivait à un magistrat qu'il ne serait pas mal de trouver un jour quelque *biais* pour que le fond l'emportât sur la forme. Le mot était joli, si l'on veut; mais, avec quelques réflexions sur la marche des affaires et sur l'esprit du temps, on verra que ce *biais* ne serait autre chose qu'un pouvoir arbitraire et une funeste précipitation de jugement.

« Les auteurs d'un ouvrage périodique qui s'imprimait il y a cinquante ans (Journal littéraire dédié au Roi) conseillaient sérieusement aux souverains qui voudraient composer de nouveaux codes de n'y point employer des jurisconsultes.

« Ces académiciens, s'estimant seuls capables de réformer la législation, croyaient qu'il suffisait d'un nouveau Code pour faire d'un vieux peuple un peuple nouveau, pour substituer à ses institutions et à ses mœurs une candeur native et le faire rentrer d'un saut dans la simplicité des voies de la nature. Mais. . . . .

« Ainsi..., il y aura des procès et il faudra des règles de procédure.

« Enfin, comme le disait Frédéric dans le préambule de son Code, puisque l'injustice a créé un art d'embrouiller les affaires, ne faut-il pas que la justice ait un art de les débrouiller?

« Une maxime d'éternelle justice veut que nul ne soit condamné s'il n'a pu se défendre; c'est l'idée dominante qui se développe, s'étend et se ramifie dans tous les détails des règles de la procédure.

« Si la faveur d'une demande légitime réclame simplicité et célérité dans les formes, celui que l'on poursuit
ou que l'on accuse, injustement peut-être, doit y trouver
protection et sûreté.

« Si la prolongation des luttes judiciaires est un mal,
une imprudente promptitude nuit à la recherche des titres,
à la découverte de la vérité et au droit de défense.

« Il ne faut pas donner à l'une des parties le bien de
« l'autre sans examen, ni les ruiner toutes les deux à
« force d'examiner. » (*Esprit des Lois.*)

« Tels sont les intérêts qu'un système de procédure
doit concilier; de là ces règlements où les délais sont me-
surés suivant la nature des affaires, l'éloignement ou la
position des parties; de là ces présomptions légales,
comme dans la loi civile, ces prescriptions, ces déchéances sans lesquelles un procès, triste héritage, serait
transmis de génération en génération. »

« Le repos des familles et de la société tout entière
« se fonde non seulement sur ce qui est juste, mais en-
« core sur ce qui est fini. »

---

*Dans nos citations, nous avons, à dessein, tâché de viser plutôt
les ouvrages que l'on trouve le plus communément aux mains des
praticiens haïtiens.*

LIVRE Ier

Des Institutions Judiciaires d'Haïti

NOTIONS GÉNÉRALES ET HISTORIQUES

« La Justice serait nécessaire même
à une société de brigands, » dit GROTIUS.

CHAPITRE Ier

De la Justice, des Lois et du Droit en général

DÉFINITIONS ET DISTINCTIONS

La Justice, en général, consiste dans une volonté ferme et constante de rendre à chacun le sien. *Justitia* (Institutes) *est constans et perpetua voluntas suum cuique tribuendi.* C'est le sentiment du juste, c'est la conformité de nos actions et de notre volonté avec la loi. Il est alors synonyme de *droit, raison, équité.*

Dans un autre sens, la justice est le droit de juger, le pouvoir d'appliquer la loi aux cas particuliers. Dans cette acception, elle se distingue en *civile, criminelle, commerciale, militaire,* etc.

On donne encore le nom de Justice soit aux tribunaux chargés d'administrer la justice, soit aux magistrats revêtus des fonctions judiciaires, soit même à certains fonctionnaires ou officiers ayant mission d'exécuter les jugements, ou de contraindre à l'acquittement d'une obligation. C'est ainsi que l'on dit : *avoir recours à la justice, une descente de justice, des officiers de justice,* etc.

On définit la loi, dans son acception la plus étendue, « une « règle d'action et de conduite prescrite par une autorité « supérieure à laquelle on est tenu d'obéir. » (SERRIGNY, *Droit public des Français.*)

Les lois, sous le rapport de leur origine, se divisent en lois *naturelles* et en lois *positives.*

Les lois naturelles sont celles que la nature a gravées en quelque sorte dans le cœur de l'homme (DOMAT), une lumière qui lui fait connaître les règles naturelles de l'équité ; — cette lumière de la raison lui tient lieu de loi. — Nous en avons pour exemple l'amour et le respect des enfants pour leur père et leur mère, la tendresse et les soins du père et de la mère pour leurs enfants, la défense de sa vie et de celle d'autrui.

Je crois toujours, — dit un autre auteur, — à cette loi gravée au fond de nos cœurs que nous n'avons point apprise, qui est née en nous, dont nous sommes imbus... Les lois naturelles ont été inspirées à l'homme pour régler ses actions comme la morale pour diriger son cœur et ses affections. (BONCENNE, *Introduction,* p. 21 et 22.)

Ces lois sont aussi appelées *immuables,* parce que, justes toujours et partout, aucune autorité ne pourrait les abolir ou les changer sans ruiner les fondements de l'ordre social ; parce qu'elles sont aussi constantes que la raison qui les révèle.

Sous ce rapport de son origine, on enseigne que « la loi « naturelle dérive nécessairement de la nature même de « l'homme, de la nature des choses. » (MONTESQUIEU, PORTALIS.)

Mais « la Divinité, dit Vattel, est au nombre de ces choses « dont la nature détermine les règles du *juste* et de l'*injuste,* « et fournit les motifs qui constituent l'obligation. » (*Essai sur le fondement du Droit naturel,* XXXV.)

Recherchant la nature philosophique du droit, Leibnitz a tiré le juste du sein de l'être et de Dieu. (LERMINIER, *Introduction générale à l'Histoire du Droit,* chap. X, p. 162.)

En effet, Dieu est, par essence, source de toute lumière et de toute vérité, de toute intelligence et de toute justice.

Les lois positives sont celles que les hommes ont établies pour régler les relations qui existent entre eux. « C'est la décla-
« ration solennelle donnée par le Pouvoir législatif sur un objet
« d'intérêt général. » (PORTALIS, *Discours préliminaire au projet
du Code civil.*)

Les lois positives peuvent être modifiées ou abrogées; elles dépendent entièrement de la volonté du législateur : de là, cette dénomination de lois *arbitraires* qui leur est aussi donnée par quelques auteurs.

Mais, si nous disons que ces lois dépendent entièrement de le volonté du législateur, il est bien entendu que le législateur est lui-même soumis à deux ordres d'obligations essentielles :

1° Celles qui naissent de son mandat; et c'est dans ce sens que l'on a pu définir la loi « l'expression de la volonté générale » (J.-J. ROUSSEAU, Assemblée nationale), ou, comme nous le trouvons dans nos *Constitutions de 1806*, art. 9, et 1816, art. 12 : « la volonté générale exprimée par la majorité des citoyens ou de leurs représentants. » — En effet, ces lois ne sont que l'expression des mœurs et des idées des peuples ; la législature n'a pas d'autre mission que celle de constater ces tendances et de les réglementer. (BOILEUX, *Commentaire sur le Code Napoléon*, V. Ch. COMTE, *Traité de législation.*)

2° Celles qui découlent des principes fondamentaux du droit en général. Car les lois naturelles sont la source des lois positives ; une loi positive en contradiction avec le droit na-turel manque de morale, elle est mauvaise. « Le juste existe
« en soi (LEDRU-ROLLIN, *Introduction au Répertoire général
« du Journal du Palais,* p. 54), la volonté générale elle-même
« ne saurait le modifier ;... elle y rencontre une loi qui lui est
« supérieure. C'est la loi naturelle ou divine (1)... La volonté

---

(1) *V.* page 2 de l'ouvrage cité, pour l'explication de ce qu'entend l'auteur par *divin* et *humain* dans la législation, suivant la définition que donne le droit romain de la science du droit, qui est, dit Ulpien, la connaissance des choses divines et humaines.

« générale ne pourrait faire que ce qui est injuste soit juste ;
elle peut seulement réglementer les applications du juste
« et punir les écarts de l'injuste. »

Le genre humain applaudit à ces lois du droit des gens qui
prescrivent de secourir les naufragés, de protéger les prison-
niers de guerre ; à ces lois de droit privé qui ordonnent au
débiteur de remplir ses engagements ; qui prononcent, en certains cas, la révocation des donations pour cause d'attentat et
l'indignité de l'héritier ; qui imposent au magistrat l'obligation
de garder le secret des délibérations ; qui assurent toute latitude à la défense des accusés (1). (BOILEUX.) Mais ce n'est pas
une raison pour autoriser le juge à ne pas appliquer la loi
qui ne lui paraîtrait pas conforme aux principes généraux de
droit et à l'équité naturelle. Les réflexions qui précèdent
s'adressent plutôt à ceux qui votent la loi. Et à ceux-là hâ-
tons-nous de rappeler ici qu'il faut avoir toujours présent à
l'esprit ce principe qui a prévalu dans la législation : la meilleure loi est celle qui doit être appliquée littéralement et qui
laisse le moins d'arbitrage au juge : *Optima lex quæ minimum
judicis arbitrio permittit.*

Les lois n'ont de privilège pour personne ; devant leur
puissance, les titres et les rangs s'abaissent : *Les Haïtiens sont
égaux devant la loi.* (Art. 14 de la Constitution.)

La soumission à la loi est le premier devoir des citoyens ;
elle est aussi un droit, car, la loi réglant les intérêts de chaque
citoyen, chacun a droit de réclamer des autres l'obéissance à

---

(1) « Les lois, dit DUPIN, dans ses *Notions sur le Droit*, § 21, ne sont pas seulement abrogées par la volonté expresse du législateur ; elles peuvent aussi l'être par
la désuétude, c'est-à-dire lorsque pendant un long temps on s'est accordé à ne les
point exécuter..... Cette abrogation s'applique principalement aux méchantes lois,
aux lois peu réfléchies, à celles qu'on appelle lois de circonstance, lois d'exception. »
Entre autres exemples, nous avons chez nous, en Haïti, la disposition de
l'art. 24 de la loi sur le commerce, 23 avril 1807, qui prohibait la sortie du numéraire : ..... « Toute somme d'argent ou d'or trouvée soit en caisse, futaille, sacs et
sur des personnes allant s'embarquer pour l'étranger, est confisquée..... » Prohibition vainement renouvelée à différentes reprises, notamment par un arrêt du
Président d'Haïti en date du 25 novembre 1821. (*Lois et Actes*, n° 761.)

la loi qui le protège dans sa personne ou dans sa propriété. La récompense accordée à celui qui l'observe, la peine infligée à celui qui la viole s'appellent *sanction*.

Les lois obligent à faire ce qu'elles *commandent* ou à s'abstenir de ce qu'elles *défendent ;* quant à ce qu'elles *permettent* seulement, on peut le faire ou ne pas le faire. Elles se divisent donc, sous le rapport du *mode* suivant lequel elles procèdent, en 1° *impératives* ou *préceptives*, 2° *prohibitives* ou *défensives*, 3° *facultatives* ou *permissives*.

Les lois pénales se confondent avec les lois impératives et prohibitives, dont elles assurent l'accomplissement par leur sanction.

Les lois spéciales sont celles qui régissent une matière particulière et l'enlèvent, en quelque sorte, au droit commun, aux règles générales, pour la soumettre, en tout ou en partie, à des règles spéciales.

Les lois qui ont pour but l'organisation de la puissance publique forment ce qu'on appelle le droit public, et celles qui ont pour but les relations particulières des citoyens, le droit privé. C'est en ces deux branches que se divise, quant à son objet, le *droit positif.*

Ce terme de *droit* est, lisons-nous (1), celui des mots de la langue qui a peut-être le plus d'acceptions diverses. Tantôt, le droit est, dans un sens abstrait et général, ce qui est toujours bon et équitable. Il est ainsi le fondement ou la raison première de la justice, le principe dirigeant des actions humaines au point de vue du juste ou de l'injuste, du bien ou du mal, c'est-à-dire du respect ou de la violation de la liberté d'autrui.

Ou bien il sert à exprimer la science même à laquelle les Romains ont donné le nom de jurisprudence, c'est-à-dire cet ensemble de règles doctrinales fondées sur les textes, sur les

---

(1) *Répertoire général du Journal du Palais,* au mot *Droit.*

décisions des tribunaux, sur les écrits des jurisconsultes, sur tous les éléments enfin dont l'ordre et l'enchaînement constituent la théorie scientifique du droit. C'est ainsi qu'on dit : étudier le droit, ouvrage de droit, école de droit.

Dans une autre acception, il désigne l'ensemble des devoirs que l'homme doit remplir selon sa nature, son état, sa destination et ses relations. Sous ce point de vue il peut être considéré comme un objet de science et d'étude ; tel est le droit naturel, le droit divin, le droit humain, le droit positif, public, privé, le droit des gens ou international.

Le droit naturel, comme nous avons dit des *lois naturelles,* est l'ensemble des préceptes que Dieu prescrit à l'homme, le rapport de conformité des actions humaines aux lois que le Créateur a attachées à la nature et gravées au fond de tous les cœurs.

Le *droit divin* est la réunion des lois, des préceptes qui, révélés aux hommes par Dieu même, se trouvent recueillis dans les livres sacrés.

Le *droit humain*, pris par opposition au droit divin, est l'ouvrage des hommes. Il est essentiellement variable : l'autorité qui l'a établi peut toujours le changer ou modifier. Dans cette classification rentrent toutes les lois positives qui nous régissent.

Le *droit canon*, appelé aussi *droit canonique*, tire son nom et sa source des canons des conciles, qui sont les lois de l'Église. Il participe à la fois de la nature du droit divin et de celle du droit humain.

Le *droit positif*, avons-nous dit, se divise, quant à son objet, en droit *politique* ou *public*, en droit *civil* ou *privé*.

Le *droit politique* ou *public* règle les rapports des Gouvernants et des gouvernés, détermine la division des pouvoirs (loi constitutionnelle), les moyens d'assurer les bonnes mœurs, le bon ordre et la sûreté de l'État ; il a pour objet l'intérêt général, en un mot l'intérêt public. On ne peut renoncer ni déroger au droit public.

Le droit *civil* ou *privé* a pour but immédiat l'intérêt particulier des individus, en un mot l'*intérêt privé*. Il comprend, notamment, les lois qui régissent les contrats, les donations et les testaments, les successions et les diverses manières d'acquérir ou de perdre la propriété. Il diffère essentiellement du droit public en ce que les particuliers peuvent y déroger, de consentement mutuel, dans les conventions intervenues entre eux; car chacun est libre de renoncer à un droit qui ne concerne que lui. Toutefois, parmi les lois qui confèrent des droits ou imposent des devoirs aux particuliers envers d'autres particuliers, il en est qui, sous un certain rapport, forment un droit public d'une espèce particulière; ainsi, par exemple, les lois relatives à l'organisation et au gouvernement des familles appartiennent évidemment au droit privé, puisqu'elles règlent les relations des particuliers entre eux, du mari et de la femme, du père et des enfants, etc. Mais ces lois sur le mariage, sur l'état et la capacité des personnes, intéressent au plus haut degré la constitution même de la société et font, sous ce rapport essentiellement partie du droit public, de ce droit auquel les particuliers ne peuvent pas déroger (art. 10 et 1174 C. civ., art. 892 C. de pr. c.)

On dit de ces dispositions, comme de celles du droit public proprement dit, qu'elles sont d'*ordre public*. — La juge, en général, peut les appliquer d'*office*, c'est-à-dire sans qu'elles aient été invoquées par les parties. (*V. infrà*, p. 34 et 40.)

Le droit privé est *commun* ou *exorbitant*: *commun* quand il sert à tous et est la règle ordinaire et générale à laquelle on recourt toutes les fois qu'aucune disposition n'y a apporté de dérogation; *exorbitant* ou *spécial* s'il se fonde sur des règles particulières données pour des cas prévus, des personnes désignées ou des événements exceptionnels.

Sous un autre rapport, on distingue encore les *lois civiles* qui règlent les intérêts privés en tout ce qui concerne l'état des personnes, la possession des biens, l'exécution des contrats, des *lois de procédure*, qui régularisent la marche des tribubunaux et la manière dont les citoyens ou particuliers peuvent agir les uns contre les autres dans la poursuite de leurs droits. Les premières forment la matière du Code civil; les secondes, du Code de procédure civile.

Le droit se divise encore, au point de vue des personnes qu'il régit, en *droit national* et en *droit des gens*.

Le droit *national* est l'ensemble des lois qui sont propres aux membres de la nation qui les a faites et promulguées.

Et le *droit des gens* ou *international* est celui qui règle les rapports des nations entre elles, considérées comme personnes collectives.

Le *droit des gens*, aussi dans un sens, est dans chaque pays, l'ensemble des lois communes à tous les hommes, étrangers ou nationaux. Il s'inspire du droit naturel, avec lequel il se confond.

Le *droit commercial* se compose de la réunion de toutes les règles qui ont trait à la validité et aux effets des échanges. Il tire son origine de trois sources principales: 1° le Code de commerce, les lois ou règlements analogues; 2° le droit commun en tout ce qui est applicable au commerce et qui n'a point été changé par des lois spéciales; 3° les usages du commerce dans les cas que les lois ou les règlements n'ont point prévus. (PARDESSUS.)

Le *droit criminel* a pour objet la poursuite et la punition des crimes, délits et contraventions commis soit envers la société, soit envers les particuliers. Il prend le nom plus spécial de *droit pénal* quand il n'a trait qu'à la répression.

Le *droit administratif* comprend cette partie du droit public qui règle les rapports économiques, dirons-nous, des gouvernants et des gouvernés. Il entre dans les détails et dans les nombreuses applications des principes posés par le droit; c'est l'administration de la chose publique.

Diriger et contrôler la perception et l'emploi des revenus publics; protéger les communautés d'habitants, — les établissements publics religieux ou de bienfaisance;— prendre des mesures de police et de prévoyance; en un mot, assurer l'exécution des services publics relevant des différentes secrétaireries d'État, telles sont les attributions principales du droit administratif.

Le *droit maritime* est l'ensemble des lois, règles et usages qui régissent la navigation, le commerce, les cas de guerre maritimes; il a pour objet l'intérêt national ou l'intérêt international, ou l'intérêt des particuliers : dans le premier cas, il rentre dans le droit public; dans le second, il fait partie du droit des gens; et dans le troisième, il appartient au droit privé.

Le *droit militaire*, enfin, est l'ensemble des lois, ordonnances et règlements qui régissent l'armée ; son objet est la bonne organisation de l'armée, le maintien de la discipline dans ses rangs ; en un mot, la police des gens de guerre : il appartient au droit public et au droit privé.

Le mot droit signifie aussi la collection des lois et préceptes particuliers à un peuple, le droit romain, le droit français, le droit haïtien.

Il désigne encore un avantage, une faculté accordés et régis par les lois, un pouvoir dont l'exercice nous appartient : le droit de propriété, de rétention, les droits de l'homme, les droits successifs, litigieux, etc.

Enfin, il est pris quelquefois comme synonyme de taxe, redevance, salaires perçus, soit dans l'intérêt public, soit dans un intérêt privé : le droit des pauvres, les droits de douane, le droit de timbre, d'enregistrement, de greffe, de copie, de pièces, de commission, etc.

Ces diverses acceptions du mot droit et leurs nombreuses variétés peuvent être ramenées à trois ordres d'idées principaux, autour desquels elles viennent toutes se grouper naturellement : ainsi *droit* peut être considéré comme synonyme 1° de loi, législation, ensemble de préceptes, de dispositions obligatoires ; 2° de faculté, pouvoir, avantage reconnu par la loi ; 3° de taxe, imposition, salaire.

Nous avons vu plus haut (p. xv) que le mot *jurisprudence* est lui-même synonyme de *droit*, quand il signifie la connaissance acquise du droit, la science des lois, des devoirs et des droits qui en dérivent ; mais il signifie encore, dans le langage moderne, l'habitude pratique d'interpréter et d'appliquer la loi dans tel sens plutôt que dans tel autre, ou bien encore le résultat de cette habitude, les précédents, l'ensemble des décisions successives sur des questions semblables. C'est ainsi qu'on dit : le Tribunal de cassation n'a pas de jurisprudence bien arrêtée sur telle question. En d'autres termes, la jurisprudence est l'ensemble des décisions judiciaires, dont l'uniformité dans des espèces semblables constitue pour le magistrat, le jurisconsulte et le praticien, une autorité qui éclaire et dirige l'interprétation des lois existantes et leur offre plus de sûreté pour la solution des cas dans le détail desquels le législateur n'a pas dû descendre. L'autorité de la jurisprudence est purement morale ; elle ne saurait, en général, lier obligatoirement les Tribunaux. C'est seulement un guide.

La jurisprudence, dans cette acception, est, comme on voit, la science des arrêts. C'est pour lui donner une base certaine et en établir l'uniformité chez nous que l'art. 66 de la Loi organique prescrit l'insertion, dans le *Journal Officiel*, des arrêts du Tribunal de cassation ; que la loi du 23 décembre 1867 a ordonné la publication officielle de tous les arrêts du Tribunal de cassation dans un bulletin ayant pour titre : « *Bulletin des arrêts du Tribunal de cassation* » (art. 36) ; et que celle du 5 août 1872 a ordonné la création d'un bulletin officiel du département de la justice où seront insérés, dit l'art. 1er, les décisions, arrêts, jugements, ordonnances tant du Tribunal de cassation que des Tribunaux civils et de commerce de la République. A l'égard des justices de paix, dit l'art. 3, l'insertion se bornera à l'indication du nombre de jugements de chaque catégorie rendus dans les différentes localités.

Ces lois, d'une utilité incontestable, mais aussi d'une difficulté d'exécution reconnue, surtout pour la dernière, n'ont malheureusement pas pu être mises à exécution.

Des essais ont été, sans doute, faits, mais sans qu'il y ait été donné suite.

Ainsi, au Ministère de la Justice, en 1877, nous nous sommes

empressé de nous faire expédier par les différents Tribunaux
de la République un assez grand nombre de jugements et arrêts que, au vœu de la loi, nous avons transmis à notre collègue de l'Intérieur pour être imprimés par les presses de
l'Etat. Notre collègue, sentant l'impossibilité de faire faire
convenablement alors le travail par l'Imprimerie Nationale, en
chargea quelqu'un qui devait le confier à une imprimerie particulière. Il paraît que cet établissement, de son côté, soit
insuffisance d'outillage, soit encombrement d'ouvrage, ne put
non plus s'en occuper. Nous apprîmes, entre temps, que les
manuscrits avaient été envoyés aux États-Unis pour être
imprimés. Les événements survinrent amenant le changement
du Ministère ; et nous n'en eûmes pas d'autres nouvelles.
Cette première collection devait être immédiatement suivie
d'une autre qui se continuait au Ministère de la Justice.

En raison de ces difficultés pour l'impression, conviendrait-
il de s'en tenir à la loi de 1867, qui demande le bulletin des
arrêts seulement du Tribunal de cassation, en attendant que
les établissements typographiques du Gouvernement soient
en mesure de remplir le vœu de la loi de 1872 ? Peut-être.

C'est en effet ce que fit, bien avant la loi de 1867, M. Elie
Dubois, aidé de M. Eugène Bourjolly, deux hommes pratiques
et très expérimentés dans ces matières. M. Dubois, dans son
trop court passage au Ministère de Justice, créa, en 1859, une
« Direction spéciale du Bulletin officiel du Tribunal de cassation. » M. Eugène Bourjolly était le Directeur.

Ce Bulletin, dont l'impression était confiée aux presses de
l'Etat, devait paraître tous les mois et contenir les arrêts rendus le mois précédent; toutefois, les premières livraisons devaient remonter jusqu'aux arrêts rendus depuis la restauration
de la République.

Il en parut quarante et une livraisons, dont le dernier arrêt est du 10 novembre 1862.

Nous apprenons avec plaisir que cette publication, sous la
même direction, va recommencer bientôt. (Nov. 1886.)

CHAPITRE II

De la Procédure civile

PRINCIPES GÉNÉRAUX

La procédure se dit de l'ensemble des règles à observer, des actes à faire pour obtenir une décision judiciaire, ou, dans quelque cas le règlement amiable de certains objets. Ainsi elle est judiciaire ou extrajudiciaire.

Judiciaire, elle comprend les règles tracées pour arriver à un jugement ; *extrajudiciaire*, les formalités à observer pour arriver à régler des droits respectifs sans recourir aux Tribunaux.

Cet ensemble de règles pour l'exercice et la décision des actions a été réuni en un Code spécial, qui est le Code de procédure civile.

Des Actions

L'action est le droit de réclamer devant les juges compétents ce qui nous est dû ou ce qui nous appartient. Elle est la sanction des droits de créance ou de propriété reconnus par la loi. (BOITARD, n° 125.)

La demande est l'exercice de l'action.

L'action peut être considérée sous plusieurs aspects.

Quant à son origine, elle est civile ou criminelle, privée ou publique. Cette distinction se rattache au droit pénal. En effet, les infractions aux lois pénales donnent naissance à une action publique pour l'application de la peine et une action civile pour la réparation du dommage causé.

Sous le rapport des droits réclamés, l'action est *personnelle, réelle* ou *mixte*.

· Elle est *personnelle* quand celui contre qui elle est dirigée est obligé personnellement. Peu importe qu'il vienne à cesser de posséder la chose objet de l'obligation. (Bioche.)

Une pareille obligation ne peut se concevoir séparée de l'individu ; elle y est attachée, adhérente. On ne peut en demander l'accomplissement qu'à lui ou à ceux qui le représentent. (Boncenne, p. 16.)

L'action est *réelle* quand le défendeur n'est pas obligé personnellement et qu'il n'est tenu qu'en sa qualité de détenteur. S'il cesse de posséder avant d'être actionné, l'action passe exclusivement contre le nouveau détenteur. (Bioche.)

L'action personnelle dérive soit d'une convention expresse ou tacite, soit d'un fait qui nous oblige : par exemple, d'une convention, comme d'un prêt, d'un dépôt, d'un mandat ; de l'autorité de la loi, comme lorsqu'un père demande des aliments à son fils (art. 191 C. civ.) ; d'un quasi-contrat : ainsi celui qui reçoit ce qui ne lui est pas dû s'engage à le restituer (art. 1162 C. civ.) ; d'un délit, d'un quasi-délit, c'est-à-dire d'un fait quelconque qui cause un dommage et qui oblige à une réparation (art. 1168 C. civ.). (Bioche.) C'est la réclamation d'un droit *de créance*.

L'action *réelle* dérive d'un droit que nous avons sur une chose, indépendamment de toute convention de la part de celui qui la détient. Le droit qui y donne naissance n'est pas seulement un droit à la chose, *jus ad rem*, comme dans l'action *personnelle :* c'est un droit dans la chose même, *jus in re !* C'est la réclamation d'un droit réel. (Allain, 2295, 2296.)

Une action à la fois personnelle et réelle contre une seule et même personne est dite une action *mixte*. Ici le défendeur est obligé personnellement, en même temps qu'il est tenu comme détenteur. Par exemple, le vendeur exerce contre l'acquéreur une action en réméré ; cette action est personnelle, puisqu'elle dérive d'un contrat ; elle est aussi réelle, puisqu'elle s'exerce également sur l'objet qui fait la matière du contrat et qu'elle peut être encore poursuivie contre un second acquéreur, quand même la faculté de réméré n'aurait pas été déclarée dans le second contrat (art. 1449 C. civ.). Il en est de même de l'action en paiement d'une certaine somme pour réparations locatives ; et de celle tendante à l'expulsion du locataire et à la réparation de dégradations.

Sous le rapport de son objet, l'action est *mobilière* ou *immobilière*, c'est-à-dire selon que l'objet de la demande est un meuble ou un immeuble.

Ces distinctions sont importantes, à cause : 1° de la compétence, puisque le tribunal compétent sera celui du domicile du défendeur, ou celui de la situation de l'objet litigieux, selon que l'action sera personnelle et mobilière, réelle ou mixte (art. 7 et 8 C. pr.), et puisque le juge de paix ne peut connaître des actions réelles immobilières, sauf toutefois les actions possessoires ; — 2° de la prescription, qui est différente selon que l'objet de l'action est un meuble ou un immeuble (art. 2044 C. civ.) ; et 3° de la capacité d'ester en jugement que possèdent, par exemple, les tuteurs pour les actions mobilières de leurs pupilles et non pour les actions immobilières sans l'autorisation du conseil de famille (art. 374 C. civ.).

De même que, parmi les actions personnelles, il y en a de mobilières comme il y en a d'immobilières, de même dans les actions réelles, il y en a de mobilières comme il y en a d'immobilières. (*Ibid.*, 2303.)

Toutefois, dans le langage des lois, on donne simplement le nom d'action mobilière à la revendication d'un effet mobilier, et l'on entend plus ordinairement par action réelle l'action réelle immobilière. C'est dans ce sens que les art. 69 et 74 du Code de procédure ont été rédigés. (*V.* Boncenne, p. 62.)

Les actions se divisent encore en *pétitoires* et *possessoires*.

L'action pétitoire est celle qui a pour but la revendication de la propriété d'un immeuble ou d'un droit réel sur un immeuble, contre celui qui le possède et qui prétend aussi en être propriétaire. Il faut bien supposer que le demandeur, en ce cas, est privé de la possession, et que la propriété ou le droit lui sont contestés; autrement l'intérêt de son action ne se concevrait pas. (BONCENNE, p. 62.)

L'action possessoire n'a trait qu'à la possession d'un immeuble ou d'une servitude; on l'exerce pour être maintenu ou réintégré, en cas de trouble, dans cette possession qui d'oit avoir duré au moins pendant une année sans interruption.

La possession fut le premier des titres, et jusqu'à la preuve contraire, nous présumons toujours que celui qui possède est le propriétaire.

Cette action, pour les cas de trouble, prend, suivant les circonstances, le nom de *complainte* ou de *dénonciation de nouvel œuvre*, et pour le cas de dépossession, celui de *réintégrande*.

L'action possessoire est la seule en matière réelle, immobilière, dont la connaissance rentre dans les attributions des juges de paix. Tout ce qui concerne la propriété d'un fonds ou d'un droit réel immobilier en est exclu. (ALLAIN, 2306, 2307, 2308. *V*. notre Commentaire des art. 31 et suiv.)

La faculté de poursuivre le droit en justice fait partie de notre patrimoine; c'est un bien transmissible et divisible. L'action passe aux héritiers. Réciproquement, l'héritier est tenu de répondre aux actions qui grevaient son auteur.

Celui qui veut agir en justice, — exercer une action, — doit avoir:

1° Un *droit* de créance, de propriété ou de démembrement de la propriété;

2° La *capacité d'agir :* ainsi les mineurs, les interdits, les femmes mariées ne peuvent, seuls et par eux-mêmes, exercer une action ni y défendre (art. 198, 361, 502 C. civ.);

3° Un *intérêt;* point d'intérêt, point d'action (1): ainsi, un créancier ne pourrait valablement demander la nullité d'un paiement fait par son débiteur, si cette nullité ne devait pas lui profiter;

---

(1) On dit encore : *L'intérêt est la mesure de l'action.*

Enfin 4°, il faut avoir *qualité* pour exercer le droit en question. C'est, en général, le créancier ou le propriétaire qui, seuls, peuvent agir pour faire reconnaître leur droit de créance ou de propriété. Cependant la loi donne quelquefois à d'autres personnes qualité pour agir; ainsi, d'après l'art. 956 C. civ., les créanciers peuvent exercer les droits et actions de leur débiteur. (BOITARD, n° 125).

Les actions civiles se portent, d'après leur importance déterminée par le chiffre de la demande, devant les juges de paix ou devant les tribunaux civils. Elles se portent encore devant ces derniers, quand il s'agit d'appel des sentences de juges de paix. — Contre toutes décisions en dernier ressort, on peut se pourvoir, pour violation de la loi, devant le tribunal de cassation.

Toutefois, les demandes en cassation des jugements définitifs rendus en dernier ressort par les tribunaux de paix ne pourront avoir lieu que pour cause d'incompétence ou d'excès de pouvoir. (Art. 918 C. p. civ.)

Voici les différentes phases par lesquelles passe et se développe successivement la procédure judiciaire :

1° La *demande,* produite par un acte introductif d'instance : *cédule, citation* ou ajournement, — ou par la comparution volontaire des parties; elle comprend les conclusions du demandeur ;

2° L'*instruction,* qui comprend tout ce qui tend à mettre la cause en état de recevoir jugement : débats, visites de lieux, enquêtes, expertises ;

3° Le *jugement,* qui décide la question ;

4° Les voies de recours pour faire rétracter, réformer ou casser le jugement ;

5° Les voies d'exécution du jugement.

I. — De la Demande

La demande est l'exercice de l'action. Elle est la prétention portée en justice par une partie contre l'autre. Celui qui intente la demande prend le nom de *demandeur*, et celui qui y défend prend le nom de *défendeur*.

Il faut que la demande soit recevable, fondée, formée par et contre une personne capable. Elle est *recevable*, si l'on n'a pas de fin de non-recevoir à lui opposer; et elle est *fondée*, lorsqu'elle repose sur le droit. (Voir plus haut ce qui est dit de celui qui veut exercer une action, p. 15.)

La demande est *principale, accessoire, reconventionnelle, alternative, subsidiaire* ou *incidente*.

La demande *principale* ou *originaire* est celle qui sert de fondement à *l'instance*, c'est-à-dire à la contestation portée en justice. Elle est ainsi qualifiée par opposition à la demande *accessoire*, qui ne porte que sur un point se rattachant à la demande principale, telle que celle qui a pour objet les *intérêts*, les *dépens*, etc.; ou par opposition à la demande *reconventionnelle*, c'est-à-dire à celle qui est formée par le défendeur contre le demandeur.

La demande est *alternative* lorsqu'elle tend à faire condamner le défendeur, soit à une chose, soit à une autre, à son choix; telle est, par exemple, celle d'un créancier hypothécaire qui, agissant contre un tiers détenteur, conclut à ce que celui-ci déguerpisse, si mieux n'aime payer le montant de la créance hypothécaire sur l'immeuble qu'il détient.

La demande est *subsidiaire* quand les conclusions ont plusieurs chefs et que l'adjudication des uns n'est requise que dans le cas où le chef principal serait jugé mal fondé. C'est ce qui a lieu notamment lorsque le demandeur conclut à ce qu'une obligation soit déclarée *prescrite*, et dans le cas où la prescription serait écartée, à ce que cette obligation soit déclarée *nulle* comme illicite ou immorale (1).

La demande est *incidente* lorsqu'elle est formée dans le cours de l'instance et a pour objet d'ajouter à la demande principale ou de la restreindre, ou de l'écarter en tout ou en partie, ou de demander un droit né depuis l'introduction de l'instance ; telles sont les demandes en compensation, en provision, en paiement de loyers échus, ou en dommages causés depuis l'instance principale. Les articles 336, 337 et 403 du Code de procédure civile règlent la forme dans laquelle une pareille demande doit être présentée et jugée devant les tribunaux civils. — Mais en justice de paix, où les écritures, c'est-à-dire les requêtes signifiées d'avance, ne sont pas admises, les demandes incidentes sont formées à l'audience ; toutefois, il est prudent de les formuler dans des conclusions expresses.

La demande incidente peut être faite par le demandeur comme par le défendeur, en tout état de cause, pourvu que ce soit avant le jugement. Lorsqu'elle est formée par le demandeur originaire, elle conserve le nom de *demande incidente* ou prend le nom de *demande additionnelle,* pour la distinguer de celle qui est formée par le défendeur et qui prend souvent le nom de *reconvention* ou *demande reconventionnelle.*

La demande est *indéterminée* lorsqu'elle a pour objet une chose ou un fait dont la valeur n'est pas précisée dans les conclusions. La demande indéterminée est de la compétence des tribunaux civils.

La demande est *préjudicielle* lorsqu'elle tend à obtenir une mesure préalable.

La demande *en garantie* est celle que propose le défendeur lorsqu'il prétend avoir pour garant un tiers qu'il lui importe

---

(1) Dans la pratique du Cap Haïtien, on appelle subsidiaires les conclusions qui, après celles du fond, requièrent le défaut contre la partie qui n'a pas comparu.

de mettre en cause. Les articles 40 et 41 du Code de procédure tracent la manière de procéder, lorsqu'un incident de cette nature est soulevé en justice de paix. Le droit de mettre un garant en cause appartient aussi bien au demandeur qu'au défendeur.

Des Conclusions

Les conclusions sont, dans un procès, le résumé verbal ou par écrit des demandes et réquisitions d'une partie. Les parties et leurs défenseurs (nouveau Denisart) ne sauraient faire trop d'attention à la rédaction des conclusions qui sont le fondement de toute la procédure. C'est souvent de conclusions bien ou mal prises que dépend le succès d'une affaire.

Cette recommandation s'applique particulièrement à la procédure devant les tribunaux civils.

Bien que le demandeur doive prendre ses conclusions dans l'exploit introductif d'instance, cependant il peut les expliquer et modifier par suite, pourvu que les nouvelles conclusions soient implicitement contenues dans les conclusions primitives, ou qu'elles en soient l'accessoire ; mais toute demande nouvelle lui est interdite.

On distingue, en procédure, plusieurs espèces de conclusions :

1° Les conclusions écrites et les conclusions verbales ;

2° Les conclusions motivées et les simples conclusions ;

3° Les conclusions préjudicielles et les conclusions au fond ;

4° Les conclusions principales et les conclusions subsidiaires (1) ;

5° Les conclusions reconventionnelles, etc.

_____

(1) *V.* la note de la page 18.

Les conclusions *préjudicielles* ou *exceptionnelles* sont celles qui, sans engager le fond, tendent à obtenir une mesure préalable, telle que le renvoi à un autre tribunal, une communication de pièces. Quant aux conclusions *au fond*, ce sont celles qui tendent à faire admettre ou rejeter la demande elle-même.

Les conclusions produisent trois effets principaux : 1° elles servent à déterminer la compétence du tribunal ; 2° lorsqu'elles ont été prises respectivement à l'audience, la cause est réputée *en état*, et le jugement *contradictoire ;* 3° le juge doit statuer sur tous les points énoncés de la contestation, et ne peut statuer sur d'autres ; autrement il y aurait ouverture à *requête civile.* On conçoit dès lors combien il importe de ne rien omettre dans les conclusions. Toutefois, le juge a le droit de prononcer sur les réclamations qui se trouvent implicitement dans les conclusions.

On peut, du reste, demander plus qu'il n'est dû : la *pluspétition,* dans le droit moderne, ne détruit l'action dans aucun cas ; celui qui demande le plus est réputé demander le moins, quoiqu'il n'y ait pas conclu, et le juge peut le lui adjuger, pourvu que le moins soit compris dans le plus, qui est l'objet de la demande. (Obs. de la Cour de cassation de France, art. 46.)

II. — De l'Instruction. — Des Exceptions

Les exceptions sont des moyens par lesquels le défendeur se borne à soutenir, sans s'occuper du fond de l'affaire, que le demandeur ne peut être admis à établir le mérite de sa prétention.

On distingue les *exceptions* des *défenses*.

Les exceptions, ne frappant point sur le fond du droit, tendent uniquement ou à faire suspendre la marche de la procédure, à en différer les effets, telles sont les exceptions dilatoires ; ou à faire renvoyer l'affaire devant un autre tribunal, telles sont les exceptions déclinatoires ; ou à faire déclarer nulle la procédure si quelques formes ont été négligées : telles sont les exceptions péremptoires ou de nullité. Ce sont des *fins de non-procéder*. (*V.* BOITARD, t. I, p. 338.)

Les défenses, au contraire, sont dirigées contre l'action ; elles tendent à la détruire, à la faire déclarer mal fondée, ou non recevable : mal fondée, parce qu'elle serait contraire à la loi, à l'équité, dépourvue de preuves, ou appuyée sur des titres vicieux ; non recevable, parce qu'elle serait déjà proscrite par un premier jugement, ou frappée de prescription, ou éteinte de toute autre manière ; ou bien encore parce que le demandeur serait sans qualité, sans intérêt. Dans ces cas de non-recevabilité de l'action, les défenses prennent la dénomination de *fins de non-recevoir*.

Les fins de non-recevoir sont parfois aussi désignées sous le nom d'*exceptions péremptoires du fond,* par opposition aux *exceptions péremptoires de forme* ou *d'instance*, c'est-à-dire, avons-nous dit, celles par lesquelles le défendeur requiert que la demande soit rejetée parce qu'elle n'a pas été formée régulièrement, sauf au demandeur à la renouveler.

On distingue encore les exceptions en relatives et absolues. *Relatives*, elles ne tiennent qu'à l'intérêt privé de celui qui a le droit de les opposer et doivent être présentées dès l'entrée de la cause, *a limine litis*, avant tous débats sur le fond : autrement elles sont couvertes, c'est-à-dire qu'on est censé y avoir renoncé. Tels sont la caution du jugé *(judicatum solvi)*, l'incompétence personnelle, le délai pour faire inventaire et délibérer, les nullités d'exploit en général. *Absolues*, elles tiennent à l'ordre public, peuvent être proposées en tout état de cause et doivent être relevées, même d'office, par le tribunal. Telle est l'incompétence à raison de la matière. On range aussi la litispendance et la connexité dans la classe des exceptions relatives.

Les exceptions *dilatoires*, proprement dites, sont l'exception du délai pour faire inventaire et délibérer (art. 175 C. pr. c.), l'exception de la garantie. On ajoute la caution *judicatum solvi* et la communication des pièces.

La caution *judicatum solvi* est celle qu'est tenu de donner l'étranger demandeur pour garantir le paiement des frais et dommages-intérêts auxquels il pourra être condamné par le jugement à intervenir sur la contestation qu'il a engagée. (Art. 167, C. de pr. c.)

Les exceptions *déclinatoires* sont de trois espèces : l'incompétence, la connexité et la litispendance.

Elles diffèrent des demandes en renvoi (art. 367 p. c.), en ce sens que par les premières on se borne à décliner la juridiction, tandis que par les secondes on la décline, et de plus on demande à être renvoyé devant un juge compétent. D'ailleurs, le jugement qui prononce l'incompétence ne laisse point subsister la citation, tandis que le jugement de renvoi la maintient ; mais dans l'usage on confond ordinairement les deux termes de déclinatoire et de renvoi. (*V.* Bioche, *Exception*, 10.)

Incompétence. La partie appelée devant un tribunal incompétent, soit à raison de la personne, soit à raison de la matière, peut demander son renvoi devant le juge qui doit connaître de la contestation. (Art. 169 pr. c.)

Toutes les fois que ce déclinatoire est proposé, le juge est tenu de statuer préalablement sur sa compétence. S'il rejette le déclinatoire, il retient la cause et ordonne aux parties de procéder au fond ; — s'il l'admet, il renvoie simplement les parties par-devant qui de droit, sans désigner le tribunal compétent.

L'article 170, suivant lequel le déclinatoire à raison de la personne est couvert s'il n'est proposé avant toute autre exception ou avant la défense au fond, est-il applicable en justice de paix ? La question est controversée. Suivant les uns, entre autres Mullery, p. 37, l'incompétence en raison de la personne n'est pas couverte par le silence des parties ; le juge doit la prononcer, même d'office, si les parties n'ont déclaré expressément renoncer à leur juge naturel, l'art. 12 voulant que la déclaration des parties soit écrite et signée.

Les autres disent que, l'incompétence *ratione personæ* étant d'intérêt privé, le juge de paix, en ce cas, n'est pas tenu à se déclarer incompétent. Mais nous croyons, ajoute A. Carré, sous l'art. 168, qu'il n'est pas non plus obligé à rester saisi de l'affaire. (V. *Journal du Palais,* art. *Justice de paix,* 210 ; mais à la Table, *contrà.*)

Connexité. C'est le rapport et la liaison existant entre plusieurs affaires qui demandent à être décidées par un seul et même jugement.

Il y a connexité lorsque la citation porte une demande qui est tellement liée à une autre demande déjà formée, que le jugement de l'une doit influer sur le jugement de l'autre. Ex. : V... réclame contre D..., au tribunal civil, une maison dont celui-ci est détenteur ; avant le jugement il forme au tribunal de paix une demande en paiement des loyers de cette maison. Il y a connexité entre les deux demandes ; D... peut demander au tribunal de paix le renvoi de l'affaire, car le paiement des loyers ne peut être que la conséquence de l'adjudication de la propriété.

Lorsque les deux demandes connexes sont portées devant le même tribunal, on peut en demander la jonction, c'est-à-dire la réunion des deux demandes pour être jugées par un seul et même jugement.

La *litispendance* a lieu lorsque deux demandes sont formées sur le même objet pour la même cause, entre les mêmes parties, devant deux tribunaux différents. Exemple : N..., marchand établi dans une autre commune, achète et prend livraison, à la capitale, des marchandises pour lesquelles il souscrit un billet de 150 piastres qu'il ne paie pas à l'échéance. Le demandeur pouvant, aux termes de l'art. 632 du Code de commerce, assigner à son choix devant le tribunal du domicile du défendeur ou devant celui dans le ressort duquel la promesse a été faite et la marchandise livrée, si, après avoir porté l'affaire au tribunal du domicile de N..., le créancier le fait citer pour le même objet au tribunal de la capitale,

N..., soulevant l'exception de litispendance, pourra demander son renvoi au premier tribunal saisi de la demande.

Les parties peuvent, en cas de litispendance ou de connexité, prendre, si elles le préfèrent, la voie du *règlement de juges*. Cette voie devient nécessaire lorsque les deux tribunaux saisis en même temps se déclarent l'un et l'autre compétents.

Si les deux tribunaux de paix ressortissent au même tribunal civil, le règlement de juges est porté à ce tribunal; s'ils relèvent de tribunaux divers, la demande en règlement est portée au tribunal de cassation. (Art. 362 C. pr. c.)

Les *exceptions péremptoires* comprennent la *péremption d'instance* et les *nullités*.

La péremption d'instance est l'extinction d'une instance par la discontinuation des poursuites pendant le laps de temps que la loi détermine (2 ans, dit l'art. 394).

La péremption est à l'instance à peu près ce que la prescription est au droit lui-même; la péremption anéantit la procédure commencée, mais laisse entier le droit ou l'action, et laisse, par conséquent, la faculté de la renouveler; la péremption n'éteint que la procédure, tandis que la prescription éteint le droit lui-même. (Boitard, 577.)

Aux termes de l'art. 20 du Code de procédure, dans le cas où un interlocutoire aurait été ordonné, la cause sera jugée définitivement, au plus tard, dans le délai de deux mois du prix du jugement interlocutoire; après ce délai, l'instance sera périmée de droit; le jugement qui serait rendu sur le fond sera sujet à l'appel, même dans les matières dont le juge de paix connaît en dernier ressort, et sera annulé sur la réquisition de la partie intéressée.

Cette péremption diffère de celle qui est réglée par les art. 394 et suivants du Code de procédure, en ce qu'elle a lieu *de droit*. Il n'est pas même nécessaire d'en former la demande, ni de la faire juger; il suffit de l'opposer par exception contre les poursuites qui seraient ultérieurement faites.

Toutefois, elle n'est pas d'ordre public : elle a été uniquement introduite dans l'intérêt des parties. Conséquemment, le jugement rendu même après les deux mois est susceptible d'acquiescement.

Du reste, l'art. 20 étant spécial au cas où il y a eu un interlocutoire, dans tous les autres cas, c'est la péremption ordinaire de deux ans (art. 394) qui sera applicable. (Boitard, Chauveau.)

Les *nullités* sont absolues ou relatives, intrinsèques ou extrinsèques.

Absolues. Elles sont fondées sur des motifs d'ordre public ; telles sont celles résultant : 1° de ce qu'un exploit a été fait par un homme sans caractère légal, ou par un huissier agissant hors de son ressort ; 2° de ce que la citation a été donnée à un juge incompétent à raison de la matière ; 3° de ce qu'on a compromis sur une question d'état.

Elles peuvent être proposées par toute personne et en tout état de cause (même pour la première fois devant le tribunal de cassation). Les tribunaux doivent les prononcer d'office. (Bioche, D^re de procédure.)

Relatives. Elles sont uniquement introduites dans l'intérêt des parties ; telles sont les nullités d'exploits et d'actes de procédure en général.

Elles ne peuvent être proposées que par ceux dans l'intérêt desquels elles ont été introduites ; et avant toute défense au fond ou exception autre que les exceptions d'incompétence. (Art. 174 C. p. c.) Les tribunaux ne sauraient les prononcer d'office, même au cas où le défendeur fait défaut. En vain oppose-t-on que le juge doit vérifier la demande. Cet examen porte sur le fond, non sur la forme. La partie défenderesse eût pu renoncer à cette exception. Il pourra d'ailleurs la présenter sur son opposition ou en appel. Le juge pourrait cependant suppléer la nullité d'exploit qui ne prouverait pas la notification à la partie et expliquerait son absence. (Bioche, D^re de procédure, *Exception*, 201.)

Intrinsèques ou *substantielles*. Ce sont celles qui vicient l'acte complètement, parce que la formalité omise était indispensable à son existence légale. Ces nullités s'aperçoivent à la seule inspection de l'acte. De ce nombre est l'omission des noms, profession et domicile du demandeur.

Il suffit que la nullité puisse être vue sur l'original pour qu'elle soit réputée intrinsèque : telle est la nullité provenant de ce qu'un exploit n'a pas été enregistré. (Bioche, Dre de procédure, *Exception*, 170.)

Extrinsèques. Elles s'aperçoivent en dehors de l'acte : telles sont celles qui proviennent de l'incapacité d'agir du demandeur, ou de l'incapacité de se défendre du défendeur. Elles constituent de véritables exceptions péremptoires du fond, ou fins de non-recevoir. L'incapacité du demandeur peut résulter de ce qu'il ne prouve pas la transmission de son droit, de ce que le titre qui sert de fondement à son action est nul, de ce que, ayant à opter entre plusieurs actions, il a fait cette option. (*Ibid.* 171.)

Les nullités extrinsèques et intrinsèques sont soumises aux mêmes règles que les nullités absolues. Ainsi l'exception tirée du défaut de qualité peut être présentée en tout état de cause. Toutefois, la partie qui dans le cours de l'instance a reconnu la qualité de son adversaire ne peut revenir sur cette reconnaissance, à moins de prouver qu'elle est le résultat de la fraude. (*Ibid.* 188 à 190.) *V.* le même auteur dans son Dre des juges de paix, art. *Exception*, 30.)

Des Moyens de preuves

Dans tous les procès, deux choses sont à considérer : le fait et le droit.

Si les parties sont d'accord sur le fait, il reste seulement à savoir quelle loi doit être appliquée, et comment elle doit être appliquée.

Dans le cas contraire, il faut, avant de s'occuper du droit, tâcher d'établir l'existence du fait, c'est-à-dire chercher les preuves. (BONCENNE.)

Dans cette recherche des preuves, le juge ne doit s'arrêter qu'aux faits articulés par les parties, et il ne peut les tenir pour avérés qu'autant qu'ils ont été régulièrement prouvés. Ainsi il n'est point autorisé à déclarer un fait constant, par cela seul qu'il en aurait personnellement acquis une connaissance positive, en dehors du procès ; ou que ce fait serait considéré comme certain dans l'opinion publique. Dans le cas où la notoriété d'un fait est requise pour l'application d'une disposition de la loi, l'existence de cette notoriété doit elle-même être prouvée, si elle est déniée.

Le juge ne doit admettre ou ordonner que la preuve de faits qui soient de nature à influer, d'une manière plus ou moins décisive, sur le jugement de la cause à l'occasion de laquelle ils sont allégués.

Prouver, c'est, de la part de chacune des parties, soumettre au juge saisi de la contestation des éléments de conviction propres à justifier la vérité du fait qu'elle allègue et que l'autre partie conteste.

Celui qui avance un fait doit le prouver.

La charge de la preuve est pour l'action comme pour l'exception. Toute personne donc qui forme une action en justice, ou qui oppose une exception à une action dirigée contre elle est, en général, tenue de prouver les faits dont son action ou son exception supposent l'existence (Argument de l'art. 1100 C. civ.). Au contraire, celui qui, pour repousser soit une action, soit une exception, se borne à nier les faits sur lesquels elles sont fondées n'est, en général, tenu à aucune preuve.

Le juge n'est pas libre de former sa conviction comme il l'entend : la loi prend soin d'établir les limites dans lesquelles il doit nécessairement se renfermer : elle admet cinq sortes de preuves :

La preuve littérale (art. 1102 à 1125 C. c.) ;
La preuve testimoniale (art. 1126 à 1133 C. c.);
Les présomptions (art. 1134 à 1139 C. c.);
L'aveu de la partie (art. 1140 à 1142 C. c.),
Et le serment (art. 1143 à 1155 C. c.).

Les preuves sont *pleines* ou *semi-pleines, directes* ou *indirectes.*

Pleines, lorsqu'elles entraînent une certaine persuasion : telle est la preuve qui résulte d'un acte authentique ou d'un acte sous seing privé dont l'écriture est reconnue; celle qui résulte des présomptions établies par la loi, de l'aveu de la partie, etc.;

Semi-pleines, lorsqu'elles suffisent pour ébranler la croyance, mais sans opérer une entière conviction; lorsqu'elles ne produisent que des probabilités ou des vraisemblances : telles sont les présomptions abandonnées à la sagesse du magistrat;

Directes, lorsqu'elles prouvent précisément le fait dont il s'agit; les moyens à l'aide desquels se fait la preuve directe sont : les descentes et vues des lieux, les actes ou titres, les dépositions des témoins, et, dans certaines circonstances, les rapports ou avis d'experts.

Indirectes, lorsqu'elles établissent une circonstance d'où l'on peut induire l'existence du fait en litige.

Ces inductions, ou conséquences que le magistrat tire d'un fait connu à un fait inconnu, sont encore ce qu'on appelle des présomptions de fait ou de l'homme. (Art. 1134 C. c.)

Lorsqu'il s'agit de faits légalement constants, le juge ne peut ni exiger ni admettre d'autre preuve. Ainsi il ne saurait être question de preuve à produire encore, quant aux faits que la loi répute certains, soit en vertu d'une présomption efficace à l'égard de toutes personnes indistinctement, telle que les présomptions de légitimité, d'interposition de personnes, de remise de dette, soit en vertu d'une présomption dont l'effet n'est que relatif, telle que les présomptions attachées à l'aveu, au serment, ou à la chose jugée. (Art. 1135 et 1137 C. c.)

Du Désistement

Jusqu'à la décision du juge, on peut, sous certaines conditions, se désister de sa procédure.

Le désistement est la renonciation à un acte de procédure, à une instance ou à une action.

Il convient de se désister : — d'un acte de procédure, lorsque cet acte est vicieux, pour prévenir des condamnations ou des frais, en réparant les vices dont il est entaché;

D'une demande (ou d'un chef de demande) : 1° lorsqu'elle a été engagée prématurément; 2° lorsqu'elle a été irrégulière en la forme; 3° lorsqu'elle a été portée devant un juge incompétent;

D'une action, lorsqu'elle est mal fondée.

Le désistement d'*action* emporte aliénation du fond du droit et n'est valablement donné que par une personne capable de disposer du droit auquel il se réfère. Ainsi ne peuvent se désister d'une action : le mineur, à moins qu'il ne soit émancipé et qu'il ne s'agisse d'un objet relatif à son administration (Arg. C. c. 391); — la personne pourvue d'un conseil judiciaire, à moins qu'il ne s'agisse d'un objet de son administration ou qu'elle ne soit assistée de son conseil.

Le désistement de l'*instance* ne peut être donné que par celui qui a la disposition du droit litigieux.

Le désistement amiable peut avoir lieu dans les formes et aux conditions qu'il convient aux parties d'adopter.

Le désistement judiciaire est réglé par les art. 399 et 400 du Code de procédure. (Voir ces articles commentés, *infrà*, pages 280 et suiv.)

III. — Des Jugements

Le tribunal, après avoir entendu les parties ou l'une des parties, peut et doit prendre une décision, c'est-à-dire *rendre un jugement.*

Il peut prononcer définitivement sur la contestation ou bien ordonner. certaines mesures qui ont pour objet ou d'éclairer sa religion, ou de faire dépendre sa décision d'une affirmation, ou d'accorder un délai, — ou encore d'assurer l'exécution du jugement. — Ainsi il peut ordonner la *comparution des parties*, un *compulsoire,* une *enquête,* une *expertise,* un *interrogatoire sur faits et articles*, une *descente sur les lieux*, un *serment;* accorder des *délais;* condamner à des *dommages-intérêts,* à des *intérêts*, à des restitutions de *fruits;* prononcer la *contrainte par corps; l'exécution provisoire en justice de paix, avec caution,* et dans les causes sujettes à l'appel.

On distingue les jugements :

1° En jugements contradictoires et par défaut;

2° En avant faire droit et définitifs : les avant faire droit se subdivisent eux-mêmes en jugements préparatoires, interlocutoires et provisoires;

3° En jugements de dernier ressort et à charge d'appel.

Est *contradictoire* le jugement rendu sur les défenses respectives des plaideurs. Le jugement *par défaut* est rendu en l'absence de l'une des parties. Si c'est le défendeur qui ne comparaît pas, le jugement est simplement dit *par défaut;* si c'est le demandeur, il est appelé *défaut-congé.*

Le jugement *avant faire droit* est celui qui, avant de statuer définitivement, ordonne une disposition préalable. Il est *préparatoire* lorsque, rendu pour l'instruction de la cause, il tend seulement à mettre le procès en état de recevoir jugement définitif. Il est *interlocutoire* lorsque le tribunal ordonne une preuve, une vérification ou une instruction qui préjuge le fond.

L'influence du jugement sur le fond est le caractère qui distingue le jugement interlocutoire du jugement préparatoire. Le jugement préparatoire n'a d'autre but que d'instruire la cause; il règle la procédure et l'achemine vers l'issue de la cause; rien n'y fait entrevoir la tendance de l'opinion du juge sur le droit litigieux. Le jugement interlocutoire laisse entrevoir cette tendance, la plupart du temps, en l'attachant à un point décisif qu'il veut éclaircir. (BONCENNE.) Les contestations des parties, leur résistance à demander ou à combattre la mesure objet du jugement sollicité servent souvent aussi à caractériser le jugement sous ce rapport. (BIOCHE.)

Il est enfin *provisoire* lorsque le Tribunal ordonne des mesures propres à pourvoir aux inconvénients dont pourraient souffrir soit les parties, soit les objets litigieux, pendant le temps qu'exige l'instruction d'une cause. Le jugement provisoire n'a aucune influence sur le fond ni sur l'instruction; il peut être rétracté par le juge qui l'a rendu.

Lorsque l'affaire est en état sur le provisoire et sur le fond, il est statué sur le tout par un seul et même jugement (C. p., art. 141), pour éviter des frais. La décision de la question provisoire n'est pas inutile; il faut savoir qui supportera les dépens auxquels elle a donné lieu.

Le jugement *définitif* est celui qui statue sur la contestation et la termine. Le Tribunal qui a rendu un jugement définitif ne peut, en général, ni le changer ni le corriger.

La distinction des jugements en définitifs, interlocutoires et préparatoires a de l'importance relativement à l'appel (*Voir* art. 39 C. p. c.) et au pourvoi en cassation (*V.* art. 918 même Code).

Il y a en outre des jugements qu'on appelle *d'expédient.*
Par le jugement *d'expédient,* le Tribunal donne acte de l'accord
des parties sur un point de litige : tel est celui qui constate leur
consentement à la prorogation de la juridiction du juge de
paix, celui qui donne acte d'un désistement, d'un aveu, de la
reconnaissance d'un écrit. (BIOCHE.)

En général, on donne le nom de *jugements* aux décisions
rendues par les Tribunaux de paix, les Tribunaux civils et les
Tribunaux de commerce ; et celui d'*arrêts* aux décisions qui
émanent du Tribunal de cassation et des Tribunaux d'appel.
Les décisions des Tribunaux de paix, comme celles des arbitres, prennent aussi le nom de *sentences.*

FORME DES JUGEMENTS. — La forme des jugements est déterminée par des règles fondamentales de droit public, dont
l'observation est rigoureusement prescrite, et doit être constatée dans les actes mêmes pour lesquels elles sont exigées. Si
l'on pouvait se dispenser de faire mention dans ces actes
qu'elles ont été remplies, l'on pourrait bientôt les transgresser
impunément.

Cassation, 6 juillet 1835 :

« Chaque jugement doit porter avec soi la preuve de l'observation des formalités prescrites pour sa validité. (Note 22
sous l'art. 148 C. p. c. L. P. ; n° 72, cass. 13 mars 1848.)

Le jugement du Tribunal de paix doit, comme tout jugement, à peine de nullité, présenter l'observation de certaines
formalités essentielles. Peu importe que la loi n° 1 du Code
de procédure ne contienne aucune disposition spéciale sur la
forme et la rédaction de ces jugements ; les formalités substantielles d'un acte doivent être observées, lors même qu'elles ne
sont pas écrites dans la loi. (*V.* BIOCHE, *Jug. du Trib. de paix,* 28.)
Ainsi le jugement doit être rendu par un juge (si c'est à
charge d'appel), un juge et un suppléant (si c'est en dernier
ressort) qui aient assisté à toutes les audiences de la cause.
Il doit être prononcé à haute voix et en audience publique. Il

doit indiquer les noms du juge ou des juges qui ont tenu
l'audience et ceux du greffier qui a tenu la plume. Il doit
contenir les *qualités* (qui chez nous comprennent les noms,
professions et demeures de parties) ; les *conclusions* de ces parties ; l'exposition sommaire des *points de fait et de droit ;* des
motifs ; la *mention des pièces produites,* et un *dispositif* (1).

La rédaction du dispositif doit être claire et précise. Lorsque la demande est accueillie, le [juge a soin de déterminer
les condamnations prononcées contre le défendeur. La simple
mention que les conclusions de telle partie lui sont adjugées
serait trop vague et prêterait à l'équivoque.

« Le dispositif, dit un arrêt du Tribunal de cassation,
« 19 novembre 1849, formant l'essence même du jugement,
« le législateur, dans les prescriptions de l'art. 148 du Code
« de procédure civile, n'a pas entendu qu'il pût se trouver
« dans la rédaction des jugements quelque chose que ce soit
« sous forme de dispositif, mais bien une décision certaine et
« déterminée, susceptible d'une juste exécution, et qui dans
« un jugement définitif termine la contestation et ne permet
« point qu'elle puisse être renouvelée... Ainsi un jugement
« condamne le débiteur à payer à son créancier le *montant de*
« *sa créance,* sans dire quelle est cette créance et sans en
« déterminer la somme, etc.; dans cet état de rédaction, il ne
« présente qu'une décision incertaine, ne constituant pas un
« véritable dispositif : ce qui équivaut à l'absence de cette
« partie essentielle prescrite par l'art. 148. » Note 82 sous
l'art. 148 proc. civ. L. P.)

Le dispositif doit statuer sur toutes les questions de fait et
de droit que présente le procès, et seulement sur ces questions ;
sinon il pourrait donner lieu à la *requête civile.*

Le juge, répétons-nous, ne peut motiver son jugement sur
la connaissance personnelle qu'il a de certains faits.

---

(1) Art. 153 de la Constitution : « Tout arrêt ou jugement est motivé. Il est prononcé en audience publique. »

Il ne peut, dans la rédaction du jugement, suppléer les moyens de droits principaux, mais seulement les moyens de droits accessoires qui ne sont que la conséquence de ceux qu'on a fait valoir. (BIOCHE, *Jug. du Trib. de paix*, 50.)

La *minute* du jugement est signée par le juge ou les juges qui ont siégé ainsi que par le greffier ou commis-greffier qui a assisté à l'audience.

La grosse du jugement, c'est-à-dire l'expédition en *forme exécutoire*, est signée du greffier. Elle est intitulée : *Au nom de la République*, et terminée par la formule exécutoire.

« Le jugement de la justice de paix doit contenir textuel- « lement le mandement exigé par l'article 149 du Code de « procédure civile. » (Cass. 13 mars 1847 ; note 3 sous l'art. 149 proc. civ. L. P.)

Effets du Jugement

Les jugements des Tribunaux de paix produisent les mêmes effets que les jugements émanés des Tribunaux civils, même dans le cas de prorogation de juridication.

Le jugement produit huit effets principaux :

1° Il est considéré comme [la vérité, tant que cette présomption légale n'est pas détruite par les voies de droit. Les parties ne peuvent le faire rectifier que par les moyens établis par la loi.

2° Il confère une hypothèque au profit de celui qui l'a obtenu sur les biens présents et à venir de la partie condamnée. (Art. 1890 C. civ.)

3° S'il est définitif, il termine la contestation qui, par conséquent, ne peut être reproduite, à moins que la condamnation n'ait pas été déterminée, comme si, par exemple, le jugement condamnait une partie *à payer à l'autre tout ce qu'elle doit avec les intérêts*. Un tel jugement ne passerait pas en force de chose jugée et n'empêcherait pas la partie contre laquelle il aurait été rendu de faire prononcer de nouveau sur la contestation. (*Journal du Palais*, jugement 1681.)

4° Il anéantit l'interruption de prescription opérée par la demande, s'il rejette cette demande. (Art. 2015 C. civ.)

5° Il produit l'action que l'on nommait, en droit romain, *actio judicati,* et qui a pour objet l'exécution des dispositions qu'il renferme. Cette action dure chez nous vingt ans, encore bien que l'action primitive, autrement dit le droit sur lequel le jugement a été rendu, soit de nature à se prescrire par un moindre laps de temps. Elle est personnelle, lors même que l'action jugée est réelle, parce que la contestation forme entre les parties un contrat judiciaire tacite qui produit novation. Toutefois, cette action en exécution du jugement est subordonnée à plusieurs formalités indispensables pour sa validité. (*J. du P. Ibid.* 1684, 1685.)

6° Le jugement, étant déclaratif d'un droit préexistant, a, en général, un effet rétroactif au jour de la demande. (*Ibidem* 1686).

7° Un jugement, étant un acte authentique, fait foi jusqu'à inscription de faux des énonciations qu'il contient.

8° Enfin, le jugement une fois prononcé par le Tribunal, est irrévocable, en ce sens que les juges qui l'ont rendu ne peuvent plus le modifier : leur décision appartient aux parties.

Interprétation des Jugements

Cependant les juges ont, dans certains cas, le droit d'interpréter les jugements par eux rendus.

En effet, si un jugement contient nne disposition obscure ou ambiguë pouvant donner lieu à diverses interprétations, c'est aux juges mêmes qui l'ont rendu qu'il faut s'adresser pour qu'ils expliquent le sens qu'ils ont voulu attacher à leur décision. Ce n'est pas là, en effet, rectifier ou modifier, mais bien expliquer le jugement.

Cette règle incontestable offre d'ailleurs des avantages, dit Carré, *Loi de la compétence* : « l'un, d'éviter que les parties, se méprenant sur le sens d'un jugement, ne se fourvoient dans l'exécution; l'autre, de prévenir des appels qui ne prendraient leur source que dans l'obscurité de la décision. »

Au surplus, si les Tribunaux peuvent interpréter leurs jugements lorsqu'ils renferment des décisions vagues et obscures, c'est à la condition expresse qu'ils n'apporteront aucun changement à la chose jugée. Ils ne peuvent modifier leur décision, sous prétexte de l'interpréter. (*J. du P.* Jugement 1736 et s.)

Chose jugée

Ce qui a été décidé par un jugement qui ne peut plus être attaqué par aucune voie ordinaire constitue la *chose jugée*.

L'autorité de la chose jugée n'a lieu qu'à l'égard de ce qui a fait l'objet du jugement. Il faut que la chose demandée soit la même; que la demande soit fondée sur la même cause; que la demande soit entre les mêmes parties, et formée par elles en la même qualité. (Art. 1136 C. civ.)

Le dispositif seul constituant l'essence des jugements, c'est ce dispositif seul et non les motifs qui établissent l'autorité de la chose jugée. C'est la règle généralement applicable. Cependant, bien que les motifs ne constituent pas le jugement, la loi n'ayant point prescrit de formule sacramentelle pour celui-ci, il suffit que le rejet d'un moyen qui a été proposé soit la suite nécessaire et indispensable du dispositif, pour que l'on doive décider que ce dispositif a jugé la difficulté que les motifs avaient d'ailleurs appréciée. (*J. du P.*, Chose jugée, 105 et 120.)

La chose jugée, répétons-nous, n'existe que quand le jugement ne peut plus être réformé par les voies ordinaires. Quant aux voies extraordinaires, telles que le pourvoi en cassation, la requête civile, prises contre le jugement dont on ne peut plus appeler, elles ne suspendent pas l'autorité de la chose jugée; aussi le jugement attaqué en cassation ne perd la force de chose jugée que par l'arrêt qui le casse. De même que la requête civile, quand la loi l'autorise (art. 416 pr. c.), n'enlève pas l'autorité de la chose jugée à la décision contre laquelle on la dirige, tant que celle-ci n'est pas rétractée. (*Ibid.*, 90, citant Duranton et Toullier.)

L'exception qui résulte de l'autorité de la chose jugée a été introduite pour empêcher que l'on ne remît sans cesse en question ce qui a été définitivement jugé. *Res judicata pro veritate habetur.* En matière civile, elle est d'intérêt purement privé; d'où il suit que les juges ne sauraient la suppléer d'office. Il en est autrement en matière criminelle (*Ibid.*, 605), où la règle *non bis in idem* est absolue.

IV. — Des voies de recours contre les Jugements

Les voies ouvertes contre les jugements se divisent en voies de *rétractation* ou de *réformation*.

Les voies de rétractation ont pour objet de mettre le tribunal dans la position de revenir lui-même sur ce qu'il a jugé; de revoir, de refaire son propre jugement : l'*opposition,* la *tierce opposition* et la *requête civile.*

Les voies de réformation ont pour but d'obtenir la correction, c'est-à-dire l'annulation ou la réformation du jugement et la rectification ou réparation des torts qu'il a causés : l'*appel,* la *cassation* et la *prise à partie.*

Il y a une différence essentielle entre ces deux espèces de voies : c'est que la rétractation ne peut appartenir qu'au tribunal même qui a rendu le jugement, tandis qu'au contraire la réformation ne peut appartenir qu'à un tribunal supérieur.

Les voies soit de rétractation, soit de réformation, se divisent encore en voies *ordinaires* et voies *extraordinaires.* Les

premières sont l'*opposition* et l'*appel,* et les deuxièmes la
tierce opposition, la *requête civile,* la *cassation* et la *prise à
partie.*

Les auteurs ne sont pas d'accord sur le point de savoir si la
requête civile peut être formée contre les jugements rendus
en justice de paix. Selon Allain, II, 3186, « la requête civile,
dit Pigeau, l'un des commissaires rédacteurs du projet du
Code de procédure, n'a pas lieu contre les jugements dés tribunaux de paix et de commerce, l'article 480 ne parlant que
des jugements rendus par les tribunaux de première instance
ou d'appel. D'ailleurs, les tribunaux de paix ne prononcent
ordinairement que sur des objets peu considérables. Merlin,
après avoir embrassé cette opinion et l'avoir fait consacrer,
quant aux justices de paix, par un arrêt de la Cour de cassation du 6 avril 1813, soutient, dans ses additions au *Répertoire*
publiées en 1825, v° *Requête civile,* que la requête civile peut
être admise contre les jugements de dernier ressort des tribunaux de commerce, et cite un arrêt de la Cour de cassation du
24 août 1819, qui l'a décidé ainsi, en cassant un arrêt de la Cour
de Poitiers; mais les motifs de cet arrêt et de plusieurs autres
rendus depuis dans le même sens sont sans influence quant aux
tribunaux de paix. Comment concilier, en effet, les formes de
procédure établies pour les requêtes civiles (art. 492 à 496 du
Code français) (1) avec celles qui se pratiquent dans les justices de paix? D'où l'on doit conclure, malgré l'avis contraire
de Carré, qu'à l'égard des justices de paix, la voie de la requête
civile est impraticable. »

---

(1) Il est vrai que ces dispositions sont de beaucoup simplifiées dans notre code.

MULLERY, p. 89 et suiv., fait une longue discussion sur la question et se déclare
pour l'admission de la requête civile en justice de paix. Dans le cours de cette
discussion, il cite un jugement du tribunal de paix de Port-au-Prince, dans le sens
contraire à son opinion.

V. du reste *infrà,* sous l'art. 416 et suiv.

V. — Des voies d'exécution des Jugements

Quand on a obtenu contre son adversaire une condamnation même inattaquable, on n'a pas encore atteint le but véritable qu'on se proposait en demandant. Le résultat véritable, ce n'est pas seulement la reconnaissance judiciaire et publique du droit que nous prétendons, c'est l'exécution de la promesse, c'est le paiement de la dette, c'est la restitution de la chose qui nous appartient. Si donc, malgré l'autorité de la sentence judiciaire, notre adversaire condamné refuse de s'y soumettre volontairement, il faut arriver, à l'aide d'une force et d'une action coërcitives, à l'exécution de cette condamnation, exécution sans laquelle nos droits, nos demandes, nos procédures, nos jugements ne seraient que de très insignifiantes et très inutiles théories. (Boitard, Proc. civ., t. II, n° 798.)

De là la loi n° 4 du Code de procédure sur l'exécution des jugements (art. 442 à 709).

L'exécution est volontaire ou forcée. L'exécution volontaire se règle à l'amiable entre les parties capables. Elle emporte acquiescement et en produit les effets.

L'exécution forcée se poursuit sur la personne et sur les biens du débiteur condamné.

Elle a lieu contre la *personne,* au moyen de la contrainte par corps, et contre les *biens* au moyen de la saisie, de la vente et de la distribution du prix entre les créanciers. (J. *du P.*)

Les voies d'exécution sont donc les saisies et la contrainte par corps : saisie-arrêt ou opposition (art. 478 et suiv.), saisie-exécution (art. 504 et suiv.), saisie des rentes constituées sur particuliers (art. 548 et suiv.), saisie-immobilière (art. 585 et suiv.), et emprisonnement (art. 680 et suiv.).

Il y a encore, en procédure, d'autres saisies qui ne sont pas des voies d'exécution. Telles sont la saisie-gagerie (art. 717 et suiv. du C. de proc.), la saisie foraine (art. 720 et suiv.), la saisie-revendication (art. 724 et suiv.), la saisie conservatoire (art. 169 du Code de commerce). Elles ne sont pas, comme les voies d'exécution, précédées d'un commandement. (V. Boitard, Proc. civ., t. II, n° 812, 813.)

Les diverses voies d'exécution tendent à contraindre le débiteur à vendre ou à faire vendre, à la requête du créancier, les biens que le débiteur possède pour procurer à ses créanciers leur paiement. (*J. du P.*)

Lorsque l'obligation consiste à faire une chose, à exécuter tel ou tel travail, à démolir ou à construire, à planter une haie, creuser un fossé, etc., il faut alors s'adresser à la justice pour faire régler le mode d'exécution (à moins qu'il ne soit déjà réglé par le titre); le jugement décide que, faute par la partie condamnée d'exécuter dans un délai déterminé, le créancier sera autorisé à faire faire la chose ou le travail aux frais de cette partie. (Bioche, Exécution des j. et actes, 4.)

Un créancier peut employer simultanément plusieurs voies d'exécution contre son débiteur. L'exercice de la contrainte par corps n'empêche ni ne suspend les poursuites et les exécutions sur les biens, dit l'art. 1836 du Code civil.

Le principe du cumul des voies d'exécution reçoit cependant quelques exceptions. Ainsi, le créancier d'un mineur doit discuter ses meubles avant de saisir ses immeubles (C. civ., art. 1973); celui qui a une hypothèque spéciale sur certains immeubles doit discuter ces immeubles avant d'attaquer les autres (C. civ., art. 1977); le créancier-gagiste ne peut agir par saisie-exécution pour faire vendre le gage dont il est nanti (C. civ., art. 1845).

D'autre part, *saisie sur saisie ne vaut,* c'est-à-dire on ne peut faire une exécution sur une exécution; on ne peut saisir un objet déjà saisi; la loi permet seulement au second créancier qui se présente pour mettre son titre à exécution, de prendre des mesures conservatoires de ses droits. (Pr. civ., art. 532, 631 et 632.)

L'exécution doit être précédée de la notification du titre en vertu duquel on veut poursuivre le débiteur.

Le débiteur peut réclamer l'exhibition de la grosse dont l'huissier est porteur.

Aucune signification ni exécution ne pourra être faite avant le lever et après le coucher du soleil; non plus que les jours de fêtes légales, si ce n'est en vertu de permission du juge, dans le cas où il y aurait péril en la demeure. (P. c., art. 958.)

L'officier ministériel doit, en procédant à l'exécution, observer les égards dus à la position du débiteur et ne point s'écarter de la modération et des convenances.

Si la partie poursuivie croit devoir résister, elle ne le peut qu'en opposant les obstacles que la loi met à sa disposition : elle doit s'abstenir de toute résistance matérielle. (Bioche.)

Sinon, elle pourra être sous le coup de l'article 476 du Code de procédure, ainsi conçu : « L'officier insulté dans l'exercice de ses fonctions dressera procès-verbal de rébellion ; et il sera procédé suivant les règles établies par le Code d'instruction criminelle ».

Notre législation donne aux juges de paix le pouvoir de connaître de l'exécution des jugements qu'ils prononcent en dernier ressort. (V. art. 25 de Code de procédure civile.)

CHAPITRE III

Du Code civil

HISTORIQUE ET MATIÈRES

Haïti constituée en nation indépendante, il était naturel que le pouvoir régnant s'occupât bientôt de promulguer des institutions judiciaires propres au pays.

Ainsi, le 7 juin 1806, dans une loi rendue par l'empereur Dessalines sur l'organisation des tribunaux, il fut dit, titre II, art. 10 : « Les lois civiles seront revues et réformées, et il sera fait un code général de lois simples, claires et appropriées à la Constitution.

Comme aussi sous la République présidée par Pétion, une autre loi organique des tribunaux, en date du 24 août 1808, porta en son titre III, art. 5, que les tribunaux de première instance procéderont (jusqu'à ce qu'un Code civil ait paru) conformément aux lois et ordonnances relatives en usage dans ce pays, et en tout ce qui n'est pas contraire à la Constitution du 27 décembre 1806.

Le 20-24 février 1812, Christophe remplit la promesse de la loi impériale, par la publication de son *Code Henry*, qui, jusqu'à sa chute en 1820, resta en vigueur dans la partie du pays qui formait son royaume. C'était un code unique, composé de lois diverses traitant des matières comprises dans les différents codes que nous possédons maintenant outre des dispositions sur les prises : loi civile, loi de commerce, loi sur les prises, loi de procédure civile, loi de police correctionnelle et criminelle, loi de procédure criminelle, loi concernant la culture, loi militaire comprenant les règlements de toutes natures sur l'organisation de l'armée, loi pénale militaire, y compris la forme de procéder devant les Conseils de guerre. (*V*. B. Ardouin, t. VIII, p. 471.)

Le Conseil privé du roi, composé de douze membres et présidé par l'archevêque Corneille Brelle, duc de l'Anse, lui adressait, le 30 janvier 1812, sur cette codification de lois, un rapport dans lequel on lit : « .... Il fallait au peuple haïtien un Code de lois simples, sages, qui consacrât d'une manière solennelle ses droits, ses devoirs, et qui fût analogue au climat, à ses mœurs, à ses besoins, et principalement adapté à un peuple agricole et guerrier...... » Déjà en 1807, des lois qui se trouvent plus ou moins retouchées au Code Henry, entre autres sur les enfants naturels (25 mars), la tutelle et l'émancipation (6 mai) avaient été transitoirement rendues au Cap Haïtien par le Conseil d'État d'alors.

De son côté, le Conseil départemental siégeant aux Cayes, pendant la scission du Sud, prenait, le 15 juin 1811, un arrêté qui mettait en vigueur, dans ce département, à partir du 1er août suivant, le Code Napoléon (1) et abrogeait les lois, ordonnances, coutumes et règlements sur les matières qui sont l'objet dudit Code. (L. Pradine, *Lois et Actes*, note sous le numéro 438.) Les anciennes ordonnances, etc., abrogées par cet arrêté, reprirent force et vigueur à la pacification du Sud, en mars 1812 ; ce qui était, d'ailleurs, conforme à la Constitution de 1808.

Cependant, à quelque temps de là et pendant qu'on travaillait, au Grand-Goave, à la revision de la Constitution, le Président Pétion adressa (22 mars 1816) une circulaire aux Commissaires du Gouvernement près les tribunaux de l'ouest, faisant « savoir que le Gouvernement avait décidé que, dans tous les cas douteux de jurisprudence non prévus par les lois en vigueur dans la République, et jusqu'à ce qu'un Code civil

---

(1) Promulgué en France de 1803 à 1804.

ait été particulièrement rédigé pour le pays, le Code Napoléon sera celui qu'on consultera pour servir de base aux décisions judiciaires. » (*Lois et Actes,* n° 438.)

La Constitution, revisée sur ces entrefaites (2 juin 1817), édicta (art. 37) qu'il sera fait des codes de lois civiles, criminelles et pénales, de procédure et de commerce communs à toute la République.

Et, en attendant, le Grand-Juge A. de Sabournin émit, l'année suivante, — 31 août, — une dépêche aux membres du tribunal d'appel de Port-au-Prince, interprétative de celle du Président d'Haïti sur l'emploi du Code Napoléon. « Il paraît, dit-il, que l'esprit de la lettre de S. Ex. le Président d'Haïti est de se servir du Code Napoléon dans tous les cas où nos propres lois ne se sont pas clairement expliquées, de préférence aux anciennes ordonnances. Mon opinion est que cela doit faire règle générale, et que le Code doit suppléer à ce qu'on entend par lois anciennes en usage dans le pays. » (*Ibid.* n° 496.)

Ces *dispositions*, rapporte L. Pradine dans une note sous le n° 438, Lois et Actes, *furent suivies jusqu'en 1825, époque de la confection des codes d'Haïti. Cependant le Président Boyer eut la velléité de les rapporter; il écrivit en conséquence, le 23 septembre 1822, une dépêche au Grand-Juge,* où on lit ce qui suit :

« Depuis quatre ans, je n'ai pas discontinué d'étendre ma
« sollicitude sur les moyens de rendre, dans la République,
« l'administration de la justice aussi simple qu'efficace...

« Tout le monde sait les peines que je me suis données pour
« procurer à la Nation un code de lois adapté à ses mœurs, à
« ses usages et à portée d'être entendu et conçu de tous
« ceux auxquels il est destiné à servir de boussole dans leurs
« transactions privées et publiques; mais ce travail devant
« embrasser une si vaste étendue d'idées, par rapport aux
« ramifications dont se composent tous les cas qu'il faut
« essayer de prévoir, il ne peut être que le fruit du temps et de
« la méditation. J'espérais qu'à la présente session de la Légis-

« lature, toutes les lois civiles auraient été confectionnées,
« mais voyant, à mon grand regret, l'impossibilité que cela
« soit ainsi, je suis dans la nécessité de chercher un remède
« temporaire pour arrêter les progrès du mal qui s'opère dans
« nos tribunaux de justice, au détriment de nos concitoyens,
« à cause de l'effet des lois étrangères, qui ne peuvent être
« plus longtemps ni les guides des juges, ni les foyers de
« discordes et de calamités publiques.

« Je veux parler, Grand-Juge, du Code Napoléon, qui, en
« vertu de la lettre de mon prédécesseur aux Commissaires
« du Gouvernement près les tribunaux du département de
« l'Ouest, en date du 22 mars 1816, a été admis pour suppléer
« dans tous les cas où les lois de la République ne se seraient
« pas encore prononcées. . . . .

« D'après tout ce que l'expérience a fait sentir d'inconvé-
« nients à ce que les articles trop compliqués du Code Napo-
« léon continuent dans beaucoup de circonstances à servir de
« règle aux tribunaux, il devient important aux intérêts des
« citoyens, aussi bien qu'à ceux du commerce en général,
« que ce code soit retiré de l'usage que lesdits tribunaux ont
« été autorisés dans le temps à en faire. En conséquence, je
« vous autorise à notifier à tous les commissaires du Gouver-
« nement et autres officiers de l'ordre judiciaire, faisant fonc-
« tions du ministère public, que la lettre de mon prédécesseur,
« en date du 22 mars 1816, aux commissaires du Gouverne-
« ment près les tribunaux de l'Ouest, est rapportée et demeure
« nulle, comme si elle n'était jamais advenue ; que, d'après
« cela, on ne devra plus se servir davantage du Code Napo-
« léon dans aucun tribunal, ni dans aucun cas ; qu'en atten-
« dant la promulgation du code haïtien, les tribunaux se
« régleront sur les lois de la République, sur l'usage qui
« prévalait avant le 22 mars 1816, et que, dans le cas où
« aucun ancien règlement ni même l'usage ne laisserait de
« traces pour guider lesdits tribunaux, ils prononceront
« d'après l'équité, ou prescriront aux parties contendantes
« l'arbitrage, et même leur donneront d'office des arbitres,
« afin d'abréger les ressorts de la chicane, rendre la justice

« prompte et peu dispendieuse à tous ceux qui seront forcés
« d'y recourir.

« ... Que ma présente lettre soit enregistrée dans les
« greffes, etc. »

Cette idée était vraiment dominante chez nos devanciers :
qu'il fallait simplifier les dispositions des codes civil et de
procédure, considérées comme trop compliquées pour le pays.
Mais le président Boyer, qui se l'exagérait tant encore, revint
bientôt de cette erreur commune, comme nous le verrons plus
loin, et reconnut enfin la sagesse de ces dispositions du code
qu'il voulait alors proscrire de nos tribunaux.

Une autre observation à faire sur la dépêche du 23 septembre 1822, c'est qu'une simple dépêche du Président ne
suffisait pas, en principe, pour autoriser les juges à prescrire
aux parties litigantes l'arbitrage, même d'office. Ce n'est que
par un acte législatif que le juge pourrait être autorisé à déléguer ainsi, et même en dépit des parties, son pouvoir de juridiction.

L'art. 4, titre Ier de la Loi organique du 15 mai 1819
et les art. 178 et 179 de la Constitution de 1816, sous l'empire desquels on se trouvait alors, reconnaissaient bien aux
parties la faculté de faire juger leurs différends par arbitres
de leur choix plutôt que par justice; mais ils n'autorisaient
nullement les tribunaux saisis d'une cause à en renvoyer le
jugement à des arbitres nommés d'office, c'est-à-dire, à l'occasion, même contre le gré des parties.

Au contraire, l'art. 7 de cette même Loi organique de 1819
disait déjà que « les juges ne peuvent se refuser de juger sous
prétexte du silence, de l'obscurité ou de l'insuffisance de la
loi, sous peine de déni de justice ». — Disposition que nous
avons maintenant à l'article 9 du Code civil.

Les arbitres sont des juges d'exception investis, par les
parties, du pouvoir de juger une certaine contestation, ou
chargés par la loi de terminer des différends d'une nature
déterminée..... Dans le doute, leur compétence doit être res-

treinte plutôt qu'étendue; et il faut ne maintenir l'arbitraire, soit volontaire, soit forcé, qu'autant que la volonté des parties ou de la loi est certaine et à l'abri de toute contestation. (*J. du Palais*, Arbitrage, 142, 143.)

Mais enfin, il paraît, fait observer M. L. Pradine, *loco citato*, que cette « dépêche est restée comme non avenue; car non « seulement elle n'a point été communiquée aux tribunaux, « mais, dit-il, nous n'en avons même pas trouvé, dans les « registres du Grand-Juge, l'accusé de réception ».

Qu'il y ait eu, à cette époque, un peu de tâtonnement et de confusion en législation et en jurisprudence, on le comprendra sans peine. C'était inévitable à cause de la multiplicité et de la diversité des lois auxquelles il fallait se référer, — et, — chez un peuple nécessairement novice, — à cause du petit nombre d'hommes versés dans ces matières.

Le Président Boyer l'avouait bien dans le message que, sur ces entrefaites et six mois après son avènement au pouvoir, il adressa au général Bonnet et à MM. Théodat Trichet, Daumec, Granville, Dugué, Milcent, Pierre André, Colombel et Desruisseaux Chanlatte, formant une commission chargée de préparer les codes d'Haïti.

« Délivrés, disait le message présidentiel, daté du 6 oc-
« tobre 1818, d'un système oppresseur, nous avons été forcés
« de nous laisser diriger par l'application des lois et usages
« incohérents avec le caractère national, avec nos inclinations
« et plus propres à retarder la marche du Gouvernement qu'à
« l'avancer . . . .
« De là, ce dédale de formalités et d'abstractions dans la dis-
« tribution de la justice, qui y jettent, de plus en plus, de la
« confusion et du désordre, de manière qu'elle devient un lan-
« gage souvent inintelligible pour les justiciables et une arme
« puissante dans les ressources que peuvent offrir les détails
« de la chicane... Rien de plus nécessaire que l'inappréciable
« avantage de procurer à la Nation un code de lois qui ral-
« lient et concentrent tous les intérêts, en les adaptant à

« l'esprit public et au caractère des citoyens pour lesquels
« ces lois doivent être faites.

 « Il faut donc, pour diriger un peuple simple, franc et
« loyal, des lois également simples et de l'exécution la plus
« facile.....

 « ..... La marche du service judiciaire nous a jetés d'in-
« certitude en incertitude ; l'impatience du caractère haïtien,
« l'accumulation des formes, l'énormité des frais de justice,
« le tâtonnement des juges au milieu d'une foule de lois
« d'une interprétation pénible, la pénurie de sujets préparés
« aux fonctions judiciaires et au talent du barreau, un esprit
« de discussion qui semble se manifester partout, ont rendu
« cette partie de l'administration une des plus onéreuses, etc. »
(*Lois et Actes*, n° 369.)

 Le travail de la commission dura plus de deux ans, paraît-
il. La matière en valait bien la peine (1).

 M. B. Ardouin prétend, t. VIII, p. 425, que les deux premiers
livres du *Code civil* furent proposés par le Président et exa-
minés, sans être décrétés, par la Chambre des Représentants,
dès la session de 1820 ; et que, dans celle de 1821, le projet
du troisième livre du *Code civil* fut soumis à la Chambre, qui,
« reprenant les précédents projets proposés en 1820, examina et
vota successivement ces parties du Code jusqu'aux dispositions du *Conseil judiciaire* inclusivement » (t. IX, p. 77) (2).

 Mais, selon le document qui suit, c'est en 1821 que le
premier projet fut présenté au Corps législatif.

 Le message du Président d'Haïti, adressé à la Chambre, le

---

(1) Portalis, Tronchet, Bigot de Préameneu et Malleville furent, comme on sait
les commissaires chargés de préparer le Code civil français, en l'an VIII. — « A
force de travail, dit MALLEVILLE, dans son *Analyse raisonnée,* nous parvînmes à faire
un Code civil en quatre mois. »

(2) La division par Livres et Titres, comme dans le Code français, n'a pas été
conservée dans notre Code, qui se divise par Lois, Chapitres, Sections et Paragraphes.

18 janvier 1825, et faisant l'historique des travaux législatifs sur le Code civil, disait en effet :

« Personne n'ignore, citoyens représentants, que dès la « session de 1821, le projet du Code civil a été présenté à la « méditation de la Chambre des Représentants des communes ; « mais un travail de cette importance n'a pu, malgré tout le « zèle et les soins des Représentants, être digéré dans la « même session. D'ailleurs, l'heureuse réunion qui venait de « s'opérer de la partie du Nord appelait leur sollicitude sur « d'autres qui, pour être réglementaires, n'en étaient pas « moins d'un intérêt majeur. Cependant, malgré l'excès du « travail, la Chambre s'est occupée du commencement du « projet de Code civil, et dans l'intervalle du 24 octobre au « 12 novembre 1828, onze lois ont été arrêtées par elle et en- « voyées au Sénat. Le Sénat, après les avoir acceptées, les a « adressées au Président d'Haïti, qui les a aussitôt revêtues « de la formalité de la promulgation ; mais ces lois..... ne « pouvaient être publiées immédiatement après leur promul- « gation sans jeter de l'incertitude dans le droit des citoyens « et entraver la marche de la justice, puisque le reste du Code « n'était pas encore connu. La prudence et l'intérêt public « ont donc commandé de suspendre leur publication.

« Il a été de toute impossibilité, dans la session de 1822, « de procéder à la confection du Code civil.

« La session de 1823 est arrivée ; et, pendant sa durée, il « n'a été possible de s'occuper que de six lois..... ; mais ces « six lois ont eu inévitablement et par les mêmes motifs le « sort des onze premières.

« Enfin, la session de 1824 s'est ouverte, et votre zèle, « citoyens représentants, vous a mis à même d'achever ce « travail important. Dans cette seule session, dix-neuf lois « ont été rendues.....

« Le travail étant confectionné par la Législature, il restait « au Président d'Haïti la tâche aussi difficile qu'importante « de veiller à ce que le corps entier du Code civil fût donné « au public dans une concordance parfaite et ne laissât aucune « équivoque sur les intentions bienveillantes de la Législature.

« J'ai dû consacrer à un travail aussi sérieux le temps néces-
« saire pour l'examen des trente-six lois rendues en trois
« sessions différentes et dans l'espace de quatre années.....

« Il m'a été facile de reconnaître que plusieurs change-
« ments dans la rédaction des lois confectionnées étaient néces-
« saires..... J'ai formé une commission composée, autant qu'il
« a été en mon pouvoir, de nos meilleurs légistes, afin d'exa-
« miner après moi les susdites lois et de me faire un rapport.
« Leur travail m'ayant confirmé dans mon opinion, je viens
« vous informer, citoyens représentants, que la publication
« des trente-six lois que j'ai désignées en la présente doit
« être nécessairement suspendue, quoique ces lois aient été
« revêtues de la formule de la promulgation ; et que les mêmes
« lois vous seront toutes à la fois représentées avec les modi-
« fications, changements et rédaction qui ont été jugés indis-
« pensables à la bonne administration des droits de nos con-
« citoyens..... etc. » (*Lois et Actes*, n° 926.)

Note de Linstant Pradine sur ce n° 926 :

« Le Code civil, renvoyé en effet à la Chambre des Représentants, fut voté dans cette session de 1825, et l'impression
en fut commencée immédiatement. Mais M. Blanchet, avocat,
arrivé la même année au Port-au-Prince, fit sentir au Président Boyer toutes les imperfections de ce premier travail, et
il n'eut pas de peine à lui faire adopter le *Code Napoléon*
avec les modifications que réclamaient nos mœurs et nos institutions politiques, — modifications, du reste, peu nombreuses. Le Corps législatif, qui avait été convoqué dès le
mois de janvier, adopta sans longues délibérations le Code
civil, qui parut à sa date, en 1825, pour être exécutoire à
partir du 1er mai 1826. »

Le Code civil fut définitivement voté le 4 mars 1825, par
la Chambre ; le 26, par le Sénat, et promulgué le 27 par le
Président d'Haïti.

M. B. Ardouin (t. IX, p. 314) explique que le dernier ar-

ticle, 2047, en vertu duquel le Code était exécutoire à partir
du 1ᵉʳ mai 1826, « eut pour motif l'impossibilité d'être fixé
sur l'époque précise où ce Code serait entièrement imprimé,
pour être expédié ensuite dans toutes les communes ; la date
du 1ᵉʳ mai était même laissée en blanc, afin que le pouvoir
exécutif pût la déterminer à l'achèvement de l'impression. »

Différentes modifications furent, depuis, portées au Code
civil, notamment en 1834, par la loi du 27 mai sur la contrainte par corps pour toutes dettes, civiles et commerciales ;
— en 1840, par la loi du 15-16 juin ; — en 1843, par le décret
du Gouvernement provisoire du 22 mai ; — en 1860, par la
loi du 6 septembre, à l'égard de l'art. 14 du Code touchant la
naturalisation, et celle du 30 octobre sur le mariage entre
Haïtiens et étrangers ; — en 1864, par la loi du 24 septembre
à l'égard de l'art. 150 du Code, touchant la dispense que peut
accorder le Président d'Haiti pour mariage entre beau-frère et
belle-sœur.

Telles ont été les sources de notre droit civil ; et telle a
été la longue filière par laquelle ont passé les 36 lois qui composent notre Code civil et qui se répartissent en quatre
groupes :

1° La loi n° 1, sur la promulgation, les effets et l'application
des lois en général, art. 1ᵉʳ à 10 ;

2° Les dix lois nᵒˢ 2 à 8 et 8 bis à 10, sur l'état et la capacité des personnes, art. 11 à 424 ;

3° Les quatre lois nᵒˢ 11 à 14, sur les biens et les différentes
modifications de la propriété, art. 425 à 571 ;

4° Les vingt et une lois nᵒˢ 15 à 35, sur les différentes
manières d'acquérir la propriété ; art. 572 à 2046, le dernier
article — 2047, — étant la *disposition générale* qui fixe le
1ᵉʳ mai 1826 pour la mise en vigueur du Code civil dans toute
la République et abroge, en conséquence, tous autres lois,
coutumes, usages et règlements relatifs aux matières sur
lesquelles il est statué par ledit code.

MATIÈRES DU CODE CIVIL

Le Code civil, qui est la base des lois spéciales, puisqu'on doit nécessairement s'y référer lorsque ces dernières sont obscures ou incomplètes, — s'ouvre par quelques règles fondamentales dont on ne saurait s'écarter, comme on l'a bien dit, sans jeter la perturbation dans l'ordre social.

CODE CIVIL

De la promulgation des lois

ART. 1er. — Les lois sont exécutoires dans tout le territoire haïtien, en vertu de la promulgation qui en est faite par le Président d'Haïti. (Const., art. 92-107.)

Elles seront exécutées dans les différentes communes de la République, du moment où la promulgation en pourra être connue. (Const., art. 196.)

La promulgation sera réputée connue, dans chaque commune, vingt-quatre heures après la publication faite par les autorités locales; et dans toute la République, un mois au plus tard après la promulgation faite par le Président d'Haïti. (Const., art. 91.)

Effets des lois

ART. 2. — La loi ne dispose que pour l'avenir; elle n'a point d'effet rétroactif. (Const., art. 19.)

ART. 3. — Aucune loi ne peut être abrogée ni suspendue que par une autre loi.

ART. 4. — Lorsqu'il y a contradiction entre plusieurs lois transitoires, la loi postérieure abroge ce qui lui est contraire dans la loi antérieure, quand même le législateur aurait omis de faire mention de cette abrogation (1).

ART. 5. — Les lois de police et de sûreté sont obligatoires pour tous ceux qui habitent le territoire de la République. (Const., art. 192.)

De l'application et de l'interprétation judiciaire des lois

ART. 6. — Les agents étrangers accrédités en Haïti sont régis par le droit des gens, les usages des nations ou les traités politiques.

ART. 7. — Les Haïtiens qui habitent momentanément en pays étrangers sont régis par les lois qui concernent l'état et la capacité des personnes en Haiti.

ART. 8. — Il est défendu aux juges de prononcer par voie de disposition générale et réglementaire sur les causes qui leur sont soumises. (Const., art. 80.)

ART. 9. — Le juge qui, sous prétexte du silence, de l'obscurité ou de l'insuffisance de la loi, refusera de juger, pourra être poursuivi comme coupable de déni de justice.

ART. 10. — On ne peut déroger, par des conventions particulières, aux lois qui intéressent l'ordre public et les bonnes mœurs.

La justice est la première dette de la souveraineté; c'est pour acquitter cette dette que les juges sont institués. Ils ne rempliraient pas le but de leur institution si, sous prétexte du silence, de l'obscurité ou de l'insuffisance de la loi, ils refusaient de juger. De là la disposition de l'art. 9 C. civ. qui autorise à poursuivre comme coupable de déni de justice le

---

(1) Art. 92 de la Constitution : « La loi prend date du jour où elle a été définitivement adoptée par les deux Chambres; mais elle ne devient obligatoire qu'après la promulgation qui en est faite conformement a la loi. »

juge qui, dans ces circonstances, s'abstiendrait de statuer sur les contestations qui lui seraient soumises.

C'est toujours, en effet, observe-t-on, parce que la loi est obscure ou insuffisante, ou même parce qu'elle se tait, qu'il y a matière à litige. On voit rarement naître des procès sur l'application d'un texte clair et précis. Il faut donc que le juge ne s'arrête jamais. Il prononcera, en suppléant à la loi, soit par des inductions tirées de la loi elle-même, soit en recourant à la jurisprudence des tribunaux, à la doctrine des auteurs, aux usages, soit enfin en se décidant d'après ses propres lumières et les principes de la raison et de l'équité.

Toutefois, le juge doit se rappeler sans cesse que sa mission se borne à juger suivant la loi et non à juger la loi, à la faire. *(Journal du Palais*, lois 222 à 224.)

Cependant l'art. 156 de la Constitution prescrit que les tribunaux doivent refuser d'appliquer une loi inconstitutionnelle. Mais là encore, ce refus ne serait que par application d'une loi : la Constitution, loi fondamentale.

En cas d'autonomie, il faut bien se déterminer pour l'une des deux lois qui se contredisent. Et la loi, dit l'art. 36 de la Constitution, ne peut ajouter ni déroger à la Constitution. — La lettre de la Constitution doit toujours prévaloir.

Il y a deux sortes d'interprétations : celle par voie de doctrine et celle par voie d'autorité. L'interprétation par voie de doctrine consiste à saisir le véritable sens d'une loi, donne son application à un cas particulier. L'interprétation par voie d'autorité consiste à résoudre les doutes par forme de disposition générale et de commandement (art. 2 du titre V du livre préliminaire qui devait servir de frontispice au Code Napoléon). — L'interprétation des lois par voie d'autorité n'appartient qu'au pouvoir législatif, dit l'art. 80 de la Constitution. Cette interprétation est donnée par une loi, et elle s'appelle aussi *interprétation législative.* — L'interprétation est *judiciaire* lorsqu'elle résulte des décisions des tribunaux ; elle est purement *doctrinale* quand elle émane des jurisconsultes.

Lorsque la loi est claire et positive, il ne faut point en éluder la lettre sous prétexte d'en pénétrer l'esprit; le juge doit l'appliquer lors même qu'elle ne paraîtrait pas conforme aux principes généraux du droit ou à l'équité naturelle : *dura lex, sed est lex*. En effet, il est évident qu'il n'y a pas, et qu'il ne peut pas y avoir, pour le juge en siège, de raison plus raisonnable, d'équité plus équitable que la raison ou que l'équité de la loi.

La présomption du juge ne doit pas être mise à la place de la présomption de la loi.

Lorsque la loi est obscure, on doit préférer le sens le plus naturel et celui qui est le moins défectueux dans l'exécution. Pour fixer le vrai sens d'une partie de la loi, il faut en rechercher les motifs, le but qu'elle s'est proposé, en combiner et en réunir les différentes dispositions; si c'est possible, remonter aux sources dans lesquelles elle a été puisée; interroger les discussions qui l'ont préparée, la doctrine des auteurs, les usages, la jurisprudence des tribunaux, surtout celle du tribunal de cassation.

Il n'est pas permis de distinguer lorsque la loi ne distingue pas, et les exceptions qui ne sont point dans la loi ne doivent pas être suppléées.

L'application de chaque loi doit se faire à l'ordre des choses sur lesquelles elle statue. Les objets qui sont d'un ordre différent ne peuvent être décidés par les mêmes lois, On ne doit raisonner d'un cas à un autre que lorsqu'il y a mêmes motifs de décider.

Dans le concours de la législation générale avec une loi spéciale, c'est à celle-ci qu'il faut se référer; et lorsque cette dernière contient une disposition expresse qui n'est ni obscure, ni insuffisante, ni inconstitutionnelle, les juges ne peuvent s'écarter de ce qu'elle prescrit littéralement, pour rentrer dans les règles générales du droit commun.

Mais, en général, si la loi se tait absolument, si elle n'a prévu ni directement ni indirectement le cas qui donne lieu au procès, le juge peut alors, en matière civile, mais alors seulement, se décider d'après le principe de l'équité naturelle.

Il en est autrement en matière criminelle; là, tout ce qui n'est pas défendu directement est licite; les arguments d'analogie ne sont pas permis; on n'y tolère même pas les arguments *a fortiori*. La loi pénale doit, en un mot, être strictement renfermée dans ses termes, sur lesquels ne doit jamais prévaloir l'esprit même de la loi. Le silence ou l'obscurité de la loi doivent donc profiter toujours à l'accusé, qui doit être absous : *Nulle peine sans loi*. (*V*. Const., art. 20.)

En résumé, pour toute affaire soit civile, soit criminelle, ou la loi parle, ou elle se tait. Si la loi parle, il faut juger en se conformant à sa volonté; si elle se tait, il faut juger encore, mais avec cette différence que, lorsqu'il s'agit d'un procès criminel, l'accusé doit être renvoyé absous, *vu le silence de la loi*.

Des Personnes

(Lois n°s 2 à 10, art. 11 à 424 C. c.)

Le mot *personne* désigne un homme, un individu de l'un ou de l'autre sexe. — Mais on donne aussi la qualification de *personnes* à des êtres moraux, abstraits, intellectuels; par exemple, aux communautés, aux établissements publics, aux communes, aux fabriques d'église.

Les droits dont l'homme jouit dans la société sont *politiques* ou *civils*.

Les droits *politiques* ou *civiques* découlent du droit public; ils consistent dans l'aptitude à participer plus ou moins immédiatement à l'exercice de la puissance publique. Ce sont les effets de la loi qui règle les rapports des gouvernants et des gouvernés (la Constitution). On en distingue généralement cinq sortes : le droit de voter dans les assemblées électorales, — d'être éligible, — d'exercer les fonctions de juré, — d'être admissible à tous les emplois civils et militaires, — de concourir comme témoin instrumentaire aux actes notariés.

Les droits civils sont les facultés, les avantages qui ont été établis et sont réglés par la loi privée d'un pays, et dont la jouissance, attribut des nationaux dans l'état civil, n'est accordée aux étrangers qu'en vertu de dispositions formelles. Ce sont les effets de la loi qui règle les rapports des personnes entre elles, comme le Code civil. *(Journal du Palais,* Droits civils, 1, 2; Boileux, t. Ier, p. 39.) Les principaux droits civils sont : les rapports de parenté et d'alliance, la faculté de contracter mariage, le droit de puissance paternelle ou maritale; les droits de paternité et de filiation; la majorité; le droit d'être nommé tuteur ou curateur, de voter dans le conseil de famille, etc.; le droit de recourir aux tribunaux haïtiens pour obtenir justice sans prestation de la caution *judicatum solvi;* le droit d'acquisition d'immeubles, la transmission des biens par succession, donation entre vifs ou par testament, etc. (*V.* Toullier, t. Ier, n° 253; Serrigny, *Traité du droit public des Français,* t. Ier, p. 168; Allain, t. Ier, n° 217.)

La réunion des droits politiques et des droits civils constitue la qualité de citoyen. L'exercice des droits civils est indépendant de l'exercice des droits politiques. (Art. 11 C. civ.)

Il ne faut pas confondre la *jouissance* avec l'*exercice* des droits civils : la jouissance, c'est la propriété, l'attribution, l'investiture du droit; — l'exercice, c'est la mise en œuvre, l'usage de ce droit : les femmes mariées, les mineurs, les interdits ont la jouissance des droits civils; mais la loi confie l'exercice de *la plupart* de ces droits à des mandataires légaux; c'est-à-dire, pour la femme au mari, pour le mineur et l'in-

terdit au tuteur. Exemple : une succession échoit à un mineur.
il est appelé à la recueillir, il a la jouissance du droit; mais
le tuteur seul dûment autorisé pourra l'accepter : voilà l'exercice
du droit.

Cette distinction, vraie pour la plupart, disons-nous, des
droits civils, ne s'applique pas au droit de tester et de se
marier, qui est essentiellement personnel et ne peut être
exercé par délégation. Les expressions jouissance et exercice
du droit sont même souvent employées l'une pour l'autre
dans la pratique et dans les textes. (*V.* art. 11 et 12 du
C. civ.)

On donne généralement le nom d'*incapables* aux personnes
qui jouissent des droits civils sans en avoir l'exercice.

L'article 18 du Code civil détermine comment se perd la
qualité de citoyen : 1° par suite de la condamnation contradictoire et définitive à des peines perpétuelles à la fois afflic-
tives et infamantes, telles qu'elles sont déterminées par le
Code pénal; 2° par l'abandon de la patrie au moment d'un
danger imminent; 3° par la naturalisation acquise en pays
étranger; 4° par l'occupation de fonctions publiques confiées
par un gouvernement étranger, et par tout service, soit dans
les troupes, soit à bord des bâtiments d'une puissance étrangère; 5° par tout établissement fait en pays étranger sans
esprit de retour.

L'article correspondant du Code français explique que les
établissements de commerce ne pourront jamais être considérés comme ayant été faits sans esprit de retour. Cependant, fait-on observer là-dessus, il ne faut pas entendre cette
proposition en ce sens qu'un établissement de commerce emporte toujours nécessairement l'esprit de retour; elle veut
seulement dire que, par lui-même, isolé de toute autre circonstance, un semblable établissement ne suffit pas pour faire
présumer l'abandon de la patrie. C'est là, du reste, une question de fait et d'intention livrée à l'appréciation des tribunaux. Les circonstances les plus probantes seraient le mariage

à l'étranger, l'achat d'immeubles, la vente de tout ce que l'on possède dans le pays, l'interruption de toute relation, même épistolaire, l'absence prolongée. L'esprit de retour se présume toujours; c'est à celui qui prétend que l'Haïtien l'a perdu à en établir la preuve. Tel est le droit commun en matière de preuve. (Art. 110 du C. civ.)

L'*état civil* d'un individu est sa position dans la société comme membre de telle ou telle famille, ou comme s'y rattachant par certains liens intimes. Ainsi, c'est une *question d'état* que celle de savoir si un individu est Haïtien ou s'il est étranger, enfant légitime ou enfant naturel. On peut justifier de son état civil de quatre manières : 1° par des actes publics; 2° par la possession d'état; 3° par témoins; 4° par des papiers domestiques. De ces diverses preuves, la première est la plus certaine; le législateur n'admet les autres qu'à son défaut.

On distingue chez nous cinq espèces d'actes de l'état civil : 1° les actes de naissance; 2° les actes de mariage; 3° les actes de divorce; 4° les actes de décès; 5° les actes de reconnaissance.

Avant le Code civil, c'est la loi du 3 juin 1805 qui régissait l'état civil des citoyens. Elle créait des officiers de l'état civil. Jusque-là, et bien que, dès 1792, les lois françaises eussent donné aux municipalités ou à des officiers publics la garde des registres de l'état civil, il apparaît que ces registres étaient encore tenus chez nous par le clergé. (*V.* l'art. 1er des Dispositions générales de cette loi, qui prescrit aux nouveaux officiers de se transporter aux églises paroissiales, presbytères, etc., pour inventorier les registres existants aux mains des curés et autres dépositaires, lesquels devaient être portés (art. 2) au greffe du tribunal civil, après que les registres courants auraient été clos et arrêtés par le juge de paix.)

En outre de cette loi, il y en avait une particulière au divorce — 1er juin 1805 — qui laissait une très grande latitude à ceux qui voulaient rompre les liens du mariage.

La législation sur les enfants naturels présente, de son côté, de notables variations.

D'abord rigoureuse pour l'enfant naturel, à qui, en France, par exemple (et sans doute dans la colonie aussi), on ne laissait que des aliments et le nom de sa mère et celui de son père, s'il avait été reconnu par ce dernier ; ses auteurs ne pouvaient faire à son profit de dispositions à titre gratuit que dans certaines limites, et lors même qu'il n'avait rien reçu, il était exclu de leur succession (BOILEUX, t. II, p. 122) ; d'abord rigoureuse à ce point, cette législation fut tempérée sous Toussaint-Louverture — 18 juillet 1801 — par une loi de la Commission centrale qui venait de rédiger la Constitution de l'époque, et singulièrement adoucie par la loi du 28 mai 1805, qui permettait même à un père engagé dans les liens du mariage de reconnaître un enfant naturel né pendant le cours du mariage (t. Ier, art. 12) et donnait aux enfants naturels nés et reconnus, bien entendu, avant la célébration du mariage (art. 9), les mêmes droits que les enfants légitimes sur la succession de leurs parents (tit. IV, article unique). L'enfant adultérin héritait de sa mère (tit. V, art. 1er).

La loi du 10 novembre 1813 vint même faire sur un point la part encore plus large aux enfants nés hors mariage.

Ainsi, la première loi donnait bien la faculté de reconnaître, postérieurement au mariage, un enfant naturel qu'on aurait eu, avant ce mariage, d'un autre que de son conjoint ; mais cette reconnaissance ne produisait pas d'effet à l'égard de l'autre époux et des enfants nés ou à naître de ce mariage (tit. Ier, art. 10) : c'est le système conservé dans l'art. 308 du Code civil ; tandis que la loi de 1813 (art. 15) donna à l'enfant naturel ainsi reconnu le quart, dans la succession du père, des droits afférents à l'enfant légitime.

Ce fut, au contraire, une loi défavorable aux enfants naturels que rendit le Conseil d'Etat du gouvernement de Christophe le 25 mai 1807, avant qu'on revînt aux principes du Code Napoléon adoptés presque en entier, en 1812, dans le Code Henry. (V. MADIOU, B. ARDOUIN, notamment, t. VIII de ce dernier, p. 42 et suiv.)

La loi sur l'*adoption* et la *tutelle officieuse* qui est dans le Code français n'a pas été reproduite dans le nôtre.

Des Biens

(Lois nᵒˢ 11 à 14, art. 425 à 571)

Les biens sont meubles ou immeubles, porte l'art. 425 du Code civil.

La distinction des biens en meubles et immeubles est importante sous plusieurs rapports, et notamment pour reconnaître l'espèce de saisie que l'on peut pratiquer sur tel ou tel bien, pour apprécier le pouvoir du tuteur, la capacité du mineur émancipé, celle de la femme mariée et des administrateurs.

La compétence varie suivant qu'il s'agit de meubles ou d'immeubles.

Des Immeubles

La loi distingue trois sortes d'immeubles : 1° par leur nature, 2° par leur destination, 3° par l'objet auquel ils s'appliquent (art. 426).

Les fonds de terre et les bâtiments sont immeubles par leur nature.

Les moulins à sucre, ceux à piler et à vanner le café, les moulins à maïs, à coton, à indigo, à tabac, et toutes autres machines servant à l'exploitation des denrées, faisant partie soit de l'habitation, soit du bâtiment, sont aussi immeubles par leur nature.

Toutes productions de la terre non encore recueillies sont immeubles. Dès qu'elles sont coupées, détachées ou enlevées, elles deviennent meubles.

Les tuyaux servant à la conduite des eaux dans une habitation ou tout autre établissement sont immeubles et font partie du fonds auquel ils sont attachés. (Art. 427.)

Les objets que le propriétaire d'un fonds y a placés pour

le service et l'exploitation de ce fonds sont immeubles par leur destination.

Ainsi, sont immeubles par destination, quand ils ont été placés par le propriétaire pour le service et l'exploitation du fonds :

Les animaux attachés à la culture, les cabrouets ou tombereaux;

Les ustensiles aratoires;

Les ruches à miel; la cochenille;

Les chaudières à sucre, alambics, cuves, tonnes et objets semblables,

Sont aussi immeubles par destination tous effets mobiliers que le propriétaire a attachés au fonds à perpétuelle demeure.

Le propriétaire est censé avoir attaché à son fonds des effets mobiliers à perpétuelle demeure quand ils y sont scellés en plâtre, ou à chaux, ou à ciment, ou lorsqu'ils ne peuvent être détachés sans être fracturés ou détériorés, ou sans briser et détériorer la partie du fonds à laquelle ils sont attachés.

Les glaces, tableaux et autres ornements incrustés dans les murs ou cloisons des appartements y sont censés mis à perpétuelle demeure. (Art. 428.)

Sont immeubles par l'objet auquel ils s'appliquent :

L'usufruit des choses immobilières, les servitudes ou services fonciers ;

Les actions qui tendent à revendiquer un immeuble. (Art. 429.)

Des Meubles

Les biens sont meubles par la nature ou par la détermination de la loi. (Art. 430.)

Sont meubles par leur nature les corps qui peuvent se transporter d'un lieu à un autre, soit qu'ils se meuvent par eux-mêmes, comme les animaux, soit qu'ils ne puissent changer de place que par l'effet d'une force étrangère, comme les choses inanimées. (Art. 431.)

Sont meubles par la détermination de la loi les obligations et actions qui ont pour objet des sommes exigibles ou des effets mobiliers, les actions ou intérêts dans les compagnies de finances, de commerce ou d'industrie.

Sont aussi meubles, par la détermination de la loi, les rentes perpétuelles ou viagères. (Art. 432.)

Les bateaux, bacs, navires sont meubles. (Art. 434.)

Les matériaux provenant de la démolition d'un édifice, ceux assemblés pour en construire un nouveau, sont meubles jusqu'à ce qu'ils soient employés par l'ouvrier dans une construction. (Art. 435.)

Le mot *meuble*, employé seul dans les dispositions de la loi ou de l'homme, sans autre addition ni désignation, ne comprend pas l'argent comptant, les pierreries, les dettes actives, les médailles, les livres, les instruments des sciences, des arts et métiers, le linge de corps, les chevaux, équipages, armes et denrées : il ne comprend pas non plus ce qui fait l'objet d'un commerce. (Art. 436.)

Les mots *meubles meublants* ne comprennent que les meubles destinés à l'usage et à l'ornement des appartements, comme tapisseries, lits, sièges, tables, pendules, glaces et tableaux non incrustés et autres objets de cette nature.

Les tableaux de famille et les collections de tableaux ne sont pas compris sous cette dénomination. (Art. 437.)

L'expression *biens meubles*, celle de *mobilier* ou d'*effets mobiliers*, comprennent généralement tout ce qui n'est pas censé immeuble d'après les règles établies. (Art. 438.)

La vente ou le don d'une maison *meublée* ne comprend que les *meubles* meublants. (Art. 439.)

La vente ou le don d'une maison avec tout ce qui s'y trouve ne comprend pas l'argent comptant ni les dettes actives et autres droits dont les titres peuvent être déposés dans la maison ; tous les autres *effets mobiliers* y sont compris. (Art. 440.)

Les biens se distinguent encore en *corporels* ou *incorporels* :

Corporels, lorsqu'ils ont une existence matérielle comme une maison, un cheval ;

Incorporels, lorsqu'ils ne consistent que dans un droit, lorsqu'ils n'ont qu'une existence intellectuelle.

Ils sont enfin *fongibles* ou *non fongibles*.

Les *choses fongibles* sont celles qui se consomment par le premier usage, ou plutôt, celles qui, dans l'intention des parties, peuvent être remplacées par d'autres choses de même espèce.

Les *choses non fongibles* sont celles qui doivent être rendues *identiquement;* celles que les parties ont considérées comme corps certains, comme individualités.

Cette distinction est d'une haute importance, surtout en matière d'usufruit (484), de compensation (1075) et de prêt (1660).

On peut avoir sur les biens ou un droit de propriété, ou un simple droit de jouissance, ou seulement des services fonciers à prétendre (447). Des auteurs ajoutent le droit de possession (1) et les droits de gage.

De la Propriété.

La propriété (*Rép. du Journal du Palais*, Propriété, 3, 4 et 5) a sa base dans la *nécessité*. En effet, l'homme a besoin, pour vivre, de s'assujettir certaines portions de la nature physique ; car l'air, la lumière, les vêtements lui sont aussi indispensables que les aliments. Cependant le droit de propriété, tel qu'il est formulé dans les codes des nations modernes, ne s'est ainsi formé qu'avec le progrès de la civilisa-

---

(1) Est-ce que le droit de possession ne se confond pas avec le droit de jouissance ?

tion et n'a pas toujours été reconnu comme un droit individuel. Ainsi nous voyons qu'à l'origine la propriété rentrait, à part un petit nombre d'objets, dans une sorte de communauté. L'ensemble du pays occupé par une peuplade, prairies ou forêts, était commun aux membres de cette peuplade. Il n'est pas moins vrai que, bien que postérieure à cet état de communauté primitive, la division des propriétés remonte à la plus haute antiquité.

D'abord les choses étaient au premier occupant ; la propriété s'acquérait par la possession, et se perdait par cela seul qu'on avait cessé de détenir. L'organisation sociale a eu pour but principal de rendre la propriété permanente et inviolable ; d'établir entre la personne et la chose un rapport intime, complètement indépendant de la détention, que le propriétaire seul, par sa propre volonté, pourrait détruire ; à partir de ce moment, la propriété est devenue un droit ; la possession n'a plus été qu'un simple fait. (Boileux, t. II, p. 653.)

La propriété peut appartenir à un seul ou à plusieurs en commun ; ces derniers sont appelés *co-propriétaires*.

Le Code nous fait connaître les attributs et les effets de la propriété :

Art. 448. — La propriété est le droit de jouir et disposer des choses, de la manière la plus absolue, pourvu qu'on n'en fasse point un usage prohibé par les lois ou par les règlements.

Art. 449. — Nul ne peut être contraint de céder sa propriété, si ce n'est pour cause d'utilité publique, et moyennant une juste et préalable indemnité.

Vient ensuite cette disposition, en conformité de nos Constitutions, que *nul ne peut* être propriétaire des biens fonciers s'il n'est Haïtien (1). (Art. 450.)

_____

(1) « Tout État est le maître d'accorder ou de refuser aux étrangers la faculté de posséder des immeubles de son territoire..... Et puisque le souverain peut refuser aux étrangers la faculté de posséder des immeubles, il est le maître, sans doute, de ne l'accorder qu'à certaines conditions. » (Vattel, *Droit des gens*, t. II, § 114.)

G. Massé, *Droit Commercial*, t. I, n° 502 : « En Angleterre, les étrangers sont

La propriété d'une chose, dit l'art. 451, soit mobilière, soit immobilière, donne droit sur tout ce qu'elle produit et sur ce qui s'y unit accessoirement, soit naturellement, soit artificiellement.

Les articles 452 à 455 traitent du *droit d'accession* sur ce qui est produit par la chose; et 456 à 477 sur ce qui s'y unit ou s'y incorpore.

De l'art. 478 à l'art. 510, les règles de l'*usufruit* sont données.

Art. 478. — L'usufruit est le droit de jouir des choses dont un autre a la propriété, comme le propriétaire lui-même, mais à la charge d'en conserver la substance. L'usufruit est établi par la loi ou par la volonté de l'homme. L'usufruit peut être établi pour la vie, ou à certain jour, avec ou sans condition. Il peut être établi sur toute espèce de biens meubles ou immeubles.

---

privés de l'exercice de certains droits qui leur sont ouverts dans d'autres États et surtout en France; ainsi ils ne peuvent acquérir la propriété des immeubles, ils ne pouvaient même, d'après d'anciens statuts, les prendre à loyer; à plus forte raison ne peuvent-ils les transmettre ou les recevoir par voie de donation entre vifs ou par testament. (Blackstone.) Les statuts 7 et 8, Victoria, cap. LXVI, leur ont plus récemment concédé le droit de posséder temporairement des immeubles et par conséquent de les prendre à bail. » (*V.* Westoby, *Législ. angl.*, p. 27.)

Courrier des États-Unis, 5 juin 1880 :

« *Les Anglais à Chypre.* — Au moment de l'occupation, les Chypriotes étaient convaincus que les Anglais allaient exécuter de grands travaux d'utilité publique. De là le renchérissement de la terre qui a donné lieu aux plus aléatoires des opérations. La valeur des terres a quintuplé en quelques jours.....

« Comme il arrive presque toujours en pareille occasion, l'entraînement de la spéculation a été suivi d'une crise qui a causé bien des ruines.

« ..... Les Anglais n'ont rien trouvé de mieux que de chasser en quelque sorte ces capitaux de l'île, *en interdisant absolument la vente des propriétés aux étrangers.*

« Chose curieuse! l'Angleterre a pris, en 1867, l'initiative d'une action diplomatique à laquelle toutes les puissances se sont associées pour obliger la Porte ottomane à permettre aux étrangers d'acquérir la propriété sur toute l'étendue de la Turquie. La Porte a cédé. Aujourd'hui les étrangers peuvent posséder sur tous les points de l'Empire ottoman, sauf la portion occupée par les Anglais, etc. » — (Ed. hebdomadaire.)

ART. 479. — Nul ne peut être usufruitier à vie de biens fonciers, s'il n'est Haïtien.

ART. 506. — L'usufruit s'éteint : par la mort ou par l'effet d'un jugement emportant la perte des droits civils ; par l'expiration du temps pour lequel il a été accordé ; par la consolidation ou la réunion, sur la même tête, des deux qualités d'usufruitier et de propriétaire ; par le non-usage du droit pendant vingt ans ; par la perte totale de la chose sur laquelle l'usufruit est établi.

Les art. 511 à 516 concernent les droits d'usage et d'habitation, qui s'établissent et se perdent de la même manière que l'usufruit. (Art. 511.) L'usager et celui qui a un droit d'habitation (de même que l'usufruitier) doivent jouir en bons pères de famille. (Art. 513, 493.)

Les articles 517 à 571 définissent et règlent les *servitudes* ou *services fonciers*.

ART. 517. — Une servitude est une charge imposée sur une propriété foncière pour l'usage et l'utilité d'un fonds appartenant à un autre propriétaire. La servitude n'établit aucune prééminence d'un fonds sur l'autre. Elle dérive ou de la situation naturelle des lieux ou des obligations imposées par la loi, ou des conventions entre les propriétaires.

Lois n°s 15 à 35, art. 572 à 2046

Voici maintenant les *différentes manières dont on acquiert la propriété :*

DISPOSITIONS GÉNÉRALES

ART. 572. — La propriété des biens s'acquiert et se transmet par succession, par donation entre vifs ou testamentaire, et par l'effet des obligations.

ART. 573. — La propriété s'acquiert aussi par accession ou incorporation, et par prescription.

ART. 574. — Les biens qui n'ont pas de maître appartiennent à l'Etat.

ART. 575. — Il est des choses qui n'appartiennent à personne, et dont l'usage est commun à tous. Des lois 'de police règlent la manière d'en jouir.

ART. 576. — La propriété d'un trésor appartient à celui qui le trouve dans son propre fonds : si le trésor est trouvé dans le fonds d'autrui, il appartient pour moitié à celui qui l'a découvert, et pour l'autre moitié au propriétaire du fonds.

On appelle trésor toute chose cachée ou enfouie, sur laquelle personne ne peut justifier sa propriété, et qui est découverte par le pur effet du hasard.

ART. 577. — Les droits sur les effets jetés à la mer, sur les objets que la mer rejette, de quelque nature qu'ils puissent être, sur les plantes et herbages qui croissent sur le rivage de la mer, sont aussi réglés par des lois particulières.

Il en est de même des choses perdues dont le maître ne se représente pas.

Les *successions* occupent les art. 578 à 722.

Les *donations entre vifs* et les *testaments,* les art. 723 à 896.

Les *contrats ou les obligations conventionnelles en général* font l'objet des art. 877 à 1155. Les dispositions préliminaires qui forment le chapitre 1er de cette loi contiennent les définitions suivantes :

ART. 897. — Le contrat est une convention par laquelle une ou plusieurs personnes s'obligent envers une ou plusieurs autres à donner, à faire ou à ne pas faire quelque chose.

ART. 898. — Le contrat est *synallagmatique* ou *bi-latéral,* lorsque les contractants s'obligent réciproquement les uns envers les autres.

ART. 899. — Il est *uni-latéral* lorsqu'une ou plusieurs

personnes sont obligées envers une ou plusieurs autres, sans que de la part de ces dernières il y ait d'engagement.

ART. 900. — Il est *commutatif* lorsque chacune des parties s'engage à donner ou à faire ce qui est regardé comme l'équivalent de ce qu'on lui donne, ou de ce que l'on fait pour elle.

Lorsque l'équivalent consiste dans la chance de gain ou de perte pcur chacune des parties, d'après un événement incertain, le contrat est *aléatoire*.

Le contrat de *bienfaisance* est celui dans lequel l'une des parties procure à l'autre un avantage purement gratuit.

Le contrat à titre *onéreux* est celui qui assujettit chacune des parties à donner ou à faire quelque chose.

ART. 901. — Les contrats, soit qu'ils aient une dénomination propre, soit qu'ils n'en aient pas, sont soumis à des règles générales qui sont l'objet de la présente loi.

ART. 902. — Les règles particulières à certains contrats sont établies dans les lois relatives à chacun d'eux ; et les règles particulières aux transactions commerciales sont établies par les lois relatives au commerce.

Au chapitre II sont les conditions essentielles pour la validité des conventions.

ART. 903. — Quatre conditions sont essentielles pour la validité d'une convention :

1° Le consentement de la partie qui s'oblige ; 2° la capacité de contracter ; 3° un objet certain qui forme la matière du contrat ; 4° une cause licite dans l'obligation.

ART. 904. — Le consentement n'est point valable, s'il n'a été donné que par erreur, ou s'il a été extorqué par violence, ou surpris par dol.

ART. 909. — Le dol est une cause de nullité de la convention, lorsque les manœuvres pratiquées par l'une des parties sont telles, qu'il est évident que, sans ces manœuvres, l'autre partie n'aurait pas contracté.

(Le dol consiste, en général, dans les manœuvres pratiquées pour tromper quelqu'un et le déterminer à faire une
chose préjudiciable à ses intérêts, ou le détourner de faire
une chose utile pour lui. Le dol se distingue de la simulation,
qui est le moyen employé par les parties pour dissimuler la
véritable cause de la convention. Les deux se rencontrent
fréquemment, mais la deuxième peut aussi exister sans le
premier.)

Effet des obligations : Art. 925. — Les conventions légalement formées tiennent lieu de loi à ceux qui les ont faites. —
Elles ne peuvent être révoquées que de leur consentement
mutuel ou pour les causes que la loi autorise. — Elles doivent
être exécutées de bonne foi.

Art. 926. — Les conventions obligent non seulement à ce
qui y est exprimé, mais encore à toutes les suites que l'équité,
l'usage ou la loi donnent à l'obligation d'après sa nature.

Extinction des obligations : Art. 1021. — Les obligations
s'éteignent : par le paiement, par la novation, par la remise
volontaire, par la compensation, par la confusion, par la perte
de la chose, par la nullité ou rescision, par l'effet de la condition résolutoire..... et par la prescription.....

Loi sur les engagements qui se forment sans convention
(art. 1136 à 1172) :

Art. 1156. — Certains engagements se forment sans qu'il
intervienne aucune convention, ni de la part de celui qui
s'oblige, ni de la part de celui envers lequel il est obligé. —
Les uns résultent de l'autorité seule de la loi, les autres naissent d'un fait personnel à celui qui se trouve obligé. — Les
premiers sont les engagements formés involontairement, tels
que ceux entre propriétaires voisins, ou ceux des tuteurs et des
autres administrateurs qui ne peuvent refuser la fonction qui
leur est déférée. — Les engagements qui naissent d'un fait
personnel à celui qui se trouve obligé résultent ou des *quasi-*

contrats, ou des délits ou des *quasi-délits ;* ils font la matière de la présente loi.

Le *contrat de mariage* et les *droits respectifs des époux* occupent les articles 1173 à 1366 :

La *vente,* 1367 à 1474;
L'*échange,* 1475 à 1479;
Le *contrat de louage,* 1480 à 1600;
Le *contrat de société,* 1601 à 1642;
Le *prêt,* 1643 à 1681 ;
Le *dépôt* et le *séquestre,* 1682 à 1730 ;
Les *contrats aléatoires,* 1731 à 1747 :

ART. 1731. — Le contrat aléatoire est une convention réciproque dont les effets, quant aux avantages et aux pertes, soit pour toutes les parties, soit pour l'une ou plusieurs d'entre elles, dépendent d'un événement incertain. — Tels sont : le contrat d'assurances, le prêt à grosse aventure, le jeu et le pari, le contrat de rente viagère. — Les deux premiers sont régis par les lois maritimes. — Le troisième est défendu. Ainsi, aucune action n'est accordée par la loi pour une dette de jeu ou le paiement d'un pari, de même que pour la restitution de ce que le perdant aurait volontairement payé.

Le *mandat,* articles 1748 à 1774.

Le *cautionnement,* articles 1775 à 1809.

Les *transactions,* articles 1810 à 1824.

La *contrainte par corps en matière civile,* articles 1825 à 1887.

Le *nantissement,* articles 1838 à 1858.

ART. 1838. — Le nantissement est un contrat par lequel un débiteur remet une chose à son créancier pour sûreté de la dette.

ART. 1839. — Le nantissement d'une chose mobilière s'appelle *gage.* Celui d'une chose immobilière s'appelle *antichrèse.*

Les *privilèges* et *hypothèques,* articles 1855 à 1970.

ART. 1859. — Quiconque s'est obligé personnellement est tenu de remplir son engagement sur tous ses biens mobiliers et immobiliers présents et à venir.

ART. 1860. — Les biens du débiteur sont le gage commun de ses créanciers; et le prix s'en distribue entre eux par contribution, à moins qu'il n'y ait entre les créanciers des causes légitimes de préférence.

ART. 1861. — Les causes légitimes de préférence sont les privilèges et hypothèques,

L'*expropriation forcée et l'ordre entre les créanciers,* articles 1971 à 1986.

Enfin, la *prescription* fait l'objet de la dernière loi du Code civil, 1987 à 2046.

ART. 1987. — La prescription est un moyen d'acquérir ou de se libérer par un certain laps de temps et sous les conditions déterminées par la loi.

ART. 1991. — Les juges ne peuvent pas suppléer d'office le moyen résultant de la prescription.

ART. 1992. — La prescription peut être opposée en tout état de cause, à moins que la partie qui n'aurait pas opposé le moyen de la prescription ne doive, par les circonstances, être présumée y avoir renoncé.

ART. 1994. — On ne peut prescrire le domaine des choses qui ne sont point dans le commerce.

ART. 1995. — L'État est soumis aux mêmes prescriptions que les particuliers et peut également les opposer.

De la Possession.

ART. 1996. — La possession est la détention ou la jouissance d'une chose ou d'un droit que nous tenons ou que nous exerçons par nous-mêmes ou par un autre qui la tient ou qui l'exerce en notre nom.

ART. 1997. — Pour pouvoir prescrire il faut une possession continue et non interrompue, paisible, publique, non équivoque, et à titre de propriétaire.

ART. 1998. — On est toujours présumé posséder pour soi et à titre de propriétaire, s'il n'est prouvé qu'on a commencé à posséder pour un autre.

ART. 1999. — Quand on a commencé à posséder pour autrui, on est toujours présumé posséder au même titre, s'il n'y a preuve du contraire.

ART. 2000. — Les actes de pure faculté et ceux de simple tolérance ne peuvent fonder ni possession ni prescription.

ART. 2001. — Les actes de violence ne peuvent fonder non plus une possession capable d'opérer la prescription.

La possession utile ne commence que lorsque la violence a cessé.

ART. 2002. — Le possesseur actuel, qui prouve avoir possédé anciennement, est présumé avoir possédé dans le temps intermédiaire, sauf la preuve contraire.

ART. 2003. — Pour compléter la prescription, on peut joindre à sa possession celle de son auteur, de quelque manière qu'on lui ait succédé, soit à titre universel ou particulier, soit à titre lucratif ou onéreux.

ART. 2010. — La prescription peut être interrompue ou naturellement ou civilement.

ART. 2011. — Il y a interruption naturelle lorsque le possesseur est privé, pendant plus d'un an, de la jouissance de la chose, soit par l'ancien propriétaire, soit même par un tiers.

ART. 2012. — Une citation en justice, un commandement ou une saisie, signifiés à celui qu'on veut empêcher de prescrire, forment l'interruption civile.

Art. 2013. — La citation en conciliation devant le bureau de paix interrompt la prescription, du jour de sa date, lorsqu'elle est suivie d'une assignation en justice donnée dans les délais de droit.

Art. 2014. — La citation en justice, donnée même devant un juge incompétent, interrompt la prescription.

Art. 2020. — La prescription ne court pas contre les mineurs et les interdits, sauf ce qui sera dit à l'article 2043, et à l'exception des autres cas déterminés par la loi.

Art. 2030. — Toutes les actions, tant réelles que personnelles, sont prescrites par vingt ans, sans que celui qui allègue cette prescription soit obligé d'en rapporter un titre ou qu'on puisse lui opposer l'exception déduite de la mauvaise foi.

De quelques Prescriptions particulières.

Art. 2036. — L'action des maîtres et instituteurs des sciences et arts, pour les leçons qu'ils donnent au mois;

Celle des hôteliers et traiteurs, à raison du logement et de la nourriture qu'ils fournissent;

Celle des ouvriers et gens de travail, pour le paiement de leurs journées, fournitures et salaires,

Se prescrivent par six mois.

Art. 2037. — L'action des médecins, chirurgiens et apothicaires, pour leurs visites, opérations et médicaments;

Celle des huissiers, pour le salaire des actes qu'ils signifient et des commissions qu'ils exécutent;

Celle des marchands, pour les marchandises qu'ils vendent aux particuliers non marchands;

Celle des maîtres de pension, pour le prix de la pension de leurs élèves, et des autres maîtres, pour le prix de l'apprentissage,

Se prescrivent par un an.

Art. 2039. — La prescription, dans les cas ci-dessus, a lieu, quoiqu'il y ait eu continuation de fournitures, livraisons, services et travaux.

Elle ne cesse de courir que lorsqu'il y a eu compte arrêté, cédule ou obligation, ou citation en justice non périmée.

Art. 2040. — Néanmoins ceux auxquels ces prescriptions seront opposées peuvent déférer le serment à ceux qui les opposent sur la question de savoir si la chose a été réellement payée.

Le serment pourra être déféré aux veuves et héritiers, ou aux tuteurs de ces derniers, s'ils sont mineurs, pour qu'ils aient à déclarer s'ils ne savent pas que la chose soit due.

Art. 2041. — Les juges et défenseurs publics sont déchargés des pièces cinq ans après le jugement des procès.

Les huissiers, après deux ans, depuis l'exécution de la commission ou la signification des actes dont ils étaient chargés, en sont pareillement déchargés.

Art. 2042. — Les arrérages des rentes perpétuelles et viagères;

Ceux des pensions alimentaires;

Les loyers des maisons et le prix de ferme des biens ruraux;

Les intérêts des sommes prêtées, et généralement tout ce qui est payable par année ou à des termes périodiques plus courts,

Se prescrivent par cinq ans.

Art. 2043. — Les prescriptions dont il s'agit dans les articles de la présente section courent contre les mineurs et les interdits, sauf leur recours contre leurs tuteurs.

Art. 2044. — En fait de meubles, la possession vaut titre.

Néanmoins, celui qui a perdu ou auquel il a été volé une chose peut la revendiquer pendant trois ans, à compter du jour de la perte ou du vol, contre celui entre les mains duquel

7

il la trouve, sauf à celui-ci son recours contre celui duquel il la tient.

ART. 2045. — Si le possesseur actuel de la chose volée ou perdue l'a achetée dans un marché ou dans une vente publique, ou d'un marchand vendant des choses pareilles, le propriétaire originaire ne peut se la faire rendre qu'en remboursant au possesseur le prix qu'elle lui a coûté.

CHAPITRE IV

Du Code de procédure civile.

HISTORIQUE

A part les dispositions sur la procédure civile d'une première loi de H. Christophe, alors président (1807), et enfin du Code Henry promulgué en 1812 et disparu en 1820 avec le roi, Haïti resta jusqu'en 1825 sans Code de procédure civile propre à elle.

Les formes judiciaires continuaient à être régies en général par les lois françaises.

La commission dont nous avons parlé à propos du Code civil eut aussi pour tâche, en 1818, de préparer un Code de procédure civile. Le Message du président Boyer, — 6 octobre, — lui disait à ce sujet :

« ..... Ces bases fondamentales seront le point d'où vous partirez pour former le Code de procédure ; l'établissement des tribunaux de paix est une institution salutaire, surtout dans une République ; le peuple en ressentira de plus en plus l'avantage, à mesure qu'il croîtra en civilisation ; mais ces tribunaux doivent agir comme juges de conciliation et conseils de famille ; leurs attributions judiciaires doivent être extrêmement succinctes ; comme juges de police, elles doivent être clairement expliquées, les frais simplifiés et épargnés autant que possible. L'organisation des tribunaux de paix des campagnes est trop coûteuse ; le nombre des assesseurs semblerait devoir être diminué.

« Les tribunaux de première instance sont d'une utilité reconnue, et c'est là que se forme la véritable école de la procédure, et c'est là aussi que commence l'absolue nécessité d'abréger, d'éliminer les formes et d'en réduire les points à ce qu'il y a de vraiment utile, et d'abréger les détails qui ouvrent la carrière à cet amas d'applications contradictoires qui nourrit les procès, jette le juge et les parties dans un labyrinthe impénétrable où l'esprit se perd, éternise les discussions et ruine les familles...

« Que si, dans la connaissance de quelque législation étrangère, vous rencontrez quelques principes plus simples dans l'organisation de la justice distributive, vous ne devez pas hésiter à les proposer, en tant qu'ils pourront être en harmonie avec notre Constitution. »

Et le 10 janvier 1825, dans le discours d'ouverture de la session législative, le Président disait encore :

« ..... Ecarter de notre *Code* tout ce qui peut favoriser la
« *chicane*, simplifier autant que possible les formes de la pro-
« cédure, en offrant toutefois à l'innocence et au bon droit
« toutes les garanties nécessaires, tels sont en partie les ob-
« jets essentiels qui commandent l'attention de la législa-
« ture. » (*Lois et Actes*, L. P., n° 925.)

Sur quoi M. Beaubrun-Ardouin, dans une note, p. 306, t. IX, fait remarquer que « le Code de procédure civile de
« 1825 supprima, en effet, bien des dispositions du Code fran-
« çais; mais, dix ans après, Boyer fut convaincu qu'il fallait
« les rétablir *pour diminuer les chances de la chicane.* »

Il est assez curieux d'observer la même exagération, en France et en Haïti, dans le désir de simplifier le régime judiciaire, jusqu'à ce que, par expérience, on eût reconnu l'utilité et la sagesse des formes consacrées par le Code.

La loi organique de l'empereur Dessalines (7 juin 1806) dit, au titre II, art. 11 : « Le Code de la procédure civile sera rédigé et calculé de manière qu'elle soit rendue plus simple, plus expéditive et moins coûteuse. »

Disposition qu'avait déjà décrétée en France l'Assemblée constituante de 1790.

Néanmoins, en entendant cette simplification de la procédure, on fut obligé, dans les deux pays, de suivre les formes des anciennes ordonnances en usage.

Mais, dans la Constitution de 1793, la Convention française déclara même que les procès seraient jugés sans procédure. « Et quoique cette Constitution, dit le *Journal du Palais* (Répertoire) ne fût point encore en vigueur, la Convention décida que l'intérêt public lui prescrivait de faire jouir sans délai les citoyens du bienfait de cette disposition ; en conséquence, elle rendit un décret qui non seulement supprima les avoués, mais qui réduisit la procédure à des formes tellement insuffisantes, que les abus et scandales qui frappèrent alors l'administration de la justice firent regretter l'ordonnance de 1667. » (V. Hu-ver, *Institutions judiciaires de la France,* p. 315.)

On revint donc aux anciennes ordonnances, « jusqu'à ce qu'il eût été statué par une loi sur la simplification de la procédure. »

En 1790, l'ordre des avocats fut aboli en même temps que l'ancienne magistrature était supprimée. Et déjà un capitulaire de Charlemagne (de 802 à 803) disposait que « le ministère des avocats est interdit : chacun plaidera sa cause en personne, à moins d'être malade ou incapable de discuter (*rationis nescius*), auquel cas les commissaires impériaux ou les notables qui se trouvent au plaid, ou le juge (comte ou centenier) exposeront la cause. (H. Martin, *Histoire de France,* t. II, p. 345.)

Or, de notre côté, la lettre qui suit fut adressée par le président d'Haïti, le 3 novembre 1845, au secrétaire d'Etat de la justice : « Je vous invite, Ministre, à faire suspendre le mi-« nistère des défenseurs publics près les tribunaux, attendu « qu'ils ruinent les familles et les réduisent dans la misère. « Je vous salue, etc. (Signé) Louis Pierrot. » (*Lois et Actes,* L. P., tome   , note sous l'art. 108 de la Loi organique de 1835.)

Et sur les observations du secrétaire d'Etat (*V.* à la même note), on se borna alors à fixer à douze le nombre des avocats pour le Port-au-Prince.

Au commencement de la colonisation de notre pays, en

même temps que la Couronne de Castille y faisait passer des militaires, des laboureurs, des artisans, des femmes, des religieux, des médecins, des chirurgiens, des joueurs d'instruments, elle en excluait formellement les procureurs et avocats, « de crainte, ainsi qu'il fut exprimé dans l'édit (1496), que « la chicane ne s'introduisît avec eux dans ces pays éloignés, « où elle n'avoit point été connue jusque-là et où elle pouvoit « retarder beaucoup les établissements qu'on y vouloit faire. » (*Histoire de l'Isle espagnole ou de Saint-Domingue,* par le Père P.-F.-X. DE CHARLEVOIX, t. Ier, p. 142.)

Napoléon Ier n'aimait pas non plus les avocats. « Je veux qu'on puisse couper la langue à un avocat qui s'en sert contre le gouvernement », disait-il, bien à l'encontre du chancelier d'Aguesseau, qui disait, lui, « *que la profession d'avocat, aussi ancienne que la magistrature, était aussi nécessaire que la justice.* »

Notre premier Code de procédure préparé donc, avons-nous dit, en même temps que le Code civil, fut voté par la Chambre des communes le 23 avril, par le Sénat le 2 mai, et promulgué par le président d'Haïti le 3 mai 1825. Il contenait 765 articles, dont le dernier en remettait l'exécution au 1er septembre 1826.

« La session législative, dit M. B. Ardouin, t. IX, p. 314, ouverte le 10 janvier, avait été prorogée d'un mois, par rapport à ce dernier Code. Son dernier article, par sa rédaction, indique que cette disposition, qui le rendait exécutoire à une époque si éloignée, n'eut pas d'autre motif que la difficulté d'obtenir une prompte impression dans l'Imprimerie nationale, où se trouvait un personnel insuffisant. »

En 1834 fut formée une grande commission de fonctionnaires, dirigée par M. B. Inginac, secrétaire général, et chargée de préparer les modifications reconnues nécessaires à la législation qui régissait le pays. Le travail de cette commission fut très important. Les lois organiques de nos différents corps constitués, les Codes pénal, militaire et civil, d'instruction criminelle et de procédure civile, une loi spéciale sur la contrainte par corps pour dettes civiles et commerciales, la loi sur les arpenteurs publics, en furent, entre autres, l'objet.

C'est ainsi que la loi n° 1er du Code de procédure civile, sur le mode de procéder à la justice de paix, fut en cette année 1834 revisée le 2 juillet par la Chambre, le 17 par le Sénat, et promulguée le 18 par le Président d'Haïti. — Les autres, n°s 2 à 9, le furent l'année suivante : le 27 mai 1835 par la Chambre, le 8 juillet par le Sénat, et le 9 par le Président d'Haïti.

On y fit entrer, pour mieux assurer la marche de la procédure, diverses dispositions du Code français qui avaient été élaguées en 1825 (B. ARDOUIN, t. X, p. 269) ; et les cinq premiers articles formant le titre des cédules furent introduits.

Ce nouveau Code, amendé quant aux formalités de l'emprisonnement, par une loi du 19 septembre 1836, en vertu de laquelle le débiteur condamné par corps par le juge de paix, pour une somme qui n'excédait pas 100 gourdes, était reçu dans la maison d'arrêt sur l'exhibition de l'ordre du juge donné sans frais avec copie au débiteur, — fut, à la chute du Président Boyer, abrogé par le décret du Gouvernement provisoire en date du 22 mai 1843, sur la réforme du droit civil et criminel, qui fit revivre le Code de procédure de 1825, sauf de légères modifications.

Mais deux ans après, sous le gouvernement du Président Pierrot, une loi du Conseil d'État, promulguée le 4 août 1845, remit en vigueur le Code de procédure civile portant la date du 18 juillet 1834 pour la loi n° 1, et celle du 9 juillet 1835 pour les huit autres lois. M. Beaubrun-Ardouin était alors Secrétaire d'État de la Justice, de l'Instruction publique et des Cultes.

Des modifications furent encore portées à quelques articles de ce Code : ainsi, sous le ministère de M. F.-E. Dubois, en 1859, à l'article 159, et en 1860 aux articles 22 et 930.

En 1866, la loi du 21 juillet modifia les articles 85 à 88 du titre de la Constitution de défenseur ; ce fut sous l'administration de M. R.-A. Deslandes, Secrétaire d'État de la Justice, ancien bâtonnier de l'ordre des avocats du Port-au-Prince.

En 1870 et 1876, furent retouchés les articles 1, 2, 22, 83, 401 et 930.

Enfin, en 1875 et 1877 (loi du 10 août), le chiffre des amendes, dépôts, consignations, dommages-intérêts mentionnés dans les différents codes et lois de la République, fut réglé en monnaie forte ; savoir : pour le Code de procédure, au quart, en monnaie forte, des chiffres portés aux articles 942 et 947, et à la moitié de ceux qui peuvent se trouver prescrits en tous autres articles.

L'article 161 du tarif (1877) modifia aussi l'article 77 du Code, en portant à la somme de deux à quatre piastres l'amende qui y est prescrite contre les greffiers et huissiers qui ne mettent pas au bas de leurs actes le coût des droits perçus par eux.

CHAPITRE V

Institution des Tribunaux.

HISTORIQUE

« Les lois civiles (BONCENNE, *Introduction*, p. 2), considérées en elles-mêmes, sont des abstractions, des principes inanimés, qui ne peuvent être mis en action que par leur application aux circonstances pour lesquelles ils ont été établis.

« Il leur faut des voix vivantes, s'il est permis d'ainsi parler, qui les appliquent et les fassent exécuter. »

...Les juges furent institués,

Et la justice de paix, en particulier, le fut, dans le but de rapprocher les juges des justiciables ; de permettre de terminer plus promptement et à moins de frais des constestations d'une importance minime, ou même des causes d'une grande importance, mais dans lesquelles l'examen des lieux contentieux paraît indispensable au jugement de l'affaire. (BOITARD, 602.)

Les juges sont les organes de la loi. — Ils ne font pas le droit, ils le déclarent. Ils en sont les dispensateurs et non les maîtres.

La justice en Haïti, pour les matières civiles et commerciales, est rendue par des tribunaux de paix, des tribunaux civils, des tribunaux de commerce et un tribunal de cassation.

Depuis 1867, nos Constitutions mentionnent des tribunaux d'appel à établir de nouveau; mais cette promesse constitutionnelle n'est pas encore remplie.

C'est la loi organique du 15 mai 1819, qui supprima ce second degré de juridiction établi par celle du 7 juin 1805 instituant les tribunaux civils juges d'appel les uns à l'égard des autres, et spécialement organisé par la loi du 24 août 1808, portant création de deux tribunaux d'appel, l'un au Port-au-Prince, et l'autre aux Cayes.

La première organisation du tribunal de cassation qui venait d'être institué dans la République par la Constitution de 1816 (art. 200) date de la loi du 28 juillet 1817.

Jusque-là, le Sénat de la République en remplissait à peu près les fonctions (art. 14, 16 du titre IV, et 7 du titre V de la loi organique de 1808). — *V. Lois et Actes*, n° 373, *Décret du Sénat portant annulation de la sentence rendue par le tribunal de 1re instance des Cayes, etc.;* le numéro suivant; et n°s 394, 408, 444.

La loi du 7 juin 1805 mentionna, il est vrai, un *tribunal suprême de l'Empereur* auquel étaient déférées les fonctions du tribunal de cassation, et dont l'organisation, la composition et les fonctions devaient être déterminées par une loi particulière (titre VIII, art. 1 et 2); mais cette loi particulière ne fut pas rendue (1).

De son côté, Henry Christophe, devenu roi, institua, le 8 octobre 1811, une *Cour souveraine de justice* siégeant au Cap Haïtien (alors Cap Henry), et composée d'un président, d'un vice-président, de sept conseillers et de trois suppléants avec un procureur général, un avocat général, un procureur et un substitut du procureur du roi, un greffier et huit huissiers. Le procureur général était Juste Hugonin, comte de Richeplaine. (*V.* B. ARDOUIN, t. VII, p. 415.)

---

(1) Article 48 de la Constitution de 1805 : « Les délits militaires sont soumis à des conseils spéciaux et à des formes particulières de jugement. L'organisation de ces conseils appartient à l'empereur, qui prononce sur les demandes en cassation contre les jugements rendus par lesdits conseils spéciaux. »

Le tribunal de cassation de la République, à son installation, faite à Port-au-Prince, le 23 octobre 1817, avait pour membres MM. Linard, doyen, Fresnel, Thezan jeune, J.-F. Lespinasse, Pitre jeune, Lemerand, Thomas Christ, juges; et Audigé, commissaire du Gouvernement. (*Lois et Actes,* n° 501.)

C'est aujourd'hui la loi du 23 décembre 1867 qui en régit l'organisation. Voici le premier chapitré :

ART. 1ᵉʳ. — Il y a, pour toute la République, un tribunal de cassation, dont le siège est à la capitale.

ART. 2. — Le tribunal de cassation se compose d'un président, d'un vice-président et de douze juges.

ART. 3. — Il y a près le tribunal de cassation un commissaire du Gouvernement et un substitut.

ART. 4. — Il y a au tribunal de cassation, pour le service du greffe et des audiences, un greffier, deux commis-greffiers assermentés et deux huissiers audienciers salariés par l'Etat.

ART. 5. — Il y aura près le tribunal de cassation quatre huissiers exploitants qui instrumenteront exclusivement à tous autres pour les affaires de la compétence dudit tribunal dans l'étendue seulement du lieu de sa résidence, et concurremment avec les autres huissiers dans tout le ressort du tribunal civil du lieu de cette résidence.

ART. 6. — Le tribunal de cassation se divise en deux sections, l'une sous le titre de *section civile,* pour les affaires civiles, commerciales et maritimes; l'autre sous le titre de *section criminelle,* pour les affaires criminelles, correctionnelles et de police.

ART. 7. — Les sections siègent isolément ou se réunissent, soit en assemblée générale, soit en audience solennelle, suivant les cas déterminés par la loi.

ART. 8. — La compétence de chaque section est fixée à

cinq juges au moins, y compris le président, ou le vice-président, ou le juge qui le remplace.

ART. 9. — La compétence du tribunal de cassation, sections réunies, en assemblée générale ou en audience solennelle, est fixée à neuf juges au moins, y compris le président, ou le juge qui le remplace.

ART. 10. — En cas d'absence du président, il est remplacé par le vice-président, pour le service général, et, à défaut de ce dernier, par le juge le plus ancien dans l'ordre des nominations.

Les tribunaux de commerce, eux, furent institués ou mentionnés par la Constitution impériale, la loi de juin 1805, titre IX, et le décret du 1er février 1806, sur le cabotage, les pêcheries, les salines, les mouvements des ports, etc., art. 18; — remplacés par les tribunaux civils en vertu des lois du 24 août 1808, art. 5, titre III, et du 15 mai 1819, art. 5, titre III; mentionnés de nouveau par la loi du 13 février 1826, art. 44; enfin réinstitués et organisés par le Code de commerce, — art. 608 et suivants — paru cette même année 1826. (V. infrà l'historique du Code de commerce, livre II, chap. IX.)

Quant aux tribunaux civils et aux justices de paix, nous en trouvons l'institution écrite dans le premier acte qui organisa le pays, après la proclamation de l'indépendance :

Constitution impériale d'Haïti, émise le 20 Mai 1805, an II de l'Indépendance.

Des Tribunaux.

ART. 45. — Nul ne peut porter atteinte au droit qu'a chaque individu de se faire juger à l'amiable par des arbitres à son choix. Leurs décisions seront reconnues légales.

ART. 46. — Il y aura un juge de paix dans chaque com-

mune; il ne pourra connaître d'une affaire s'élevant au delà
de cent gourdes; et lorsque les parties ne pourront se concilier à son tribunal, elles se pourvoiront par-devant les tribunaux de leur ressort respectif.

Art. 47. — Il y aura six tribunaux séants dans les villes
ci-après désignées :

A Saint-Marc, au Cap, au Port-au-Prince, aux Cayes, à
l'Anse-à-Veau et au Port-de-Paix.

L'empereur détermine leur organisation, leur nombre,
leur compétence et le territoire formant le ressort de chacun.

Ces tribunaux connaissent de toutes les affaires purement
civiles.

Vint ensuite la Loi organique du 7 juin 1805 disposant, au
titre III :

Des Juges de paix.

Art. 1er. — Il y aura dans chaque commune un juge de
paix assisté de deux assesseurs.

Art. 2. — Le juge de paix, assisté de deux assesseurs,
connaîtra avec eux de toutes les causes purement personnelles
et mobilières, sans appel, jusqu'à la valeur de cinquante
gourdes, et à charge d'appel, jusqu'à la valeur de cent
gourdes; en ce dernier cas, ses jugements seront exécutoires
par provision, nonobstant l'appel, en donnant caution.

Art. 3. — Cependant, à charge d'appel il pourra connaître,
à quelle valeur que la demande puisse monter, lorsqu'il s'agira
des différents cas ci-après prévus ; savoir :

1° Des actions pour dommages faits, soit par les hommes,
soit par les animaux, aux champs, fruits et récoltes;

2° Des déplacements de bornes, des usurpations de terres,
arbres, haies, fossés et autres entourages ou clôtures, commis
dans l'année ; des entreprises sur les cours et volumes d'eau
servant à l'arrosement des habitations et de toutes autres
actions possessoires;

3° Des réparations locatives des maisons et fermes;

4° Des indemnités prétendues par le fermier ou locataire pour non-jouissance, lorsque le droit de l'indemnité ne sera pas contesté, et des déprédations alléguées par le propriétaire;

5° Du payement des salaires des gens de travail, des gages des domestiques et de l'exécution des engagements respectifs des entrepreneurs ou bourgeois, et de leurs domestiques, ou gens de travail;

6° Des actions pour injures verbales, rixes et voies de fait, pour lesquelles les parties ne se seront pas pourvues par la voie criminelle.

Le texte de cette loi ne donne aux tribunaux de paix la connaissance d'aucune affaire commerciale, quelque minime qu'elle pût être. Au contraire, au titre IX, qui traite des juges en matière de commerce, il est dit, Art. 1er, qu'un tribunal de commerce sera établi dans chaque division militaire; et Art. 2, que ce tribunal connaîtra de toutes les affaires de commerce, tant de terre que de mer, sans distinction. — Art. 3. Ces juges prononceront en dernier ressort sur toutes les demandes dont l'objet n'excédera pas la valeur de 6,600 livres. — Art. 7. Les juges de commerce connaîtront des affaires de commerce dans toute l'étendue de la division où ils sont établis.

On trouve de plus, dans un décret de l'empereur, du 1er février 1806, sur le cabotage, etc., cette remarquable disposition : — Art. 18. En fait de commerce, tous les hommes étant regardés comme de la même nation, les tribunaux de commerce ayant les mêmes attributions en cette partie que les ci-devant amirautés, pourront connaître privativement à tout autre, entre toutes personnes, de quelque qualité qu'elles soient, faisant le commerce, tant haitien qu'étranger, tant en demandant qu'en défendant, de toutes contestations, et de tout ce qui concerne la construction, les agrès, apparaux, avitaillement, équipement, ventes et adjudications de bâtiments et cargaisons. — (*Lois et Actes*, n° 38.) — *(C'est tiré de l'ordonnance de la marine française de 1681.)*

Et ce fut le 23 avril 1807 qu'une loi rendue sur le commerce prescrivit en son article 1er que, dans aucun cas, les différends élevés entre négociants ou marchands, pour raison de commerce, ne seront jugés par l'autorité militaire et administrative; les commerçants ont la voie des arbitres à leur choix, ou celle des tribunaux. Les juges de paix sont chargés de concilier les parties et de rendre des sentences sur les affaires qui n'excéderont point deux cents gourdes. Les autres cas de commerce sont hors de la compétence des juges de paix et de leurs assesseurs.

Toute cette disposition fut notamment abrogée par la loi organique du 24 août 1808 (art. 3, titre II).

La compétence resta alors, pour les tribunaux de paix, comme en 1805, c'est-à-dire jusqu'à cinquante gourdes, sans appel, et cent gourdes à charge d'appel. Et cela évidemment pour les affaires civiles comme pour les affaires commerciales, les tribunaux de commerce, comme nous avons vu plus haut, ayant été remplacés par les tribunaux civils, en cette même loi de 1808.

Elle ajouta un troisième assesseur au tribunal de paix du Port-au-Prince et à celui des Cayes.

Elle modifia la constitution légale de tous, en permettant aux juges de paix de siéger *assistés au moins d'un assesseur*, au lieu de tous les deux assesseurs, comme le voulait la loi de 1805.

En ce temps-là, les juges de paix, aussi bien que les officiers du parquet et voire même les greffiers, étaient inamovibles comme les autres juges.

Ce caractère était accordé par la loi du 7 juin 1805, art. 5 du titre II, intitulé *Des Juges en général*, aux juges et officiers chargés des fonctions du ministère public, qui ne pouvaient être destitués que pour forfaiture dûment jugée par des juges compétents.

Même loi, art. 3 du titre VII : « Ils (les greffiers) seront nommés à vie et ne pourront être destitués que pour cause de prévarication jugée. »

Constitution de 1806, art. 127 du titre VIII, et loi du 24 août 1808, art. 7 du titre Ier, toujours relatifs aux *Juges en général* : « Les juges sont nommés à vie et ne peuvent être destitués que pour forfaiture légalement jugée; ni suspendus que par une accusation admise... »

La nomination des juges aussi, d'après la constitution de 1806, — se faisait ou devait se faire différemment qu'aujourd'hui. Comme celle de tous les fonctionnaires en général, sauf les officiers du ministère public, elle appartenait au Sénat, assemblée unique dont les attributions énumérées à l'art. 42 de cette Constitution embrassaient les fonctions ordinaires tant du pouvoir législatif que du pouvoir exécutif. — On sentit bientôt les effets gênants de cette concentration irrationnelle de pouvoirs au Sénat; et en 1816, lors de la revision de la Constitution, on rentra dans le principe de la séparation des pouvoirs (1).

La loi de 1808 faisait entrer aussi dans la juridiction gracieuse des juges de paix (art. 18), la répartition des deniers revenant aux cultivateurs de leurs cantons respectifs, pour leur part du produit des récoltes, dans lesquelles ils sont portionnaires. « *Ils* (les juges de paix) *procèdent, dans ce cas,* dit l'article, *toujours sur les habitations, en présence des propriétaires, fermiers ou gérants, légalement établis pasteurs de la loi dans les campagnes. — Ils y prêchent l'amour du travail et*

---

(1) On essaya plus tard du principe d'élection appliqué au pouvoir judiciaire. Dans la Constitution de 1843 se trouve l'article 149 ainsi conçu : « Les juges sont élus, savoir : pour les tribunaux de paix, par les assemblées primaires; pour les tribunaux de première instance et d'appel, par les assemblées électorales de leur ressort respectif; pour le tribunal de Cassation, par le Sénat, sur la présentation d'une liste simple de candidats pour chacune des assemblées électorales du ressort des tribunaux d'appel. » (*V.* aussi art. 150 et 151.)

propagent l'esprit et le goût du mariage parmi les cultivateurs;
— ils veillent à leurs intérêts, etc.

Dans le Nord et sous le gouvernement de Christophe, le Conseil d'État rendit une loi sur l'organisation des tribunaux, le 18 mars 1807. Cette organisation, dit M. B. Ardouin, t. VII, p. 58, — fut la même que celle de l'empire; — mais la loi régla la forme de procéder en matière civile et en matière criminelle.

« Il fut établi, — Madiou, t. III, p. 409, — dans chaque paroisse, un tribunal de paix qui fut composé d'un juge, de deux assesseurs et d'un greffier. Les juges de paix tenaient le registre des naissances, mariages et décès, et remplissaient toutes les fonctions des anciens commissaires de l'état civil. Il fut établi dans chaque arrondissement un tribunal civil qui dut connaître de toutes les matières civiles et criminelles, composé de cinq juges et de deux assesseurs. Il y avait près de chaque tribunal civil un commissaire du Gouvernement et un greffier. Les greffiers des tribunaux étaient nommés par le Président, qui pouvait les révoquer à volonté. Il fut établi près de chaque tribunal civil quatre défenseurs et trois huissiers. Le titre IV de la loi traitait de la forme de procéder en matière civile; le titre V, de la forme de procéder en matière criminelle. Il y avait dans chaque arrondissement un tribunal de commerce qui connaissait de toute affaire maritime et commerciale. Ces tribunaux étaient composés de cinq juges pris parmi les négociants. »

Une quatrième loi organique parut sous le président Boyer, le 15 mai 1819, qui simplifia encore la Constitution des justices de paix; elle y établit l'unité de juge en premier comme en dernier ressort.

« Titre II :

« Art. 1er. — La justice de paix sera rendue, dans chaque commune, par un juge assisté d'un greffier.

« Il sera fait choix, parmi les citoyens de la commune,

d'un nombre de personnes notables pour suppléer au juge de paix; savoir : trois pour la capitale et deux pour chacune des autres communes, lesquels suppléants ne siégeront qu'à tour de rôle en remplacement de juges de paix. Ils ne sont point salariés.

Mais, « Art. 2. — Lorsqu'un suppléant fera fonction de Juge de paix, il recevra pour son profit les émoluments revenant audit juge, etc. »

On y trouve aussi une disposition excluant les huissiers :

« Art. 14. — Les jugements rendus par les juges de paix seront exécutés par la police ou la gendarmerie à la disposition desdits juges de paix, qui dans aucun cas ne pourront employer des huissiers. »

Ces jugements n'avaient pas besoin d'être signifiés au préalable. (Cas., 2 mai 1824.) (Note de L. P.)

Le Code de procédure civile ayant été promulgué en 1825, on sentit la nécessité de remanier la loi organique pour la mettre en harmonie avec ce Code. De là, la loi du 13 février 1826, *sur l'organisation judiciaire et sur la police des tribunaux,* où les dispositions nouvelles sur la justice de paix furent les suivantes :

« Art. 1er. — La justice est rendue, au nom de la République, par les tribunaux de paix, *par la voie d'arbitrage,* par les tribunaux civils et par le tribunal de cassation.

« Art. 19. — Il y aura dans chaque commune un tribunal de paix composé d'un juge, de *trois* suppléants et d'un greffier.

« Le tribunal de paix de la capitale aura quatre suppléants.

« Art. 22. — . . . .
« Ils (les suppléants) ont également droit à *un tiers* dans les frais susmentionnés, quand ils assistent les juges de paix.

« Art. 25. — Dans toutes les affaires qu'ils seront autorisés à juger en dernier ressort, les juges de paix *devront être assistés d'un suppléant et d'un greffier, sauf à appeler un second suppléant en cas de partage.*

« Lorsque les juges de paix ne connaîtront d'un différend qu'à charge d'appel, l'assistance du greffier suffira.

« Art. 26. — Comme juges conciliateurs, les juges de paix doivent s'efforcer d'amener à accommodement les parties qui se présentent devant eux, soit volontairement, soit pour satisfaire au vœu de la loi.

« *A défaut de conciliation, ils renvoient l'affaire à l'arbitrage, ils fixent les délais pour la nomination des arbitres; à l'expiration des délais, ils nomment eux-mêmes les arbitres, ainsi que le sur-arbitre, quand le cas y échet.*

« Art. 29. — Ils dressent tous procès-verbaux ou actes de notoriété ayant pour but de constater des droits de propriété ou l'adirement des titres y relatifs, la perte ou l'avarie des marchandises ou tous autres faits résultant de force majeure, dont la connaissance exclusive est du ressort de la justice de paix.

« Il leur est interdit, sous peine de destitution, de dresser aucune enquête, de recevoir aucune déclaration ayant pour objet d'établir la preuve de la paternité en faveur des enfants naturels.

« Art. 30. — . . . .

« Ils reçoivent également le serment des gérants ou administrateurs des biens ruraux.

« Art. 35. — Toutes les affaires sur lesquelles les parties peuvent compromettre autres que celles dont les juges de paix connaissent, soit en dernier ressort, soit à charge d'appel, seront, à défaut de conciliation des parties, soumises à deux arbitres de leur choix, et, en cas de dissidence, à un tiers arbitre.

« Si les parties ne peuvent s'entendre sur le choix des arbitres, ou si les arbitres nommés ne peuvent s'entendre sur le choix du sur-arbitre, la nomination sera faite par le juge de paix.

« ART. 112. — Les juges de paix tiendront audience tous les jours. Leurs audiences durcront au moins quatre heures, et seront divisées en deux parties, dont l'une sera consacrée aux affaires civiles ; l'autre, aux affaires de police.

« ART. 113. — Ils seront tenus de juger toutes les causes portées à leur audience. En cas d'impossibilité, ils renverront les affaires non jugées au commencement de l'audience du lendemain. »

C'est donc à partir de cette loi que l'on voit établir une différence dans la composition du tribunal, selon qu'il juge à charge d'appel, — unité de juge ; — ou qu'il juge en dernier ressort, — pluralité de juges...

L'arbitrage forcé est introduit dans notre procédure entre le préliminaire de la conciliation et l'instance devant les tribunaux civils. On en fut bientôt désabusé. — Voir page 132 ce qu'en dit le message du Président Boyer en 1835.

Une autre disposition remarquable et abandonnée depuis comme l'arbitrage forcé, c'est celle qui, après avoir été dans la loi du 15 mai 1819, art. 3, titre VII, se trouvait encore dans cette loi de 1826 :

« *Dispositions générales.*

« ART. 15. — Les juges absents seront provisoirement remplacés par les suppléants, et à défaut de suppléants, *par les défenseurs publics en suivant l'ordre du tableau;* mais, dans aucun cas, le nombre des suppléants ou des défenseurs publics ne pourra excéder ni même égaler celui des juges titulaires (1).

---

(1) Le défenseur public appelé a siéger dans une affaire comme suppleant est obligatoirement tenu de prêter serment. (Cas., 29 nov. 1824.) (Note de L. P. sous la loi de 1819.)

A la question posée par le doyen du tribunal de Commerce des Cayes : si, aux termes de cet art. 15, les défenseurs publics suivant l'ordre du tableau pourraient,

« Le doyen ne peut être représenté que par un juge titulaire. »

Cet article, bien entendu, n'était pas relatif aux justices de paix, où l'on voit, d'ailleurs, dans les affaires en dernier ressort, les suppléants siéger avec les juges en nombre égal ou même supérieur en cas de partage.

Il est peut-être à regretter qu'on n'ait pas maintenu cette disposition pour la facilité du service dans les tribunaux civils. Et si l'on craignait quelque inconvénient à donner accès au siège du tribunal à tous les avocats indistinctement, à cause de leur grand nombre et de la diversité de leur aptitude et moralité, on pourrait restreindre cette faculté au bâtonnier et tout au plus aux membres du conseil de discipline suivant l'ordre du tableau.

Vint enfin la loi du 9 juin 1835, — aujourd'hui en vigueur, avec quelques modifications et additions survenues, notamment en 1847, en 1859 et en 1877.

Cette dernière loi organique fut traitée comme le Code de procédure civile de 1835 : abrogée en 1843 par le même décret, et remise en vigueur en 1845 par la même loi.

Lors de la présentation du projet, le Président d'Haïti, pour l'appuyer, envoya un message à la Chambre des Représentants. Il porte la date du 7 mai 1835 et commence en ces termes :

« La loi du 13 février 1826, sur l'organisation judiciaire

---

comme dans les tribunaux civils, être appelés à siéger, à défaut de juges titulaires et de suppléants? le Grand-Juge Voltaire répondait, le 25 mars 1830 : « Je vous répondrai que cela peut et doit se faire, puisque cet article de loi généralise les juges à remplacer et que d'ailleurs ce cas arrive aussi bien en fait de commerce qu'en tout autre, puisque, encore bien que des tribunaux de commerce aient été organisés, il est néanmoins des tribunaux civils qui jugent en cette matière. Or, il ne saurait y avoir de doute à l'égard de la question que vous me faites : rien n'empêche que le tribunal que vous présidez ne soit activé par ce moyen. » (*Lois et Actes*, n° 1235.)

« sur la police des tribunaux, pour se mettre en harmonie
« avec le Code de procédure civile du 3 mai 1825, a établi
« un degré de juridiction entre les tribunaux de paix et les
« tribunaux civils. Toutes contestations sur affaires suscep-
« tibles de compromis entre personnes capables de transiger
« doivent, avant de pouvoir être portées devant les tribunaux
« civils, subir l'épreuve de l'arbitrage. Cette disposition de la
« loi, qui a pour but de diminuer les procès, est devenue une
« entrave à la prompte décision des affaires. Car, d'un côté,
« les parties se réservent le plus souvent le droit d'appel ; et
« d'un autre côté, chaque arbitre croirait déroger à son man-
« dat s'il ne prononçait en faveur de la partie qui l'a choisi ;
« de là la nécessité d'appeler un tiers arbitre, dont la décision
« n'étant jamais en dernier ressort, il faut, après un long
« circuit et beaucoup de temps perdu, recourir à la juridiction
« des tribunaux civils. Le projet du nouveau Code de procé-
« dure qui vous a été déjà présenté, n'ayant conservé l'arbi-
« trage que comme une voie purement facultative, et qu'on
« peut suivre en tout état de cause, le projet de loi sur l'orga-
« nisation judiciaire, que je vous envoie sous ce pli, a dû être
« mis en harmonie avec le projet de code, et ne reconnaître
aucune juridiction intermédiaire entre les tribunaux de paix
et les tribunaux civils. »

. . . .

Sous l'empire, proclamé en 1849, il n'y eut de changé pour
l'organisation judiciaire que les dénominations des tribunaux
de cassation civils et de commerce, qui devinrent cour de
cassation, cours impériales, cours impériales de commerce,
avec des présidents au lieu de doyens, conseillers au lieu de
juges, procureur général pour la cour de cassation et procureurs impériaux pour les autres, au lieu de commissaires du
gouvernement. Les tribunaux de paix gardèrent leurs noms.

Le costume d'alors fut décrété par l'ordonnance du 9 août
1854.

Nos institutions, — qui ne sont toutes que celles de la

France, en ont suivi les destinées diverses. C'est notre héritage du régime colonial. Les lois françaises, après de même qu'avant notre indépendance, ont toujours été adoptées par nous partiellement ou intégralement, de bonne heure ou plus ou moins tard, — dans leur pleine vigueur ou même après qu'elles sont abrogées là-bas. Et c'est particulièrement dans les institutions judiciaires que la France nous a profondément laissé son empreinte.

Il en a été ainsi de la question de traitement, que nous abordons maintenant et qui est toujours de haute importance pour le fonctionnaire.

Dans les commencements, nos juges, sans traitement fixe à la charge du trésor public, recevaient, sous le nom *d'épices*, des honoraires que les parties étaient tenues de payer pour leurs procès, outre les dépens proprement dits. Il fallait ces ressources pour assurer l'existence des magistrats.

On explique, en France, ce nom *d'épices* par le fait que, jadis, les juges n'ayant droit à aucun émolument, il leur était permis de recevoir des parties, à titre de présent volontaire, de légers cadeaux, tels que dragées, confitures et autres épiceries ainsi nommées parce qu'avant la découverte des Indes, les fruits se confisaient avec des épices et non pas avec du sucre, fort rare dans ces temps-là. Or, plus tard et par suite de la vénalité des charges, les épices furent converties en argent, et de volontaires qu'elles étaient devinrent exigibles. Un édit de 1498 les taxa. Mais ce fut pour les procès par écrit et non en matière sommaire. Les épices, de même que la vénalité des charges, disparurent avec l'ancien droit.

Naturellement, la colonie française de Saint-Domingue eut aussi la vénalité des charges. Et de même que dans la Métropole, à l'aurore de la Grande Révolution, l'on sentit ici, dès notre première organisation judiciaire, la convenance de déclarer que « la vénalité des offices de judicature est abolie pour toujours ». (Titre II, art. 2, de la loi du 7 juin 1805.) Néanmoins, l'usage des épices persista.

Peu de temps après, le 1er août 1805, un tarif fut décrété pour les droits curiaux comme pour les frais judiciaires et divers autres droits et frais, *voulant combiner ces droits et frais avec les convenances actuelles*, dit le considérant de ce décret. L'art. 10 du ch. 2 touchant la taxe des *juges au civil*, c'est-à-dire des juges des tribunaux civils, était ainsi formulé : « Dans les procès par écrit, les juges se taxeront, eu égard au « temps qu'ils y auront employé, à raison de 8 livres 5 sous (1) « par heure. En conséquence, ils seront tenus d'écrire sur les « minutes, et en toutes lettres, le nombre d'heures ou de va- « cations qu'ils y auront employées, et lorsqu'ils enverront « au greffe le *dictum*, ils le dateront et signeront. Pareille « mention sera faite par les greffiers sur la première expédi- « tion qu'ils en délivreront pour, en cas d'appel, même d'office « si lieu il y avait, être lesdites *épices* et vacations réduites et « modérées par les conseils. »

Et c'est le chapitre 7 qui contenait la taxe des juges de paix à payer par les parties.

Cependant la loi de 1808, réglant ces matières, mentionna un tarif du 27 décembre 1775 (devant être réimprimé), et n'accorda aux juges de paix que les émoluments portés à ce tarif. (Titre II, art. 8 et 11.) Elle disait également, au titre III, art. 7, que les juges des tribunaux de première instance, les officiers du ministère public et les greffiers ne recevraient que les émoluments portés au même tarif, en leur allouant néanmoins, dans l'article suivant, des épices lorsque les affaires n'étaient point susceptibles d'*appointements à mettre*, mais nécessitaient un long examen. Enfin, au titre IV, l'art. 9 était ainsi conçu : « La justice se rend gratuitement dans les tri- « bunaux d'appel. Les juges seuls de ces tribunaux recevront, « en conséquence, un traitement à la charge du trésor public, « lequel sera fixé par une loi particulière. »

---

(1) La livre des colonies, monnaie de compte, ne valait que les deux tiers de la livre tournois ou franc (B. Ardouin, *Introduction*, p. 28; Moreau de Saint-Méry, *Description de la partie française de Saint-Domingue*); ce qui met la livre dont il s'agit ici au huitième de la piastre forte ou 12 1/2 centimes forts. Il faut vingt sous pour former la livre.

Cette loi particulière ne fut pas rendue, et une loi de 1813 rapporta même toute la disposition.

Dans l'intervalle, le 4 janvier 1809, fut pris par le Président d'Haïti un arrêté relatif à l'établissement d'un droit d'octroi sur les maisons des villes et dont le produit devait être affecté au traitement des juges de paix entre autres.

En voici les trois articles :

ART. 1er. — Les juges de paix des communes de la République, assistés du conseil des notables, sont autorisés à établir un droit d'octroi du vingtième de la valeur locative sur les maisons des propriétaires résidant dans les villes.

ART. 2. — Il sera nommé un syndic dans chaque commune, par le conseil des notables, lequel sera chargé de la perception du droit d'octroi et des droits communaux, sur les ordres de recettes délivrés par le juge de paix. Le syndic rendra des comptes tous les trois mois au conseil des notables assemblés.

ART. 3. — Le produit de ces droits sera essentiellement affecté au traitement des juges de paix, des commissaires de police et des corps de police, dans les lieux où siègent les tribunaux, sur des mandats de paiement délivrés par les juges de paix.

M. Linstant-Pradine fait observer en note que les conseils des notables n'ont été créés et organisés que plus tard, par la loi du 21 juillet 1817.

Mais il y avait déjà, dans nos lois, des notables qui, sans être formés en conseils, étaient appelés à s'adjoindre au juge de paix ou commandant de la place, dans certains cas. Par exemple, pour la taxe du pain et de la viande. Et l'arrêté se référait à l'art. 11 de la loi du 18 avril 1807 sur la police, qui prescrivait la réunion du Commandant de la place, du juge de paix et d'au moins huit notables contribuables pour établir un mode d'imposition à supporter par les propriétaires, fermiers et locataires de chaque ville, etc.

Et d'ailleurs, quel grand élargissement de la matière des octrois, en y faisant entrer ainsi les immeubles ! Et quel élargissement aussi des attributions du juge de paix, qui se trouvait par là investi de fonctions financières ! Pétion exerçait alors une seconde dictature résultant de l'ajournement forcé du Sénat, qui dura du 17 décembre 1808 au 8 mars 1811. (Voir une note de L. P. t. Ier, p. 522, des *Lois et Actes*; — B. Ardouin, t. VII, p. 232.)

Le 3 septembre 1811, Pétion, voyant que « les anciens tarifs devenus insuffisants par la différence des temps et des circonstances, il en était résulté, dit-il, que les taxes arbitrairement réglées par les parties intéressées ont dû être portées à l'excès opposé, et, en conséquence des réclamations qui lui avaient été faites, forma une commission composée de MM. Lamothe, B. Audigé, Linard et Lanier, qui, le 28 octobre de la même année, soumirent au Président un projet de tarif que, dit leur rapport, « nous avons calqué sur celui du 27 dé-
« cembre 1775. Nous avons, autant qu'il nous a été possible,
« rapproché les prix, en raison du temps où il a été fait,
« d'avec celui où nous sommes actuellement; nous avons con-
« sidéré qu'à l'époque de ce tarif, la multiplicité et la diversité
« des affaires qui se plaidaient dans les tribunaux compen-
« sait la modicité de la taxe, et laissait aux juges, procu-
« reurs et autres, attachés à la justice, des ressources qui
« leur assuraient leur existence.

« Aujourd'hui il n'est plus, ou rarement, de ces procès ma-
« jeurs, etc...; presque tous se réduisent à des causes som-
« maires qui entraînent peu ou point de discussions, etc.
« L'article 9 du titre IV de la loi du 24 août 1808 dit bien qu'il
« sera alloué aux juges un traitement à la charge du Trésor
« public, lequel sera fixé par une loi particulière qui, jusqu'à
« présent, n'a point paru, et a laissé les juges incertains sur
« leur traitement; lequel, dans tous les cas, s'il était reconnu
« par cette loi annoncée, ne pourrait avoir d'exécution, attendu
« la pénurie des moyens de l'État, etc. »

Le tarif présenté, le Sénat ne put, ni cette année-là ni celle suivante, s'en occuper.

Pétion lui écrivit de nouveau à ce sujet le 8 décembre 1812.

Et la loi parut le 15 septembre 1813.

Rapportant provisoirement la disposition de 1808 pour la gratuité de la justice aux tribunaux d'appel, la nouvelle loi « autorisa les juges de ces tribunaux, jusqu'à ce que les « moyens de la caisse publique permettent de fixer leur trai- « tement, à recevoir pour honoraires une moitié en sus·de ce « qui est alloué aux juges des tribunaux de première instance, « conformément au tarif après transcrit. »

Les art. 1er à 10 du chap. 2 de ce tarif furent relatifs aux justices de paix. (*V.* t. II, p. 180 et suiv. des *Lois et Actes.*)

On trouve un autre document qui touche à notre sujet. C'est la dépêche du Président d'Haïti datée de Port-au-Prince, le 26 septembre 1813, répondant au citoyen Mauras, greffier dans le Sud : « La loi n'ayant pas prévu la destination et distribution des sommes déposées aux greffes des tribunaux, à titre d'amende, ces sommes doivent être partagées entre les juges, et vous entrerez dans ce partage ; c'est ainsi que cela se pratique au tribunal d'appel d'ici. »

Les choses en étaient là en 1817. La Chambre des représentants venait d'être créée par la revision constitutionnelle de 1816. — Elle entrait en session pour la première fois le 22 avril 1817. Et, le 21 juillet suivant, à la clôture de la session, elle faisait une adresse aux citoyens de la République, leur rendant compte de ses travaux.

Nous en tirons le paragraphe suivant :

« La Chambre, en se pénétrant de l'importance de tout le « service qui est relatif au département de la Justice, a « accueilli favorablement les projets de loi présentés par le « Pouvoir exécutif pour la régie des greffes et pour les émo- « luments des juges, ainsi que pour l'organisation et les at- « tributions du Tribunal de cassation. C'est en rendant les

« membres de l'ordre judiciaire indépendants des besoins les
« plus pressants de la vie que vous devez vous attendre à
« leur application à l'étude des lois et à ce qu'ils répartissent
« la justice dans toute son intégrité. La régie des greffes
« prouvera qu'en centralisant les épices des tribunaux, on
« saura y trouver des ressources pour aider au payement du
« salaire des juges, et la charge de ces émoluments ne sera
« jamais bien pénible pour le Trésor public. » (*Lois et Actes,*
t. II, p. 473 et 474.)

Deux lois avaient été rendues en effet, le 17 et le 21 juillet, par la Chambre, le 7 août par le Sénat, et promulguées le
14 août 1817 : la première, spéciale au traitement fixe des
fonctionnaires de l'ordre judiciaire à payer par le Trésor ; la
seconde, contenant les chiffres de ces appointements, avec
toutes les autres dépenses prévues de la République. C'était
la loi du budget des dépenses, la seule qui fût rendue pendant la longue durée de la Constitution de 1816, c'est-à-dire
jusqu'à la chute de Boyer. (B. ARDOUIN, t. VIII, p. 283.)

Les juges de paix y étaient portés à neuf cents gourdes par
an pour la capitale, sept cents pour les chefs-lieux de départements et cinq cents pour les autres justices de paix. Les
assesseurs devaient recevoir chacun la moitié des chiffres
votés par les juges. (V. *Lois et Actes,* nᵒˢ 490 et 492.)

Mais tout cela n'était que de louables efforts devant rester
sans effet, car, en même temps, était rendue une troisième
loi pour ne donner effet aux deux autres qu'à partir du 1ᵉʳ février 1818, « prenant en considération, dit le préambule,
l'augmentation dans les dépenses publiques, et attendu que
l'époque de la moisson, sur laquelle se prélève la principale
partie du revenu public, n'est pas encore arrivée. »

En conséquence (art. 2), la régie des greffes ne devait
commencer qu'à cette même époque, les juges continuant,
comme par le passé, à jouir des rétributions qu'ils avaient
coutume de percevoir. (*Lois et Actes,* nᵒ 493.)

Bien plus, au même volume II des *Lois et Actes*, page 550, on peut lire en note un extrait de dépêche du président Boyer au secrétaire d'État, par lequel on voit que la loi des dépenses, — cette seule loi budgétaire rendue sous le règne du président Boyer, — ne fut pas même publiée et fut considérée par le Président comme n'ayant jamais existé : — « 31 mai 1819....
« Je ne pense pas que vous ayez jamais reçu officiellement la
« loi du 14 août 1817, que vous me citez, et cela parce
« qu'elle n'a point été promulguée (1) ; c'est qu'elle est censée
« n'avoir jamais existé, et c'est en la considérant comme telle
« qu'il a été jugé inutile de la faire abroger par une autre
« loi. Vous devez vous être aperçu de tous les changements
« qui y ont été apportés, et si j'ai toléré l'existence de cer-
« taines choses qui se trouvent dans ce projet de loi, c'est
« que je l'ai jugé à propos au bien public. »

C'est dans cet intervalle que, le 15 avril 1818, le grand juge, dans une circulaire, avisait qu'il avait « reçu les ordres de Son Excellence le Président d'Haïti pour effectuer le paiement des appointements des juges, commissaires du gouvernement et autres employés des tribunaux..... Les États, poursuivait-il, seront dressés en conformité des dispositions de la loi du 17 juillet 1817. Après avoir compté avec les greffiers les émoluments perçus pendant le dernier trimestre dont le versement sera fait en conformité de l'article 10 de la loi, Son Excellence m'a donné des ordres pour que les feuilles d'appointements soient établies séparément pour chaque mois échu. » (*Lois et Actes*, n° 530.)

Et, quatorze jours après, la circulaire se trouvait annulée par une autre que le même grand fonctionnaire adressa aux administrateurs des finances. Le Président avait décidé, par sa lettre du 24, qu'il ne sera plus ordonnancé en dépenses les

---

(1) Ce serait plutôt *publiée*, puisque la date même du 14 août 1817 est celle de la promulgation écrite et signée « PÉTION », dans la loi, avec le contre-seing du secrétaire général B. Inginac.

appointements des employés de l'ordre judiciaire, etc.; mais, qu'à la fin de chaque mois, les administrateurs dresseront un état des appointements pour être soumis au Président d'Haïti, *qui, quand la situation des caisses permettra de payer, en donnera l'ordre*..... (*Ibid.*, n° 534.)

Vint enfin la loi organique du 15 mai 1819, à laquelle fut annexé un tarif d'appointements. C'était une réduction de ceux fixés par les lois de 1817. Désormais, les juges de paix avaient annuellement 500, 400 ou 300 gourdes à la capitale, aux chefs-lieux de départements ou dans les autres communes. Les suppléants alors ne recevaient plus de salaire, sauf que lorsqu'ils remplaçaient le juge, et pour le temps seulement de l'intérim, — les émoluments revenant au juge étaient alloués aux suppléants d'après le tarif annexé à la loi du 15 septembre 1813.

La loi de 1813 n'était donc pas abrogée pour ce qui est de la taxe des frais. (*V.* titre II, art. 2; — titre III, art. 14; — titre XII, art. 2, de la loi de 1819.)

Le traitement fixe, définitivement acquis dès lors aux magistrats, fut laissé aux mêmes chiffres jusqu'en 1847, varia ensuite avec le temps et alla en augmentant jusqu'à la loi du 30 juillet 1877 actuellement en vigueur.

Et aussi, dès lors comme aujourd'hui, les épices étaient absolument interdites ; le magistrat qui en recevrait, même à titre de présent volontaire, serait (coupable de concussion) sous le coup des articles 135 ou 137 du Code pénal.

LIVRE II

De la Justice de paix en Haïti

JURIDICTION CONTENTIEUSE

CHAPITRE Iᵉʳ

Organisation du Tribunal de Paix

La Constitution, au chapitre du *Pouvoir judiciaire*, porte « que chaque commune a, au moins, un tribunal de paix » « composé chacun, dit la loi organique, d'un juge, d'un greffier et de deux huissiers exploitants. Il y a, en outre, trois suppléants dans les tribunaux de paix, dont le siège est au chef-lieu des tribunaux civils, et deux suppléants seulement dans les autres tribunaux de paix.

Des justices de paix peuvent aussi être établies, — autrefois par arrêté du Président d'Haïti, aujourd'hui par un acte du Corps législatif, dans les quartiers et paroisses où le bien public l'exigera. (Art. 29.)

Ainsi l'arrêté du 9 mars 1859 a créé un second tribuna de paix pour la Capitale. Limonade, avant d'avoir été érigée en commune, a eu comme quartier un tribunal de paix.

L'arrêté du 5 juin 1860 a établi un tribunal de paix au quartier de Terrier-Rouge, arrondissement du Trou ; celui du

10 juillet même année en a créé un dans chacun des quartiers de Saint-Raphaël et de l'Anse-à-Foleur.

La loi du 6 octobre 1864 en a donné un au quartier de Sainte-Suzanne, arrondissement du Trou. Il en a été de même de Pignon en 1874, de la Baie de Henne en 1875, des Perches en 1876, de Pilate en 1884.

La loi du 26 mai 1859, en érigeant le quartier de la Petite-Rivière de Nippes en commune, lui a attribué une justice de paix.

Port-à-Piment de quartier est devenu commune en 1872; Grande-Saline en 1874; Quartier-Morin en 1882. — Autant de justices de paix.

Les justices de paix se répartissent en ressorts. Il y a autant de ressorts qu'il y a de tribunaux civils dans la République. Ils sont au nombre de dix :

Département du Nord. — Un tribunal civil : Cap Haïtien.

25 justices de paix relèvent de cette juridiction :

Cap Haïtien, Acul-du-Nord, Plaine-du-Nord, Milot, Limonade, Quartier-Morin;
Fort-Liberté, Ouanaminthe;
Trou, Vallière, Cerca-la-Source, Terrier-Rouge, Perches, Sainte-Suzanne;
Grande-Rivière, Dondon, Ranquitte, Saint-Raphaël, Pignon;
Limbé, Plaisance, Pilate;
Borgne, Port-Margot, Anse-à-Foleur.

Département du Nord-Ouest. — Un tribunal civil: Port-de-Paix.

6 justices de paix en relèvent :

Port-de-Paix, Saint-Louis du Nord;
Môle Saint-Nicolas, Jean Rabel, Bombarde, Baie de Henne.

Département de l'Artibonite. — Deux tribunaux civils : Gonaïves et Saint-Marc.

Juridiction des Gonaïves, 8 justices de paix :

Gonaïves, Terre-Neuve, Ennery ;
Marmelade, Hinche, Saint-Michel de l'Atalaye, Maïssade.
Juridiction de Saint-Marc, 5 justices de paix :
Saint-Marc, Verrettes, Grande-Saline ;
Dessalines ;
Petite-Rivière de l'Artibonite.

Département de l'Ouest. — Deux tribunaux civils : Port-au-Prince et Jacmel.

Juridiction de Port-au-Prince, 12 justices de paix :

Section nord du Port-au-Prince, section du Port-au-Prince, Pétionville, Arcahaie, Croix-des-Bouquets, Grand-Bois, Tomonde ;
Léogane, Petit-Goâve, Grand-Goâve ;
Mirebalais ;
Lescahobos.

Juridiction de Jacmel, 6 justices de paix :

Jacmel, Bainet, Marigot, Saletrou ;
Côtes-de-fer, Grand-Gosier.

Département du Sud. — Quatre tribunaux civils : Cayes, Jérémie, Anse-à-Veau et Aquin.

Juridiction des Cayes, 7 justices de paix :

Cayes, Torbeck, Port-Salut ;
Coteaux, Chardonnières, Port-à-Piment, Anglais.

Juridiction de Jérémie, 7 justices de paix :

Jérémie, Pestel, Corail, Abricote ;
Anse d'Hainault, Tiburon, Dame-Marie.

Juridiction de l'Anse-à-Veau, 5 justices de paix :

Anse-à-Veau, Miragoâne, Petite-Rivière de Nippes, Petit-Trun, Bâradères.

Juridiction d'Aquin, 3 justices de paix :

Aquin, Saint-Louis-du-Sud, Cavaillon.

Ces 84 tribunaux de paix sont divisés en cinq classes pour le traitement qui leur est alloué.

Port-au-Prince : 2 juges à P. 75 par mois, 2 suppléants de service à 37 1/2, 2 greffiers à 35, 2 commis greffiers à 15, 2 huissiers audienciers à 10, 2 hoquetons à 5.

Cap Haïtien, Cayes, Gonaïves, Jacmel, Jérémie : 5 juges à P. 60 par mois, 5 suppléants de service à 30, 5 greffiers à 30, 5 commis greffiers à 15, 5 hoquetons à 5.

Port-de-Paix, Anse-à-Veau, Saint-Marc, Aquin, Miragoâne, Anse-d'Hainault : 6 juges à P. 50 par mois, 6 suppléants de service à 25, 6 greffiers à 25, 6 hoquetons à 5.

Fort-Liberté, Grande-Rivière, Trou, Hinche, Dessalines, Mirebalais, Léogane, Petit-Goâve, Petite-Rivière de l'Artibonite, Saint-Michel de l'Atalage, Coteaux : 11 juges à P. 45 par mois, 11 suppléants de service à 22 1/2, 11 greffiers à 22, 11 hoquetons à 5.

Et pour les 60 autres tribunaux de paix : 60 juges à 40, 60 suppléants à 20, 60 greffiers à 20, 60 hoquetons à 5.

Le juge de paix et son greffier, outre le traitement fixe qu'ils reçoivent de la caisse publique, ont encore droit aux frais établis par le tarif, au titre Ier, chapitres 1er et 2 de la loi du 23 août 1877.

CHAPITRE Ier

Taxe et Vacations des Juges de paix

Art. 1er. — (Proc. civ. 2, 11, 37.) Il ne sera perçu aucuns frais :

1° Pour les cédules, sauf toutefois le coût du papier timbré ;

2° (Proc. civ. 19.) Pour le parafe des pièces, en cas de dénégation d'écriture et de déclaration qu'on entend s'inscrire en faux incident.

Art. 2. — (Proc. civ. 820, C. civ. 258.) Il sera alloué aux juges de paix pour chaque vacation d'apposition, reconnaissance et levée des scellés qui sera de trois heures au moins, P. 1.

Seront compris dans chaque vacation les transports du juge de paix, si c'est en ville.

Art. 3. — (Proc. civ. 805, 810, 823.) Si, lors de l'apposition des scellés, ou dans le cours de leur levée, ou pour présenter un testament, ou tout autre papier cacheté, au doyen du tribunal civil, il y a lieu à référé, les vacations du juge du paix lui seront allouées comme celles pour l'apposition, la reconnaissance et la levée des scellés.

Art. 4. — (C. c. 336.) Pour l'assistance du juge de paix à tout conseil de famille, par vacation de trois heures, P. 1.

Le juge de paix ne pourra pas prendre plus de deux vacations.

Art. 5. — (C. civ. 70, 71.) Pour l'acte de notoriété sur la déclaration de sept témoins, pour constater l'identité soit l'époque de la naissance d'un individu de l'un ou de l'autre sexe qui se propose de contracter mariage, et les causes qui empêchent de représenter son acte de naissance, et pour la délivrance de tout autre acte de notariété qui doit être donné par le juge, P. 1.

Art. 6. — (C. civ. 508, 688.) Pour le transport du juge de paix à l'effet d'être présent à l'ouverture des portes en cas de saisie-exécution, pour chaque vacation de trois heures, P. 1.

Et à l'arrestation d'un débiteur condamné par corps, dans le domicile où ce débiteur se trouve, P. 1.

Art. 7. — (Proc. civ. 38, 46, 49, 50, 956.) Il est alloué au juge de paix pour le transport, en ville, soit à l'effet d'entendre des témoins, lorsque le transport aura été expressément requis par l'une des parties, et que le juge de paix l'aura trouvé nécessaire, soit à l'effet de procéder à une commission rogatoire, par chaque vacation de trois heures, P. 1.

Le procès-verbal fera mention de la réquisition de la partie, et il n'est rien alloué à défaut de cette mention. Il ne sera passé que deux vacations, au plus, par jour, et le temps de transport sera compris dans la durée de la vacation.

Art. 8. — (C. civ. 14.) Il n'est rien alloué aux juges de paix pour la déclaration, faite par l'étranger habile à acquérir la qualité de citoyen, qu'il vient avec l'intention de se fixer dans le pays, ni pour le visa qu'ils doivent mettre au bas de cette déclaration.

Art. 9. — Les suppléants des juges de paix percevront, pour leur propre compte, le produit de la taxe des frais, lorsqu'ils remplaceront le juge. Et lorsqu'ils l'assistent, ils percevront un droit égal à la moitié de la taxe prélevée par le juge titulaire.

Art. 156. — Toutes les fois qu'il y aura lieu à transport du juge de paix à la campagne, il aura, outre la taxe ordinaire, pour son transport par lieue, P. 1.

Art. 157. — Au doyen du tribunal civil est dévolu le

règlement général de la taxe des juges de paix. Il peut la réduire si elle lui paraît excessive, sans que le juge de paix soit admis à exercer aucun recours contre sa décision.

ART. 158. — Il est défendu à tous juges de paix, à tous greffiers, à tous huissiers, de percevoir d'autres ni plus grands frais que ceux fixés au présent tarif, à peine de restitution des frais perçus et de destitution ou suspension, et même de plus fortes peines de droit, s'il y échet.

ART. 168. — Dans tous les transports, l'aller seul est payé ; il n'est rien alloué pour le retour.

Les juges de paix et leurs suppléants, de même que les juges des tribunaux civils et leurs suppléants, et les membres du tribunal de cassation, sont nommés par le Président de la République, d'après des conditions et suivant un ordre de candidature qui seront réglés par les lois organiques, dit la Constitution.

Cette prévision constitutionnelle n'a pas été remplie jusqu'ici pour les conditions à régler par les lois organiques.

Mais on n'a pas besoin d'une loi spéciale pour sentir qu'en principe tout candidat aux fonctions de juge de paix, pour être digne de la confiance du gouvernement et se trouver à la hauteur de ses attributions, doit avoir de bons antécédents, doit être d'une parfaite honorabilité et d'une capacité reconnue.

« L'incapacité et les mauvaises vie et mœurs sont des titres d'exclusion aux fonctions de l'ordre judiciaire », disait l'art. 10, titre Ier de la loi du 15 mai 1819.

A l'origine, on a dit de cette institution que « le désir le plus général est de procurer aux habitants des campagnes une justice prompte, facile et pour ainsi dire domestique, qui n'exige pas l'appareil d'une procédure ruineuse, et qui ne demande pas d'autres lois que celles du bon sens ; pour être juge de paix, il suffira d'avoir les lumières de l'expérience et d'un bon jugement et l'habitude des contestations. (THOURET, *Moniteur* du 7 juillet 1790, en France.) Mais on n'a pas tardé à reconnaître que le grand nombre des attributions confiées au juge de paix, la difficulté des questions qui lui sont soumises, surtout en matière possessoires, rendent nécessaires des conditions de capacité, une connaissance assez étendue du droit et une certaine habitude de la pratique. » (BIOCHE, *Juges de paix,* 14; *V.* aussi BONCENNE, *Introduction,* p. 281.)

Amovibilité des Juges de paix

Les juges de paix sont révocables, tandis que les juges du tribunal de cassation, des tribunaux civils et d'appel sont inamovibles.

Parenté

Les parents ou alliés, jusqu'au degré de cousin germain inclusivement, ne peuvent entrer simultanément dans la composition du même tribunal. (Art. 11, *Loi organique).*

Conditions générales

Enfin, pour être juge de paix, il faut être âgé de vingt-cinq ans accomplis. Il faut aussi 1° être Haïtien, 2° avoir l'exercice de ses droits civils et politiques (art. 2, *Loi org.*), 3° exercer un état libre, c'est-à-dire n'être lié envers qui que ce soit par des obligations de domesticité. (PAUL CÈRE, p. 14.)

Incompatibilités

Les fonctions de membres du corps judiciaire et d'officiers ministériels sont incompatibles entre elles. (Art. 4, *Loi organique.*) Les membres du corps judiciaire et les officiers ministériels ne peuvent être requis pour aucun service public, hors le cas de danger imminent. (Art. 5, même loi.)

Prestation de serment

Le juge de paix, avant d'entrer en fonctions, prête, entre les mains du doyen du tribunal civil dans le ressort duquel il doit exercer ses fonctions, le serment suivant : « Je jure « d'être fidèle à la nation et au gouvernement, de suivre dans « l'exercice de mes fonctions les lois de ma patrie, de res- « pecter les droits de mes concitoyens et de prêter un con- « cours loyal en faveur de tout ce qui peut contribuer à la « gloire et à la prospérité de la République. » (Art. 3 et 14 de la *Loi organique*.)

Le serment est *l'acte réel* de prise de possession, c'est l'*appropriation* et l'*acceptation* par le fonctionnaire de la partie de la *puissance publique* qui lui est donnée par la commission qui le nomme.

Le juge de paix qui exercerait ses fonctions avant d'avoir prêté serment pourrait être condamné à une amende de 4 à 16 piastres (art. 157 du Code-pénal). Les actes auxquels il aurait procédé seraient frappés de nullité radicale. Il en serait de même des jugements qu'il aurait rendus.

Ce serment, par sa formule, est à la fois politique et professionnel.

Résidence

Le juge de paix est tenu de résider dans la ville, bourg ou quartier où est établi son tribunal. (Art. 73, *Loi org*.)

Costume

Il porte le costume noir, l'habit carré avec boutons de soie noire ; le claque orné de plumes noires et de floches noires, avec la cocarde nationale et l'épée. (Art. 118.)

Il a pour insigne une médaille en argent, suspendue à un ruban national porté en sautoir ; d'un côté de la médaille est écrit : *Tribunal de paix* (le nom de la commune) ; sur l'autre face : *République d'Haïti* alentour ; — et *Force à la loi* au centre. (Art. 119.)

Discipline

Les juges de paix exercent leurs fonctions sous la surveillance du secrétaire d'État de la justice (1) et du ministère public.

Les commissaires du Gouvernement et leurs substituts, dit l'article 6 de la loi du 19 juillet 1847, additionnelle à la loi organique, — seront tenus de faire, à tour de rôle, des tournées dans toute l'étendue de leurs ressorts respectifs, afin d'inspecter les justices de paix et de s'assurer de la manière dont la justice est répartie aux citoyens. Ils vérifieront également la comptabilité des greffiers et toutes les perceptions qui aboutissent aux greffes, et ils dresseront, s'il y a lieu, contre les délinquants, tous procès-verbaux à fins de poursuites criminelles. Ils recevront, à cet effet, des instructions du secrétaire d'État de la justice qui ordonnera lui-même les tournées, lorsqu'il le jugera convenable.

---

(1) Du rapport fait au Sénat par L.-Aug. Daumec, lors de la discussion de la Loi organique de 1808, nous détachons les passages suivants :

« Mais dans un pays où, malheureusement, les lumières ne sont point généra-
« lement répandues, etc., le Sénat, dans sa sagesse, doit placer à la tête des tribu-
« naux un grand fonctionnaire charge de leur police ; il sera le centre commun
« où aboutiront toutes les questions et les points douteux, quand les juges se
« trouveront embarrassés dans l'administration de la justice ; il expliquera les lois
« dont le sens ne serait point assez intelligible ; il maintiendra l'harmonie entre les
« juges et les rappellera à leurs devoirs s'ils s'en écartaient ; mais dans aucun cas
« il ne pourra les influencer dans leurs fonctions. . . . .

« . . . . . Tous les corps ont leur chef : celui de la Justice reclame le sien depuis
« nombre d'années, et vous ne pouvez le lui refuser sans maintenir les tribunaux
« dans cette confusion qni fait de la justice un corps sans âme. » (*Lois et Actes*,
nº 192.)

Mode d'obtention de congé

La loi française dispose que le juge de paix ne peut s'absenter pour plus d'un mois sans l'autorisation du Garde des Sceaux et pour moins d'un mois sans celle du Procureur impérial.

Chez nous, c'est à peu près cela dans la pratique. Quand le congé est de quelques jours, le juge de paix s'adresse au commissaire du Gouvernement; si le congé doit être d'une certaine durée, le juge doit s'adresser au secrétaire d'État de la justice.

L'article 15 de la loi additionnelle du 19 juillet 1847 concerne le congé des membres du tribunal de cassation et des tribunaux civils.

Concussion

Dans le cas où les juges de paix et leurs greffiers seraient convaincus d'avoir exigé des frais plus élevés ou autres que ceux fixés par le tarif, ils seront, sur la plainte des parties, ou même d'office, à la diligence du Ministère public, condamnés à la restitution de la totalité des frais perçus, sans préjudice des peines portées par la loi contre les concussionnaires. (Art. 36, *Loi organique*.)

Toute ordonnance de prise de corps contre un juge de paix pour faits civils ou autres, emporte nécessairement la suspension de ses fonctions. (Art. 77, même loi.)

La suspension des fonctions entraîne toujours, pendant sa durée, la suppression du traitement qui y est attaché. (Art. 78.)

Prérogatives

Tous les citoyens étant égaux devant la loi, le juge de paix peut être actionné, comme il peut aussi actionner, devant son tribunal pour ses affaires particulières ; alors un suppléant remplit les fonctions de juge.

Mais, en matière criminelle, il est poursuivi conformément aux art. 380 et suivants du Code d'instruction criminelle. C'est la garantie qui lui est due, à raison de sa qualité de fonctionnaire de l'ordre judiciaire.

L'art. 5 de la loi organique dit, en outre, que les membres du corps judiciaire et les officiers ministériels ne peuvent être requis pour aucun service public, hors le cas de danger imminent.

Prohibitions

La disposition de l'art. 1382 du Code civil, qui interdit aux magistrats d'acquérir des droits litigieux, s'applique aux juges de paix comme aux juges des autres tribunaux. Ils ne peuvent donc, en vertu de cet article, devenir cessionnaires des procès, droits et actions litigieux qui sont de la compétence de leur tribunal, à peine de nullité, dépens et dommages-intérêts.

Il leur est également interdit, comme juges, de se charger de la défense verbale, soit par écrit, soit à titre de consultation, des parties, à moins qu'il ne s'agisse de la cause de leurs femmes, parents ou alliés en ligne directe, et de leurs pupilles. (Argument de l'art. 92, Proc. civ.)

Il est expressément défendu aux juges de paix, sous peine de destitution, de dresser aucune enquête, ni de recevoir aucune déclaration ayant pour objet d'établir la preuve de la paternité en faveur des enfants naturels. (Art. 41, *Loi organique.*)

Démission

En cas de démission de la part du juge de paix, il est tenu, en général, de continuer ses fonctions jusqu'à ce qu'il ait été remplacé ou que sa démission ait été acceptée.

CHAPITRE II

Attributions et Compétence des Juges de paix

Comme celle des autres tribunaux, la compétence des juges de paix a plusieurs acceptions et se présente à l'esprit sous plusieurs faces. Elle signifie, en général, la mesure du pouvoir départi par la loi à chaque fonctionnaire public. Ainsi dira-t-on d'un commandant d'arrondissement aussi bien que d'un juge, que telle chose est ou n'est pas dans ses attributions, — est ou n'est pas de sa compétence. — Dans un sens moins étendu, c'est le droit que la loi défère au juge d'exercer sa juridiction sur certaines matières qu'elle détermine.

La juridiction, comme dit Boncenne, est cette émanation de la puissance souveraine qui est communiquée aux magistrats, pour rendre la justice au nom de la République.

Il y a une corrélation nécessaire entre la juridiction et la compétence ; l'une suppose l'autre. — Aussi trouve-t-on toujours la compétence à côté de la juridiction ; mais ce n'est pas une raison pour les confondre. — En effet, la juridiction est le pouvoir du juge ; la compétence est la mesure de ce pouvoir : on dit le ressort d'une juridiction, pour exprimer le territoire sur lequel elle s'étend. — C'est la sphère d'activité du juge.

Les attributions du juge de paix, en matière civile, comprennent trois ordres de fonctions bien distinctes : 1° des fonctions judiciaires ; 2° des fonctions extrajudiciaires, telles qu'apposition et levée des scellés, assistance aux délibérations des conseils de famille, etc. ; 3° enfin un pouvoir de conciliation.

Les premières forment sa compétence judiciaire ou juridiction contentieuse, les autres, sa compétence extrajudiciaire ou juridiction gracieuse ou officieuse.

Parlant, d'une façon générale, des deux juridictions, voici comment Henri Bonfils les distingue : — « N° 243. — En France, la distinction entre la juridiction contentieuse et la juridiction volontaire ou gracieuse, déjà connue dans le droit romain, adoptée par plusieurs législations modernes, n'a jamais été textuellement, formellement énoncée dans nos lois, mais elle a toujours été admise par les jurisconsultes. La différence qui sépare la juridiction contentieuse de la juridiction gracieuse est sensible. Dans le premier cas, les actes sont l'œuvre du juge lui-même ; — au deuxième, le juge ne fait qu'imprimer l'authenticité au consentement donné par les parties ; le contenu intrinsèque des actes émane de ces dernières. « La « juridiction contentieuse, dit Gluck, a pour objet l'examen « et la décision des causes litigieuses ainsi que l'exécution « des décisions ; tandis que la juridiction volontaire s'exerce « dans les affaires qui n'offrent point de contestation et dans « lesquelles la personne chargée de l'exercice de cette juri- « diction n'a qu'à accorder une confirmation ou une attestation « publique. » — *H. B.* — *De la compétence des tribunaux français à l'égard des étrangers, page 208.*

On peut du reste ajouter que, pour la juridiction contentieuse, le juge procède, en général, par jugement ; — pour la juridiction gracieuse, il procède par ordonnance.

La compétence judiciaire, des juges de paix se divise en compétence d'*attribution* et compétence *territoriale.*

La compétence d'attribution est celle en vertu de laquelle les juges de paix, en général, sont appelés à connaître de telle ou telle nature d'affaires. La compétence territoriale est celle dévolue à chaque juge de paix en particulier, à raison de la situation de l'objet litigieux ou du domicile des parties. (BIOCHE, *Compétence des tribunaux de paix,* 2.)

A cette distinction de compétence *territoriale* ou d'*attribution,* se rattache la division de l'incompétence en *personnelle et matérielle.*

Un tribunal peut être incompétent à raison de la personne

(ratione personœ), toutes les fois qu'il pourrait connaître de la matière, abstraction faite des personnes intéressées ou de la situation de l'objet litigieux. Il est incompétent, à raison de la matière *(ratione materiœ)*, lorsque l'objet de la contestation est, par sa nature, hors de ses attributions.

En d'autres termes : lorsqu'une personne est traduite devant un tribunal dont la juridiction ne comprend pas le territoire qu'elle habite, le juge est incompétent *ratione personœ*. Cette personne peut *décliner la juridiction* et demander d'être renvoyée au tribunal de son domicile. Et il est certaines matières dont la connaissance a été distraite de la juridiction d'un tribunal, ou ne lui a point été attribuée ; le juge est, quant à ce, incompétent *ratione materiœ*. (BONCENNE, p. 91.)

L'incompétence personnelle, qui constitue une exception *relative* (c'est controversé pour la justice de paix) (1), est en général couverte par le silence des parties, ou si elle n'est relevée avant toute défense ; mais le renvoi pour incompétence à raison de la matière, qui est une exception *absolue,* peut être demandé en tout état de cause et doit être prononcé, même d'office, par le tribunal.

La compétence du juge de paix est extraordinaire et d'exception, c'est-à-dire qu'il n'a d'attribution que pour juger les matières que la loi a nommément placées dans sa compétence ; tandis que celle des tribunaux civils est *ordinaire*, la loi leur ayant attribué la plénitude de la juridiction, en toutes matières, personnelles, réelles ou mixtes. Toutes les matières sont de leur compétence, à l'exception de celles qui ont été spécialement distraites, pour être attribuées aux tribunaux extraordinaires.

La compétence des juges de paix, qui s'arrête, en général aux demandes excédant 150 gourdes, se divise encore en compétence de premier ressort et de dernier ressort. Ils prononcent en dernier ressort sur les demandes qui n'excèdent pas 100 piastres, et à charge d'appel sur celles excédant 100

---

(1) Voyez pages 22 et 23.

piastres jusqu'à 150. (Loi du 20 novembre 1876, modificative
de l'art. 22 C. de pr. civ.)

C'est toujours le taux de la demande et non celui de la
condamnation qui fixe la compétence du juge, comme il détermine si c'est en premier ou en dernier ressort. (*V.* arrêt
du trib. de cass. du 21 oct. 1857 cité sous l'art. 32 de la *Loi
org.* L. P.) Ainsi l'on demande 150 piastres ; le juge, par un
motif ou un autre, condamne à 100 piastres : le jugement est
à charge d'appel.

Par la même raison, la demande en paiement d'une somme
excédant 150 piastres n'étant pas, en thèse générale, de la
compétence du juge de paix, le jugement de ce magistrat qui,
sur une telle demande, condamnerait seulement le défendeur
à une somme inférieure à 150 piastres, n'en serait pas moins
incompétemment rendu. Il en est de même au cas où le juge
de paix connaîtrait d'une demande incidente ou reconventionnelle d'une valeur supérieure à 150 piastres. Mais un tel jugement n'est pas, de plein droit, *nul et sans effet,* il est seulement
annulable. Si donc il n'est pas attaqué dans les délais, ou si
la partie condamnée y acquiesce, ce jugement aura acquis l'autorité de la chose jugée. (ALLAIN, t. II, 2679.)

La quotité de la demande résulte des conclusions prises
soit dans la citation ou la cédule, soit à l'audience ; la compétence n'est pas, en effet, invariablement déterminée par les
conclusions ou la citation ; chaque partie a la faculté d'augmenter ou de modifier ses prétentions ; de sorte que le juge
de paix reste valablement saisi d'une demande que la citation
porte à plus de 150 piastres, si, au jour de la comparution,
le demandeur réduit à ce taux sa réclamation par des conclusions expresses. (ALLAIN, t. II, 2680), *et avant ou sans
qu'un déclinatoire ait été proposé.*

Mais le droit de rectifier ses conclusions, de manière à
faire rentrer la demande dans la compétence du juge de paix,
soit en général, soit en dernier ressort, cesse évidemment d'appartenir au demandeur quand le défendeur fait défaut, à
moins que le premier n'ait eu le soin de signifier ses conclusions rectificatives à son adversaire. C'est en vain qu'on ar-

gumenterait de ce que le défendeur est sans intérêt à se plaindre que la demande ait été réduite en son absence ; car, le juge de paix n'étant pas compétent, rien n'obligeait le défendeur à se présenter, — ou bien, selon le cas, il devait compter sur la voie de l'appel. (ALLAIN, t. II, 2681.)

On doit comprendre pour déterminer la compétence du juge de paix, ainsi que le premier ou le dernier ressort, les intérêts et arrérages échus avant la demande et joints au capital ; mais non pas ceux qui ont couru depuis l'instance.

La demande dont l'objet est indéterminé appartient exclusivement aux tribunaux civils. Ainsi, quelque minime que soit la valeur d'un objet revendiqué, et dont le demandeur ne donnerait pas l'évaluation, le juge de paix serait radicalement incompétent, disent les auteurs, pour statuer sur la revendication, à moins qu'il ne s'agît de choses dont la valeur serait légalement fixée, en vertu de mesures administratives ou de police. Au surplus, quand la citation ne détermine pas la valeur de la demande, il est facile d'en faire convenir le demandeur à l'audience, et il n'y a plus incompétence dès l'instant qu'il réduit ses prétentions aux taux de la juridiction du juge de paix. (V. ALLAIN, t. II, 2682.)

Lorsque le juge statue en dernier ressort, il doit être assisté d'un suppléant ; et comme dans la délibération il n'a pas voix prépondérante, il doit, en cas de partage d'opinion, appeler un autre suppléant pour les départager, c'est-à-dire que l'affaire est de nouveau plaidée devant le juge et les deux suppléants, ensuite le jugement est rendu à la pluralité des voix. Dans toutes les autres causes, l'assistance du greffier suffira. (Art. 32, *Loi org.*)

Il a été jugé par le tribunal de cassation, le 21 avril 1856, que le jugement rendu par le tribunal de paix sur l'opposition à une ordonnance d'exécution d'une sentence arbitrale prononcée entre les parties, est en dernier ressort. Aux termes de l'art. 32 de la Loi organique, il est vicié d'incompétence si le tribunal de paix n'était composé que du suppléant et du greffier. (V. *Lois et Actes* t. VI, note 1, sous l'article cité.)

Jugé aussi qu' « un suppléant de la justice de paix qui s'est arrogé le droit de juger, tout seul avec le greffier, une affaire en dernier ressort, a excédé ses pouvoirs et violé les règles de la compétence. Si le juge est absent, ce suppléant doit renvoyer les parties jusqu'à l'arrivée de ce juge, qui, seul avec lui, doit constituer la compétence du tribunal ; car rien n'oblige le suppléant à juger quand évidemment il est incompétent. » (Cass., 27 juin 1872. *Ibid.*, note 4.)

Il est évident que cette partie de l'arrêt qui fait l'obligation de *renvoyer les parties jusqu'à l'arrivée du juge titulaire qui, seul avec le suppléant, doit constituer la compétence du tribunal,* n'est à suivre que dans le cas où le juge n'est pas suffisamment empêché, où son absence ne doit pas se prolonger trop longtemps. Car, en cas d'empêchement, en général, il est remplacé par le premier suppléant, qui, remplissant alors les fonctions du titulaire, peut se faire valablement assister du second suppléant pour juger en dernier ressort. Le suppléant tenant l'audience pour le juge de paix empêché agit dans la plénitude des droits qui appartiennent à ce magistrat. (Paul Cère, p. 47.)

Il résulte de l'arrêt en cassation du 21 octobre 1857, cité sous l'art. 32 (*Loi org.* L. P.), que l'appel d'un jugement de premier ressort, qui doit être toujours rendu par un seul juge, sera recevable par cela seul qu'un suppléant y aura concouru et assisté le juge avec voix délibérative. « Il est de principe, « dit l'arrêt, qu'un juge suppléant ne peut concourir avec « voix délibérative aux jugements que dans le cas où son « concours devient nécessaire pour la compétence. »

En matière contentieuse, l'assistance du greffier est nécessaire pour la validité des actes du juge de paix ; c'est un témoin indispensable que lui donne la loi, à tel point que les actes reçus par le juge sans l'assistance du greffier sont nuls. (Arrêt du Trib. de cass. de la République du 17 janvier 1822, cité par Mullery, p. 10.)

« Lorsque le Tribunal de paix fonctionne, le greffier entre dans sa composition », dit un autre arrêt du 27 septembre 1858, sous l'article 32, *Loi org.* (L. P.). « En l'absence de cet officier ministériel, continue-t-il, et en se faisant assister d'un greffier *ad hoc,* le tribunal doit, pour ce qui a uniquement trait à la cause, exiger de ce dernier la prestation de serment que veut la loi, autrement le tribunal de paix viole les règles de sa compétence et l'article 32 de la Loi organique. »

Quant aux matières mêmes dont la connaissance appartient aux juges de paix, en général, il est à remarquer que ni la Loi organique actuellement en vigueur, ni le Code de procédure civile ne les déterminent d'une manière directe.

C'est au point de vue de la compétence territoriale, compétence à raison de la personne, soit quant au domicile du défendeur, soit quant à la situation de l'objet litigieux, et non pas de la compétence à raison de la matière ; c'est à ce point de vue seulement de la compétence relative que les articles 7 et 8 du Code de procédure envisagent l'introduction de la procédure en justice de paix. Et c'est indirectement que ces articles mentionnent la nature des affaires à porter devant les juges de paix ; de même que l'article 1er est spécial à des conditions de comparution personnelle ou par fondé de pouvoir dans les causes de très minime importance, et que l'article 22 est relatif à la détermination du premier et du dernier ressort, ne mentionnant qu'indirectement la limite générale de la compétence des juges de paix s'arrêtant à la valeur de 150 gourdes, soit qu'il s'agisse d'affaires purement civiles, soit qu'il s'agisse d'affaires commerciales.

Les lois organiques de 1805, 1808 et 1819 déterminaient au contraire d'une manière positive et dans un article spécial le cercle dans lequel le juge de paix exerçait sa juridiction à raison de la matière (*V.* p. 121) ; c'est à partir de 1826 que la loi a soudain gardé le silence sur ce point.

C'est donc indirectement des articles 1er, 7, 8 et 22 du Code de procédure que résulte la détermination légale des matières entrant dans la compétence d'attribution des juges de paix.

En conséquence, le juge de paix connaît :

Selon les articles 1er, 7 et 22,

Des matières purement personnelles ou mobilières, actions civiles ou commerciales, dont la valeur ne dépasse pas 150 gourdes;

Selon l'article 8, et toujours dans les limites de l'article 22,

Des actions pour dommages faits aux champs, fruits et récoltes, soit par des personnes, soit par des animaux;

Des déplacements de bornes, des usurpations de terre, arbres, haies, fossés et autres clôtures, commis dans l'année; des entreprises sur les cours d'eau commises pareillement dans l'année et de toutes autres actions possessoires;

Des réparations locatives des maisons, ainsi que des fermes ou habitations rurales;

Des indemnités prétendues par le fermier ou locataire pour non-jouissance, lorsque le droit ne sera pas contesté, et des dégradations alléguées par le propriétaire;

Enfin (art. 25 de la loi sur l'arpentage) des oppositions d'arpentage.

C'est comme pour le tribunal devant lequel doit se porter l'appel des sentences de juge de paix : une disposition positive et directe manque dans la Loi organique et dans le Code. La loi de 1819, titre II, article 5, l'avait comme suit : « Les « jugements rendus à la charge d'appel par les juges de paix « seront portés directement aux tribunaux civils, qui prononceront définitivement, sur simple exploit d'appel. »

Quoi qu'il en soit, l'appel de ces jugements de justice de paix est porté au tribunal civil dans la juridiction duquel ils ont été rendus.

Le juge de paix étant institué pour juger dans les taux de sa compétence, sommairement et à peu de frais, les matières *purement* personnelles ou mobilières, la loi lui refuse juridiction en toutes matières immobilières, excepté les actions possessoires.

Et même parmi les actions personnelles, il y a à excepter

celles pour frais d'officiers ministériels appartenant à d'autres tribunaux, espèces d'actions qui doivent être portées au tribunal devant lequel les frais ont été faits. (Tarif, art.   ; Proc. civ., art. 70.)

L'on sait que l'action personnelle peut être mobilière ou immobilière. *Mobilière,* elle rentre dans la compétence du juge de paix soit comme personnelle, soit comme mobilière. Quant aux actions personnelles immobilières, le mot *purement* personnel des articles 1ᵉʳ et 7 du Code de procédure a pour objet de les exclure. (BOITARD, t. I, p. 592.)

Ainsi, le juge de paix ne peut pas connaître d'une demande en déguerpissement d'un immeuble vendu, ni d'un droit de servitude contesté. Si à une action de sa compétence on oppose une exception de propriété ou de servitude, il doit renvoyer les parties devant le tribunal civil. (*V.* BIOCHE, *Dictionnaire des Juges de paix,* au mot *Compétence des tribunaux de paix*, p. 84 et 85.)

Quant à la compétence criminelle des juges de paix, elle est déterminée par les articles 11, 12, 38 et suivants, 124 et suivants du Code d'instruction criminelle, et 1 à 5, 382 à 410 du Code pénal. Là ils sont officiers de police auxiliaires du commissaire du gouvernement et juges de simple police.

CHAPITRE III

Des Suppléants.

Rappelons ici en quelques mots ce que, dans l'historique
de l'organisation des tribunaux, nous avons dit déjà (p. 87
et suiv.) des suppléants pour la composition du tribunal en
siège.

A l'origine, c'est-à-dire dans la Constitution impériale de
1805, le juge de paix figure seul dans la composition de son
tribunal. Mais bientôt la loi organique impériale lui donna
l'assistance nécessaire de deux assesseurs « pour connaître
avec eux de toutes les causes ». Il fallait donc, paraît-il, toujours la présence des trois membres du tribunal pour le rendre
compétent, tant en premier qu'en dernier ressort. Sous Christophe, en 1807, même composition.

Sous Pétion, en 1808, un troisième assesseur fut ajouté au
ressort du Port-au-Prince et à celui des Cayes; mais les juges
de paix, tous, purent alors juger, assistés au moins d'un assesseur. La composition du tribunal siégeant était ainsi réduite à deux au lieu de trois membres, mais toujours sans
distinction de premier ou de dernier ressort.

En 1819, on revint à l'unité de juge. Les assesseurs furent
bien maintenus sous le nom de suppléants qui est resté, mais
ce fut pour suppléer au juge de paix, pour le remplacer au
besoin.

Ce fut en 1826 que, pour la première fois, on combina les
deux systèmes de l'unité et de la pluralité de juges, selon que
la sentence est rendue à charge d'appel ou en dernier ressort. Par l'article 25 de la loi de cette époque, le tribunal se
formait donc par le juge et un suppléant, dans toutes les affaires qu'il devait juger en dernier ressort; tandis que, pour
les autres le juge était seul, l'assistance du greffier suffisant.

En cas de partage d'opinion, un autre suppléant était appelé.

C'est la même disposition conservée en 1835 et encore en vigueur.

Nous avons vu que l'article 31 de la Loi organique en vigueur accorde trois suppléants aux tribunaux de paix dont le siége est au chef-lieu des tribunaux civils et deux suppléants seulement dans les autres tribunaux de paix.

Les conditions d'admission sont les mêmes pour le suppléant que pour le juge de paix.

Il est soumis aux mêmes obligations.

Il jouit des mêmes droits et des mêmes prérogatives, sauf en ce qui concerne le traitement, la taxe et la réception de son serment.

Ainsi, même mode de nomination; même condition d'âge (25 ans); même amovibilité; même costume; même obligation de résider au chef-lieu du ressort; même obligation de continuer les fonctions, en cas de démission, jusqu'au remplacement; mêmes causes de récusation; même interdiction de se rendre cessionnaire de procès, droits et actions litigieux de la compétence de la justice de paix; soumission à la même surveillance et au même pouvoir disciplinaire; même mode d'obtention de congé; même forme pour l'instruction des délits par eux commis; même qualité de fonctionnaire public, etc.

D'après l'art. 34 de la loi de 1835, « les suppléants ne sont pas salariés par l'État; mais lorsqu'ils remplacent le juge, ils perçoivent, pour leur propre compte, le produit de la taxe des frais. Ils ont également droit au *tiers* de ladite taxe quand ils assistent le juge.

Or, par l'art. 5 de la loi de 1877 sur le traitement et l'art. 9 de celle sur le tarif, cette partie de la Loi organique se trouve modifiée comme suit :

« Les suppléants de service recevront une indemnité mensuelle égale à la moitié du traitement des juges de leurs tribunaux respectifs. » (Art. 5.)

Les suppléants des juges de paix recevront, pour leur propre compte, le produit de la taxe des frais, lorsqu'ils remplacent le juge. Et lorsqu'ils l'assisteront, ils percevront un droit égal à la *moitié* de la taxe prélevée par le juge titulaire. (Art. 9.)

Pour leur prestation de serment, elle se fait entre les mains du juge de paix qui préside le tribunal auquel ils appartiennent. (Dernier paragraphe de l'art. 14 de la Loi organique.)

Voyez *supra*, p. 121, pour l'assistance du suppléant, nécessaire dans les jugements sans appel et interdite dans ceux à charge d'appel. (Art. 32, *Loi organique.*)

CHAPITRE IV

Des Greffiers.

Les officiers ministériels à la justice de paix sont les greffiers, commis greffiers et huissiers.

SECTION PREMIÈRE

Du Greffier.

L'institution des greffiers peut se reporter, en général, à la première création des tribunaux. L'esprit ne conçoit pas, en effet, l'existence régulière d'un tribunal sans greffier.

Il est vrai qu'en créant les juges de paix en France, on ne les avait pas astreints à avoir un greffier; on leur avait laissé la faculté de s'en passer et de rédiger eux-mêmes les actes de leur compétence; mais, dit Boncenne (p. 268), c'était pousser trop loin la manie des simplifications et le mépris des formes. On revint bientôt à cette règle générale qui exige l'assistance d'un greffier à tous les actes et procès-verbaux d'un juge, pour tenir la plume et conserver les minutes. La loi du 27 mars 1791, sept mois après celle du 24 août 1790, qui les créa, ordonna que les juges de paix seraient tenus de prendre un greffier.

Et si nous jetons un coup d'œil sur notre législation, en ce qui est spécial aux greffiers, nous trouvons, depuis 1805, les dispositions suivantes successivement adoptées et abandonnées:

Loi du 7 juin 1805, titre VII, art. 2. — Il y aura, en chaque tribunal, un greffier, âgé de 25 ans; il sera tenu de prêter serment entre les mains des juges.

ART. 3. — Ils seront nommés à vie, et ne pourront être destitués que pour cause de prévarication jugée.

ART. 4. — Les greffiers seront tenus de fournir un cautionnement de 18,000 livres (P. 2250) en immeubles, qui sera reçu par les juges.

Loi du 24 août 1808, titre I, art. 14. — Le sénat nommera également les greffiers, sur la proposition et de l'avis des tribunaux.

Loi du 15 mai 1819, titre X, art. Ier. — Les greffiers sont au choix des tribunaux ; mais ils sont commissionnés par le Président d'Haïti.

Loi du 13 février 1826, art. 72. — Les greffiers sont nommés par le Président d'Haïti, sur une liste de trois candidats présentés par le doyen du tribunal.

Les fonctions du greffier sont de la plus grande importance. Il est de tous les officiers publics, auxiliaires de la justice, celui dont le concours est le plus indispensable. (*J. du P.*)

« De toutes les fonctions qui entrent dans l'ordre de l'administration de la justice ; dit Domat (*Droit public*), cité par tous les auteurs, il n'y en a point qui aient autant de liaison aux fonctions de juges que celles des greffiers. »

Et l'on ne peut s'empêcher ici de répéter ces paroles rapportées de Bacon : « Un greffier ancien, instruit dans ses « fonctions, exercé dans tous les actes de son ministère, pos- « sédant bien les précédents de sa juridiction, soigneux dans « la tenue et la garde de ses registres, est vraiment le doigt « du tribunal ; et ses avertissements sont souvent utiles au « magistrat. »

Discrétion et probité, connaissance positive des formes judiciaires, beaucoup d'exactitude, de la facilité à rendre ses idées, telles sont les qualités qui doivent distinguer un greffier. (A. DALLOZ.)

Le greffe est le lieu où le greffier conserve ses minutes et tous autres actes confiés à sa garde.

Régime actuel.

Un greffier est attaché à chaque justice de paix.

Il est officier public. Il est nommé par commission du Président d'Haïti, doit être âgé de 25 ans accomplis et jouir de ses droits civils et politiques. (Art. 2, *Loi org.*)

Avant d'entrer en fonctions, il prête entre les mains du juge de paix ou du suppléant en siège, et en audience publique, le serment dont la formule est donnée par l'art. 3 de la Loi organique.

Il fait partie du tribunal.

Il assiste le juge, sous la dictée ou l'inspection duquel il rédige tous les actes, jugements, ordonnances et procès-verbaux qui sont de la compétence du tribunal. (Art. 106.)

Cette assistance est nécessaire au juge de paix dans tous ses actes d'instruction, en matière civile comme en matière criminelle : enquêtes, visites des lieux, auditions de témoins, accomplissement de commissions rogatoires, comparution de parties en conciliation, conseil de famille, émancipation, apposition et levée des scellés, référés, actes de notoriété et enfin tous actes dont il reste minute.

Cependant quelquefois, dans certains actes dont il ne reste pas minute, on voit figurer le juge seul, tels que cédules, ordonnances en réponse au pied de requêtes ; et en procédure extrajudiciaire, dans les cas de transport afin d'assister à l'ouverture des portes pour la saisie-exécution ; d'arrestation dans une maison d'un débiteur condamné par corps ; de présentation au Tribunal civil d'un testament ou autre papier cacheté, trouvé lors de l'apposition des scellés ; de visa, cote et parafe.

En cas de doute sur la *nécessité* de l'assistance du greffier à un acte du juge de paix, la question doit être résolue prudemment et dans le sens de son *assistance*, car enfin elle ne vicie point l'acte, tandis que son *absence* peut le frapper de nullité.

Il signe les minutes des jugements et des actes avec le juge de paix.

Il délivre des expéditions, mais seulement après la signature de la minute. Le greffier, dit l'art. 146 du Code de proc. civ., qui délivrera expédition d'un *jugement* avant qu'il ait été signé sera poursuivi comme faussaire.

Il reçoit seul les déclarations que les parties ont à faire au greffe. Par arrêt du 2 mars 1840, rapporté Mullery, p. 14, le Tribunal de cassation de la République a prononcé la nullité d'une déclaration de pourvoi faite devant un juge de paix assisté de son greffier. (*V.* cet arrêt au Code de proc. civ. annoté par L. P. Note 6 sous l'art. 927, et aussi dans notre Commentaire, note 1 sous l'art. 927 proc. civ.)

Il conserve les minutes de tous les actes du greffe sous sa responsabilité.

Il veille aussi à la conservation des objets déposés au greffe pour le service de la justice de paix ; il en est responsable.

Les registres et actes du greffe étant des registres et actes publics, le greffier est tenu d'en délivrer expédition, copie ou extrait à *tous requérants*, moyennant paiement de ses droits, et à peine de dépens, dommages et intérêts (art. 751 proc. civ.), sauf ce qui est dit à l'art. 17 *in fine* du tarif dans les cas d'apposition, de reconnaissance et de levée des scellés. (*V.* plus bas.)

Mais il ne communique qu'aux *parties directement intéressées* les minutes déposées comme pièces au procès. Et la grosse, c'est-à-dire l'expédition en forme exécutoire d'un jugement n'appartient, en général, qu'à la partie qui a droit de l'exécuter.

De plus, après une première grosse, le greffier ne peut en délivrer une seconde à la même partie sans l'autorisation du juge (art. 752 proc. civ.).

Il est chargé aussi de rédiger et signer les rapports des experts, lorsque tous ne savent pas écrire. (Art. 316 proc. civ.)

Outre le traitement fixe qu'il reçoit de la caisse publique, il a droit aux frais établis par le tarif comme suit :

« Chapitre II de la loi du 23 août 1877.

« Taxe des greffiers des juges de paix.

« ART. 10. (Proc. civ.) — Le greffiers percevront pour chaque rôle d'expédition qu'ils délivreront, et qui contiendra 25 lignes à la page et 12 syllabes à la ligne, P. 0,10.

« Si l'acte ne remplit pas le rôle, il leur sera payé comme un rôle entier (1).

« ART. 11. (Proc. civ. 63.) — Pour l'expédition du procès-verbal qui constatera que les parties n'ont pu être conciliées, et qui ne doit contenir qu'une mention sommaire qu'elles n'ont pu s'accorder, il sera accordé P. 0,25.

« Si une partie a fait, devant le juge, des dires et des aveux et que l'autre en requière l'insertion au procès-verbal, l'expédition dudit procès-verbal sera soumise à la taxe fixée à l'art. 10.

« ART. 12. (Proc. civ. 38.) — La déclaration des parties qui demandent à être jugées par le juge de paix sera insérée dans le jugement et il ne sera rien alloué au greffier pour l'avoir, reçue non plus que tout autre acte de greffe, à moins que l'expédition n'en soit requise.

« ART. 13. (Proc. civ.) — Pour transport sur le lieu con-

---

(1) Un rôle, c'est un feuillet rempli. Il se compose de deux pages.

tentieux, quand il sera ordonné, il sera alloué au greffier la moitié de la taxe qui est établie pour les juges de paix.

« Art. 14. (Proc. civ. 66.) — Il n'est rien alloué pour la mention sur le registre du greffe et sur l'original de la copie de la citation en conciliation, quand l'une des parties ne comparaît pas.

« Art. 15. (Proc. civ. 55.) — Pour la transmission au Commissaire du Gouvernement de la récusation et de la réponse du juge, tous frais compris, P. 0,50.

« Art. 16. (Proc. civ. 316.) — Il sera taxé au greffier du juge de paix qui aura assisté aux opérations des experts, qui aura écrit la minute de leur rapport dans le cas où tous ou l'un d'eux ne sauraient écrire, la moitié des vacations allouées à un expert.

« Art. 17. — Il lui est alloué la moitié des vacations du juge de paix par assistance :

« 1° (C. civ. 336.) Aux conseils de famille ;
« 2° (Proc. civ. 798) Aux appositions des scellés ;
« 3° (Proc. civ. 828) Aux reconnaissances et levées des scellés ;
« 4° (Proc. civ. 810, 823) Aux référés ;
« 5° (C. civ. 70, 71) Aux actes de notoriété.

« Il est encore alloué au greffier la moitié des frais de transport dans les mêmes cas où ils sont alloués au juge de paix.

« Les greffiers des juges de paix ne pourront délivrer expéditions entières des procès-verbaux d'apposition, reconnaissance et levée des scellés qu'autant qu'ils en seront expressément requis par écrit.

« Ils seront tenus de délivrer les extraits qui leur sont demandés, quoique l'expédition entière n'ait été ni demandée, ni délivrée, à la partie qui justifiera avoir un intérêt direct, soit parce qu'elle aura figuré, en personne, dans l'acte ou qu'elle y aura été représentée.

« ART. 18. (Proc. civ. 814.) — Il sera taxé au greffier du
juge de paix, pour chaque opposition à la levée des scellés,
qui sera formée par déclaration sur le procès-verbal des scellés, P. 0,25.

« Il ne lui sera rien alloué pour les oppositions formées
par le ministère des huissiers et visées par lui.

« ART. 19. (Proc. civ. 814.) — Il est alloué pour chaque extrait des oppositions à la levée des scellés . . . . . par chaque
opposition, P. 0,10. »

Dans les cas où les juges de paix et leurs greffiers, dit
l'art. 36 de la Loi organique, seraient convaincus d'avoir exigé
des frais plus élevés ou autres que ceux fixés par le tarif, ils
seront, sur la plainte des parties, ou même d'office, à la diligence du Ministère public, condamnés à la restitution de la
totalité des frais perçus, sans préjudice des peines portées par
la loi contre les concussionnaires (art. 135 C. pén.). Disposition analogue à l'art. 158 du tarif.

A. — Dans les justices de paix, il n'y a pas lieu aux
droits de greffe proprement dits, mais seulement à certaines
vacations et à certains droits d'expédition au profit du greffier. (BIOCHE, *Droits des j. de paix, greffe.*)

Il n'est alloué aucuns frais de bureau aux greffiers.
(Art. 103, *Loi org.*)

Les greffes sont ouverts tous les jours, excepté les dimanches et fêtes (1), aux heures réglées par le Tribunal, de manière, néanmoins, qu'ils soient ouverts au moins huit heures
par jour (art. 105).

Le greffier est tenu de mettre au bas des originaux, expéditions ou copies de ses actes, le coût des droits perçus, à

---

(1) Ce qui doit être pris avec le tempérament qu'exige l'art. 13 du C. de procédure civ., d'après lequel les juges de paix jugent ou peuvent juger même les
dimanches et fêtes.

peine d'une amende *de deux* à quatre piastres pour chaque omission. (Art. 161 du tarif.)

Il est tenu d'avoir un registre coté et parafé par le juge de paix, sur lequel registre il inscrit lui-même, par ordre de date et sans aucun blanc, toutes les sommes qu'il recevra et dépensera pour frais divers. Il présentera ce registre toutes les fois qu'il en sera requis en cas de contestation, et si ce registre n'est pas régulièrement tenu, il sera déclaré non recevable, comme s'il n'avait pas de registre du tout.

Il est tenu de faire enregistrer dans le délai de quinze jours pour les actes soumis à l'enregistrement *sur minute*, sous peine de payer personnellement, à titre d'amende et pour chaque contravention, une somme égale au montant du droit, et d'acquitter, en outre, le droit, sauf son recours, pour ce droit seulement, contre la partie. (Art. 118 et 137 de la loi sur l'enregistrement) (1).

Art. 5 de ladite loi : « *Les actes judiciaires* qui doivent être enregistrés sur minute sont :

1° Les procès-verbaux d'apposition, de reconnaissance et de levée de scellés ;

2° Les oppositions à levée de scellés, par comparution personnelle ;

---

(1) La loi en vigueur sur l'enregistrement est celle du 29 juillet 1828 modifiée par celle du 14 novembre 1876. Nous avons eu auparavant celles du 21 mars 1807 et du 13 février 1826.

« L'enregistrement, dit l'art. 1er, est la mention authentique, sur des registres « publics, d'un acte et de ses principales dispositions.

« Il est essentiel à la validité des actes que la loi ne dispense pas de cette for- « malité, en ce sens qu'on ne peut faire usage desdits actes en justice, ni devant « aucune autorité constituée, s'ils ne sont pas enregistrés. — Il confirme la date « des actes publics.

« Il assure aux actes sous signature privée une *date certaine*, à compter du jour « de leur mention au registre. »

(*V.* aussi art. 1113, C. civ.)

3° Les ordonnances et mandements d'assigner les opposants à scellés ;

4° Les procès-verbaux de nomination de tuteurs, subrogés tuteurs et curateurs ;

5° Les procès-verbaux des délibérations de conseil de famille ;

6° Les émancipations ;

7° Les actes de notoriété ;

8° Les déclarations en matière civile ;

9° Tous actes contenant autorisation, abstention, renonciation ou répudiation ;

10° Les nominations d'experts, surexperts, arbitres et tiers arbitres ;

11° Les cautionnements de personnes à représenter en justice ;

Les cautionnements de sommes déterminées ou non déterminées ;

12° Tous procès-verbaux généralement quelconques des justices de paix, portant conciliation ou non-conciliation, défaut ou congé, remise ou ajournement ;

13° Tous actes d'acquiescement, de dépôt et consignation, d'exclusion de tribunaux, d'affirmation de voyage, d'enchère et surenchère, de reprise d'instance, de communication de pièces, avec ou sans déplacement, d'affirmation ou vérification de créances, d'opposition à délivrance de titres ou jugements, de procès-verbaux et rapports, de dépôts de bilan et décharges ;

14° Les certificats de toute nature et ordonnances sur requêtes ;

15° Les jugements portant transmission d'immeubles,

Et ceux pour lesquels il est prononcé des condamnations sur des conventions sujettes à l'enregistrement, sans énonciation de titres enregistrés. »

Il est bien entendu que le premier paragraphe du n° 15 ne concerne pas le greffier de la justice de paix, puisque son tribunal ne peut connaître des matières immobilières.

Tous jugements et autres actes, soit préparatoires ou d'instruction, soit définitifs, ne sont soumis à l'enregistrement que sur expédition. (Art. 6. *ibid.*)

Les greffiers et huissiers tiendront en outre, selon l'art. 153 de la même loi, un répertoire à colonnes, sur lequel ils inscriront jour par jour, sans blanc ni interligne et par ordre de numéros......; 2° les huissiers, tous les actes et exploits de leur ministère, à peine d'une amende de trois gourdes pour chaque omission; 3° les greffiers, tous les actes (1) et jugements qui, aux termes de la loi, doivent être enregistrés sur minute; à peine d'une amende de cinq gourdes pour chaque omission. C'est-à-dire que l'amende sera, pour les huissiers, d'une piastre et demie, et pour les greffiers de deux piastres et demie, conformément à la loi du 10 août 1877, qui règle en monnaie forte les amendes, etc., mentionnées dans les différents codes et autres lois de la République.

« Chaque article du répertoire contiendra son numéro; la date de l'acte, sa nature; les noms et prénoms des parties, leurs domiciles; l'indication des biens et leur situation, lorsqu'il s'agira d'actes ayant pour objet la propriété ou l'usufruit de biens-fonds; le prix, lorsqu'il y aura lieu; enfin, la date et le montant de l'enregistrement. Cette dernière colonne restera en blanc, tant que l'acte n'aura pas été enregistré. Les huissiers indiqueront, en outre, le bureau où ils auront fait enregistrer leurs actes. » (Art. 154, *ibid.*)

N° 1er. — *Modèle de Répertoire du Greffier.*

Justice de Paix de la commune d....., année 1886.

« Répertoire des actes et jugements sujets à l'enregistre-
« ment sur minute, contenant quarante feuillets cotés et
« parafés au désir de la loi, par nous, juge de paix ¡de la
« commune de....., le..... mil huit cent quatre-vingt-six. »

(Signature.)

---

(1) Voir au surplus l'art. 927 du Code de procédure civile pour la tenue d'un registre de déclarations de pourvois en cassation.

FORMULE N° 1

N°s	DATES des ACTES	NATURE DES ACTES	PARTIES DANS LES ACTES		RELATION DE L'ENREGISTREMENT		OBSERVATIONS
			PRÉNOMS ET NOM	DOMICILE	DATES	DROITS	
1	Juillet 12	Déclaration de pourvoi en cassation contre jugem^t de ce tribunal, en date du 12 juin 1886.	Joseph-Jean pourvoyant contre L. Victor.	Cap-Haïtien.	Juillet 15	2 »	
2	— 13	Tutelle.	M. Georges, tuteur; N. et O. Charles mineurs.	Dº	— 25	» 37 1/2	
3	— 15	Émancipation.	Édouard-Louis.	Dº	— 25	1 50	
4	— 15	Apposition de scellés.	A. Pierre (décédé)	Dº	— 26	» 50	
5	25 —	Non-conciliation.	P. Étienne, demandeur. Ed. Jules, défendeur.	Port-au-Prince.	Août 1er	» 25	
6	Août 2	Serment d'Arbitres.	N. Paul et R. Charles.	Cap-Haïtien.	— 4	(1) » 25	
7	— 5	Conciliation.	S. Auguste et P. Robert.	Dº	— 8	» 25	

(1) L'art. 47 du tarif du 4 octobre 1836, qui prescrit d'enregistrer gratis les actes de conciliation et d'arbitrage volontaire, n'est pas reproduit dans le tarif actuel. Et l'art. 72 de la loi sur l'enregistrement, qui énumère les actes à enregistrer gratuitement, ne cite pas les actes en question. *Quid* donc?

11

Les greffiers et huissiers présentent tous les six mois leurs répertoires aux receveurs de l'enregistrement de leurs résidences, qui les viseront dans les vingt-quatre heures de la présentation, et qui énonceront, dans leur visa, le nombre des actes inscrits. Ce visa sera gratuit. Cette présentation aura lieu dans la première quinzaine des mois de janvier et juillet; à peine d'une amende de cinq gourdes (c.-à-d. P. 2 1/2) pour chaque quinzaine de retard. (Art. 155 même loi.)

Indépendamment de la présentation ordonnée par l'article précédent, les greffiers et huissiers sont tenus de communiquer leur répertoire aux receveurs et aux contrôleurs de l'enregistrement, toutes les fois qu'ils se présenteront chez eux pour les vérifier; à peine d'une amende de dix gourdes (c.-à-d. P. 5), en cas de refus; et dans ce cas, le receveur ou le contrôleur requerra l'assistance du juge de paix, qui dressera procès-verbal du refus. (Art. 156, même loi.)

Les répertoires, avant d'être employés, seront cotés par feuillets et parafés par première et dernière page (dit l'article 157); dans les communes où siègent le Tribunaux civils, par les doyens desdits Tribunaux, et, dans les autres communes, par les juges de paix.

Les dispositions de l'article 156 ci-dessus s'appliquent aussi aux notaires, greffiers et huissiers, pour les actes dont ils sont dépositaires. Sont exeptés les testaments et autres actes de libéralité à cause de mort, du vivant des testateurs et donateurs. (Art. 158.)

Les communications ci-dessus ne pourront être exigées les jours de repos; et les séances, dans chaque autre jour, ne pourront durer plus de trois heures de la part des receveurs ou contrôleurs, dans les dépôts où ils feront leurs recherches. (Art. 159.)

Le droit de réprimander ou d'avertir le greffier appartient au juge de paix.

Ainsi, le fait du greffier d'avoir négligé son devoir et manqué de respect à son juge de paix ne peut faire l'objet d'une action disciplinaire portée devant le Tribunal civil.

C'est la jurisprudence française. (*V.* ALLAIN, t. Ier, n° 51.) A plus forte raison chez nous, où les Tribunaux de paix ne sont pas comme en France sous le pouvoir disciplinaire des Tribunaux civils.

SECTION II

Des Commis Greffiers.

De même que le greffier, le commis greffier prête serment devant le juge de paix; doit avoir vingt-cinq ans accomplis et jouir de ses droits civils et politiques. (Art. 2 de la *Loi org.*)

Dans ces fonctions, il a en général les mêmes attributions et obligations que le greffier.

Dans la pratique, et on peut ajouter en *nécessité pratique*, selon le mot d'un auteur, Paul Cère, le commis greffier doit être *agréé* par le juge de paix avant d'être nommé par le greffier, et il doit être révoqué toutes les fois qu'au magistrat cette mesure paraît indispensable.

Au commencement, aucun commis greffier n'était payé par la caisse publique.

Les greffiers, porte l'art. 99 de la Loi organique, peuvent prendre *à leur charge* deux commis greffiers, au plus, lesquels n'auront la signature des actes et jugements qu'autant qu'ils seront assermentés.

Après cette loi de 1835, celle du 19 juillet 1847 fit entrer trois commis greffiers dans la composition du tribunal civil du Port-au-Prince et un dans celle de chacun des autres tribunaux civils; lesquels, avec un aussi du tribunal de cassation, ne furent plus alors à la charge des greffiers, cette loi leur ayant assuré un traitement sur la caisse publique, de même qu'à un commis greffier de la justice de paix de la capitale seulement.

Le 1ᵉʳ juin 1863 fut rendue une loi qui mentionna des commis greffiers au tribunal de commerce du Port-au-Prince, un à chacun des autres tribunaux de cette catégorie ; autorisa trois aux tribunaux civils de Port-au-Prince, Cap-Haïtien, Cayes, Gonaïves ; et deux pour ceux de Jacmel, Jérémie, et Port-de-Paix, à payer par la caisse publique.

Et enfin par les lois des 8/14 septembre 1870 et 23 juillet 1877, il fut accordé traitement à un commis greffier pour chacun des tribunaux de paix de Port-au-Prince, Cap Haïtien, Cayes, Gonaïves, Jacmel et Jérémie. Les autres justices de paix n'ont pas de commis greffier à la charge du trésor public.

SECTION III

Des Greffiers *ad hoc.*

Il peut arriver que le greffier et les commis greffiers soient empêchés ; comme le cours de la justice ne doit jamais être suspendu, le juge de paix choisit une personne qui lui semble convenable et capable de remplir les fonctions de greffier ; il reçoit son serment et la justice suit son cours.

C'est en matière criminelle comme en matière civile.

Arrêt du tribunal de cassation de la République en date du 30 Mai 1859 : « Il est de principe qu'en l'absence des greffiers et de leurs commis greffiers assermentés, les tribunaux doivent, dans l'intérêt de l'administration de la justice, se faire assister par des greffiers *ad hoc* assermentés. Ainsi, lorsqu'il est établi, par des jugements déférés en cassation, qu'un citoyen faisait partie d'un tribunal civil comme greffier *ad hoc*, que c'est en cette qualité qu'il a dressé l'acte de recours en cassation, que ledit acte énonce qu'il sera assermenté, cette énonciation ne pourrait être détruite que par une inscription en faux. Il est donc de présomption légale que cet officier ministériel était revêtu du caractère déterminé par la loi. » (L. Pradine, n° 2, sous l'art. 99, *Loi org.*)

Mullery, à l'appendice de son manuel, cite aussi l'arrêt suivant :

Lorsque le greffier et ses commis assermentés sont légalement empêchés, le juge peut se faire assister, dans ses actes, d'un *citoyen* ayant les capacités et l'âge requis (25 ans accomplis), le serment préalablement prêté et constaté au procès-verbal. 14 décembre 1840.

Encore un autre arrêt sur la matière (Cass., 24 mai 1852) : « Les greffiers font partie intégrante de la composition des tribunaux, lesquels ne peuvent siéger sans leur présence, ou d'un commis assermenté; mais la qualité de greffier de la justice de paix ne confère pas par elle-même la capacité de remplir les fonctions de greffier à la Cour impériale : un serment spécial est indispensable pour lui donner le caractère de greffier *ad hoc* de ladite Cour. » (Note sur l'art. 10, *Loi org.* L. P.)

Il en serait de même naturellement d'un tribunal de paix à un autre tribunal de paix.

Le greffier *ad hoc* est appelé aussi greffier *instrumentaire* ou greffier *provisoire*.

CHAPITRE V

Des Greffiers.

Ce fut avec le Code de procédure civile de 1835 que des huissiers entrèrent d'une manière précise et définitive dans l'organisation de nos justices de paix.

Ils en étaient écartés.

Ni dans la Loi organique de 1805, ni dans le tarif de cette époque, fait cependant pour les divers droits et taxes : droits curiaux, taxe des juges, des greffiers, des commissaires impériaux, des notaires, des officiers de l'état civil, des geôliers, des instituteurs et des imprimeurs, il n'est question d'huissiers, même d'une façon générale.

La loi du 24 août 1808, les mentionnant (art. 15, tit. Ier) parmi les *employés de l'ordre judiciaire,* contient bien (tit. VIII) une partie spéciale à ces officiers ministériels, mais c'est évidemment pour les tribunaux autres que ceux de paix. Et l'on remarque en passant que cette législation assujettissait tous les exploits d'huissiers au visa du commissaire du gouvernement. Aucun jugement ne pouvait être rendu sur un exploit non visé (art. 2 et 3).

D'un autre côté, les lois d'avril 1807 sur la gendarmerie (art. 15) et la police (art. 1er) mettaient ces forces publiques aux ordres et à la disposition des juges de paix pour l'exécution de leurs ordonnances. En conséquence, un planton — gendarme ou homme de police — était fourni à chacun des juges de paix pour porter leurs cédules ou les citations.

Cependant, une prescription formelle de la loi jusque-là, paraît-il, ne prohibant pas le ministère des huissiers en justice de paix, il en était résulté un certain vague sur la capacité de ces officiers ministériels d'instrumenter pour les tribunaux de paix.

Et le point controversé sans doute et diversement appliqué, le gouvernement en vint à prendre la décision contenue dans la dépêche du président d'Haïti (15 avril 1814) adressée au juge de paix de Port-au-Prince :

« Je vous préviens, citoyen juge, que le gouvernement a « décidé qu'à l'avenir le ministère des procureurs (*défenseurs* « *publics*) et des huissiers ne serait plus employé près les tri- « bunaux de paix, comme nuisible et onéreux aux intérêts « des particuliers, auxquels ils occasionnent des frais qui « peuvent leur être épargnés. C'est ce que la loi a voulu « lorsqu'elle a rétabli les tribunaux qui doivent connaître en « première instance des discussions entre les particuliers et « chercher à les concilier avant qu'ils soient forcés d'entrer « en procédure réglée. Je vous invite, en conséquence, à vous « conformer à la décision ci-dessus et à décerner purement et « simplement l'exécution de vos jugements au corps de police « que la loi a consacré à cet effet. J'ai l'honneur, etc. (Signé) « Pétion. » (*Lois et Actes,* n° 383.)

Sans doute aussi, pour faire cesser toute incertitude et hésitation encore existantes, la loi du 15 mai 1819 édicta formellement la prohibition : « Les jugements rendus par les juges de paix seront exécutés par la police ou la gendarmerie à la disposition desdits juges de paix, qui, dans aucun cas, ne pourront employer des huissiers. » (Tit. II, art. 14.)

Le Code de procédure de 1825 était en harmonie avec la disposition qui précède. Son art. 4 correspondant à l'art. 9 actuel commençait ainsi « La citation sera notifiée par un gendarme commis à cet effet par le juge, etc. »

Le Code actuel de procédure, avons-nous dit, ramena les huissiers à la justice de paix, en 1835.

Et depuis cette époque, la charge d'huissier, en justice de paix, est réglée comme suit :

Chaque tribunal de paix, dans sa composition, comprend deux huissiers exploitants (art. 31, *Loi org.*) au choix du tribunal.

Il y a, en outre, un huissier-audiencier pour chacun des tribunaux de paix du Port-au-Prince. (Loi modificative du 23 juillet 1877.)

Les huissiers-audienciers, en général, sont les seuls qui soient salariés par l'État. (Art. 112, *Loi org.*)

Ils sont nommés par commission du Président d'Haïti, tandis que les huissiers exploitants sont à la nomination du juge qui préside le tribunal. (Art. 12, *Loi org.*)

Comme officier ministériel, l'huissier doit être âgé de 25 accomplis, jouir de ses droits civils et politiques, et prêter serment avant d'entrer en fonction. (Art. 2 et 3, *Loi org.*)

Les huissiers de la justice de paix sont chargés de faire tous les actes, exploits, significations concernant la procédure de cette juridiction, mais ils ne peuvent exercer leur ministère hors de la commune où ils sont assermentés. (Cas., 17 février 1840, cité par Mullery, *Manuel*, p. 19.)

Les huissiers des tribunaux de paix, hors du lieu où siègent un tribunal civil et un tribunal de commerce, feront, concurremment avec les huissiers de ces tribunaux, tous les actes de leur ministère. (Art. 2 de la loi du 11 juillet 1859.)

Et il avait été jugé déjà par arrêt du tribunal de cassation, en date du 16 octobre 1837, que, « lorsqu'il s'agit d'un pourvoi formé devant le tribunal de cassation contre un jugement d'un tribunal de paix autre que celui de la capitale, le demandeur, aux termes de l'art. 64 de la Loi organique, peut signifier l'acte contenant ses moyens de cassation par un huissier assermenté par le tribunal qui a rendu le jugement. » (L. P., note 1, sous l'art. 64 susdit.)

Les huissiers doivent avoir deux registres cotés et parafés par le juge de paix, l'un pour inscrire les protêts (art. 173 du Code de commerce), l'autre pour constater l'entrée et la sortie de tous les actes qui leur seront remis à signification (art. 114,

Loi org.). Ce dernier doit avoir sept colonnes et être tenu sans blanc.

Dès que l'huissier reçoit un acte pour être signifié, il inscrit sur la 1re colonne le numéro du registre, sur la 2e la nature de l'acte, sur la 3e le nom du requérant, sur la 4e le nom de la personne à laquelle il doit faire la signification, sur la 5e la date d'entrée, c'est-à-dire du jour où il reçoit l'acte. Les deux autres colonnes sont remplies après la signification : la 6e par l'inscription de la date de sortie, c'est-à-dire du jour où il rend l'original, et la 7e par celle du nom de la personne à qui l'original est remis.

Cette dernière colonne n'est pas inutile, comme on pourrait le croire tout d'abord, à cause du nom du requérant déjà porté à la 3e colonne. L'huissier peut remettre l'original de l'acte à une autre personne que son requérant ; par exemple, en faisant un commandement en vertu d'un jugement, un protêt en vertu d'un billet, si le débiteur paie, l'huissier doit lui remettre le titre, avec l'exploit qui est à la suite.

FORMULE N° 2. — *Registre d'entrée et de sortie.*

Registre d'entrée et de sortie de N..., huissier exploitant près le tribunal de paix de   contenant quarante feuillets cotés et parafés au désir de la loi, par nous, juge de paix de la commune de
le   mil huit cent quatre-vingt-six.

(Signature.)

FORMULE N° 2

Nos	NATURE DES ACTES	PARTIES DANS LES ACTES		ENTRÉES	SORTIES	NOMS
		REQUÉRANTES	ADVERSES	DATES	DATES	DES PERSONNES qui reçoivent l'original
1	Jugement du tribunal de paix de Port-au-Prince, section nord, en date du 15 juin 1886, portant condamnation de 120 gourdes.	Jean Georges demeurant au Cap-Haïtien.	P. Vincent demeurant au Port-au-Prince.	Juin 22	Juin 25	Étienne René, demeurant au Port-au-Prince, fondé de pouvoirs du citoyen Jean Georges.
2	Obligation de 150 gourdes, consentie par Pierre, le 8 mai 1886, en faveur de Paul, demeurant tous deux au Port-au-Prince.	Veuve Paul demeurant au Port-au-Prince.	Eugène Pierre héritier de feu Pierre demeurant au Port-au-Prince.	— 23	— 25	Veuve Paul.
3	Quittance de 150 gourdes, donnée par Paul à Pierre.	Eugène Pierre.	Veuve Paul.	— 25	— 28	Eugène Pierre.

Ce registre, comme acte authentique, fait foi pour et contre l'huissier ; mais, pour que cet officier puisse en tirer avantage, il faut qu'il le tienne régulièrement. Il doit surtout se garder de jamais constater d'avance la sortie d'un acte, pour ne pas s'exposer, selon le cas, même à des poursuites en faux.

Il doit avoir en outre un répertoire dans la même forme que celui du greffier, puisque les art. 153 à 159 de la loi sur l'enregistrement leur sont communs. (*V.* p. 138 et suiv.)

Il est vrai que de l'un de ces articles il résulte (art. 154, dernier alinéa), que le répertoire de l'huissier doit avoir une colonne de plus que celui du greffier, pour indiquer le bureau où l'acte est enregistré ; mais il est évident que cette disposition, sans utilité pour l'huissier de la justice de paix, ne le concerne pas, comme le fait bien observer Mullery. Car, ne pouvant instrumenter hors de sa commune, il ne peut faire enregistrer ses actes qu'au seul bureau de sa commune.

FORMULE N° 3. — *Modèle de répertoire de l'huissier.*

« Répertoire des actes et exploits de N..., huissier du tribunal de paix de   contenant quarante feuillets cotés et parafés, au désir de la loi, par nous, juge de paix de   le   »

(Signature).

FORMULE N° 3

N^os	DATES des ACTES	NATURE DES ACTES	PARTIES DANS LES ACTES		ENREGISTREMENT		OBSERVATIONS
			PRÉNOMS ET NOM	DOMICILE	DATES	DROITS	
1	Novemb. 3	Signification d'un jugement du tribunal de paix de Port-au-Prince, section nord, en date du 15 juin 1886.	Requérant Jean-Georges contre P. Vincent.	Cap Haïtien. Port-au-Prince.	Novemb. 4	1 45	
2	Décemb. 4	Commandement.	Entre les Mêmes.	—	Décemb. 6	» 25	
3	— 5	Saisie-exécution.	D°	—	6	» 25	
4	— 5	Signification d'une obligation de 150 gourdes, en date du 8 mai 1886.	Req. Vve Paul contre Eugène Pierre.	Port-au-Prince.	6	» 25	
5	— 10	Citation.	Entre les Mêmes.	—	10	» 25	
6	— 11	Désistement de l'acte n° 3.	Entre les parties désignées au n° 1.				

Tous les actes d'huissier se font sur timbre de dix centimes. La feuille de cinq centimes n'est que pour les cédules
et requêtes au juge de paix. (*V.* tarif annexé à la loi du
31 octobre 1876, sur le timbre. — *Actes des justices de paix.*)

La copie d'un acte doit être correcte et lisible. Elle doit
contenir littéralement tout ce qui est dans l'original, c'est-à-
dire dans le corps de l'original, car il est clair que l'enregistrement de l'acte, venant après la remise de la copie, ne
saurait être porté sur cette copie.

Au rapport de Mullery, *Manuel,* p. 24, il a été même décidé par le tribunal de cassation qu'il n'y a point d'irrégularité dans la signification d'un jugement dont la copie ne
porte pas l'enregistrement de la grosse.

La rédaction de l'exploit appartient à l'huissier; mais
dès qu'il a remis la copie, il ne peut faire sur l'original aucun
changement ni addition, sous peine de faux. Il peut seulement
y constater l'absence du receveur de l'enregistrement et faire
viser l'acte par le juge de paix pour en empêcher la nullité.

L'exploit peut aussi être écrit par un autre que l'huissier.
Mais il faut, à peine de nullité, qu'il signe l'original et la copie.
La signature apposée au moyen d'un procédé autographique
est nulle. (Bioche, *Dict. de proc.,* art. *Exploit,* 139.)

L'huissier est tenu de mettre au bas des originaux et
copies de ses actes, le coût des droits perçus, à peine d'une
amende de quatre piastres pour chaque omission (art. 161 du
tarif), et en outre, selon la gravité du cas, de suspension de ses
fonctions. (Art. 162, *ibid.*)

Les droits et vacations de l'huissier de la justice de paix
sont fixés ainsi qu'il suit par la loi du 23 août 1877 portant
tarif des frais à percevoir dans les tribunaux de la République :

« Chapitre III.

« *Taxe des huissiers des tribunaux de paix.*

« Art. 20. — Pour l'original et la copie :

« 1° (Proc. civ. 6.) De chaque citation contenant demande ;

« 2° (Proc. civ. 10.) De réassignation lorsque les délais n'ont pas été observés ;

« 3° (Proc. civ., 11.) De citation à bref délai, avec copie de la cédule délivrée à cet effet par le juge de paix ;

« 4° (Proc. civ., 21, 27.) De signification de jugement ;

« 5° (Proc. civ., 22.) De sommation de fournir caution ou d'être présent à la réception et soumission de la caution ordonnée ;

« 6° (Proc. civ., 28.) D'opposition au jugement par défaut, contenant assignation à la prochaine audience ;

« 7° (Proc. civ., 36.) De signification de jugement non définitif et avant le prononcé duquel l'une des parties se serait retirée ;

« 8° (Proc. civ., 37.) De citation aux gens de l'art délivrée en vertu de la cédule du juge de paix ;

« 9° (Proc. civ., 40.) De demande en garantie ;

« 10° (Proc. civ., 42.) De citation aux témoins ;

« 11° (Proc. civ., 50.) De citation aux gens de l'art et experts ;

« 12° (Proc. civ., 61.) De citation en conciliation ;

« 13° (Proc. civ., 336.) De citation aux membres qui doivent composer le conseil de famille ;

« 14° (Proc. civ., 773.) De notification de l'avis du conseil de famille ;

« 15° (Proc. civ., 814.) D'opposition à la levée des scellés ;

« 16° (Proc. civ., 816.) De sommation à la levée des scellés ;

« Il sera alloué aux huissiers des juges de paix P. 0,25.

« Art. 21. — Pour la copie des pièces qui pourra être donnée avec les actes, par chaque rôle d'expédition de 25 lignes à la page et de 12 syllabes à la ligne, P. 0,10.

« Art. 22. — Pour transport, qui ne pourra être alloué qu'autant qu'il y aura plus d'une lieue de distance entre la demeure de l'huissier et le lieu où l'exploit doit être posé, aller et retour par lieue, P. 0,50.

« Art. 23. — Il ne sera rien alloué aux huissiers des juges de paix pour visa par le greffier de la justice de paix ou par l'officier de la police rurale dans les différents cas prévus par le Code de procédure civile.

« Art. 24. — Il leur sera alloué la moitié du coût des actes, expéditions et vacations allouées aux huissiers des tribunaux civils dans les cas de mise à exécution de la contrainte par corps. »

Voici les articles de la taxe des huissiers des tribunaux civils auxquels se réfère l'article 24 :

« Art. 48 (Proc. civ., 680). — Pour l'original de la signification du jugement qui prononcera la contrainte par corps, avec commandement, P. 0,50.

« Art. 49 (Proc. civ., 681). — Vacation pour obtenir l'ordonnance du juge de paix, à l'effet par ce dernier de se transporter dans le lieu où se trouve le débiteur condamné par corps et requérir son transport, P. 0,25.

« Art. 50 (Proc. civ., 683, 689). — Pour le procès-verbal d'emprisonnement d'un débiteur, y compris toutes espèces de vacations, copies, actes d'écrou et assistance de recors, P. 8.

« Art. 51 (Proc. civ., 686). — Vacation de l'huissier en référé, si le débiteur arrêté le requiert, P. 6,25.

« Art. 52 (Proc. civ,. 689). — Pour la copie du procès-verbal d'emprisonnement et d'écrou, le tout ensemble, P. 1,50.

« Art. 53 (Proc. civ., 690.). — Il sera taxé au gardien ou geôlier qui transcrira sur son registre le jugement portant contrainte par corps, pour chaque rôle d'expédition, P. 0,10.

« Art. 54 (Proc. civ., 692, 693). — Pour un acte de recommandation d'un débiteur emprisonné sans assistance de recors, P. 0,50.

« Art. 55 (Proc. civ., 696.). — Pour la signification du jugement qui déclare un emprisonnement nul et la mise en liberté du débiteur, P. 0,50.

« Pour la copie à laisser au gardien ou geôlier, la moitié de l'original. »

Aucune signification ni exécution (art. 958 du Code de procédure civile) ne pourra être faite avant le lever et après le coucher du soleil, non plus que les jours de fêtes légales, si ce n'est en vertu de permission du juge dans le cas où il y aurait péril en la demeure. (*V.* aussi l'art. 73.)

« Le débiteur ne pourra être arrêté, dit aussi l'article 681 :

« 1° Avant le lever et après le coucher du soleil;

« 2° Les jours de fêtes légales;

« 3° Dans les édifices consacrés au culte, mais seulement pendant les exercices religieux;

« 4° Dans le lieu et pendant la tenue des séances des autorités constituées;

« 5° Dans une maison quelconque, même dans son domicile, à moins qu'il n'eût été ainsi ordonné par le juge de paix du lieu, lequel juge de paix devra, dans ce cas, se transporter dans la maison avec l'officier ministériel.

« Le débiteur ne pourra non plus être arrêté lorsque, appelé comme témoin devant un tribunal civil, correctionnel ou criminel, ou devant un juge d'instruction, il sera porteur d'un sauf-conduit. Le sauf-conduit pourra être accordé par le juge devant lequel les témoins devront être entendus. Les conclusions du ministère public seront nécessaires. Le sauf-conduit réglera la durée de son effet, à peine de nullité. En vertu du sauf-conduit, le débiteur ne pourra être arrêté, ni le jour fixé pour sa comparution, ni pendant le temps nécessaire pour aller et revenir (art. 682, Proc. civ.). » (*V. infrà* nos annotations sous ces deux art. 681 et 682.)

« Pourquoi, dit Boitard, n° 1219, ne peut-on dans le temps de nuit ni signifier, ni exécuter? Pour exécuter, c'est que ce serait une atteinte portée fort gratuitement au repos des citoyens. Pour signifier même, c'est qu'on aurait trop de difficulté à faire parvenir l'exploit aux mains de celui auquel on s'adresse et trop de difficulté pour constater la personne à laquelle l'exploit a été remis. »

Remarquez que la prohibition est absolue pour les heures de nuit; le juge, dans ce cas, ne peut donner de permission que pour les jours de fêtes légales.

Les fêtes légales ne sont que celles qui ont été décrétées par la loi constitutionnelle de l'Etat. (Cass., 28 août 1837.)

Quant aux fêtes religieuses observées par l'Eglise et pendant lesquelles les bureaux publics sont fermés, elles ne peuvent entrer dans la catégorie de fête légale. (Cass., 8 juin 1840; notes 1 et 2 sous l'art. 73, Proc. civ., L. Pradine.)

Telles sont les fêtes locales des communes. (*V.* Boitard, 1219.) Ces jours fériés, comme on le voit plus loin, ne produisent effet que pour le délai de l'enregistrement.

Il existe sur les jours fériés et fêtes publiques un arrêté du président d'Haïti en date du 8 février 1835 ainsi conçu :

« Jean-Pierre Boyer, président d'Haïti,

« Etant informé que plusieurs bureaux de l'administration publique restent fermés certains jours de l'année, sous prétexte qu'ils sont vulgairement considérés comme jours de fêtes, ce qui nuit essentiellement au bien du service et occasionne des retards préjudiciables aux intérêts des citoyens en particulier et du commerce en général;

« Désirant faire cesser de semblables abus et régler la tenue des bureaux publics de manière à ce que l'action du service ne puisse en aucune façon être paralysée ;

« A arrêté et arrête ce qui suit :

« ARTICLE PREMIER. — Les bureaux publics ne pourront être
fermés que les dimanches et les fêtes nationales déterminées
par l'article 34 de la Constitution, ainsi que les fêtes qui
pourront par la suite être instituées par les lois spéciales.

« ART. 2. — Les bureaux seront également fermés les
jeudi et vendredi saints, le jour de la Fête-Dieu, la Saint-
Jean, la Saint-Pierre, la Toussaint, le jour des Morts, le jour
de Noël et, dans chaque paroisse, le jour de la fête de son pa-
tron.

« ART. 3. — Les bureaux d'administration publique devront être, tous les autres jours non mentionnés aux articles
précédents, ouverts au public, le matin depuis huit heures
jusqu'à onze, et l'après-midi depuis deux jusqu'à cinq, etc. »
(*Lois et Actes,* n° 1356.)

A ces jours, un règlement spécial aux établissements sco-
laires et fait déjà par la Commission d'instruction publique,
le 15 juin 1833, ajoutait : les lundi et mardi gras l'après-midi,
et le mercredi des cendres toute la journée, le mercredi saint
l'après-midi et la petite Fête-Dieu. (*Ibid.,* n° 1303.)

L'huissier fait enregistrer ses actes au bureau d'enregistrement de sa commune, dans le délai de trois jours, pour le
calcul desquels le jour de la signification ni celui de l'échéance
ne sont comptés. Et si ce dernier jour se trouve un dimanche
ou un jour de fête publique, le délai est prorogé au lendemain. (Art. 118, 123 et 125 de la loi sur l'enregistrement.)

De sorte que, si l'exploit est donné le 1er, il doit être enregistré au plus tard le 5, et si ce dernier jour se trouve être
un dimanche ou jour de fête publique, l'enregistrement sera
valablement remis au 6.

La peine contre un huissier est, pour un exploit ou procès-verbal non présenté à l'enregistrement dans le délai, d'une

somme de cinq gourdes (aujourd'hui deux piastres et demie), et de plus une somme équivalente au montant du droit de l'acte non enregistré.

L'exploit ou procès-verbal non enregistré dans le délai est déclaré nul et le contrevenant responsable de cette nullité envers la partie.

Ces dispositions ne s'étendent pas aux procès-verbaux de vente de meubles et autres objets mobiliers, ni à tous autres actes du ministère des huissiers sujets au droit proportionnel. La peine, pour ces sortes d'actes, sera d'une somme égale au montant du droit, sans qu'elle puisse être au-dessous de cinq gourdes (c'est-à-dire la 1/2 en piastres). Le contrevenant paiera en outre le droit dû pour l'acte, sauf son recours contre la partie pour ce droit seulement. Mais l'acte ne sera point nul. (Art. 136, loi sur l'enregistrement.)

L'huissier doit, en retirant son acte de l'enregistrement, veiller à ce que les mots rayés aient été constatés et les renvois parafés par le receveur, car les renvois non parafés et les ratures non constatées sont nuls (art. 93), étant présumés faits après coup.

L'huissier doit prêter son ministère à toutes les personnes qui le requièrent, même contre les membres de son tribunal. Mais il ne peut instrumenter ni pour ni contre ses parents en ligne directe, ses frères, sœurs et alliés au même degré (art. 9, Proc. civ.), à plus forte raison ni pour lui-même ni pour sa femme.

La loi reconnaît les alliés légitimes et les alliés naturels. Mais il faut se rappeler toujours que l'alliance est la quasi-parenté que forme le *mariage* entre l'un des époux et le parent de l'autre. (J. *du P.*, Alliance.) *Marié* à un parent légitime de quelqu'un, on est son allié légitime; *marié* à son parent naturel, on est son allié naturel. La simple cohabitation ne produit pas d'affinité. Il faut qu'il y ait mariage.

D'un autre côté, l'affinité n'engendre pas l'affinité. Ainsi, la femme du frère de votre épouse n'est pas votre alliée par cela seul; il en est de même du mari d'une belle-sœur.

Nous répéterons ici les recommandations qui terminent le chapitre de la *Procédure, Principes généraux* (page 41) :

L'huissier doit, en procédant à une exécution, observer les égards dus à la position du débiteur et ne point s'écarter de la modération et des convenances.

Et si la partie poursuivie croit devoir résister, elle ne le peut qu'en opposant les obstacles que la loi met à sa disposition; elle doit s'abstenir de toute résistance matérielle.

Autrement elle pourrait être sous le coup de l'article 476 de la Procédure civile, ainsi conçu :

« L'officier insulté dans l'exercice de ses fonctions dressera procès-verbal de rébellion, et il sera procédé suivant les règles établies par le Code d'instruction criminelle. »

CHAPITRE VI

Commentaires et Formules

Loi n° 1, sur le mode de procéder à la Justice de paix

Telle est la rubrique sous laquelle se trouvent les premiers articles du code, de 1 à 67, qui tracent les formes à suivre en justice de paix.

Cette procédure, comme la juridiction à laquelle elle appartient, est spéciale et exceptionnelle. La procédure des tribunaux civils forme le droit commun.

Ce qui n'est donc pas prévu ici doit s'expliquer par les règles établies pour les tribunaux civils dans des cas semblables, avec cette restriction, toutefois, que toute instruction à la justice de paix est verbale et sommaire.

L'acte introductif d'instance à la justice de paix est ou une cédule envoyée par le juge, ou une citation à la requête de la partie demanderesse. La cédule est employée seulement pour les demandes qui n'excèdent pas une valeur de trente piastres (art. 2 modifié par la loi de 1876). Le demandeur s'adresse directement au juge de paix pour l'obtenir, tandis qu'il s'adresse à l'huissier pour la citation.

La cédule ou la citation est inutile lorsque les parties comparaissent volontairement. (Art. 12.)

NOTA. — Ce chapitre comprendra les articles 1 à 56. Les autres, formant la matière de l'essai de conciliation, se trouvent placés au Livre de la juridiction gracieuse,

TITRE PREMIER

Des Cédules.

ART. 1ᵉʳ, *modifié par la loi du 17 novembre 1876.* — En matière personnelle mobilière, losque la cause n'excédera pas une somme ou une valeur de cinquante piastres, s'il n'y a point de titre, le demandeur se présentera en personne pardevant le juge de paix, pour expliquer l'objet de sa demande. — Pr. civ., 15, 26.

S'il y a titre, le demandeur pourra se faire représenter par un fondé de pouvoir.

I. — En règle générale, les parties tant demanderesse que défenderesses peuvent toujours se faire représenter par un fondé de pouvoir. L'exception posée par le premier alinéa de l'article n'est que pour le demandeur, lorsqu'il forme sans titre une demande n'excédant pas une valeur de 50 piastres.

ART. 2, *également modifié.* — Si le défendeur ne comparaît pas lui-même et qu'il s'agisse d'une somme ou valeur qui n'excède pas trente piastres, le juge de paix lui enverra une cédule ; cette cédule indiquera le jour et l'heure de l'audience, les noms et prénoms du demandeur et ceux du défendeur, ainsi que l'objet de la demande ; elle sera remise par un homme de police au défendeur ou laissée au lieu de sa résidence actuelle. (Pr. civ., 11.)

I. — La loi, qui ne réclame, dans la rédaction de la cédule, que ces trois conditions: l'indication 1° des jours et heure de l'audience, 2° des noms et prénoms du demandeur et du défendeur, et 3° de l'objet de la demande, exige ainsi moins de formalités que pour la citation, à cause de la moindre importance des demandes quand il s'agit d'une cédule. C'est, en général, cette même raison de la modicité des intérêts, de la simplicité des questions, qui fait établir à la justice de paix des formes plus simples, plus rapides, moins dispendieuses que celles qui sont exigées devant les tribunaux civils.

II. — Mullery explique, en outre, que la cédule étant l'œuvre du juge et ce magistrat ne pouvant, aux termes de l'art. 92, donner aucune consultation aux parties, il ne saurait donc rédiger des moyens qu'il ne doit pas connaître avant l'audience. — Il est vrai, ajoute l'auteur, que le juge de paix n'est pas obligé d'écrire *lui-même* la cédule, qui peut être écrite par lui, par le greffier, par la partie elle-même ou par toute autre personne, mais elle doit être signée par le juge. (*Manuel*, p. 26 et 27.)

III. — La cédule est faite sur timbre de cinq centimes. Elle est envoyée sans frais au défendeur. Elle est exempte de la formalité de l'enregistrement. (Art. 73 de la loi sur l'enregistrement.)

IV. — Le greffier doit tenir un registre constatant l'envoi et le résultat des cédules, c'est-à-dire contenant les noms et prénoms des parties, l'objet de la contestation, la date de l'envoi, la date du jour où doit avoir lieu la comparution, enfin la mention de comparution ou de non-comparution.

(Dans la pratique de Port-au-Prince notamment, la cédule est donnée en original et copie.)

V. — Si, au lieu d'une simple cédule, le demandeur donne une citation, il n'y aura pas lieu au rejet de la demande, mais les frais de la citation ne pourront être passés en taxe contre le défendeur : il ne sera alloué que cinq centimes pour timbre, le surplus restant à la charge du demandeur comme frais frustratoires.

FORMULE N° 4. — Modèle de Cédule.

Le tribunal de paix de la commune de..... mande à comparaître à son audience du....., à..... heure de....., le citoyen A....., demeurant à....., pour répondre à la demande du citoyen B..... contre lui, en paiement d'une somme de trente piastres, due pour loyers de maison.

Donné à....., le.....

Le *Juge de paix*,

(Signature du juge.)

ART. 3. — Si, au jour et à l'heure indiqués, le défendeur ne comparaît pas, le juge, après avoir entendu le demandeur, lui adjugera ses conclusions, si elles lui paraissent fondées.

Si c'est le demandeur qui ne comparaît pas, le juge donnera congé contre lui.

Dans ces cas les formalités requises pour se pourvoir contre les jugements par défaut seront les mêmes que celles prescrites au titre IV de la présente loi. — Pr. civ., 27 et suivantes.

(V. les annotations du tit. IV à la page 219.)

Art. 4. — Si les deux parties comparaissent, elles seront respectivement entendues dans le développement de leurs moyens, et le juge prononcera audience tenante. (Pr. civile, 15.)

(*V.* les notes de l'art. 18, à la page 193).

Art. 5. — Dans les cas prévus aux articles 2, 3 et 4 cidessus, il sera fait du tout mention au procès-verbal d'audience. — Pr. civ., 6, 24.

(*V.* sous l'art. 24, pages 215 et suiv.).

TITRE II

Des Citations.

Art. 6. — Toute citation devant les juges de paix contiendra la date des jour, mois et an ; les noms, profession et demeure du demandeur ; les noms, domicile de l'huissier ; les noms et demeure du défendeur ; elle énoncera sommairement l'objet et les moyens de la demande, et indiquera le juge de paix qui doit en connaître, et le jour et l'heure de la comparution : le tout à peine de nullité. La nullité ne pourra être prononcée que par le juge de paix, sur la demande du défendeur. (Pr. civ., 9, 71, 79.)

I. — L'article détermine les différentes mentions que la citation doit spécialement contenir : 1° *la date des jour, mois et an.* Cette indication sert à reconnaître si la notification a été faite en temps utile, et si le délai de la comparution a été observé. L'indication de l'heure de la signification est inutile.

II. — 2° *Les noms, profession et demeure du demandeur.* — Cette désignation a pour but de ne laisser aucun doute au défendeur sur la personne qui l'attaque, et de le mettre en état de vérifier si elle a le droit de l'actionner, et de lui faire des offres, si le droit est reconnu. *Les noms,* c'est-à-dire le nom et les prénoms.

III. — La qualité de propriétaire suffit, même lorsque le demandeur exerce une autre profession plus connue.

IV. — 3° *Les noms, domicile de l'huissier.* — C'est afin que l'on puisse vérifier s'il a le droit d'instrumenter dans ¡le lieu où il a notifié la citation.

V. — 4° *Les noms et demeure du défendeur.* C'est afin d'avoir la preuve qu'il a été légalement averti. L'énonciation des prénoms du défendeur n'est pas absolument exigée, car il n'est pas toujours possible au demandeur de connaître, d'une manière précise, les prénoms du défendeur; à moins qu'il n'y ait plusieurs parents du même nom dans la localité : les indications doivent être telles qu'il n'y ait aucune équivoque.

VI. — Quant à la profession du défendeur, il est hors de doute que la mention n'en est pas nécessaire, puisque la loi ne l'exige pas.

VII. — L'indication du domicile du défendeur équivaut à l'indication de la *demeure* du défendeur exigée par l'article. Et lorsque le domicile du défendeur est ignoré du demandeur, la citation est régulièrement faite au lieu de la demeure de la partie citée.

VIII. — La mention de la personne à laquelle la copie est laissée n'est pas ici expressément proscrite, comme en matière d'ajournement (art. 71); mais il ne faut pas conclure qu'elle ne doive pas avoir lieu : c'est une partie intégrante et essentielle de tout exploit; sans elle, rien ne prouverait que le défendeur a reçu la citation.

IX. — 5° *L'énonciation sommaire de l'objet et des moyens de la demande.* Le défendeur, connaissant ainsi les prétentions de son adversaire, peut, par son adhésion, prévenir un procès, s'il les trouve justes, ou, dans le cas contraire, préparer sa défense.

X. — Lorsque l'objet de la demande est une somme d'argent, on en fixe la quotité ; s'il s'agit d'un objet corporel, on l'évalue. S'il s'agit d'une action réelle, action possessoire, bien entendu, par exemple d'une usurpation de terres, d'un déplacement de bornes, on désigne la nature et la situation de l'héritage. Ces indications sont utiles pour la détermination de la compétence.

XI. — A l'audience, le demandeur explique sa réclamation ; mais il ne peut, sous prétexte de développement, former une demande nouvelle, à moins que le demandeur n'en accepte la discussion.

XII. — L'économie dans les frais, qui est de l'essence de la procédure en justice de paix, empêche la signification préalable des pièces à l'appui de la demande, exigée en matière d'ajournement (art. 75). D'ailleurs, les causes à porter devant le tribunal de paix sont ordinairement simples ; les parties peuvent prendre, à l'audience même, communication des pièces dont le demandeur veut faire usage ; et souvent aussi la contestation n'est appuyée sur aucun document écrit. (BIOCHE.)

XIII. — La citation n'est pas nulle si elle conclut seulement aux fins d'une requête dont copie est donnée en tête de l'exploit.

XIV. — L'exploit est nul, lorsque le libellé et les conclusions en sont conçus dans des termes tellement vagues et obscurs qu'il n'est pas possible au juge de reconnaître quel a été l'objet précis de la demande.

XV. — 6° *L'indication du juge de paix qui doit connaître de la demande.* Il n'est pas nécessaire de l'indiquer par son nom ; il suffit de dire : Devant M. le Juge de paix de telle commune. Nous avons mis dans notre modèle (Voyez ci-dessous) : *A comparaître à l'audience et devant M. le juge alors en siège du tribunal de paix de telle commune.*

XVI. — La 6ᵉ formalité, dit Mullery, ne signifie pas, comme l'ont cru plusieurs, que la citation doit désigner le *nom* du juge de paix qui doit juger l'affaire, ce qui serait très difficile, puisque les suppléants, comme le juge, tiennent l'audience, et qu'il serait impossible que l'huissier sût d'avance quel est le magistrat qui siégera.

XVII. — 7° *Enfin l'indication du jour et de l'heure de la comparu-tion.* La citation est toujours donnée à jour fixe. Il faut avoir soin de mentionner le jour de la comparution et aussi l'heure, encore bien que la citation soit donnée pour comparaître à l'audience ordinaire.

XVIII. — L'expression vague : *A comparaître dans les délais de la loi*, que la jurisprudence déclare suffisante pour l'assignation devant les tribunaux civils (art. 71), serait une irrégularité dans une citation.

XIX. — *Le tout à peine de nullité.* A la différence de l'article cor-respondant du Code français, qui ne contient pas ces derniers mots.

XX. — En outre des sept formalités ci-dessus énoncées et dont l'inobservation entraîne nullité, — la citation est encore assujettie à d'autres formalités dont l'omission est de nature à faire perdre à l'acte son caractère légal. Elles sont communes à tous les actes d'huissier. C'est la signature de l'huissier sur l'original comme sur la copie; le timbre, qui doit être de dix centimes; l'enregistrement, dont le droit est de vingt-cinq centimes, et qui doit être fait dans un délai de trois jours francs.

XXI. — Quant à la mention du coût de l'acte au bas de l'original et de chaque copie, elle est aussi formellement exigée, mais pas à peine de nullité. « Les greffiers et les huissiers, porte l'article 161 du tarif, sont tenus de mettre, au bas des originaux, expéditions ou copies de leurs actes, le coût des droits perçus, à peine d'une amende de deux à quatre piastres pour chaque omission. » — « Les huissiers pourront être, en outre (art. 162), suspendus de leurs fonctions. »

XXII. — Les copies d'exploit laissées aux parties leur tiennent lieu d'original, et les voies de forme qui auraient pu annuler l'exploit, s'ils avaient été dans l'original, l'annulent incontestablement quoi-qu'ils ne se trouvent que dans la copie. (*Cass.*, 23 mars 1835, L. P., n° 5, sous l'art. 71 Proc. civ.)

XXIII. — *La nullité ne pourra être prononcée que par le juge de paix, sur la demande du défendeur.* Si donc le défendeur aperçoit des vices dans la citation, et qu'il veuille la faire annuler, il doit, à l'au-dience, former sa demande en nullité, et le faire avant toute défense. Car si, au lieu de proposer l'exception, il plaidait au fond, son excep-tion serait couverte, c'est-à-dire qu'il serait déclaré non recevable dans sa demande en nullité, par application de l'art. 174 du Code de procédure. C'est ce qu'on entend quand on dit que les nullités d'exploit doivent être proposées *in limine litis*, dès le début de l'instance.

XXIV. — Il est cependant des cas où le juge de paix peut et doit même prononcer d'office la nullité de la citation lorsque le défendeur fait défaut. Par exemple, si le demandeur, pour obtenir défaut contre le défendeur, présente au juge une citation non signée de l'huissier ou une citation dont le *parlant à* est en blanc, c'est-à-dire qui ne constate pas la remise de la copie à la personne citée ou à quelqu'un autorisé à la recevoir. Comme nul ne peut être jugé sans avoir été légalement appelé et que d'ailleurs l'article 27 veut que les demandes de la partie présente ne lui soient adjugées qu'autant qu'elles seraient trouvées justes et bien vérifiées, le juge peut rejeter la citation. (MULLERY, p. 29.)

XXV. — « L'huissier, — comme dit Mullery, *Manuel*, p. 28, — doit porter la plus grande attention à la rédaction de la citation..... Premier acte de la procédure, elle sert de base au jugement; si elle est nulle, la procédure entière et même le jugement pourront être annulés; — et dans une affaire importante la nullité d'une citation peut compromettre la fortune d'une partie et occasionner la ruine de l'huissier..... Car le juge de paix est quelquefois appelé à remplir le préliminaire d'un procès de la plus haute importance. — Or, dans un temps voisin de la prescription, supposez le dernier jour, le créancier fait citer son débiteur en conciliation, dans le but d'interrompre la prescription, aux termes de l'art. 2013 du Code civil. Si la citation est nulle par défaut de forme, la prescription sera acquise suivant l'art. 2015. Ce fait peut occasionner la ruine du créancier, suivant l'importance de la créance, et celle de l'huissier, qui est responsable de ses actes envers son client. (ART. 81 et 952, Proc. civ.)

XXVI. — Ce présent titre des *Citations* ne mentionne pas, comme celui des *Ajournements*, les cas où l'on aurait à citer au Tribunal de paix ceux dont parle l'article 79 du Code de procédure. Mais, attendu que la procédure de Tribunaux civils forme le droit commun; qu'elle sert, en général, pour les cas où la loi spéciale à la justice de paix garde le silence, on appliquera ici, comme devant les Tribunaux civils, cet art. 79 ainsi conçu :

XXVII. — « ART. 79. — Seront assignés :

« 1° L'État, lorsqu'il s'agit des domaines et droits domaniaux, ou de l'administration publique, en la personne ou au domicile de l'administrateur des finances de l'arrondissement où siège le Tribunal devant lequel doit être portée la demande ;

« 2° Les établissements et administrations publics, en leurs bureaux, dans le lieu où réside le siège de l'administration ; dans les autres lieux, en la personne et au bureau de leur préposé ; dans les cas ci-dessus, l'original sera visé de celui à qui copie de l'exploit sera laissée ; en cas d'absence ou de refus, le visa sera donné soit par le juge de paix, soit par le Ministère public près le Tribunal civil, auquel, en ce cas, la copie sera laissée ;

« 3° Les Sociétés de commerce, tant qu'elles existent, en leur maison sociale ; et s'il n'y en a pas, en la personne, ou au domicile de l'un des associés ;

« 4° Les unions et directions de créanciers, en la personne ou au domicile de l'un des syndics ou directeurs ;

« 5° Ceux qui n'ont aucun domicile connu en Haïti, au lieu de leur résidence actuelle ; si le lieu n'est pas connu, l'exploit sera affiché à la principale porte du Tribunal où la demande est portée ; une seconde copie sera donnée au Ministère public, qui visera l'original ;

« 6° Ceux qui habitent hors du territoire haïtien, au domicile du Ministère public près le Tribunal où sera portée la demande, lequel visera l'original et enverra la copie à la Secrétairerie générale. » (V. infrà notre commentaire sous l'art. 79.)

XXVIII. — On ne peut assigner les sociétés de commerce au domicile individuel de l'un des associés que dans le cas où il n'existerait point de maison sociale ; et dans le cas où la maison sociale n'existerait plus au moment de la signification, cette non-existence doit être constatée par l'huissier, pour que l'exploit puisse être valablement fait au domicile individuel de l'un des associés. (Cass., 12 et 19 juin 1845, L. P., note 1 sous l'art. 79 proc. civ.) (V. infrà note 4 sous l'art. 79)

XXIX. — La Citation a plusieurs effets (1) :

1° Elle oblige les parties à comparaître, l'une pour présenter sa demande, l'autre pour y répondre, sous les peines du défaut. Le défendeur n'est pas dispensé de se présenter sous le prétexte de l'incom-

---

(1) BIOCHE.

pétence du juge de paix devant lequel il est cité ; il faut qu'il vienne pour demander son renvoi ; c'est au juge qu'il appartient de statuer sur sa compétence.

XXX. — 2° Elle attribue la cause au juge de paix devant lequel elle est portée ; elle oblige ce magistrat à statuer, s'il est compétent et qu'un autre Tribunal n'ait pas été déjà saisi, à peine d'être poursuivi comme coupable de déni de justice.

XXXI. — 3° Elle fixe la valeur de la demande principale, laquelle sert à déterminer si le juge de paix doit statuer en premier ou en dernier ressort.

XXXII. — 4° Elle prouve (jusqu'à inscription de faux) l'exactitude · des énonciations faites par l'huissier dans l'exploit et qui rentrent dans son ministère ; par exemple de celles relatives à la date ou à la remise de l'acte. Ainsi il y a présomption légale que le défendeur a reçu la copie ; cette présomption ne peut être détruite que par une procédure de faux.

XXXIII. — 5° Elle interrompt la prescription, même lorsqu'elle est donnée devant un juge incompétent. (C. civ., art. 2014.) L'interruption est réputée non avenue, s'il y a nullité de forme, désistement, péremption, ou rejet de la demande. (C. civ. 2015.)

XXXIV. — 6° Elle fait courir les intérêts au profit du demandeur qui y a conclu. On lui refuse cet effet lorsqu'elle est donnée devant un juge incompétent.

XXXV. — 7° Elle constitue en mauvaise foi le possesseur de l'objet litigieux ; il ne peut plus faire les fruits siens. (*Arg.* C. civ. 454, 455.)

FORMULE N° 5. — Modèle de Citation.

L'an mil huit cent quatre-vingt et le..... janvier,
A la requête du citoyen C. A.., marchand patenté pour cette année au n°....., demeurant à....., j'ai, R... F..., huissier du tribunal de paix de la commune de....., y domicilié, soussigné, cité le sieur (*prénoms, nom*) demeurant à....., en son domicile (*si c'est à plus d'une lieue :* distant de ma demeure de..... lieues, où je me suis exprès transporté et) où étant et parlant à.....
A comparaître à l'audience et devant M. le juge alors en siège, du tribunal de paix de..... dans le local ordinaire de ses audiences, le mercredi....

du courant, à huit heures du matin, pour, attendu que le requérant est créancier du sieur..... d'une somme principale de..... pour marchandises vendues et livrées audit sieur par le requérant depuis le....; attendu que le terme convenu pour le paiement est expiré, — ainsi qu'il en sera justifié en cas de déni, — s'entendre condamner *(Si la dette est commerciale, on ajoute : et même par corps)* à payer au requérant ladite somme de..... et les intérêts tels que de droit ; et se voir en outre condamner aux dépens.

Et afin que le susnommé n'en ignore, je lui ai, en son domicile susdit et parlant comme ci-dessus, laissé, sous toutes réserves, copie du présent exploit. Dont acte. Le coût est de une piastre vingt centimes tous droits compris.

(Signature de l'huissier.)

Décompte :

2 Timbres . . . . P.	»	20
Enregistrement	»	25
Coût de l'huissier	»	25
Transport, — une lieue, aller et retour	»	50
P.	1	20

Remarques *sur le parlant à...., qui varie selon les circonstances. — Par exemple, on écrira :*

Cité le Sieur..... en son domicile où étant et parlant à sa personne.

Ou bien : Cité le Sieur..... en son domicile, où étant et parlant à son épouse, ainsi qu'elle m'a dit être.

Ou encore : Cité le Sieur..... trouvé en cette ville, rue..... parlant à sa personne, ainsi qu'il m'a dit être.

Voir *infrà* les annotations sous l'art. 9, notamment la Note 9.

FORMULE N° 6. — Modifications à la formule générale relativement aux cas de l'art. 79, Proc. civ. (*V. ci-dessus*, note 27.)

(*V. formules n°ˢ 91 et 96 à la suite de l'art. 79.*)

FORMULE N° 7. — Autres modifications à la formule générale, relativement à la mention des noms, domicile et profession du requérant pour certains cas.

I. — *Mineur ou interdit.* — L'an....., etc., à la requête du citoyen P...., demeurant à...., agissant au nom et en qualité du tuteur de (*noms et prénoms*), ses enfants mineurs (*ou enfants mineurs de.....*), j'ai.....

II. — *Commune.* — L'an...., à la requête du Conseil communal de...., poursuites et diligences de M..... magistrat commmunal dudit lieu, y demeurant, et autorisé à la poursuite de l'instance dont s'agit par.....

III. — *Syndics d'une faillite.* — L'an...., à la requête des sieurs A... B... et G. . H..., demeurant tous deux à...., au nom et comme syndics de la faillite du sieur *(prénoms, nom, profession, domicile)*, nommés à ladite qualité par jugement du tribunal de commerce de...., en date du.....

IV. — *Syndics d'une union de créanciers.* — L'an ....., à la requête des sieurs ....., demeurant à ....., au nom et comme syndics de l'union des créanciers de la faillite du sieur ....., nommés à ladite qualité par délibération de l'assemblée des créanciers en date du .....

V. — *Société anonyme.* — L'an ....., à la requête de la Société « la Capoise », dont le siège est établi à ....., poursuites et diligences de M. ....., demeurant à ....., gérant de ladite Société.

VI. — *Etablissement public.* — *Hospice.* — L'an ....., à la requête de ....., agissant au nom et dans l'intérêt de l'hospice de la ville de ....., poursuites et diligences de M. ....., caissier dudit hospice, délégué à cet effet.

VII. — *Etablissement public.* — *Fabrique d'église.* — L'an ....., à la requête de MM. les administrateurs de la fabrique de l'église de ....., poursuites et diligences de M. ....., demeurant à ....., trésorier de ladite fabrique, autorisé à la poursuite du procès dont s'agit, par délibération du conseil en date du .....

VIII. — *Etat.* — L'an ...., à la requête de M. ....., administrateur des finances de l'arrondissement du ....., agissant dans l'intérêt et au nom de l'Etat.

IX. — *Femme mariée.* — L'an ....., à la requête de la dame R. F..., épouse du sieur F... *(profession)*, ladite dame demeurant avec son mari à ....., et dudit sieur F..., pour la validité de la procédure.

Art. 7. — En matière purement personnelle, ou mobilière, la citation sera donnée devant le juge du domicile du défendeur; s'il n'a pas de domicile, devant le juge de sa résidence. (C. civ., 91, 430 et suiv., 919. Proc. civ., 59, 69, 79-5°, 362 et suiv.)

I. — Le domicile du défendeur est au lieu où il a son principal établissement. (*V.* art. 91 et suivants du Code civil, déterminant le domicile.)

II. — Le changement de domicile survenu depuis la citation n'enlève pas au juge la connaissance de la contestation.

III. — On peut citer devant le juge du lieu où un domicile a été élu, dans les conditions de l'art. 98 du Code civil.

IV. — L'étranger n'a point de domicile en Haïti. Il ne peut y avoir qu'une résidence.

V. — Si le lieu de la résidence est inconnu, le défendeur peut être cité devant le juge du demandeur ; ou bien, si le défendeur n'a ni domicile ni résidence (un comédien ambulant, un colporteur, par exemple), il sera cité devant le juge de paix de la commune où il a contracté.

VI. — S'il y a deux défendeurs, ils seront cités, comme pour la conciliation (art. 59), au Tribunal du domicile de l'un d'eux, au choix du demandeur.

VII. — En principe, l'incompétence à raison du domicile doit être proposée préalablement à toutes autres exceptions et défenses. (*Voir* toutefois, page *ij*, brouillon 28, sur la question de savoir si l'art. 170 proc. civ. est applicable en justice de paix.)

ART. 8. — Elle le sera devant le juge de la situation de l'objet litigieux, lorsqu'il s'agira (Proc. civ. 59, 69) :

1° Des actions pour dommages faits aux champs, fruits et récoltes, soit par des personnes, soit par des animaux. (C. pén. 364.)

2° Des déplacements de bornes, des usurpations de terre, arbres, haies, fossés et autres clôtures, commis dans l'année ; des entreprises sur les cours d'eau, commises pareillement dans l'année, et de toutes autres actions possessoires. (C. civ. 523, 524, 540 et suiv., 1996 et suiv., 2011. Proc. civ., 31, 33, 46. C. pén., 375, 383.)

3° Des réparations locatives des maisons, ainsi que des fermes ou habitations rurales. (C. civ. 1525, 1869).

4° Des indemnités prétendues par le fermier ou locataire, pour non-jouissance, lorsque le droit ne sera pas contesté, et

13

des dégradations alléguées par le propriétaire. (C. civ., 1483,
1490, 1492, 1499, 1502, 1506, 1512, 1539.)

I. — Le magistrat du lieu, dans ces divers cas, est plus à portée de
juger en connaissance de cause.

II. — Il est à remarquer que les actions énoncées aux §§ 1, 3 et 4
de l'art. 8 sont des actions personnelles. Et si elles sont portées, de
préférence, devant le juge de la situation de l'objet litigieux,
c'est par une exception à la règle de l'art. 7 d'après lequel
toute action personnelle, qui est de la compétence d'un juge de
paix, se porte devant le juge de paix du domicile du défendeur.
Exception facile à justifier. « En effet, dit Boitard, Proc. civ.,
n° 613, quoique en principe ce soit une idée fort raisonnable que
celle qui oblige le demandeur à venir plaider, dans les matières personnelles, devant le Tribunal du défendeur, cette règle a néanmoins
cédé dans l'intérêt commun des deux parties, c'est-à-dire dans l'intérêt de la célérité, de l'économie et de la justice. Or, il est clair que
le juge de paix dans le canton duquel est situé l'immeuble qu'on
prétend dégradé, la ferme où les réparations locatives sont demandées, où les indemnités de non-jouissance sont réclamées, il est clair
que ce juge de paix est plus à portée que tout autre d'examiner
exactement, avec rapidité et économie, les questions de dégradations
ou d'indemnités qui font la matière du procès. »

III. — Si le domaine loué se compose de biens situés dans des
communes différentes, le juge compétent pour connaître de l'indemnité réclamée par le fermier pour non-jouissance, ou par le propriétaire pour défaut de réparations locatives, est celui de la commune
où se trouve la maison d'habitation de la ferme, ou à défaut de maison le juge du lieu où la partie des biens affermés est la plus importante. (Arg. de l'art. 1978 C. civ.)

IV. — Bien que, aux termes de l'art. 8, n° 3, l'action en réparations locatives doive être portée devant le juge de la situation des
biens, la demande en paiement de loyers formée conjointement avec
la demande en réparations, ne doit pas moins être portée devant le
juge du domicile du défendeur, ces deux demandes n'étant pas indi-
visibles et étant l'une et l'autre des demandes personnelles. (SIREY,
Proc. civ., supplément, art. 3.)

V. — L'incompétence territoriale est couverte par le silence du défendeur, tant pour la demande principale que pour la demande subsidiaire qui viendrait à être présentée en cours d'instance. (BIOCHE, *Dictionnaire des juges de paix*, art. *Compétence des tribunaux de paix*, 571. Voir toutefois *suprà*, page 22, et MULLERY, p. 37, la question controversée.)

VI. — Un procès-verbal de bornage, dressé par un juge de paix hors de son territoire, n'a aucune valeur comme acte authentique; il ne vaut pas même comme commencement de preuve par écrit, s'il n'est signé de celui à qui on l'oppose. (BIOCHE, *ibid.*, 572.)

Le déplacement de bornes est aussi un délit prévu et puni par l'article 375 du Code pénal.

VII. — *Lorsque le droit ne sera pas contesté* (§ 4), la contestation du droit à l'indemnité constitue une exception péremptoire qui dessaisit absolument le juge de paix, et non pas seulement une question préjudicielle donnant lieu à un simple sursis. (SIREY, etc.)

VIII. — Mais, pour qu'il y ait contestation du droit dans le sens de la loi, il faut que cette contestation soit appuyée de raisons ayant quelque apparence de fondement : une dénégation sèche du droit de locataire ou fermier serait insuffisante. (*Idem*, HENRION DE PANSEY, etc.)

IX. — L'incompétence du juge de paix pour statuer sur la demande en indemnité de non-jouissance, lorsque le fond du droit est contesté, est une compétence *ratione materiæ*. En conséquence, elle peut être opposée pour la première fois en cause d'appel....., même par la partie qui a obtenu gain de cause devant le juge de paix, et cela encore que cette partie n'ait pas interjeté appel incident. (Controversé.)

X. — Du reste, la compétence du juge de paix pour connaître des dégradations ne cesse pas par cela seul que le droit invoqué par le propriétaire est contesté : à cet égard, il n'en est pas comme aux cas d'indemnité pour non-jouissance du fermier. (Controversé. *Voir*, pour cette solution et les précédentes, Code de pr. civ. de SIREY, les annotations de l'art. 4 de la loi sur les justices de paix, n°ˢ 84 à 87 et 99.)

ART. 9. — La citation sera notifiée par l'huissier de la justice de paix du domicile du défendeur; en cas d'empêchement, par celui qui sera commis par le juge : copie en sera laissée à la partie ; s'il ne se trouve personne en son domicile, la copie sera laissée, savoir : dans les villes ou bourgs, à l'officier de police ; et, dans les sections rurales, à l'officier de la police du canton, lesquels viseront l'original sans frais ; en cas d'empêchement, à celui qui remplacera cette autorité, et l'huissier fera mention de la personne à qui la citation aura été remise. (C. civ., 91. — Pr. civ., 6, 10, 11, 61, 71 et suiv., 76, 78, 82, 960.)

L'huissier de la justice de paix ne pourra instrumenter ni pour ni contre ses parents en ligne directe, ses frères, sœurs et alliés au même degré. (Pr. civ. 76.)

I. — Exemple : Pierre, demeurant au Port-au-Prince, veut actionner Paul, domicilié au Cap Haïtien, par suite d'une usurpation commise sur un terrain situé à Leogane ; il s'adressera à l'un des huissiers du tribunal de paix du Cap. Si les deux huissiers se trouvent empêchés, soit par parenté ou autrement, il s'adressera au juge de paix du Cap, qui commettra un huissier du tribunal civil pour donner la citation. (Mais si, par hasard, Paul se trouve au Port-au-Prince ou à Léogane, l'huissier de la commune où il se trouvera pourra lui donner la citation, en remettant toutefois la copie à sa personne.) (MULLERY, p. 30.)

II. — Dans la cédule qui ne contient qu'une simple commise d'huissier, le juge ne doit pas désigner le jour de la comparution, à moins que la même cédule ne porte aussi une abréviation de délai. Au bas de cette cédule, l'huissier fait la citation comme au modèle n° 9.

III. — La signification est faite au défendeur, s'il a capacité pour répondre à la demande ; ou, s'il est incapable, à son représentant : par exemple, au tuteur pour le mineur ou l'interdit.

IV. — *Copie en sera laissée à la partie citée* ou à chacune des parties si elles sont plusieurs.

V. — La signification est faite à personne ou à domicile, c'est-à-dire à la personne du cité, même hors du lieu de son domicile, ou à un de ses parents ou serviteur trouvé à son domicile. Elle ne pourrait être faite à un de ceux-ci hors du domicile du cité.

VI. — « La copie de la citation (MULLERY, p. 29 et 30) peut être remise à la personne en quelque lieu qu'on la trouve. Dès que l'huissier fait mention qu'elle a été remise à personne, il n'a pas besoin de désigner l'endroit où cette remise a été faite. Mais, lorsqu'il remet la copie à un parent ou serviteur de la personne, il doit non seulement désigner les rapports de parenté ou de domesticité qui existent entre le cité et la personne qui reçoit la copie, mais encore constater que cette personne a été trouvée au domicile du cité. — En conséquence, est nulle la citation dont la copie est remise à un étranger trouvé dans le domicile du cité ; est également nulle celle dont la copie est remise à un parent ou serviteur du cité hors du domicile. La raison en est que l'inconnu trouvé au domicile peut avoir intérêt à souffler la copie, comme le parent ou le serviteur trouvé hors du domicile peut être en mésintelligence avec le cité. »

VII. — Lorsque l'huissier ne trouve au domicile ni la partie ni aucun de ses parents ou serviteurs, il doit, au lieu de laisser la copie à un voisin, comme au cas de l'article 78, la remettre à l'officier de police, lequel est tenu de viser l'original sans frais ; mais l'huissier doit d'abord constater son transport au domicile de la partie, et le motif qui l'a empêché de laisser la copie.

VIII. — Si l'officier refuse, l'huissier fait viser l'original par le ministère public ou par le notaire qui représente le ministère public dans la commune, dit MULLERY, note 2, au bas de la page 29.

IX. — L'huissier fait mention de tout sur l'original comme sur la copie. En conséquence, pour le cas ci-dessus spécifié de l'exploit qui n'a pu être signifié à domicile, on rédige comme suit..... : *J'ai.....*, *huissier, etc....., cité le sieur....., en son domicile, où étant et n'ayant trouvé personne capable de recevoir la copie, je me suis transporté auprès du citoyen N....., officier de police, qui a visé mon original et reçu la copie. (Ou bien, selon le cas, N....., officier de police, lequel ayant refusé de donner son visa et de recevoir la copie, je me suis alors rendu au parquet du ministère public, parlant à la personne du citoyen R....., commissaire du gouvernement près le tribunal civil de ce ressort, qui a visé mon original et reçu la copie*

X. — *L'huissier de la justice de paix ne pourra instrumenter ni pour ni* CONTRE *ses parents*, à la différence du Code français, qui ne prononce la prohibition que *pour* les parents de l'huissier, d'où l'on conclut que l'huissier, en France, peut instrumenter contre ses parents. (SIREY, Pr. civ., art. 66, n° 4.)

FORMULE N° 8. — **Modèle de Cédule de commise d'huissier.**

Nous ....., juge de paix de la commune de ....., soussigné, sur la demande du citoyen L..., demeurant à ....., et vu l'empêchement énoncé par le susdit, commettons l'huissier N..., du tribunal civil de ....., pour citer le citoyen P..., demeurant en cette ville, à comparaître devant le tribunal de paix de la commune de .....

Donné à ....., le .....

(Signature du Juge de paix.)

Dans la citation donnée par suite de la cédule précédente, on met :

J'ai, ..., huissier, etc., soussigné et commis à l'effet des présentes par cédule de M. le juge de paix de ....., en date du ....., et dont il est avec celle des présentes donné copie, cité, etc.

FORMULE N° 9. — **Modifications à la formule générale, relativement à la remise des exploits.**

I. — *Remise de l'exploit au voisin (par application de l'art. 78, Proc. civ. ; — V. du reste ce qui est dit ci-après,* Nota).

Après l'indication du domicile, on ajoute : auquel domicile n'ayant trouvé ni ledit sieur ....., ni aucun de ses parents ou serviteurs, je me suis adressé au sieur ....., voisin dudit sieur ....., lequel s'est chargé de lui remettre la copie du présent exploit et a signé le présent original.

II. — *Remise au juge de paix ou à l'officier de police (même observation que ci-dessus).*

Après les mots en son domicile, *on ajoute :* où étant, n'ayant trouvé ni le défendeur, ni aucun de ses parents ou domestiques, non plus qu'aucun voisin qui voulût se charger de la copie du présent exploit, je me suis transporté auprès de M. ....., officier de police (*ou juge de paix de la commune, selon le cas*), en son bureau, et auquel j'ai laissé la copie du présent original, qu'il a visé.

Nota. — *Pour la citation devant le tribunal de paix, il n'y a pas lieu de présenter la copie au voisin avant de la remettre à l'officier public désigné par la loi, lequel ici est toujours l'officier de police, urbaine ou rurale, selon qu'on se trouve dans une ville ou bourg, ou bien dans une section rurale (art. 9), et l'on suit alors la formule donnée ci-dessus, note 9.*

Mais pour les actes ressortissant à une juridiction supérieure, c'est-à-dire ceux que les huissiers des tribunaux de paix ont le droit de faire con-

curremment avec les huissiers des tribunaux civils ou de commerce, hors du lieu où siègent ces derniers (art. 2 de la loi du 11 juillet 1859), c'est l'art. 78 qu'il faut suivre, et c'est pour ces cas que sont données les deux formules précédentes.

III. — *Pour une femme mariée.* — J'ai, etc., signifié, etc. (par copies séparées), 1° à dame B..., épouse du sieur G..., demeurant avec ledit sieur G..., son mari, à ....., en son domicile, où étant et parlant à ..... ; 2° audit sieur G..., demeurant à ....., audit domicile, étant et parlant à ....., pour la validité de la procédure.

IV. — *Pour des mineurs.* — Signifié, laissé copie à M. ....., au nom et comme tuteur de : 1° ....., 2° ....., 3° ....., ses enfants mineurs (*ou* enfants mineurs de feu .....).

V. — *Pour une société en nom collectif.* — J'ai, etc., signifié à MM. Julien frères, marchands en gros, en leur maison sociale, établie à ....., où étant et parlant à l'un d'eux, ainsi déclaré.

VI. — *Pour une société anonyme.* — Signifié à la Société anonyme de (*titre de la société*), en la personne de M. ....., directeur *ou* gérant de ladite Société, demeurant à ....., en son domicile, étant et parlant à la personne dudit directeur *ou* gérant.

Pour les sociétés en participation, il faut énoncer les noms de tous les associés. Il en est de même pour les sociétés civiles, par opposition aux sociétés commerciales.

VII. — *Pour les syndics d'une faillite.* — Signifié, etc., 1° à (nom, prénoms, profession, demeure), 2° à ....., tous deux syndics de la faillite du sieur ....., nommés auxdites fonctions par jugement, etc., en la personne de M. ....., l'un d'eux en son domicile, et parlant à .....

VIII. — *Pour le cas où il y aurait plus d'un défendeur.* — J'ai, etc., cité 1° le sieur (*prénoms, nom, demeure*), en son domicile, où étant et parlant à ..... ;

2° Le sieur ..... (*qualités*), en son domicile, où étant et parlant à .....

Dans l'original, les deux parlant à ....., *sont nécessairement remplis. Dans les copies, chacun des cités aura dans sa copie seulement son parlant à ..... rempli.*

Exemple. — *Copie du premier défendeur :* Cité 1° le sieur, etc., parlant à sa personne, 2° le sieur ....., etc., parlant à .....

Copie du deuxième défendeur : Cité 1° le sieur ....., etc., parlant à ..... ; 2° le sieur ....., etc., parlant à sa personne.

Art. 10. — Il y aura un jour au moins entre celui de la citation et le jour indiqué pour la comparution, si la partie est domiciliée dans la distance de cinq lieues. (C. civ., 91. Proc. civ., 60, 82 et suiv.)

Si elle est domiciliée au delà de cette distance, il sera ajouté un jour par cinq lieues.

Dans le cas où les délais n'auront point été observés, si le défendeur ne comparaît pas, le juge ordonnera qu'il sera réassigné, et les frais de la première citation seront à la charge du demandeur. (Proc. civ., 13, 27.)

I. — Le délai est d'un jour franc, c'est-à-dire que le jour de la signification et celui de la comparution ne comptent pas (art. 954) : la citation est donnée le 1er pour comparaître le 3.

II. — Ce délai est le même pour le défendeur qui demeure dans le lieu même où siège le Tribunal aussi bien que pour celui qui demeure à une distance de cinq lieues. C'est lorsqu'il demeure au delà que le délai est augmenté d'un jour à raison de cinq lieues de distance ou fraction de cinq lieues.

III. — Lorsque le défendeur demeure au delà de cinq lieues, il y a toujours augmentation de délai, quand même l'huissier remettrait la copie au défendeur lui-même qu'il rencontrerait, soit au lieu où il doit comparaître, soit dans un rayon de cinq lieues ; par cela seul que le défendeur a un domicile fixe en Haïti, il doit être présumé ne pas s'être muni de ses papiers d'affaires dans le lieu où il est rencontré accidentellement ; sauf toutefois abréviation accordée par le juge, en cas d'absolue nécessité.

IV. — Si la citation est donnée à comparaître sur les lieux contentieux, il faut calculer la distance qui existe entre ces lieux et le domicile du défendeur.

V. — On décide que les articles 83 et 84 sont applicables en justice de paix. — « Art. 83. — Si celui qui est assigné demeure hors « du territoire haïtien, le délai sera : 1° pour ceux demeurant dans « les Antilles ou sur le continent Américain, de cent jours francs ; « 2° et pour ceux demeurant au delà de l'un ou de l'autre Océan, de « deux cents jour. — Art. 84. — Lorsqu'une assignation à une « personne domiciliée hors du territoire haïtien sera donnée en sa

« personne en Haïti, elle n'emportera que les délais ordinaires, sauf
« au Tribunal à les prolonger. »

VI. — S'il y a plusieurs défendeurs à des distances inégales, le
délai de la comparution doit être calculé sur la distance la plus grande.
(Arg. de l'art. 154. *V.* aussi le n° 8 de la formule 9.)

VII. — Un délai plus long que celui fixé par l'art. 10 peut être
indiqué dans la citation ; le demandeur y est autorisé par les expressions de l'article : *il y aura un jour au moins ;* d'ailleurs, le défendeur
ne peut s'en plaindre. S'il a intérêt à ce que le délai de la comparution soit abrégé, il peut lui-même poursuivre l'audience.

VII. — C'est en cas de non-comparution du défendeur que la
réassignation pour inobservation des délais est ordonnée.

VIII. — Cette irrégularité de la citation est couverte par la comparution du défendeur ; seulement il peut demander une remise en
justifiant que le temps lui a manqué pour préparer ses moyens de
défense et se procurer les pièces nécessaires.

FORMULE N° 10. — Jugement contenant réassignation.

Audience publique du.....

Entre A....., demandeur....., et B....., défendeur non comparant;
le Tribunal, etc.

Attendu qu'aux termes de l'art. 10 du Code de procédure, il doit y avoir
au moins un jour entre celui de la citation et celui de la comparution, si la
partie citée est domiciliée dans la distance de cinq lieues ; — que si elle est
domiciliée au delà de cette distance, il sera ajouté un jour par cinq lieues ;
— attendu que B..... est domicilié à..... distant du siège de ce Tribunal
de..... lieues ; qu'un délai de... jours aurait dû lui être accordé ;

Par ces motifs, ordonne que ledit sieur B..... sera réassigné et que les
frais de la première citation et ceux du présent jugement seront à la charge
de A.. .., demandeur.

*Ou bien, plus simplement, le juge de paix écrit sur l'original de la cita-
tion, en marge ou au bas, l'ordonnance suivante :*

Soit la citation réitérée à (*jour*) prochain, (*date*) du présent mois, à.....
heures du matin.

Ce..... 188...

(Signature du Juge.)

FORMULE N° 11. — Réassignation.

L'huissier fait une copie tant de l'original de la première citation que de l'ordonnance, et puis il rédige un nouvel exploit ainsi conçu :

L'an..... le....., à la requête, etc., j'ai..... signifié et donné copie au sieur..... etc., de l'exploit notifié le....., contenant citation par le requérant audit sieur....., devant M. le juge de paix de la commune de....., ensemble de l'ordonnance mise à la suite par M. le juge de paix, tendant à réitérer la citation ;

En conséquence, je, huissier susdit et soussigné, procédant à même requête que dessus, ai cité le sieur..... à comparaître le..... à..... heures du matin, par-devant M. le juge de paix de la commune de..... dans le lieu ordinaire de ses audiences, pour voir adjuger au requérant les fins et conclusions de sa citation originaire, lesquelles tendent à ce qu'il se voie condamner au paiement de..... piastres, pour les causes y énoncées, avec les intérêts et dépens. Et à ce qu'il n'en ignore, etc.

Art. 11. — Dans les cas urgents, le juge donnera une cédule pour abréger les délais, et pourra permettre de citer même dans le jour et à l'heure indiqués. (Proc. civ., 6, 37, 73, 82, 88, 695. Instr. crim. 127.)

I. — Encore bien que ce jour soit férié. (Arg. de l'art. 13.)

II. — La cédule est dispensée de la formalité de l'enregistrement. (Art. 73, 8° de la loi sur l'enregistrement.) Copie en est donnée au défendeur, en tête de l'exploit.

III. — Le défendeur peut contester l'urgence ; discuter la valeur, en fait, de la cédule de bref délai ; réclamer un sursis ; défendre, en un mot, tous ses droits, et réclamer l'application du droit commun.

IV. — Ce n'est qu'après un examen attentif et avec la certitude que le justiciable défendeur peut répondre à la citation, comparaître et se défendre, nonobstant l'abréviation de délai, que le juge de paix doit accorder la cédule. Il y a dans les cas de cette nature beaucoup de réserve à garder. (Paul Cère, p. 134.)

V. — Le juge peut, même d'office, rétracter la cédule accordée au demandeur et le renvoyer à citer dans les délais de droit, s'il reconnaît qu'il a été allégué de faux motifs d'urgence, en un mot que la cédule d'abréviation lui a été surprise.

VI. — Il est de jurisprudence (Mullery, p. 31) que le juge ne peut permettre d'abréger que le délai ordinaire de la comparution et qu'il ne peut abréger le délai de distance. Mais dans les cas d'absolue nécessité et si le défendeur se trouve sur les lieux, le juge peut abréger même le délai de distance. (*V.* note 3 sous l'art. 10.)

FORMULE N° 12. — Cédule pour abréger les délais.

Nous....., juge de paix de la commune de....., sur ce qui nous a été exposé par le sieur A..... que le sieur B....., présentement en cette ville, lui a causé un dommage dans sa propriété de....., etc., et est sur le point de partir, pourquoi il requiert de faire régler et juger, à bref délai, la répation du dégât, qu'il évalue à....., permettons de citer ledit sieur B....., demeurant à....., présentement en cette ville, à comparaître à l'audience de notre Tribunal, demain, ... du courant, à huit heures du matin, pour répondre et procéder aux fins de la demande que veut intenter contre lui ledit sieur A.....

Donné à..... le.....

(Signature du Juge.)

Remarque. — *La cédule est donnée sur une demande soit verbale, soit écrite. La formule précédente s'applique à une demande verbale. La demande écrite se forme par requête, en ces termes :*

A. M. le juge de paix de la commune de.....

Le sieur (*noms, professions, domicile*) a l'honneur de vous exposer que (*faits qui justifient l'urgence*).

C'est pourquoi l'exposant conclut à ce qu'il vous plaise, Magistrat, lui permettre de faire citer le sieur.... pour demain, huit heures du matin, afin de se voir condamner à....., avec dépens.

(Signature.)

Il est répondu à cette requête ainsi qu'il suit :

Vu la requête qui précède, nous....., juge de paix....., permettons, etc.

La citation à bref délai doit contenir en tête copie de la requête, s'il en a été présenté, et de la cédule dans la forme suivante :

L'an....., le..... ; en vertu de la cédule délivrée cejourd'hui par M. le juge de paix de la commune de..... dont il est avec celle des présentes donné copie, et à la requête de..... etc.

FORMULE N° 13. — **Jugement de remise après abréviation de délai.**

Audience publique du..... Entre A..... et B.....

Attendu que le sieur A....., en vertu de notre cédule en date du.,... a cité le sieur B..... à comparaître cejourd'hui devant nous, à bref délai ; mais, attendu que des explications fournies par le sieur B....., défendeur, il résulte qu'il n'a pas eu le temps, par cette abréviation de délais, de se procurer les pièces nécessaires et préparer sa défense ; qu'il a donc besoin, à cet effet, de jouir des délais de droit ; ce que le Tribunal juge équitable de lui accorder ; par ces motifs, renvoie la cause à l'audience du..... heure d..... où les parties comparaîtront sans qu'il soit besoin de nouvelle citation. Dépens réservés.

De la comparution volontaire et de la prorogation de juridiction

Art. 12. — Les parties pourront toujours se présenter volontairement devant un juge de paix ; auquel cas, il jugera leur différend, soit en dernier ressort, si les lois et les parties l'y autorisent, soit à la charge de l'appel, encore qu'il ne soit le juge naturel des parties, ni à raison du domicile du défendeur, ni à raison de la situation de l'objet litigieux. (Proc. civ., 13, 891.)

La déclaration des parties qui demanderont jugement sera signée par elles, ou mention sera faite si elles ne savent ou ne peuvent signer. (Pr. civ., 391 et suiv.)

I. — Cette extension donnée par les parties à la compétence ordinaire d'un juge de paix est ce qu'on appelle prorogation de juridiction. Mais il est bien entendu qu'il s'agit ici uniquement de la compétence à raison de la personne, et point du tout de la compétence à raison de la matière.

II. — En effet, par ce consentement des parties, le juge de paix devient compétent pour connaître d'une action personnelle ou mobilière dont l'objet n'excède pas cent cinquante piastres (art. 22), quoique le défendeur ne soit pas domicilié dans son territoire, — ou d'une action possessoire, quoique l'objet litigieux soit situé dans une commune étrangère. La compétence, à raison du domicile ou de la situation des objets litigieux, a été établie dans un intérêt purement privé. Il est donc juste que les parties puissent renoncer aux lois qui la déterminent.

III. — Mais la juridiction du juge de paix ne peut être prorogée par les parties, lorsque la contestation est tout à fait étrangère à ses attributions, lorsqu'il est incompétent à raison de la matière, par exemple lorsqu'il s'agit de statuer sur le pétitoire, sur la validité d'une vente d'immeubles, sur un partage de succession, sur un ordre entre créanciers hypothécaires, sur une question d'état ; et aussi sur une valeur de plus de cent cinquante piastres.

IV. — Mullery fait observer (p. 33) que l'art. 12 dit que le juge de paix jugera *si les lois* ET *les parties l'y autorisent*, à la différence de l'art. 7 du code français, qui dit : *si les lois* OU *les parties l'y autorisent*. Ainsi, ajoute-t-il, pour juger sans citation préalable et sur une contestation dans laquelle le juge serait incompétent, soit à raison de la situation de l'objet litigieux, soit à raison du domicile du défendeur, il faut, outre l'autorisation expresse des parties, l'autorisation formelle de la loi, c'est-à-dire que la matière soit, par sa nature et par sa quotité, soumise à la juridiction de paix.

V. — Il est à remarquer, néanmoins, que le membre de phrase comparé par Mullery concerne plutôt la faculté de juger en dernier ressort, qui est accordée par le code français, dès que les parties l'autorisent, encore bien que la cause fût, de sa nature, susceptible d'appel ; tandis que, chez nous, l'autorisation des parties ne suffira pas pour faire juger en dernier ressort une demande que la loi ne permet de juger qu'à charge d'appel. Voilà le sens grammatical et légal, nous semble-t-il, de notre article, et la véritable différence des deux textes résultant de la différence des deux particules employées, disjonctive là-bas, conjonctive ici.

VI. — La signification de notre article est, en d'autres termes, que « les parties pourront toujours se présenter volontairement et sans citation devant le juge de paix, en déclarant qu'elles lui demandent jugement : auquel cas, et encore qu'il ne soit le juge naturel des parties, ni à raison du domicile du défendeur, ni à raison de la situation de l'objet litigieux, il jugera leur différend, soit sans appel, si les parties l'y autorisent et qu'il s'agisse de matières où sa compétence est en dernier ressort, — soit à charge d'appel, si les parties n'ont pas formellement renoncé à l'appel, même dans les matières où ordinairement la compétence est en dernier ressort. » — Il en résulte donc qu'en cas de prorogation de juridiction, le jugement est toujours à charge d'appel, quelle que soit la quotité de la demande, excepté lorsque, la demande étant inférieure à cent piastres, les parties autorisent en outre le juge de paix à statuer en dernier ressort.

VII. — Certainement (BOITARD, n° 616 *in fine*) les parties peuvent, d'un commun accord, porter une action pétitoire, une action en revendication d'immeuble devant un juge de paix qui en connaîtra comme arbitre, mais non pas comme juge de paix. La différence sera que, s'il n'en connaît que comme arbitre, aux termes des articles 891, 892 et suivants, le consentement du juge sera nécessaire pour le saisir, car nul n'est arbitre malgré lui ; ce sera la procédure des arbitrages et non celle dont nous nous occupons maintenant ; enfin la décision rendue ne sera pas exécutoire par elle-même, il faudra l'ordonnance *d'exequatur* du doyen du tribunal civil.

VIII. — La prorogation de juridiction ne peut être consentie que par des parties capables d'ester en justice et de transiger.

IX. — Lorsqu'après la prorogation de juridiction, l'une des parties met un garant en cause, cette prorogation ne peut avoir d'effet que si elle est acceptée par l'appelé en garantie.

X. — Pour la validité d'un jugement sur comparution volontaire, le juge commence par dresser un procès-verbal qui constate la volonté expresse des parties et leur libre consentement de soumettre leur différend à sa décision ; ce procès-verbal est signé des parties, ou mention est faite qu'elles ne savent ou ne peuvent signer. Si une partie refuse de signer, c'est une preuve que son consentement n'est pas libre, alors le juge ne doit pas retenir la cause. Le procès-verbal doit désigner clairement les noms, professions et demeure des parties, ainsi que la question litigieuse, afin qu'on puisse reconnaître si le juge s'est renfermé dans son mandat. Une fois les signatures données, il se forme un contrat judiciaire qui ne peut être révoqué que du consentement unanime des parties. (MULLERY, p. 33).

XI. — Le jugement à intervenir est rendu dans la forme ordinaire, mais le procès-verbal de la déclaration des parties sera expédié avec la grosse. — Cette déclaration peut ne pas être donnée dans un acte séparé ; elle est alors reçue dans le corps et en tête du jugement. Dans tous les cas, la signature des parties est exigée, ou la mention qui y supplée.

XII. — La déclaration des parties qui demandent à être jugées par le juge de paix sera insérée dans le jugement, dit l'art. 12 du tarif.

FORMULE N° 14. — Déclaration de parties qui demandent jugement

Par-devant nous...., juge de paix de la commune de...., assisté de notre greffier (*s'il s'agit d'un jugement en dernier ressort il faut aussi l'assistance d'un suppléant*),

Ont volontairement comparu les citoyens A..... (*noms, profession et demeure*) et B....., (d°), lesquels nous ont requis de juger le différend qui les divise, sur la réclamation dudit citoyen A..... en paiement d'une obligation de..... piastres, souscrite en sa faveur le..... par ledit citoyen B.....

Et pour le jugement de cette demande, les comparants nous donnent mandat et font soumission à notre juridiction. Dont acte requis par les parties qui ont signé avec nous après lecture (*ou* qui ont déclaré ne savoir signer, après lecture.)

(Signatures.)

Ou bien, faisant de tout un seul acte, le tribunal rédige le jugement comme suit :

FORMULE N° 15. — Jugement sur prorogation de juridiction

Entre A..... et B....,

Lesquels se sont présentés volontairement et sans citation devant nous, ce jour, et nous ont exposé qu'ils sont en contestation sur l'objet dont il sera parlé ci-après, ils déclarent vouloir s'en rapporter à notre décision, bien que nous ne soyons leur juge, ni à raison du domicile, ni à raison de la situation des lieux, et nous autorisent en outre à juger sans appel.

Nous...., juge de paix et suppléant soussignés, etc.

Vu l'article 12 du Code de procédure civile, avons donné acte aux citoyens A..... et B. ... de leur comparution et de leur consentement ; avons accepté la prorogation de juridiction qu'ils nous ont conférée et avons signé la présente déclaration avec le citoyen...., notre greffier, et avec les comparants (*ou* après avoir interpellé les comparants de signer eux-mêmes, ce qu'ils ont déclaré ne savoir faire), après lecture.

(Signatures du Juge de paix, du Suppléant,
du Greffier et des parties.)

Et sur-le-champ, le sieur A...., demandeur, a dit : (*conclusions du demandeur*).

Le sieur B...., défendeur, a répondu.....

Fait le..... Droit. Il s'agit de savoir.....

Nous, juge de paix et suppléant soussignés, prononçant en dernier ressort, en vertu des pouvoirs qui nous sont conférés par les parties et par la loi,

Attendu que (*motifs et dispositif du jugement*).

Fait et jugé, etc.

(Signatures du Juge de paix, du Suppléant et du Greffier.)

REMARQUE. — *Il peut arriver qu'au lieu de statuer immédiatement, le tribunal renvoie à un autre jour; alors la décision est rédigée comme suit (après la signature de la déclaration des parties.)*

Nous, juge de paix, etc.,

Vu la déclaration ci-dessus, et y ayant obtempéré, avons renvoyé la cause et les parties à notre audience du...., pour être fait droit ainsi qu'il appartiendra.

Fait et jugé, etc.

TITRE III

Des audiences du Juge de paix et de la comparution des parties.

ART. 13. — Les Juges de paix jugeront tous les jours, même les dimanches et fêtes. (Proc. civile, 14 et suiv., 73, 960.)

Ils pourront donner audience chez eux en tenant les portes ouvertes. (Proc. civ. 10, 15, 18, 91, 93.)

I. — La loi oblige les juges de paix à donner audience tous les jours, pour garantir l'expédition de toutes les affaires, pour assurer une solution prompte autant que possible à des différends qui requièrent célérité (1).

---

(1) Le tribunal de paix n'a pas de vacances de fin d'année comme les autres tribunaux.

II. — Dans une circulaire du Grand-Juge Fresnel aux juges de paix de la République, en date du 28 octobre 1823 (n° 863 du Recueil des *Lois et Actes*), on lit ce qui suit :

« Étant informé que plusieurs justices de paix de la République se trouvent presque toujours fermées, parce que les juges qui y sont titulaires paraissent s'occuper incessamment de leurs affaires personnelles au préjudice du service essentiel qui leur est confié, prévenons en conséquence lesdits juges de paix que les bureaux qu'ils tiennent doivent être ouverts tous les jours de la semaine, et notamment les samedis et dimanches, jours où les habitants de la campagne viennent dans les communes pour y faire leurs affaires, depuis huit heures du matin jusqu'à onze, et depuis deux heures jusqu'à cinq de l'après-midi..... »

III. — La pratique de tenir audience le dimanche ou un jour férié, dit un auteur français, serait bonne en ce que le justiciable qui se rend au chef-lieu de canton, pourrait, *sans perte de temps*, donner ses soins à ses affaires judiciaires, en comparaissant devant le juge de paix, après avoir accompli ses devoirs religieux. (Paul Cère, *Manuel du Juge de paix*, p. 20.)

IV. — Les audiences peuvent et doivent être tenues sur les lieux contentieux, si cela est nécessaire pour éclairer la religion du magistrat ; le justiciable doit, dans ce cas, obéir à l'assignation qui lui est donnée de comparaître sur les lieux, à peine de défaut et d'amende, qu'il soit *partie en cause* ou *témoin*. (*Idem*, p. 20.)

V. — C'est seulement en matière civile que le juge de paix peut donner audience chez lui ; jugeant en matière de simple police, il ne peut pas siéger autre part qu'au tribunal.

VI. — C'est même accidentellement et non habituellement que les juges de paix sont autorisés à donner audience chez eux. Et dans ce cas, le jugement doit mentionner que les portes ont été tenues ouvertes. C'est une formalité essentielle.

VII. — Toutes audiences, en effet, doivent être tenues publiquement. Cette règle est établie par la Constitution et l'article 15 de la loi organique. Cependant, si la discussion publique devait entraîner du scandale ou des inconvénients graves, le huis clos est autorisé et doit être ordonné pour les débats, par analogie de l'article 93, dont voici la teneur : « Les plaidoiries seront publiques, excepté dans les cas où

14

« la loi ordonne qu'elles seront secrètes. Pourra cependant le Tri-
« bunal ordonner qu'elles se feront à huis clos, si la discussion pu-
« blique devait entraîner du scandale ou des inconvénients graves;
« mais, dans ce cas, le Tribunal sera tenu d'en délibérer et de ren-
« dre compte de sa délibération au Grand-Juge. »

Mais le jugement qui intervient doit être toujours prononcé en
audience publique.

VIII. — Les motifs de la publicité des audiences sont évidents.
Il est clair, dit Boitard, que, d'une part, la justice sera mieux rendue,
les jugements mieux motivés, les plaidoiries mieux écoutées quand
les juges se trouveront eux-mêmes en face d'une autre justice, c'est
à savoir, celle du public. En second lieu, c'est qu'à part les garanties
que présente la publicité pour le mérite des jugements, pour la bonne
administration de la justice, elle a aussi l'avantage de persuader de la
bonté des jugements, quand ils ont été bien rendus, ceux qui ont été
témoins des débats. En effet, une justice rendue secrètement pourrait, à la rigueur, être fort bien rendue, faire parfaitement droit aux
parties ; mais on manquerait toujours un but important, celui de prévenir les mauvais procès, en inspirant aux justiciables la conviction
de la sagesse et de l'impartialité de leurs juges. — Sous ce double
rapport, on ne peut mieux justifier l'utilité de la publicité des audiences que ne l'a fait Bentham : « Le principal avantage de la justice
« *réelle* est de produire la justice *apparente* ; or, en supposant qu'une
« justice soit bien administrée, il n'y aura que la *réelle*, dont l'utilité
« est bornée ; il n'y aura pas l'*apparente*, dont l'utilité est universelle.
« La racine sera dans la terre et le fruit n'en sortira pas. » (Proc. civ.
t. Ier, 226).

ART. 14. — Au jour fixé par (1) la citation, ou convenu
entre les parties, elles comparaîtront en personne, ou par leurs
fondés de pouvoirs sans qu'elles puissent faire signifier aucune
défense. (C. civ., 1751. — Proc. civ., 6, 18, 63, 93.)

I. — L'audience est ouverte par la déclaration qu'en fait le juge
de paix en prenant séance. Dès ce moment le justiciable doit au juge
profond respect et silence.

---

(1) Dans le Code il y a *pour* la citation ; c'est évidemment une erreur typogra-
phique.

II. — L'huissier de service exécute les prescriptions du magistra
pour le maintien de l'ordre dans l'audience. Il fait l'appel des affaires
inscrites au rôle, suivant leur numéro. Toutefois, s'il y a urgence ou
péril en la demeure, une affaire peut et doit être appelée hors son
tour de date. Lecture est donnée de la citation.

III. — Quand les parties ne comparaissent pas en personne, leurs
fondés de pouvoir justifient d'une procuration spéciale, timbrée et enregistrée qui reste annexée au jugement.

IV. — La procuration peut résulter aussi d'un mandat général.
Le pouvoir général de gérer et administrer pour quelqu'un comporte
celui de le représenter en justice dans les affaires qui concernent la
gestion. Le pouvoir peut être donné, ou par acte public ou par écrit
sous seing privé, même par lettre (Art. 1747 C. civ.). La lettre n'est
pas assujettie au droit de timbre.

V. — Lorsque la procuration est sous seing privé, on la fait certifier véritable par le porteur, afin d'avoir une garantie de la sincérité
de l'acte et de la vérité des signatures qu'elle contient. (BIOCHE).

VI. — Des défenses qui seraient signifiées malgré la prohibition
de l'article n'entreraient pas en taxe. Mais s'il est interdit aux parties
de signifier des défenses, elles peuvent néanmoins faire des actes
reconnus indispensables ou évidemment utiles, tels que des protestations ou des actes conservatoires, donner lecture, à l'audience, des
moyens de défense, remettre des notes, des mémoires et se les communiquer.

VII. — Il peut devenir nécessaire qu'une partie comparaisse en
personne, même alors qu'elle a un fondé de pouvoir. Dans ce cas, le
juge de paix peut l'ordonner; ou si la personne est éloignée, commettre le juge de paix de son domicile pour l'entendre, et dresser
procès-verbal de sa déclaration. (Proc. civ., 325, 956. C. de com., 640.)

VIII. — Aucune pénalité n'est attachée au refus de la partie de
comparaître; seulement le juge est fondé à tirer de cette désobéissance
toutes les inductions qu'il jugera à propos. Et ce refus de comparaître en personne n'a pas pour résultat de faire réputer par défaut le
jugement à intervenir, si la partie était représentée par son fondé de
pouvoir.

FORMULE N° 16. — Procuration par acte privé

Je, soussigné, B..., propriétaire, demeurant à....., donne pouvoir au citoyen C..., demeurant à....., de me représenter tant en action qu'en défense (dans *telle affaire*, *ou* dans toutes les causes qui me concernent), à la justice de paix de....., à l effet de quoi, je l'autorise à faire et signer tous actes à ce relatifs, tant pour l obtention que pour l'exécution des Jugements à intervenir.

Fait à.. ..

(Signature.)

Le mandataire met au bas : Certifié véritable, *et signe.*

———

FORMULE N° 17. — Jugement ordonnant la comparution en personne

Entre A..., demandeur, comparant en personne, et B..., défendeur, comparant par C..., en vertu d'un pouvoir enregistré;

..... Attendu que (*exposer les faits*);

Attendu que dans ces circonstances la présence de B... nous paraît nécessaire pour la manifestation de la vérité;

Ordonnons que ledit sieur B... comparaîtra en personne à notre audience du ....., heure, etc.

Art. 15. — Les parties seront tenues de s'expliquer avec modération devant le juge et de garder en tout le respect qui est dû à la justice; si elles y manquent, le juge les y rappellera d'abord par un avertissement; en cas de récidive, elles pourront être condamnées à un emprisonnement qui n'excédera pas vingt-quatre heures; elles seront reçues dans la maison d'arrêt, sur un simple ordre du juge de paix; il en sera fait mention sur la feuille d'audience. (Proc. civ., 16, 17, 91, 94, 681; — Instr. crim., 188, 394 et suiv.; — C. pén., 183 et suiv.)

Art. 16. — Dans le cas d'insulte ou irrévérence grave envers le juge, il en dressera procès-verbal et pourra condamner à un emprisonnement de trois jours au plus. (Proc. civ., 15, 17, 91 et suiv., 96 et 97; — Instr. crim., 157, 188, 394, 395; — C. pén., 183 et suiv., 186.)

Art. 17. — L'emprisonnement, dans les cas prévus par les précédents articles, sera exécuté sur-le-champ, en vertu du procès-verbal, qui devra faire mention de la condamnation. (Proc. civ., 15, 16, 22.)

I. — Copie de l'ordre d'emprisonnement doit être donnée au condamné (art. 16 de la Constitution) et transcription en être faite sur le registre du gardien de la maison d'arrêt (art 446 C. instr. crim.) (MULLERY.)

II. — Si le fait n'est pas une simple insulte ou irrévérence grave, s'il prend le caractère d'outrage qui inculpe l'honneur ou la délicatesse du magistrat ; si ce sont des gestes ou menaces, le fait étant un délit correctionnel prévu par les articles 183 et 184 du Code pénal, le juge devra en dresser procès-verbal et expédier l'affaire au ministère public dans les trois jours au plus tard (art. 11 et 12 C. instr. crim., MULLERY, p. 35).

III. — Sont applicables en justice de paix les articles 94 et suivants du Code de procédure civile.

FORMULE N° 18. — Mention sur la feuille d'audience de condamnation à l'emprisonnement

..... Attendu qu'à notre audience de ce jour le sieur A..., demandeur, dans une instance contre B..., ne s'est pas expliqué avec modération et n'a pas gardé le respect dû à la justice ; que notamment il a (*énoncer les faits délictueux*) ; que, rappelé aux convenances, il n'a tenu aucun compte de nos avertissements, ce qui le constitue en cas de récidive ; vu l'article 15 du Code de procédure civile, ainsi conçu : ..... (*transcrire l'article*) ; condamnons A... en ..... heures d'emprisonnement ; à l'effet de quoi nous avons délivré l'ordre de le recevoir dans la maison d'arrêt de cette ville *ou* de cette commune.

Ou bien encore :

FORMULE N° 18 *bis*. — Ordre de dépôt à la maison d'arrêt d'un perturbateur arrêté à l'audience

Nous, juge de paix, etc.,

Attendu qu'à l'audience de ce jour le sieur X... (*plaideur ou assistant*), ayant interrompu le silence et excité un tumulte, sans être rentré dans l'ordre après avertissement, mais au contraire en résistant à nos injonctions, a dû être saisi dans la salle ;

Vu les articles 95 du Code de procédure civile et 394 du Code d'instruction criminelle, ainsi conçus (*transcrire*) ;

Ordonnons que ledit sieur X... sera conduit à la maison d'arrêt de cette commune ; enjoignons au concierge de l'y recevoir et retenir pendant ..... heures.

En audience, le .....

(Signatures du Juge et du Greffier.)

FORMULE N° 19. — Procès-verbal d'insulte ou irrévérence grave envers le Juge et condamnation à l'emprisonnement

Nous, etc.,

Attendu que B... s'est permis, au cours des débats, de nous adresser des paroles injurieuses ; que notamment il a dit (*énoncer les faits délictueux*) ;

Vu l'article 16 du Code de procédure civile, ainsi conçu (*transcrire*) ;

Condamnons B... en ..... jour d'emprisonnement ; et de ce nous avons dressé le présent procès-verbal, que nous avons signé avec le greffier, etc.

REMARQUE. — *Il arrive souvent que le juge de paix, au lieu de prononcer lui-même la peine déterminée, préfère laisser au tribunal correctionnel le soin de statuer. Dans ce cas, le juge de paix se borne à dresser procès-verbal d'insulte ou d'irrévérence grave qu'il adresse au commissaire du gouvernement. Ce procès-verbal est analogue à la formule qui suit :*

FORMULE N° 20. — Procès-verbal en cas d'outrage, etc.

L'an ....., le ....., heure, nous, juge de paix, etc.,

Au moment où nous exercions, à ....., nos fonctions judiciaires, en procédant à ....., le nommé L... (*profession, demeure*) s'est livré à des actes de violence et voies de fait en (*énoncer en quoi ils ont consisté*) ;

Nous avons, en conséquence, et en conformité des articles 97 de la procédure civile, 183 et 184 du Code pénal, fait arrêter (et déposer, *s'il y a lieu*) ledit L... et rédigé le présent procès-verbal, qui sera envoyé, ainsi que le prévenu, devant le commissaire du gouvernement à tel effet que de justice.

Fait à ....., les jour, an et heure que dessus.

(Signatures du Juge et du Greffier)

Art. 18. — Les parties ou leurs fondés de pouvoirs seront entendus contradictoirement. La cause sera jugée sur-le-champ ou à la première audience; le juge, s'il le croit nécessaire, se fera remettre les pièces. (Proc. civ., 12, 14, 27.)

I. — Après avoir entendu contradictoirement les parties, si le juge se trouve suffisamment éclairé par le développement des moyens, il doit prononcer sur-le-champ; la loi ne veut pas que pour des objets de peu d'importance les parties soient exposées à des démarches et à des lenteurs inutiles. S'il a besoin d'examiner les pièces, il en ordonne le dépôt et renvoie le prononcé de son jugement définitif à l'audience suivante. (MULLERY, p. 36.) Dans ce cas, le jour du prononcé est fixé par le jugement qui est rendu sur-le-champ et qui est purement préparatoire, car il ne préjuge pas le fond. Il est juste que les parties soient mises à même d'assister à la prononciation du jugement définitif. Toutefois, le défaut d'indication n'entraîne pas nullité.

II. — Lorsque, l'affaire étant en dernier ressort, un suppléant concourt au jugement, il faut l'avis unanime du juge et du suppléant; sinon, c'est-à-dire en cas de partage d'opinion, il est rendu jugement qui appelle un autre suppléant pour vider le partage. (Art. 32, *Loi org.*)

III. — Un jugement n'a d'existence légale que du jour où il a été prononcé et non de celui où il a été délibéré et arrêté. Jusqu'à cette prononciation, il est susceptible de modification. Mais une fois prononcé, il est irrévocablement acquis aux parties, il appartient au public. Le juge consomme ses pouvoirs, en le prononçant. Il ne peut y faire aucun changement ni addition. Il ne peut non plus, en l'espèce, interpeller une partie et donner acte de sa réponse à l'autre partie.

IV. — Néanmoins, sur les observations des parties, il pourra, en leur présence et lors seulement du prononcé, faire une simple rectification.

FORMULE N° 21. — Jugement préparatoire qui ordonne le dépôt des pièces

Entre A... et B..., etc.,

Attendu que, pour la décision de la cause, il importe de faire des pièces et prétentions respectives des parties un examen approfondi,

Par ce motif, ordonne le dépôt des pièces pour en être délibéré et renvoie le prononcé du jugement définitif à l'audience du ....., neuf heures du matin.

Dépens réservés. Ce qui sera exécuté.

Donné de nous ....., juge de paix, et ....., suppléant, assistés de notre greffier, en audience publique du ....., etc.

(Signatures du Juge, du Suppléant et du Greffier.)

FORMULE N° 22. — Jugement qui constate le partage.

Entre A... et B..., etc.,

Vu le jugement préparatoire en date du ....., ordonnant le dépôt des pièces pour en être délibéré et le Jugement à intervenir être prononcé à l'audience de ce jour ;

Attendu que, sur la question de savoir si ....., il y a partage d'opinion, en ce que l'un des juges est d'avis que ....., tandis que l'autre opine pour ..... ;

Le tribunal, en conformité de la loi organique, ordonne que, pour vider le partage, le citoyen M. G..., juge suppléant, sera appelé et l'affaire de nouveau plaidée à l'audience du ..... du courant, neuf heures du matin.

Dépens réservés. Ce qui sera exécuté.

Donné de nous ....., juge de paix, et ....., suppléant, assistés de notre greffier (et prononcé en présence des parties), en audience publique du ....., etc.

FORMULE N° 23. — Jugement définitif

LIBERTÉ — ÉGALITÉ — FRATERNITÉ

République d'Haïti

AU NOM DE LA RÉPUBLIQUE

Le tribunal de paix de la commune de ..... a rendu dans ses attributions civiles (*ou* commerciales) le jugement suivant :

Entre le citoyen A. R... (*profession*), demeurant à ....., demandeur, aux fins de sa citation introductive en date du ....., comparant en personne (*ou bien* comparant pour le citoyen M..., son fondé de pouvoir), d'une part ;

Et le citoyen B. I..., propriétaire, demeurant à ....., défendeur, aux fins de ladite citation, comparant en personne, d'autre part;

La cause appelée à l'audience du .....,

Le demandeur a conclu (*transcrire les conclusions*),

Le défendeur a répondu et conclu (*transcrire les conclusions*).

Point de fait :

Ainsi qu'il appert de (*tel* acte formant le titre *ou* contenant la prétention du créancier) (*ou encore, à défaut de titre*, ainsi qu'il appert de ses déclarations), le sieur A. R... se trouve créancier du sieur B. A... d'une somme de ..... pour .....;

*Et suivant exploit de N..., huissier de la justice de paix de ....., en date du ....., enregistré le ..... par le directeur particulier *ou* le chargé de l'enregistrement, qui a reçu vingt-cinq centimes, droit fixe, ledit sieur A. R... a fait citer le défendeur à comparaître le ..... du courant, huit heures du matin, à l'audience de ce tribunal, pour, y est-il dit, attendre (*énoncer le libellé et les conclusions de la citation*);

Le sieur B. A... a comparu et répondu par les conclusions ci-dessus transcrites;

Après que les parties avaient été contradictoirement entendues en leurs moyens, le tribunal, pour faire droit, a ordonné le dépôt des pièces, pour en être délibéré, et le Jugement être prononcé à l'audience du .....;

Mais un partage d'opinion étant survenu entre les deux juges siégeants, le tribunal, par son jugement du ....., a ordonné que, pour vider le partage, le citoyen M. G..., juge suppléant, sera appelé et l'affaire de nouveau plaidée à l'audience du .....

A cette audience, en effet, les parties, de nouveau entendues, ont repris les conclusions ci-dessus, en présence du juge, assisté des deux suppléants, et le tribunal, par un nouveau jugement préparatoire, a continué la cause pour être le jugement définitif prononcé aujourd'hui (*ou bien* prononcé le ..... courant, ce qui n'a pu se faire, prononcé a lieu aujourd'hui).

Point de droit :

Il s'agissait de savoir :

Si le tribunal devait adjuger les conclusions du demandeur tendant à .....,

Ou bien admettre les conclusions du défendeur tendant à .....,

Sur quoi le tribunal, Jugeant en dernier ressort, et après avoir délibéré conformément à la loi,

Vu les pièces déjà mentionnées, notamment,

Au dossier du demandeur : 1° ....., 2° .....;

Au dossier du défendeur : 1° ....., 2° .....;

Attendu (*motifs de la décision*);

Déclare la demande du citoyen A. R... bien fondée; condamne, en conséquence, le citoyen B. J... à (*dispositif du jugement*) et aux intérêts, suivant la loi; le condamne, en outre, aux dépens, liquidés et taxés à la somme de ....., savoir : pour le coût de la citation ....., pour ....., etc., en ce non compris celui des timbre, expédition, enregistrement et signification du présent jugement,

(*Ou bien :* Déclare mal fondée la demande du citoyen A. R..., l'en déboute, en conséquence, et le condamne aux dépens, liquidés et taxés, etc.)

Ce qui sera exécuté.

Donné de nous, D. R..., juge de paix, L. F... et M. G..., suppléants, assistés de notre greffier, en audience publique du tribunal de paix de ....., le quatre janvier mil huit cent quatre-vingt-sept, an 84ᵉ de l'indépendance.

Il est ordonné, etc.

(Signatures du Juge, des deux Suppléants
et du Greffier.)

ART. 19. — Lorsqu'une des parties déclarera vouloir s'inscrire en faux, déniera l'écriture ou déclarera ne pas la connaître, le juge lui en donnera acte; il parafera la pièce et renverra l'incident devant les juges qui doivent en connaître. (C. civ., 1104, 1109. Pr. civ., 194 et suiv. C. com., 639.)

I. L'*inscription en faux* est la déclaration par une partie que tel acte authentique produit par l'adversaire est faux. Elle donne lieu à la procédure du *faux incident civil* réglée par les articles 215 et suiv. du Code de procédure.

II. La *dénégation d'écriture* est la déclaration d'une partie qui nie ou méconnaît l'écriture d'un acte sous seing privé. Elle donne lieu à la procédure dite *vérification des écritures* et réglée par les articles 194 et suivants.

III. — On peut aussssi s'inscrire en faux contre un acte sous seing privé déjà vérifié en justice.

IV. — Aux termes de l'article 219, l'inscription de faux se fait par une déclaration au greffe du tribunal civil. Il n'est pas nécessaire que l'inscription de faux soit ainsi formée pour que le juge de paix s'arrête, la simple allégation du faux suffît.

V. — *Il parafera la pièce* si le détenteur de cette pièce arguée de faux refuse de la présenter au parafe. Le juge de paix constate ce refus et décerne une cédule en vertu de laquelle la partie est sommée de présenter la pièce aux lieu, jour et heure qu'il indique. (PIGEAU.)

VI. — Lorsque la partie, sur cette sommation, représente le pièce, le juge y appose son parafe et en constate l'état par un procès-verbal. Ce parafe et ce procès-verbal ne dispensent ni des parafes ni des procès-verbaux prescrits par les articles 197, 199 et 228 Pr. civ. (*idem*).

VII. — Si, au contraire, la partie refuse d'obéir à la sommation, l'adversaire l'assigne à comparaître dans le délai de l'article 10 Pr. civ., devant le juge de paix pour voir dire que le refus sera pris pour la déclaration formelle qu'elle n'entend pas se servir de la pièce, et le juge statue au fond comme si cette déclaration existait.

VIII. D'un autre côté, lorsque, par application de l'article 216, on fait à la partie sommation de s'expliquer si elle entend ou non se servir de la pièce qu'elle produit ou compte produire au tribunal de paix, si cette partie ne fait pas de déclaration dans les huit jours, ou si elle déclare qu'elle ne veut pas se servir de la pièce arguée de faux, on peut lui donner citation, afin de faire rejeter par le juge de paix la pièce attaquée et statuer au fond. C'est ainsi que, bien que l'inscription de faux, incident civil, ne puisse être poursuivie qu'au tribunal civil, certains actes préliminaires de cette procédure peuvent être faits en cours d'instance au tribunal de paix.

IX. — La sommation préalable peut se faire à l'audience de vive voix, si les parties sont en présence. Il en est de même de la réponse.

X. — Le juge de paix, avant de prononcer le renvoi, examine si la pièce arguée de faux est la seule preuve à l'appui de la demande. Il doit passer outre lorsque la décision au fond ne lui paraît pas dépendre de la vérité ou de la fausseté de la pièce. — Si la pièce n'est relative qu'à l'un des chefs de la demande, le juge de paix peut statuer sur les autres chefs. (BIOCHE, arg. de l'art. 639, C. com.)

XI. — Lorsque le défendeur, poursuivant en faux, est représenté par un mandataire, le juge de paix vérifie si la procuration est authentique, c'est-à-dire si elle autorise expressément le mandataire à faire la déclaration d'inscription de faux. (Bioche, arg. de l'art. 219 Pr. civ.)

XII. — L'article 19 n'ordonne le renvoi que pour dénégation, méconnaissance d'écriture et inscription de faux. D'où l'on a conclu que l'on peut citer en reconnaissance d'écriture devant le juge de paix, dans une cause de sa compétence. Le délai pour comparaître sur la demande en reconnaissance serait d'un jour au lieu de trois. (Pr. civ., 194.)

XIII. — Si le défendeur comparaît, ou il reconnaît ou il dénie l'écriture; dans le premier cas, le juge donne acte de la reconnaissance et statue sur les difficultés qui divisent les parties; dans le second cas, il renvoie devant qui de droit.

Si le défendeur fait défaut, le juge de paix prononce que l'écrit sera tenu pour reconnu.

XIV. — Le jugement rendu par un juge de paix sur une demande en renvoi est toujours susceptible d'appel, même lorsque le juge aurait pu prononcer en dernier ressort sur le fond. (Chauveau, etc.)

FORMULE N° 24. — Jugement qui donne acte d'une déclaration d'inscription de faux

Entre A..... et B....., etc.

Le demandeur a conclu à ce que le sieur B....., défendeur, soit condamné à lui payer la somme de..... résultant d'un billet en date du.....

Le défendeur a requis le renvoi de la cause, attendu que la signature apposée au bas du billet représenté ne serait pas la sienne, et a déclaré vouloir s'inscrire en faux contre le billet si le demandeur persistait à vouloir s'en servir.

Le sieur A..... a répliqué que la signature apposée à l'acte susénoncé est celle du défendeur et qu'il entend se servir du billet comme preuve de l'obligation dont il réclame l'exécution.

Fait. — Par exploit en date du....., et du ministère de N....., huissier, le demandeur a fait citer le défendeur en condamnation d'une somme de....., résultant d'un billet souscrit en sa faveur, portant la date du..... la signature de B....., enregistré à....., le.....

DROIT. — Il s'agit de savoir s'il doit être fait droit à la demande de renvoi.

Nous, juge de paix de la commune d....., jugeant à charge d'appel, après avoir contradictoirement entendu les parties,

Vu l'article 19 du Code de procédure civile,

Avons donné acte au sieur B....., défendeur, de sa déclaration qu'il entendait s'inscrire en faux contre le billet susénoncé, en date du....., enregistré le....; et avons, à l'instant, parafé ledit billet qui nous a été représenté; renvoyons les parties à se pourvoir, pour l'inscription de faux, devant les juges qui en doivent connaître, et disons qu'il sera sursis au jugement du fond jusqu'après le jugement de l'instance sur l'inscription de faux. Dépens réservés, etc.

(Signatures du Juge et du Greffier.)

Sur la pièce, objet de l'inscription de faux, le juge de paix met son parafe et écrit :

Parafé le présent billet, contre lequel le sieur B..... a déclaré vouloir s'inscrire en faux, à notre audience de cejourd'hui, l'an....., le....

(Signature.)

FORMULE N° 25. — Jugement qui donne acte de la non-reconnaissance d'écriture

Entre A..... et B....., etc.

Le demandeur a conclu à ce que le défendeur, comme héritier de la succession C....., soit condamné à lui payer la somme de....., résultant d'un billet souscrit en sa faveur par feu C....., le.....

Le défendeur a requis le renvoi de la demande, attendu qu'il ne reconnaît pas l'écriture attribuée à son auteur.

Le demandeur a répliqué que la signature apposée à l'acte susénoncé est bien celle de feu C..... et qu'il entend se servir du billet comme preuve de l'obligation dont il réclame l'exécution.

Fait..... Droit.....

Nous, juge de paix, etc.

Avons donné acte au défendeur de sa déclaration qu'il méconnaît l'écriture qu'on lui oppose, et avons à l'instant parafé, etc. (*Comme à la formule précédente.*)

FORMULE N° 26

Au cas de refus de présenter au parafe la pièce arguée de faux, le jugement ou procès-verbal se fermera comme suit :

Après ces mots, avons donné acte au sieur B... de sa déclaration qu'il entendait s'inscrire en faux contre le billet susénoncé, en date du....., enregistré le..... *(continuer)*

Mais ici, le sieur A... ayant refusé de présenter au parafe la pièce arguée de faux, nous décidons, avant de passer outre, que ledit sieur A... sera sommé de présenter aux lieu, jour et heure qui seront indiqués par cédule, ladite pièce pour être parafée conformément à la loi ; faute de quoi, il verra tirer de son refus persistant telle induction ou conséquence que de raison.

FORMULE N° 27. — Cédule selon la décision ci-dessus

Nous, juge de paix, etc.

Vu le refus du sieur A..., à notre audience du....., de représenter la pièce qu'il oppose au sieur B... et contre laquelle celui-ci a déclaré vouloir s'inscrire en faux,

Autorisons, conformément à notre décision, le sieur B... à sommer ledit sieur A... de présenter à notre audience du....., neuf heures du matin, ladite pièce pour être parafée, conformément à la loi.

Fait et délivré à....., le.....

(Signature du Juge de paix.)

FORMULE N° 28. — Sommation et citation à la partie qui refuse de présenter au parafe la pièce arguée de faux

L'an....., le.....

En vertu de la cédule de M. le juge de paix de....., en date du....., enregistrée et dont copie est donnée, en tête de celle des présentes,

Et à la requête du sieur B..., etc., j'ai....., huissier, etc.,

Sommé et cité le sieur A..., etc., parlant à.....

De comparaître et se trouver le....., neuf heures du matin, à l'audience de M. le juge de paix de....., pour présenter au parafe de ce magistrat la pièce que, dans la cause pendante entre les parties, il oppose à mon requérant, contre laquelle celui-ci a déclaré vouloir s'inscrire en faux, et que ledit sieur A... a refusé de représenter lors de l'audience du.....; faute de quoi, voir dire, à ladite et même audience du....., désignée par la cédule que son refus est pris pour la déclaration formelle qu'il n'entend pas se servir de ladite pièce ; laquelle, en conséquence, sera rejetée, par rapport à mon requérant, de l'instance pendante, entre les parties sur la citation en date du....., sauf au requérant à tirer de cette pièce et en l'espèce, telles inductions ou conséquences qu'il jugera convenables, même à former telles demandes qu'il avisera à fin de dommages-intérêts ; se voir en même temps, ledit sieur A..., débouter de sa demande originaire comme dénuée de fondement, et condamner en tous les dépens.

Et je lui ai, domicile et parlant comme dessus, laissé copie de la cédule susénoncée et du présent exploit. Dont acte. Le coût est de.....

FORMULE N° 29. — Sommation à fin d'inscription de faux

L'an....., etc....., à la requête du citoyen B....., propriétaire, demeurant à....., j'ai, D..., huissier, etc., soussigné, sommé le citoyen A..., demeurant à....., de déclarer dans huitaine pour tout délai, si dans la cause pendante entre les parties au tribunal de paix de....., il entend ou non se servir d'un prétendu billet de cent gourdes portant la date du....., et dont la signature est attribuée au requérant ; lequel billet produit à l'audience du..... a été parafé par le juge de paix de cette commune ; — lui déclarant que, dans le cas où il répondrait affirmativement, le requérant s'inscrira en faux contre ce billet ; et afin que ledit citoyen A... n'en ignore, je lui ai, à domicile et parlant à....., laissé copie du présent exploit, dont le coût est de.....

FORMULE N° 30. — Réponse à la sommation n° 29

L'an....., etc., à la requête du citoyen A..., propriétaire, etc., j'ai, D..., huissier, etc., signifié et déclaré au citoyen B..., demeurant à....., qu'en réponse à la sommation du....., le requérant déclare qu'il entend (ou qu'il n'entend pas) se servir du billet de cent gourdes, daté du....., signé de....., etc.....; et afin que ledit citoyen B... n'en ignore, je lui ai, à son domicile, et parlant à....., laissé copie du présent exploit, lequel est signé, ainsi que la copie, tant par moi que par le citoyen H..., fondé de pouvoir spécial du requérant, suivant acte au rapport de Mᵉ F..., notaire à....., en date du....., dont copie est aussi donnée, en parlant comme dessus ; dont acte. Le coût est de.....

(Signatures de l'Huissier et du fondé de pouvoirs.)

FORMULE N° 31. — Acte pour le rejet de la pièce

L'an....., etc., à la requête du citoyen B..., etc., j'ai....., huissier, etc., sommé le citoyen A..., etc., de comparaître à l'audience du tribunal de paix de..... le....., heure....., pour voir dire que, faute par lui d'avoir répondu dans la huitaine, à la sommation du....., et déclaré s'il entend ou non se servir du billet du....., etc., ladite pièce sera rejetée, par rapport à mon requérant, de l'instance pendante entre les parties sur la citation en date du..... ; — sauf au requérant à tirer de cette pièce telles inductions ou conséquences qu'il jugera à propos, même de former telle demande qu'il avisera pour ses dommages-intérêts ; et ledit citoyen A..., condamné aux dépens. — Et je lui ai, à domicile et en parlant à..... laissé copie du présent exploit, dont le coût est de.....

ART. 20. — Dans le cas où un interlocutoire aurait été ordonné, la cause sera jugée définitivement, au plus tard, dans le délai de deux mois du jour du jugement, interlocutoire ; après ce délai, l'instance sera périmée de droit ; le jugement qui serait rendu sur le fond sera sujet à l'appel, même dans les matières dont le juge de paix connaît en dernier ressort, et sera annulé sur la réquisition de la partie intéressée. (Proc. civ., 21, 22, 39, 50, 398, 401.)

Si l'instance est périmée par la faute du juge, il sera passible des dommages-intérêts. (C. civ. 939, 1168. — Proc. civ., 394, 401, 438, n° 3.)

I. — Il est très important de bien distinguer le jugement interlocutoire du jugement préparatoire ; — l'article 39 prescrit des bornes et des mesures différentes pour l'appel de l'un ou de l'autre. Mais dans notre Code nous n'avons pas de disposition correspondant à l'article 452 du Code français, qui contient la définition des deux espèces de jugement, et qui est ainsi conçu : « Article 452. — Sont « réputés préparatoires les jugements rendus pour l'instruction de la « cause, et qui tendent à mettre le procès en état de recevoir juge- « ment définitif. — Sont réputés interlocutoires les jugements rendus « lorsque le tribunal ordonne, avant dire droit, une preuve, une « vérification, ou une instruction qui préjuge le fond. »

II. — Sirey fait observer (note 7, sous l'art.) que, malgré la définition que donne l'article 452 des jugements préparatoires et des jugements interlocutoires, on est souvent embarrassé pour qualifier certaines mesures ordonnées par les juges ; et l'on arrive, en théorie, à reconnaître que la qualité de préparatoire ou d'interlocutoire n'appartient pas au jugement par la seule nature de ses prescriptions mais bien en raison des circonstances dans lesquelles il a prononcé et de la position dans laquelle il a placé les parties ; en sorte que tel jugement qui ordonne un certain préalable sera préparatoire dans un cas et interlocutoire dans un autre.

III. — Toujours est-il (*V.* p. 31) que l'influence du jugement sur le fond est le caractère qui distingue le plus nettement le jugement interlocutoire du préparatoire. Le jugement préparatoire n'a d'autre but que d'instruire la cause ; il règle la procédure et l'achemine vers l'issue de la cause ; rien n'y fait entrevoir la tendance de l'opinion du juge sur le droit litigieux. — Le jugement interlocutoire laisse entrevoir cette tendance, la plupart du temps, en l'attachant à un point décisif qu'il veut éclaircir. (BONCENNE.) Les contestations des parties, leur résistance à demander ou à combattre la mesure, objet du jugement sollicité, servent souvent aussi à caractériser le jugement.

IV. — Ils s'appellent aussi, les uns et les autres, jugements avant faire droit.

V. — La péremption de l'article 20 a lieu *de droit*. Il n'est pas nécessaire d'en former la demande, ni de la faire juger, comme dans le cas des articles 394 et suivants ; il suffit de l'opposer par exception contre les poursuites qui seraient ultérieurement faites.

VI. — Cependant elle n'est pas d'ordre public : elle a été uniquement introduite dans l'intérêt dès parties. Elle serait donc couverte par le consentement des parties. Mais, si elle est invoquée, aucun jugement ne peut être prononcé, c'est-à-dire qu'il ne peut être donné suite à l'instance périmée ; il faudra la recommencer ; sinon, le jugement prononcé en premier ou en dernier ressort sera annulé en appel, sur la réquisition de la partie intéressée.

VII. — Si le jugement interlocutoire ordonne que des experts feront des constatations successives, à des époques déterminées, le délai de deux mois ne court que du jour de la dernière opération.

VIII. — Un jugement peut avoir plusieurs chefs et chaque chef une qualité différente, de sorte que le même jugement peut être défi-

15

nitif sur un chef et préparatoire ou interlocutoire sur un autre. Conséquemment, on peut se pourvoir, par exemple, en cassation contre un chef de jugement, sans avoir besoin d'attaquer le jugement en entier. (Cass., 29 janv. 1838, cité par MULLERY, p. 67.)

IX. — L'interlocutoire ne lie pas en général le juge, en ce sens que, dans son jugement définitif, il peut rendre une décision contraire à celle que faisait supposer la mesure par lui prescrite, lors même que l'interlocutoire a été confirmé sur l'appel. Mais le juge ne peut plus revenir sur son interlocutoire lorsqu'il a été ordonné sur discussion contradictoire des parties et qu'elles y ont acquiescé : il y a une espèce de transaction qui fait la loi de ceux qui l'ont consentie. (BIOCHE.)

X. Bien qu'un jugement interlocutoire ne lie pas les juges qui l'ont rendu, toujours est-il qu'ils ne peuvent s'empêcher, dans le jugement définitif, de faire ressortir quelle a été la juste valeur des preuves qui ont formé leur conviction ; en un mot, de rendre compte des motifs déterminants de la condamnation par eux prononcée. (Cass., 12 juillet 1858 ; L. P., 135, sous l'art. 148, Proc. c.)

XI. — Les dommages-intérêts contre le juge par la faute duquel l'instance est périmée sont demandés par la voie de la prise à partie (art. 438, n° 3, Proc. civ. — V. BOITARD, n° 619 ; N. A. CARRÉ, 6 sous l'art. 15 proc. civ. ; BIOCHE, prise à partie, 16.)

XII. — Il n'est pas nécessaire de motiver les jugements simplement préparatoires. (SIREY, proc. civ., art. 141, note 116.) C'est de doctrine et de jurisprudence invariables. Ainsi il n'est pas besoin de motiver un jugement qui se borne à ordonner que la cause sera plaidée tel jour, ou qu'elle sera mise en délibéré. (J. du Palais, jugement, 966, 967.) Ce sont des décisions qui se bornent à une simple mesure d'ordre et dont l'existence seule atteste le motif qui les a dictés .(Ibid., 965, 966.)

XIII. — Cependant Mullery, p. 67, s'efforce d'établir le contraire. Il argumente de l'article 37 qui porte que la cédule de citation pour appeler les experts... contiendra le fait, les motifs et la disposition du jugement relative à l'opération ordonnée. — Et il ajoute que l'importance de la rédaction complète du jugement préparatoire est plus sensible au tribunal de paix qu'au tribunal civil; car au tribunal civil, la procédure est établie par des pièces, des conclusions motivées déposées, etc., de sorte que, pour délibérer sur une affaire plaidée depuis plusieurs jours le tribunal en jetant les yeux sur le dossier se rappellera toutes les circonstances de la cause ; tandis qu'à la justice de paix, la procédure étant verbale, c'est à l'audience même que le greffier doit prendre information de la profession du défendeur, recueillir ses moyens de défense, préparer les points de fait et droit.

XIV. — D'abord le raisonnement fondé sur l'article 37 n'est nullement concluant pour la nécessité de motiver les jugements préparatoires. Cet article concerne des jugements interlocutoires. — Et, même pour ces derniers, il a été décidé qu'un jugement interlocutoire qui ordonne une expertise avant faire droit dit, par cela même qu'il cherche des lumières pour plus ample instruction : il ne peut être annulé pour défauts de motifs. (SIREY, PROC. civ., art. 141, note 117.) Et le tribunal de cassation de la République, dans un arrêt en date du 13 décembre 1858, a jugé qu'en général un motif même implicite est suffisant s'il est virtuel. (Note 110, sous l'art. 148 Proc. civ. L. P.)

XV. — Quant à ce qu'ajoute Mullery sur la rédaction complète des jugements préparatoires, il y a à distinguer entre les motifs du jugement et les qualités et conclusions des parties. Ces dernières seront, en effet, retenues et se trouveront certes toujours dans la feuille d'audience qui, pour les préparatoires comme pour les définitifs, forme la minute du jugement.

Quoi qu'il en soit, il est toujours très facile d'écrire le motif, par exemple, du jugement préparatoire qui continue la cause à une autre audience, *à cause de l'heure avancée, ou de l'examen à faire des pièces produites,* ou *d'un* apport de pièces *reconnu nécessaire;* comme aussi du jugement interlocutoire, *à cause de ce que les parties sont contraires en faits,* ou *de ce qu'il convient de visiter les lieux pour apprécier l'importance des dommages,* etc.

FORMULE N° 32. — Jugement interlocutoire.

Entre A..... et B....., etc.

Attendu que *(exposer les faits);*

Attendu qu'il y a nécessité de constater l'état des lieux, pour apprécier la valeur de l'indemnité réclamée par A....., etc.;

Par ces motifs, disons, etc.

Dépens réservés.

(Voir formule n° 51 sous l'art. 49.)

FORMULE N° 32 *bis.* — Jugement préparatoire

Entre A..... et B....., etc.

Attendu que (*exposer les faits*),

Attendu que la production de *telle* pièce nous paraît nécessaire; que B..... s'offre à la produire,

Disons que B..... produira.....; et remettons à huitaine *ou bien* à l'audience du.....

Dépens réservés.

De l'Appel.

ART. 21. — L'appel des jugements de la justice de paix, rendus contradictoirement, ne sera pas recevable après les trente jours, à ·dater du jour de la signification faite par l'huissier de la justice de paix, ou tel autre commis par le juge. (Pr. civ., 9, 20, 22, 39, 401.)

I. — L'appel est l'une des voies ordinaires par lesquelles on peut attaquer les jugements; l'autre est l'opposition. L'appel est porté devant le tribunal civil du ressort. L'acte d'appel se dit *appellation*. L'*appelant* est celui qui appelle; et l'*intimé*, celui contre qui l'appel est interjeté.

II. — Le droit des plaideurs ne peut être toujours incertain, il faut donc que le justiciable sache, après un délai fixé par la loi, si le jugement qu'il a obtenu ou qui est rendu contre lui est définitif, s'il a l'autorité de la chose jugée. C'est pour ce motif que l'exercice des droits de recours contre les jugements est soumis à un délai. (PAUL CÈRE.)

' III. — Dans le calcul du délai d'appel, le jour de la signification du jugement ne compte pas. Mais l'appel doit être interjeté dans les trente jours; émis le trente et unième jour, il n'est pas recevable. (*V. A.* CARRÉ, p. 54.) Ainsi, le jugement signifié le 31 décembre peut être frappé d'appel le 30 janvier suivant. Le 31, on ne serait pas recevable.

IV. — Le délai est le même pour tous les individus habitant le territoire d'Haïti. Il ne paraît pas qu'il puisse y avoir augmentation d'un délai de distance. C'est par une loi de 1838 modificative du Code de procédure que cette augmentation de délai est spécialement accordée en France. Pareille disposition n'existe pas chez nous. Or, l'on enseigne qu'avant'la loi de 1838, le délai d'appel était le même pour tous les individus habitant le territoire de la France continentale. (BIOCHE, *Dictionnaire des Juges de paix*, Appel, 22.)

V. — On décide aussi que l'appel peut être valablement interjeté avant la signification du jugement. (*Ibid.*, 12.)

VI. — *Qui peut appeler?* Le droit d'appeler d'un jugement n'appartient qu'à ceux qui y ont été parties, ou qui sont représentants ou ayants cause de l'une des parties. *Représentant*, comme le tuteur, qui peut appeler au nom et dans l'intérêt de ses pupilles. *Ayant cause*, comme l'héritier, qui a le droit d'appeler du jugement rendu contre celui qu'il représente.

VII. — Le demandeur, comme le défendeur, a droit de relever appel du jugement rendu contre lui. Ils sont l'un et l'autre soumis aux mêmes conditions d'exercice de ce droit.

VIII. — On peut appeler : 1° des jugements rendus contradictoirement et en premier ressort ; 2° des jugements en premier ressort rendus par défaut et dont les délais d'opposition sont expirés ; 3° des jugements qualifiés, à tort, en dernier ressort, c'est-à-dire s'ils ont statué sur des matières dont le juge de paix ne peut connaître qu'en premier ressort ; 4° des jugements, même en dernier ressort, basés sur un interlocutoire qui n'a pas été exécuté dans les deux mois (art. 20) ; 5° également des jugements statuant même sur une demande de moins de cent gourdes, en cas de prorogation de juridiction, si les parties n'ont pas autorisé le juge à statuer en dernier ressort. (*V. suprà*, note 6, sous l'art. 12.)

Les motifs d'un jugement ne sont pas susceptibles d'appel lorsqu'on n'attaque pas le dispositif.

IX. — L'article 21, en réglant le délai d'appel, ne mentionne que les *jugements rendus contradictoirement*. Quel sera le délai pour les jugements par défaut ? C'est-à-dire, à partir de quelle époque le délai de trente jours commencera-t-il à courir pour ces derniers jugements ? Il serait plus rationnel que ce fût à l'expiration du délai d'opposition, puisque c'est après les trois jours fixés par l'art. 28 que le jugement par défaut non attaqué en opposition devient comme un jugement contradictoire. C'est de cette façon que la matière est réglée par la législation française. (Art. 443 Code de procédure française.)

Mais, pour l'appelant, il est peùt-être plus prudent, dans le silence de notre loi, de compter les trente jours à partir aussi de la signification du jugement; en observant toutefois que tant que la voie de l'opposition est ouverte, c'est-à-dire pendant les trois jours de l'art. 28, l'appel ne pourra pas être relevé, la voie la plus simple devant être préférée. (Analogie de l'art. 455 Code français.)

FORMULE N° 33. — Signification de jugement.

L'an..... à la requête de (*noms, profession, domicile*), j'ai....., huissier, etc., signifié et avec celle des présentes donné copie au citoyen B....., demeurant à....., en son domicile étant, parlant à.....

De la grosse en forme exécutoire, dûment signée, collationnée, scellée et enregistrée, d'un jugement du tribunal de paix de la commune de....., rendu contradictoirement (*ou par défaut*) le....., au profit du requérant contre ledit sieur B....., afin qu'il n'en ignore et ait à y satisfaire et s'y conformer; et je lui ai, en son domicile et parlant comme dessus, laissé copie dudit jugement et du présent exploit. Dont acte. Le coût est de.....

NOTA. — *On peut faire une simple signification, ou une signification avec commandement.*

Si la partie condamnée prend l'initiative de la signification du jugement en vue de l'attaquer, ajouter :

Sous la réserve expresse de se pourvoir par les voies de droit, notamment en....., contre les chefs dudit jugement, qui peuvent faire grief au requérant.

FORMULE N° 34. — Acte d'appel.

L'an....., le.....

A la requête du citoyen B....., propriétaire, domicilié à....., lequel constitue Mᵉ X., avocat du barreau de..... pour occuper sur la présente assignation (*Si l'appelant n'a pas constitué de défenseur, il devra faire élection de domicile dans le lieu où siège le tribunal d'appel; c'est à peine de nullité. — Art. 71, Pr. c.*)

J'ai N....., huissier reçu, assermenté et immatriculé au greffe du tribunal de....., demeurant en cette ville, mon domicile réel, soussigné, signifié et déclaré au sieur A....., cultivateur, demeurant à..... en son domicile et parlant à.....

Que ledit citoyen B..... est appelant d'un jugement rendu contradictoirement entre les parties, par le tribunal de paix de....., le.....,
enregistré et signifié le..... par exploit du ministère de....., huissier; à
ce qu'il n'en ignore.

Et à même requête, demeure, élection de domicile ou constitution de
défenseur que dessus, j'ai, huissier susdit et soussigné, donné assignation
audit sieur A....., domicile et parlant comme dessus, à comparaître, d'aujourd'hui à huitaine franche, outre un jour par cinq lieues de distance, à
l'audience et par-devant MM. les juges composant le tribunal civil de.....
séant au Palais de Justice de cette ville, neuf heures du matin; et si la cause
n'était appelée, à suivre les audiences ordinaires dudit tribunal, toujours à
la même heure, jusqu'à jugement, pour:

Attendu (*exposer les nullités de forme s'il y en a*);

Attendu (*exposer les autres griefs*),

Voir dire qu'il a été mal jugé, bien appelé du jugement; ce faisant que
ledit jugement sera mis au néant; émendant et faisant droit au principal,
voir ordonner que le sieur A..... sera condamné à....., etc., pour les
causes ci-dessus, etc., et s'entendre condamner en outre aux dépens des
causes principales et d'appel.

Et je lui ai, domicile et parlant comme dessus, laissé copie du présent
exploit, dont acte. Le coût est de.....

(Signature de l'Huissier.)

ART. 22 (*Modifié par la loi du 17 novembre 1876*). — Les
jugements émanés des justices de paix seront sans appel s'ils
prononcent sur une demande de cent piastres 'et au-dessous.

Ils seront soumis à l'appel, s'il s'agit d'une demande excédant cent piastres, jusqu'à cent cinquante piastres.

Les dispositions ci-dessus seront applicables, soit qu'il s'a-
gisse d'affaires purement civiles, soit qu'il s'agisse d'affaires
commerciales.

Dans les causes sujettes à l'appel, les juges de paix pourront ordonner l'exécution provisoire de leurs jugements, mais
à charge de donner caution. (Proc. civ., 20, 21, 142, 158,
738, 746. C. civ., 1783, 1784, 1806).

I. — La compétence en premier ou en dernier ressort se détermine d'après le taux de la demande, et non d'après le montant de la
condamnation. Ainsi la demande étant de P. 150, le juge prononce

une condamnation de P. 100, par suite de compensation ou d'erreur rectifiée ; le jugement est à charge d'appel.

II. — Lorsqu'aussi, contre une demande de P. 100, le défendeur forme reconventionnellement une de P. 150, le Tribunal doit prononcer à charge d'appel.

III. — *Quid*, si le défendeur oppose une demande reconventionnelle en dommages-intérêts ou en compensation d'une valeur de plus de P. 150 ? La jurisprudence est établie, pour les cas analogues comme suit :

Le juge de paix a le droit et le devoir de statuer sur la demande principale, s'il lui semble que la demande reconventionnelle n'est ni sérieuse ni digne d'attention, et a été intentée seulement pour éluder la compétence du juge de paix. *Ou encore*, si dans une instance compétement introduite devant le juge de paix, il est formé reconventionnellement une demande excédant cette compétence, le juge ne pouvant être ni autorisé à statuer sur cette demande qui sort des limites de ses attributions, ni forcé de renvoyer toutes les demandes réunies au Tribunal civil : car alors le choix de la juridiction eût été laissé à l'entière discrétion du défendeur, le juge, disons-nous, peut prononcer à son gré, suivant les circonstances, la disjonction de la demande principale dont il est compétemment saisi, d'avec la demande reconventionnelle dont il ne peut reconnaître. S'il estime que celle-ci n'est pas sincère, s'il croit que, fondée ou non, elle a surtout pour but de gagner du temps, de fatiguer le demandeur par des frais, il disjoindra les causes, et ne retiendra le jugement que de l'action principale. Si, au contraire, il croit préférable de ne pas séparer les causes, il renverra les parties à se pourvoir sur le tout devant le Tribunal civil. (DALLOZ.)

IV. — Il est vrai que cette jurisprudence est appuyée sur une disposition de loi que nous n'avons pas et dont voici le texte :

« ART. 8 de la loi du 25 mai 1838 : Lorsque chacune des demandes principales, reconventionnelles ou, en compensation, sera dans les limites de la compétence du juge de paix en dernier ressort, il prononcera sans qu'il y ait lieu à appel. Si l'une de ces demandes n'est susceptible d'être jugée qu'à charge d'appel, le juge de paix ne prononcera sur toutes qu'en premier ressort. Si la demande reconventionnelle ou en compensation excède les limites de sa compétence, il pourra, soit retenir le jugement de la demande principale, soit renvoyer, sur le tout, les parties à se pourvoir devant le Tribunal de première instance, sans préliminaire de conciliation. »

Ces solutions, pensons-nous, peuvent et doivent être adoptées dans la pratique de nos tribuuaux.

V. — L'appel est suspensif. « Il fallait qu'il en fût ainsi, dit le *Journal du Palais,* puisque l'appel a pour but de faire rectifier l'erreur des premiers juges ; autrement, cette erreur serait souvent irréparable. Mais il faut bien remarquer que, pour produire la suspension, il faut qu'il y ait appel. Tant que la décision des premiers juges n'est pas attaquée, elle a toute la force d'un jugement souverain. En un mot, l'appel est suspensif, mais le délai de l'appel ne l'est pas. L'effet suspensif s'applique aux jugements définitifs et aux jugements interlocutoires. » (Art. *Appel,* 1527, 1528, 1529.)

VI. — L'exécution provisoire ne peut être prononcée que lorsqu'elle est demandée ; le juge ne peut l'ordonner d'office : ce serait juger *ultra petita.* Et quand elle est prononcée, c'est toujours moyennant caution.

VII. — L'article ne fait pas de distinction entre les jugements contradictoires et les jugements par défaut. La généralité de ses termes embrasse les uns et les autres. Mullery, dit, entre autres, *Manuel,* p. 83 : *que le jugement soit contradictoire ou par défaut, s'il est à charge d'appel, le juge peut, sur la demande des parties, en ordonner l'exécution provisoire, à la charge de caution.*

VIII. — On appelle *caution* la personne qui s'engage à acquitter l'obligation d'un tiers, dans le cas où ce tiers ne l'acquitterait pas lui-même. La caution dont s'occupe l'art. 22, est la personne qui s'engage à payer le montant des condamnations prononcées en faveur d'une partie et dont la restitution pourrait, en appel, être ordonnée au profit de l'autre partie.

IX. — La caution est reçue par le juge de paix. Elle peut être présentée à l'audience, au moment même du jugement qui l'ordonne, discutée et reçue. Mais si elle n'est pas présentée à l'audience, il faut appliquer l'art. 442 Proc. civ., ainsi conçu : « Le jugement qui « ordonnera de fournir caution fixera le délai dans lequel elle sera « présentée, et celui dans lequel elle sera acceptée ou contestée. » Mullery, s'appuyant sur M. Carré, n'est pas pour la fixation du premier délai.

X. — La solvabilité de la caution est discutée contradictoirement et acceptée ou refusée par le juge. La caution acceptée fait sa soumission au greffe, si elle ne l'a faite à l'audience devant le juge de paix.

FORMULE N° 35. — Jugement ordonnant l'exécution provisoire.

Entre A..... et B....., etc.

Attendu que la demande de A..... est fondée, etc.

Condamnons B..... à lui payer la somme de....., etc.

Statuant sur l'exécution provisoire demandée par A..... :

Attendu qu'il y a lieu d'user de la faculté accordée par l'art. 22, Code de procédure, en son dernier alinéa.

Ordonnons l'exécution provisoire du présent jugement, mais à charge de donner caution.

(Signature.)

(Si la caution est présentée immédiatement et qu'elle soit reçue, ajouter:)

Et à l'instant, A..... nous a présenté pour caution du montant des condamnations prononcées en sa faveur et dont la restitution pourrait être ordonnée au profit de B....., en cas d'appel, la personne du citoyen C.....; B..... a déclaré ne pas contester la solvabilité du citoyen C...... présent à notre audience, pour caution de la restitution, en cas d'infirmation sur appel, du montant des condamnations qui viennent d'être prononcées au profit de A..... contre B..... Le citoyen C..... a déclaré se rendre caution et a signé.

(Si la caution n'est pas présentée à l'audience, dire :)

Ordonnons que la caution sera présentée par A..... à notre audience du.....

(Si la caution, quoique non présentée à l'audience est acceptée, dire :)

Recevons pour caution de A..... la personne du citoyen C....., lequel fera sa soumission au greffe.

(Si la cause présentée est refusée, dire :)

Attendu que la solvabilité du citoyen C..... présentée pour caution n'est pas justifiée, disons que A..... ne pourra mettre provisoirement à exécution le présent jugement sans auparavant avoir présenté ¦et fait recevoir caution suffisante et solvable.

(Ou en cas de solvabilité justifiée, comme à la formule n° 120, jugement qui admet la solvabilité de la caution, sous les articles 442-447 Proc. civ.)

ART. 23. — Toute partie qui succombera, soit en demandant, soit en défendant, sera condamnée au paiement des
frais qui seront réglés par le jugement ; pourra néanmoins le
juge dans le cas de parenté des parties, ou dans celui où elles
auraient respectivement succombé sur quelques chefs, ordonner la compensation des frais. (Proc. civ., 137 et suiv.)

I. — Les dépens sont l'ensemble des frais autorisés par la loi et
faits pour la poursuite et l'instruction d'un procès. Ils ne comprennent
pas les frais *frustratoires*, c'est-à-dire ceux faits relativement à un acte
qui n'est ni prescrit, ni autorisé, ni utile ; non plus ce que l'on appelle les *faux frais*, par exemple : les honoraires du mandataire, en
général, ceux d'avocat, la levée des actes servant à établir la qualité
des parties, les menues gratifications données pour accélérer des écritures ou des envois, les frais de correspondance. La question de
savoir si tels frais doivent être ou non considérés frustratoires est
entièrement abannonnée à l'appréciation des Tribunaux.

II. — Les frais de timbre et d'enregistrement d'un billet dont le
paiement est ordonné sont à la charge de la partie qui succombe.
(SIREY, 55, sous l'art. 130 Proc. civ.)

III. — Les frais d'enregistrement du pouvoir donné par les parties aux agréés français pour les représenter devant le Tribunal de
commerce sont, comme tous autres frais, à la charge de la partie
qui succombe. (*Ibid.*, 62). Il en sera de même à l'égard de nos fondés
de pouvoir au Tribunal de paix.

IV. — En thèse générale, toute partie qui succombe doit être
condamnée aux dépens. C'est là un principe d'équité, la réparation
d'un préjudice bien plus qu'un châtiment infligé au plaideur téméraire. (BOITARD, *J. du Palais.*) De là on conclut que les dépens ne
doivent pas être prononcés d'office par le juge. Il faut qu'ils aient été
demandés par la partie gagnante. (Mêmes auteurs.)

V. — La disposition du jugement qui prononce la condamnation
aux dépens ordinaires n'a pas besoin d'être motivée : ils sont une
conséquence de la condamnation principale. Mais il convient de motiver la disposition qui compense les dépens.

VI. — Les juges ont un pouvoir discrétionnaire pour faire entre les parties qui succombent respectivement, la répartition des dépens. (SIREY, 5, sous l'art. 131, Proc. civ.)

VII. — En vertu de ce pouvoir discrétionnaire, ils peuvent condamner une partie à tous les dépens, quoiqu'elle ait obtenu gain de cause sur quelques points, si elle a succombé sur les autres. (*Ibid.*, 6.)

VIII. — Il a été jugé ici que, puisqu'il est facultatif aux juges de compenser les dépens dans les causes qui leur sont soumises, la non-compensation des dépens, fût-elle un mal jugé, ne peut donner ouverture à cassation (en général). Cass. 13 décembre 1837. (L. P. sous l'art. 138, Proc. civ.)

IX. — Sur la compensation des dépens, il faut distinguer la *compensation simple* de la *compensation proportionnelle*. Dans le premier cas, le jugement porte : *Dépens compensés;* et alors chaque partie supporte les frais qu'elle a faits, sans égard aux avances plus ou moins considérables que chacune a pu faire. Dans le second cas, si le jugement porte : *Dépens compensés par moitié*, on fait masse des dépens de l'une et de l'autre partie, et chacune des parties doit à l'autre la moitié des dépens qu'a faits celle-ci. On peut compenser aussi les *trois quarts*, les *deux tiers* comme la moitié des frais faits par l'une des parties, avec la totalité des frais faits par l'autre ; et par conséquent, le quart, le tiers non compensé sera répété (c'est-à-dire réclamé) par la première partie contre l'autre.

X. — Nous pensons, dit Mullery, p. 68, que la compensation se borne aux frais de l'instance et non aux frais du jugement (expédition) et de l'exécution ; car si je vous poursuis en paiement de deux gourdes, et que le Tribunal, tout en vous condamnant à me payer, compense les dépens, je gagnerai plus en vous abandonnant mes droits si je dois supporter les frais de l'exécution ; et certes ce n'est pas là l'esprit de la loi.

XI. — Quand il y a plusieurs parties plaidant ensemble dans un intérêt commun et venant à succomber, l'obligation de payer les dépens se divise entre les parties condamnées et chacune d'elles n'est en général tenue que pour sa part. Cette obligation est personnelle. C'est en matière de simple police que la solidarité est prononcée pour les dépens. (Art. 39 C. pén.)

XII. — L'usage est de réserver les dépens des jugements préparatoires et interlocutoires, pour les adjuger lors du jugement définitif sur l'exception ou sur le fond. Car pourquoi condamner une fois aux dépens celui qui résiste à l'interlocutoire? La partie qui a sollicité cette voie d'instruction peut succomber en définitive. Elle supporte dans ce cas les dépens de l'interlocutoire parce qu'en résultat, il a eu tort de le solliciter, puisque la justice n'en a tiré aucune preuve en sa faveur. (PIGEAU, BIOCHE; *V.* MULLERY, p. 69).

XIII. — Mais la partie qui succombe sur un incident doit apporter les dépens de l'incident, quelle que soit la décision définitive sur le fond. (SIREY, 34, sous l'art. 130 Proc. civ.)

XIV. — Un juge récusé qui ne se déporte pas et qui laisse juger la récusation, ne devient point pour cela partie au procès, et ne peut être condamné aux dépens. (*Ibid.* 45.)

XV. — La liquidation des dépens doit être insérée dans le dispositif du jugement. Le greffier qui a les originaux des citations dresse l'état des frais ; il ajoute la taxe des témoins et gens de l'art s'il en a été entendu, le coût du jugement et autres actes préparatoires. (BIOCHE.)

XVI. — Les dépens n'entrent pas dans le calcul que l'on fait pour déterminer si une cause est en premier ou en dernier ressort.

(Voir la fin de la formule n° 54.)

ART. 24. — Les minutes de tous les jugements seront portées par le greffier sur la feuille d'audience, signées par le juge qui aura tenu l'audience et par le greffier. (Proc. civ., 5, 38, 145, 146.)

I. — La *minute* est l'original du jugement qui reste en dépôt au greffe. La *feuille d'audience* est la feuille qui doit contenir la *minute* de tous les jugements prononcés à la même audience.

Les feuilles d'audience peuvent et doivent être réunies par année en forme de registre.

II. — Il ne faut pas confondre la feuille d'audience avec le *plumitif*, qui est une feuille ou un registre sur lequel le greffier écrit le sommaire de ce qui s'est passé à l'audience. Le juge vérifie le plumitif et rectifie, s'il y a lieu, la rédaction du greffier. Après cette vérification, le greffier porte sur la feuille d'audience du jour la minute de chaque jugement aussitôt qu'il est rendu. (Bioche.) Le plumitif est donc, en quelque sorte, le brouillon de la feuille d'audience.

III. — *Les minutes seront signées par le Juge.*

Quid? — dit Bioche, *Dictionnaire des Juges de paix*, art. *Jugement*, n° 55, — si le juge de paix, après avoir prononcé un jugement, se trouve dans l'impossibilité de le signer? — Suivant les uns, le greffier signe seul, en déclarant que le juge n'a pu le faire, et pour quelle cause. Il prévient ensuite le procureur impérial, qui s'assure du fait au moyen d'une enquête. (Carré.) — Selon d'autres, la partie qui a gagné doit s'adresser au tribunal de premier instance, qui entend l'adversaire, le juge de paix, si c'est possible, et son greffier, vérifie la feuille d'audience et ordonne, s'il y a lieu, l'expédition du jugement sur la signature qu'y apposerait soit le suppléant du juge de paix, soit le juge de paix du canton le plus voisin. (Divers auteurs et arrêts.) Le jugement du tribunal doit être joint à la sentence du juge de paix et relaté dans l'expédition qui en est délivrée. (Carré et Chauveau.)

FORMULE N° 36. — Modèle de plumitif.

Lenoir, demeurant à..... contre Vincent, demeurant à..... Le défendeur a dit qu'il avait payé le loyer.	**Loyer et expulsion.** — *4 Novembre.* Attendu que Vincent doit deux termes de loyer à Lenoir, ordonne l'expulsion, condamne le défendeur aux dépens.
Leblanc, demeurant à..... contre Martin, demeurant à..... Le défendeur a dit qu'il opposait la compensation résultant de·····	**Demande en paiement de billet.** — *Même date.* Attendu que Martin doit à Leblanc la somme de....., résultant d'un billet; Attendu que la compensation alléguée n'est pas prouvée, condamne Martin à payer la somme de..... à Leblanc et aux dépens.
. . . . Le défendeur a demandé un délai.	**Remise à huitaine.**

FORMULE N° 37. — Feuille d'audience.

LIBERTÉ. — ÉGALITÉ. — FRATERNITÉ
République d'Haïti

Audience publique du 7 janvier 1887, tenue et présidée par M..., juge de (*ou* suppléant juge de paix de service) de la commune de....., assisté du citoyen N..., greffier du Tribunal, en la salle ordinaire des audiences de ladite justice de paix (*ou bien* en la demeure de M. le juge de paix, sise en cette ville, rue....., les portes étant ouvertes).

Au nom de la République,

Le Tribunal de paix de

(*Cet intitulé, mis en tête ou en marge de la feuille, sert pour tous les jugements qui y sont portés.)*

1. — Entre A... et B... etc.

Ainsi fait et jugé, à charge d'appel, à l'audience publique de la justice de paix de....., ledit jour.

(Signatures du Juge et du Greffier.)

2. — Entre C... et D... etc.

Ainsi fait et jugé à l'audience publique et ledit jour, avec, en outre, l'assistance de M. P..., Juge suppléant de ce Tribunal, le jugement étant en dernier ressort.

(Signatures du Juge, du Suppléant et du Greffier.)

3. — Etc.

ART. 25. — Les juges de paix connaissent de l'exécution des jugements qu'ils prononcent en dernier ressort.

I. — Cet article est une dérogation à la règle générale que les tribunaux d'exception n'ont pas le droit de connaître de l'exécution de leurs jugements. Mais l'article, notez-le bien, ne concerne que les jugements en dernier ressort. Pour ceux à charge d'appel, on reste dans le droit commun, c'est-à-dire que les tribunaux de paix ne peuvent pas connaître de leur exécution.

II. — Le 18 janvier 1878, un projet de loi, présenté en France par MM. Floquet et Parent, sur l'extension de la compétence des juges de paix, proposait une disposition analogue par un article formulé comme suit : « ART. 6. — Les juges de paix connaissent des difficultés pou-

« vant naître de l'exécution de leurs jugements rendus en dernier
« ressort. » Nous ne savons pas quel en a été le sort.

III. — L'exécution est volontaire ou forcée. L'exécution volontaire se règle à l'amiable entre les parties capables. L'exécution forcée se poursuit sur la personne ou sur les biens du débiteur.

Les règles de l'exécution des jugements commencent à l'article
442 du Code de procédure.

IV. — Une autre disposition de notre Code, qui, encore à la différence du Code français, attribue au juge de paix la connaissance des
difficultés sur l'exécution des jugements, même d'une juridiction autre
que la sienne, se trouve à l'article 686 à propos de référé requis par le
débiteur contraint par corps.

ART. 26. — L'assistance du ministère public à la justice de
paix, ou dans toutes autres opérations du juge de paix, hors
les cas prévus par une loi, est interdite.

Les défenseurs publics et les huissiers ne seront pas admis
à plaider pour autrui devant les tribunaux de paix, même sous
la qualité de fondés de pouvoirs. (Proc. civ., 4.)

I. — La prohibition qui, auparavant, embrassait le ministère des
défenseurs publics en général, a été restreinte au droit de plaider
pour autrui. Ce n'est certes pas sans raison que le législateur de 1845,
modifiant le Code de procédure civile, a changé les termes suivants :
*le ministère des défenseurs publics n'est pas non plus admis aux jus-
tices de paix,* qui étaient dans l'ancien article 26.

II. — En vertu, d'ailleurs, du principe que les prohibitions ne
s'étendent pas, l'empêchement ne peut exister qu'en matière contentieuse, seulement pour plaider. Ainsi les défenseurs publics seront
admis à assister ou représenter les parties, au bureau de conciliation
et en général dans toutes les opérations de la juridiction gracieuse du
juge de paix. Mais cette faculté ne peut tout au plus être accordée aux
huissiers, en cette matière, que devant les tribunaux de paix autres que
ceux près desquels ils exercent leurs fonctions. Les convenances seules
s'opposeraient à ce que celui qui peut avoir à instrumenter comme
huissier pût encore agir dans la même cause comme conseil ou représentant d'une partie.

3. — Quant à leurs affaires personnelles, les uns et les autres peuvent, comme tout autre citoyen, les. plaider devant le juge de paix.

IV. — De cet article 26 il convient de rapprocher l'article 92, ainsi conçu : « Les juges et leurs suppléants ne pourront donner aux « parties aucune consultation, soit verbale, soit par écrit, même dans « les tribunaux autres que ceux près desquels ils exercent leurs « fonctions; pourront néanmoins les juges, leurs suppléants et le « ministère public, plaider, dans tous les tribunaux, leurs causes « personnelles et celles de leurs femmes, parents ou alliés en ligne « directe, et de leurs pupilles. »

TITRE IV

Des Jugements par défaut et des Oppositions à ces Jugements

Art. 27. — Si, au jour indiqué par la citation, l'une des parties ne comparaît pas, la cause sera jugée par défaut, sauf la réassignation dans le cas prévu dans le dernier alinéa de l'article 10. Dans tous les cas, les demandes de la partie présente ne seront adjugées qu'autant qu'elles auront été trouvées justes et bien vérifiées. (Proc. civ., 3, 13, 18, 28 et suiv., 152, 153. — Cod. com., 640. — Instr. crim., 130 et suiv., 162 et suiv.).

I. — La citation est toujours donnée à jour fixe. Et lorsqu'au jour indiqué, aucune des parties ne comparaît, la citation est réputée non avenue.

II. — Si c'est le demandeur qui ne se présente pas, il doit être démis de sa prétention. Son absence fait supposer son désistement. Le jugement prend alors le nom de *défaut-congé*.

III. — Un jugement de défaut-congé est-il susceptible d'appel? Pour l'affirmative on dit : Le juge peut et doit connaître du fond même de la contestation. (Divers arrêts.) Pour la négative, on soutient que le défaut du demandeur est une renonciation, quant à présent, à l'exercice de l'action, un simple désistement de l'instance; que l'action peut être introduite de nouveau. (Divers arrêts aussi). Nous distinguons, continue Bioche : lorsque le défendeur se présente et critique au fond

16

la demande, le premier degré de la juridiction est épuisé. Il y a lieu à l'appel. (MERLIN.) Mais lorsque le défendeur demande seulement que le défaut-congé soit prononcé et ne conclut pas sur le fond, il est présumé accepter le désistement de l'instance et la rupture du contrat judiciaire. Une nouvelle instance peut être introduite ultérieurement. (*Dictionnaire des Juges de paix, Jugement par défaut*, 43.) — V. aussi note 3 sur l'article 28.

IV. — Si c'est le défendeur qui ne se présente pas, le juge de paix, avant de donner défaut contre lui, examine s'il a joui du délai que la loi lui accorde pour comparaître. En cas d'inobservation des délais, le juge ordonne une réassignation en mettant les frais de la première assignation à la charge du demandeur, selon l'article 10, ou de son huissier, s'il y a lieu.

V. — Il en est de même lorsque la citation présente d'autres irrégularités substantielles. La réassignation doit être ordonnée, non seulement dans le cas prévu dans le dernier alinéa de l'article 10, mais dans tous les cas où l'inobservation des formalités de l'article 6 peut expliquer la non-comparution du défendeur. L'article 27 n'est pas limitatif, il laisse la plus grande latitude au juge de paix.

Telle est la doctrine française. Or, notre jurisprudence doit être, à plus forte raison, dans ce sens, que l'article 6 de notre Code de procédure, pour les formalités de la citation, contient formellement la sanction : *le tout à peine de nullité*, qui n'est pas énoncé dans l'article correspondant du Code français.

VI. — Et si, aux termes de cet article 6, la nullité de la citation ne peut être prononcée que par le juge de paix *sur la demande du défendeur*, il y a cependant des cas, comme le dit Mullery, p. 29, où, malgré la disposition finale de l'article 6, le juge peut et doit même prononcer d'office la nullité de la citation, surtout lorsque le défendeur fait défaut. Par exemple, le demandeur, pour obtenir défaut contre le défendeur, présente au juge une citation non signée de l'huissier, ou une citation dont le *parlant à* est en blanc, ou qui ne constate pas la remise de la copie à la personne citée ou à quelqu'un autorisé à la recevoir. Comme nul ne peut être jugé sans avoir été légalement appelé, et que d'ailleurs l'article 27 veut que les demandes de la partie présente ne lui soient adjugées qu'autant qu'elles auront été trouvées justes et bien vérifiées, le juge peut rejeter la citation.

VII. — En thèse générale, une citation n'est pas valable quand l'omission qui y est faite est de nature à faire perdre à l'acte son caractère légal. En effet, dans le cas de l'omission de la signature de l'huissier, il n'y aurait pas de citation. La citation est un exploit, et, comme tel, elle est soumise aux formalités générales prescrites pour cette sorte d'actes. (V. BIOCHE, *Citation*, 4.)

VIII. — « La *seule* présence des parties à l'audience ne suffit pas toujours pour donner au jugement le caractère de contradictoire. Si l'une des parties refuse de se défendre, le jugement ne serait pas moins par défaut, même lorsque cette partie aurait été entendue à la même audience dans un précédent jugement. Exemple : le défendeur, au lieu de répondre au fond de la demande, présente une exception dilatoire tendant à demander un délai pour se procurer des pièces justificatives de sa défense ; le Tribunal, par un premier jugement, le déboute et lui ordonne de plaider sur le fond : s'il craint de compromettre sa cause en se défendant sans les pièces, il peut s'abstenir de répondre ; en ce cas, le jugement à intervenir sera par défaut, car le défendeur, quoique présent à l'audience, ne s'étant point défendu, ne peut être privé de la voie de l'opposition ; il se peut qu'en employant cette voie, il ait le temps de recouvrer ses pièces et de former sa défense. (MULLERY, p. 65.)

IX. — Défaut ne peut pas être prononcé lorsque, sans citation donnée, les parties ayant promis de se présenter volontairement devant le juge de paix, l'une d'elles ne comparaît pas.

X. — La citation étant donnée à jour fixe, le défendeur doit se présenter à l'audience indiquée, soit en personne, soit par un mandataire ; et le défaut ne peut être requis ou déclaré contre lui qu'à cette audience. S'il n'est pas requis ce jour-là, une nouvelle citation est nécessaire. — Toutefois, rien ne s'oppose à ce qu'une remise soit prononcée pour en adjuger le profit. Ce qui se fait même le plus souvent dans la pratique.

XI. — Le juge peut *rabattre* le défaut, lorsque la partie défaillante se présente avant la fin de l'audience et offre de répondre à la demande de la partie adverse.

XII. — *Dans tous les cas, les demandes de la partie présente* (demanderesse ou défenderesse) *ne seront adjugées qu'autant qu'elles auront été trouvées justes et bien vérifiées.* La seule absence d'une partie n'emporte pas nécessairement sa condamnation. Le juge est tenu d'examiner, *dans tous les cas*, si les conclusions prises devant lui, sont fondées sur la loi, et si les faits allégués sont prouvés.

XIII. — Il a été jugé par le Tribunal de cassation de la République : — 5 mai 1836. — Les jugements doivent porter avec eux la preuve que toutes les formalités exigées par la loi pour leur validité ont été remplies. Ainsi, dans un jugement par défaut, il ne suffit pas que les conclusions de la partie qui le requiert, soient adjugées si elles se trouvent justes et bien vérifiées, il faut encore que le jugement renferme la preuve de l'accomplissement de cette formalité ; autrement elle est censée avoir été négligée. (N° 1, sous l'art. 153, Proc. c. L. P.)

XIV. — 26 mars 1849. — Dans les jugements rendus sur les demandes qui requièrent défaut, il suffit que les motifs attestent que les conclusions ont été vérifiées. (N° 2 sous le même art.)

XV. — 21 octobre 1857. — En disposant que le défaut sera prononcé à l'audience sur l'appel de la cause, et les conclusions de la partie qui le requiert seront adjugées si elles se trouvent justes et bien vérifiées, l'art. 153 du Code de procédure civile entend que les cours inférieures doivent, à cet égard, former leur conviction non sur des probabilités, mais sur des actes justificatifs servant de base aux conclusions qu'elles adjugent. (N° 3°, *ibidem*.)

16. — On ne peut adjuger contre le défendeur qui fait défaut d'autres conclusions que celles qui ont été prises dans la citation. Celles que le demandeur ajouterait à l'audience devraient être rejetées.

XVII. — Lorsque plusieurs parties sont citées au tribunal de paix pour le même objet et à différents délais, il ne doit être pris défaut contre aucune d'elles qu'après l'échéance du plus long délai, par analogie de l'art. 154 Pr. c. applicable ici. — (*V.* cet article *infrà*.)

18. — Si de deux ou plusieurs parties citées l'une fait défaut et l'autre comparaît, le juge de paix ne doit pas joindre le profit du défaut au fond et ordonner la réassignation : l'art. 156 Pr. c. qui prescrit cette formalité devant les tribunaux civils n'est pas applicable en justice de paix.

XIX — N'a pas lieu non plus, pour les jugements des tribunaux de paix, la péremption établie par l'art. 159 Pr. c. pour défaut d'exécution dans les six mois des jugements des tribunaux civils.

FORMULE N° 38. — Jugement de défaut-congé.

Entre le citoyen A...., planteur, demeurant à... , demandenr aux fins de son exploit introductif d'instance en date du.... non comparant, ni personne pour lui, d'une part ;

Et le citoyen B...., cultivateur, demeurant à ....,défendeur aux fins de l'exploit susdaté, comparant en personne (ou par le sieur C....., propriétaire, demeurant à....., son fondé de pouvoir suivant procuration sous seing privé en date du..... enregistrée, et dont l'original certifie sincère et véritable par ledit sieur C...., audit nom, est demeuré ci-annexé), d'autre part.

Point de fait :

Suivant l'exploit susdaté, dont la copie nous a été représentée par le défendeur, le citoyen A..... l'a fait citer à comparaître à ces jour, lieu et heure, pour, attendu *(copier le libellé et les conclusions de la citation)*.

Le défendeur a comparu et a conclu à ce qu'il plaise au tribunal donner défaut-congé contre le demandeur défaillant et le condamner aux dépens.

Point de droit :

Il s'agit de savoir s'il doit être donné défaut-congé contre le demandeur avec condamnation aux dépens.

Ouï le défendeur,

Attendu que le citoyen A....,, demandeur, n'a pas comparu, ni personne pour lui, pour justifier sa demande;

Vu l'article 27 du Code de procédure, portant que.....

Le tribunal, par ces motifs, donne défaut contre le citoyen A....., demandeur défaillant ; pour le profit, donne au défendeur congé de la demande; et condamne le demandeur aux dépens.

FORMULE N° 39. — Jugement par défaut contre le défendeur.

Entre A...., etc..., comparant d'une part ;
Et B...., etc...,non comparant, ni personne pour lui, d'autre part,
Le demandeur a conclu . . . .

Point de fait :

Suivant exploit, etc.

Sur cette citation et à l'appel de la cause à l'audience de ce jour, le citoyen B..... n'ayant pas comparu, ni personne pour lui, le demandeur a contre lui requis défaut, et pour le profit a conclu qu'il plût au tribunal lui adjuger ses conclusions.

Point de droit :

Il s'agit de savoir si le tribunal doit défaut contre B...., qui n'a comparu ni en personne ni par fondé de pouvoir, et pour le profit adjuger au demandeur ses conclusions.

Le tribunal, jugeant en dernier ressort *(ou à charge d'appel)*,

Vu 1° la citation (1) en date du..... donnée à la requête du citoyen A..... au citoyen B..., par exploit de N..., huissier de ce tribunal, dûment enregistrée à..... le..... par le directeur ou le chargé de l'enregistrement qui a reçu vingt-cinq centimes droit fixe ;

2°..... ; 3°..... ;

Attendu que le défendeur n'a comparu à cette audience ni en personne ni par fondé de pouvoir, quoique dûment appelé ;

Donne défaut contre lui et pour le profit,

Attendu qu'il est articulé et non contesté que....., etc. (*Le reste comme au jugement contradictoire.*)

S'il y a lieu de proroger le délai de l'opposition, on ajoute après la condamnation : Et attendu qu'il nous a été représenté, etc. (*Voir la formule numéro 42.*)

(1) REMARQUE. — *Dans les jugements par défaut, il est essentiel de bien mentionner l'acte par lequel le défendeur a été appelé.*

ART. 28. — La partie condamnée par défaut pourra former opposition dans les trois jours qui suivront celui de la signification dûment faite par l'huissier du juge de paix, ou tel autre qu'il aura commis. (Proc. civ., 9, 158, 470, 472. — C. com., 640.)

L'opposition contiendra sommairement les moyens de la partie et assignation au prochain jour d'audience, en observant toutefois les délais prescrits pour les citations ; elle indiquera les jour et heure de la comparution, et sera notifiée ainsi qu'il est dit ci-dessus. (Proc. civ., 10.)

I. — L'opposition est une voie particulière ouverte à la partie défaillante contre toute espèce de jugement par défaut, soit en dernier ressort, soit à charge d'appel. Son effet est de suspendre l'exécution de la sentence et de permettre d'en demander la réformation au tribunal qui l'a rendue. Pour statuer sur l'opposition, il ne faut pas positivement la présence du même juge qui a rendu le jugement, il suffit de porter l'opposition devant le même tribunal ; ainsi, un suppléant

tenant l'audience peut fort bien rétracter, sur l'opposition, un jugement rendu par le juge titulaire. (MULLERY.)

II. — La partie défaillante n'est pas obligée d'attendre la signification du jugement pour y former opposition. Vainement dirait-on
qu'elle ne peut s'opposer à un jugement qu'elle ignore (ou est censée
ignorer) jusqu'au moment où il lui est signifié. La présomption
d'ignorance, introduite en sa faveur ne peut être invoquée contre elle ;
elle doit cesser en présence de la réalité. (BIOCHE.)

III. — Un jugement de défaut-congé est susceptible d'opposition.
Au lieu de recommencer simplement l'action, le demandeur défaillant
a intérêt à se faire relever, si c'est possible, de la condamnation aux
frais. (V. aussi note 3 sous l'article 27.)

IV. — L'opposition, pour être recevable, doit être faite *dans les
trois jours*, etc. Le peu d'importance des causes soumises à cette juridiction et leur urgence justifient la brièveté du délai.

V. — Il ne comprend pas le jour de la signification, mais il expire
au troisième des jours qui le suivent. Les expressions de la loi sont
inclusives. Ainsi, pour un jugement par défaut signifié le 1er, l'opposition doit être formée le 4 au plus tard.

VI. — Le délai est prolongé si le dernier jour est férié. Et s'il
restait un doute à cet égard (la question étant controversée), on aurait
d'ailleurs la ressource de l'article 29, qui permet de relever le défaillant
de la rigueur du délai. Il est aussi augmenté à raison de la distance
entre le domicile du défaillant et celui de l'autre partie. (Arg. pr.
c. 954.)

VII. — Il n'y a nécessité d'une commise d'huissier que lorsque
la signification ne doit pas être faite par un huissier du Tribunal même ;
à la différence des jugements par défaut d'un Tribunal civil qui doivent être, dans tous les cas, signifiés par un huissier commis. Ainsi,
par exemple, lorsque le défendeur défaillant demeure hors de la commune, le juge de paix commet par son jugement un huissier de la
commune du défaillant, ou invite le juge de paix du lieu à en commettre un. (Arg. 159 et 956.)

VIII. — La signification faite sans commission par un huissier
autre que celui de la justice de paix n'est pas nulle, si toutefois cet
huissier avait caractère pour exploiter dans le lieu de la signification ;
mais une telle signification ne fera courir ni le délai de l'opposition ni
celui de l'appel.

IX. — La règle de l'article 161 qui permet de former opposition jusqu'à l'exécution est inapplicable en justice de paix (SIREY, art. 20, 6) en matière civile.

X. — Les jugements des justices de paix ne sont pas exécutoires par provision, nonobstant opposition. La disposition de l'article 22, ne s'expliquant que pour le cas d'appel, ne saurait s'étendre à celui d'opposition, qui d'ailleurs doit être formée et jugée dans des délais fort courts; il n'y a pas lieu de craindre alors que la suspension de l'exécution porte préjudice aux parties. (CARRÉ et CHAUVEAU, n° 78; THOMINE, I, 771; BIOCHE, *Exécution*, proc., 12.)

FORMULE N° 40. — Acte d'opposition à un jugement par défaut

L'an....., le.....

A la requête du citoyen B..., etc. J'ai, huissier, etc.

Signifié et déclaré au sieur A.. , demeurant à...., en son domicile, en parlant à....., que le requérant est opposant, comme par ces présentes il s'oppose formellement à l'exécution du jugement surpris contre lui par défaut par ledit sieur A.. , à la justice de paix de....., le....., signifié le.....; à ce que le susnommé n'en ignore;

Et à pareilles requête et demeure que dessus, j'ai, huissier susdit et soussigné, cité ledit sieur A., domicile et parlant comme dit est, à comparaître le..... heure d....., à l'audience et par-devant M. le juge de paix ou tel suppléant alors en siège, du Tribunal de paix de la commune de.....

Pour, attendu que le requérant n'a pas été mis en demeure de se défendre par une citation en forme, etc.

Attendu, d'ailleurs, que la dette est prescrite, etc.

Voir recevoir l'opposition du requérant, par suite rétracter ledit jugement; en conséquence, dire et ordonner que ledit citoyen B... sera et demeurera déchargé des condamnations tant en principal qu'en accessoires, prononcées contre lui au profit dudit sieur A... par le susdit jugement; et faisant droit au principal, que ce dernier sera déclaré purement et simplement non recevable dans la demande par lui formée suivant l'exploit du .....; et pour, en outre, répondre et procéder comme de raison à fin de dépens; à ce que pareillement le susnommé n'en ignore, je lui ai, en son domicile et parlant comme dessus, laissé copie du présent exploit. Dont acte. Le coût est de soixante-dix centimes.

(Signature de l'Huissier.)

Décompte :

Coût d'huissier. . . . . P.	» 25
Timbre pour l'original et la copie.	» 20
Enregistrement.	» 25
P.	» 70

FORMULE N° 41. — Jugement sur opposition

Entre le citoyen B..., cultivateur, demeurant à....., défendeur originaire, demandeur en opposition, comparant en personne, d'une part;

Et le citoyen A..., planteur, demeurant à....., demandeur originaire, défendeur en opposition, comparant en personne, d'autre part;

Le citoyen B..., a conclu : Attendu, etc.

Le citoyen A... oppose une fin de non-recevoir contre l'opposition : Attendu que, contrairement à l'article 28 du Code de procédure, qui n'accorde à la partie défaillante que le délai de trois jours pour former opposition au Jugement qui la condamne par défaut, le sieur B... n'a formé que le 6 son opposition au jugement qui lui a été signifié le 1er; en conséquence, il conclut au rejet de l'opposition avec dépens.

Le citoyen B... répond à la fin de non-recevoir :

Point de fait. Par jugement de ce Tribunal en date du.... , le citoyen B... a été condamné par défaut à

Ledit jugement ayant été signifié audit sieur B... le 1er, il a fait opposition par acte du 6....., avec citation à comparaître à notre audience de ce jour, où les parties ont été contradictoirement entendues en leurs conclusions ci-dessus.

Point de droit. Il s'agit de savoir si le citoyen B... est recevable le 6 à former opposition au jugement signifié le 1er.

Le Tribunal, etc.

Attendu qu'aux termes de l'article 28 du Code de procédure civile, le délai de l'opposition est de trois jours;

Attendu que le jugement dont est opposition a été signifié le 1er et que l'acte d'opposition ne date que du 6;

Par ces motifs :

Déclare le citoyen B... non recevable en son opposition, l'en déboute; en conséquence, ordonne que ledit jugement du.. .. sera mis à exécution suivant sa forme et teneur; et condamne ledit citoyen B... aux dépens, etc.

Si la fin de non-recevoir est rejetée par suite de représentations de l'opposant. (V. infrà formule n° 42.)

Si le Tribunal admet l'opposition et que ce soit par un moyen résultant du défaut ou de la nullité de la citation, le premier jugement est rétracté en entier et sans examiner la demande originaire.

Attendu que la demande originaire a été introduite sans citation, *ou bien* par une citation irrégulière, en ce que.....

Reçoit l'opposition du citoyen B...; en conséquence, rétracte le jugement du.. .., décharge ledit citoyen B... des condamnations contre lui portées, et condamne ledit sieur A... aux dépens.

S'il a été plaidé sur la forme et le fond, et que l'opposition ait été re-
connue régulière :

Attendu que, etc.

En la forme, reçoit le sieur B... opposant au jugement rendu par défaut
contre lui le......

Et statuant au fond : dit et ordonne *(dispositif du nouveau jugement).*

Art. 29. — Si le juge de paix sait par lui-même, ou par
les représentations qui lui seraient faites à l'audience par les
proches voisins ou amis du défendeur, que celui-ci n'a pu être
instruit de la procédure, il pourra, en adjugeant le défaut, fixer
pour le délai de l'opposition le temps qui lui paraîtra convenable ; et dans le cas où la prorogation n'aurait été ni accordée
d'office, ni demandée, le défaillant pourra être relevé de la rigueur du délai, et admis à opposition, en justifiant qu'à raison
d'absence ou de maladie grave, il n'a pu être instruit de la
procédure.

Il en sera de même dans le cas où un accident majeur aurait empêché le défendeur de comparaître ou de former opposition dans ledit délai.

I. — Il est généralement admis, et les termes de l'article semblent justifier cette opinion, que la prorogation de délai n'est applicable qu'au défendeur. Toutefois, nous croyons, dit A. Carré, que si,
à raison de maladie grave, par exemple, le demandeur justifie n'avoir
pu comparaître, ni faire solliciter une remise, il peut bénéficier de
l'article.

II. — Le délai accordé à l'audience est prononcé avec le jugement
par défaut. Le juge n'est pas dans l'obligation de le motiver.

III. — La demande à fin d'être relevé de la déchéance est valablement formée ou par requête présentée au juge et au pied de laquelle
celui-ci répond, ou par une apposition signifiée à l'adversaire avec
citation.

FORMULE N° 42. — Jugement qui proroge le délai d'opposition

Entre A... et B..., etc. Le Tribunal...

Donne défaut contre B..., non comparant, le condamne à

Et, attendu qu'il nous a été représenté par X..., parent, voisin *ou* ami de B..., que le défendeur est absent depuis plus de quinze jours, qu'il n'a pu dès lors être touché de la citation en date du....., qu'il ne sera de retour que le.....

Vu l'article 29 du Code de procédure civile,

Dit que B... sera recevable jusqu'au....., à former opposition au présent jugement.

FORMULE N° 43. — Jugement sur opposition qui relève de la tardiveté de l'opposition

Entre B... et A... etc.

Attendu que B... a formé par exploit de....., en date du....., opposition au jugement par défaut rendu contre lui le....., et signifié le...... Attendu que A..., défendeur à l'opposition, prétend que cette opposition n'a pas été faite dans les délais de l'article 28; qu'en effet elle eût dû être régulièrement formée le...... Mais, attendu que des explications fournies par B..., il résulte que, par suite d'absence (de maladie grave), B... n'a pu être instruit de la procédure. Par ces motifs, vu l'article 29, Code de procédure civile, admettons l'opposition de B., et ordonnons qu'il soit plaidé au fond.

FORMULE N° 44. — Ordonnance au pied de la requête présentée au juge de paix, pour obtenir prorogation de délai

Nous, Juge de paix, vu la requête qui précède, vu l'article 29, Code de procédure civile; attendu que B... n'a pu, pour... (*rappeler le motif*), former opposition dans le délai légal, et que icelui est passé, autorisons B... à former opposition au jugement par défaut en date du....., et à assigner A... au prochain jour d'audience.

ART. 30. — La partie opposante qui se laisserait juger une seconde fois par défaut ne sera plus reçue à former une nouvelle opposition. (Proc. civ., 166.)

I. — C'est l'application de la règle : *Opposition sur opposition ne vaut.*

II. — L'opposition est recevable dans le cas où c'est la partie qui avait obtenu le premier jugement par défaut qui ne comparaît pas lors du second.

TITRE V

Des Jugements sur les actions possessoires

Art. 31. — Les actions possessions ne seront recevables qu'autant qu'elles auront été formées dans l'année du trouble, par ceux qui, depuis une année au moins, étaient en possession paisible, par eux ou les leurs, à titre de propriétaires. (Cod. civ., 714, 1213, 1438 et suiv., 1496 et suiv., 1826 2°, 1996 et suiv., 2011. — Proc. civ., 8, n° 2, 32).

I. — Se plaindre d'avoir été troublé dans sa possession, réclamer pour être réintégré dans sa possession si l'on en a été dépossédé, c'est intenter une action possessoire. Elle ne touche pas à la question de propriété, elle ne concerne que le fait de la possession de l'objet litigieux.

II. — A l'action possessoire on oppose *l'action pétitoire*, qui touche spécialement à la propriété de l'immeuble et qui n'est point de la compétence du juge de paix.

III. — La question donc à porter devant le juge de paix n'est pas celle de savoir : si on est propriétaire de telle immeuble déterminé ; mais seulement celle de savoir si, étant en possession de cet immeuble depuis plus d'un an, on a été troublé dans sa possession ou dépossédé par un tiers.

IV. — En résumé, le but de l'action possessoire est d'empêcher que le possesseur ne soit troublé ou dépossédé ; en cas de trouble à sa possession, de faire cesser le trouble ; en cas de dépossession, de faire réintégrer le demandeur.

V. Pour les cas de trouble, l'action possessoire prend le nom de *complainte* ou de *dénonciation de nouvel œuvre.* — Pour les cas de dépossession, elle prend le nom de *réintégrande.*

VI. — On entend par *réintégrande* l'action possessoire par laquelle le possesseur spolié, expulsé, conclut contre l'auteur de la spoliation à la restitution de la chose qui lui a été ravie, soit par violence, soit même par des voies de fait qui ne seraient pas des violences, comme si, en mon absence, un tiers, de son autorité privée, était venu s'établir dans la maison que j'habitais et que j'avais quelque temps laissée vacante. Ainsi la réintégrande suppose spoliation, perte de la possession physique, de la détention matérielle. On appelle cette action *réintégrande* parce que l'on demande à être réintégré dans sa possession. (BIOCHE.)

VII. — Au contraire, on désigne par le nom de *complainte* l'action possessoire intentée par un possesseur qui a été, non point expulsé, non point spolié, mais inquiété, troublé dans la possession de la chose. (*Idem.*)

VIII. — La *dénonciation de nouvel œuvre* n'est qu'une variété de la complainte. C'est l'action par laquelle on demande à faire cesser les travaux qu'un tiers fait exécuter sur un terrain voisin, et qui, en opérant un changement dans l'ancien état de choses, seraient de nature à nuire aux droits du réclamant. (*J. du P.*)

IX. — Les immeubles par leur nature ou par leur destination, et les droits immobiliers susceptibles de s'acquérir par prescription, donnent seuls lieu à l'action possessoire.

X. — L'article 31 traite seulement de la recevabilité des actions possessoires. Aux conditions qu'il contient, il faut ajouter toutes celles qui sont en outre requises par l'article 1997 du Code civil pour prescrire, et qui ne sont pas moins nécessaires pour exercer l'action possessoire :

« ART. 1997, C. civ.—Pour pouvoir prescrire, il faut une possession *continue* et *non interrompue*, paisible, *publique, non équivoque*, et à titre de propriétaire. » — « ART. 1996. — La possession est la détention ou la jouissance d'une chose ou d'un droit que nous tenons ou que nous exerçons par nous-même, ou par un autre qui la tient ou qui l'exerce en notre nom. »

XI. — Il faut avoir la possession annale de l'objet litigieux. Par possession annale, il faut entendre une possession d'an et jour. Pour former cette possession utile, on peut joindre au besoin le temps de sa possession personnelle au temps de la possession des personnes qu'on représente comme son vendeur ou la personne à laquelle on a succédé. (C. civ. 2003.)

XII.—Et l'action possessoire est prescrite si elle n'est pas intentée dans l'année du trouble. Ainsi, si celui qui a une possession annale

vient à être dépossédé et qu'il laisse le nouveau possesseur en jouissance pendant une année, il sera non recevable à se prévaloir de la
possession qu'il a perdue, pour fonder une action en réintégrande.
(MULLERY.)

XIII. — Celui donc qui a un droit réel sur un immeuble possédé
depuis l'an et le jour par un tiers ne peut intenter que l'action pétitoire, c'est-à-dire porter sa demande en revendication devant le tribunal civil.

XIV. — Ce délai d'un an pour intenter l'action possessoire court
du jour du trouble et non du jour où le trouble a été connu.

XV. — Le trouble est l'empêchement causé à la possession. Il
est de fait ou de droit.

XVI. — Le *trouble de fait* a lieu lorsque des entraves réelles sont
apportées à la jouissance; par exemple, quand un voisin anticipe en
labourant sur mon héritage; quand on recueille mes fruits; quand
on enlève ma récolte; quand on élague mes arbres ou ma haie; quand
on comble mon fossé, et tout cela en prétendant qu'on a le droit de
le faire. En un mot, quand on se permet sur mon fond un acte de
maître.

XVII. — Peu importe que le trouble ne cause aucun dommage
matériel dès à présent appréciable. Il suffit qu'il annonce de la part
du défendeur l'intention d'acquérir la possession ou de la rendre équivoque en la personne du demandeur. (BÉLIME.)

XVIII. — Le *trouble de droit* résulte des actes qui peuvent servir
de base à l'interruption civile de la prescription (Art. 2012 C. civ.),
tels qu'une sommation, une citation en justice ou un autre acte
équivalent.

XIX. — Ainsi je fais des préparatifs pour construire sur mon terrain; le voisin signifie à moi ou à mon fermier une sommation de
m'en abstenir, prétendant avoir sur mon héritage un droit de propriété
ou de servitude. Je puis agir en complainte.

XX. — Un tiers, se prétendant propriétaire de ma maison, fait
une saisie-gagerie des meubles de mon locataire, ou lui signifie d'avoir
à payer désormais entre ses mains, ou d'avoir à ne pas me payer les
loyers. Il commet à mon égard un trouble de droit.

XXI. — Il suffit que le fait soit de nature à inquiéter le possesseur. Ce dernier a un intérêt légitime à étouffer dans leur germe des prétentions qui s'enhardiraient de la tolérance du possesseur, et qui enlèveraient à la possession son caractère paisible. (Bourbeau.)

Dans tous ces cas, on prend l'acte pour trouble et l'on intente l'action en complainte.

XXII. — La question de savoir si tel fait constitue un trouble pouvant donner lieu à la complainte est en général abandonnée à l'appréciation exclusive des juges saisis de l'action possessoire. Donc, en cas d'appel, il n'y a pas sur ce point ouverture à cassation.

XXIII. — La possession doit être *publique et non équivoque*, c'est-à-dire qu'elle ne doit point être exercée de telle manière qu'on puisse la considérer comme un fait de surprise, il faut qu au vu et au su de tout le monde, au grand soleil, comme on dit, le justiciable qui invoque sa possession d'an et jour ait réellement possédé comme propriétaire, et sans cacher sa prétention à personne.

XXIV. — La possession clandestine ne peut produire effet pour l'action possessoire.

XXV. — Il en est de même d'une possession basée sur la violence. Mais c'est tant que dure cette violence, et à l'égard de celui contre lequel elle a été pratiquée. Car la possession, même violente dans sa source, peut devenir capable de donner matière à l'action possessoire, si elle a cessé depuis, et que celui qui l'a subie, recouvrant toute sa liberté d'agir, ait gardé le silence pendant le temps requis pour agir. (Arg., art. 2001 C. civ.)

XXVI. — D'autre part, un tiers ne peut point opposer à la réintégrande, ou à la complainte dirigée contre lui, une violence pratiquée par le demandeur au possessoire contre une autre personne. La violence ici est un vice purement relatif.

XXVII. — Paisible dans sa source (avec le tempérament ci-dessus), la possession doit être encore paisible dans sa durée, c'est-à-dire non compromise, non attaquée, non troublée dans son cours par les entreprises (constantes, permanentes) de l'adversaire. (Boitard.)

XXVIII. — *A titre de propriétaires.* — Le fermier ou locataire n'aurait pas qualité pour intenter la complainte, ni le dépositaire ou séquestre, ni l'antichrésiste.

XXIX. — Le fermier, lors même qu'il est troublé dans l'exercice d'un droit nécessaire à son exploitation, a seulement une action en dommages-intérêts contre l'auteur de ce trouble et une action en indemnité contre le propriétaire pour défaut de jouissance. Il n'est qu'un simple détenteur, c'est le propriétaire qui possède par sa personne. (Bioche, 616.)

XXX. — Mais le défaut de qualité du fermier ne peut plus être un obstacle dès que le propriétaire intervient et prend le fait et cause du fermier. Ce n'est plus ce dernier qui se trouve en instance. Le propriétaire régularise l'action par son intervention. (*Idem*, 618.)

XXXI. — Pour être recevable à agir par voie d'action possessoire, il n'est pas nécessaire d'avoir une possession *exclusive* : cette action peut être intentée par un co-propriétaire ou communiste troublé dans sa possession, comme par tout autre possesseur. Par le même motif, l'action possessoire est recevable entre co-propriétaires communistes. (Sirey, Proc. civ., art. 23, nᵒˢ 102 et 103.)

XXXII. — L'exercice de la complainte n'étant qu'un acte d'administration, celui qui a le droit d'administrer, soit pour lui, soit pour autrui, a, en général, une capacité suffisante pour intenter les actions possessoires, il n'a besoin d'aucune autorisation. (Bioche, 621.)

XXXIII. — Les jugements des tribunaux de paix sur les actions possessoires sont toujours à charge d'appel. Le motif en est que, les actions possessoires exerçant toujours une influence plus ou moins grande sur le sort de la propriété, il convenait de laisser toute espèce de garantie pour ces sortes d'actions. (Allain, t. II, nᵒ 2820)

XXXIV. — Mais dans ces limites, c'est-à-dire en premier ressort, le juge de paix a, sur cette matière, la plénitude de la juridiction : il en connaît à l'exclusion des tribunaux civils ou correctionnels. (*V.* Bioche, *Action possessoire*, 751.) « Plusieurs motifs, dit cet auteur au nᵒ 730, ont déterminé le législateur à confier aux magistrats de paix la solution de ces questions si délicates ; ils sont plus près des justiciables et des lieux contentieux. Ils connaissent mieux les usages et les habitudes des populations agricoles au milieu desquelles ils vivent ; devant eux, les enquêtes sont plus faciles ; la procédure est plus rapide, plus économique. »

XXXV. — Cette compétence des juges de paix est, en quelque sorte, d'ordre public ; tout autre juge saisi doit se déclarer d'office incompétent (*Idem*, 753), — et l'incompétence du tribunal civil pour connaître *en première instance* d'une action possessoire est absolue et peut être proposée en tout état de cause, même pour la première fois, devant le tribunal de cassation. (Sirey, sous l'art. 23, Proc. civ., nᵒˢ 289 et 290.)

XXXVI. — La possession se prouve par titres et par témoins.

XXXVII. — Lorsque les deux parties, plaidant au possessoire, justifient qu'elles sont simultanément en possession de l'objet litigieux, le juge peut soit ordonner le séquestre, soit accorder la *récréance*, c'est-à-dire la jouissance provisoire à l'une ou l'autre des parties : il est laissé à la prudence du juge de se déterminer selon les circonstances de la cause. Ce magistrat n'est aucunement obligé d'ordonner la première mesure plutôt que l'autre ; c'est là une pure faculté dont il est maître de ne pas user. (V. Sirey, art. 23, Proc, civ., 261 et suiv.)

XXXVIII. — Ou bien, dans ce même cas où les deux parties sont reconnues avoir exercé cumulativement des actes de possession sur l'immeuble, le juge peut aussi maintenir chaque partie en possession.

XXXIX. — Dans le cas inverse, où le demandeur et le défendeur ont également échoué dans la preuve de possession qu'ils avaient entreprise, le juge peut ordonner le séquestre de l'objet litigieux, jusqu'au jugement de la question de propriété, — ou renvoyer les parties à se pourvoir au pétitoire , — puisqu'il se trouve dans l'impossibilité de reconnaître laquelle des deux est le véritable possesseur.

XL. — Aux termes de l'art. 1826, C. civ., la contrainte par corps a lieu pareillement, 1°.....; 2° En cas de réintégrande, pour le délaissement, ordonné par justice, d'un fonds dont le propriétaire a été dépouillé par voie de fait ; — pour la restitution des fruits qui en ont été perçus pendant l'indue possession et pour le paiement des dommages et intérêts adjugés au propriétaire.

XLI. — La contrainte par corps n'est pas laissée ici à l'arbitrage du juge : le magistrat n'a pas la faculté de la prononcer ou de ne pas la prononcer. — La refuser au demandeur qui aurait pris des conclusions formelles à cet égard est un véritable déni de justice. Mais le juge ne doit pas la prononcer d'office. (Arg., Proc. civ., art. 416. — Bioche, art. Proc. 963 et 964.)

XLII. — La contrainte doit être prononcée par le jugement même qui statue sur l'action possessoire et non par un second jugement, à peine de nullité (BIOCHE, 967); car le cas diffère de celui de l'art. 1827 C. civ., qui concerne exclusivement les jugements rendus au pétitoire portant condamnation à désemparer un fonds : c'est dans ce dernier cas que, la partie condamnée refusant d'obéir, un second jugement est nécessaire pour prononcer la contrainte par corps à son égard.

XLIII. — Nous ne devons pas taire ici la grande controverse soulevée, parmi les auteurs, sur la question ci-après, et qu'on peut résumer à peu près comme suit :

« La réintégrande existe-t-elle encore avec le caractère spécial que lui avait transmis le droit romain et que le droit canonique avait résumé dans la célèbre maxime : *Spoliatus ante omnia restituendus?* Ou bien l'exercice de la réintégrande est-il soumis aux mêmes conditions que la complainte? Ou en d'autres termes : le possesseur spolié par voie de fait peut-il, à la différence de ce qui est exigé en matière de complainte, se faire réintégrer, même sans prouver l'annalité de sa possession? »

XLIV. — Ceux qui, comme Toullier, Boitard, soumettent la réintégrande aux mêmes conditions que la complainte et notamment à la condition d'annalité, disent : Les termes de l'art. 23, C. français (correspondant à notre art. 31), sont généraux. Le Code ne fait aucune distinction entre les actions possessoires ; il exige que celui qui les intente ait la possession annale ; la réintégrande (avec son caractère spécial) tient à un système de législation qui n'existe plus. (TOULLIER, t. II, n° 126.)

L'art. 23 (31) s'exprime en termes tellement généraux, tellement catégoriques, qu'il devient impossible de voir sur quoi peut s'appuyer encore le système que la jurisprudence a cependant consacré, mais que pas un mot de nos lois ne favorise à coup sûr. (BOITARD, n° 633.)

XLV. — Ceux qui distinguent la complainte de la réintégrande répondent : La réintégrande n'est point une véritable action possessoire ; elle n'est pas, comme cette dernière, fondée sur une présomption de propriété ; c'est, au contraire, une action *in personam* qui dérive d'un délit et qui, par application du principe posé dans l'article 1382 C. civ. (1168), oblige le délinquant à réparer sa faute. (*Journal du Palais,* 140.)

L'art. 23 Proc. civ. (31) n'est applicable qu'aux actions possessoires ordinaires qui, étant fondées sur une jouissance civile et légitime, doivent présenter une possession annale publique, paisible et non précaire, — et non à l'action en réintégrande, qui, naissant d'une dépossession violente, a seulement pour but de rendre à celui qui a été dépouillé une jouissance matérielle et momentanée. Il serait contraire à l'ordre social que le demandeur, victime d'une violence ou d'une voie de fait, ne fût pas avant tout réintégré. Le principe que l'on ne peut par la violence se donner à soi-même une position meilleure, trouve plusieurs applications dans nos lois. Le demandeur en réintégrande n'est donc pas obligé de prouver la possession annale. (Bourbeau, Bioche, *Act. pos.* 90, 91.)

Il suffit d'avoir la possession actuelle, matérielle et paisible de l'objet litigieux, et d'en avoir été ensuite dépossédé par la violence et par actes arbitraires pouvant troubler, dans une certaine mesure, l'ordre et la paix publique. (Carré, p. 39, note 80.)

XLVI. — Enfin, Boitard finit la discussion de ce point comme suit : « ..... Au reste, en exposant l'opinion que j'ai combattue et les arguments devant lesquels elle ne peut, suivant moi, se défendre, je dois vous avertir que cela, en jurisprudence, ne fait plus guère de doute, et que l'on décide, à peu près universellement, que pour triompher dans la réintégrande, il suffit d'établir qu'au moment de la spoliation on détenait à un titre, en une qualité quelconque, depuis un temps aussi bref qu'il soit, et quand même ce serait par suite d'une violence. » (*V.* les *Leçons de procédure,* n° 633.)

XLVII. — Si, pour le même fait dont se plaint le demandeur au possessoire, se trouvait déjà ouverte une action correctionnelle, l'instance devant le juge de paix doit rester suspendue jusqu'à ce que le tribunal correctionnel ait prononcé. (C. instr. crim., art. 3.) *Le criminel tient le civil en état.* Néanmoins, on ne peut, pendant l'instance au possessoire, intenter une action correctionnelle. (Bioche,   788.)

FORMULE N° 45. — Citation en complainte.

L'an ....., à la requête de ..., etc., j'ai ....., huissier, etc., donné citation au sieur B..., etc., à comparaître, etc., pour.....

Attendu que le requérant est en possession, depuis plus d'une année, d'une terre située en cette commune, sur l'habitation ....., section....., de la contenance de cinq carreaux ;

Attendu que ledit sieur B... s'est permis, le ..... courant (*indiquer avec le plus de précision possible l'époque du trouble qui doit avoir été commis dans l'année),* sans droit ni qualité de défricher sur ladite terre une portion d'environ un demi-carreau qu'il a jointe à sa propriété propre à l'insu du requérant (*ou* malgré les défenses du requérant);

Attendu que le cité a ainsi causé à ce dernier un préjudice dont i! est dû réparation et que ce préjudice peut être évalué à la somme de .....

Voir donner acte au requérant de ce qu'il prend pour trouble à sa possession le fait dont il s'agit;

Voir dire que le requérant sera maintenu dans la possession de ladite portion d'environ un demi-carreau de terre, laquelle sera restituée par le cité dans les trois jours de la signification du jugement à intervenir, sinon reprise par le requérant, qui sera autorisé à le faire par ledit jugement à intervenir, et ce, aux frais du cité; s'entendre dire qu'il lui sera fait défense de troubler à l'avenir le requérant dans sa possession, et pour l'avoir fait, s'entendre condamner à ..... dommages-intérêts, aux intérêts à partir de a présente demande, et aux dépeus, sous réserve de tous autres droits et actions;

Et j'ai, au susnommé, audit domicile, en parlant comme dessus, laissé copie du présent exploit, dont acte. Le coût est de.....

(Signature de l'Huissier.)

Trouble à une prise d'eau. — Attendu que le requérant est en possession, depuis plus d'une année, d'un jardin d'herbe situé à ..... et joignant d'un côté la rivière de ....., etc.;

Attendu que le requérant possède aussi depuis un an une prise d'eau sur ladite rivière pour l'irrigation de son jardin;

Attendu que, sans droit ni qualité, le cité a détourné cette prise d'eau sur sa propriété adjacente (*ou bien* a bouché le canal *ou* le fossé au moyen duquel l'eau arrivait au jardin du requérant), le ..... (*indiquer l'époque du trouble*).

Trouble à une servitude de passage. — Attendu que le requérant a la possession annale d'une maison et dépendances situées à ....., bornées au nord par....., à l'est par ....., etc.; — qu'il est également en possession, depuis plus d'un an, d'une servitude de passage existant en faveur de ladite maison pour aller puiser de l'eau à un puits qui se trouve dans la cour du cité; que le droit de puisage résulte d'un acte reçu par ....., etc.;

Attendu que le requérant, voulant user de ce droit de passage, en a été empêché par le cité, qui le lui a contesté et qui a même établi une clôture dans l'endroit où le passage s'effectuait;

Voir dire que les faits dont s'agit seront pris pour trouble à la possession dudit droit de passage, dans laquelle le requérant sera maintenu; — que la clôture sera enlevée et les choses remises dans leur premier état par le cité et à ses frais, dans le jour de la signification du jugement à intervenir, sinon par le requérant, qui en sera remboursé sur la représentation des quittances des ouvriers, s'entendre faire défense, etc.

Déplacement de bornes. — Attendu que le requérant a la possession annale d'un terrain de la contenance de cinq carreaux, situé sur l ....., à ..... ;

Attendu qu'entre cette pièce de terre et celle que possède le cité au même lieu, il existait à chaque bout une borne qui marque la limite des deux propriétés; — attendu que le cité s'est permis, le ..... (*indiquer l'époque*), sans droit ni qualité, de déplacer ces bornes; qu'il a par là rendu la limite dont s'agit incertaine et troublé la possession paisible du requérant;

Attendu que les places où étaient lesdites bornes sont encore reconnaissables et que des témoins sont restés dans les trous qu'elles occupaient;

Voir dire qu'en effet ce déplacement de bornes sera pris pour trouble à la possession du requérant, lequel sera maintenu en ladite possession; que le cité sera tenu de remettre lesdites bornes à la place qu'elles occupaient primitivement et qu'elles ont toujours occupée, et ce dans les trois jours du jugement à intervenir, sinon qu'elles y seront replacées à la diligence du requérant par l'expert qui sera commis, en présence du cité, ou lui dûment appelé, aux frais de ce dernier, qui devra également supporter ceux du procès-verbal qui sera dressé de ce remplacement; s'entendre faire défense de les déplacer à l'avenir, et, pour l'avoir fait, s'entendre condamner aux frais, dommages-intérêts et aux dépens, etc.

Trouble de droit. — Attendu que le requérant est depuis plus d'un an en possession d'une maison sise, etc.;

Attendu que, par exploit de N..., huissier, en date du..... le cité s'est permis, sans droit ni qualité, de pratiquer une saisie-arrêt entre les mains de A..., débiteur de B..., qui tient à bail la maison dont s'agit, et cela pour sûreté et avoir paiement, dit l'exploit, de la somme de..... que le cité prétend lui être due par B... pour loyer de cette même maison;

Attendu que le cité élève par là, à la possession de la maison susdésignée, une prétention qu'il importe au requérant de faire cesser;

Voir dire que le fait dont est question sera pris pour trouble à la possession du requérant; que celui-ci sera reconnu seul possesseur de ladite maison et maintenu dans cette possession comme par le passé, et sans que le fait énoncé ait causé interruption; — s'entendre faire défense de plus à l'avenir troubler le requérant, et pour l'avoir fait, etc.

FORMULE N° 46. — Sommation préalable à la dénonciation de nouvel œuvre

L'an....., à la requête, etc..... j'ai....., huissier, etc., fait sommation à....., demeurant à....., en parlant à....., de suspendre immédiatement les travaux par lui commencés le....., à *(lieu des travaux)* pour l'établissement d'un barrage sur la rivière de..... (*ou le cours d'eau appelé*)......, dont le requérant a la jouissance depuis plus d'an et jour; attendu que ce barrage affaiblirait outre mesure, arrêterait le courant de la rivière, et empêcherait le moulin du requérant de fonctionner comme à l'ordinaire, déclarant au sieur..... que, faute par lui de satisfaire à la présente sommation, le requérant se pourvoira ainsi qu'il avisera, sous la réserve de tous autres droits et actions; et je lui ai....., etc., laissé copie du présent, etc.

FORMULE N° 47. — Citation en dénonciation de nouvel œuvre

L'an.....,j'ai....., cité le sieur, etc., à comparaître, etc.

Pour, attendu que le..... courant, à *(indiquer l'endroit)*, le sieur..... a commencé des travaux à l'effet d'établir un barrage sur le cours d'eau appelé....., dont le requérant a la jouissance depuis plus d'an et jour ; — que ce barrage, arrêtant le courant, empêcherait le moulin du requérant de fonctionner comme à l'ordinaire; — qu'en sa qualité de possesseur annal il a le droit d'exiger la suspension du nouvel œuvre en cours d'exécution ;

Par ces motifs, voir dire qu'il sera fait défense audit sieur..... de continuer les travaux par lui commencés pour l'établissement dudit barrage; et que ceux qui se trouvent faits aujourd'hui, comme ceux qui seraient faits au mépris de la sentence à intervenir, seront détruits. En conséquence, voir autoriser le demandeur, par le même jugement et sans qu'il en soit besoin d'autre, à faire procéder à leur suppression sous la direction de tel expert qu'il plaira à M. le juge de paix commettre, lequel expert réglera les mémoires des ouvriers que le demandeur pourra payer sur leur simple quittance, et dont il devra être remboursé par le sieur....., en vertu dudit jugement, et pour le préjudice causé au requérant, s'entendre condamner, en..... de dommages-intérêts et aux dépens; et j'ai au susnommé, etc....., sous la réserve de tous autres droits et actions, notamment pour préjudice ultérieur.

FORMULE N° 48. — Citation en cas d'urgence

L'an....., le....., en vertu de la cédule délivrée aujourd'hui, etc.

Attendu que le requérant a la possession annale et exclusive d'un mur qui est à la limite de sa propriété, sise à....., lequel mur ne porte aucune marque de mitoyenneté dont le cité puisse se prévaloir; que cependant ledit sieur..... l'a fait démolir en partie ;

Attendu que ce mur se relie à des constructions voisines dont il a pour objet d'assurer la solidité; — que sa destruction peut avoir pour résultat la ruine desdites constructions et qu'il importe qu'il soit immédiatement réédifié ;

Qu'il y a donc lieu d'ordonner que le sieur..... sera tenu de mettre ouvriers immédiatement, et, faute par lui de ce faire, d'autoriser le requérant à mettre ouvriers aux frais dudit sieur....., à l'effet de procéder à la réédification du mur dont s'agit;

Et qu'il y a lieu en outre, attendu l'extrême urgence, d'ordonner l'exécution provisoire du jugement à intervenir;

Par ces motifs, etc.

FORMULE N° 49. — Sommation aux ouvriers de cesser les travaux

L'an....., le..... etc.; en vertu de la cédule délivrée cejourd'hui, etc.

A la requête de..... j'ai....., huissier....., signifié, déclaré aux citoyens A... et B... par moi trouvés cejourd'hui procédant à la surélevation du mur qui sépare la propriété du requérant d'avec celle du sieur N..., les deux propriétés sises à.....

Que le requérant est depuis plus d'une année en possession paisible et exclusive du mur dont s'agit;

Qu'il s'oppose à la continuation des travaux exécutés par lesdits citoyens A... et B..., et les considère comme un trouble apporté à sa possession;

Et j'ai en conséquence fait sommation auxdits citoyens de se retirer, et de cesser immédiatement les travaux dont s'agit.

NOTA. — *Si les ouvriers se retirent, la sommation suffit et l'huissier clôt l'exploit; si, au contraire, les ouvriers refusent, l'huissier constate leur refus et, par le même acte qu'il continue comme ci-après, les cite devant le juge de paix.*

FORMULE N° 50. — Continuation du n° 49, contenant citation aux Ouvriers.

Et attendu le refus par lesdits citoyens A... et B... d'obtempérer à la sommation ci-dessus;

Attendu qu'en raison de l'éloignement du sieur N... de la ville de....., le requérant se trouve dans l'impossibilité d'agir immédiatement contre ce dernier;

Attendu qu'il importe au requérant d'obtenir dès à présent la cessation des travaux dont s'agit, et qu'il y a urgence;

J'ai....., huissier susdit et soussigné, à même requête et demeure que dessus, et en vertu de la cédule susdatée, cité les citoyens A... et B..., etc.,

A comparaître.....

Pour, par les motifs ci-dessus,

S'entendre, lesdits citoyens A... et B..., faire défense de continuer les travaux de surélévation du mur dont s'agit, sous peine de..... gourdes de dommages-intérêts en cas de contravention au jugement à intervenir;

Voir ordonner l'exécution provisoire dudit jugement à intervenir,

Et s'entendre, en outre, condamner aux dépens, sous toutes réserves de demander ultérieurement la démolition des travaux faits jusqu'à ce jour, et tels dommages-intérêts qu'il appartiendra, soit contre ledit sieur N..., soit même contre lesdits citoyens A... et B..., dans le cas où ledit sieur N... serait insolvable ou justifierait n'avoir pas ordonné les travaux dont s'agit;

Et à ce que les susnommés n'en ignorent, j'ai, audit lieu et à chacun d'eux séparément, savoir : au citoyen A..., parlant à.....; au citoyen B..., parlant à....., laissé copie du présent, etc.

Nota. — *Pareille citation pourrait être donnée au cas de plantation de haie ou d'arbres en dehors de la distance légale, ou d'ouverture d'un fossé; le demandeur pourrait réclamer dans certains cas des dommages-intérêts immédiats contre les ouvriers. Mais le plus souvent l'unique intérêt est d'obtenir la discontinuation des travaux, et en demandant plus, il s'exposerait à voir retarder le jugement par suite de l'appel en garantie formé par les ouvriers contre celui qui les a mis en œuvre.* (Bioche.)

FORMULE N° 51. — Citation en réintégrande.

L'an....., à la requête de....., j'ai, huissier....., cité le sieur....., à comparaître.....

Pour, attendu que le sieur..... s'est permis le....., malgré la résistance du requérant, de combler un fossé qui sert de limite à un enclos sur l'habitation....., section..... de cette commune, dont le requérant était en possession paisible, et dont il jouissait depuis le..... (*il n'est pas nécessaire, selon le système qui a prévalu, que le demandeur en réintégrande justifie d'une possession annale. Voir suprà, note 45*); que ledit sieur s'est emparé de l'enclos qu'il a ainsi violemment réuni à sa propriété limitrophe;

Attendu que cette voie de fait donne lieu, au profit du requérant, à l'action en réintégrande; en conséquence, voir dire et ordonner que le requérant sera réintégré dans la possession dudit enclos, ensemble du fossé qui lui sert de limite, lequel sera rétabli aux frais du sieur....., dans le même et semblable état où il était avant ladite violence; et faute de ce faire, dans le délai de trois jours de la signification du jugement à intervenir, autoriser le requérant à faire faire les travaux nécessaires aux frais du sieur.....; condamner ledit sieur..... en..... gourdes de dommages-intérêts; le tout même par corps, aux termes de l'article 1826, 2° du Code civil; et se voir également condamner aux dépens. — J'ai au susnommé, etc.

FORMULE N° 52. — Sursis pour le cas où le tribunal correctionnel est déjà saisi.

Nous, Juge de paix....., etc.

Attendu que le défendeur nous a justifié d'une assignation à lui donnée devant le tribunal correctionnel à la requête du demandeur, à raison des faits dont s'agit ;

Qu'il y a lieu, en conséquence, aux termes de l'article 3 du Code d'instruction criminelle, de surseoir jusqu'à ce que le tribunal correctionnel ait prononcé,

Disons qu'il sera sursis jusqu'au....., jour auquel les parties devront se présenter devant nous sans nouvelle citation, pour être statué sur les faits dont s'agit. Dépens réservés.

ART. 32. — Si la possession ou le trouble sont déniés, l'enquête qui sera ordonnée ne pourra porter sur le droit de propriété. (Prod. civ., 33, 42 et suiv.)

I. — L'enquête ne peut porter que sur les faits de possession ou de trouble. Elle ne peut pas porter sur la question de propriété, — qui fait exclusivement l'objet du pétitoire, — qui est absolument étrangère à la matière du débat actuel. — Ordonner qu'avant faire droit il sera prouvé par le défendeur que le demandeur n'est pas propriétaire, et qu'il n'exerce qu'un droit d'usage, c'est violer l'art. 32, proc. civ.

II. — Les témoins donc pourront être appelés à déposer : 1° sur la question de savoir si tel a été troublé ou spolié ; 2° sur la question de savoir si le demandeur, dans l'année qui a précédé le trouble, avait eu la possession revêtue des caractères et des conditions détaillés par l'art. 31. Cependant le juge de paix peut aussi consulter les titres produits par une partie et y puiser des éléments de conviction pour la preuve de la possession ; mais il excéderait son pouvoir s'il en tirait des arguments pour le fond du droit. (BOITARD.)

III. — Le juge, malgré la dénégation d'une partie, n'est pas obligé d'ordonner une enquête avant de statuer, alors qu'il se trouve suffisamment éclairé sur l'objet de la contestation.

IV. — La preuve, quand elle est reconnue nécessaire par le juge, peut être ordonnée, encore que le défendeur fasse défaut. (Controversé.)

V. — Et le juge peut aussi l'ordonner d'office. (BÉLIME.)

FORMULE N° 53. — Jugement interlocutoire ou possessoire, ordonnant l'enquête.

Entre A..., etc., demandeur au possessoire, etc.
Et B..., etc.

Le demandeur expose que depuis plus de vingt ans, tant par lui que par ses auteurs, il jouit d'un passage sur la terre de B...; qu'il a toujours fait acte de possession utile, notamment depuis plus d'un an avant le trouble que B... y a apporté, en lui contestant son droit et en faisant même élever une barrière à l'entrée du chemin.

Pourquoi il conclut à ce qu'il plaise au tribunal le maintenir en possession du passage dont s'agit, et faire défense à B... de l'y troubler à l'avenir; et pour le préjudice causé condamner B... en soixante gourdes de dommages-intérêts; le condamner en outre aux dépens.

Aux fins ci-dessus, A... offre de prouver, tant par titres que par témoins, les faits suivants, qu'il articule pour justifier sa demande :

1° Il use constamment de ce passage;

2° Il a fréquemment déposé ou laissé stationner sur le lieu litigieux ses cabrouets ou ses animaux;

3° Il en entretient le sol.

Pour être ensuite conclu et statué ce que de droit.

Le défendeur dénie la possession du demandeur et demande en conséquence le rejet de ses conclusions.

Sur quoi, Nous, Juge de paix, etc.

Attendu que l'articulation du demandeur renferme trois points nettement spécifiés comme constituant sa possession utile, savoir : 1° passage permanent sur le terrain litigieux; 2° dépôt de ses cabrouets ou stationnement de ses animaux sur ce chemin; 3° et entretien du sol d'icelui.

Sur le premier chef : attendu que le passage est une servitude discontinue, qui, aux termes de l'article 555 du Code civil, ne peut s'acquérir que par titres; qu'il ne peut dès lors, sauf le cas d'enclave, qui ne se rencontre pas ici), constituer même pour une durée immémoriale, la possession utile pour prescrire, la seule apte à fonder l'action possessoire; qu'envisagé à ce point de vue, le premier fait est non concluant.

Sur le deuxième chef : attendu que le dépôt de cabrouets ou le stationnement d'animaux, sur le terrain d'autrui, n'est qu'un acte de pure tolérance généralement admis, entre voisins, à la campagne; qu'il ne peut donc être considéré comme un acte de possession *animo domini* de la part des déposants; que ce second point n'est donc pas plus concluant que le premier.

Sur le troisième chef : attendu que l'entretien d'un terrain peut être à juste titre admis comme un élément de justification de possession; que c'est donc le cas d'admettre l'offre de preuve de cet entretien, sauf à nous à apprécier ultérieurement les effets de la preuve administrée;

Par ces motifs, statuant en premier ressort,

Rejetons dès à présent comme inadmissibles les deux premiers chefs de l'articulation du demandeur;

L'autorisons à administrer par titres ou par la voie testimoniale la preuve du troisième fait articulé;

Et disons, sur la demande des parties, que l'enquête aura lieu sur le sol du passage, après examen des lieux litigieux fait par nous le....., à.....; la preuve contraire réservée à la partie adverse;

Pour ensuite être par les parties conclu et par nous statué ce qu'il appartiendra.

Tous droits, moyens et dépens réservés.

Ainsi fait, etc.

FORMULE N° 54. — Jugement définitif qui rejette la demande possessoire

Entre A... et B..., etc.

Point de fait. Par jugement interlocutoire du....., le sieur A..., demanmandeur, a été autorisé à faire la preuve testimoniale des faits de possession consignés audit jugement à l'appui de son action possessoire dirigée contre B..., la preuve contraire réservée à ce dernier;

Le....., nous étant transportés à....., nous avons procédé à l'examen du terrain litigieux et à l'audition des témoins produits respectivement par les parties, ainsi que le constate notre procès-verbal du même jour.

Les parties ont ensuite repris leurs conclusions originaires qu'elles ont développées, et nous avons mis la cause en délibéré pour être notre jugement prononcé à la présente audience.

Point de droit. Il s'agit de savoir si le tribunal doit, etc.

Sur quoi, nous, Juge de paix, jugeant à charge d'appel :

Vu, notre jugement du..... et le procès-verbal constatant visite des lieux, enquête et contre-enquête, du.....;

Attendu qu'il résulte bien de l'enquête que A... a depuis plus d'un an avant le trouble, passé fréquemment et laissé stationner ses cabrouets ou bêtes de charge sur le terrain litigieux;

Mais, attendu que ces deux faits de passage et de stationnement ont été par notre jugement interlocutoire du..... rejetés de l'articulation comme incon-cluants, le premier parce que le passage non appuyé d'un titre constitue, hors le cas d'enclave, une servitude discontinue; que ce genre de servitude, selon l'article 555 du Code civil, ne peut s'établir que par titre; et que donc, imprescriptible de sa nature, il ne peut servir de base à l'action possessoire; et le second, parce qu'il constitue moins une possession à titre de maître, qu'une tolérance généralement usitée dans les campagnes; qu'il y a donc chose jugée sous ce double rapport;

Attendu qu'il résulte aussi de la même enquête que A... a fait replacer quelques bois de traverse, restaurer une partie du petit pont qui se trouve au milieu du trajet.

Mais, attendu qu'un tel travail, uniquement destiné par A... à réparer les dégradations causées par le passage même de ses cabrouets ou animaux, ne renferme pas, apprécié dans son isolement, le caractère réellement constitutif de la possession *animo domini*, surtout si l'on considère qu'il s'agit d'un acte de minime importance, opéré en bien peu de temps et sur une bien faible partie du pont, et qui a pu facilement, dès lors, échapper à l'attention de B..., à qui on l'oppose aujourd'hui ;

Que la preuve produite est donc insuffisante pour justifier au profit de A..., la possession utile du passage ;

Par ces motifs,

Déclarons A... mal fondé dans ses faits et conclusions, l'en déboutons et le condamnons aux dépens.

FORMULE N° 55. — Jugement définitif qui fait droit.

Entre A..., etc., demandeur au possessoire, etc.

Et B... etc.

Le demandeur a dit.....

Le défendeur a répondu.....

Fait..... Droit, etc.

Vu l'enquête et la contre-enquête,

Vu les titres produits de part et d'autre,

Attendu que de l'enquête et de la contre-enquête, et notamment de la déposition de..... *ou bien* du rapport *ou* des observations de N..., expert par nous précédemment commis, *ou* nommé à l'effet d'assister le tribunal, *ou bien encore* de l'inspection des lieux, *ou* de l'appréciation d'un acte reçu le..... par..... portant vente par..... à....., il résulte, d'une part, que le demandeur est en possession, depuis plus année, d'un terrain situé à....., etc.; d'autre part, que B..., le défendeur, s'est permis (*indiquer la date et la nature du trouble*).

Par ces motifs, nous, juge de paix, statuant en premier ressort.

Déclarons le sieur A... bien fondé en son action ; en conséquence, le maintenons dans la possession et jouissance de....., et condamnons le sieur B... à délaisser immédiatement ladite portion de terrain, et à payer au sieur A... la somme de..... à titre de dommages-intérêts ; et le condamnons en outre aux dépens, etc. Sous la réserve des droits des parties au pétitoire.

Ou bien : Disons que B... a commis une anticipation sur le terrain de A... ; ordonnons en conséquence que B... remettra à A... la portion de terre litigieuse dans l'état où elle se trouve, de manière toutefois à comprendre toute la largeur de la façade sur le grand chemin de..... jusqu'au fossé qui a été reconnu la ligne séparative des deux propriétés ; faisons défense à B... de l'y troubler à l'avenir et condamnons le défendeur à payer au demandeur la somme de..... à titre de dommages-intérêts.

Ou : En ce qui touche les dommages-intérêts réclamés par A... Attendu que la portion de terrain qui va être rendue à A..., est en bon état de culture et de clôture; que ce dernier profitera de cet avantage sans rembourser aucun frais, disons qu'il n'y a lieu d'allouer des dommages-intérêts.

Condamnons B... en tous les dépens, taxés à la somme de .... pour frais de citation, coût du procès-verbal d'enquête, transport, taxe des témoins, etc., mais non compris le coût de l'expédition du présent jugement et la signification d'icelui, s'il y a lieu.

Art. 33. — Le possessoire et le pétitoire ne seront jamais cumulés. (Proc. civ. 32, 36.)

I. — La sentence du juge de paix qui cumule le pétitoire et le possessoire doit être réformée sur l'appel.

II. — La défense du cumul s'adresse non seulement au juge de paix, mais encore au tribunal civil prononçant sur l'appel d'une action possessoire ; et cela, bien que la question de propriété doive plus tard être jugée par ce tribunal.

III. — Lorsque, dit un arrêt du tribunal de cassation cité par Linstant Pradine sous cet article, lorsque sur une demande au possessoire formée devant le juge de paix, celui-ci a ordonné une enquête sur le fond même du droit, et que, sur l'appel de ce jugement, le tribunal civil, en prononçant sur l'appel, a cumulé le possessoire et le pétitoire, il y a violation de l'art. 25 du Code de procédure civile de 1825 (qui correspond à l'art. actuel 33). (Cass., 6 juillet 1835.)

IV. — « Pour distinguer les deux actions, écrit Mullery, p. 84, il « faut se rappeler que le possessoire est une question de fait et le « pétitoire une question de droit; que le juge de paix n'a d'attribu- « tion que pour juger la première, tandis que la seconde est du « domaine du tribunal civil. En conséquence, lorsqu'une action pos- « sessoire est soumise au juge de paix, ce magistrat ne doit examiner « que les faits qui justifient que le possesseur a joui depuis une année « au moins, à titre de propriétaire, abstraction faite de la question du « droit de propriété; ces faits peuvent être prouvés par titre ou par « témoins. Mais, quelque vicieux que soit le titre à l'égard du fond « du droit, lors même que la partie adverse présenterait un titre régu-

« lier qui justifierait son droit de propriété contre le possesseur, le
« juge de paix ne pourrait pas en apprécier le mérite. »

V. — *Le possessoire et le pétitoire* (c'est-à-dire la question de possession et la question de propriété) *ne seront jamais cumulés*, c'est-à-
dire, enseigne Boitard, ne seront jamais discutés, décidés ensemble.
La question du possessoire et la solution de cette question devront
nécessairement précéder l'examen et le débat de la question du pétitoire, et cela toujours dans l'intérêt de l'ordre et de la paix publique ;
toujours en vertu de ce principe que le propriétaire n'a pas le droit,
quelque certaine et patente que soit sa propriété, de porter atteinte,
par ses mains et par voie de fait, au possesseur régulier, au possesseur annal dont parle l'art. 31. Et tant que l'action possessoire est
pendante, soit en première instance devant le juge de paix, soit
en appel devant le tribunal civil, il n'y a pas d'action pétitoire possible. — Tant qu'il s'agite entre les parties une question, un débat
qui tend à faire justice d'une voie de fait, à rétablir le spolié dans la
possession de la chose dont on l'a violemment expulsé, la justice
doit fermer l'oreille à toute réclamation du propriétaire qui a usé
indûment de voies de fait. — Avant qu'il puisse faire entendre ces
mots : *la chose est à moi*, il faut qu'au préalable il l'ait remise, il l'ait
restituée aux mains de son adversaire, propriétaire ou non, qui était
possesseur légal, et qui ne devait pas être dépouillé de vive force.
(*Leçons de Procédure*, n° 635.)

VI. — On doit considérer comme possessoire une action tendant
à la possession et mélangée de chefs qui tiennent au pétitoire,
lorsque, par des conclusions subséquentes, cette demande a été expli-
quée et modifiée dans le sens du possessoire seulement. (CARRÉ.)

VII. — Lorsqu'une demande au possessoire renferme des chefs
qui touchent au pétitoire, le juge du possessoire ne doit pas, pour
cela, se déclarer incompétent ; il doit statuer sur le possessoire et
renvoyer le pétitoire devant les juges qui doivent en connaître. (SIREY.)

VIII. — De ce que le défendeur élève devant le juge du possessoire une exception de propriété ou de servitude qu'il fonde sur l'allégation d'un titre, cette circonstance n'empêche pas le juge de paix de
connaître de l'affaire, pourvu qu'en s'abstenant de connaître du pétitoire, il se borne à statuer sur le possessoire. Sans cela, il dépendrait
toujours du défendeur de neutraliser l'action possessoire, en alléguant
l'existence d'un prétendu titre. (*Id.*)

IX. — Mais le juge du possessoire qui base sa décision sur des motifs tirés exclusivement du fond du droit et de l'interprétation d'un contrat cumule le pétitoire et viole l'art. 33, Proc. civ.

ART. 34. — Le demandeur au pétitoire ne sera plus recevable à agir au possessoire. (Proc. civ., 31.)

I. — Intenter une action pétitoire, une revendication, se constituer demandeur, prendre sur soi le fardeau de la preuve, c'est reconnaître d'une manière tacite que l'adversaire, constitué ainsi défendeur, est le véritable possesseur de la chose..., c'est abdiquer tacitement l'action possessoire. On présume donc de la part de celui qui agit au pétitoire la renonciation à l'action possessoire, qui est dès ce moment non recevable.

II. — De même que lorsque, agissant contre vous au possessoire, et pendant que le possessoire était encore en litige, j'ai brusquement quitté cette instance pour aller me faire demandeur au pétitoire, je me suis par là même rendu non recevable à donner suite au possessoire. (BOITARD.)

III. — Lorsque donc le défendeur au possessoire présente une assignation qui lui a été donnée au pétitoire sur le même objet par le demandeur, celui-ci doit être débouté purement et simplement par cette fin de non-recevoir.

IV. — Le demandeur au pétitoire ne peut plus, dès que l'assignation est donnée, se désister de sa demande pour agir au possessoire, — à moins que ce ne soit du consentement de son adversaire. — Quelques-uns disent qu'il peut valablement se désister tant que le défendeur n'a pas répondu par un acte qui lie l'instance, constituer défendeur, par exemple; c'est alors seulement que le contrat judiciaire est formé.

V. — Dans tous les cas, la simple citation en conciliation n'est pas une demande dans le sens de l'article; elle n'empêche donc pas d'agir au possessoire, au besoin.

VI. — Celui qui, troublé dans sa possession, a intenté une action pétitoire, peut, s'il vient à être troublé de nouveau, se pourvoir devant le juge de paix par la voie possessoire. Alors surtout que le second trouble n'est pas de même nature que le premier.

VII. — A plus forte raison, en est-il ainsi du défendeur au pétitoire troublé depuis l'instance dans sa possession. Et au lieu d'un
trouble postérieur à l'action pétitoire, s'agit-il d'un trouble antérieur
à cette action, il est évident d'abord que le défendeur qui a été troublé dans sa possession et qui, par ce trouble, avait acquis la faculté
d'intenter une action possessoire, n'est point dépouillé de cette
faculté parce qu'il a plu à l'auteur du trouble de le prévenir par une
action pétitoire. (SIREY.)

ART. 35. — Le défendeur au possessoire ne pourra se
pourvoir au pétitoire qu'après que l'instance sur le possessoire aura été terminée : il ne pourra, s'il a succombé, se
pourvoir qu'après qu'il aura pleinement satisfait aux condamnations prononcées contre lui. (C. civ., 935, 1168, 1827. —
Proc. civ., 432.)

Si néanmoins la partie qui les a obtenues était en retard
de les faire liquider, le juge du pétitoire pourra fixer, pour
cette liquidation, un délai, après lequel l'action au pétitoire
sera reçue. (Proc. civ., 135, 488 et suiv.)

I. — Les prohibitions de la première partie de cet article ne sont
édictées que contre le défendeur au possessoire. Ce qui lui est refusé
est cependant permis au demandeur au possessoire.

II. — Si la loi fait tomber tout le poids de sa sévérité sur
le défendeur au possessoire, si elle montre tant de défaveur et de
rigueur contre l'auteur du trouble ou de la spoliation, c'est toujours
en vertu de ce principe d'ordre public qu'il faut, avant tout examen
de la question de propriété, remettre les choses dans l'état où elles
étaient avant les voies de fait par lesquelles le demandeur a été
dépouillé.

III. — En général, l'action pétitoire ne peut être intentée tant que
l'instance au possessoire est encore pendante; et cette interdiction
s'applique au demandeur aussi bien qu'au défendeur.

IV. — Mais le demandeur peut, en se désistant de son action au
possessoire , agir au pétitoire, à moins que le défendeur n'ait lui-
même formé une demande reconventionnelle.

V. — Il ne peut cependant agir ainsi au pétitoire tant que le désistement n'a pas été accepté par le défendeur, ou qu'il n'en a pas été donné acte par le juge; l'action possessoire en un tel cas continue de subsister. (Sirey, pour ces trois derniers numéros.)

FORMULE N° 56. — Déclaration constatant le paiement des condamnations.

Je..... soussigné, propriétaire, demeurant à....., reconnais et déclare que le sieur....., aussi propriétaire, demeurant même commune, a, suivant jugement rendu par le tribunal de paix de....., le....., été condamné envers moi, au possessoire, à me payer : 1° la somme de....., à titre de dommages-intérêts, pour trouble causé sur un terrain m'appartenant ; 2° celle de ...., pour frais et dépens;

Et que, cejourd'hui, il a pleinement satisfait aux condamnations prononcées contre lui, en me payant les deux sommes ci-dessus énoncées.

A..... le.....

(Signature de la partie.)

TITRE VI

Des Jugements qui ne sont pas définitifs et de leur exécution

Art. 36. — Les jugements qui ne seront pas définitifs ne seront point expédiés, quand ils auront été rendus contradictoirement et prononcés en présence des parties. Dans le cas où le jugement ordonnerait une opération à laquelle les parties devraient assister, il indiquera le lieu, le jour et l'heure; et la prononciation vaudra citation. (Proc. civ., 33, 37 à 39, 42, 48, 49 et suiv.; 404.)

I. — Les jugements qui ne sont pas définitifs sont les jugements *avant faire droit*, c'est-à-dire les jugements qui, avant de statuer définitivement, ordonnent une disposition préalable. Les avant faire droit sont préparatoires, interlocutoires ou provisoires (*V.* pour la différence entre ces jugements, p. 30, nos annotations sous l'art. 20, nᵒˢ 1 à 4 et sous l'art. 39, n° 1.)

II. — *Ne seront point expédiés.* Cependant, s'il s'agit d'un jugement interlocutoire frappé d'appel. il doit être expédié. Il est évident qu'on ne peut saisir le juge d'appel, sans produire le jugement, et cette production ne peut avoir lieu que par voie d'expédition et non par le déplacement de la minute. (Proc. civ., art. 39, *in fine.*)

III. — Le fait que le jugement a été *prononcé en présence des parties* doit être consigné dans l'énoncé de la décision; ce qui évite toute contestation ultérieure. (Bioche, Sirey, Allain, etc., etc.)

IV. — Mais, si l'une des parties se retire de l'audience avant la prononciation du jugement, ou déclare faire défaut, l'autre partie qui veut exécuter le jugement doit le faire expédier et signifier, car l'article 36 ne dispose que pour le cas où le jugement est rendu contradictoirement et prononcé en présence des parties. (*Les mêmes auteurs.*)

FORMULE N° 57. — Jugement contradictoire ordonnant une opération.

Entre A... et B..., etc. — Attendu qu'il y a nécessité de constater l'état des lieux pour apprécier la valeur de l'indemnité réclamée; — que cette appréciation exige des connaissances spéciales ;

Par ces motifs, nommons expert X..., architecte ; lequel, après serment entre nos mains (*ou* dispensé du serment du consentement des parties) se transportera sur les lieux, à..... le....., à deux heures de l'après-midi, les examinera, donnera son avis et fera son rapport; disons que nous nous transporterons également sur les lieux, assisté du greffier. Dépens réservés.

Fait et prononcé, en présence des parties, à l'audience du.....

Art. 37. — Si le jugement ordonne une opération par des gens de l'art, le juge délivrera à la partie requérante cédule de citation pour appeler les experts ; elle fera mention du lieu, du jour, de l'heure, et contiendra le fait, les motifs et la disposition du jugement relative à l'opération ordonnée. (Proc. civ., 11. — Instr. crim., 127.)

Si le jugement ordonne une enquête, la cédule de citation fera mention de la date du jugement, du lieu, du jour et de l'heure. (Proc. civ., 42, 49 et suiv.)

I. — Les experts, au nombre de un ou de trois, sont souvent désignés par les parties elles-mêmes, qui peuvent aussi les dispenser du serment. Le transport du juge sur les lieux contentieux n'est pas toujours nécessaire, en cas d'expertise.

II. — Les experts et les témoins peuvent toujours comparaître volontairement et sans citation.

III. — De ce que donc le juge aurait reçu la déposition de témoins non appelés par la cédule de citation, il ne saurait résulter une cause de nullité. (SIREY, etc.)

FORMULE N° 58. — Cédule pour appeler des Experts.

Nous....., etc. Attendu que, par jugement du....., nous avons désigné comme expert le sieur X..., à l'effet de (*rappeler le jugement*) ;

Vu la réquisition de A..., mandons à l'huissier du tribunal de paix qui sera requis à cet effet, de citer ledit sieur X... à comparaître le....., deux heures de l'après-midi, à....., lieu où nous nous transporterons avec le greffier, pour le sieur X... prêter serment et nous donner son avis.

Donné à..... le.....

(Signature du Juge.)

FORMULE N° 59. — Citation aux Experts.

L'an..... et le.....

En vertu de la cédule de M. le juge de paix de....., en date du....., et dont copie est donnée en tête de celle des présentes, et à la requête de.....

J'ai....., huissier....., donné citation à X..., etc.

A comparaître et se trouver le....., deux heures de l'après-midi, à....., lieu où le juge se transportera auxdits jour et heure, pour, ledit sieur X. ., après serment par lui prêté de bien et fidèlement procéder aux opérations qui lui sont confiées, examiner les lieux, donner son avis et faire son rapport.

Et, afin que le susnommé n'en ignore, je lui ai, domicile et parlant comme dessus, laissé copie de la cédule ci-dessus et du présent exploit. Dont acte. Le coût est de.....

(Signature de l'Huissier.)

ART. 38. — Toutes les fois que le juge de paix se transportera sur le lieu contentieux, soit pour en faire la visite, soit pour entendre les témoins, il sera accompagné du greffier, qui apportera la minute du jugement par lequel la visite ou l'enquête aurait été ordonnée. (Proc. civ., 24, 36, 682.)

I. — « Il est alloué au juge de paix, dit l'article 7 du Tarif, pour le transport en ville, soit à l'effet d'entendre des témoins, lorsque le transport *aura été expressément requis par l'une des parties*, et que le juge de paix l'aura trouvé nécessaire, soit à l'effet de procéder à une commission rogatoire par chaque vacation de trois heures, P. 1.

« Le procès-verbal fera mention de la *réquisition* de la partie, *et il n'est rien alloué à défaut de cette mention*. Il ne sera passé que deux vacations, au plus, par jour, et le temps de transport sera compris dans la durée de la vacation.

II. — « Pour transport sur le lieu contentieux quand il sera ordonné, il sera alloué au greffier la moitié de la taxe qui est établie pour les juges de paix. » (Art. 13.)

III. — « Toutes les fois qu'il y aura lieu à transport du juge de paix à la campagne, il aura, outre la táxe ordinaire, pour son transport, par lieue, P. 1. » (Art. 156.)

Art. 39. — Il n'y aura lieu à l'appel des jugements préparatoires qu'après le jugement définitif, et conjointement avec l'appel de ce jugement; mais l'exécution des jugements préparatoires ne portera aucun préjudice aux droits des parties sur l'appel, sans qu'elles soient obligées de faire, à cet égard, aucune protestation ni réserve.

L'appel des jugements interlocutoires est permis avant que le jugement définitif ait été rendu. Dans ce cas, il sera donné expédition du jugement interlocutoire. (Proc. civ., 20 à 22, 36, 47, 50, 401.

I. — L'article fait une distinction importante pour l'appel des jugements préparatoires et des jugements interlocutoii es. Nous avons vu (p. 30; notes 1 à 4 sous l'article 20) que ces jugements ont entre eux des caractères communs comme aussi ils ont des différences notables. *1er Caractère commun* : ce sont des jugements d'avant faire droit, par opposition aux jugements définitifs. *2e Caractère commun* :

ce sont des jugements d'instruction, des jugements qui préparent la décision de la cause et tendent à la mettre en état de recevoir une solution définitive, par opposition aux jugements qui accordent une provision, qui rejettent des exceptions. *3ᵉ Caractère commun* : c'est que, en règle générale, le délai d'appel, pour les jugements interlocutoires comme pour les jugements préparatoires, ne court que du jour de la signification du jugement définitif.

II. — Seulement pour les interlocutoires, à la différence des préparatoires proprement dits, la seconde disposition de l'article donne la faculté d'appeler de suite. Et dans ce cas d'appel immédiat de l'interlocutoire, l'examen du fond est ajourné, l'appel étant suspensif de sa nature. Le juge de paix est tenu de surseoir au jugement définitif jusqu'à la décision des juges d'appel sur l'interlocutoire.

III. — Autre différence : l'exécution d'un interlocutoire faite *sans réserve* emporte acquiescement, et en rend désormais l'appel non recevable ; tandis que l'exécution de préparatoire ne porte aucun préjudice aux droits des parties sur l'appel.

IV. — Un jugement préparatoire dans un chef, et définitif dans un autre, est sujet à l'appel quant à la disposition définitive. (Sirey, sous l'art. 451, n° 2.)

TITRE VII

De la mise en cause des Garants

Art. 40. — Si, au jour de la première comparution, le défendeur demande à mettre garant en cause, le juge accordera délai suffisant en raison de la distance du domicile du garant : la citation donnée au garant sera libellée, sans qu'il soit besoin de lui notifier le jugement qui ordonne la mise en cause. (Cod. civ., 91. — Proc. civ., 6, 41, 58-3°, 69, 176 et suiv., 954.)

I. — La garantie est, en général, l'obligation légale ou conventionnelle de maintenir quelqu'un dans la jouissance d'une chose ou d'un droit, de la défendre contre une action ou de l'indemniser des suites de cette action.

II. — La garantie est *formelle* ou *simple*.

III. — *Formelle*. — C'est l'obligation où est une personne d'en maintenir une autre dans la propriété ou jouissance d'une chose qu'on lui conteste, ou de l'indemniser. Elle n'a lieu que dans les matières réelles (mobilières ou immobilières). Le vendeur, le bailleur, le cédant s'obligent envers l'acheteur, le preneur, le cessionnaire, à faire jouir ceux-ci de la chose vendue, louée ou cédée. (Cod. civ. 1410, 1466, 1481, 1490, 1492.)

IV. — Par exemple, j'achète de vous un cheval, un tiers le revendique; je puis vous actionner en garantie formelle (Cod. civ. 1410), pour répondre à l'action intentée contre moi; je puis demander ici à être mis hors de cause sur la demande principale; je puis, néanmoins, y assister pour la conservation de mes droits (Proc. civ., 183), soit pour obtenir contre vous une indemnité en cas d'éviction, soit pour empêcher que, par une collusion, vous ne compromettiez mes intérêts. (MULLERY, p. 41.)

V. — Le juge de paix connaît aussi de la garantie formelle, en matière d'*action possessoire*. (*V.* formule n° 62.)

VI. — *Simple*. — C'est l'obligation où l'on est de répondre des suites d'une action personnelle dirigée contre quelqu'un par un tiers. Telle est la garantie du débiteur envers sa caution qu'on actionne (Cod. civ. 1794, 1798), ou celle du débiteur solidaire envers son codébiteur. (C. civ. 1000.)

VII. — Exemple : Je souscris solidairement avec vous une obligation de 150 gourdes; le créancier peut m'actionner seul en paiement de la totalité de la somme (C. civ. 990). Mais, quoique je sois obligé envers le créancier pour toute la somme, vous n'êtes pas moins obligé envers moi pour la moitié. Ainsi, sur l'action du créancier contre moi, je puis vous appeler en garantie pour la moitié; je ne pourrai, il est vrai, demander à être mis hors de cause, pour que vous soyez condamné à mon lieu et place, ni même que la condamnation ne soit prononcée contre moi que pour la moitié de la dette, mais je pourrai demander que, par le même jugement qui me condamnera envers le créancier, vous soyez aussi condamné à me tenir compte de la moitié de la condamnation et même des dommages-intérêts, s'il y a lieu. En garantie simple, dit l'article 184 (Proc. civ.), le garant pourra seulement intervenir, sans prendre le fait et cause du garanti.

VIII. — La prescription de l'action en garantie ne commence à courir que du jour du trouble et non du jour où la garantie a été promise.

IX. — L'article 40 est pour le cas où le défendeur aurait un recours à exercer contre un tiers pour le fait de la demande dirigée contre lui et où il voudrait faire statuer sur son recours en même temps et par le même jugement à intervenir sur la demande. Car le garant peut être poursuivi de deux manières : 1° par action principale devant le juge de son domicile après le jugement de la demande originaire; 2° par la mise en cause devant le juge saisi de la demande principale. C'est de ce dernier mode d'exercer la garantie que s'occupe notre article.

X. La mise en cause des garants est une exception dilatoire, parce qu'elle suspend pendant certains délais l'action du demandeur. Le défendeur évite ainsi deux procès successifs et met le garant à même de présenter les moyens existants pour repousser la demande primitive. Le défaut de mise en cause pourrait bien l'exposer à perdre son recours en garantie, comme dans le cas de l'article 1425, cod. civ.

XI. — La demande en garantie doit résulter de conclusions formelles; elle ne peut être induite des faits et circonstances de la cause. Le jugement, en l'admettant ainsi, prononcerait *ultrà petita*.

XII. — Le juge de paix rend un jugement (qui ne doit être ni levé ni signifié) pour permettre d'appeler en garantie et accorder le délai dont parle l'article.

XIII. — Ce délai comprend un temps moral nécessaire pour que le défendeur (demandeur en garantie) puisse trouver l'occasion d'envoyer la citation; de telle sorte qu'il soit en définitive laissé au garant au moins le délai ordinaire, un jour franc, augmenté de celui de distance, pour comparaître. Il y a lieu à envoi et retour; l'augmentation du délai, à raison des distances, doit être donc du double. (Art. 954 C. pr.)

XIV. — Le garant est appelé par une citation libellée, c'est-à-dire explicative des causes pour lesquelles il est appelé. — Mais on n'a pas à lui notifier copie de la demande principale, ni des pièces justificatives de l'action en garantie.

XV. — S'il y a plusieurs garants intéressés à la même garantie, il n'y a qu'un seul délai pour tous, qui est réglé selon la distance du lieu de la demeure du garant le plus éloigné. (C. pr. 176.)

XVI. — Le défendeur peut, avant le jour de sa comparution, former la demande en garantie. Dans ce cas, il déclare à la première audience qu'il a assigné en garantie et demande un délai pour que son garant puisse comparaître. Ce délai lui est accordé, s'il paraît convenable au juge de paix. (THOMINE, 1, 103.)

Et si le juge de paix trouve le délai trop long, il peut faire renouveler la citation à un jour plus rapproché.

XVII. — A cette question : L'article 40 ne parlant que du défendeur, le demandeur peut-il appeler garant en cause ? les auteurs répondent qu'il faut distinguer : ou le demandeur connaissait le droit de garantie avant de former sa demande et, dans ce cas, le défendeur ne peut pas être contraint d'attendre les délais de la citation en garantie ; — ou au contraire il n'a connu son droit à la garantie que depuis l'introduction de l'instance, et alors il est juste qu'il puisse invoquer un secours qu'il n'a pas dépendu de lui d'appeler plus tôt. (PIGEAU, CHAUVEAU, cités par BIOCHE, n° 20, *Garantie*.)

XVIII. — Les dispositions pour la mise en cause du garant s'appliquent au cas où celui-ci voudrait appeler un sous-garant. (Arg. 177, C. pr.)

FORMULE N° 60. — *Jugement de mise en cause d'un garant.*

Entre A..... et B....., etc.

Le sieur B..... a dit qu'il avait pour garant de l'action intentée contre lui le sieur C....., et a, en conséquence, demandé qu'il lui fût accordé un délai suffisant pour faire citer ledit sieur C.....

Sur quoi, nous, juge de paix, remettons l'affaire à l'audience du..... pour lequel jour le sieur C..... sera cité en garantie ; — sinon déclarons qu'il sera fait droit sur l'instance principale, sauf à B..... à exercer, comme il avisera, son action en garantie. Dépens réservés.

Si la demande de mise en cause n'est pas accueillie, dire :

Attendu que.....

Disons qu'il n'y a pas lieu d'avoir égard à la demande en garantie que B..... veut former contre C.....

Et statuant au fond, etc..... (*motifs et dispositif du jugement*), sauf à B..... à exercer son action en garantie contre C....., comme il avisera par demande principale.

FORMULE N° 61. — *Citation en garantie simple.*

L'an....., et le....

A la requête du citoyen B....., marchand patenté au n°....., pour l'année courante, demeurant à...., j'ai....., huissier....., soussigné, donné citation à C....., demeurant en cette ville, en son domicile, où étant et parlant à.... à comparaître à l'audience du tribunal de paix de la commune de..... et par-devant M. le juge alors en siège, le....., neuf heures du matin, pour, attendu que le requérant, ayant sonscrit solidairement avec lui un billet de..... piastres en faveur du sieur A....., marchand, demeurant à....., est aujourd'hui poursuivi en condamnation de cette somme devant le tribunal de paix de..... ;

Attendu que ledit citoyen C..... est débiteur de la moitié de cette somme, se voir condamner à acquitter sa quote-part de ladite obligation, à garantir et indemniser le requérant des condamnations qui pourraient être prononcées contre lui au profit dudit sieur A....., et pour, en outre, se voir condamner aux dépens, le tout même par corps, attendu qu'il s'agit de matière commerciale.

Et, afin que le susnommé n'en ignore, je lui ai, etc.

FORMULE N° 62. — *Citation en garantie formelle.*

L'an....., etc.....

Pour, attendu que, suivant acte passé devant Me....., notaire à....., en date du....., le citoyen C..... à vendu au requérant une portion de terre dépendant de l'habitation....., située en la 3e section de la commune de..... ;

Attendu que le requérant se voit troublé dans la possession de ladite pièce de terre par une demande que le citoyen A....., demeurant à....., a formée contre lui par exploit du..... tendant à faire reconnaître la possession d'an et jour audit citoyen A....., et à faire ordonner que le requérant sera tenu de délaisser à A..... la pièce de terre dont il s'agit;

Attendu qu'aux termes de l'article 1411 C. civ. le vendeur est obligé de droit à garantir l'acquéreur de l'éviction qu'il souffre dans la totalité ou partie de l'objet vendu, ou des charges prétendues sur cet objet et non déclarées lors de la vente; que, de plus, ledit citoyen C..... s'est formellement engagé par l'acte de vente susénoncé à garantir le requérant de toutes évictions,

Voir dire qu'il sera tenu d'intervenir dans l'instance pendante entre le citoyen A..... et le requérant devant ledit tribunal de paix, relativement à la portion de terre susénoncée, de prendre les fait et cause du requérant et de faire cesser le trouble provenant de la part du sieur A.....; sinon et faute par lui de ce faire, s'entendre condamner à garantir et indemniser le requérant de toutes les condamnations qui pourront être prononcées contre lui, en principal, intérêts et frais, sans préjudice et sous réserve de tous autres droits et actions.

Et, afin qu'il n'en ignore, etc.

Art. 41. — Si la mise en cause n'a pas été demandée à la première audience ou si la citation n'a pas été faite dans le délai fixé, il sera procédé, sans délai, au jugement de l'action principale, sauf à statuer séparément sur la demande en garantie. (Proc. civ., 1040, 179.)

I. — La demande doit être faite au jour de la *première comparution*. Cette prescription n'a cependant rien d'irritant; le juge peut avoir égard à une demande plus tardive (Bioche, 13); pourvu, bien entendu, que la demande principale n'en éprouve pas de retard.

II. — En effet, lorsque la demande en garantie, quoique tardivement formée, se trouve en état avant qne le jugement soit intervenu sur la demande originaire, le juge de paix peut statuer sur l'une et l'autre en même temps : le jugement sur la demande principale n'éprouve, dans ce cas, aucun retard. (Thomine, 1,103, cité par Bioche, 25.)

III. — D'autre part, le juge n'est tenu de statuer par un même jugement sur la demande originaire et sur le recours en garantie que lorsqu'elles sont en état d'être jugées en même temps. Si, après les délais, la demande en garantie n'est pas suffisamment instruite, le demandeur originaire peut obtenir la disjonction. (Proc. civ., art. 185.)

IV. — La demande en garantie, qui ne peut être jugée en même temps que la demande principale, reste de la compétence du juge saisi, quand même il ne serait pas le juge naturel du garant. (Sirey, *V.* aussi Bioche, n° 26), *ratione personœ*, bien entendu.

V. — C'est ce qu'il faut induire de l'art. 182, Proc. civ., ainsi conçu : « Ceux qui seront assignés en garantie seront tenus de pro- « céder devant le tribunal où la demande originaire sera pendante, « encore qu'ils dénient être garants. »

VI. — Mais le défendeur en garantie ne pourrait pas être appelé devant la justice de paix d'une commane où le défendeur primitif n'aurait pas son domicile, lors même que celui-ci consentirait à ne pas opposer l'incompétence du tribunal.

VII. — Est applicable aussi la seconde partie de l'article 182 ci-dessus cité, en vertu de laquelle, « s'il est évident que la demande originaire n'a été formée que pour traduire les garants hors de leur tribunal, ils doivent y être renvoyés sur leur demande. » Mais le juge de paix devant lequel cette exception d'incompétence personnelle est soulevée doit la rejeter lorsque rien n'établit la prétendue collusion du demandeur principal et du demandeur en garantie. (CARRÉ, p. 80.)

VIII. — Le défendeur qui, après avoir demandé et obtenu un délai pour citer un garant, ne donne aucune citation, peut être condamné à des dommages-intérêts. (BIOCHE, n° 32.)

IX. — Les dispositions de l'article 41 sont applicables au cas où c'est le demandeur qui appelle garant en cause. Le défendeur originaire peut avoir intérêt à ce que la demande formée contre lui soit promptement jugée. (*Ibid.*, n° 31.)

FORMULES

FORMULE N° 63. — Jugement sur la demande principale et la demande en garantie.

Entre le citoyen A..., etc......, d'une part,
Le citoyen B..., etc....., d'une autre part,
Et le citoyen C..., etc......, encore d'autre part;
(*Conclusion des parties.*)
(*Point de fait.*)
(*Point de droit.*)
Vu les pièces ci-dessus mentionnées, etc.
Le tribunal, jugeant, etc. Attendu que B..., a fait citer C... comme garant de la réclamation formée par A..., et conclut à ce que dans le cas où le tribunal estimerait devoir accueillir en tout ou partie la demande de A..., le citoyen C... fût tenu de l'indemniser.
Attendu que de (*tel acte*) il résulte que....., etc.

Par ces motifs,

Faisant droit à la demande originaire de A... contre B..., condamne B... à payer à A...
Et faisant droit à la demande en garantie de B... contre C... :
Condamne C... à garantir et indemniser B..., etc......
Et compense les dépens pour moitié entre B... et C..., lesquels dépens sont liquidés à .... pour le citoyen A..., et à..... pour le citoyen B....

Si la demande en garantie est rejetée :
Attendu *(motif établissant qu'il n'est pas justifié de la nécessité ou du bien fondé de la demande en garantie).*
Attendu *(les autres motifs du jugement).*
Condamne B... à.....
Renvoie C... de la demande en garantie formée contre lui à la requête de B..., et condamne celui-ci aux dépens, etc.

FORMULE N° 64. — **Jugement de disjonction et sur l'action principale, sauf à statuer séparément sur la demande en garantie.**

Entre A..., B... et C..., etc.....
Le tribunal...... attendu que.....
Attendu que la demande originaire est complètement établie ; que la demande en garantie, au contraire, n'est pas en état ;..... disjoint, pour être jugée séparément, la demande originaire de celle en garantie.
Ce faisant, attendu que......
Condamne B... à payer à A..., etc....., sauf, après le présent jugement sur le principal, à être prononcé sur la garantie, quand et comme il appartiendra.

TITRE VIII

Des Enquêtes

Art. 42. — Si les parties sont contraires en faits de nature à être constatés par témoins et dont le juge de paix trouve la vérification utile et admissible, il ordonnera la preuve et en fixera positivement l'objet et le jour. (C. civ., 1126 et suiv.; Pr. civ., 36, 37, 253 et suiv.; 407, t. .)

I. — L'enquête est un moyen d'instruction tendant à constater, par l'audition de témoins, la vérité d'un fait sur lequel les parties sont en désaccord.

II. — Le juge de paix peut l'ordonner, soit sur la réquisition des parties, soit d'office.

Et il n'est pas pas tenu de l'ordonner, s'il trouve sa religion suffisamment éclairée.

III. — Pour qu'il y ait lieu à l'enquête il faut :

1° *Que les parties soient contraires en fait.* Si les faits allégués par l'une des parties sont reconnus véritables par l'adversaire, le juge de paix doit les considérer comme constants. C'est un aveu. (Art. 1142 C. civ.)

2° *Que ces faits soient utiles et admissibles.* Les faits sont admissibles lorsqu'ils sont *pertinents* et *concluants :* pertinents, c'est-à-dire ayant rapport à la cause ; concluants, lorsque leur existence peut amener la décision de la cause : la preuve de faits qui ne réuniraient pas ce double caractère prolongerait inutilement le procès. L'admissibilité des faits est laissée à l'appréciation souveraine des juges de fait. En général, il faut que les faits soient positifs et précis.

3° *Qu'ils soient de nature à être constatés par témoins.*

IV. — La preuve testimoniale est prohibée lorsque l'objet du litige excède la somme ou valeur de seize gourdes.

V. — Il doit être passé acte, devant notaire ou sous signature privée, de toutes choses excédant la somme ou valeur de seize gourdes, même pour dépôts volontaires ; et il n'en est reçu aucune preuve par témoins contre et outre le contenu aux actes, ni sur ce qui serait allégué avoir été dit avant, lors ou depuis les actes, encore qu'il s'agisse d'une somme ou valeur moindre de seize gourdes. — Le tout sans préjudice de ce qui est prescrit dans les lois relatives au commerce. (Art. 1126 du C. civ.)

VI. — La règle ci-dessus s'applique au cas ou l'action contient, outre la demande du capital, une demande d'intérêts qui, réunis au capital, excèdent la somme de seize gourdes. (Art. 1127, C. civ.)

VII. — Celui qui a formé une demande excédant seize gourdes, ne peut plus être admis à la preuve testimoniale, même en restreignant sa demande primitive. (Art. 1128, C. civ.)

VIII. — La preuve testimoniale, sur la demande d'une somme même moindre de seize gourdes, ne peut être admise lorsque cette somme est déclarée être le restant ou faire partie d'une créance plus forte qui n'est point prouvée par écrit. (Art. 1129, C. civ.)

IX. — Si, dans la même instance, une partie fait plusieurs demande dont il n'y a point de titre par écrit, et que, jointes ensemble, elles excèdent la somme de seize gourdes, la preuve par témoins n'en peut être admise, encore que la partie allègue que ces créances proviennent de différentes causes, et qu'elles se soient formées en différents temps, si ce n'était que ces droits procédassent, par succession, donation ou autrement, de personnes différentes. (Art. 1130, C. civ.)

X. — Toutes les demandes, à quelque titre que ce soit, qui ne seront pas entièrement justifiées par écrit seront formées par un même exploit, après lequel les autres demandes, dont il n'y aura pas de preuves par écrit, ne seront pas reçues. (Art. 1131 C. civ.)

XI — Les règles ci-dessus reçoivent exception lorsqu'il existe un commencement de preuve par écrit.

On appelle ainsi tout acte par écrit qui est émané de celui contre lequel la demande est formée, ou de celui qu'il représente et qui rend vraisemblable le fait allégué. (Art. 1132, C. civ.)

XII. — Elles reçoivent encore exception toutes les fois qu'il n'a pas été possible au créancier de se procurer une preuve littérale de l'obligation qui a été contractée envers lui.

Cette seconde exception s'applique :

1° Aux obligations qui naissent des quasi-contrats et des délits ou quasi-délits ;

2° Aux dépôts nécessaires faits en cas d'incendie, ruine, tumulte ou naufrage, et à ceux faits par les voyageurs en logeant dans une hôtellerie, le tout suivant la qualité des personnes et les circonstances de fait ;

3° Aux obligations contractées en cas d'accidents imprévus, où l'on ne pourrait pas avoir fait les actes par écrit ;

4° Au cas où le créancier a perdu le titre qui lui servait de preuve littérale, par suite d'un cas fortuit imprévu et résultant d'une force majeure. (Art. 1123, C. civ.)

XIII. — Également en matière commerciale, *les achats et ventes se constatent, entre autres, par la preuve testimoniale, dans le cas où le tribunal croira devoir l'admettre.* (Art. 107, C. com.)

XIV. — La pratique universelle, dit Massé, a fait de l'admission de la preuve testimoniale, qui est l'exception en matière civile, la règle générale des matières commerciales..... C'est un point constant et reconnu d'ailleurs par tous les auteurs et par une jurisprudence uniforme qu'en matière commerciale, la preuve testimoniale est toujours admissible, quelle que soit la valeur de la demande, sauf, bien entendu, les cas où la loi exige expressément un acte écrit. — Je dis toujours admissible, parce que le juge n'est jamais forcé de l'admettre. L'article 107 du Code de commerce lui laisse sur ce point un pouvoir discrétionnaire absolu. (*Droit commercial*, t. IV, 2541, 2542).

XV. — Dans les actions possessoires aussi, bien qu'il s'agisse d'une valeur au-dessus de seize gourdes, le juge de paix peut ordonner l'enquête pour établir la possession ou le trouble dénié.

XVI. — La preuve contraire ou contre-enquête est de droit. C'est-à-dire que lorsqu'une partie fait entendre ses témoins pour prouver l'affirmation, l'autre partie peut aussi faire entendre des témoins pour prouver le contraire.

XVII. — Le jugement qui ordonne l'enquête doit en fixer l'objet d'une manière très précise et articuler, au moins sommairement, les faits à prouver. C'est le moyen de ne pas laisser les parties s'égarer dans la recherche et la preuve de faits dont la constatation est sans importance réelle, et de diviser les frais du procès, selon que chacune des parties a plus ou moins exactement établi les faits dont elle avait offert la preuve. (P. Cère, p. 181.) Et puis, une mention sommaire des faits est utile pour rappeler aux témoins leurs souvenirs. (Biocne, 30.)

XVIII. — La partie poursuivante désigne au juge de paix les témoins qu'elle veut faire citer. Le juge de paix délivre une cédule indiquant la date du jugement, le lieu, le jour et l'heure où les témoins doivent être entendus (art. 37). Copie de la cédule est donnée en tête de la citation.

XIX. — Le délai entre la citation et la comparution des témoins est le délai ordinaire en justice de paix, c'est-à-dire un jour franc, augmenté à raison des distances.

XX. — Si le jugement est contradictoire et prononcé en présence des parties, il n'est ni levé, ni signifié : la prononciation vaut signification et citation (art. 36). La signification du jugement, en pareil cas, serait frustratoire.

XXI. — Le jugement par défaut doit être expédié et signifié à la partie défaillante avec sommation d'être présente à l'enquête. La partie défaillante ayant trois jours à partir de la signification pour former opposition, il est convenable que l'exécution, et par conséquent l'enquête, en ce cas, ne soit pas commencée avant l'expiration de ce délai. Le juge y aura donc égard pour la fixation du jour de l'enquête.

XXII. — Cependant l'enquête fixée et commencée plus tôt est valable lorsqu'elle a été précédée d'une signification régulière.

XXIII. — De plus, celui qui néglige d'assister aux opérations du bornage, bien qu'il y ait été appelé, est non recevable à se plaindre de ce que les témoins, dont l'audition a été jugée nécessaire dans le cours de l'opération, ont été entendus en son absence.

XXIV. — Les opérations d'un bornage comportent presque toujours la vocation (appel), et l'audition de témoins sur les lieux contentieux; souvent la nécessité de recourir à leur déclaration a été tout à fait imprévue: il serait absurde qu'en pareil cas il fallût un jugement préalable avec indication d'un jour ultérieur pour la citation des témoins. (BIOCHE, *Enquête*, n° 26.)

FORMULE N° 65. — Jugement ordonnant une enquête.

(*Voir formule n° 52*)

Entre, etc.,

Considérant que les parties sont contraires en faits; lesquels sont de nature à pouvoir être prouvés par témoins; que la vérification en est utile; que, d'ailleurs, ces faits allégués par A... sont pertinents et admissibles;

Ordonnons, avant faire droit, que A... fera preuve par témoins que 1°..... 2°.... (*énoncer les faits à prouver*), la preuve contraire réservée à B...; à l'effet de quoi, il sera par nous délivré cédule nécessaire, et seront les témoins entendus par nous le....., à deux heures de l'après-midi, parties présentes en notre audience (*ou sur le lieu contentieux*), pour, après ladite enquête, être par nous ordonné ce qu'il appartiendra.....

FORMULE N° 66. — Cédule pour citer les témoins.

Nous, juge de paix, etc.

Attendu que, par jugement en date du....., nous avons autorisé A... à faire entendre des témoins sur..... (*rappeler le jugement*). Vu la réquisition de A...,

Mandons au premier huissier de ce tribunal requis, de citer C..., D..., E... et F... (*avec désignation de leurs noms, professions et demeures*), à comparaître à notre audience (*ou à tel lieu*), le..... courant, à deux heures de l'après-midi; pour, après serment prêté, être entendus sur les faits spécifiés au susdit jugement, leur déclarant qu'ils seront taxés s'ils le requièrent et que, faute de comparaître, ils seront condamnés à l'amende.

Donné à..... le.....

(Signature du Juge.)

FORMULE N° 67. — Signification
de la cédule et sommation de comparaître aux témoins

L'an....., en vertu de la cédule de M. le juge de paix de la commune de....., en date du....., enregistrée, et dont copie est donnée en tête de celle des présentes,

Et à la requête de..... etc.

J'ai....., huissier..... soussigné, donné citation : 1° à C...; 2° à D...; 3° à E...; 4° à F... (*avec désignation de leur demeure*),

A comparaître et se trouver le..... courant, à deux heures de l'après-midi, à l'audience de M. le juge de paix de..... (*ou bien tel lieu* où M. le juge de paix se transportera avec son greffier),

Pour, chacun et séparément, serment par eux préalablement prêté, dire et déposer vérité sur les faits dont ils ont connaissance et dont la preuve a été autorisée par jugement en date du....., aux offres que fait le requérant de tenir compte de la taxe, si elle est requise par eux;

Leur déclarant que, faute par eux de comparaître aux lieu, jour et heure ci-dessus indiqués, ils encourront les amendes et dommages-intérêts prononcés par la loi.

Et à ce que les susnommés n'en ignorent, je leur ai, à chacun séparément, laissé copie de la cédule ci-dessus et du présent exploit, savoir :

A C....., à son domicile en parlant à.....; ·

A D....., à son domicile en parlant à.....;

A E....., à son domicile, en parlant à.....;

A F....., à son domicile, en parlant à..... ;

Dont acte. Le coût est de.....

Art. 43. — Au jour indiqué, les témoins, après avoir dit leurs noms, profession, âge et demeure, feront le serment de dire vérité, et déclareront s'ils sont parents ou alliés des parties et à quel degré, et s'ils sont leurs serviteurs ou domestiques. (Pr. civ., 44, 45, 47, 48, 263. — Inst. crim., 62, 137 et suiv., 165, 251, 256.)

I. — Les témoins peuvent comparaître volontairement et sans qu'il soit besoin de citation.

II. — Par serviteurs ou domestiques, on doit entendre les gens attachés au service de la personne ou de la maison, qui trouvent dans cet emploi leur moyen d'existence, et sont dès lors sous la dépendance de celui qu'ils servent.

III. — La mention, dans le jugement, des noms, âge et profession des témoins et de leur serment n'est pas prescrite à peine de nullité. (Cas., 21 décembre 1843, cité par L. P., sous l'article 48, Proc. civ.)

Si les déclarations prescrites par l'article n'ont pas été demandées aux témoins, ou si elles n'ont pas été constatées, il n'y a pas nullité; cette peine n'est pas prononcée par l'article 43. Mais, s'il est prouvé que cette omission a nui aux parties, la déposition peut être considérée comme non avenue, suivant Dalloz, n° 653. (Bioche, 50.)

IV. — L'enquête doit toujours avoir lieu publiquement. Lorsqu'elle est faite au domicile du juge de paix, les portes doivent être ouvertes.

V. — Si, au jour indiqué, aucune des parties ne se présente, le juge de paix doit-il procéder à l'audition des témoins ? L'affirmative n'est pas douteuse dans le cas où la cause est sujette à l'appel, car alors on rédige un procès-verbal d'enquête qui peut être dressé tant en présence qu'en l'absence des parties. Dans le cas contraire, le juge est libre de procéder à l'enquête ou de voir dans le défaut du demandeur une renonciation à ses prétentions. (Dalloz, n° 656.)

VI. — Le juge peut même prononcer son jugement immédiatement et en l'absence des parties. Toutefois, il est plus convenable de remettre le prononcé du jugement à un prochain jour d'audience, afin de donner le temps à la partie défaillante de se présenter et de faire ses observations. Elle a pu être légitimement empêchée. (Bioche, 43.)

VII. — Si le témoin justifie qu'il est dans l'impossibilité de se présenter au jour indiqué, le juge de paix lui accorde un délai suffisant ou se transporte pour recevoir la déposition. Si le témoin est éloigné, le juge donne commission rogatoire à son collègue du lieu. (Arg., Proc. civ., 267 et 956.)

VIII. — Si les témoins régulièrement cités ne comparaissent pas, ils seront condamnés selon les dispositions des articles 264 et suivants du Code de procédure.

Art. 44. — Ils seront entendus séparément, en présence des parties, si elles comparaissent; elles seront tenues de fournir leurs reproches avant la déposition, et, dans le cas prévu en l'article 47 ci-après, elles devront les signer; si elles ne le savent ou ne le peuvent, il en sera fait mention; les reproches ne pourront être reçus après la déposition commencée qu'autant qu'ils seront justifiés par écrit. (Proc. civ., 43, 48, 263, 271, 283 et suiv.)

I. — Les témoins sont entendus séparément, afin que la déposition des uns n'influence pas celle des autres. Cependant il n'y a pas nullité, s'ils l'ont été en présence les uns des autres. L'article ne prononce pas cette peine. (Bioche, 16.)

II. — Les témoins doivent déposer oralement; il leur est défendu de lire aucun projet écrit. (Art. 272.)

III. — Si le témoin est sourd-muet et sait écrire, il écrira sa déposition en présence du juge; il ne peut l'apporter tout écrite. S'il ne sait pas écrire, le juge nomme d'office pour son interprète la personne qui aura le plus d'habitude avec lui. Cet interprète prête serment. (Arg. de l'art. 266, C. instr. crim.)

IV. — C'est encore un interprète qu'il faudrait nommer au.témoin ne parlant pas le français. (Argument de l'art. 265, C. Inst. crim.)

V. — Les femmes peuvent être entendues comme témoins et nommées interprètes. Il en est de même des étrangers.

VI. — En général, les témoins sont tenus de comparaître et de déposer; — néanmoins, il en est que la loi défend d'assigner; — d'autres sont dispensés de déposer; d'autres peuvent être reprochés. (Bioche, *Enquête civile*, 152.)

VII. — *Témoins qui ne peuvent être assignés.* Nul ne peut être assigné comme témoin s'il est parent ou allié, en ligne directe, *de l'une des parties*, ou son conjoint même divorcé. (C. de proc. 269.)— Si la parenté et l'alliance produisent en général l'affection, souvent aussi les haines nées entre parents ou alliés sont plus vives qu'entre toutes autres personnes. — Dans ce cas, il n'est pas besoin de reprocher le témoin; le juge doit d'office l'écarter de l'enquête. (*Ibid.*, 153.)

VIII. — *Dispenses.* Ne sont pas tenues de déposer : les personnes dépositaires par état ou profession, des secrets qu'on leur confie. (Argument, Proc. civ., art. 323.) — Spécialement : 1° les médecins, chirurgiens et autres officiers de santé, les pharmaciens, sages-femmes. (*Ibid.*, 155.)

IX. — 2° L'avocat qui a reçu des révélations, à raison de ses fonctions, le notaire, l'huissier. Un défenseur officieux près la justice de paix n'est pas tenu de déposer sur des faits qu'il déclare n'avoir connus que dans le secret du cabinet, et par des révélations qui ne lui ont été faites que dans l'exercice de sa profession. (*Ibid.*, 156.)

X. — 3° Le prêtre catholique, sur les déclarations qu'il a reçues en confession; ou même hors de la confession, mais en qualité de confesseur, et par suite de la confession et du secret que le pénitent croit inviolable. (*Ibid.* 157.)

XI. — Mais ces différentes personnes ne sont pas dispensées de déposer des faits dont elles ont eu connaissance avant que la partie leur eût accordé sa confiance, et en dehors de leurs fonctions, — ou sur lesquels la partie ne les a consultées que dans l'intention de les empêcher de déposer. (*Ibid.*, 158.)

XII. — En cas d'enquête au tribunal civil, lorsque le témoin refuse de répondre, en alléguant qu'il se trouve dans une des circonstances ci-dessus énoncées, le juge-commissaire ne peut, de son autorité privée, le dispenser de répondre ; il doit constater sur son procès-verbal les motifs qu'il donne à l'appui de son refus, les lui faire signer et renvoyer les parties à l'appréciation de ces motifs. (*Ibid.* 159). Il en sera de même en cas de commission rogatoire.

XIII. — Le juge de paix demande aux parties si elles ont des reproches à faire contre les témoins. Les causes de reproche, admises par l'art. 284 s'appliquent ici par analogie : il s'agit moins de suppléer des formalités que d'interpréter le silence de la loi, qui, sans fixer de causes de reproches, dit néanmoins que les témoins peuvent être reprochés. (*V.* art. 284, Proc. civ.)

XIV. — Les reproches sont fournis après le serment et au plus tard après la déclaration faite par le témoin de ses noms, qualités et demeure.

XV. — Cependant, si la partie qui fournit tardivement ses reproches se trouve dans un des cas de l'article 29 du Code de procédure, il est conforme à l'esprit de la loi de la relever de sa déchéance. (DEMIAU, 1, 4° cité par BIOCHE, 57.)

XVI. — Le témoin valablement reproché doit-il être entendu ? Mullery dit oui, par application de l'article 285 du Code de procédure. (*Manuel*, p. 46, en note.)

La jurisprudence française dit non. S'il s'agit, dit Bioche, d'une contestation de nature à être jugée en dernier ressort par le juge de paix, la déposition ne doit pas être reçue, puisqu'elle est écartée par le juge qui doit statuer définitivement. — La même solution s'applique dans le cas où la contestation ne doit être appréciée qu'en premier ressort par le juge de paix. — La loi ne lui a pas imposé l'obligation de recevoir une déposition contre laquelle a été formé un reproche admis par lui. Il y aurait, d'ailleurs, un grave inconvénient a mettre le juge de paix dans la nécessité de recevoir une déposition écartée par un reproche ; cette déposition, faite devant lui, pourrait exercer sur son esprit une impression que ses lumières et son impartialité auraient peine à détruire. Enfin si, sur l'appel, le reproche est écarté, l'on peut ordonner un supplément d'enquête. (*Dictionnaire des Juges de paix*, Enquête civile, 59.)

XVII. — Du reste, dans le cas de l'art. 285, Proc. civ., — Enquête pour le tribunal civil, — c'est un juge-commissaire qui entend les reproches et renvoie à l'audience pour l'admission ou le rejet. On conçoit alors que le témoin reproché soit tout de même entendu (art. 285), puisqu'il est possible que, le reproche venant à être écarté ultérieurement par le tribunal, — la déposition reçue par le juge-commissaire produise son effet. Tandis qu'ici le juge de paix, prononçant lui-même sur les reproches au cours de l'enquête, à quoi bon une déposition, à laquelle on sait déjà qu'on ne doit pas avoir égard, vu l'admission des reproches ?

L'article 285 est applicable, sans conteste, si le juge de paix agit par commission rogatoire.

XVIII. — Lorsqu'une personne citée pour déposer dans une enquête se voit empêchée de se présenter à l'heure indiquée, elle doit, pour éviter les condamnations prévues par l'article 264, en prévenir le juge. Sur cet avis, le magistrat lui accordera un délai, ou se transportera sur les lieux pour recevoir la déposition, ou bien donnera commission à un autre juge de procéder à l'audition, si elle se trouve hors de la commune. Si elle craint d'être emprisonnée par suite de la contrainte par corps décernée contre elle, le juge peut lui envoyer un sauf-conduit. (Art. 682, Proc. civ.) Dans tous les cas, le juge rend une ordonnance sur le procès-verbal. (MULLERY, *Manuel*, p. 45.)

ART. 45. — Les parties n'interrompront point les témoins : après la déposition, le juge pourra, sur la réquisition des parties, et même d'office, faire aux témoins les interpellations convenables. (Proc. civ. 274.)

ART. 46. — Dans tous les cas où la vue d'un lieu peut être utile pour l'intelligence des dispositions, et spécialement dans les actions pour déplacement de bornes, usurpations de terre, arbres, haies, fossés ou autres clôtures, et pour entreprises sur les cours d'eau, le juge de paix ordonnera, s'il en est requis, qu'il se transportera sur le lieu, et que les témoins y seront entendus. (Proc. civ., 7, 36, 38, 49.)

I. — Le transport sur les lieux peut être ordonné même après le commencement de l'enquête, lorsque la visite des lieux paraît utile pour l'intelligence des dépositions.

II. — Le témoin, de même que les parties, est tenu de suivre le juge dans le transport ordonné. (*Voir supra*, note 4, sous l'article 13.)

III. — Le juge ne peut se transporter sur les lieux et y entendre les témoins qu'autant qu'il en a été expressément requis par les parties.

IV. — L'article 7 du tarif fait au juge de paix qui *aura trouvé* le transport *nécessaire* l'obligation de mentionner au procès-verbal la réquisition de la partie ; sinon il ne sera rien alloué au tribunal pour le transport.

V. — D'ailleurs, le transport sur le terrain contentieux est purement facultatif et ne doit avoir lieu qu'autant que le juge le croit nécessaire.

FORMULE N° 68. — Cédule pour le transport après le commencement de l'enquête.

Nous..., etc.; vu notre jugement du....., et l'enquête ordonnée par icelui, dans l'instance pendante devant nous entre A... et B...;

Attendu que, pour l'intelligence des dépositions déjà reçues dans ladite enquête ordonnée et commencée le..... (*ou* pour compléter les renseignements nécessaires à la juste appréciation de la valeur de l'indemnité réclamée), il y a nécessité de voir et visiter les lieux contentieux,

Vu la réquisition de..... (*ou* des parties) à cet effet,

Disons que le..... du courant, à deux heures de l'après-midi, nous nous transporterons à....., lieu contentieux, avec notre greffier, parties présentes ainsi que les témoins, à l'effet de faire les constatations nécessaires et continuer l'enquête sur lesdits lieux.

NOTA. — *Faut-il une nouvelle citation aux témoins ? Non.* (Argument de l'art. 268, Proc. civ.)

ART. 47. — Dans les causes sujettes à l'appel, le greffier dressera procès-verbal de l'audition des témoins : cet acte contiendra leurs noms, âge, profession et demeure, — leur serment de dire vérité, leur déclaration s'ils sont parents, alliés, serviteurs ou domestiques des parties, les reproches qui auraient été fournis contre eux. Lecture du procès-verbal sera faite à chaque témoin pour la partie qui le concerne; il signera sa déposition, ou mention sera faite qu'il ne sait ou ne peut signer. Le procès-verbal sera, en outre, signé par le juge ou le greffier. Il sera procédé immédiatement au jugement, ou, au plus tard, à la première audience. (Proc. civ., 20 à 22, 39, 43, 44, 50, 275 et suiv.)

I. — L'omission du procès-verbal constitue-t-elle nullité ? Deux systèmes ont été suivis : — On a jugé que « l'omission du procès-verbal constitue une nullité substantielle que les juges d'appel ne peuvent se dispenser de prononcer. » Mais on a jugé aussi que « cette omission ne peut donner lieu qu'à une nouvelle audition de témoins aux frais du greffier, nouvelle audition que les juges d'appel peuvent se dispenser même d'ordonner s'ils trouvent, dans les documents de la cause, des éléments suffisants de décision. » (*V.* BIOCHE, *Dictionnaire des Juges de paix*, Enquête civile, 65.)

II. — Après lecture faite au témoin de sa déposition, le juge lui demande s'il y persiste. Le témoin, lors de cette lecture, peut demander des rectifications et modifications. (Art. 273.) Si le juge reconnaît qu'en effet il n'a pas rendu le sens de la déposition, il peut en rectifier les termes; s'il pense ne pas s'être trompé, il se contente de mentionner la réclamation faite par le témoin et la modification par lui demandée.

FORMULE N° 69. — Procès-verbal d'enquête.

Aujourd'hui mercredi, sixième jour du mois de décembre mil huit cent quatre-vingt-six, à dix heures du matin, à (*désigner le lieu où se fait l'enquête, dire par exemple :* à l'audience du tribunal de paix de....., *ou à tel endroit* où nous nous sommes transportés à l'effet que dessous.)

Nous..., juge de paix de la commune de....., assisté de notre greffier, avons procédé ainsi qu'il suit à l'enquête ordonnée pour notre jugement du....., rendu entre A... et B... (*profession et demeure*) ici présents (*ou* défaillants).

(*Quand les parties sont présentes* :)Le sieur A... nous a exposé que, sur la demande formée par lui contre B.... et tendant à....., il a été autorisé par notre jugement interlocutoire du....., à faire cejourd'hui la preuve testimoniale que (*faits à prouver*);

Que, suivant exploit de N..., huissier, en date du....., enregistré, il a fait citer, pour être entendus aux fins ci-dessus, deux témoins; qu'il nous demande de procéder à leur audition.

Le sieur B... (*profession et demeure*), défendeur, a déclaré ne pas s'opposer à l'enquête dont s'agit, et nous a dit qu'il a appelé pour être entendus par nous deux témoins; — qu'il nous demande également de procéder à leur audition.

Immédiatement les témoins cités par le demandeur s'étant présentés, ainsi que ceux appelés par le défenseur, nous leur avons donné lecture de notre jugement du.....

Puis, s'étant retirés par ordre du juge (*en tel endroit*), ils ont été appelés l'un après l'autre, et chacun d'eux a déposé séparément en présence des parties, ainsi qu'il suit :

ENQUÊTE.

Premier témoin. — Le sieur..., ouvrier maçon, demeurant à....., âgé de..... ans, après avoir prêté serment de dire vérité et déclaré qu'il n'est ni parent, ni allié, ni serviteur des parties, ni elles à son service, a fait la déposition suivante :.. ..

Lecture faite au témoin de sa déposition, il a dit qu'elle contient vérité et qu'il y persiste.

Sur notre demande, il a répondu qu'il requiert taxe; et son salaire a été taxé sur la copie de la citation à vingt-cinq centimes pour transport d'une lieue. (Art. 25, 74 et 75 du Tarif; — 272 et 278 Proc. civ.)

Et ledit témoin a signé en cet endroit (*ou* a déclaré qu'il ne sait ou ne peut signer, de ce par nous interpellé.)

Deuxième témoin. — Le sieur X..., commerçant, demeurant à.....,
âgé de....., a prêté serment de dire vérité et a déclaré qu'il est cousin germain de B,..

A cet instant, ce dernier déclare reprocher le témoin à cause de sa parenté avec lui ; et il a signé.

(Signature de B...)

Nous, juge de paix, vu l'article 284 du Code de Procédure civile ;
Attendu que le reproche est fondé en droit,
Admettons ledit reproche et disons que le témoin ne sera pas entendu ;
Et avons signé avec le greffier.

(Signatures du Juge et du Greffier.)

Contre-Enquête.

Premier témoin. — Le sieur ..., rentier, demeurant à....., âgé de...,
après avoir prêté serment de dire vérité, a déclaré qu'il n'est ni parent, ni
allié, ni serviteur d'aucune des parties, ni elles à son service.

Ici, le sieur A..... a déclaré que depuis le jugement qui a ordonné l'enquête ce témoin avait bu ou mangé aux frais de B.....; que, dès lors, il le reprochait et s'opposait à son audition ; et a signé.

(Signature de A...)

B..... a répondu..... (*réponse de B.....*)
Le témoin, interrogé, a dit..... (*réponse du témoin*) et a signé.

(Signature du témoin.)

Sur quoi, nous, juge de paix :
Attendu que les faits allégués par A..... sont ou ne sont pas suffisamment
établis, rejetons *ou* retenons le reproche et ordonnons que le témoin sera
ou ne sera pas entendu.

*S'il est entendu, recevoir sa déposition comme pour le premier témoin
de l'enquête.*

Deuxième témoin.

La dame X....., marchande, demeurant à....., âgée de....., après avoir
prêté serment de dire vérité, et déclaré qn'elle n'est ni parente, ni alliée, ni
servante des parties, ni elles à son service, a fait la déposition suivante :

. . . .

Vers la fin de cette déposition, le citoyen A....., ayant interrompu
et interpellé directement le témoin, nous, juge de paix, vu les articles
45 et 277 (1) du Code de procédure, avons condamné, *au nom de la*

---

(1) Sur ce point, nous suivons Mullery, qui fait ainsi l'application de l'art. 277
en Justice de paix.

République, ledit citoyen A..... à une piastre d'amende, au profit de la caisse publique. Prononcé le..... et avons signé avec le greffier.

(Signature du Juge et du Greffier.)

Ledit citoyen A..... nous a alors requis de faire au témoin la question suivante.....

Ce qui a été fait et à quoi le témoin a répondu.....

Lecture faite au témoin de sa déposition, il a dit qu'elle contient vérité et qu'il y persiste. Et sur notre demande s'il requérait taxe, il a répondu que non, et a déclaré ne savoir signer, de ce par nous interpellé.

Les parties, ayant respectivement déclaré n'avoir plus aucun témoin à produire, ont repris leurs conclusions originaires, qu'elles ont développées, et elles ont examiné, chacune à leur point de vue, les dépositions des témoins; puis nous avons mis la cause en délibéré pour être notre jugement prononcé à notre prochaine audience, à laquelle nous avons renvoyé les parties, et avons clos et signé le présent procès-verbal.

(Signature du Juge et du Greffier.)

S'il y a des témoins défaillants :

De l'appel des témoins faits sur les originaux des citations données à la requête des parties, il résulte que les citoyens E...., témoin du demandeur, et G....., témoin du défendeur, ont fait défaut. En conséquence,

Nous, juge de paix, soussigné, attendu que les citoyens E..... et G....., (*profession et demeure*), dûment cités pour déposer devant nous, ont fait défaut et, après avoir entendu les parties en leurs réquisitions, condamnons, au nom de la *République,* lesdits citoyens E..... et G....., chacun à..... gourdes d'amende envers la caisse publique; ordonnons qu'ils soient de nouveau cités, à leurs frais, à comparaître le..... (*à tel lieu*), pour faire leur déposition, et les condamnons en outre, ledit E..... à..... gourdes de dommages-intérêts envers le citoyen A....., et ledit G..... à..... gourdes de dommages-intérêts envers B..... Ce qui sera exécuté nonobstant opposition (1), conformément à l'article 264 du Code de procédure civile.

Prononcé en présence (*ou en absence*) des parties, les jour, mois et an que dessus, par nous, juge soussigné, assisté de notre greffier.

Si un témoin cité se trouve empêché de se présenter et qu'il en ait prévenu le juge, le procès-verbal se continue ainsi :

Statuant sur la représentation que nous a faite le sieur Y..... de ce que le citoyen N....., témoin cité, se trouve en ce moment dans l'impossibilité de se présenter par-devant nous, pour cause de maladie, ainsi qu'il résulte

.

(1) Mullery, page 45.)

du certificat délivré par le sieur P....., docteur en médecine, en date du.....;
et après avoir entendu les réquisitions des parties tendant à ce que.....,

Nous, juge susdit, ordonnons, au nom de la République, que le..... à.....
heure d....., nous nous transporterons à....., à l'effet de recevoir la déposition dudit citoyen N....., *ou* accordons un délai jusqu'au....., à..... heure
d....., audit témoin pour se présenter à l'audience et faire sa déposition
devant nous; *ou bien comme au n° 70 (Commission rogatoire).*

Prononcé en présence des parties les jour, mois et an que dessus.

Sauf-conduit :

Nous, juge de paix, etc., faisons défense, *au nom de la République*, à tous
huissiers et agents de la force publique, d'exercer contre le citoyen N......
etc., aucune contrainte par corps depuis *tel jour....*, jusques et y compris
tel jour....., à l'effet, par ledit N....., de venir faire sa déposition et retourner chez lui. — Fait et délivré à....., le.....

(L'expédition est délivrée en forme exécutoire.)

FORMULE N° 70. — *Commission rogatoire de juge de paix à juge de paix.*

Nous, juge de paix de la commune d....., attendu que (*résumer les
faits et le jugement qui ont motivé l'enquête*); que le sieur X....., témoin
domicilié aux Gonaïves, nous a été indiqué comme témoin utile; — prions
notre collègue de la commune des Gonaïves de mander devant lui ledit
sieur X....., lequel déposera sur les points suivants :

1°.....

2°..... (*préciser les faits sur lesquels le témoin doit déposer*); et de
cette déposition sera dressé procès-verbal que notre collègue nous trans-
mettra.

Donné à....., le

(Signature du Juge.)

FORMULE N° 71. — *Prorogation de la contre-enquête.*

NOTA. — *S'il se trouve au nombre des témoignages produits par le demandeur un témoignage portant sur des faits graves et qui n'auraient pas
été signalés dans les débats qui ont précédé l'enquête, par exemple si l'un
des témoins dépose de faits qui lui auraient été déclarés par une tierce personne; que cependant le demandeur n'a pas fait entendre, le juge peut
accorder un délai pour continuer sa contre-enquête et spécialement pour
faire entendre cette tierce personne elle-même.*

Le juge de paix ajoute alors à la suite du procès-verbal de contre-enquéte :

Le sieur B..... (défendeur) nous a exposé que rien n'avait été allégué dans les débats antérieurs qui soit de nature à mettre ledit défendeur en demeure de contester les faits qui ont été attestés dans la déposition du sieur X.....

Que dès lors il avait été dans l'impossibilité d'appeler des témoins à cet égard.

Mais qu'il est en mesure de prouver, notamment par le témoignage du sieur Z....., l'inexactitude des faits allégués dans la déposition du sieur X.....

Et qu'il nous requiert, en conséquence, de proroger notre contre-enquête au....., afin qu'il puisse faire entendre lesdits témoins.

Sur laquelle réquisition, nous, juge de paix, attendu qu'en effet (*reprendre les motifs qui lui paraissent fondés*);

Renvoyons la cause et les parties au..... du mois courant, trois heures de l'après-midi, pour être procédé à la continuation de ladite contre-enquête et pour être ultérieurement par les parties requis, et par nous statué ce que de droit; dépens réservés.

ART. 48. — Dans les causes de nature à être jugées en dernier ressort, il ne sera point dressé de procès-verbal; mais le jugement énoncera les noms, âge, profession et demeure des témoins; leur serment, leur déclaration s'ils sont parents, alliés, serviteurs ou domestiques des parties, les reproches et le résultat des dépositions. (Pr. civ., 36, 43, 51, 407.)

I. — La mention, dans le jugement, des noms, âge et profession des témoins et de leur serment n'est pas prescrite à peine de nullité. (Cass., 21 déc. 1843, cité par L. PRADINE sous l'art. 48.) Mais ce ne doit pas être une raison pour négliger cette formalité.

II. — S'il est préférable d'énoncer le résultat de chaque déposition prise isolement, il n'est cependant pas absolument nécessaire de le faire : le résultat général de toutes les dépositions suffit.

III. — Les deux juges, dont le concours est nécessaire dans les causes en dernier ressort, assistent à l'enquête comme à tous les actes d'instruction.

FORMULE N° 72. — *Jugement définitif en dernier ressort,
sur l'enquête.*

Entre A..... et B....., etc.

Par sa citation en date du....., le demandeur a conclu à....., etc.

La cause portée à l'audience du .... le tribunal, sans rien préjuger et avant faire droit, a ordonné que A..... ferait preuve par témoins à l'audience de cejourd'hui que..... (*énoncer les faits à prouver*).

Et ce jour, le juge de paix, assisté du citoyen R....., suppléant, et du citoyen....., greffier, a procédé à l'audition de témoins assignés de la part du demandeur, lesquels ont été entendus séparément dans leur déposition, en présence des parties, après avoir déclaré qu'ils ne sont ni parents, ni alliés, ni serviteurs des parties, et après avoir chacun séparément prêté serment de dire la vérité, savoir :

Premier témoin.

C..... (*nom, prénom, professions*) demeurant à...., âgé de....., a dit que .... (*énoncer le simple résultat de sa déposition*).

Second témoin.

D. E..... (*profession*), demeurant à....., âgé de....., a déclaré que, etc.

S'il y a des reproches formés contre les témoins, on dit, aussitôt après avoir écrit les noms :

Ce témoin a été reproché par ledit....., attendu que..... (*motif du reproche*); à quoi le témoin a répondu que.....

Sur quoi, le tribunal, après avoir délibéré, considérant que le reproche est (*ou n'est pas*) justifié, a ordonné que le témoin serait (*ou ne serait pas*) entendu.

Les témoins du demandeur étant entendus, ledit....., défendeur a présenté les témoins pour la preuve contraire qui lui est réservée. Ces témoins, au nombre de....., ont été introduits devant le tribunal, séparément, et entendus de même en présence des parties; ils ont déclaré qu'ils ne sont ni parents, ni alliés, ni serviteurs des parties et ont prêté chacun séparément serment de dire la vérité, savoir..... (*comme ci-dessus*).

Ces enquête et contre-enquête étant terminées, les parties ont été respectivement entendues dans leurs moyens et défenses. Le demandeur a dit qu'il persiste dans ses conclusions, attendu que, etc.....

A quoi le défendeur a répondu que.....

Dans cet état la cause a présenté les questions suivantes :

Le tribunal doit-il, selon la demande de A....., condamner B..... à.....

Ou bien doit-il admettre les conclusions de B..... tendant à.....?

Le tribunal, après en avoir délibéré conformément à la loi, et jugeant en dernier ressort,

Attendu qu'il résulte de l'enquête la preuve que A..... a prêté à B..... la somme de....., condamne B..... à payer audit citoyen A..... ladite somme de....., avec intérêts à dater du....., et aux dépens liquidés et taxés à la somme de.....

TITRE IX

Des visites des lieux et des Appréciations.

Art. 49. — Lorsqu'il s'agira soit de constater l'État des lieux, soit d'apprécier la valeur des indemnités et dédommagements demandés, le juge de paix, sur la réquisition qui lui en sera faite, ordonnera que le lieu contentieux sera visité par lui, en présence des parties. (Proc. civ., 36, 37, 46, 296 et suiv. — Inst. crim., 129.)

I. — Le transport sur les lieux ne doit être ordonné qu'autant qu'il aura été expressément requis par les parties ou l'une des parties ; car il occasionnera des frais. A défaut de mention de cette réquisition au procès-verbal, il ne sera rien alloué au juge pour son transport. (Art. 7 du Tarif.)

II. — La visite doit être ordonnée d'avance. Le juge ne peut motiver sa décision sur l'état des lieux visités par lui sans qu'un jugement préparatoire ait préalablement ordonné cette visite et que les parties aient été appelées. (Bioche.)

III. — Le jugement préparatoire doit être explicatif, énoncer l'objet du litige, les prétentions respectives des parties, les moyens et les preuves proposés par elles, les questions de fait et de droit soulevées dans le procès, le jour, le lieu et l'heure de l'opération. Si le jugement est contradictoire, il ne doit être ni levé, ni signifié. Le juge se rend sur les lieux, accompagné du greffier porteur de la minute du jugement préparatoire. (Art. 36, 37 et 38, proc. civ.)

IV. — Le juge est libre de refuser la visite quoiqu'elle soit requise, s'il ne la reconnaît pas nécessaire. Il doit, par exemple, se dispenser de visiter les lieux, lorsque la contestation est minime, que les frais de transport absorberaient le principal. (Bioche.)

FORMULE N° 73. — Jugement qui ordonne une visite des lieux.

Entre..... etc. Nous, juge de paix, etc. Considérant que la contestation pendante entre A... et B... ne peut être jugée sans une visite préalable des lieux contentieux;

Que cette visite est réclamée par les parties *ou* par.....

Ordonnons qu'avant faire droit, lesdits lieux seront par nous visités le..... heure de....., en présence des parties, pour ensuite être par nous statué ce qu'il appartiendra. Dépens réservés.

———

FORMULE N° 74. — Visite des lieux par le juge.

Aujourd'hui..... le....., heure de.....

Nous, juge de paix, etc.

En exécution du jugement interlocutoire par nous rendu en date du..,.., entre A... et B..., et ordonnant que les lieux litigieux seraient vus et visités par nous, etc.,

Nous sommes transportés à (*le lieu à visiter*), où étant nous avons trouvé lesdits citoyens A..., demandeur, et B..., défendeur, auxquels nous avons déclaré que nous venions procéder à la visite de.....

Et à l'instant, procédant à l'examen desdits lieux et en présence desdits citoyens A... et B..., avons vu, constaté que..... La visite et l'examen terminés, avons entendu les parties en leurs dires et conclusions.

(*S'il y a lieu de rendre une fois le jugement :*)

Le demandeur a dit..... Le défendeur a répondu, etc. Attendu que..... etc.

(*Sinon :*) Et avons renvoyé la cause à l'audience de *tel jour* pour être prononcé jugement, les parties invitées à y comparaître sans citation préalable. Dépens réservés, etc.

Art. 50. — Si l'objet de la visite ou de l'appréciation exige des connaissances qui soient étrangères au juge, il ordonnera que les gens de l'art qu'il nommera par le même jugement feront la visite avec lui et donneront leur avis; il pourra juger sur les lieux mêmes, sans désemparer. Dans les causes sujettes à l'appel, procès-verbal de la visite sera dressé par le greffier, qui constatera le serment prêté par les experts; le procès-verbal sera signé par le juge, par le greffier et par les experts; et si les experts ne savent ou ne peuvent signer, il en sera fait mention. (Proc. civ., 20 à 23, 39, 47, 302 et suiv., 401, 955, 956.)

I. — Le juge à l'examen duquel s'offre une question médicale, et spécialement celle de savoir de quelle maladie serait mort un cheval, ne peut pas s'autoriser de ses connaissances personnelles, sans recourir aux moyens de preuves établis par la loi. (Cass. fr., 5 Juin 1872. — *Gazette des Tribunaux*, 9 Juin 1872, citée par N. CARRÉ sous l'article 42.)

II. — Un juge de paix ne peut pas désigner son greffier pour faire des opérations d'arpentage ou d'expertise dans les affaires litigieuses qui lui sont soumises. (N. CARRÉ.)

III. — Il peut discrétionnairement nommer un expert ou en nommer deux sans le consentement des parties : l'article 303 n'est pas applicable en justice de paix. (SIREY.) Il est d'usage, toutefois, de désigner un ou trois experts. Notre article n'en fixe pas le nombre.

IV. — Les parties peuvent aussi désigner elles-mêmes les experts.

V. — Les experts nommés d'office par le juge de paix peuvent être récusés, par les mêmes motifs pour lesquels les témoins peuvent être reprochés. (Art. 310 et 284.) Ce sont, en effet, des espèces de témoins ; leur témoignage est d'autant plus grave qu'ils ont la confiance du juge qui les nomme et qu'ils préparent ses décisions.

VI. — Ceux choisis par les parties ne sont récusables que pour causes postérieures à leur nomination : les parties sont présumées avoir renoncé à faire valoir les causes antérieures (308); à moins qu'elles ne les aient ignorées. (THOMINE, 1, 513.)

VII. — La récusation pour cause antérieure à la nomination n'est plus recevable trois jours après celui de cette nomination. (Art. 309). C'est ordinairement au prononcé du jugement que les motifs de récusation sont déclarés et appréciés. (MULLERY, p. 51.)

VIII. — Le serment une fois prêté, la récusation n'est plus admissible, même pour causes postérieures, les opérations sont réputées commencées (308). On peut seulement signaler au juge les circonstances de nature à diminuer sa confiance dans les experts.

IX. — Il est facultatif au juge de paix de recevoir le serment des experts sur les lieux contentieux, où il peut procéder au jugement sans désemparer.

X. — Mais il vaut mieux, dit Mullery, p. 51, appeler les experts en serment, avant le jour de l'expertise ; car il arrive souvent que les experts nommés se trouvent empêchés ou n'acceptent pas la mission, ce qui occasionne des frais inutiles aux parties ; au lieu qu'en les appelant au serment avant le jour fixé pour la visite, s'ils ne se présentent pas ou s'ils refusent la mission, on a le temps d'en nommer d'autres et, s'il est nécessaire, en ajourner l'opération.

XI. — Les parties peuvent toutefois les dispenser du serment Dans la pratique, dit Boitard, n° 515, notamment à Paris, on reconnaît aux parties majeures le droit de dispenser du serment les experts qu'elles nomment ou qu'elles acceptent. On évite ainsi la perte de temps et les frais qu'occasionnerait la prestation de serment.

XII. — Le ministère des experts est entièrement libre ; mais une fois qu'ils ont accepté les fonctions qui leur sont conférées, et qu'ils ont commencé leurs opérations par la prestation du serment, ils ne peuvent se déporter, *à moins d'excuse légitime*, sans s'exposer à être condamnés par le tribunal qui les a commis, à tous les frais frustratoires et même aux dommages-intérêts, s'il y échet. (Proc. civ. 315.) En acceptant leur mission, ils ont contracté l'obligation de la remplir, et deviennent responsables du préjudice causé par son inexécution. (Bioche, *Expert.*, 69.)

XIII. — Toutes les personnes qui doivent assister aux actes d'instruction sont citées à comparaître à la requête de la partie la plus diligente.

XIV. — Une seconde expertise peut être ordonnée en cas d'insuffisance de la première.

XV. — S'il y a lieu d'entendre des témoins, on procède comme il a été dit au titre des Enquêtes.

XVI. — Le vœu de la loi est que l'expertise ait lieu en présence du juge de paix qui l'a ordonnée. Ce magistrat sera mieux édifié et plus à même de rendre une bonne décision. Les gens de l'art ne sont que ses aides. Toutefois, les termes de la loi ne sont pas tellement impératifs que le juge ne soit libre, suivant les circonstances, de ne pas assister aux opérations. (Bioche, *Expert.*, 19.)

XVII. — Et dans ce cas, les experts dressent un rapport séparé.

XVIII. — Le rapport des experts n'est pour le juge de paix, comme pour les tribunaux ordinaires, qu'un simple document destiné à éclairer sa conviction, et non une décision qui lie son jugement ; il peut y avoir tel égard que de raison. (Bioche, *Expert.*, 34.)

XIX. — L'omission du procès-verbal dans les causes sujettes à l'appel est une cause de nullité, surtout s'il est établi que les experts n'ont pas prêté serment et en ont été dispensés par le juge de paix, sans que les parties aient été consultées. (Carré, p. 83.)

XX. — Les juges peuvent s'abstenir d'ordonner une expertise lorsqu'il existe dans la cause des éléments de conviction suffisants. (Cass., 25 octobre 1852. L. P., sous l'art. 302 P. civ.)

XXI. — Le présent titre ne s'occupe que des expertises avec une visite des lieux. Mais devant la justice de paix, comme devant le tribunal civil, une expertise est souvent indispensable dans bien d'autres cas, toutes les fois que des connaissances techniques sont requises pour statuer sur une contestation, ainsi que le prescrit l'article 37. (*V.* note 1 ci-dessus.)

Appliquer dans ces cas les dispositions relatives aux expertises en matières ordinaires. (*V.* Carré, p. 83.)

XXII. — Les tribunaux civils ont le droit de commettre un juge de paix pour nommer des experts, recevoir leur serment, se transporter sur les lieux, enfin, mettre les experts en mesure de procéder. Cela rentre dans la juridiction gracieuse. (*V.* cette partie.)

XXIII. — De même que pour l'enquête, lorsque le juge de paix procède en vertu d'une commission rogatoire d'un tribunal civil, il doit se conformer aux règles qu'aurait dû suivre le commissaire pris dans le sein d'un tribunal qui a fait la délégation, c'est-à-dire aux articles 303 et suivants.

XXIV. — La commission rogatoire peut être aussi donnée par un collègue d'une autre commune ou section.

FORMULE N° 75. — Jugement nommant des experts.
(*V.* formule n° 57.)

FORMULE N° 76. — Cédule pour appeler les experts. — (*V.* formule n° 58 pour le cas où la prestation de serment se fait sur les lieux, au moment même de l'expertise.)

Nous, etc.; attendu que, par jugement du..... de notre tribunal, le sieur X..... a été désigné comme expert à l'effet de..... (*rappeler le jugement*);

Vu la réquisition de A....., mandons à l'huissier du tribunal de paix qui sera requis à cet effet, de citer ledit sieur X..... à comparaître au greffe de notre tribunal le....., à..... heure de....., pour, ledit expert, prêter le serment de bien et fidèlement procéder aux opérations ordonnées par ledit jugement, etc.

FORMULE N° 77. — Citation aux experts.

L'an..... et le.....; en vertu de la cédule, etc.

Et à la requête de....., etc., j'ai....., huissier..... soussigné, donné citation au sieur X....., etc.

A comparaître et se trouver le....., heure de....., au greffe du tribunal de paix de....., pour, ledit sieur X....., prêter serment de bien et fidèlement procéder aux opérations qui lui sont confiées.

Et afin que le susnommé, etc.

FORMULE N° 78. — Procès-verbal de prestation de serment.

Aujourd'hui....., le....., à..... heures de.....;

Par-devant nous, ..., juge de paix de la commune de ....., assisté de notre greffier,

A comparu au greffe le sieur X..... (*profession*), demeurant à....., expert nommé par jugement du....., à l'effet de donner son avis sur l'état des lieux dont la visite a été ordonnée dans le litige entre les citoyens A..... et B.....; lequel nous ayant dit qu'il comparaît au désir de la citation à lui donnée en vertu de notre cédule du....., et par suite du jugement sus-énoncé, — et qu'il accepte la mission à lui confiée, — a prêté en nos mains, lecture a lui préalablement faite par le greffier du susdit jugement, — le serment de bien et fidèlement procéder aux opérations qui lui sont confiées, et a promis de se trouver le....., à..... heures de..... (*en tel lieu*), aux fins que dessus.

Dont acte lu au comparant, qui a signé avec nous, en présence (*ou* absence) des parties.

FORMULE. N° 79. — Procès-verbal de visite des lieux avec assistance d'expert, et jugement.

Si la prestation de serment a eu lieu déjà avant le jour de l'expertise, le procès-verbal est continué comme suit, sur le même acte n° 78 :

Et le....., à..... heures de....., en conséquence de l'ajournement pris par l'acte ci-dessus, et de la réquisition à nous faite par le citoyen

A....., nous....., juge de paix soussigné, nous sommes transporté, assisté de notre greffier (*en tel endroit, lieu litigieux*), où étant, les citoyens A..... et B..... nous ont déclaré qu'ils comparaissaient en exécution de notre jugement du....., pour assister à l'opération dont s'agit et nous ont requis d'y procéder.

En conséquence, l'expert X..... étant présent, lecture dudit jugement du..... a été faite par le greffier; et nous avons procédé de la manière suivante.....

L'expert a procédé à l'estimation, etc.;

L'expert a reconnu que (*énoncer son avis*), etc.

Si la prestation de serment n'avait pas encore été faite ou si l'expert en a été dispensé par les parties, le procès-verbal s'ouvre et se rédige comme suit :

Aujourd'hui, *tel* jour du mois de....., mil...., etc., à telle heure d.....;

Nous, juge de paix de la commune de....., assisté du citoyen....., greffier de cette justice de paix;

Vu le jugement interlocutoire rendu par notre tribunal le....., sur la demande formée par le citoyen A....., contre le citoyen B....., et par lequel il a été ordonné que (*dispositif du jugement*);

A la réquisition du citoyen A....., nous nous sommes transporté dans une maison sise en cette ville, rue....., nº....., à l'effet de constater (*énoncer l'objet de la visite et de l'expertise*);

Où étant, ont comparu

1º Ledit sieur A....., lequel nous a dit qu'aux termes du jugement contradictoire en date du..... et de la cédule à lui par nous délivrée le...., il a, par exploit du....., enregistré, fait citer à comparaître devant nous à ces jour, lieu et heure, le sieur X....., demeurant à....., pour nous assister dans l'opération ordonnée par ledit Jugement, et nous donner son avis; qu'il requiert en conséquence qu'il nous plaise procéder à la visite ordonnée de concert avec l'expert, serment par lui préalablement prêté (*ou* dispensé du serment), et a signé.

(Signature de A...)

2º Le sieur B....., défendeur, lequel a dit qu'il ne s'oppose pas aux visite et expertise ordonnées, offrant d'y assister sous toutes réserves, et a signé.

(Signature de B...)

3º Le sieur X....., demeurant à....., expert nommé à l'effet de nous assister dans l'opération dont il s'agit, — (*s'il y a lieu :* lequel a dit qu'il accepte la mission à lui confiée et offre d'y procéder), et a signé.

(Signature de l'Expert.)

Nous, juge de paix, vu la cédule et l'original de la citation à l'expert à nous représentés, donnons acte aux parties de leurs comparutions et diligences, et à l'expert de sa comparution (et acceptation de la mission à lui confiée), et avons procédé en leur présence de la manière suivante :

Lecture a été faite par le greffier du jugement de notre tribunal en date du....., qui ordonne la présente opération ;

Et l'expert, après avoir prêté serment de bien et fidèlement s'acquitter de sa fonction (*ou* dispensé du serment par les parties) a procédé à l'estimation des réparations dont il s'agit, etc.....;

A reconnu que (*énoncer son avis*),

Et a signé.

(Signature de l'Expert.)

(*S'il y a lieu d'entendre des témoins, on y procède ici et comme à la formule n° 69.*)

La visite terminée, nous, juge de paix, parties entendues, et après avoir pris l'avis de l'expert; attendu que....., etc.; disons que (*jugement*).

(*Si le juge de paix renvoie la cause à l'audience, on met :*)

La visite et l'opération étant terminées, renvoyons la cause et les parties à notre audience du....., à laquelle lesdites parties seront tenues de comparaître sans citation préalable. — Dépens réservés.

(Signature du Juge et du Greffier.)

FORMULE N° 80. — Procès-verbal de rapport d'experts.

L'an....., le....., heure de... .,

Nous, X....., Y..... et Z....., experts nommés d'office (*ou convenus par les parties*) conformément au jugement rendu le...., contradictoirement (*ou* par défaut) entre A....., demandeur, B....., défendeur (*ou* amiablement par les parties, suivant procès-verbal du....., *ou* d'office par le tribunal, suivant jugement du....., *ou* suivant cédule en date du.....);

A l'effet de faire rapport sur les objets énoncés dans ledit jugement, après avoir prêté serment de bien et fidèlement remplir leur mission, ainsi qu'il est constaté par....., en date du....., (*ou bien* dispensés du serment par ledit jugement du consentement des parties);

Nous nous sommes transportés dans une maison sise à....., où étant arrivés à..... heures du matin (*ou* de l'après-midi), avons trouvé le sieur A....., (ou le sieur ....., mandataire du sieur A....., aux termes d'une procuration en date du . ..., enregistrée, qu'il nous a remise pour être annexée au présent), lequel nous a remis la grosse du Jugement dûment enregistré et signifié, qu'il s'agit d'exécuter ensemble l'original de la sommation faite le.... au sieur B....., de se trouver aujourd'hui à.... heures à notre opération, et en conséquence, il nous a requis de procéder, même par défaut, en cas d'absence du sieur B....., et a signé.

(Signatures.)

Si le défendeur est présent, on ajoute :

Et aussitôt a aussi comparu le sieur B....., (*ou* le mandataire du sieur B....., aux termes d'une procuration, etc., *comme ci-dessus*), lequel nous a dit qu'il comparaissait pour satisfaire audit jugement et à ladite sommation, déclarant ne point empêcher qu'il fût par nous procédé à l'opération ordonnée, et à cet effet, après nous avoir remis ses actes, ses titres de propriété, plans ou dessins, a signé.

(Signature.)

Ici on transcrit les déclarations ou les réquisitions que peuvent faire les parties; leurs réserves.

Desquels comparutions, remises, dires, réquisitions et consentement, nous avons donné acte aux parties et en leur présence lecture préalablement faite du jugement, avons procédé ainsi qu'il suit :

Si le défendant ne comparaît pas, on met :

Desquelles comparutions, remises de pièces et réquisitions avons donné acte au sieur A..., et attendu qu'il est..... heures, et que, par conséquent, il s'est écoulé..... heures depuis....., heures fixées dans ladite sommation pour le commencement de nos opérations, et que le sieur B... ne comparaît pas, ni personne pour lui, donnons défaut contre le sieur B..., et, en présence du sieur A..., lecture préalablement faite du jugement, avons procédé ainsi qu'il suit :

Les experts commencent par préciser la mission qui leur a été donnée par le jugement dans les termes mêmes où elle est libellée sur ce jugement.

Relater ici les vérifications faites conformément aux divers chefs de mission ordonnés par le jugement. Rapporter les divers dires et observations des parties; constater les renseignements pris sur les lieux des personnes étrangères aux procès, si le jugement l'ordonne ou l'autorise.

En conséquence, après avoir vaqué....., heures, avons clos le présent procès-verbal, qui a été écrit par M. X..., l'un de nous, lequel en est resté dépositaire ainsi que des pièces qui nous ont été remises comme il a été dit ci-dessus, et les parties comparantes ont signé avec nous.

(Signatures)

Si les opérations ne peuvent être terminées dans une seule séance, on met : Après avoir vaqué jusqu'à..... heures, attendu que nos opérations ne sauraient être, à raison de....., continuées plus tard (ou plus longtemps), nous nous sommes ajournés pour..... *(jour, heure)* au même lieu où toutes les parties seront tenues de se trouver sans nouvelle sommation, et ont signé avec nous.

(Signatures)

Avis. — Et l'an....., mois, jour....., heure....., nous, experts ci-dessus désignés et qualifiés, nous sommes réunis dans le cabinet du sieur C....., l'un de nous, et en l'absence des parties, avons conféré et délibéré, d'après les divers chefs de la mission qui nous a été confiée, sur le résultat des opérations consignées dans notre procès-verbal en date du.....

Si les experts sont d'accord, on met :

Étant tous trois d'accord, nous avons motivé et rédigé notre avis ainsi qu'il suit :

1er *Chef.* — Considérant que ...., pensons que.....

2e *Chef.* — Considérant que....., pensons que.....

En résumé, nous estimons que.....

Si les experts ne sont pas d'accord, on met l'avis motivé de 'chacun séparément :

N'étant pas d'accord sur le premier chef, l'un de nous a dit: Considérant que....., il pensait que.....

Un autre a dit sur le même chef : Considérant que....., (il pensait que.....

Si deux experts ont été d'un avis et le troisième d'un autre avis, on met :

Avons été d'avis à la pluralité, de ce qui suit : « . . . . »

En résumé, nous nous sommes trouvés d'accord sur le..... chef, et avons pensé que.....; nous avons été en désaccord sur les..... chefs, et avons pensé l'un que. ..., l'autre que, etc.

Après avoir vaqué à ce que dessus, depuis l'heure de....., jusqu'à....., nous avons clos et signé le présent procès-verbal, écrit par le sieur X....., l'un de nous, qui s'est chargé d'en faire le dépôt au greffe du tribunal de paix de.....

(Signatures.)

Nota. — *S'il y a visite de lieux, le procès-verbal est écrit et signé par le greffier.* (C. p. 50.)

Art. 51. — Dans les causes non sujettes à l'appel, il ne sera point dressé de procès-verbal; mais le jugement énoncera les noms des experts, la prestation de leur serment et le résultat de leur avis. (C. civ., 36, 48.)

I. — Même alors que le juge de paix n'use pas de la faculté que lui donne l'art. 50 de statuer sur les lieux sans désemparer, il doit s'abstenir de dresser procès-verbal, si l'affaire est de nature à être jugée en dernier ressort. (SIREY, note 6, sous l'art. 42.)

II. — Il n'y a pas non plus de procès-verbal, lors d'une visite de lieu sans assistance d'experts, si l'affaire est en dernier ressort. — C'est seulement lorsque c'est à charge d'appel que procès-verbal est dressé.

III. — Souvent l'expert fait un rapport oral pour éviter les frais, ou même transmet au juge de paix son avis par une simple lettre. (BIOCHE, *Action possessoire,* note de la formule XVIII.) *V.* aussi note 3 sous l'art. 48.

FORMULE N° 81. — Jugement sur visite des lieux ou expertise, et en dernier ressort.

Entre A... et B..., etc.

Par sa citation en date du....., le demandeur a conclu à....., etc.

La cause portée à l'audience du....., le tribunal, avant faire droit, a ordonné que le lieu contentieux sera par lui visité, pour en constater l'état *ou* apprécier la valeur des indemnités et dédommagements réclamés, etc. (*ou* le tribunal, avant faire droit, a nommé expert le sieur X..., architecte, à l'effet de l'assister dans la visite des lieux *ou* appréciation de la valeur des indemnités et dédommagements réclamés) ; — *ou* le tribunal, avant faire droit, a ordonné que le lieu contentieux sera vu et visité par X..., expert nommé à cet effet, pour ensuite donner son avis et faire son rapport.)

Le..... courant, jour fixé par ledit jugement, à..... heure de....., le juge de paix, assisté du citoyen N..., juge suppléant, et du citoyen R..., greffier, a procédé à l'opération ordonnée (*s'il y a lieu*) de concert avec le sieur X..., expert nommé, lequel, après avoir prêté le serment de bien et fidèlement remplir son mandat, a reconnu que (*énoncer le résultat de son avis*).

Ou au cas où le jury n'assisterait pas à l'expertise:

Le..... jour fixé par le tribunal, le sieur X..., expert nommé, après avoir prêté le serment de bien et fidèlement remplir le mandat qui lui est confié, a visité et examiné les lieux ; et selon son rapport fait au tribunal le..... il est reconnu que..... est d'avis que.....).

Après quoi, les parties ont été respectivement entendues en leurs moyens et défenses : Le demandeur a dit : « ..... »

Le défendeur a répondu : « ..... »

Dans cet état, la cause a présenté les questions suivantes : ....., etc.

Le tribunal, après en avoir délibéré conformément à la loi et jugeant en dernier ressort,

Attendu qu'il résulte des débats et des renseignements par nous recueillis dans la visite ou expertise susénoncée que....., etc. —

Attendu que.....

Par ces motifs,

Condamne, etc.....

TITRE X

De la récusation des Juges de paix.

ART. 52. — Les juges de paix pourront être récusés (Proc. civ. 375) :

1° Quand ils auront intérêt personnel à la contestation;

2° Quand ils seront parents ou alliés d'une des parties jusqu'au degré de cousin germain inclusivement;

3° Si, dans l'année qui a précédé la récusation, il y a eu procès criminel entre eux et l'une des parties, ou son conjoint, ou ses parents et alliés en ligne directe;

4° S'il y a procès-civil existant entre eux et l'une des parties ou son conjoint;

5° S'ils ont donné un avis écrit dans l'affaire;

6° S'ils sont débiteurs ou créanciers de l'une des parties. (C. civ., 595 et suiv.; — Proc. civ., 53 et suiv.)

I. — Les dispositions de cet article sont applicables aux suppléants comme au juge titulaire. Elles seront limitatives (1), c'est-à-

---

(1) Se dit par opposition à *énonciatives,* c'est-à-dire des dispositions qui n'énoncent qu'une partie des cas prévus.

dire qu'aucune autre cause de récusation que celles indiquées ne peut être invoquée.

II. — L'intérêt dont parle le numéro premier doit être direct; il faut que le résultat de la contestation puisse procurer un avantage ou un préjudice immédiat et certain. Un intérêt éloigné et éventuel est insuffisant; autrement, on sort des limites de l'article 52 pour se jeter dans les causes de récusation prévues par l'article 375. (Controversé. — BIOCHE, 3.)

III. — Le terme *procès criminel,* n° 3, comprend les procès correctionnels et de simple police; même dans ce dernier cas, l'animosité qui doit être présumée exister entre les parties justifie la récusation. Mais il n'y a pas lieu à récusation s'il y a eu seulement plainte ou dénonciation non suivie de poursuite, car alors il n'y a pas eu procès. (BIOCHE, 7.)

IV. — *Avis écrit,* n° 5. — Peu importe de quelle manière l'avis ait été donné, soit dans une lettre, missive ou autrement. Le juge de paix doit donc, s'il écrit aux parties, éviter soigneusement de faire connaître son opinion personnelle sur la contestation qui s'est élevée ou qui peut s'élever entre elles. Mais il faut que l'avis ait été écrit; l'avis verbal serait insuffisant pour motiver la récusation. (*Ibid.* 9.)

V. — Toutefois, le juge de paix commis à une enquête par un tribunal civil peut être récusé pour les motifs puisés dans l'article 375. On professe aussi l'opinion que lorsqu'un juge de paix a été commis par un tribunal pour entendre des témoins ou pour faire une visite, il n'est pas nécessaire d'en venir à une récusation, si on ne veut pas l'accepter pour juge. Il suffirait de demander au tribunal que la délégation fût révoquée. (THOMINE, cité par SIREY, 6, sous l'article 44.)

ART. 53. — La partie qui voudra récuser un juge de paix sera tenue de former sa récusation et d'en exposer les motifs par un acte qu'elle fera signifier, par le premier huissier requis, au greffier de la justice de paix, qui visera l'original. L'exploit sera signé, sur l'original et la copie, par la partie ou son fondé de pouvoir spécial. La copie sera déposée au greffe et communiquée immédiatement au juge par le greffier. (C. civ., 1751; — Proc. civ., 30, 52, 54, 55, 372, 381, 960.)

I. — La récusation ne peut avoir lieu que de la manière ci-dessus indiquée ; elle ne saurait être faite à l'audience. Il en est ainsi en matière de simple police comme en matière civile.

II. — Le récusant est tenu d'exposer les *motifs* ou le *motif* : un seul suffit.

III. — Si la partie ne sait pas signer, l'huissier ne peut y suppléer par une déclaration. Le récusant, dans ce cas, doit constituer devant notaire un mandataire qui sache signer.

IV. — On peut employer indifféremment le ministère de tous les huissiers qui ont droit d'exploiter dans la commune : par exemple, un huissier du tribunal civil du ressort, ou du tribunal de commerce.

V. — Si le greffier auquel doit être signifié l'acte de récusation refuse son visa, l'huissier en fait mention et obtient le visa du ministère public. (Art. 960.)

VI. — Il est de principe que la récusation doit être proposée avant que les moyens de la cause aient été développés. La défense, au fond, suppose nécessairement un consentement de la partie à être jugée par le magistrat devant lequel elle a été défendue. A moins que le motif de récusation ne soit survenu depuis les défenses au fond. (Art. 379.)

FORMULE N° 82. — Acte de récusation.

L'an....., le....., à la requête du citoyen A..., propriétaire, domicilié à....., j'ai....., huissier, etc., soussigné, signifié et délivré au citoyen N..., au nom et en sa qualité de greffier de la justice de paix de....., demeurant à....., en son greffe étant, parlant à....., lequel a visé mon original :

Que le citoyen A..., requérant, a récusé, comme par ces présentes il récuse, la personne du citoyen M..., juge de paix de cette commune, dans la cause pendante en son tribunal de paix, entre ledit requérant et le sieur B..., demeurant à.....; et ce, attendu que ledit magistrat est beau-frère du sieur B...

En conséquence, requiert que ledit juge s'abstienne de la cause. A ce que le susnommé n'en ignore, et ait, en conséquence, à communiquer la présente récusation à mondit sieur le juge de paix, aux termes de la loi ; et je lui ai, en son greffe et parlant comme dessus, laissé copie du présent exploit, dûment signé par le requérant. Dont acte. Le coût est de.....

(Signatures de l'Huissier et de la partie ou son fondé de pouvoir spécial.)

FORMULE N° 83. — Visa de l'acte de récusation

Vu le présent original et reçu copie.

A....., le.....

    Le greffier de la justice de paix de.....

                                  (Signature.)

Art. 54. — Le juge de paix sera tenu de donner, au bas de cet acte, dans le délai de deux jours, sa déclaration par écrit, portant, ou son acquiescement à la récusation, ou son refus de s'abstenir, avec ses réponses aux moyens de récusation. (Pr. civ., 52, 53, 55, 377, 385, 386.)

I. — Lorsque le juge acquiesce à la récusation, un suppléant le remplace et la cause est jugée sans difficulté.

II. — Mais lorsqu'il garde le silence ou refuse de s'abstenir, il doit au moins surseoir à tout jugement jusqu'à ce que le tribunal civil ait statué sur le mérite de la récusation.

III. — Et c'est à peine de nullité de la décision qu'il rendrait à partir du jour où la récusation lui aura été communiquée.

FORMULE N° 84. — Déclaration du juge portant acquiescement à la récusation.

Je, soussigné, juge de paix de.....,

Vu l'acte de récusation ci-dessus,

Déclare (*énoncer la cause de récusation*); en conséquence, acquiescer à ladite récusation et m'abstenir de juger la cause d'entre les sieurs A... et B...

    A....., le,.....

                          (Signature du Juge.)

FORMULE N° 85. — Déclaration portant refus avec réponses aux moyens de récusation.

Je, soussigné, juge de paix de.....,

Vu l'acte de récusation ci-dessus,

Déclare que la cause de récusation n'existe pas en fait, ou n'est pas

fondé en droit, attendu que l'affinité ne produit pas l'affinité ; que le sieur
B... n'est pas mon allié, étant seulement le beau-frère de mon épouse ;
que je refuse en conséquence de m'abstenir de juger la cause pendante
entre les sieurs A... et B..., devant mon tribunal.

    A....., le......

(Signature du Juge.)

ART. 55. — Dans les trois jours de la réponse du juge qui
refuse de s'abstenir, ou faute par lui de répondre, expédition
de l'acte de récusation et de la déclaration du juge, s'il y en
a, sera envoyée par le greffier, sur la réquisition de la partie
la plus diligente, au ministère public près le tribunal dans le
ressort duquel la justice de paix est située : la récusation y
sera jugée en dernier ressort dans la huitaine sur les conclusions du ministère public, sans qu'il soit besoin d'appeler les
parties. (Pr. civ. 52 et suiv., 89, 90, 118, 311, 382.)

I. — Le juge de paix ne peut connaître lui-même de la récusation
formée contre lui ou ses suppléants. Il faut toujours renvoyer devant
le tribunal civil du ressort.

II. — La réquisition peut être faite par exploit d'huissier ou par
déclaration au greffe du tribunal de paix.

III. — En faisant la réquisition d'envoi, les parties peuvent y
joindre des pièces à l'appui de la récusation.

IV. — A défaut de réquisition de l'une des parties, le greffier
n'est pas obligé de faire l'envoi d'office ; il peut exiger la consignation préalable des frais que doivent occasionner l'envoi et le jugement
à intervenir ; d'ailleurs, la partie qui a déclaré vouloir récuser le juge
de paix peut se désister de cette prétention. [(BIOCHE, CHAUVEAU
Adolphe.)

V. — La copie de l'acte de récusation laissée au greffier et sur
laquelle se trouve la déclaration du juge récusé, reste en dépôt au
greffe.

VI. — *Sans qu'il soit besoin d'appeler les parties.* — Toutefois, le
tribunal civil peut, s'il le juge convenable, leur demander certains
renseignements et même les autoriser à développer leurs moyens. En

tous cas, la délicatesse fait un devoir au juge de paix de ne pas se présenter spontanément. (BIOCHE, CHAUVEAU.)

VII. — L'amende prononcée par l'article 387 contre le récusant qui succombe, en matière de récusation ordinaire, c'est-à-dire à l'égard des juges de tribunaux civils comme ceux de commerce ou de cassation, est-elle applicable ici par analogie? Un arrêt du tribunal de cassation de la République, 4 avril 1848, rapporté par Linstant Pradine sous l'article 387, a décidé l'affirmative. Il y a aussi, dans ce sens, un arrêt de la Cour de cassation de France, 3 août 1808. Mais tous les auteurs, sauf Lemeneur, sont d'accord pour repousser cette solution. En effet, pensent-ils, l'amende est une peine ; or, les dispositions pénales sont de droit étroit; elles ne peuvent pas être étendues par analogie : il faut toujours un texte formel. Il n'est donc pas permis de suppléer au silence de la loi, qui ne dit rien sur l'amende *dans ce titre de la Récusation des juges de paix.* (Voir *Rép. du Journal du Palais*, au mot *Récusation*, 246; — SIREY, note 5 sous l'article 47, et 4 sous l'article 390; — CARRÉ et CHAUVEAU, PIGEAU, THOMINE BARD.)

Cette opinion, enseignée par tous les auteurs, rapporte SIREY, a été consacrée en dernier lieu par un jugement du tribunal de Castelsarrasin du 25 janvier 1850.

VIII. — Mais le récusant qui succombe peut être condamné en des dommages-intérêts envers le juge récusé.

IX. — La procédure antérieure à la demande à fin de récusation est valable : la récusation est une exception qui n'a pas lieu de plein droit et sur laquelle il faut nécessairement statuer. — Mais la procédure postérieure à la récusation est nulle, quelle que soit le résultat de l'exception. (BIOCHE, *Récusation*, 39.)

FORMULE N° 86. — Acte de réquisition d'envoi.

L'an....., le....., à la requête de A..... J'ai....., huissier....., soussigné, sommé et requis le citoyen N....., en sa qualité de greffier de la justice de paix de....., en son greffe, étant et parlant à.....,

D'envoyer dans le plus bref délai, au ministère public près le tribunal civil de ce ressort, l'expédition de l'acte contenant récusation par le requérant de la personne du citoyen M....., juge de paix de cette commune, dans la cause pendante en son tribunal, entre ledit sieur A..... et le sieur B....., lequel acte a été signifié à mondit sieur N....., greffier, par exploit de mon ministère, en date du....., visé et enregistré, et d'envoyer également la déclaration qu'a dû faire M. le juge de paix, offrant, ledit requérant, de déposer, entre les mains dudit greffier, la somme nécessaire pour faire face aux frais d'expédition et de transport des pièces et du jugement à intervenir ; ensemble *(telles pièces)* justificatives de la récusation.

A ce que du tout le susnommé n'ignore, lui déclarant que, faute par lui de satisfaire à la présente réquisition, le sieur A..... se pourvoira ainsi que de droit ; et je lui ai, en son greffe et parlant comme dessus, laissé copie du présent exploit. Dont acte. Le coût est de.....

(Signature de l'Huissier.)

Décompte :

Pour la transmission au commissaire du Gouvernement de la récusation
et de la réponse du juge, tous frais compris . . . . P.   » 50
Timbre de l'expédition.   » 10
Coût du jugement du tribunal civil. . . . .   2 »
Mise au rôle et appel de la cause au tribunal civil. . . . .   » 75

P.   3 35

Ou   **FORMULE N° 87. — Réquisition d'envoi par déclaration
au greffe.**

Aujourd'hui, le....., etc., au greffe du tribunal de paix de....., et par-devant nous, N..... greffier, soussigné, a comparu le citoyen A..... *(qualités)*, lequel nous a requis d'envoyer, dans le plus bref délai, au ministère public près le tribunal civil de ce ressort, l'expédition de l'acte contenant récusation de la personne du citoyen M....., juge de paix de cette commune, dans la clause pendante entre le comparant et le citoyen B....., exploit de....., huissier en date du.....; et d'envoyer également la déclaration qu'à dû faire M. le juge de paix, ainsi que *(telles pièces)* que le comparant nous a déposées à cet effet, ensemble avec la somme de....., qu'il déclare consigner pour faire face aux frais d'expédition et de transport des pièces et du jugement à intervenir. Dont acte requis par le comparant, qui a signé avec nous après lecture, *ou* déclaré ne savoir signer, etc.

ART. 56.— Tout juge de paix qui sait avoir en sa personne l'une des causes de récusation portées en l'article 52 ci-dessus pourra, avant que la récusation n'ait été demandée par aucune des parties, s'abstenir de prendre connaissance de l'affaire, en déclarant le motif sur le registre du greffe. (Proc. civ. 52.)

I. — On remarquera la différence de rédaction qni existe avec l'article 377, qui, plus impératif, porte : tout juge, etc., *sera tenu* de la déclarer, etc., au lieu de *pourra* que contient notre article.

II. — Les parties peuvent contester les causes du déport du juge, en portant la question au tribunal civil. (MULLERY, *Manuel*, p. 59.)

III. — La récusation ne s'étend pas à la juridiction gracieuse du juge de paix; par exemple, lorsque le juge ne fait que constater des faits comme en matière d'apposition de scellés. Il faut, pour la récusation, qu'il y ait procès, contestation. Cependant l'abstention du juge dans ce cas peut être, selon les circonstances, une mesure de convenance. (*Voir*, au surplus, *suprà*, note 5 sous l'art. 52, touchant le juge de paix; commis à une enquête par un tribunal civil.)

IV. — Pour le greffier, il n'est pas récusable lorsqu'il assiste le juge. Mais il doit s'abstenir, selon les cas, lorsqu'il agit comme offieier ministériel : par exemple, lorsqu'il procède à un de ces actes qu'il est dans ses attributions de faire seul, et que cet acte intéresse lui-même ou ses parents en ligne directe à tous les degrés, et en ligne collatérale jusqu'au dcgré de cousin germain inclusivement.

V. — Si la récusation est admise, l'affaire est portée devant un suppléant du même tribunal de paix.

VI. — Lorsque, par suite de récusation ou d'autre empêchement légal des magistrats, le tribunal se trouve incomplet pour juger une affaire, on doit se pourvoir au tribunal de cassation pour demander le renvoi de l'affaire à un autre tribunal. La procédure, en ce cas, est simple : on dépose au greffe du tribunal de cassation une requête sur timbre de vingt centimes; on y joint les pièces justificatives, et le tribunal statue sur la demande (*V.* MULLERY, *Manuel*, p. 59) (1).

VII. — Si c'est comme juge de police que le juge de paix a été récusé, on s'accorde généralement à faire prononcer le renvoi par le tribunal de cassation (BIOCHE, *Récusation*, 29; — CHAUVEAU, Arg. de l'art. 429, C. Instr. crim.)

---

(1) Cependant on enseigne qu'une récusation prononcée contre un tribunal en entier n'est autre chose qu'une demande en renvoi devant un autre tribunal. (*J. du Pal.*, Renvoi d'un trib., etc., 13.) Or, les art. 367 et suiv., Proc. civ., ne font pas prononcer les renvois par le tribunal de cassation. Le tribunal civil ne pourrait-il donc pas rester saisi comme il est prescrit pour la récusation en général, ou encore comme dans le cas de règlement de juges de paix. (Art. 362.) Il paraît que

FORMULE N° 88. — Déport du Juge.

Aujourd'hui, le...... etc., au greffe du tribunal de paix de......, et par-devant nous, N..., greffier, soussigné,

A comparu le citoyen M..., Juge de paix de cette commune, lequel nous a déclaré qu'il s'abstient de connaître de la cause pendante devant ce tribunal entre les citoyens A... et B...; attendu que, par sa sœur C..., il se trouve l'allié de celui-ci.

Dont acte requis par le comparant, qui a signé avec nous après lecture.

(Signature du Juge et du Greffier.)

FORMULE N° 89. — Requête au tribunal civil pour contester les causes du déport.

A MM. les Doyen et Juges composant le tribunal civil de...

Le citoyen A... (*qualités*),

A l'honneur de vous exposer que, dans la cause pendante au tribunal de paix de....., entre l'exposant et le citoyen B..., Monsieur M..., juge de paix de ladite commune, a déclaré, par acte fait au greffe de cette Justice de paix, qu'il s'abstient de connaître de ladite cause, attendu, prétend-il. que....., etc.

Mais. attendu, en réalité, que les causes alléguées pour ce déport ne sont pas fondées en droit;

Ou bien : Attendu qu'il n'est allégué et ne peut être allégué aucun motif plausible pour justifier ce déport, etc.

Pourquoi l'exposant conclut à ce qu'il vous plaise, Magistrats, rejeter les causes du déport de M. le juge de paix M..., et dire qu'il n'y a nul empêchement légal à ce qu'il connaisse de la cause d'entre les parties.

Ce sera justice.

A....., le.....

(Signature.)

Ou bien..... déclarer inadmissible le déport de M. le juge de paix M..., dans la cause pendante entre les parties.....

---

non, qu'il faudrait considérer le cas comme celui de suspicion légitime. C'est ce qui résulte des arrêts suivants de notre tribunal de cassation : 13 nov. 1837; 3 déc. 1838; 17 déc. 1839. — « Lorsque, par suite de récusations successives de plusieurs juges, le tribunal ne peut se constituer, même à l'aide des suppléants, pour connaître du mérite des récusations proposées, il y a lieu à renvoi d'un tribunal à un autre pour suspicion légitime. Dans ce cas, il ne peut être ordonné que par le tribunal de cassation » (L. P., note 2, sous l'art. 367, Proc. civ.)

FORMULE N° 90. — Requête contenant demande en renvoi.

A Messieurs les Président et Juges composant le tribunal de cassation.

Le citoyen ..., juge de paix de la commune de ......, y demeurant et domicilié,

A l'honneur de vous exposer que, par exploit du ministère de ......, huissier, en date du....., il a fait citer le citoyen B..., propriétaire, demeurant à....., à comparaître devant le tribunal de paix de ladite commune, pour....., etc.;

Que, par acte en date du....., ledit citoyen B... a récusé le citoyen M..., suppléant de ce tribunal, lequel y a acquiescé;

Que, par suite de cette récusation et de ce que l'exposant est lui-même partie en cause, il ne reste que le suppléant N..., qui seul ne peut connaître de l'affaire, aux termes de l'article 32 de la Loi organique, attendu que ladite affaire est de nature à être jugée en dernier ressort;

Pourquoi l'exposant conclut à ce qu'il vous plaise, Magistrats, renvoyer la cause et les parties par-devant tel tribunal de paix que vous voudrez désigner. Ce sera justice.

A....., le.....

(Signature.)

CHAPITRE VII

*Commentaire et Formules sur les articles
de la Procédure devant les Tribunaux civils,
applicables en Justice de paix.*

CODE DE PROCÉDURE CIVILE. — LOI SUR LES TRIBUNAUX CIVILS

TITRE PREMIER

Des Ajournements

.   .   .   .

ART. 79. — Seront assignés :

1° L'État, lorsqu'il s'agit des domaines et droits domaniaux, ou de l'administration publique, en la personne ou au
domicile de l'administrateur des finances de l'arrondissement
où siège le tribunal devant lequel doit être portée la demande.
(Proc. civ., 57, 58-1°, 80.)

2° Les établissements et administrations publics en leurs
bureaux, dans le lieu où réside le siège de l'administration;
dans les autres lieux, en la personne et au bureau de leur
préposé. (Proc. civ., 11. — C. com. 18.)

Dans les cas ci-dessus, l'original sera visé de celui à qui
copie de l'exploit sera laissée; en cas d'absence ou de refus,
le visa sera donné soit par le juge de paix, soit par le ministère public près le tribunal civil, auquel, en ce cas, la copie
sera laissée. (Proc. civ., 960.)

3° Les Sociétés de commerce, tant qu'elles existent, en leur maison sociale; et s'il n'y en a pas, en la personne ou au domicile de l'un des associés. (Proc. civ., 59-2°, 69. — C. com. 19 et suiv.)

4° Les unions et directions de créanciers, en la personne ou au domicile de l'un des syndics ou du directeur. (Cod. com., 521 et suiv.)

5° Ceux qui n'ont aucun domicile en Haïti, au lieu de leur résidence actuelle; si le lieu n'est pas connu, l'exploit sera affiché à la principale porte du tribunal où la demande est portée; une seconde copie sera donnée au ministère public, qui visera l'original. (Proc. civ., 960.)

6° Ceux qui habitent hors du territoire haïtien, au domicile du ministère public près le tribunal où sera portée la demande, lequel visera l'original et enverra la copie à la Secrétairerie générale. (Proc. civ., 83, 481, 929, 960.)

I. — *En la personne ou au domicile de l'administrateur des finances.* Voici l'explication qu'en donne Boitard, 175, *in fine* : « Quand la loi vous dit que l'assignation sera donnée (au préfet, pour nous à l'administrateur des finances) à personne ou à *domicile*, n'entendez pas ce dernier mot dans son sens exact et rigoureux : le domicile, ici, ce n'est pas le domicile de l'individu, mais le domicile du fonctionnaire. L'assignation donnée à un préfet comme préfet représentant l'État est nécessairement donnée ou à sa personne ou dans les bureaux de sa préfecture, ce qui est plus fréquent. Or le domicile d'un préfet comme individu peut être très distinct, très séparé de la préfecture du département qu'il administre. Vous savez que l'acceptation de fonctions temporaires ou révocables n'entraîne pas translation du domicile de la part du fonctionnaire. (Art. 106, 93, C. civ.) L'auteur ajoute, quant à la remise des exploits, que, dans les bureaux de la préfecture, se trouve toujours un employé chargé de recevoir les assignations, les significations et de les soumettre au visa du préfet, conformément au prescrit de notre article.

II. — Les exploits qui, aux termes des premiers paragraphes, doivent être adressés au fonctionnaire public représentant l'assi-

gné et visés par lui ne peuvent être laissés au domicile de ce fonctionnaire, entre les mains de ses parents, serviteurs et employés, lesquels sont sans qualité pour donner le visa. (CHAUVEAU, n° 370
noviès, cité par SIREY, 17, sous l'art. 69, Proc. civ.) Jugé en ce sens
qu'un exploit signifié à une commune est nul, s'il a été laissé au fils,
à la femme ou au domestique du maire. (*Ibid.* 18.)

III. — *Établissements publics.* — Cette désignation comprend les
hospices, bureaux de bienfaisance, fabrique des églises et tous établissements affectés à un service publics dont les revenus, les dépenses
et les propriétés sont régis par des commissions d'agents placés sous
la surveillance de l'administration.

Quid de la *Banque nationale d'Haïti :* établissement public ou
privé? Public évidemment.

IV. — On ne peut assigner les sociétés de commerce au domicile individuel de l'un des associés que dans le cas où il n'existerait
point de maison sociale, et.... cette non-existence doit être constatée
par l'huissier, pour que l'exploit puisse être valablement fait au domicile individuel de l'un des associés. (Cass. 12 et 19 juin 1845; —
1, sous l'art. 79. L. P. — *V. supra,* note 28, sous l'article 6.)

V. — Le paragraphe 6, disent Carré et Chauveau, cités par Sirey,
72, est applicable en justice de paix. Observons, ajoute le dernier auteur, que la signification faite à un individu établi chez l'étranger, en
la personne du Procureur de la République, ne peut être déclarée nulle
par cela seul que le Procureur de la République aurait négligé d'a-
dresser la copie au Ministre des Affaires étrangères. Ce serait rendre
la partie responsable de l'omission du Magistrat, qui est seul chargé
par la loi de l'accomplissement de cette formalité. (BOITARD, 187, FA-
VARD, BONCENNE, CARRÉ et CHAUVEAU, etc.)

VI. — Les ambassadeurs et ministres étrangers doivent être assignés au parquet du ministère public, si l'on ne signifie pas l'exploit
à la personne même. Cet exploit ne peut être remis dans leur hôtel.
(SIREY, 54, sous l'article 69.) Bien entendu, dans les cas rares où l'a-
gent diplomatique se trouverait justiciable des tribunaux du pays où
il exerce ses fonctions; comme, par exemple lorsqu'il a succombé
dans une action qu'il y avait lui-même introduite et qu'il se trouve
alors actionné en paiement de frais auxquels il aurait été condamné;
ou si, ayant obtenu gain de cause dans cette action par lui introduite, il était intimé en appel; — ou si, à la suite de ladite action,

on formait contre lui une demande reconventionnelle. (*V.* Rép. du *Journal de Palais*, art. *Agent diplomatique*, 190 à 192.)

Car le principe général est que les agents diplomatiques sont exempts de toute juridiction civile et criminelle de l'État auprès duquel ils sont accrédités. Cette exemption est une conséquence logique du principe de *l'exterritorialité*, en vertu duquel les agents diplomatiques sont censés résider toujours dans leur propre pays, et leur hôtel réputé faire partie aussi du territoire de leur propre pays.

Les consuls, qui ne sont pas considérés comme ministres publics, ne jouissent pas de l'indépendance de juridiction accordée à ces derniers.

VII. — *Enverra la copie à la Secrétairerie générale.* — Actuellement, la copie est envoyée par le Commissaire du Gouvernement au Secrétaire d'État de la Justice, qui la transmet à son collègue des Relations extérieures. Celui-ci l'envoie à l'agent diplomatique haïtien du lieu où demeure la personne assignée ; et enfin cet agent diplomatique fait parvenir la copie à son adresse.

FORMULES Nᵒˢ 91-96. — **Modifications à la formule générale d'assignation, relativement à la qualité du défendeur.**

I. — *Pour assigner l'État.* — L'an....., à la requête....., j'ai..... signifié et laissé copie à M....., Administrateur des finances de l'arrondissement de....., au nom et comme représentant de l'État, en son domicile étant, parlant à sa personne, lequel a visé l'original du présent exploit.

II. — *Pour les établissements et administrations publics.* — J'ai..... signifié et laissé copie au Conseil communal de....., en ses bureaux étant, parlant à la personne de M....., magistrat communal dudit Conseil, lequel a visé l'original du présent exploit.

Ou bien laissé copie à M....., en sa qualité de magistrat communal de....., et comme représentant le Conseil communal de....., en ses bureaux étant et parlant à la personne dudit magistrat, etc.

III. — *Pour les Sociétés de commerce en nom collectif.* — J'ai..... signifié..... à MM. Joseph D. et Cᵒ, négociants consignataires, en leur maison sociale établie en cette ville, où étant et parlant à l'un d'eux ainsi déclaré.

Société anonyme : J'ai..... signifié à la Société de *l'exploitation de.....,* en la personne de M....., directeur *ou* gérant de ladite Société, demeurant à....., en son domicile étant et parlant à la personne dudit directeur *ou* gérant.

IV. — *Union de créanciers :* J'ai....., signifié : 1° à.....; 2° à....., tous deux syndics de la faillite du sieur....., nommés auxdites fonctions par, etc., en la personne de M....., l'un d'eux, en son domicile et parlant à ...., etc.

Ceux qui n'ont aucun domicile en Haïti : J'ai....., signifié.. .. au sieur..... résidant actuellement à....., en sa résidence étant et parlant à.....

Ceux qui n'ont ni domicile ni résidence connus : J'ai....., signifié..... au sieur....., actuellement sans domicile ni résidence connus, au parquet de M. le Commissaire du Gouvernement près le tribunal civil de....., où étant et parlant à...., lequel a visé l'original du présent exploit, et j'ai à l'instant affiché semblable copie à la porte du tribunal.

VI — *Ceux qui habitent hors du territoire haïtien :* J'ai......, signifié..... au sieur....., demeurant et domicilié à Paris, au parquet de M. le Commissaire du Gouvernement près le tribunal civil de....., où étant et parlant à....., lequel a visé l'original du présent exploit et reçu copie pour être envoyée à la Secrétairerie d'État.

Art. 84. — Lorsqu'une assignation à une personne domiciliée hors du territoire haïtien sera donnée en sa personne en Haïti, elle n'emportera que les délais ordinaires, sauf au tribunal à les prolonger, s'il y a lieu. — (Proc. civ., 83.)

L'individu ainsi assigné, bien que se trouvant dans le pays, pourra dire que ses papiers, ses titres, ses moyens de défense sont à l'étranger et qu'un délai lui est nécessaire pour les faire venir. Ce sera au tribunal à apprécier le mérite de cette allégation, à voir si elle est fondée sur de fortes probabilités, ou si elle ne paraît qu'une chicane destinée à entraver le jugement. (Boitard, 192.)

TITRE IV

Des Audiences de leur Publicité et de leur Police.

Art. 92. — Les juges et leurs suppléants ne pourront donner aux parties aucune consultation soit verbale, soit par écrit, même dans les tribunaux autres que ceux près desquels ils exercent leurs fonctions; pourront néanmoins les juges, leurs suppléants et le ministère public plaider dans. tous les tribunaux, leurs causes personnelles et celles de leurs femmes, parents ou alliés en ligne directe, et de leurs pupilles. (C. com., 361, 595 et suiv., 1382, 2041. — Proc. civ., 91, 375-8°, 961.)

ART. 93. — Les plaidoiries sont publiques, excepté dans les cas où la loi ordonne qu'elles seront secrètes. Pourra cependant le tribunal ordonner qu'elles se feront à huis clos, si la discussion publique devait entraîner du scandale ou des inconvénients graves; mais, dans ce cas, le tribunal sera tenu d'en délibérer et de rendre compte de sa délibération au Grand-Juge. (Proc. civ., 13, 94 et suiv., 117, 118, 340; — Instr. crim., 134, 166; — C. pén., 322; — t.   )

Les tribunaux de commerce et les juges de paix peuvent appliquer l'article relatif au huis clos des plaidoiries. (SIREY, 4 et 5, sous l'art. 87 Proc. civ. — *V. suprà* nos annotations sous l'art. 13, notes 7 et 8.)

ART. 94. — Ceux qui assisteront aux audiences se tiendront découverts, dans le respect et le silence; tout ce que le doyen ordonnera pour le maintien de l'ordre sera exécuté ponctuellement et à l'instant. (Proc. civ., 15 et suiv., 95, 277, 957; — Instr. crim., 25, 157, 188, 394 et suiv.; — C. pén., 183 et suiv.)

La même disposition sera observée dans les lieux où, soit les juges, soit le ministère public exerceront des fonctions de leur état.

Il est à remarquer que les articles 15 et suivants ont rapport aux parties, tandis que l'article 94 et ceux qui le suivent concernent tous ceux, en général, qui peuvent se trouver, qui assistent à l'audience.

TITRE VI

Des Jugements

ART. 125. — Si le jugement ordonne la comparution des parties, il indiquera le jour de la comparution. (Proc. civ., 14 et suiv., 57; — Instr. crim., 77 et suiv.)

I. — La comparution des parties à l'audience est un moyen d'instruction tout à fait abandonné à l'arbitrage du juge, qui peut à son gré l'admettre ou le rejeter. (SIREY, sous l'art. 119, Proc. civ., art. 1.)

II. — Le juge peut aussi n'ordonner que la comparution de l'une des parties. Il a d'ailleurs la faculté de les entendre ensemble ou séparément; il est, à cet égard, investi d'un pouvoir discrétionnaire. (*Ibid.*, 2.)

III. — Mais il n'est pas permis aux juges d'ordonner qu'un tiers, non partie en cause, comparaîtra en personne pour répondre à telles ou telles interpellations sur les faits respectivement articulés par les parties : ce serait faire indirectement une enquête sans suivre les formalités tracées par la loi. (*Ibid.*, 3.)

IV. — Le jugement ordonnant une comparution personnelle est-il simplement préparatoire ou bien interlocutoire? Controversé. (*Ibid.*, 8.)

ART. 126. — Tout jugement qui ordonnera un serment énoncera les faits sur lesquels il sera reçu, à peine de nullité. (C. civ., 1135-4°, 1137 et suiv.; — Proc. civ., 127, 956; — C. proc. 311.)

Voir nos annotations de l'article 64.

Le jugement qui ordonne un serment est un jugement interlocutoire, dès lors susceptible d'appel. (V. A. CARRÉ, sous les art. 120 et 121.)

FORMULE N° 96 bis. — Jugement qui donne acte d'un serment.

Entre A..... et B....., etc.

Le citoyen A..... a dit que, n'ayant pas de titre pour justifier sa créance, il entendait déférer le serment à B....., comme seul moyen de preuve en son pouvoir.

Le sieur B....., défendeur, a déclaré être prêt à le faire; il a, en conséquence, juré devant nous, la main droite levée, que (*énoncer les faits*).

Sur quoi, nous donnons acte au sieur B..... de la délation du serment faite par le demandeur, ainsi que du serment que ledit sieur B..... a, à l'instant, prêté;

A ces causes, déboutons A..... de sa demande, etc.

Ou bien, lorsque le serment n'est pas prêté à l'instant, à cause de l'absence ou de l'éloignement de la partie :

Nous, juge de paix, etc., donnons acte au citoyen D....., en sa qualité de fondé de pouvoir du citoyen B....., de la délation de serment faite par le demandeur ;

Et, attendu la non-comparution en personne de B..... et son éloignement de cette justice de paix,

Déléguons M. le Juge de paix de..... pour recevoir le serment déféré, lequel devra être prêté sur les objets ci-après : (*indication des objets*) ;

Remettons le jugement de la cause au fond jusqu'à la prestation dudit serment, sur le procès-verbal duquel il sera par nous rendu tel jugement qu'il appartiendra. Dépens réservés.

ART. 127. — Le serment sera fait par la partie en personne et à l'audience. Dans le cas d'un empêchement légitime et dûment constaté, le serment pourra être prêté devant le juge que le tribunal aura commis, et qui se transportera chez la partie, assisté du greffier. (Proc. civ., 126 ; — C. pén., 311.)

Si la partie à laquelle le serment est déféré est trop éloignée, le tribunal pourra ordonner qu'elle prêtera le serment devant le tribunal ou le juge de sa résidence. (Proc. civ., 956.)

Dans tous les cas, le serment sera fait en présence de l'autre partie, ou elle dûment appelée par exploit contenant l'indication du jour de la prestation, et il en sera dressé procès-verbal par le greffier. (Proc. civ., 69, 71, 79, 82, 85, 954.)

I. — Le juge de paix, en cas d'empêchement et usant de la faculté de se transporter au domicile de la partie, doit le faire en présence de l'adversaire et assisté du greffier.

II. — Un tribunal peut révoquer la commission qu'il aurait donnée à un autre à l'effet de recevoir le serment d'une partie, et recevoir lui-même ce serment. (SIREY, sous l'art. 121, note 7.)

Voyez la deuxième partie de la formule n° 96.

ART. 128. — Celui auquel le serment sera déféré le prêtera conformément aux rites particuliers de sa religion, et d'après les formes qu'elle prescrit.

ART. 129. — Dans les cas où les tribunaux peuvent accorder des délais pour l'exécution de leurs jugements, ils le feront par le jugement même qui statuera sur la contestation, et qui énoncera les motifs du délai. (C. civ., 975, 977, 1030, 1668, 1980; Proc. civ., 130, 131, 132, 134, 142 et suiv.; C. com., 154.)

I. — Le cas visé par cet article est celui de l'art. 1030 du Code civil.

II. — On ne peut accorder de délai par un jugement postérieur à celui qui a prononcé sur la contestation. La disposition de l'article qui le défend est absolue. (A. CARRÉ, 2. — SIREY, 2, sous l'art. 122.)

III. — Les juges doivent, à peine de nullité, motiver la disposition de leur jugement qui accorde un délai. (SIREY, 6.)

ART. 130 — Le délai courra du jour du jugement, s'il est contradictoire, et du jour de la signification, s'il est par défaut. (Proc. civ., 150, 152, 342, 895, 954.)

I. — Donc le juge peut, d'office et par défaut, accorder des délais.

II. — Dans le délai accordé, le jour *a quo* doit seul être excepté du terme; mais le jour *ad quem* doit être compté. (SIREY, 8, sous l'art. 123.)

ART. 131. — Le débiteur ne pourra obtenir un délai, ni jouir du délai qui lui aura été accordé, si ses biens sont vendus à la requête d'autres créanciers; s'il est en état de faillite, de contumace, ou s'il est constitué prisonnier pour dettes, ou si, étant sur son prochain départ de la République, il n'a pas donné bonne et solvable caution, ou enfin, lorsque par son fait, il aura diminué les sûretés qu'il avait données par le contrat à son créancier. (C. civ., 977, 1030, 1061, 1168, 1231, 1398, 1399, 1630, 1680, 1767, 1798-2°, 1825 et suiv.; — Proc. civ., 129, 478 et suiv., 585 et suiv. — C. com., 437 et suiv.)

Cet article est le complément de l'art. 977 du Code civil.

ART. 135. — Tous jugements qui condamneront en des dommages-intérêts en contiendront la liquidation, ou ordonneront qu'ils seront donnés par état. (C. civ., 936, 937 et suiv.; — Proc. civ., 133-1°, 186, 448 et suiv.)

I. — Le jugement qui ne contient pas la liquidation des dommages-intérêts auxquels il a condamné une partie est nul. (Cass., 15 oct. 1824. — L. P., note 7, sous l'article.)

Mais cette décision ne serait tout au plus applicable ici qu'aux jugements susceptibles d'être réformés sur appel. Quant aux jugements en dernier ressort, ils ne peuvent être annulés en cassation que pour incompétence ou excès de pouvoir. (Art. 918, Proc. civ.)

II. — Le jugement contiendra également la liquidation des dépens par argument de l'art. 467, Proc. civ., ainsi conçu *in fine* : Il sera fait mention de la liquidation (des dépens) dans la rédaction du jugement.

ART. 136. — Les jugements qui condamneront à une restitution de fruits ordonneront qu'elle sera faite en nature pour la dernière année; et pour les années précédentes, suivant le prix du cours du marché le plus voisin, eu égard aux prix communs de l'année; sinon, à dire d'experts, à défaut du prix du cours. Si la restitution en nature pour la dernière année est impossible, elle se fera comme pour les années précédentes, ainsi qu'il vient d'être expliqué plus haut. (C. civ., 481, 1826-2°; — Proc. civ., 302 et suiv., 451.)

I. — La dernière année dont parle l'article est celle qui précède la demande, et non celle qui précède la condamnation. (SIREY, 1, sous l'art. 129, Proc. civ.)

II. — Lorsque les fruits ne se portent pas aux marchés, et si leur valeur n'est pas fixée par le prix du cours, on peut, sans recourir à une expertise, constater le prix à l'aide de courtiers de commerce. (*Ibid.*, 2.)

III. — Les juges peuvent, au surplus, fixer eux-mêmes la valeur des fruits, d'après une déclaration de la partie contre laquelle la restitution est prononcée. Cette partie, ainsi condamnée sur son propre aveu, n'est pas recevable à se plaindre de ce que l'évaluation n'a point été faite suivant le prix du cours ou par une expertise. (*Ibid.*, 3.)

IV. — Cet article n'est pas applicable au cas où il s'agit de liquidation ou évaluation de *fermage en nature* que le fermier est en retard de livrer. L'évaluation de ces fermages peut être faite d'après le seul prix du cours des époques auxquelles devaient avoir lieu les livraisons; les juges ne sont pas obligés de prendre pour base de leur évaluation les prix courants de l'année. (*Ibid.*, 7.)

Art. 141. — S'il a été formé une demande provisoire, et que la cause soit en état sur le provisoire et sur le fond, les juges seront tenus de prononcer sur le tout par un seul jugement. (Proc. civ., 142, 151, 173, 289, 337.)

C'est pour éviter des frais. Et puis la décision de la question provisoire n'est pas inutile; il faut savoir qui supportera les dépens auxquels elle a donné lieu.

Art. 144. — L'exécution provisoire ne pourra être ordonnée pour les dépens, quand même ils auraient été adjugés pour tenir lieu de dommages-intérêts. (C. civ., 939, 1168; — Proc. civ., 137 et suiv.)

Art. 146. — Les greffiers qui délivreront expédition d'un jugement avant qu'il ait été signé seront poursuivis comme faussaires. (Proc. civ., 145, 147; — Instr. crim., 172, 350 et suiv.; — C. pén., 107.)

I. — Un greffier de justice de paix qui a délivré des expéditions de jugement avant que la minute eût été signée par le juge est exposé à être poursuivi comme faussaire, sans qu'en raison de l'intention, il puisse être renvoyé de la prévention. Les moyens d'excuse ou de bonne foi ne doivent être appréciés que par la Cour d'assises. (Sirey, sous l'art. 139.)

II. — Mais il suffit, pour remplir le vœu de la loi, que l'expédition d'un jugement énonce qu'il a été signé par le juge de paix et par

le greffier, sans qu'il soit besoin que ces signatures soient textuellement relatées. (Chauveau Adolphe, Q. 85 *bis*.)

Art. 148. —· La rédaction des jugements, faite par les juges
qui auront siégé, contiendra les noms des juges...........;
les noms, professions et demeures des parties, leurs conclusions, l'exposition sommaire des points de fait et de droit, les
motifs et dispositifs des jugements, et mention y sera faite
des pièces produites par les parties, à peine de nullité. (Proc.
civ., 149, 150, 917, nᵒˢ 30, 31, 36, 63.)

. . . .

I. — Les principes généraux sur la rédaction des jugements ayant
été exposés dans la première partie (*V.* pages 50 et suiv.), nous donnons ici quelques exemples d'application, particulièrement tirés de
notre jurisprudence, telle qu'elle résulte des arrêts ci-dessous du Tribunal de Cassation de la République, d'accord, du reste, avec la doctrine des auteurs.

II. — Est nul le jugement qui ne contient pas toutes les indications de l'article. (A. Carré, Code annoté des juges de paix.)

III. — Il est certain, écrit Biret (*Traité des Nullités*, t. II, p. 149),
qu'on prononce en justice de paix toutes les nullités de procédure et
de droit qui se rattachent particulièrement aux formes intrinsèques
des actes, à leur substance, à leur compétence même, telles qu'elles
sont prescrites pour des actes semblables devant les tribunaux ordinaires. C'est le caractère des formalités qui régularisent et limitent les
attributions des fonctionnaires, de ne pouvoir être violées sans nullité
absolue, lorsque la loi qui les établit est prohibitive ou impérative.

IV. — C'est, en effet, dans ce sens de la nullité du jugement du
tribunal de paix, qui ne contient pas les indications de l'article (sauf
ce qui regarde le ministère public et les défenseurs) que se prononcent la jurisprudence et la doctrine françaises.

V. — Et l'on remarquera que l'article français correspondant ne
contient pas littéralement la sanction formelle qui termine le nôtre,
par ces mots : *à peine de nullité*.
Il en résulte donc que c'est *a fortiori* chez nous.

VI. — Notre Code de procédure de 1825, à l'art. 133, était semblable au code français, art. 141. Et il a été alors jugé que : quoique ledit code (1825) n'exige pas, sous peine de nullité, l'exécution des formalités qu'il prescrit pour la rédaction des jugements, néanmoins lorsqu'une formalité est essentielle peur la validité d'une décision judiciaire, son absence vicie cet acte dans sa substance. (Cass., 19 janv. 1846; — L. P. 71, sous l'article.)

VII. — Il ne suffit pas, en droit, qu'un jugement justifie seulement de quelques formalités que l'art. 148 prescrit pour qu'il soit réputé jugement : il est nécessaire qu'il en contienne le tout pour que le vœu de la loi soit rempli. — Cass., 11 déc. 1837. (*Ibid.*, 37.)

VIII. — De ce que, dans sa rédaction, un jugement du tribunal de paix n'a pas suivi l'ordre prescrit par l'art. 148 du Code de procédure civile, il ne résulte point excès de pouvoir de la part du juge qui l'a rendu, si d'ailleurs, dans l'ensemble de la rédaction de ce jugement, on découvre les faits du procès et les motifs qui ont déterminé la condamnation. — Cass., 21 déc. 1843. (*Ibid.*, 66.)

Nom du Juge

IX. — La mention du nom des juges, dans les jugements, est une formalité substantielle dont l'inobservation emporte nullité. (SIREY, 9, sous l'article.)

Noms des Parties

X. — Un jugement n'est pas nul par cela seul que les noms de quelques-unes des parties ne se trouvent pas dans l'énoncé qui est au commencement des qualités, si, d'ailleurs, toutes les parties se trouvent dénommées dans l'exposé du point de fait. (*Ibid.*, 27.)

XI. — La qualification donnée dans le jugement à la veuve, de *tutrice de ses enfants mineurs*, sans contenir le nom de ces enfants qui pourtant étaient parties en cause, ne peut être équivalente aux noms de ces derniers. — Cass., 12 mai 1857. (L. P., 123.)

Profession

XII. — Le mot de *propriétaire* inséré dans un jugement indique d'une manière claire et précise, non seulement une personne à laquelle une chose appartient, mais encore son état, sa condition, sa profession. — Cass., 25 mai 1839. (*Ibid.*, 45.)

XIII. — Lorsque le jugement qualifie la demanderesse de *propriétaire*, cette qualification est assimilée à une véritable profession ; dès lors, il est satisfait aux prescriptions de la loi. — Cass., 22 juillet 1861. (*Ibid.,* 163.)

XIV. — Il suffit que le jugement porte : *habitant propriétaire* pour que le but de l'art. 148 soit atteint, parce que cette dénomination a été reconnue par la jurisprudence comme une qualité légale qui remplace la profession. — Cass., 30 novembre 1863. (*Ibid.,* 174.)

XV. — … Quand même la partie serait marchande publique, si elle ne procédait ni en cette qualité, ni pour faits relatifs à son commerce. — Cass., 6 déc. 1852. (*Ibid.,* 98.)

XVI. — L'art. 148 n'a établi aucune nullité pour abondance de qualités. Celle d'*habitante propriétaire*, ajoutée à celle de marchande publique, n'est que surabondante et ne peut aucunement vicier le jugement ; la loi ne porte la peine de nullité que pour omission de qualités. — Cass , 23 août 1841. (*Ibid.,* 53.)

XVII. — D'autre part, il a été aussi jugé que, lorsqu'aucun acte au procès ne fait connaître la profession d'une partie, il est de présomption légale qu'elle n'a pas de profession connue ; dès lors, le jugement attaqué ne peut lui en créer d'office. — Cass., 7 déc. 1863. (*Ibid.,* 175.)

XVIII. — A moins qu'il ne soit prouvé que la partie a une profession et que mention n'en a pas été faite dans la rédaction du jugement. — Cass., 13 mars 1854. (*Ibid.,* 110.)

Demeure des Parties

XIX. — Dans le sens de l'article, le domicile équivaut à la demeure des parties, lorsqu'elles sont domiciliées dans le même endroit où elles résident. — Cass., 21 nov. 1853. (*Ibid.,* 109.)

XX. — Si on ne s'est pas attribué une demeure distincte du domicile. — Cass., 7 mars 1853. (*Ibid.,* 100.)

XXI. — Lorsqu'une assemblée de famille, convoquée dans l'intérêt des héritiers d'une succession, nomme un fondé de pouvoirs pour soutenir la validité d'offres réelles faites par ces héritiers, le jugement qui intervient doit contenir les noms, professions et demeures des véritables parties, c'est-à-dire des héritiers, et non de leur fondé de pouvoirs, comme s'il avait pu agir pour sa propre cause devant le tribunal. — Cass., 30 oct. 1843. (*Ibid.*, 61.)

Conclusions, Points de fait et de droit

XXII. — Les jugements doivent, par une obligation rigoureuse, rapporter les conclusions des parties, les points de fait et de droit ; formalités d'autant plus nécessaires qu'elles seules peuvent constituer le mandat du juge et donner la forme constitutive aux jugements. —Cass., 4 août 1836 (*Ibid.*, 34.)

XXIII. — Le jugement doit contenir, à peine de nullité, non seulement les conclusions du fond, mais celles qui ont été prises pour repousser une exception proposée. — Cass., 24 mai 1852. (*Ibid.*, 94.)

XXIV. — Mais il suffit que la connaissance des conclusions des parties résulte de l'ensemble du jugement : il n'est pas nécessaire que ces conclusions se retrouvent distinctes et séparées des autres énonciations constitutives du jugement. (SIREY, 84, sous. l'art. 141 Proc. civ.)

XXV. — En exigeant l'exposition sommaire des points de fait dans les jugements, la loi n'a sans doute en vue que le résumé des faits essentiels à la cause, et non la généralité de toutes les énonciations du procès, lorsque ces circonstances ne sont pas de la nature de celles qui ont un rapport direct au dispositif. Et si les faits du jugement pouvaient présenter quelques petites irrégularités, cela ne suffirait point pour en obtenir la cassation, lorsque l'erreur, s'il en existait, n'aurait eu aucune influence sur la décision rendue. — Cass.,27 nov. 1843 ; — 6 nov. 1854. (L. P., 63 et 112.)

XXVI. — Un jugement n'est pas nul par cela seul que le point de fait y est exposé avec brièveté, si les termes dans lesquels il est énoncé font suffisamment comprendre la demande. (SIREY, 39, sous. l'art. 141 Proc. civ.)

XXVII. — Ni lorsque les points de fait et de droit se trouvent insérés sommairement. — Cass., 9 août 1821. (L. P., 1.)

XXVIII. — Et l'exposition sommaire des faits résulte suffisamment de la transcription dans les jugements des actes introductifs d'instance et des conclusions des parties, lorsque ces actes et ces conclusions contiennent eux-mêmes une analyse des faits. (SIREY, 41.)

XXIX. — Si la loi veut que les jugements contiennent l'exposition sommaire des points de fait et de droit, elle ne fait point un devoir aux juges de les présenter d'une manière distincte et séparée des autres parties constitutives de leurs jugements, si d'ailleurs ces diverses parties se retrouvent virtuellement et en substance dans l'ensemble desdits jugements. Quoique les faits ne présentent pas d'une manière complète l'historique du procès, il suffit qu'ils se retrouvent dans les conclusions respectives des parties d'où la question de droit a été tirée pour l'application de la loi. — Cass., 4 août 1845. (L. P., 70.)

XXX. — L'article 148 n'exige que l'exposition sommaire du point de droit. Quelque laconiques que soient les questions à résoudre que les cours inférieures se posent, l'on ne saurait y voir l'inobservance d'une des formalités constitutives des jugements. — Cass., 28 juin 1858. (*Ibid.*, 134.)

XXXI. — Mais l'art. 148 a imposé aux cours inférieures l'obligation expresse de s'expliquer avec précision sur les questions que le procès offre à résoudre.... Le jugement qui pose ainsi la question de droit: *Il s'agit de savoir si les conclusions des demandes doivent leur être adjugées ou si elles doivent être rejetées,* ne fait pas voir sur quelles considérations de droit il repose. — Cass., 10 août 1857. (*Ibid.*, 128.)

XXXII. — Ni celle-ci : *Il s'agit de savoir si les conclusions du demandeur doivent lui être adjugées ou celles du défendeur.* Violation de l'art. 148. — Cass., 13 juill. 1857. (*Ibid*, 125.)

XXXIII. — Ni celle-ci: *Il s'agit de savoir si ladite opposition est fondée ou non.* Le jugement (par cette formule) remplit d'autant moins le vœu de l'art. 148, qu'il ne présente aucun des points de droit qu'il y avait à résoudre pour décider si l'opposition était fondée ou non. — Cass., 10 mai 1858. (*Ibid.*, 133.)

XXXIV. — Au surplus, la nullité d'un jugement résultant de ce qu'il ne contient ni point de fait, ni point de droit, est couverte par l'exécution, sans réserve, du jugement. (SIREY, 55, sous l'art. 141). Il y a acquiescement.

XXXV. — Il est à remarquer aussi que la jurisprudence française est moins sévère sur l'énonciation des points de fait et de droit.

XXXVI. — Ainsi, elle a établi, en cas d'opposition, que l'énonciation des points de fait et de droit n'est pas nécessaire quand le jugement se rapporte à un jugement par défaut antérieur qui renferme cette énonciation. (SIREY, 42, sous l'art. 141.)

XXXVII. — En appel, qu'un arrêt énonce suffisamment le point de fait du procès en se référant au jugement de première instance. — Arrêt de rejet du 3 mars 1842. (SIREY, 43, *loco citato*.)

XXXVIII. — *Id*... alors même que le point de fait ne se trouve pas d'une manière distincte dans ce jugement, si d'ailleurs l'ensemble et les motifs du jugement le font suffisamment connaître. (*Ibid.*, 44.)

XXXIX. — *Id*... alors surtout que des faits ressortent clairement de la relation du dispositif du jugement de première instance avec les motifs de l'arrêt et les conclusions prises devant la Cour d'appel. (*Ibid.*, 45.)

XL. — *Id*... lorsque l'arrêt contient les motifs du jugement de première instance dans lesquels ces faits sont énoncés. (*Ibid.*, 46.)

XLI. — Un arrêt contient suffisamment l'exposition du point de droit lorsqu'il pose la question de savoir *si le jugement dont est appel est juste, et s'il faut ordonner qu'il sera exécuté selon sa forme et teneur.* (*Ibid.*, 47.)

XLII. — *Id.* lorsqu'il est dit : *Il y a lieu à vérifier si le jugement dont est appel est juridique.* (*Ibid.*, 48.)

XLIII. — Ou, *Y a-t-il lieu de confirmer* le jugement dont est appel? (*Ibid.*, 49.)

XLIV. — Ou, *A-t-il été mal jugé par le jugement appelé? Ne doit-on pas, au contraire, ordonner qu'il sortira son plein et entier effet?...* et cela encore que des questions non soumises aux juges de première instance aient été soumises aux juges d'appel. (*Ibid.*, 50.)

XLV. — Ou, *Y a-t-il lieu d'accueillir tout ou partie des conclusions de l'appelant; ou bien faut-il au contraire le démettre de son appel?* (*Ibid.*, 51.)

XLVI. — Ou, *Y a-t-il lieu d'accueillir les conclusions de l'appelant, ou celles de l'intimé?* (*Ibid.*, 52.)

XLVII. — Enfin, en principe, la position des questions de droit dans un jugement ou arrêt est abandonnée aux lumières des juges. (*Ibid.*, 53.)

Motifs des Jugements

XLVIII. — En droit, un motif même implicite est suffisant, s'il est virtuel. (Cass., 13 déc, 1858, L. P., 140, sous l'art. 148.)

XLIX. — A la différence du défaut des motifs, ni la généralité de motifs, ni le peu de solidité ou le peu d'étendue des motifs ne sont des causes de nullité des jugements. (*V.* SIREY, 57, 58 et 59, sous l'art. 141.)

L. — Et le dispositif d'un jugement, lorsqu'il est conforme à la loi, ne saurait être vicié par des énonciations illégales renfermées dans les motifs. (*Ibid* ., 80.)

LI. — Des motifs enviés consignés dans un jugement ne suffisent point pour en autoriser la cassation, si d'ailleurs le dispositif se trouve appuyé sur un ou plusieurs considérants non entachés d'erreurs. — Cass., 27 nov. 1843, 19 mars 1838, 13 mars 1837, 31 juillet 1860. (L. P., 64, 38, 111 et 153, sous l'art. 148.) *Voir* au *Bulletin des Arrêts du tribunal de cassation*, n° 19, arrêt n° 164.

LII. — Un jugement ne saurait être cassé pour incohérence ou contradiction de motifs lorsque, dans son dispositif, il est conforme à la loi. — Cass., 26 septembre 1853. (*Ibid.* 108.)

LIII. — Lorsque, dans les conclusions d'une partie, il se trouve une fin de non-recevoir, l'autre partie n'est pas censée y avoir renoncé parce qu'elle a conclu cumulativement par exception et sur le fond. La Cour n'est pas dispensée de se conformer à la loi, en motivant le rejet de la fin de non-recevoir si elle la jugeait inadmissible. — Cass. 31 mai 1882. (*Ibid.*, 95.)

LIV. — Pour être motivés dans le sens de l'article 148, les jugements doivent porter eux-mêmes les raisons qui ont déterminé les juges à les rendre. Mais lorsqu'il existe une contradiction formelle entre le motif et le dispositif d'un jugement, il doit être considéré comme dénué de motifs et rendu en violation de l'art. 148. — Cass., 13 décembre 1858. (*Ibid.*, 141.)

LV. — Est dénué aussi de motifs le jugement qui s'est borné à déclarer que *les conclusions du demandeur sont justes et bien fondées en partie.* Par ces expressions vagues, on ne peut apercevoir les considérations de fait sur lesquelles la Cour impériale a établi sa conviction. — Cass., 10 août 1857. (*Ibid.*, 127.)

LVI. — *Id.* lorsque le tribunal n'a pas exprimé d'autres motifs pour condamner une partie qu'en établissant « *Qu'il est constant, tant par des jugements du tribunal de paix que par ce qui s'est dit dans les plaidoiries, que la citoyenne N... est cessionnaire du citoyen P... pour la maison dont il s'agit, aux mêmes charges, clauses et conditions imposées au citoyen P...,* sans énoncer ce qu'il y avait de concluant pour lui..... Car, en exigeant que les jugements soient motivés, le législateur a voulu que chaque point soumis à la décision des magistrats portât des raisons particulières et déterminantes et non des formules qui puissent convenir à toutes les causes. — Cass., 17 août 1835. (*Ibid.*, 25.)

LVII. — *Id.* Le jugement qui s'est borné à *déclarer la demande fondée.* — Cass , 1ᵉʳ octobre 1835. (*Ibid .*, 27.)

LVIII.— Le tribunal civil, qui a annulé sur appel un jugement du tribunal de paix, parce que, dit-il, le juge de paix a excédé ses pouvoirs en jugeant au possessoire une action au pétitoire, doit expliquer comment existe ce cumul, et quel est en droit le principe de sa décision. En l'absence de tous ces renseignements, ce jugement n'est pas suffisamment motivé. — Cass., 19 mars 1836. (*Ibid.*, 28.)

LIX. — Néanmoins, les motifs d'un arrêt peuvent être valablement exprimés dans le dispositif même de l'arrêt. Ainsi un arrêt est suffisamment motivé, bien que dans ses considérants il se taise sur l'un des chefs du litige, si son dispositif contient des motifs sur ce chef. (SIREY, 20, sous l'art. 141 au *Supplément.*)

Mention des Pièces

LX. — Ces mots inscrits dans un jugement : *Vu les pièces produites par les parties,* remplissent suffisamment le vœu de la loi. — Cass., 12 nov. 1838. (L. P., 41.)

LXI. — Jugé, au contraire, que cette mention exigée par la loi ne se borne pas uniquement à la formule vague : *Vu les pièces produites,* mais bien à indiquer la nature des pièces qui ont un rapport essentiel et direct à l'objet de la contestation et qui doivent concourir à former

la conviction des juges et à servir de base àleurs décisions.— Cass.,
14 février 1842. — Autre arrêt semblable à la même date; Cass.,
14 mars 1842. (*Ibid.*, 54 et 55.)

LXII. — Mais il est indifférent que la mention des pièces du procès soit dans une partie du jugement plutôt que dans une autre. Les
pièces essentielles étant mentionnées dans le jugement, le but de la loi
est suffisamment atteint.— Cass., 27 nov. 1848; — Cass., 26 juin 1849;
— Cass., 1ᵉʳ juillet 1856. (*Ibid.*, 74, 78, 122.)

ART. 149. — Les grosses des jugements seront intitulées :
AU NOM DE LA RÉPUBLIQUE, et seront terminées par le mandement suivant : *Il est ordonné à tous huissiers, sur ce requis, de
mettre le présent jugement à exécution; aux officiers du ministère public près les tribunaux civils, d'y tenir la main; à tous
commandants et autres officiers de la force publique, d'y prêter
main-forte, lorsqu'ils en seront légalement requis. En foi de
quoi la minute du présent jugement a été signée par les juges,
tels, tels, et le greffier.* (Proc. civ., 469.)

I. — Rapprocher de cette disposition l'article 469 du même code,
qui en étend le principe à tous les actes en général, et l'article 154
de la Constitution, conforme.

II. — Le jugement (de tribunal civil) qui ne porterait pas en tête
cette formule : *Au nom de la République*, serait sujet à cassation.
— Cass., 8 fév. et 10 mars 1823. (L. P. 1, sous l'art.   )

III. — *Idem* celui qui n'est pas.terminé par la formule exigée par
la loi. — Cass., 19 juin 1826. (*Ibid.* 2.)

IV. — Le jugement de la justice de paix doit contenir textuellement le mandement exigé par l'art. 149 du Code de procédure. —
Cass., 13 mars 1847. (*Ibid.* 3.)

FORMULE Nº 97. — Jugement.

Voir le nº 23.

FORMULE N° 97 *bis.* — **Grosse d'un jugement.**

Liberté — Égalité — Fraternité.

République d'Haïti.

Copie des minutes du
greffe du tribunal de paix
de la commune d.....

Au nom de la République,

Le tribunal de paix de la commune d....., compétemment réuni au lieu ordinaire de ses audiences, a rendu dans ses attributions civiles (*ou* commerciales) le jugement suivant :

(*Copier le jugement.*)

Ce qui sera exécuté.

Donné de nous, D. R., juge de paix, et L. F., suppléant, de la justice de paix d....., assistés de notre greffier, en audience publique du jeudi cinq janvier mil huit cent quatre-vingt-deux, an soixante-dix-neuvième de l'Indépendance.

Il est ordonné à tous huissiers, sur ce requis, de mettre le présent Jugement à exécution ; aux officiers du ministère public près les tribunaux civils, d'y tenir la main ; à tous commandants et autres officiers de la force publique, d'y prêter main-forte, lorsqu'ils en seront légalement requis.

En foi de quoi, la minute du présent jugement a été signée par le juge de paix D. R., le juge suppléant L. F. et le greffier N. O.

Pour première expédition conforme à la minute, délivrée à la réquisition du citoyen....., cejourd'hui dix janvier mil huit cent quatre-vingt-deux, an soixante-dix-neuvième de l'Indépendance.

Collationnée.

(Signature du Greffier.)

Taxe :

pédition du jugement :

... rôles à 10 c... » »
... timbres à 10 c. » »

Total... » »

pour la taxe :

Le juge de paix,

(Signature.)

TITRE VII

Des Jugements par défaut et Oppositions

ART. 154. — Lorsque plusieurs parties auront été assignées pour le même objet, à différents délais, il ne sera pris défaut contre aucune d'elles qu'après l'échéance du plus long délai. (Proc. civ., 59-1°, 69, 82, 153, 155, 156, 954.)

Voir *suprà*, note 17, sous l'art. 27.

ART. 165. — Aucun jugement par défaut ne sera exécuté à l'égard d'un tiers, que sur un certificat du greffier constatant qu'il n'y a pas opposition portée sur le registre. (Proc. civ. 164, 472 et suiv.)

Voir *infrà* les formules après l'art. 472.

TITRE VIII

Des Exceptions

Des moyens de défense ne touchant pas au fond, mais seulement à la forme, peuvent être et sont souvent produits devant la justice de paix... Il est hors de doute que ces incidents doivent être régis d'après les articles du présent titre.

Aux exceptions mentionnées par ce titre, on peut ajouter celles que ferait soulever la citation donnée par ou à des mineurs, des interdits, des femmes mariées non autorisées, etc. (N.-A. CARRÉ.)

§ Ier

De la caution à fournir par les étrangers

Art. 167. — Dans toutes les matières autres que celles
de commerce, l'étranger, demandeur principal, ou intervenant, sera tenu, si le défendeur le requiert, avant toutes
exceptions autres que celles énoncées aux articles 169 et 174,
de fournir caution, de payer les frais et dommages-intérêts
auxquels il pourrait être condamné. (C. civ.,•939, 1806, 1807;
— Proc. civ., 137, 168, 443 et suiv.; — C. com., 635; — Instr.
crim., 115, n° 5.)

I. — Par intervenant on doit entendre l'étranger intervenant
demandeur, et non l'étranger assigné à fin d'intervention.

II. — L'étranger qui attaque en cassation le jugement d'un tribunal qui lui fait grief n'est pas demandeur principal ou intervenant.
Le pourvoi par lui exercé n'est que la continuation d'une instance
pour laquelle il a déjà fourni caution (Cass., 19 oct. 1863; — L. P.,
6, sous l'art. 167), ou dans laquelle il ne fait toujours que se
défendre.

III. — *Id.* de l'étranger demandeur en appel; il demeure toujours
défendeur au procès.. — Paris, 27 avril 1877. (A. Carré.)

IV. — *Id.* de l'étranger incarcéré provisoirement pour dettes,
qui demande son élargissement; la demande de mise en liberté doit
être considérée comme une *défense* à l'acte du créancier et non comme
une *demande principale.* (Sirey, 4, sous l'art. 166 proc. civ.)

V. — Mais en attaquant comme partie civile et par la voie de
l'opposition (art. 115, Instruction criminelle) l'ordonnance de non-lieu
de la Chambre du Conseil, l'étranger ne peut être considéré que
comme demandeur principal, ne s'agissant point d'un pourvoi en
cassation sur une instance dans laquelle il aurait été originairement
défendeur. Dès lors, en sa qualité d'étranger, il est tenu de fournir
caution si le défendeur en cassation le requiert.—Cass., 3 avril 1859.
(L. P. 6, sous l'art. 115, Code d'instruction criminelle.)

VI. — Le juge ne pourrait pas ordonner d'office la caution *judicatum solvi*. Il faut que le défendeur la requière.

VII. — La caution *judicatum solvi* constitue un privilège de nationalité que le défendeur étranger ne peut invoquer contre le demandeur étranger. — Tribunal de la Seine, 26 juillet 1873.(A. CARRÉ.)

ART. 168. — Le jugement qui ordonnera la caution fixera la somme jusqu'à concurrence de laquelle elle sera fournie ; le demandeur qui consignera cette somme sera dispensé de fournir caution. (Proc. civ., 167.)

I. — L'étranger peut donc fournir la caution soit par fidéjusseur (1), soit par consignation d'une somme d'argent.

II. — Il peut être dispensé de fournir caution, s'il prouve que le défendeur a en mains une somme suffisante que celui-ci lui doit. (MERLIN, FAVARD, THOMINE.) Pourvu toutefois qu'il y ait aveu de la part du défendeur, parce que autrement ce serait un nouveau procès à juger. CHAUVEAU (*V.* SIREY, 4, sous l'art. 167, Proc. civ.)

FORMULE N° 98. — Jugement ordonnant la caution *judicatum solvi*.

Entre A... et B..., etc.

Le citoyen B..., défendeur, a comparu et, avant toute exception, a opposé que le sieur A..., demandeur, était étranger ; il a, en conséquence, requis qu'il fût tenu de donner caution pour sûreté des frais et dommages-intérêts auxquels il pourrait être condamné ;

Sur quoi, nous, juge de paix,

Attendu qu'en effet le sieur A... est étranger,

Ordonnons qu'il soit fait par ledit sieur A... dépôt au greffe d'une somme de..... pour garantie des frais et dommages-intérêts auxquels il pourrait être condamné, si mieux n'aime ledit sieur A... fournir caution bonne et solvable jusqu'à concurrence de ladite somme ;

Renvoyons pour statuer sur le fond à notre audience du.....

Voir comment la caution est reçue, page 211.

_____

(1) Se dit de la personne qui cautionne.

§ II

Des renvois

ART. 169. — La partie qui aura été appelée devant un tribunal autre que celui qui doit connaître de la contestation pourra demander son renvoi devant les juges compétents. (Proc. civ., 170 et suiv., 182, 187, 367 et suiv. — Instr. crim. 429 et suiv.)

I. — Cette exception n'est établie qu'en faveur du défendeur; le demandeur ne serait donc pas fondé à l'opposer.

II. — C'est une faculté dont le défendeur peut user ou ne pas user.

III. — D'ailleurs, bien qu'un tribunal se déclare incompétent pour connaître de la contestation qui lui est soumise, il peut néanmoins donner acte, par le même jugement, de l'aveu de l'une des parties relatives au fond du litige.— 18 août 1842, Riom.(*V.* SIREY, 27, sous les articles 168 et 169.)

FORMULE N° 99. — Jugement prononçant le renvoi.

Entre....., etc.; attendu que B....., défendeur, a dit qu'étant assigné en paiement d'une somme de....., et étant domicilié à....., hors de notre commune, c'est à tort qu'il a été cité devant nous, et qu'il conclut à ce que nous nous déclarions incompétent;

Attendu qu'aux termes de l'art. 7 du Code de procédure civile, en matière purement personnelle et mobilière, la citation doit être donnée devant le juge du domicile du défendeur;

Attendu qu'il s'agit dans l'espèce d'une demande purement personnelle et mobilière;

Attendu que B....., défendeur, est domicilié à....., commune de..... que c'est devant le juge de paix de cette commune qu'il aurait dû être cité;

Par ces motifs, nous déclarons incompétent, renvoyons les parties à se pourvoir devant qui de droit et condamnons A....., demandeur, aux dépens.

Art. 170. — Elle sera tenue de former cette demande préalablement à toutes autres exceptions ou défenses. (Pr. civ., 173, 174, 187.)

I. — Premièrement l'incompétence, deuxièmement les nullités d'exploit et ensuite la caution *judicatum solvi*, tel est l'ordre dans lequel doivent être proposées, avant toutes défenses ou autres exceptions.

II. — Mais l'incompétence peut être proposée sur opposition par celui qui s'est laissé condamner par défaut. (Sirey, 10, sous les art. 168 et 169.)

III. — L'incompétence des tribunaux, fondée sur la qualité d'étranger des parties ou de l'une d'elles, est une exception personnelle qui doit être proposée *in limine litis*, avant toute défense ou exception. (*Ibid.*, 17 et au supplément 4.)

IV. — *Id.*, sauf toutefois, pour le tribunal, la faculté qui lui appartient de s'abstenir *d'office*, s'il le juge convenable. (*Ibid.* 18.)

V. — *Id.*, à l'égard des questions d'état entre étrangers ; l'incompétence des tribunaux, ayant lieu à raison des personnes seulement, peut être couverte par le consentement ou le silence des parties. (*Ibid.*, 19. — Voir *suprà*, page 36.)

FORMULE N° 100. — Jugement qui rejette l'incompétence.

Comme à la formule précédente, N° 99, jusqu'aux mots : par ces motifs;
Mais, attendu que l'exception d'incompétence, à raison du domicile, doit être proposée préalablement à toutes autres exceptions et défenses;
Attendu que B..... a défendu au fond avant d'exciper de l'incompétence;
Par ces motifs, nous déclarons compétent et statuant au fond.....;
Ou bien renvoyons à notre prochaine audience pour statuer au fond.

Art. 171. — Si néanmoins le tribunal était incompétent à raison de la matière, le renvoi pourra être demandé en tout état de cause ; et, si le renvoi n'était pas demandé, le tribunal sera tenu de renvoyer d'office devant qui de droit. (Pr. civ., 89-3°, 118, 170; — C. com., 636; — Instr. crim., 315, 436.)

I. — L'exception d'incompétence *ratione materiæ*, étant d'ordre public, peut être présentée à toutes les phases du débat et même par la partie qui a porté la cause devant le tribunal incompétent.

II. — L'inscription *ratione materiæ* ne s'entend que du cas où les juges de paix sont saisis d'une contestation qui, de sa nature, est hors de leurs attributions; par exemple, une question de propriété immobilière, une demande de plus de 150 gourdes.

III. — Mais ce n'est pas une incompétence en raison de la matière, celle résultant de ce que l'objet litigieux est situé hors de la commune du juge de paix saisi. En conséquence, cette sorte d'incompétence, qui est *ratione personæ*, est couverte par le silence des parties.

FORMULE N° 101. — Incompétence prononcée d'office.

Attendu que l'action du demandeur tend à obtenir sur l'héritage du défendeur une servitude dont il n'a pas la jouissance; — attendu que la loi ne nous permet pas de statuer sur cette matière ;

Par ces motifs, nous déclarons d'office incompétent, et renvoyons les parties à se pourvoir devant qui de droit.

ART. 172. — S'il a été formé précédemment, en un autre tribunal, une demande pour le même objet, ou si la contestation est connexe à une cause déjà pendante en un autre tribunal, le renvoi pourra être demandé et ordonné. (Pr. civ., 89-4°, 118, 362 et suiv.)

I. — Il y a litispendance lorsque la même cause est soumise à deux tribunaux. Il y a connexité, si la cause soumise a un rapport intime, direct, avec une autre cause dont un autre tribunal est saisi. Il se peut que les deux demandes *connexes* soient portées devant le même tribunal. Alors on peut en demander la jonction, c'est-à-dire la réunion des deux demandes, pour être jugées par un seul et même jugement.

II. — L'exception de renvoi pour cause de litispendance et de connexité ne se couvre pas par la défense au fond.(Controversé.) Suivant CHAUVEAU, il y a lieu d'admettre un certain tempérament entre les deux opinions. (V. SIREY, 12, sous l'art. 171, et 9 au supplément.)

III. — L'exception de litispendance ne peut être proposée que relativement à deux instances liées devant les tribunaux du pays ; elle ne peut l'être au cas d'instance devant un tribunal étranger. (*Ibid., suprà,* 7.)

IV. — En effet, par cette expression *un autre tribunal,* les législateurs ont entendu parler des tribunaux haïtiens ; autrement ce serait méconnaître la souveraineté nationale et proclamer un système contraire à la dignité de la République. Ainsi, on ne peut pas dire qu'il y a litispendance lorsqu'il y a une action intentée en même temps en Haïti et à New-York. — Cass. 12 mars 1838 ; (L. P. 1, sous l'art. 172.)

V. — C'est la date de l'exploit et non le jour indiqué pour l'audience, qui doit servir à déterminer quel tribunal a été saisi le premier. (SIREY, 23, sous l'art. 171.)

ART. 173. — Toute demande de renvoi sera jugée sans instruction écrite et sans qu'elle puisse être réservée ni jointe au principal. (Pr. civ., 141, 145, 401 et suiv.)

I. — Le tribunal devant lequel un déclinatoire est proposé ne peut statuer par un seul et même jugement sur le déclinatoire et sur le fond : il y a nécessité de rendre préalablement jugement sur le déclinatoire. (SIREY, 3, sous l'art. 172.)

II, — Jugé cependant qu'il n'est pas nécessaire que le tribunal statue sur le déclinatoire par un jugement séparé de celui sur le fond, surtout quand la partie qui a proposé le déclinatoire a conclu en même temps au fond. (*Ibid.* 7 et 9.) C'est bien ce que suppose notre formule n° 100.

III. — En matière commerciale, l'art. 637 du Code de commerce permet de statuer dans le même jugement sur le déclinatoire et sur le fond, pourvu que ce soit par deux dispositions distinctes, l'une sur la compétence, l'autre sur le fond. (V. *infrà,* cet article et l'explication qui le suit.)

IV. — Le juge peut ordonner une vérification des lieux, pour se mettre à même de connaître avec exactitude l'objet de la demande et s'éclairer sur sa compétence. (SIREY, 14, sous l'art. 172.)

**FORMULE N° 102. — Jugement qui ordonne le renvoi
d'une cause pour connexité.**

Le tribunal, parties entendues, statuant par jugement contradictoire en premier ressort :

Attendu que la créance dont le paiement est poursuivi contre le défendeur résulte d'un billet souscrit par lui et le citoyen C....., demeurant à....., contre lequel il a été formé aussi une demande en paiement dudit billet ; — que, l'action intentée devant nous étant connexe à une cause déjà pendante devant le tribunal de....., nous ne pouvons en connaître,

Renvoie, en conséquence, le demandeur à se pourvoir devant le tribunal qui doit connaître de sa demande.

Ainsi jugé et prononcé à.....

§ III

Des Nullités.

Art. 174. — Toute nullité d'exploit ou d'acte de procédure est couverte, si elle n'est proposée avant toute défense, ou exception, autre que les exceptions d'incompétence. (Pr. civ., 81, 139, 170, 171, 187, 396, 917, 950.)

Après avoir proposé une exception d'incompétence, qui est la première dans l'ordre des exceptions, on peut encore, si elle est rejetée, proposer l'exception de nullité d'exploit qui vient en second ordre, et (à la différence des exceptions dilatoires) proposées successivement, d'autres nullités d'exploit sans pouvoir être forclos. Et l'on n'est plus habile à proposer d'exceptions de nullité si on a proposé les exceptions de la caution à fournir par les étrangers, celles dilatoires, etc., parce qu'en proposant ces dernières, on est censé renoncer aux autres nullités. — Cass. 11 juillet 1842 ; — (L. P., 3, sous l'art. 174.)

FORMULE N° 103. — Jugement sur exception de nullité admise.

Attendu que la citation attaquée ne contient pas..... ;

Que la loi, dans ce cas, prononce textuellement la nullité des actes ou citations qui ne contiennent pas .... ;

Attendu, enfin, qu'aucune nullité établie par la loi n'est comminatoire ;

Déclarons nulle la citation donnée à la requête de..... ; pour n'avoir aucun effet et condamnons le demandeur aux dépens.

§ IV

Des Exceptions dilatoires.

Art. 175. — L'héritier, la veuve, la femme divorcée ou séparée de biens, assignée comme commune, auront trois mois, du jour de l'ouverture de la succession ou dissolution de la communauté, pour faire inventaire, et quarante jours pour délibérer ; si l'inventaire a été fait avant les trois mois, le délai de quarante jours commencera du jour où il aura été parachevé. (C. civ. 634 et suiv., 1241 ; — Pr. civ., 178, 187, 188, 831 ; — C. com., 638.)

S'ils justifient que l'inventaire n'a pu être fait dans les trois mois, il leur sera accordé un délai convenable pour le faire, et quarante jours pour délibérer ; ce qui sera réglé sans instruction par écrit. (C. civ., 657. — Proc. civ., 401 et suiv.)

L'héritier conserve néanmoins, après l'expiration des délais ci-dessus accordés, la faculté de faire encore inventaire et de se porter héritier bénéficiaire, s'il n'a pas fait, d'ailleurs, acte d'héritier, ou s'il n'existe pas contre lui de jugement passé en force de chose jugée qui le condamne en qualité d'héritier pur et simple. (C. civ., 637 à 639, 652, 653, 659, 1135, 1136, t. LXXXIII, LXXXIV.)

Mêmes dispositions que celles des articles 654, 657 et 659 du Code civil.

Art. 182. — Ceux qui seront assignés en garantie seront tenus de procéder devant le tribunal où la demande originaire sera pendante, encore qu'ils dénient être garants ; mais s'il paraît par écrit, ou par l'évidence du fait, que la demande originaire n'a été formée que pour les traduire hors de leur tribunal, ils y seront renvoyés. (Proc. civ., 69, 169, 171, 176, 336, 337.)

Voir *suprà* notes 4 et 5, sous l'art. 41.

ART. 187. — Les exceptions dilatoires seront proposées conjointement, et avant toutes défenses au fond. (Proc. civ., 170, 174, 336, 337.)

I. — La réserve, en défendant, au fond, d'opposer une exception dilatoire, ne conserve point l'exception. (SIREY, 1, sous l'art. 186.)

II. — Mais le défendeur peut opposer successivement des exceptions dilatoires dont il n'a connu la cause qu'après en avoir proposé d'autres. *(Ibid. 2.)*

III. — Les exceptions dilatoires peuvent être jointes au fond pour être statué sur le tout par un même jugement. *(Ibid. 3.)*

ART. 188. — L'héritier, la veuve et la femme divorcée ou séparée de biens pourront ne proposer leurs exceptions dilatoires qu'après l'échéance des délais pour faire inventaire et délibérer. (Proc. civ., 175.)

Malgré les termes en apparence restrictifs de l'article, les exceptions d'une autre nature que les dilatoires peuvent n'être proposées qu'après l'échéance des délais pour faire inventaire et délibérer, lorsque ces exceptions procèdent de la succession ou de la communauté. Dans le cas contraire, non. (SIREY, sous l'art. 187.)

FORMULE N° 104. — Jugement sur exceptions couvertes pour la défense au fond.

Attendu qu'il est de règle constante fondée sur les lois et la jurisprudence que toute nullité, fin de non-recevoir ou autres exceptions dilatoires se couvrent par les défenses au fond ;

Attendu que B... a défendu au fond avant de proposer son exception ;

Déboutons B... de son exception, et faisant droit au principal,

Attendu, au fond, que la demande est justifiée ; que, d'ailleurs, elle est reconnue par B...,

Condamnons B... à.....

TITRE XI

Des Enquêtes.

Art. 264. — Les témoins défaillants seront condamnés par ordonnances du juge-commissaire, qui seront exécutoires, nonobstant opposition, à une somme qui ne pourra être moindre de deux gourdes, au profit de la partie, à titre de dommages-intérêts; ils pourront, de plus, être condamnés, par la même ordonnance, à une amende qui ne pourra excéder la somme de vingt gourdes. (C. civ., 939, 1168. — Proc. civ., 261 et suiv., 265 et suiv., 409, 650, 682. — Instr. crim., 67, 68, 139, 140, 165, 287.)

Les témoins défaillants seront réassignés à leurs frais. (Proc. civ., 77, 265.)

Art. 265. — Si les témoins réassignés sont encore défaillants, ils seront condamnés et par corps à une amende de trente gourdes; le juge-commissaire pourra même décerner contre eux un mandat d'amener. (C. civ., 1829. — Proc. civ., 133, 264, 266, 950. — Instr. crim., 30, 68, 77, 139, 165, 287.)

Art. 266. — Si le témoin justifie qu'il n'a pu se présenter au jour indiqué, le juge-commissaire le déchargera, après sa déposition, tant des dommages-intérêts que de l'amende et des frais de réassignation. (Proc. civ., 264, 265, 267, 950. — Instr. crim., 48, 140, 165, 287.)

Art. 267. — Si le témoin justifie qu'il est dans l'impossibilité de se présenter au jour indiqué, le juge-commissaire lui accordera un délai suffisant, qui, néanmoins, ne pourra excéder celui fixé pour l'enquête, ou se transportera pour recevoir la déposition. Si le témoin est éloigné, le juge-com-

missaire renverra devant le doyen du tribunal du lieu, qui
entendra le témoin ou commettra un juge; le greffier de ce
tribunal fera parvenir de suite la minute du procès-verbal au
greffe du tribunal où le procès est pendant, sauf à lui à prendre exécutoire pour les frais contre la partie à la requête de
qui le témoin aura été entendu. (Proc. civ., 77, 137, 264,
265, 266, 409, 467, 468, 682, 954, 955. — Instr. crim., 69.)

Voir *suprà* note 18, sous l'art. 44.

I. — C'est une piastre et dix piastres (art. 264), quinze piastres
(art. 265), qu'il faut lire, conformément à la loi de 1877 qui règle en
monnaie forte les amendes, etc.

II. — Lorsque, pour parvenir à l'établissement d'une enquête, le
tribunal civil a délégué l'un de ses membres pour procéder à l'audition des témoins domiciliés hors de la commune, siège du tribunal
civil, et qu'au lieu d'obtempérer à ce mandat, le juge-commissaire a
substitué à sa place le juge de paix du domicile des témoins, lequel
a donné suite à l'opération, le tribunal dont émane le jugement
dénoncé en cassation aurait dû annuler l'enquête faite par ce juge
de paix qui était sans caractère légal. En décidant le contraire, ce
tribunal a commis une violation manifeste de l'art. 267 du Code de
procédure civile. — Cass., 31 mai 1859. (L. P., sous l'art. 267. —
Bulletin n° 4, arrêt n° 26.)

Art. 273. — Lors de la lecture de sa déposition, le témoin
pourra faire tels changements et additions que bon lui semblera; ils seront écrits à la suite ou à la marge de sa déposition; il lui en sera donné lecture, ainsi que de la déposition,
et mention en sera faite : le tout à peine de nullité. (Proc.
civ. 276, 293, 333, 950. — Instr. crim., 63.)

Voir *suprà* note 2, sous l'art. 47.

Art. 284. — Pourront être reprochés : les parents ou alliés
de l'une ou de l'autre partie, jusqu'au degré de cousin germain inclusivement; les parents et alliés des conjoints au

degré ci-dessus, si le conjoint est vivant, ou si la partie ou le témoin en a des enfants vivants ; en cas que le conjoint soit décédé, et qu'il n'ait pas laissé de descendants, pourront être reprochés les parents et alliés en ligne directe, les frères, beaux-frères, sœurs et belles-sœurs. (C. civ., 595 et suiv. — Proc. civ., 269, 271, 283, 285, 288, 292, 310, 375. — Instr. crim., 188, 256.)

Pourront aussi être reprochés : le témoin héritier présomptif ou donataire ; celui qui aura bu et mangé avec la partie, et à ses frais, depuis la prononciation du jugement qui a ordonné l'enquête ; celui qui aura donné des certificats sur les faits relatifs au procès ; celui qui aura été condamné à une peine afflictive ou infamante. (C. civ., 19 ; — Proc. civ., 786 ; — Instr. crim., 138, 256 ; — C. pén., 7, 8 et suiv., 23, 28, 327.)

Voir *suprà* notes 13 et suivantes, sous l'art. 44.

Art. 285. — Le témoin reproché sera entendu dans sa déposition. (Proc. civ., 271, 277, 288, 292.)

La question de savoir si cet article est applicable dans l'enquête ordonnée par le juge de paix est controversée. Voir à cet égard nos annotations 16 et 17 sous l'art. 44.

Pour les formules, voir *suprà*, au titre des Enquêtes (art. 42 et suiv.) les numéros 65 à 72.

TITRE XIII

Des Rapports d'Experts

Art. 308. — Les récusations ne pourront être proposées que contre les experts nommés d'office, à moins que les causes n'en soient survenues depuis la nomination et avant le serment. (Proc. civ., 198, 238, 284, 305, 309 à 315, 318).

V. supra nos annotations sous l'art. 50, notes 6 et 8.

ART. 309. — La partie qui aura des moyens de récusations
à proposer sera tenue de le faire dans les trois jours de la
nomination par un simple acte signé d'elle ou de son mandataire spécial, contenant les causes de récusation, et les
preuves, s'il en a, ou l'offre de les vérifier par témoins ; le
délai ci-dessus expiré, la récusation ne pourra être proposée,
et l'expert prêtera serment au jour indiqué par la sommation.
(C. civ 1751. — Proc. civ., 253 et suiv., 308, 310, 954,
956.)

Voir note **7**, sous l'art. 50.

ART. 310. — Les experts pourront être récusés par les
motifs pour lesquels les témoins peuvent êtres reprochés.
(C. civ., 19-1°; — Proc. civ., 284, 308, 311 et suiv.; — C. pén.,
28 à 30.)

Voir note 5, sous l'art. 50.

TITRE XV

Des Incidents.

§ II

De l'Intervention

ART. 338. — L'intervention sera formée par requête qui
contiendra les moyens et conclusions, dont il sera donné
copie ainsi que des pièces justificatives. (C. civ., 712, 837,
956, 972. — Proc. civ., 58-2°, 75, 167, 183, 184, 339,
340, 355, 403, 460, 768 ; — C. com., 155, 156 ; — Instr.
crim., 54.)

ART. 339. — L'intervention ne pourra retarder le jugement de la cause principale, quand elle sera en état. (Proc.
civ., 342.)

I. — Intervenir, c'est prendre part à une instance pendante entre deux ou plusieurs personnes et à laquelle on n'a pas été appelé.

II. — Peut intervenir toute personne ayant un intérêt direct ou indirect à la contestation ; toute personne qui aurait droit à se pourvoir par voie de tierce-opposition au jugement dans lequel il n'a pas figuré et qui lui porterait préjudice.

III. — L'intervention est admise en justice de paix; mais les formes doivent être simplifiées, elle peut avoir lieu, par simple comparution volontaire ou par citation. (A. CARRÉ.)

FORMULE N° 105. — Demande en intervention par citation.

L'an.... etc., à la requête du sieur C...., propriétaire, domicilié à....., demandeur en intervention dans la cause pendante devant le tribunal de paix de la commune de......., entre le sieur A... et le sieur B..., lequel requérant élit domicile en la demeure de.....

J'ai..., huissier..... soussigné, signifié :

1° Au sieur A... (*profession et domicile*), demandeur en principal et défendeur à l'intervention, en sondit domicile et parlant à....;

2° Au sieur B..., etc., défendeur au principal et à l'intervention, en sondit domicile et parlant à....;

Attendu (*rappeler les faits de la demande principale et exposer les motifs de l'intervention*);

Attendu que ledit sieur C..., requérant, intervient dans la cause d'entre lesdits sieurs A... et B..., et que ses conclusions tendent à ce qu'il plaise au tribunal le recevoir partie intervenante, et faisant droit, tant sur ladite intervention que sur la cause principale, en ce qui touche le sieur B..., donner acte audit sieur C... de ce qu'il entend prendre son fait et cause, et ordonner que B,.. sera, s'il le requiert, mis hors de cause; et à l'égard du sieur A..., le déclarer purement et simplement non recevable dans la demande par lui formée contre B..., par exploit du....., ou en tout cas mal fondé en icelle, l'en débouter, et, en outre, le condamner en tous les dépens, tant de la demande principale que de celle en intervention.

A ce qu'ils n'en ignorent, etc.

FORMULE N° 106. — Jugement donnant acte d'une demande en intervention faite à l'audience.

Entre.....

A... a conclu à ce que.....

B... a répondu que.....

En ce moment s'est présenté le citoyen C..., propriétaire, demeurant à..., qui a demandé qu'il soit reçu partie intervenante, en la cause d'entre les susnommés, attendu que....., et a conclu, en conséquence, à ce qu'il plaise au tribunal : faisant droit tant sur l'intervention que sur la cause principale, donner acte audit citoyen C..., etc. (*comme ci-dessus*).

. . . .

Le tribunal, donnant acte audit citoyen C... de sa déclaration, et attendu que.....;

Qu'il y a donc lieu d'accueillir sa demande, le reçoit partie intervenante en l'espèce,

Et faisant droit au principal :

Attendu, etc.

FORMULE N° 107. — **Demande en déclaration de jugement commun ou intervention forcée.**

L'an....., à la requête du sieur B..., j'ai..... cité le sieur C..., etc., à comparaître le....., etc., pour.....

Attendu que, par une demande introduite par le sieur A..., le sieur B..., nous requérant, a été cité en paiement de la somme de cinquante gourdes pour loyers d'une maison ; à laquelle demande mon requérant oppose la compensation des réparations qu'il a dû faire à ladite maison pour compte des propriétaires, et dont la valeur couvre, au delà, la somme de loyers réclamée, ainsi qu'il appert de *telle pièce, etc.* ;

Attendu que les sieurs A... et C... possèdent en commun ladite propriété encore indivise entre eux ; — que donc l'intérêt de mon requérant à faire intervenir le sieur C... est évident ;

Voir dire que ledit sieur C... sera tenu d'intervenir dans l'instance pendante entre le sieur A... et ledit sieur B..., devant M. le juge de paix de....., relativement au règlement des loyers et réparations susénoncés ;

Et par le tribunal faisant droit tant sur ladite intervention que sur la demande principale, recevoir ledit sieur C..., partie intervenante et dire que les loyers seront compensés par les réparations jusqu'à concurrence de la somme de....., montant desdites réparations ; et condamner lesdits sieurs A... et C... aux dépens.

Et à ce qu'il n'en ignore, etc.

TITRE XVIII

Des Règlements de Juges

ART. 362. — Si un différend est porté à deux ou plusieurs justices de paix, ressortissant au même tribunal civil, le règlement de juges sera porté à ce tribunal.

Si les justices de paix relèvent de tribunaux divers, ou si le différend est porté à deux ou plusieurs tribunaux civils, le règlement de juges sera porté au tribunal de cassation. (Proc. civ., 7, 58, 59-7°, 69, 89, 90, 118, 172, 242, 363 et suiv., 401, 916; — Instr. crim., 414 et suiv.)

I. — Il y a lieu également de se pourvoir au tribunal de cassation, s'il s'agit d'un conflit entre un tribunal de paix et un tribunal civil. (*V.* SIREY, 38, sous l'art. 363.)

II. — Cette matière des règlements de juges a quelque rapport avec celle des déclinatoires, où l'on peut invoquer la *litispendance* pour faire renvoyer l'affaire devant le premier tribunal saisi, ou la *connexité* pour faire renvoyer devant l'un des deux tribunaux.

III. — Mais, si les deux tribunaux se déclarent tous deux compétents et retiennent l'affaire pour la juger chacun de son côté; ou s'ils se déclarent tous deux incompétents, il existe alors entre ces deux tribunaux un conflit de juridiction : *conflit positif* dans le premier cas, *conflit négatif* dans le second cas. (*V.* BOITARD, 548.)

IV. — La voie du règlement de juges est ouverte au cas de conflit *négatif* aussi bien qu'au cas de conflit *positif*. (Arrêts cités par SIREY, 32, sous l'art. 363.)

V. — Mais non pas avant que les tribunaux entre lesquels le conflit peut s'élever soient saisis de la contestation; autrement ce serait non un règlement de juges, mais une indication de juges. (*Ibid.*, 1.)

VI. — Il n'y a non plus lieu à règlement de juges entre les tribunaux du pays et les tribunaux étrangers, alors même que, d'après les

traités diplomatiques les jugements de ces tribunaux seraient respec
tivement exécutoires dans l'un et l'autre pays. (*Ibid.*, 37.)

ART. 363. — Sur le vu des demandes formées dans différents tribunaux, il sera rendu, sur requête, jugement portant
permission d'assigner en règlement, et les juges pourront
ordonner qu'il sera sursis à toutes procédures dans lesdits tribunaux. (Proc. civ., 69, 71, 79, 413, 427 et suiv.; — Instr.
crim., 416 et suiv.)

I. — Le demandeur en pourvoi présente requête au tribunal où
le conflit doit être jugé; il y joint les exploits qui justifient que le
même différend est porté à plusieurs tribunaux de paix. Sur ce, le
tribunal accorde permission d'assigner en règlement. (MULLERY, p. 60.)

II. — Sont nuls et sans effet, tous jugements rendus sur le fond,
après signification du jugement ou arrêt de surséance. (SIREY.)

III. — Mais il ne suffirait pas, pour qu'il y ait obligation de surseoir au jugement du fond, que la partie eût déclaré au greffe du tribunal saisi qu'elle allait se pourvoir en règlement de juges. (*Ibid.*)

**FORMULE N° 108. — Requête présentée à un tribunal civil pour être
autorisé à assigner en règlement de juges.**

A Messieurs les Doyens et Juges composant le tribunal civil de....

Le sieur A..., propriétaire, domicilié à...., a l'honneur de vous exposer que, par exploit en date du....., il a fait sommer et citer par-devant
M. le Juge de paix de..... le sieur B..., demeurant à..... en dénonciation de nouvel œuvre pour un barrage que ledit sieur s'est permis d'établir sur le canal de..... dont l'exposant avait la jouissance depuis plus
d'an et jour; attendu que ce barrage arrête le courant du canal et empêche
le moulin de l'exposant de fonctionner comme à l'ordinaire;

Que, d'un autre côté, ledit sieur B..., prétendant que l'héritage sur lequel
s'est élevé le litige, est situé dans la commune de....., et que l'action de
l'exposant est un trouble à sa possession, a fait par exploit du....., citer
l'exposant devant M. le Juge de paix de....., à l'effet de vider la contestation d'entre les parties; c'est pourquoi, il vous plaira, Magistrats, vu les
exploits respectifs des demandes qui ci-joints, permettre à l'exposant d'assigner ledit sieur B... à comparaître par-devant vous dans les délais de la loi,
pour voir régler devant quel tribunal les parties procéderont; et ordonner

dès à présent qu'il sera sursis à toutes poursuites et procédures devant les tribunaux de..... et de.....; et, en cas de contestation, s'entendre ledit sieur B... condamner aux dépens.

Présenté au Palais de Justice, à....., le..... 1886.

Art. 364. — Le demandeur signifiera le jugement et assignera les parties à personne ou domicile. (C. civ., 91;—Proc. civ., 69, 71, 79, 85, 150.)

Le délai pour comparaître sera celui des ajournements, en comptant les distances d'après le domicile respectif des parties. (Proc. civ., 82, 262, 365, 428, 648, 954.)

Art. 365. — Si le demandeur n'a pas assigné dans les délais ci-dessus, il demeurera déchu du règlement de juges, sans qu'il soit besoin de le faire ordonner; et les poursuites pourront être continuées dans le tribunal saisi par le défendeur en règlement. (Proc. civ., 364, 950.)

Dans certains cas, notamment en cas de conflit négatif, la déchéance n'est pas applicable. Nous permettrons, dans ce cas, dit Boitard, 553, au demandeur en règlement de requérir une nouvelle autorisation. On ne le considère comme déchu que du droit de suivre sur le premier jugement d'autorisation.

Art. 366. — Le demandeur qui succombera pourra être condamné aux dommages-intérêts envers les autres parties. (C. civ., 936, 1168; — Proc. civ., 135; — Instr. crim., 428.)

———

La demande en renvoi pour cause de parenté ou alliance (tit. XIX, art. 367 et suiv.) n'a pas lieu en matière de justice de paix, à raison de la modicité de la compétence en dernier ressort. (Rodière cité par Bioche, *Dictionnaire des Juges de paix*, article *Renvoi*. — V. cependant *suprà*, page 416.)

TITRE XXI

De la Péremption

Art. 394. — Toute instance sera éteinte par la discontinuation de poursuites pendant deux ans. (C. civ., 2014, 2015, 2029; — Proc. civ., 20, 159, 341, 395 et suiv., 586, 950.)

Ce délai sera augmenté de six mois, dans tous les cas où il y aura lieu à demande en reprise d'instance, ou constitution de nouveau défenseur. (Proc. civ., 341 et suiv., 950, 954.)

Art. 395. — La péremption courra contre l'État, les établissements publics, et toutes personnes, même mineures, sauf leur recours contre les administrateurs et tuteurs. (C. civ., 329, 361, 418, 939, 1168, 1995.)

Art. 396. — La péremption n'aura pas lieu de droit, elle se couvrira par les actes valables faits par l'une ou l'autre des parties, avant la demande en péremption. (Proc. civ., 174.)

Art. 397. — Elle sera demandée par requête de la partie ou de son défenseur, à moins que le défenseur ne soit décédé, ou interdit, ou suspendu, depuis le moment où elle a été acquise. (Proc. civ., 69, 70, 79, 151, 163, 341.)

Art. 398. — La péremption n'éteint pas l'action; elle emporte seulement extinction de la procédure, sans qu'on puisse, dans aucun cas, opposer aucun des actes de la procédure éteinte, ni s'en prévaloir, excepté toutefois les dépositions des témoins qui auraient déjà été entendus. (Proc. civ., 950.)

En cas de péremption, le demandeur principal est condamné à tous les frais de la procédure périmée. (Proc. civ., 137, 467, 468.)

14 — La loi des justices de paix, à l'art. 20 de ce code, admet la péremption des instances dans lesquelles il y a eu un interlocutoire;

cette loi ne parle pas des autres instances, mais, dit Boitard, 579, il n'y a aucune raison pour ne pas les soumettre à la péremption.

II. — Le temps de la péremption doit se compter par jour et non *de momento ad momentum*. (Sirey, 67, sous l'art. 397.)

III. — La péremption d'instance ne peut être demandée que par le défendeur. (*Ibid.*, 74.)

TITRE XXII

Du Désistement.

Art. 399. — Le désistement peut être fait et accepté par de simples actes signés des parties ou de leurs mandataires, et signifiés à la partie ou à son défenseur. (C. civ., 1751, 2015; — Proc. civ., 85, 351, 400; — Instr. crim., 4; — C. pén., 284.)

Voir au chapitre des principes généraux de la procédure, page 64 *bis*.

I. — *Simple acte.* — Se dit en procédure d'un acte, tel qu'une constitution de défenseur, tel qu'un *avenir* ou sommation d'audience que l'un des défenseurs fait signifier au défenseur adverse, par un huissier audiencier (art. 110, *Loi org.*), à l'effet de venir plaider, acte qui n'est pas soumis, bien entendu, aux formalités générales de l'art. 71 : l'indication des prénoms, du domicile et tous ces détails indiqués dans l'art. 71 sont absolument inutiles, quand la signification se fait d'avocat à avocat, puisque les avocats se connaissent très bien l'un et l'autre et connaissent également les huissiers qui instrumentent près de leur tribunal. (*V.* Boitard, 194.)

II. — Le désistement peut avoir lieu en justice de paix; là, il n'est soumis à aucune formalité, il peut être présenté verbalement à l'audience, ou par lettre missive. (C. de Lyon, 7 août 1873. — A. Carré.)

III. — Donné et accepté à l'audience, il peut être constaté par le juge qui en donne acte, sans qu'il soit besoin de la signature des parties. (Cass. de France, 12 mai 1813. — BIOCHE.)

IV. — Mais, pour être valable et avoir l'effet de lier les parties, le désistement doit être accepté par l'autre partie ou un mandataire spécial à cet effet..... Il n'appartient point aux tribunaux d'obliger une partie à accepter le désistement proposé. (Cass., 19 sept. 1842 ; — L. P., 2, sous l'article.)

V. — Cependant la doctrine soutient et il a été jugé, en conformité, par les tribunaux français que, si la partie à laquelle est signifié un désistement n'est pas toujours et nécessairement tenue d'accepter ce désistement, elle ne peut non plus, arbitrairement et sans motif, refuser de l'accepter. Les juges ont le droit d'examiner si le refus d'accepter est, oui ou non, mal fondé, et d'admettre ou rejeter ainsi le désistement, selon les circonstances. — PIGEAU, THOMINE, FAVARD, BOITARD, CHAUVEAU, DEVILLENEUVE et CARETTE, RODIÈRE. Conforme.— 12 déc. 1820, Rej. (SIREY, 45 et 46, sous l'art. 402.) V. aussi les notes de l'article suivant.

VI. — Le créancier peut demander la nullité du désistement fait en fraude de ses droits et se faire subroger aux poursuites. (SIREY, 7, sous l'art. 402.)

VII. — Celui qui réitère une assignation n'est pas censé, par cela seul, révoquer sa première assignation ou renouer à son bénéfice. (*Ibid.* 8.)

VIII. — On ne peut, après avoir obtenu un jugement en dernier ressort et passé en force de chose jugée, se désister du bénéfice de ce jugement dans le but de réitérer la même demande ; les juges devant lesquels est portée cette nouvelle demande doivent la repousser comme ayant pour objet de faire prononcer sur chose déjà jugée. (*Ibid.*, au supplément, 1.)

ART. 400. — Le désistement, lorsqu'il aura été accepté, emportera de plein droit consentement que les choses soient remises de part et d'autre au même état qu'elles étaient avant la demande, (C. civ. 1135, 1137, 1138.)

Il emportera également soumission de payer les frais, au paiement desquels la partie qui se sera désistée sera contrainte sur simple ordonnance du doyen, mise au bas de la taxe, parties présentes, ou appelées par un simple acte. (Proc. civ., 85, 137, 467, 468.)

Cette ordonnance, si elle émane d'un tribunal civil, sera exécutée nonobstant opposition.

I. — En droit, le désistement constitue un contrat judiciaire qui ne peut se former que par le concours des volontés des deux parties. — Cass., 21 sept. 1857. (L. P., sous l'art.)

II. — Néanmoins, jugé par la Cour de cassation de France que le désistement d'une demande n'a pas besoin tant que l'instance n'est pas liée entre les parties, d'être accepté par le défendeur pour dessaisir le tribunal devant lequel cette demande a été portée. La même demande peut donc être soumise à un autre tribunal, sans qu'il y ait litispendance, 18 juillet 1859 (L., supplément, sous l'art. 403.)

III. — Id. lorsque le désistement est donné avant que l'instance soit liée par la comparution du défendeur, l'acceptation de ce dernier n'est pas nécessaire. — Cass. de France, 17 déc. 1839. (BIOCHE.) V. aussi notes 3 et 4, sous l'article précédent.

N° 3. — LOI

Sur les Voies extraordinaires pour attaquer les Jugements

TITRE PREMIER

De la Tierce Opposition.

ART. 410. — Une partie peut former tierce opposition à un jugement qui préjudicie à ses droits, et lors duquel, ni elle, ni ceux qu'elle représente, n'ont été appelés, encore qu'ils eussent dû l'être. (C. civ., 54, 89, 955, 956, 1136; — Proc. civ., 411 et suiv., 770, 911.)

I. — La tierce opposition repose sur ce principe que nul ne peut être condamné sans avoir fait ou pu faire entendre ses moyens de défense. Les jugements de justice de paix sont susceptibles de tierce opposition.

II. — Sirey, sous l'art. 474 du Code de procédure français correspondant à notre article, rappelle que « c'est un point sur lequel les « auteurs présentent des théories fort diverses que celui de savoir si « la partie à qui on oppose un jugement hors duquel elle n'a été ni « partie ni représentée est nécessairement obligée, pour écarter l'au- « torité de ce jugement, d'y former tierce opposition; ou si, au con- « traire, elle peut se borner à repousser le jugement, en disant qu'il « est à son égard *res inter alios judicata?* »

III. — Et après avoir rapporté les différentes opinions et distinctions professées par les auteurs : « Quant à nous, conclut-il, nous pensons qu'il est des cas où la tierce opposition est le seul remède efficace à une exécution dommageable dont on est menacé, et qu'alors elle est non seulement possible, mais même nécessaire ; qu'en un mot la tierce opposition, *facultative* en général, est cependant *nécessaire* ou *obligatoire* dans certains cas particuliers, si l'on ne veut pas perdre l'avantage que présente l'état des choses dans la situation où elles se trouvent. Cette opinion paraît justifiée par les expressions mêmes de l'art. 474, qui déclare, non que la partie *doit*, mais qu'elle *peut* former tierce opposition. »

IV. — Par arrêt du 13 février 1837, notre tribunal de cassation a jugé que, « pour être admis à former tierce opposition, il ne suffit pas qu'on n'ait pas été partie au jugement, mais il faut encore *qu'on ait dû l'être.* »

La jurisprudence française était d'abord dans ce sens aussi ; mais depuis longtemps elle a adopté la doctrine contraire. Ainsi déjà, par arrêt du 22 août 1827, suivi de beaucoup d'autres, il avait été jugé que, « pour être recevable à former tierce opposition, il suffit que le jugement ou l'arrêt attaqué *préjudicie* au tiers opposant, et que ce tiers opposant n'ait été ni appelé ni représenté dans l'instance ; *il n'est pas nécessaire qu'il ait dû être appelé.* (*V.* SIREY, 18 et 19, sous l'art. 474.)

Cette différence de solution s'explique par la différence des textes ; notre article 410 finit par ces mots : *encore qu'ils eussent dû l'être*, qui ne sont pas dans le texte français. (Art. 474.) C'est en 1835, lors de la revision de notre Code, que, pour lever, sans doute toute, incertitude, cette addition a été faite au texte de 1825 sur ce point semblable à la loi française.

V. — Les co-propriétaires ou communiers d'un immeuble à propos duquel est intervenu un jugement au possessoire contre l'un d'eux, sont recevables à y former tierce oppostion. (Sirey, 57, sous l'art. 474.)

VI. — Celui qui a épuisé contre un jugement la voie de cassation est non recevable à l'attaquer par voie de tierce opposition : se pourvoir en cassation, c'est reconnaître qu'on a été partie ou valablement représenté au jugement. (*Ibidem*, 7.)

VII. — La tierce opposition peut être formée pendant vingt ans. Elle ne se prescrit pas par dix ans. (*Ibidem*, 96 et 97.)

VIII. — On ne peut former tierce opposition devant le juge de paix jugeant au civil contre une décision qu'il a rendue comme juge de police. (Bioche, *Dictionnaire des Juges de paix*, mot *Tierce Opposition*, 7.)

Art. 411. — La tierce opposition formée par action principale sera portée au tribunal qui aura rendu le jugement attaqué. (Proc. civ., 426.)

La tierce opposition incidente à une contestation dont un tribunal est saisi, sera formée par requête à ce tribunal, s'il est égal ou supérieur à celui qui a rendu le jugement. (Proc. civ. 336, 337, 403, 412, 429.)

Art. 412. — S'il n'est égal ou supérieur, la tierce opposition incidente sera portée par action principale au tribunal qui aura rendu le jugement. (Proc, civ., 411.)

I. — La tierce opposition est donc principale ou incidente : *principale*, lorsqu'elle n'est précédée d'aucune contestation entre le tiers opposant et celui qui a obtenu le jugement attaqué ; *incidente*, lorsqu'elle est formée contre un jugement produit dans une contestation, par une partie qui en tire argument en faveur de sa prétention. (Allain, II, n° 3474.)

II. — Principale, elle se forme à la justice de paix, par exploit de citation ; incidente, elle se forme par conclusions verbales et à l'audience. (A. CARRÉ.) Conforme arrêt du 9 août 1814, Colmar (S., 12 sous l'art.)

III. — De nombreux arrêts, après quelques variations toutefois, ont jugé que la tierce opposition à un jugement confirmé par arrêt, doit être portée devant la Cour qui a rendu l'arrêt confirmatif, et non devant le tribunal qui a rendu le jugement confirmé. (SIREY, 1, sous les art. 475-476.)

Les derniers arrêts cités en ce sens, dans la Table du Répertoire du *Journal du Palais*, sont du 14 nov. 1865, Aix; et du 15 juin 1866, Douai.

(C. de proc. civ., art, 411 et 412.)

IV. — Par conséquent, la tierce opposition à une sentence de juge de paix confirmée par jugement du tribunal civil, devra être portée devant ce dernier.

FORMULE N° 109. — Citation en tierce opposition.

L'an..... le.....

A la requête de A...

J'ai, N..., huissier.....

Signifié et déclaré au sieur B... et au sieur C..., demeurant tous deux à....., que ledit sieur A..., se rend, par ces présentes, tiers opposant à l'exécution du jugement contradictoirement rendu entre lesdits sieurs B... et C..., à la justice de paix de....., le..... 1886; *(si le jugement a été signifié au tiers opposant, on mentionne la date de la signification et le nom de l'huissier qui l'a faite.)*

Et à mêmes requête et demeure que dessus, j'ai, huissier susdit et soussigné, donné citation audits sieurs B... et C..., à comparaître à l'audience du tribunal de paix de la commune de....., le....., à..... heure; pour.....

Attendu que, par le jugement susénoncé, ledit sieur B... a obtenu.... etc.

Attendu que le requérant, n'ayant pas été partie dans le jugement dont s'agit, quoique ayant dû y être appelé, a droit de l'attaquer par la voie de la tierce opposition;

Attendu, au fond, etc.;

Voir recevoir le requérant tiers opposant à l'exécution du jugement susénoncé; ce faisant, voir dire et ordonner que. . . . .
. . . . ; s'entendre faire défense d'exécuter ledit jugement en ce qui touche l'intérêt du requérant, à peine de tous dommages-intérêts, et pour, en outre, répondre et procéder comme de raison à fin de dépens.

Et afin que les susnommés n'en ignorent, je leur ai, à chacun séparément, laissé copie de la présente citation, au domicile du sieur B..., en parlant à....., et au domicile du sieur E..., en parlant à.....

Dont acte. Le coût est de.....

REMARQUE. — Lorsque la partie condamnée n'a pas exécuté le jugement, ou a seulement commencé cette exécution, et qu'il importe d'empêcher cette exécution, on met cette partie en cause, comme c'est indiqué dans la formule. Si, au contraire, le jugement a été pleinement exécuté, ou si la tierce opposition n'est pas de nature à empêcher qu'il le soit, la mise en cause de la partie condamnée est inutile. (CHAUVEAU Adolphe, IX, 1726.)

ART. 413. — Le tribunal devant lequel le jugement attaqué aura été produit pourra, suivant les circonstances, passer ou surseoir. (Proc. civ., 383, 414, 427, 789.)

Le juge de paix, selon l'article 412, ne connaît pas de la tierce opposition incidente contre un jugement de tribunal civil qui est opposé à une partie plaidant devant lui. Mais il lui appartient de décider, en vertu de l'article 413, s'il y a lieu de surseoir à la décision de la demande principale.

ART. 414. — Les jugements passés en force de chose jugée, portant condamnation à délaisser la possession d'un immuable, seront exécutés contre les parties condamnées, nonobstant la tierce opposition, et sans y préjudicier. (C. civ., 1,135-3°, 1,136, 1,827; — Proc. civ., 33, 35, 432.)

Dans les autres cas, les juges pourront, suivant les circonstances, suspendre l'exécution du jugement. (Proc. civ., 134, 413.)

Lorsqu'un tribunal est sans juridiction pour connaître la tierce opposition formée par une partie à une décision produite par l'adversaire comme titre constitutif de ses droits, il doit absolument s'abstenir de statuer sur le fond de la contestation, et renvoyer d'office les parties devant qui de droit. (SIREY, 1, sous les art. 477 et 478.)

ART. 415. — La partie dont la tierce opposition sera rejetée sera condamnée à une amende de dix gourdes, sans préjudice des dommages et intérêts de la partie, s'il y a lieu. (C. civ. 939, 948, 1168 ; — Proc. civ., 135, 950.)

C'est-à-dire cinq gourdes, en vertu de la loi de 1877, qui règle en monnaie forte les amendes, etc.

FORMULE N° 180. — Jugement qui prononce un sursis jusqu'à ce qu'il ait été statué sur la tierce opposition.

Le tribunal, etc.

Attendu que le Jugement contre lequel ledit sieur A... s'est pourvu par voie de tierce opposition est un élément essentiel du débat; que la cause ne peut être jugée au fond, avant que, par la décision à intervenir sur la tierce opposition, il apparaisse que le jugement dont il s'agit peut ou ne peut pas recevoir son exécution à l'égard du sieur A... ;

Sursoit à statuer jusqu'après jugement de la tierce opposition formée contre le jugement dont s'agit, tous droits, moyens et dépens réservés.

FORMULE N° 111. — Jugement qui suspend l'exécution du jugement attaqué.

Le tribunal, etc.

Attendu que le jugement dont le sieur B... poursuit l'exécution a été attaqué par le sieur A..., qui s'est porté tiers opposant, suivant acte..... (énoncer l'acte de tierce opposition); que, sans préjuger en rien les droits et moyens des parties, la gravité des motifs allégués à l'appui de la tierce opposition est suffisante pour que le tribunal doive ordonner la discontinuation des poursuites,

Dit et ordonne que l'exécution du jugement susénoncé sera et demeurera suspendue jusqu'après la décision à intervenir sur la tierce opposition du sieur A...

Dépens réservés.

FORMULE N° 112. — Jugement qui rejette la tierce opposition.

Entre le sieur A. . ., etc., demandeur en tierce opposition, comparant, etc., d'une part ;

Le sieur B. . ., etc., demandeur originaire, défendeur à la tierce opposition, comparant, etc., d'autre part;

Et le sieur C..., etc., défendeur originaire et défendeur à la tierce opposition, comparant, etc., encore d'autre part;

Conclusions.....
Point de fait.....
Point de droit.....
Le tribunal, etc., jugeant en ..... ressort,
Attendu (*motifs*);
Sans s'arrêter ni avoir égard à la tierce opposition formée par le sieur A...,
au jugement du ....., laquelle est déclarée nulle (non recevable *ou* mal
fondée);
Ordonne que ledit jugement sera exécuté selon sa forme et teneur;
condamne le sieur A... à l'amende de cinq gourdes, et en..... de dom-
mages-intérêts, envers le sieur B...; le condamne, en outre, aux dépens.

FORMULE N° 113. — Jugement qui admet la tierce opposition.

Le tribunal, etc.,
Attendu, etc.,
Reçoit le sieur A..., tiers opposant à l'exécution du jugement du .....
Faisant droit sur sa tierce opposition,
Attendu, etc.
Ordonne que ledit jugement sera considéré comme nul et non avenu à
l'égard du sieur A..., tout en conservant ses effets à l'égard des autres
parties; condamne le sieur B..., aux dépens.

REMARQUE. — La tierce opposition ne profite généralement qu'au tiers
opposant; la position reste la même par rapport à ceux qui ont été parties
dans le Jugement attaqué; il n'y a d'exception que pour le cas où il est
absolument impossible d'exécuter séparément et le jugement *opposé* et celui
qui le rétracte. (CHAUVEAU Adolphe, Q. 1733.)

TITRE II

De la Requête civile

Les décisions rendues par les juges de paix peuvent-elles donner
ouverture à requête civile?

Controversé. — Nous avons rapporté (page 38), plutôt l'opinion
de ceux qui sont pour la négative. Mais l'affirmative étant soutenue
par des auteurs graves et un arrêt de la Cour de cassation de France,

du 10 février 1868, cité dans la *Table complémentaire du Journal du Palais,* nous reproduisons ici les articles du Code suivis de quelques courtes explications sur cette procédure et les formules données par Mullery.

Art. 416. — Les jugements définitifs rendus contradictoirement par les tribunaux civils et les jugements par défaut qui ne sont plus susceptibles d'opposition pourront être rétractés, sur la requête de ceux qui y auront été parties ou dûment appelés, pour les causes ci-après :

1° S'il y a eu dol de la part de la partie au profit de laquelle le jugement a été prononcé, ou de la part soit de son défenseur, soit de son mandataire ;

2° S'il a été prononcé sur choses non demandées ;

3° S'il a été adjugé plus qu'il n'a été demandé ;

4° S'il a été omis de prononcer sur l'un des chefs de la demande ;'

5° S'il y a contrariété de jugements définitifs entre les mêmes parties et sur les mêmes moyens, dans les mêmes tribunaux ;

6° Si, dans un même jugement, il y a des dispositions contraires ;

7° Si, dans le cas où la loi exige la communication au ministère public, cette communication n'a pas eu lieu, et que le jugement ait été rendu contre celui pour qui elle était ordonnée ;

8° Si l'on a jugé sur pièces reconnues ou déclarées fausses, depuis le jugement auquel elles ont servi de base ;

9° Si, depuis le jugement, il a été recouvré des pièces, décisives, et qui avaient été retenues par le fait de la partie, de son défenseur ou de son mandataire.

ART. 417. — L'État, les établissements publics, les mineurs, les interdits et les successions vacantes, seront encore reçus à se pourvoir, s'ils n'ont été défendus, ou s'ils ne l'ont été valablement.

ART. 418. — S'il n'y a ouverture que contre un chef de jugement, il sera seul rétracté, à moins que les autres n'en soient dépendants.

ART. 419. — La requête civile sera signifiée avec assignation, dans les quarante-cinq jours, à l'égard des majeurs, du jour de la signification, à personne ou domicile, du jugement attaqué.

ART. 420. — Le délai de quarante-cinq jours ne courra contre les mineurs que du jour de la signification du jugement, faite, depuis leur majorité, à personne ou domicile.

ART. 421. — Lorsque le demandeur est absent du territoire de la République, pour un service de terre ou de mer, ou employé dans les négociations extérieures pour le service de l'État, il aura, outre le délai ordinaire de quarante-cinq jours depuis la signification du jugement, le délai d'une année.

ART. 422. — Ceux qui demeurent hors du territoire de la République auront, outre le délai de quarante-cinq jours depuis la signification du jugement, le délai des ajournements réglé par l'article 83 ci-dessus.

ART. 423. — Si la partie condamnée est décédée dans les délais ci-dessus fixés pour se pourvoir, ce qui en restera à courir ne commencera, contre la succession, qu'après la signification du jugement faite au domicile du défunt, et à compter de l'expiration des délais pour faire inventaire et délibérer, si le jugement a été signifié avant que ces derniers délais fussent expirés.

Cette signification pourra être faite aux héritiers collectivement et sans désignation des noms et qualités.

ART. 424. — Lorsque les ouvertures de requête civile seront le faux, le dol ou la découverte de pièces nouvelles, les délais ne courront que du jour où, soit le faux, soit le dol, auront été reconnus, ou les pièces découvertes, pourvu que, dans ces deux derniers cas, il y ait preuve par écrit du jour, et non autrement.

ART. 425. — S'il y a contrariété de jugements, le délai courra du jour de la signification du dernier jugement.

ART. 426. — La requête civile sera portée au même tribunal où le jugement attaqué aura été rendu.

ART. 427. — Si une partie veut attaquer par la requête civile un jugement produit dans une cause pendante en un tribunal autre que celui qui l'a rendu, elle se pourvoira devant le tribunal qui a rendu le jugement attaqué; et le tribunal saisi de la cause dans laquelle il est produit pourra, suivant les circonstances, passer outre ou surseoir.

ART. 428. — La requête civile sera formée par assignation au domicile de la partie qui a obtenu le jugement attaqué.

ART. 429. — Si la requête civile est formée incidemment devant un tribunal compétent pour en connaître, elle le sera par requête; mais si elle est incidente à une contestation portée dans un autre tribunal que celui qui a rendu le jugement, elle sera formée par assignation devant les juges qui ont rendu le jugement.

ART. 430. — La requête civile d'aucune partie autre que celle qui stipule les intérêts de l'État ne sera reçue si, avant que cette requête ait été présentée, il n'a été consigné une somme de vingt gourdes pour amende, dix gourdes pour les dommages-intérêts de la partie, sans préjudice de plus amples dommages-intérêts, s'il y a lieu : la consignation sera de moitié si le jugement est par défaut ou par forclusion.

(C'est maintenant la moitié des chiffres mentionnés pour l'amende et les dommages-intérêts, en vertu de la loi de 1877.)

ART. 431. — La quittance du greffier sera signifiée en tête de la demande.

ART. 432. — La requête civile n'empêchera pas l'exécution du jugement attaqué ; nulles défenses ne pourront être accordées ; celui qui aura été condamnée à délaisser un immeuble ne sera reçu à plaider sur la requête civile qu'en rapportant la preuve de l'exécution du jugement au principal.

ART. 433. — Toute requête civile sera communiquée au ministère public.

ART. 434. — Aucun moyen autre que les ouvertures de requête civile ne sera discuté à l'audience, ni par écrit.

ART. 435. — Le jugement qui rejettera la requête civile condamnera le demandeur à l'amende et aux dommages-intérêts ci-dessus fixés, sans préjudice de plus forts dommages-intérêts, s'il y a lieu.

ART. 436. — Si la requête civile est admise, le jugement sera rétracté en tout ou en partie, selon qu'il y aura lieu ; les sommes consignées seront rendues, et les objets des condamnations qui auront été perçus en vertu du jugement seront restitués.

Lorsque la requête civile aura été entérinée pour raison de contrariété de jugement, le jugement, qui entérinera la requête civile ordonnera que le premier jugement sera exécuté selon sa forme et teneur.

ART. 437. — Aucune partie ne pourra se pourvoir en requête civile, soit contre le jugement déjà attaqué par cette voie, soit contre le jugement qui l'aura rejetée, soit contre celui rendu sur le rescisoire, à peine de nullité et de dommages-intérêts, même contre le défenseur qui, ayant occupé sur la première demande, occuperait sur la seconde.

I. — La requête civile comporte deux instances qui ont chacune, dans la pratique, une dénomination spéciale ; on appelle instance ou débat sur le *rescindant* l'instance en requête civile, c'est-à-dire l'instance qui tend à faire rétracter le jugement attaqué par la requête civile ; et lorsque la requête civile a été admise ou entérinée, ce qui est tout un, d'après l'art. 436, une nouvelle instance s'engage, qu'on appelle instance sur le *rescisoire*. (BOITARD, 751.)

II. — Ainsi le rescisoire, c'est l'instance qui a pour but, après la rétractation obtenue par la requête civile, de faire statuer, par les juges que la loi détermine, sur le fond même de l'affaire qui, maintenant, se trouve indécise. *(Ibid.,* 752.)

III. — Le principe général est que le rescindant, lors même que le demandeur triomphe, laisse entière la question du fond. Il suit de là que, pour faire admettre ou entériner la requête civile, enfin pour faire rétracter le jugement qu'elle attaque, on ne doit point en principe plaider le fond de l'affaire. La question actuelle, la question du rescindant... est uniquement de savoir si, en un mot, on est dans l'un des cas indiqués par les articles 416 et 417.

IV. — Il est donc défendu du cumuler le rescindant et le rescisoire. Ainsi il a été jugé par notre tribunal de cassation qu'il suit de l'article 434 du Code de procédure civile que la requête civile doit être jugée préalablement, sauf à admettre les parties à discuter ensuite le fond. — Arrêt du 9 nov. 1840. (L. P., sous l'art. 434.)

V. — Une décision qui prononce *ultrà petita* ne donne ouverture qu'à requête civile et non à cassation, à moins qu'elle ne renferme en même temps (une violation de loi ou) un excès de pouvoirs. (SIREY, 19-20, sous l'art. 480. Supplément.)

FOMULE N° 114. — Acte de consignation à fin de requête civile.

Aujourd'hui, etc., a comparu au greffe du tribunal de paix de....., et par-devant nous, greffier, soussigné, le citoyen A... (*profession et demeure*), lequel nous a déclaré qu'il se pourvoit en requête civile contre un jugement de ce tribunal, rendu le...., entre lui et le citoyen B... etc., signifié le..... Et conformément à l'art. 430 du Code de procédure, il a déposé en nos mains la somme de quinze gourdes pour amende et dommages-intérêts ; dont quittance. Lecture faite au comparant, il a signé avec nous.

(Signatures du Comparant et du Greffier.)

FORMULE N° 115. — Demande en requête civile par citation.

L'an, etc., à la requête de....., j'ai....., huissier, etc., donné citation au citoyen B... etc., à comparaître à l'audience du tribunal de paix de....., le...., à..... heure...., pour entendre dire : — Attendu qu'à l'audience du...., ledit citoyen B... n'avait demandé ni la condamnation aux dépens, ni la contrainte par corps contre le requérant ; qu'en condamnant ce dernier aux dépens et en prononçant la contrainte par corps contre lui par le jugement du....., le tribunal, sur le premier chef, a prononcé sur chose non demandée, et sur le second, a adjugé plus qu'il n'a été demandé ; en conséquence, la requête civile du requérant contre ledit jugement sera entérinée ; ce faisant, les dispositions qui prononcent la contrainte par corps et les dépens seront rétractées, la remise des sommes consignées sera ordonnée, et ledit citoyen B... condamné aux dépens. — Et afin qu'il n'en ignore, je lui ai, à domicile et en parlant à....., laissé copie de la quittance ci-dessus en tête du présent exploit. Dont acte. Le coût est de.....

FORMULE N° 116. — Jugement sur la requête civile.

Entre le citoyen A...., etc., demandeur *ou* défendeur originaire et demandeur en requête civile, comparant, etc., d'une part ;

Et le citoyen B..., etc.

Après les conclusions, les points de fait et de droit :

Attendu que, par jugement du...., le tribunal a condamné le demandeur aux dépens et qu'il a été ordonné d'exécuter, même par corps, les condamnations contre lui prononcées ;

Attendu que le défendeur, alors demandeur originaire, n'avait demandé ces condamnations ni dans la citation ni dans ses conclusions à l'audience ; partant, le tribunal a, d'une part, jugé sur chose non demandée, et de l'autre part, accordé plus qu'il n'a été demandé ; — en conséquence il a deux ouvertures à requête, aux termes des numéros 2 et 3 de l'art. 416 du Code de procédure civile ;

Par ces motifs, le tribunal entérine la requête civile du demandeur contre le jugement du..... ; rétracte de ce jugement la disposition qui prononce la contrainte par corps contre le demandeur et celle qui le condamne aux dépens ; maintient le surplus de ses dispositions, pour être exécuté selon sa forme et teneur ; ordonne la remise de la somme déposée au greffe, et condamne le défendeur aux dépens, etc.

TITRE III

De la prise à partie

ART. 438. — Les juges et le ministère public peuvent être pris à partie dans les cas suivants (Proc. civ., 58-7°, 89-5°, 118, 375 et suiv., 439 et suiv. — Instr. crim., 385) :

1° S'il y a dol, fraude ou concussion, qu'on prétendrait avoir été commis, soit dans le cours de l'instruction, soit lors des jugements (C. civ., 909 ; — C. pr., 135);

2° Si la prise à partie est expressément prononcée par la loi (Instr. crim., 61, 64, 94, 146, 192, 302, 380 et suiv.) ;

3° Si la loi prononce la responsabilité, à peine de dommages-intérêts (C. civ., 1829 ; — Proc. civ., 20);

4° S'il y a déni de justice (C. civ., 9 ; — Proc. civ., 439, 440, 948 n° 2 ; — C. pén., 146).

I. — Le mot *juges* comprend toutes les personnes qui rendent la justice, dans toutes les juridictions : juges de paix, juges des tribunaux de commerce, juges des tribunaux civils, membres du tribunal de cassation. (*V.* à l'art. 440.)

II. — En droit, en matière d'arbitrage forcé, les arbitres sont de véritables juges ; comme tels, ils ne sont pas à l'abri d'être pris à partie. — Cass., 20 déc. 1859. (L. P., 9, sous l'art. 438.)

III. — Les arbitres volontaires, qui ne tiennent leurs pouvoirs que du consentement des particuliers et dans les limites qu'ils ont fixées, ne sont pas soumis à la prise à partie. Ce sont des mandataires qui répondent de leur dol ou de leurs fautes (art. 1755 et 1756, C. civ.); on les actionne, s'il y a lieu, en dommages-intérêts dans la forme ordinaire. (BOITARD, 756.)

IV. — La faute même grossière, mais non accompagnée de dol ou de fraude, ne donne pas lieu à la prise à partie. (SIREY, 5, sous l'art. 505.)

V. — Jugé, en effet, par notre tribunal de cassation, qu'en principe la faute même grave d'un juge, dépouillée de la fraude ou de l'intention de nuire, ne saurait être assimilée au dol. — 16 sept. 1861. — *Ibid.*, 14 août 1826; — 22 sept. 1834; — 12 févr. 1838; — 27 mai 1839; — 8 sept. 1856. (L. P., 9, 1, 2, 3, 4, 7.)

V. suprà, page 69, pour la définition du dol.

VI. — Le greffier ne peut pas être pris à partie en matière civile. (Cass., de France, 25 décembre 1807; — Thomine, Bioche.) — S'il en est autrement en matière criminelle (Instr. crim., art. 146 et 302), c'est une dérogation, dit Bioche (prise à partie, 7), — à l'ancienne législation qu'il est difficile de justifier, qu'il convient par cela même de ne pas étendre.

Art. 439. — Il y a déni de justice, lorsque les juges refusent de répondre les requêtes, ou négligent de juger les affaires en état ou en tour d'être jugées. (C. civ., 9. — Proc. civ., 438-4°, 440; — C. pén., 146.)

I. — A ces deux cas de déni de justice il faut ajouter ce troisième, prévu par l'art. 9 du Code civil : « Le juge qui, sous prétexte du « silence, de l'obscurité ou de l'insuffisance de la loi, refusera de « juger, pourra être poursuivi comme coupable de déni de justice. » (*V.* Boitard, 757.)

II. — Le juge de paix qui, au mépris des récusations à lui notifiées, statue sur la contestation qui lui est soumise, sans statuer également sur la demande en sursis formée devant lui, se rend coupable tout à la fois de dol et de déni de justice : il peut dès lors être pris à partie. (Sirey, 1, sous l'art. 505, citant un arrêt du 23 mars 1825, Amiens.)

Art. 440. — Le déni de justice sera constaté par deux réquisitions faites au juge en la personne des greffiers, et signifiées de trois en trois jours au moins pour les juges de paix et de commerce, et de huitaine en huitaine au moins pour les autres juges. Tout huissier requis sera tenu de faire ces réquisitions, à peine d'interdiction. (Proc. civ., 39, 950.)

Après les deux réquisitions, le juge pourra être poursuivi en prise à partie. (Instr. crim., 380.)

I. — Pour sauvegarder le caractère et la dignité du magistrat, dit Boitard, le législateur donne aux actes qui sont adressés aux juges le nom de réquisitions, et les lui fait parvenir par l'intermédiaire du greffier et non par une signification directe.

II. — Lorsqu'une prise à partie a été dirigée simultanément contre un substitut du commissaire du gouvernement et un juge de paix, cette action ne pouvant se diviser, on ne peut, en suivant le délai de trois jours à l'égard du juge de paix, répéter la seconde réquisition au substitut du commissaire du gouvernement dans le délai de trois jours ; car, dans ce cas, le déni de justice n'aurait pas été légalement constaté et ne pourrait pas donner lieu à la prise à partie. (*Sic* Cass., 11 févr. 1823. (L. P., 1, sous l'art.)

III. — La loi, en permettant de prendre les juges à partie, exige des formalités indispensables. Or, des protestations faites au juge de paix ne suffisent pas, si cela n'a pas été de trois jours en trois jours, et dans la personne du greffier. Cass., 11 juin 1827. (*Ibid.*, 2.)

IV. — Doit être déclarée dénuée de fondement et rejetée la demande de prise à partie formée contre un juge de paix, laquelle ne s'étaye que des irrégularités commises par ce magistrat dans les divers actes qu'il a rédigés au préjudice du demandeur, sans que celui-ci justifie son action par un ou plusieurs des éléments de la prise à partie. — Cass. 8 mai 1854. (*Ibid.* 4.)

FORMULE N° 117. — Réquisition préalable à la prise à partie

L'an....., le....., à la requête de....., j'ai....., huissier...... requis le citoyen N..., Juge de paix de la commune de..... (*ou bien* MM. les juge et suppléants de la commune de....., *s'il s'agit d'une cause en dernier ressort*), en la personne du citoyen X..., greffier dudit tribunal, de procéder au jugement de la cause pendante entre le requérant et le citoyen B..., suivant citation en date du....., et j'ai audit greffier laissé copie du présent exploit, en parlant à sa personne, qui a visé mon original. Dont acte. Le coût est de.....

ART. 441. — Toutes demandes en prise à partie seront portées au tribunal de cassation. (Proc. civ., 942 et suiv.)

I. — Il y a une permission préalable à obtenir du tribunal devant lequel la prise à partie sera portée.

II. — A cet effet et pour le mode de procéder à l'instruction et au jugement de la prise à partie, voir *infrà* les articles 942 et suivants, à la suite desquels se trouve la formule de requête à présenter au tribunal de cassation, formule n° 164.

LOI

Sur l'exécution des Jugements.

(*Voir* page 39 sur les voies d'exécution des jugements.)

TITRE PREMIER

Des Réceptions de Cautions

ART. 442. — Le jugement qui ordonnera de fournir caution fixera le délai dans lequel elle sera présentée, et celui dans lequel elle sera acceptée ou contestée. (C. civ., 1775, 1806 et suiv. ; — Proc. civ., 22, 142, 158, 433 et suiv., 466, 730, 731, 882 et suiv., 956.)

I. — Les articles 22 et 928 prévoient deux cas de réception de caution, en justice de paix : lors de l'exécution provisoire d'un jugement à charge d'appel qui peut être ordonnée moyennant caution, ou lorsque le créancier veut poursuivre l'exécution d'un jugement en dernier ressort contre lequel il y a pourvoi en cassation. (*V.* MULLERY, p. 96.)

II. — La caution peut et doit être reçue à l'audience sans les formalités des art. 443 et suiv. (SIREY, 248, sur la loi des justices de paix). *V. suprà* notes 9 et 10, sous l'article 22.

III. — Mais, si elle n'est pas présentée à l'audience, on procède d'après le présent titre, c'est-à-dire que : 1° le jugement fixe le délai pour la présentation, et l'acceptation ou la contestation de la caution ; 2° la caution est présentée par exploit signifié à personne ou à domicile ; 3° l'autre partie déclare, dans le délai qui lui est accordé, si elle l'accepte ou la refuse ; dans le cas d'acceptation ou si la partie ne conteste pas dans le délai, la caution fait sa soumission au greffe ; si la partie conteste dans le délai, l'incident est porté à l'audience.

IV. — La solvabilité d'une caution ne s'estime qu'en égard à ses propriétés foncières, excepté en matière de commerce, ou *lorsque la dette est modique* (Art. 1784, C. civ.). La loi, dit MULLERY, page 96, ne définit pas la *dette modique ;* mais la jurisprudence comprend dans cette classe les valeurs qui sont de la compétence du tribunal de paix. En effet, poursuit cet auteur, exiger l'établissement de la solvabilité de la caution par des propriétés foncières, ce serait ou en écarter la discussion du tribunal de paix, ou attribuer à ce tribunal la connaissance des droits hypothécaires ou d'autres questions immobilières que la loi lui refuse.

V. — Du reste, la caution dont la solvabilité est contestée est non recevable à intervenir dans l'instance pour établir elle-même sa solvabilité : la partie qui a fourni la caution a seule qualité à cet effet. (SIREY, 4, sous les art. 517 à 522.)

VI. — Celui qui ne peut pas trouver une caution est reçu à donner à sa place un gage en nantissement suffisant, porte l'article 1807 du Code civil.

FORMULE N° 118. — Présentation de caution par citation.

L'an....., etc., à la requête de....., j'ai..... ., huissier, etc., signifié et déclaré au citoyen B..., etc., que le requérant, pour satisfaire au Jugement du tribunal de paix de..... rendu entre les parties le..... et dont l'exécution est ordonnée, présente pour sa caution la personne du citoyen C..., propriétaire, demeurant à..... ; en conséquence, j'ai sommé ledit citoyen B... d'accepter ou de contester ladite caution, dans le délai de....., fixé par ledit jugement, lui déclarant que, faute par lui de ce faire dans ledit délai et icelui passé, ladite caution fera sa soumission.

A ce qu'il n'en ignore, je lui ai laissé copie du présent exploit, à son domicile et parlant à..... Dont acte. Le coût est de.....

Si la partie répond sur-le-champ, l'huissier le constate en ajoutant après c parlant à : lequel a répondu qu'il accepte ou refuse la caution.

FORMULE N° 119. — Réponse de la partie adverse par acte séparé.

L'an....., etc., j'ai....., huissier, etc., signifié et déclaré au citoyen A..., etc., que le requérant accepte *ou* refuse la personne du citoyen C..., qui lui a été présentée pour caution par acte du....., etc.

FORMULE N° 120. — Jugement sur contestation d'une caution.

Entre A... et B..., etc.

Par jugement de la justice de paix de la commune de....., en date du....., enregistré, le citoyen A... a obtenu différentes condamnations contre le citoyen B..., qu'il a été admis à faire exécuter nonobstant appel, en donnant caution ;

Par exploit de N..., huissier, etc., en date du....., il a fait citer ledit citoyen B... à comparaître à ces jour, lieu et heure, devant nous, pour entendre donner acte à lui, demandeur, de la présentation qu'il fait du citoyen C..., propriétaire, demeurant à....., pour caution de l'exécution provisoire dudit Jugement signifié avec commandement, le....., et dont ledit B... a fait appel téméraire le.....

A l'audience, le demandeur a conclu à ce qu'il plaise au tribunal lui donner acte de ce qu'il présente ledit citoyen C... pour caution de l'exécution provisoire des condamnations portées à son profit par ledit jugement, laquelle caution consent à faire sa soumission ainsi que de droit.

Le défendeur a comparu et a dit qu'il s'oppose à la réception de la caution présentée, attendu que (*motifs du refus*).

A quoi le demandeur a répondu que la position de la caution présentée est suffisante pour répondre du principal et des frais adjugés contre le citoyen B... (*et si c'est nécessaire, ajouter*), et pour en justifier il a produit *tel et tel acte*.

Le tribunal, parties entendues, statuant par jugement en premier ressort :

Attendu que l'exécution provisoire est ordonnée et que la solvabilité de la caution présentée est connue et suffisante (*ou bien*) et d'ailleurs justifiée par les pièces produites,

Reçoit ledit citoyen C... pour caution pure et simple de l'exécution provisoire du jugement susénoncé du..... ; ordonne qu'il fera sa soumission au greffe dans les vingt-quatre heures ; et condamne B... aux dépens liquidés à....., non compris les coût et levée du présent.

Ainsi jugé et prononcé à....., etc.

FORMULE N° 121. — Soumission de la caution.

Aujourd'hui, etc....., a comparu au greffe du tribunal de paix de.....
le citoyen C..., propriétaire, demeurant à....., lequel a déclaré se rendre
caution du citoyen A..., en exécution du jugement du....., par lequel le
citoyen B... est condamné à (*énoncer le dispositif du jugement*); en conséquence, le comparant a fait sa soumission à telle fin que de droit; dont acte
requis par le comparant, qui a signé avec nous, après lecture, *ou déclaré*, etc.

TITRE V

De la Liquidation des dépens et frais

ART. 468. — Les grands fonctionnaires et les membres
du Corps législatif sont, comme les autres citoyens, passibles
de toutes les poursuites et condamnations judiciaires, pour
le paiement de leurs dettes, et de tous dépens, dommages et
intérêts en matière civile.

I. — C'est l'application de la règle consacrée à l'article 14 de la
Constitution, que les Haïtiens sont égaux devant la loi.

II. — Cependant la contrainte par corps ne peut être exercée
contre les membres du Corps législatif pendant la durée de leur
mandat. (Art. 97 de la Constitution.)

III. — Et en matière criminelle, les articles 98 et 99 de la Constitution règlent le mode de poursuites à exercer, quand il y a lieu,
contre les membres du Corps législatif; comme les articles 157 et 158
de la Constitution et 380 et suivants du Code d'instruction criminelle
règlent la manière de poursuivre les juges et officiers du ministère
public.

IV. — Les articles 400 et suivants du Code d'instruction criminelle concernent la manière dont seront reçues les dépositions de
certains fonctionnaires de l'Etat : grands fonctionnaires, généraux
actuellement en service, commandants d'arrondissement, employés
en mission, agents accrédités par le président d'Haïti près les puissances étrangères.

25

TITRE VI

Règles générales sur l'exécution forcée des Jugements et Actes

ART. 469. — Nul jugement ni acte ne pourront être mis à exécution, s'ils ne portent le même intitulé que les lois, et ne sont terminés par un mandement aux officiers de justice, ainsi qu'il est dit article 149. (C. civ., 1102; — Proc. civ., 158, 159, 165, 453, 470 et suiv., 909, 913; — Constitution 154.)

I. — C'est la même disposition qui se trouve à l'article 154 de la Constitution, et c'est ce qui s'appelle *expédition en forme exécutoire* ou *formule exécutoire*, ou *grosse*.

II. — On appelle aussi *voie parée* cette force exécutive qui appartient à certains actes, à raison de la qualité du fonctionnaire (notaire) qui les a délivrés, et qui permet de les exécuter tels qu'ils sont sans recourir aux tribunaux. (S. BONNET.) C'est une clause par laquelle le débiteur d'une obligation hypothécaire consent à ce que, à défaut de paiement à l'échéance, le créancier pourra faire vendre publiquement les immeubles hypothéqués, sans remplir les formalités prescrites pour la saisie immobilière. (*V.* E. CLERC, *Du Notariat*, 1re partie, titre IV, n° 218.)

III. — Le pouvoir de conférer à un acte l'exécution parée est une émanation de l'autorité publique. Il n'est délégué qu'aux tribunaux et aux notaires. (BIOCHE, *Exécution*, 11.)

IV. — La signification du jugement qui ne contient pas copie entière de ce jugement, surtout de la formule exécutoire qui le termine, ne fait pas couvrir le délai de l'appel. (*Ibid.*, jugement du trib. de paix, 84.)

V. — Cependant, il a été jugé que la formule exécutoire d'un jugement n'est requise que sur l'expédition de la minute. L'omission de cette formalité sur la copie signifiée n'entraîne pas nécessairement nullité de la signification et de ce qui a suivi (par exemple, d'une enquête faite en vertu de ce jugement). En tout cas, la nullité qui résulterait du défaut de cette formule est couverte si les parties ont exécuté le jugement sans faire aucune réserve expresse. (SIREY, 10, sous l'art. 545.)

VI. — Pour procéder à l'exécution forcée, il faut aussi que le jugement, expédié en forme exécutoire, soit signifié au débiteur. Si le jugement est par défaut, il faut attendre l'expiration des délais de l'opposition. (Arg. de l'art. 158, Proc. civ. ; *V.* BIOCHE, MULLERY.)

ART. 470. — Les jugements rendus par les tribunaux étrangers et les actes reçus par les officiers étrangers ne sont point exécutoires en Haïti. (C. civ., 1890, 1895.)

Néanmoins, si des dispositions contraires à ce principe venaient à être établies, soit dans des lois politiques, soit dans des traités, lesdits actes et jugements ne pourront être mis à exécution qu'après avoir été légalisés par le Grand-Juge de la République, et revêtus d'une ordonnance d'*exequatur* par le doyen du tribunal civil dans le ressort duquel l'exécution sera poursuivie.

C'est une conséquence directe de l'article précédent basé sur le principe de la souveraineté de l'Etat. La formule exécutoire est l'ordre intimé aux agents de la force publique par le pouvoir souverain ou en son nom. Or, la force publique haïtienne ne saurait recevoir d'ordre que du pouvoir haïtien ; la puissance exécutoire, pour elle, manque aux jugements rendus par des tribunaux étrangers. (*V.* BOITARD.)

ART. 471. — Les jugements rendus et les actes passés en Haïti seront exécutoires dans toute la République, sans *visa* ni *pareatis*, encore que l'exécution ait lieu hors du ressort du tribunal par lequel les jugements ont été rendus ou dans le territoire duquel les actes ont été passés. (C. civ., 707 ; — Instr. crim., 84.)

I. — C'est dans le même ordre d'idées que cet article et les deux précédents sont conçus. Le jugement, étant rendu au nom du souverain dont l'autorité embrasse toute la République, est nécessairement exécutoire, sans aucune distinction, dans tout le territoire de la République.

II. — Et voici comment, à l'article 547, code français, que reproduit tout simplement notre article, Boitard explique le soin qu'on a pris en France d'énoncer formellement ce principe de force exécutoire sans *visa* ni *pareatis* : « En effet, dit-il, l'agglomération successive de diverses provinces, la conservation ou la réserve faite par plusieurs d'entre elles de leurs privilèges, enfin la diversité et la jalousie des juridictions avaient introduit un principe directement contraire à celui de l'article 547. En général, un arrêt émané d'un parlement n'était exécutoire de droit que dans la juridiction de ce parlement ; pour l'exécuter dans une autre province, il fallait, ou le faire revêtir d'un *pareatis* émané du grand sceau, d'un ordre émané de la chancellerie centrale, intimé au nom du roi, et lui donnant la puissance exécutoire ; ou bien, à défaut de ce premier *pareatis*, il en fallait un de la chancellerie du parlement dans le ressort duquel on voulait exécuter. En d'autres termes, un parlement, quoique jugeant au nom du roi, ne pouvait imprimer à son arrêt une force exécutoire en dehors de son ressort ; il fallait ou un ordre du roi, de la chancellerie centrale, ou au moins un *pareatis* de l'autorité locale. C'est ce que l'article 547 a pour but d'abroger. »

Art. 472. — Les jugements qui prononceront une mainlevée, une radiation d'inscription hypothécaire, un paiement, ou quelque autre chose à faire par un tiers ou à sa charge, ne seront exécutoires par les tiers ou contre eux, même après les délais de l'opposition, que sur le certificat de la partie poursuivante ou de son défenseur, contenant la date de la signification du jugement faite à la personne, ou au domicile réel de la partie condamnée, et sur l'attestation du greffier constatant qu'il n'existe point d'opposition contre le jugement. (C. civ., 955, 1135, 1727, 1924 ; — Proc. civ., 85, 150, 160, 161, 164.)

Sur le certificat qu'il n'existe aucune opposition sur le registre du greffe, les séquestres, conservateurs et autres seront tenus de satisfaire au jugement. (C. civ., 1723, 1727, 1728, 1924 et suiv.)

Applicable au cas d'exécution des jugements de juge de paix. (Sirey, Bioche.)

FORMULE N° 122. — **Certificat de la partie poursuivante touchant un jugement à exécuter par un tiers.**

Je, N..., soussigné, propriétaire, demeurant à....., demandeur *ou* défendeur dans l'instance qui a existé devant le tribunal de paix de....., entre le soussigné et le citoyen B..., certifie que le jugement contradictoirement rendu (*ou* rendu par défaut) contre ledit B... par ledit tribunal en date du....., enregistré, a été signifié audit citoyen B..., par exploit de....., huissier, en date du....., enregistré. En foi de quoi, j'ai délivré le présent certificat.

(Signature.)

FORMULE N° 123. — **Attestation du greffier.**

Je, soussigné, greffier du tribunal de paix de....., atteste qu'il n'existe sur le registre du greffe aucune mention d'opposition ou d'appel contre le jugement rendu le....., par ledit tribunal entre le citoyen N... et le citoyen B...

En foi de quoi, j'ai délivré le présent certificat, conformément à l'article 472 du Code de procédure civile.

Fait au greffe, le.....

(Signature du Greffier.)

ART. 473. — Il ne sera procédé à aucune saisie mobilière ou immobilière, qu'en vertu d'un titre exécutoire, et pour choses liquides et certaines; si la dette exigible n'est pas d'une somme en argent, il sera sursis, après la saisie, à toutes poursuites ultérieures, jusqu'à ce que l'appréciation en ait été faite. (C. civ., 1102, 1135-3°, 1136; — Proc. civ., 302 et suiv., 448, 451, 452, 467, 469, 474, 480, 504 et suiv., 585 et suiv.)

I. — Choses *liquides* et *certaines*. Une dette est *certaine* quand son existence est reconnue ou établie par un titre ou un jugement. Elle est *liquide* lorsqu'on en connaît non seulement l'existence, mais aussi la quotité. Ainsi un jugement vous a condamné à payer des dommages-intérêts, sauf à les régler plus tard par état; la dette est certaine, le jugement constate qu'il y a de votre part obligation; elle n'est pas liquide, car le *quantum* en reste encore inconnu

II. — Il faut encore pour donner suite à la saisie, que la dette exigible soit d'une somme en argent, ou bien évaluée, appréciée en argent. — S'il s'agit, par exemple, d'une dette de denrées, de tant de livres de café, de tant de gallons de rhum, — la dette est liquide sans doute, et cette qualité suffit pour autoriser la saisie. Mais elle ne suffit pas pour autoriser à vendre. Il faudra, au préalable, avoir fait apprécier en argent la valeur de la dette. Connaître d'abord la quotité précise de la dette, 1,000 livres de café, et sa valeur pécuniaire; 80 gourdes, selon l'estimation qui en serait faite à 8 gourdes les 100 livres.

III. — Les articles 350 et 353 du Code de procédure civile de 1825 (correspondant aux art. 469 et 473 du Code actuel) sont relatifs aux règles générales pour l'exécution forcée des jugements; ils ne peuvent être invoqués pour la cassation des jugements ou actes qui n'auraient pu seulement être exécutés sans être revêtus des formes prescrites par lesdits articles. (Cass., 16 juin 1836; — L. P., sous l'art. 473.)

Art. 474. — La contrainte par corps, pour objet susceptible de liquidation, ne pourra être exécutée qu'après que la liquidation aura été faite en argent. (C. civ., 1825 et suiv; — Proc. civ., 133, 444, 473, 680.)

Art. 475. — Si les difficultés élevées sur l'exécution des jugements ou actes requièrent célérité, le tribunal du lieu y statuera provisoirement et renverra la connaissance du fond au tribunal d'exécution. (Proc. civ., 58-2°, 82, 401, 694, 703, 704, 961.)

I. — En principe, la connaissance des difficultés relatives à l'exécution d'un jugement appartient au tribunal qui a rendu ce jugement; — mais il arrive fréquemment que, dans le cours d'une voie d'exécution, il s'élève de ces incidents qui exigent une prompte solution, promptitude absolument impossible s'il fallait porter ces difficultés devant le tribunal, souvent éloigné, auquel appartient la connaissance de l'exécution. De là l'attribution exceptionnelle donnée par l'article au tribunal du lieu, mais pour rendre une décision provisoire, en renvoyant le fond au premier tribunal. (V. BOITARD, 807 et 808.)

II. — Le tribunal qui a rendu un jugement est seul compétent pour l'interpréter exclusivement à celui devant lequel serait poursuivie l'exécution de ce jugement. (SIREY, 5, sous l'art. 553.)

III. — On se rappelle que, contrairement à la législation française, l'art. 25 de notre Code donne aux juges de paix la connaissance de l'exécution des jugements qu'ils prennent en dernier ressort.

IV. — En cas de contestation donc sur l'exécution, il faut considérer si le jugement est en dernier ressort ou s'il est à charge d'appel. Dans le premier cas, on s'adresse au tribunal de paix; dans le second, au tribunal civil; car le juge de paix est sans attribution pour connaître de l'exécution de son jugement rendu à charge d'appel. Néanmoins, ajoute Mullery (p. 95), il ne faut pas confondre l'exécution avec les actes préliminaires pour parvenir à l'exécution, comme la présentation et la réception de caution, etc.

ART. 476. — L'officier insulté dans l'exercice de ses fonctions dressera procès-verbal de rébellion, et il sera procédé suivant les règles établies par le Code d'instruction criminelle. (Proc. civ., 685; — Instr. crim., 13 et suiv., 46, 48; — C. pén., 170.)

FORMULE N° 124. — **Procès-verbal de rébellion dressé par l'officier insulté dans l'exercice de ses fonctions.**

L'an....., le.. .., heure de.....

Je..... (*immatricule de l'huissier*) soussigné, agissant à la requête du citoyen A..., propriétaire, domicilié à....., m'étant transporté à....., au domicile du citoyen B..., charpentier, pour y ramener à exécution, par voie de saisie de ses meubles et effets mobiliers, un jugement passé en force de chose Jugée, rendu le ...., au profit dudit citoyen A..., par le tribunal de paix de....., enregistré, assisté des citoyens (*noms, professions, domiciles*), témoins voulus par la loi; j'y ai trouvé ledit B..., qui, à mon aspect, est entré dans une violente colère et m'a prodigué les insultes les plus outrageantes, me gratifiant de *brigand, insolent, polisson, voleur*, prétendant que j'apportais dans l'exercice de mes fonctions la rigueur la plus impitoyable, si les débiteurs n'avaient le soin de modérer mon ardeur par des remises d'argent ou des cadeaux ruineux, et opposant la menace à toutes mes exhortations pacifiques. — Au lieu de céder à mes avertissements réitérés et de rétracter les injures et les insultes qu'il avait proférées, ledit

B..., dont l'exaspération était montée au plus haut degré, saisissant une hache, a déclaré qu'il allait m'en frapper, si je ne me hâtais de sortir de sa demeure. Devant un pareil oubli de toute mesure, et pour échapper aux conséquences possibles de l'aveugle fureur qui animait ledit B..., je me suis retiré avec mes témoins déjà désignés, protestant contre la conduite dudit citoyen B...; et j'ai dressé le présent procès-verbal de rébellion, conformément à l'art. 476 du Code de procédure civile, — qui sera transmis à M. le Commissaire du Gouvernement près le tribunal civil de ce ressort, pour avoir telles suites que de droit; sous la réserve la plus expresse de tous mes droits pour obtenir la réparation civile du préjudice que ledit B... m'a causé par ses insultes et imputations calomnieuses.

(Signature de l'Huissier.)

ART. 477. — La remise de l'acte ou du jugement à l'huissier vaudra pouvoir pour toutes exécutions autres que la saisie immobilière et l'emprisonnement, pour lesquels il sera besoin d'un pouvoir spécial. (C. civ., 1135, 1137, 1749, 1751; — Proc. civ., 483, 585 et suiv., 680 et suiv.)

I. — L'huissier chargé par le créancier de faire commandement de payer a pouvoir suffisant pour toucher la somme due. (SIREY, 6, sous l'art. 1239, C. civ.)

II. — Jugé aussi que l'huissier porteur du titre et qui a ainsi pouvoir de mettre ce titre à exécution a, par cela même, pouvoir suffisant pour toucher la somme due et en donner quittance, sauf désaveu de la part du créancier, s'il a excédé ce pouvoir. (Ibid., 7.)

III. — L'huissier procédant à une saisie peut, sans pouvoir spécial, subroger aux droits du saisissant le tiers qui paie la somme due par le saisi. (Ibid., 2, sous l'art. 556, Proc. civ.)

IV. — La validité d'une sommation ne peut être contestée par cela seul que l'huissier n'a pas exhibé les pièces constituant son pouvoir : il suffit que l'huissier en fût porteur (Ibid., 3), surtout si l'exhibition des pièces n'avait pas été réclamée dans le moment par le débiteur.

V. — Le pouvoir spécial, en cas de saisie immobilière ou d'emprisonnement, est exigé à peine de nullité. Cette nullité résultant d'un défaut d'attributions, d'un défaut de qualité dans l'huissier, est de droit, peut et doit être prononcée par les juges, encore qu'elle ne soit pas expressément écrite dans la loi. (*V.* Boitard, 810.) Solution qui, après une longue controverse, dit Sirey (Supplément), est aujourd'hui généralement adoptée.

VI. — Il est à remarquer que le pouvoir spécial n'est pas exigé pour le commandement à fin de saisie, mais seulement pour le procès-verbal de saisie. (Sirey, 11, sous l'art. 536, Proc. civ.)

VII. — Jugé que le pouvoir de mettre le titre à exécution, *par tous les moyens convenables*, ou *dans toutes les formes exécutoires*, vaut pouvoir pour pratiquer une saisie immobilière ou exercer la contrainte par corps. (*Ibid.*, 16 et 17.)

VIII. — Un pouvoir spécial est nécessaire pour la recommandation d'un débiteur incarcéré, aussi bien que pour son emprisonnement. (*Ibid.*, 20.)

IX. — Mais pour l'arrestation ou recommandation provisoire d'un étranger, il n'est pas nécessaire d'un pouvoir spécial : l'ordonnance du doyen du tribunal civil suffit. (*Ibid.*, 21.)

X. — Il faut faire enregistrer le pouvoir spécial, de façon qu'il ait date certaine avant l'exécution.

FORMULE N° 125. — Pouvoir spécial donné à l'huissier pour exercer la contrainte par corps.

Je soussigné, A..., demeurant à....., donne pouvoir à N..., huissier du tribunal de paix de....., de, pour moi, en mon nom et à ma requête, mettre à exécution la contrainte par corps prononcée à mon profit contre le citoyen B..., par jugement du tribunal de....., en date du....., enregistré et signifié ; de faire à cet effet tous commandements, toutes perquisitions légales ; introduire tous référés ; à l'effet de quoi j'ai remis audit huissier la grosse du jugement susénoncé.

A....., le......

(Signature de la partie.)

TITRE VII

Des Saisies-Arrêts ou Oppositions

ART. 478. — Tout créancier peut, en vertu de titres authentiques ou privés, saisir-arrêter entre les mains d'un tiers les sommes et effets appartenant à son débiteur, ou s'opposer à leur remise. (C. civ., 1085, 1102, 1103, 1107, 1711, 1859, 1360; — Proc. civ., 58, 469, 479 et suiv., 508 et suiv., 715, 717 et suiv., 724 et suiv.; — C. com., 194 et suiv.)

I. — La saisie-arrêt, écrit Mullery, p. 97, est un acte conservatoire par lequel un créancier met sous la main de la justice les sommes et autres objets mobiliers appartenant à son débiteur et qui se trouvent en des mains tierces.

II. — On a beaucoup discuté, dit Sirey sous l'art. 557, Proc. civ., sur le point de savoir si la saisie-arrêt doit être considéré comme un simple acte conservatoire ou comme un véritable acte d'exécution. A vrai dire, elle a l'un et l'autre de ces caractères, selon l'aspect sous lequel on l'envisage; et, comme le fait remarquer Bioche, la saisie-arrêt est tout à la fois mesure conservatoire dans son principe et un acte d'exécution dans ses effets. (V. aussi dans ce sens BOITARD, 815.)

III. — Dans la procédure en saisie-arrêt, il y a toujours trois parties : le créancier, qui est le *saisissant*; le débiteur qui est le *saisi*; et la personne détentrice des objets saisis, qui est le *tiers saisi*.

IV. — En principe, la saisie-arrêt ne peut avoir lieu que pour une créance certaine et actuelle. (SIREY, 2, sous l'art. 557.)

V. — Il suit de là qu'une saisie-arrêt ne peut avoir lieu pour une créance conditionnelle, avant l'événement de la condition. (*Ibid.*, 3; *V.* BOITARD, 816, *in fine.*)

VI. — Ni pour sûreté d'une créance non encore échue ou exigible. (SIREY, 5, *loco citato*.)

VII. — Dans le cas de créance non liquide, et même alors qu'il y a titre, la saisie ne peut avoir lieu qu'après évaluation provisoire par le juge (*Ibid.*, 11), selon le second alinéa de l'art. 480.

VIII. — Est nulle la saisie-arrêt formée par un étranger, en vertu d'un acte fait en pays étranger, — et non rendu exécutoire par un tribunal haïtien. (*V. Ibid.*, 35.)

IX. — L'article, en permettant à un créancier de saisir-arrêter entre les mains d'un tiers, n'a prévu ni empêché qu'il pût le faire en ses propres mains. Or....., la saisie-arrêt peut avoir lieu en ses propres mains. (Cass., 3 juillet 1826; — L. P., sous l'art. 478; — *V.* aussi SIREY, 36 et suiv., sous l'art. 557, Proc. c.)

En général, quand on sera à la fois créancier et débiteur d'une même personne, on n'aura pas besoin d'avoir recours à cette voie de saisie-arrêt, la compensation pourra se faire; mais il est des cas où la compensation n'est pas possible, comme, par exemple, lorsque je suis votre créancier pour une somme d'argent, 200 gourdes, et en même temps votre débiteur pour des espèces autres que du numéraire : 25 sacs de café, sans évaluation pécuniaire.

X. — La jurisprudence a consacré en principe que les créanciers de l'État ne peuvent pas saisir-arrêter les sommes dues à l'État pour sûreté de leurs droits et créances. On s'est fondé sur la solvabilité du trésor public qui ôte tout intérêt à cette saisie-arrêt, et notamment sur la crainte d'entraver, d'arrêter, par des oppositions inattendues, les nécessités du service public et la marche du Gouvernement. (BOITARD, 817, 3e alinéa.)

XI. — Le principe a été également appliqué aux fonds des communes. On s'est fondé également, dit l'auteur cité....., sur ce que, le budget des communes étant arrêté périodiquement, il n'est pas permis aux parties d'en changer la destination à l'aide de saisies-arrêts ou oppositions. (Avis du Conseil d'État de France, 12 août 1807; 11 mai 1813.) *V. infra*, nos annotations 1, 2 et 3, sous l'art. 502.

XII. — Divers arrêts de tribunaux français (cités par SIREY, 36 *bis*, sous l'art. 557, ont décidé que le créancier d'un gouvernement étranger ne peut saisir-arrêter en France des sommes ou valeurs appartenant à ce gouvernement. Une pareille saisie est nulle; et les tribunaux français sont incompétents pour connaître de la réclamation du créancier saisissant (1).

ART. 479. — S'il n'y a pas de titre, le juge du domicile du débiteur, et même celui du domicile du tiers saisi, pourront, sur requête, permettre la saisie-arrêt et opposition. (C. civil., 91 et suiv.; — Proc. civ., 486 et suiv., 961.)

ART. 480. — Tout exploit de saisie-arrêt ou opposition, fait en vertu d'un titre, contiendra l'énonciation du titre et de la somme pour laquelle elle est faite; si l'exploit est fait en vertu de la permission du juge, l'ordonnance énoncera la somme pour laquelle la saisie-arrêt ou opposition est faite; et il sera donné copie de l'ordonnance en tête de l'exploit. (C. civ. 1102, 1103, 1107; — Proc. civ., 69, 71, 78, 79.)

Si la créance pour laquelle on demande la permission de saisir-arrêter n'est pas liquide, l'évaluation provisoire en sera faite par le juge. (Proc. civ., 473.)

L'exploit contiendra aussi élection de domicile dans le

---

(1) A propos de l'emprunt Domingue :

« La Société du Crédit général Français, ayant appris que des capitaux importants avaient été déposés par la République d'Haïti chez MM. Perquer et fils, négociants du Havre, a formé opposition entre les mains de ces Messieurs. — Le Gouvernement d'Haïti a fait alors assigner la Société du Crédit général français devant le juge des référés, en demandant que la somme dont MM. Perquer sont dépositaires pût lui être payée, malgré l'opposition. — L'affaire a été appelée le 18 octobre. Me Déglise, avoué du Gouvernement Haïtien, a opposé qu'il était de principe qu'on ne peut former opposition sur un gouvernement étranger. — Me Milliot a répondu, au nom de la Société du Crédit général français, que les capitaux en litige étaient destinés au paiement des coupons arriérés et il a combattu le système de ses adversaires, qui développaient dans l'assignation la thèse suivante : Un Gouvernement ne pourrait exister si ses créanciers avaient le droit, par des actes quelconques, d'entraver sa situation financière. Me Millot pense que ce principe est inadmissible.

« Le juge des référés, estimant que les sommes appartenant à des gouvernements étrangers ne peuvent être frappées d'opposition, a autorisé le gouvernement Haïtien à toucher les capitaux déposés entre les mains de MM. Perquer, malgré l'opposition de la Société du Crédit général Français. » (*Courrier des États-Unis*, octobre 1876.)

lieu où demeure le tiers saisi, si le saisissant n'y demeure pas; le tout à peine de nullité. (C. civ., 91, 98;—Proc. civ., 950.)

I. — L'*énonciation*, mais non la notification du *titre*. (BOITARD, 818.)

II. — *De la somme pour laquelle elle est faite*. C'est ce qu'on appelle, en général, *le montant des causes de la saisie*.

III. — Il a été jugé que l'ordonnance portant permission de pratiquer les *saisies requises*, sans autres explications, est valable, si elle est placée à la suite d'une requête en permis de saisir qui indique la somme pour laquelle la saisie était demandée. (SIREY, 1, sous l'art. 569.)

IV. — L'omission de l'évaluation provisoire à faire par le juge, quand la créance n'est pas liquide, entraînerait nullité, d'après les derniers mots de l'article. (BOITARD, *loco citato*.)

V. — Les formes générales de l'exploit, c'est-à-dire la date, les désignations d'huissier, de parties et de demeure, sont réglées par l'article 6.

FORMULE N° 126. — Requête pour être autorisé à saisir-arrêter.

A Monsieur le Juge de paix de...

Le sieur A..., propriétaire, demeurant à.....

A l'honneur de vous exposer qu'il est créancier du sieur B..., d'une somme de..... (*indiquer les causes de la créance pour laquelle on saisit.*)

Pourquoi il vous plaira, Monsieur le juge, l'autoriser à former entre les mains du sieur C..., débiteur de B... (ou des locataires et fermiers de B...), demeurant à....., opposition sur ledit sieur B... pour sûreté de la créance susnommée et des intérêts et accessoires d'icelle, laquelle créance il convient d'évaluer à la somme de.....

Présenté à....., le.....

(Signature.)

FORMULE N° 127. — Ordonnance du Juge de paix.

Vu la requête qui précède, autorisons le sieur A..., demeurant à...., à former entre les mains de C..., demeurant à....., opposition sur le sieur

B..., pour sûreté de la somme principale de..... et des intérêts et accessoires d'icelle, à laquelle nous évaluons provisoirement la créance du
requérant.

Fait et délivré en notre cabinet à....., le.....

(Signature du Juge de paix.)

FORMULE N° 128. — Exploit de saisie-arrêt.

L'an etc....., et le.....

A la requête du citoyen A... (*profession et demeure*), pour lequel domicile est élu à....., *chez tel*;

Et en vertu d'un billet, *ou* d'un jugement du tribunal de paix de ....,
en date du....., *ou bien encore* d'une permission de M. le juge de paix
de.. .., en date du....., dont il est avec celle des présentes donné copie.

J'ai, N..., huissier (*immatricule*) soussigné, signifié et déclaré au sieur
C..., commerçant, demeurant à....., en son domicile ou étant et parlant
à.....

Que le requérant s'oppose formellement par les présentes à ce que ledit
sieur C... se dessaisisse ou se libère de toutes sommes, deniers, valeurs ou
objets quelconques qu'il a ou aura, doit ou devra en capital et intérêts au
citoyen B..., à quelque titre ou pour quelque cause que ce soit, sans que
par justice il en soit autrement ordonné, à peine, par ledit sieur C..., de
payer deux fois et d'être personnellement responsable des causes de la présente opposition; lui déclarant que cette opposition est faite pour obtenir
paiement de la somme de..... en principal, intérêts et frais, montant de
l'obligation contenue dans l'acte susénoncé; *ou* montant des condamnations
prononcées contre le citoyen B... par le jugement susénoncé; *ou bien
encore* pour les causes énoncées dans ladite requête, — sous la réserve de
tous autres droits, actions, intérêts et frais de mise à exécution.

En conséquence, je lui ai, audit domicile, parlant comme ci-dessus, laissé
copie (tant des requête et ordonnance portant permission de saisir-arrêter
que) du présent exploit; dont acte. Le coût est de.....

Saisie-arrêt entre les mains des trésoriers, receveurs, etc., :

..... Signifié et déclaré à M..., en sa qualité de Trésorier particulier
de l'arrondissement financier de....., demeurant à.....; dans les bureaux
duquel où étant et parlant à....., qui a visé le présent original,

Que la requérant s'oppose à ce qu'il se dessaisisse, etc.

VISA :

Visé par nous...., sous le numéro du registre des oppositions, le présent
original, dont copie nous a été remise, ainsi que du titre qui y est énoncé.

A....., le.....

(Signature du Trésorier.)

ART. 481. — La saisie-arrêt ou opposition entre les mains de personnes non demeurant en Haïti ne pourra point être faite au domicile des officiers du ministère public; elle devra être signifiée à personne ou domicile. (Proc. civ., 78, 79-6°, 83, 551.)

Contrairement au § 6 de l'art. 79, d'après lequel les ajournements donnés aux personnes non demeurant en Haïti sont signifiés au domicile du ministère public.

ART. 482. — La saisie-arrêt ou opposition formée entre les mains des trésoriers, receveurs, dépositaires ou administrateurs des caises ou deniers publics, en cette qualité, ne sera pas valable, si l'exploit n'est fait à leur personne, et s'il n'est visé par eux sur l'original, ou, en cas de refus, par le ministère public. (Proc. civ., 490, 501, 960.)

ART. 483. — L'huissier qui aura signé la saisie-arrêt ou opposition sera tenu, s'il en est requis, de justifier de l'existence du saisissant à l'époque où le pouvoir de saisir a été donné, à peine d'interdiction et des dommages-intérêts des parties. (C. civ., 939, 1,168, 1,751, 1,767; — Proc. civ., 81, 477, 950, 952.)

L'huissier est ainsi tenu de prouver qu'il a saisi-arrêté à la requête non d'un être imaginaire, mais d'une personne réelle qu'il peut désigner et retrouver et contre laquelle le créancier pourra demander des dommages-intérêts, en démontrant que cette saisie-arrêt n'était fondée sur aucun droit. (BOITARD, 821.)

ART. 484. — Dans les trois jours de la saisie-arrêt ou opposition, si elle est portée devant un tribunal de paix, et dans les huit jours, si elle est portée devant un tribunal civil, outre un jour pour cinq lieues de distance entre le domicile du tiers saisi et celui du saisissant, et un jour pour cinq lieues de distance entre le domicile de ce dernier et celui du débiteur saisi, le saisissant sera tenu de dénoncer la saisie-arrêt ou opposition au débiteur saisi, et de l'assigner de validité. (C. civ., 91 et suiv.; — Proc. civ., 69, 71, 79, 486, 553, 729, 954, 961.)

I. — Le délai n'est pas franc. Ainsi, la saisie étant faite le 1er, la demande en validité aura lieu le 4 au moins, sauf le délai de distance; à peine de nullité, selon l'art. 486.

Ce délai de distance se règle comme suit : par exemple, une saisie-arrêt pratiquée aux mains de quelqu'un domicilié à Milot, distant de cinq lieues du Cap, à la requête d'une personne domiciliée en cette dernière ville, contre un débiteur domicilié à l'Aval-du-Nord, distant également de cinq lieues du Cap Haïtien, sera dénoncée au débiteur saisi dans le délai de trois jours, outre deux autres jours pour les deux délais de distance. C'est-à-dire que, faite le 1er, elle sera dénoncée le 6 au moins.

II. — En exigeant que la saisie-arrêt soit dénoncée au débiteur saisi, la loi ne prescrit pas, à peine de nullité, qu'il lui en soit donné *copie littérale*. Ainsi la dénonciation peut être déclarée valable, quoiqu'elle ne contienne ni les noms, ni l'immatricule de l'huissier qui a fait la saisie. (SIREY, 4, sous l'art. 563.)

III. — Il n'est pas nécessaire non plus que copie de l'ordonnance du juge en vertu de laquelle a été formée une saisie-arrêt soit donnée au saisi dans l'exploit de dénonciation de la saisie. (*Ibid.* 5.)

FORMULE N° 129. — Demande en nullité.

L'an..... et le.....

A la requête de.....

J'ai, N..., huissier, etc., soussigné, signifié, dénoncé et avec celle des présentes, donné copie de l'acte d'opposition ci-dessus au citoyen B..., demeurant à..... en son domicile, parlant à....., avec citation de comparaître à l'audience du tribunal de paix de....., le....., à..... heure, pour.....

Attendu que la dette est constante, voir déclarer bonne et valable l'opposition formée à la requête du citoyen A... sur le citoyen B..., entre les mains du sieur C..., par exploit du..... enregistré; en conséquence, voir dire et ordonner que les sommes dont ledit sieur C..., tiers saisi, se reconnaîtra ou sera jugé débiteur envers le citoyen B..., seront versées entre les mains du demandeur en déduction ou jusqu'à concurrence de la somme à lui due, en principal, intérêt et frais, et résultant de *telle* obligation *ou* des condamnations prononcées par *tel* Jugement.

A quoi faire payer et vider ses mains jusqu'à ladite concurrence sera le tiers saisi contraint, quoi faisant, déchargé, et ledit citoyen B... condamné aux dépens.

Et j'ai, au susnommé, en son domicile et parlant comme dessus, laissé copie de l'opposition sus énoncée, ensemble du présent exploit, dont acte.

Le coût est de.....

ART. 485. — Dans un pareil délai, outre celui en raison des distances, à compter du jour de la demande en validité, cette demande sera dénoncée à la requête du saisissant, au tiers-saisi, qui ne sera tenu de faire aucune déclaration avant que cette dénonciation lui ait été faite. (Proc. civ., 484, 489 et suiv., 954.)

I. — Même observation qu'à l'article précédent pour le délai. (Note 1.)

II. — Faute de cette déclaration, la saisie ne sera pas nulle, mais les paiements faits sans égard à la saisie seront valables. (Art. 486.) Cependant, par la dénonciation faite même après les délais, le tiers saisi perd de nouveau le droit de payer, pourvu, bien entendu, que cette déclaration arrive avant que le tiers saisi ait payé dans les mains du saisi. (BOITARD, 822, *in fine*.)

FORMULE N° 130. — Dénonciation de la demande en validité.

L'an..... le.....

A la requête de.....

J'ai, N..., huissier.....

Signifié, dénoncé et avec celle du présent exploit donné copie au sieur C..., demeurant à....., en son domicile, où étant, parlant à.....

De l'acte ci-dessus contenant demande en validité de l'opposition faite entre ses mains sur le citoyen B..., par exploit en date du.....

Si la saisie est faite sans titre, en vertu d'une permission du juge, ou si elle est faite en vertu d'un titre privé, on ne cite pas le tiers saisi en déclaration avant le jugement sur la validité (art. 489); mais si elle est faite en vertu d'un titre authentique, on continue comme suit :

Et à même requête que dessus, j'ai donné citation audit sieur C..., pour comparaître, le..... à..... heure, au greffe du tribunal de paix de.....,

26

pour y faire la déclaration de ce qu'il peut devoir, à quelque titre que ce soit, au citoyen B... et y déposer tous titres ou autres pièces justificatives à l'appui de sa déclaration ; le prévenant que, faute de ce faire, il sera réputé débiteur pur et simple des causes de la saisie et, comme tel, contraint à payer au requérant le montant de sa créance contre le saisi, avec intérêts, frais et dépens ; dont acte. Le coût est de.....

Art. 486. — Faute de demande en validité, la saisie ou opposition sera nulle ; faute de dénonciation de cette demande au tiers saisi, les paiements par lui faits jusqu'à la dénonciation sont valables. (Proc. civ., 484 et suiv., 950.)

C'est la sanction des deux articles précédents. Nullité de la saisie dans le premier cas, validité des paiements dans le second cas.

Art. 487. — En aucun cas, il ne sera nécessaire de faire précéder la demande en validité par une citation en conciliation. (Proc. civ., 58, 59, 491.)

Art. 488. — La demande en validité et la demande en mainlevée formée par la partie saisie seront portées devant le tribunal du domicile de la partie saisie. (Proc. civ., 69, 491.)

I. — Le débiteur saisi peut prendre l'initiative, et porter la question devant le tribunal. Il est possible qu'à raison de la lenteur des délais de distance, par exemple, le débiteur saisi qui trouve la saisie-arrêt mal fondée veuille faire lever immédiatement l'opposition qui l'empêche de toucher ce qui lui est dû ; alors, sans attendre l'expiration des délais, il formera lui-même contre le saisissant une demande en mainlevée, toujours devant le tribunal de son domicile ; car, même en prenant l'initiative d'assigner, il ne fait au fond que se défendre. (*V.* Boitard, 825.)

II. — La demande en validité de saisie-arrêt doit être portée au domicile du saisi, quand même un autre tribunal eût été désigné par la Cour de cassation pour connaître des affaires du saisi qui sont de la compétence du tribunal de sa demeure. — Cass., 2 août 1852. (L. P., sous l'art. 488.)

III. — Cependant la validité d'une saisie-arrêt ne doit être jugée par le juge du domicile du saisi qu'autant que cette contestation n'est pas connexe à une action principale déjà portée ailleurs. (SIREY, 2, sous l'art. 567, Proc. civ.)

IV. — Il en est de même en cas de litispendance. (*Ibid.*, 1.)

V. — C'est devant le tribunal de la succession, et non devant celui du domicile personnel de l'héritier [qu'on doit porter la demande en validité d'une saisie-arrêt faite sur des sommes appartenant au défunt, lors même que la succession aurait été acceptée bénéficiairement. (*Ibid.*, 4.)

VI. — Si dans le titre en vertu duquel on a saisi, une élection de domicile a été faite, on devra alors porter soit la demande en validité, soit la demande en mainlevée, devant le tribunal que les parties elles-mêmes ont désigné à l'avance. (BOITARD, 825.)

VII. — Au dessus de la compétence du juge de paix, toute demande relative à la validité ou aux effets d'une saisie-arrêt doit être portée devant les tribunaux civils, encore que la saisie ait eu pour objet d'assurer les prétentions d'un marchand contre un autre marchand, et que les relations du tiers saisi avec la partie saisie soient commerciales. (*Ibid.*, 8, nombre d'arrêts et auteurs cités.)

VIII. — *Id.* Et cela encore que la saisie ait été autorisée par le doyen du tribunal de commerce. (*Ibid.*, 9.)

IX. — Dans ce cas, le tribunal civil ne peut statuer sur la validité de la saisie qu'après jugement du tribunal de commerce constatant l'existence et le *quantum* de la créance. (*Ibid.*, 10.)

FORMULE N° 131. — **Demande en mainlevée de saisie-arrêt.**

On donne citation dans la forme ordinaire à comparaître pour :

Attendu que l'opposition formée par le citoyen....., sur le requérant est nulle; qu'en effet (*exposer les moyens de nullité invoqués contre l'opposition*); voir déclarer nulle et de nul effet l'opposition formée sur le requérant entre les mains de....., à la requête de....., par exploit du....., ensemble la procédure qui s'en est suivie. — En conséquence voir ordonner la mainlevée pure et simple de ladite opposition, et autoriser le requérant à toucher des mains du tiers saisi les sommes à lui dues; et s'entendre condamner aux dépens, sous toutes réserves. — Et j'ai....., etc.

FORMULE N° 132. — **Jugement qui accorde mainlevée de l'opposition.**

Le tribunal....., etc. — Attendu....., (*motifs*).

Par ces motifs, déclare nulle la saisie-arrêt pratiquée entre les mains du sieur C... à la requête du citoyen A..., par exploit en date du...; prononce en conséquence, mainlevée de ladite saisie-arrêt; ordonne que le tiers saisi pourra valablement se libérer entre les mains du citoyen B...., (*partie saisie*). — Et condamne le citoyen A..., (*créancier saisissant*) aux dépens liquidés à.....

Art. 489. — Le tiers saisi ne pourra être assigné en déclaration s'il n'y a titre authentique ou jugement qui ait déclaré la saisie-arrêt ou l'opposition valable. (C. civ., 1102, 1145-3°, 1136; — Proc. civ., 469, 478, 490 et suiv.)

Art. 490. — Les fonctionnaires publics dont il est parlé à l'art. 482 ne seront point assignés en déclaration; mais ils délivreront un certificat constatant s'il est dû à la partie saisie, et énonçant la somme, si elle est liquide. (Proc. civ., 473, 480, 482, 494.)

Cette distinction s'applique non seulement aux caissiers du Gouvernement, mais encore à ceux des communes, fabriques d'église et autres établissements publics; mais non aux notaires, encanteurs, huissiers, etc., pour les saisies faites en leurs mains sur les deniers dont ils seraient détenteurs en raison de leur ministère; il faut procéder à leur égard selon les règles du Code de procédure. (Sirey, 2, sous l'art. 569.)

FORMULE N° 133. — **Certificat.**

Je, soussigné....., certifie qu'il est dû au citoyen B..., par la caisse de...., pour.... etc.

En foi de quoi, j'ai délivré le présent certificat à...., le.....

(Signature.)

Art. 491. — Le tiers saisi sera assigné, sans citation préalable en conciliation, devant le tribunal qui doit connaître de

la saisie; sauf à lui, si la déclaration est contestée, à demander son renvoi devant son juge. (Proc. civ., 57, 58-7°, 169,
487, 488, 550.)

I. — La faculté accordée au tiers saisi de demander son renvoi
devant son juge naturel en cas de contestation de sa déclaration
n'est applicable qu'au cas où la contestation porte sur le fond même
de la déclaration. Elle n'a pas lieu dans le cas où la nullité de la
déclaration est demandée pour irrégularité de forme. (SIREY, 2, Proc.
civ., sous l'art. 570.)

II. — La demande en renvoi du tiers saisi est ouverte par les
plaidoiries au fond. (*Ibid.*, 6.)

III. — Dans le cas de renvoi du tiers saisi devant son juge naturel, il est sursis au jugement de la validité de la saisie. (BOITARD, 830,
in fine.)

ART. 492. — Le tiers saisi assigné fera sa déclaration, et
l'affirmera au greffe du tribunal qui doit connaître de la saisie-arrêt, s'il est sur les lieux; sinon, devant le juge de paix
de son domicile, sans qu'il soit besoin, dans ce cas, de réitérer l'affirmation au greffe dudit tribunal. (C. civ., 91. —
Proc. civ., 458, 485, 493 et suiv., 550.)

ART. 493. — La déclaration et l'affirmation pourront être
faites par procuration spéciale. (C. civ., 1751. — Proc. civ.,
127, 458, 492, 493, 495, 959.)

I. — La procuration à l'effet de faire la déclaration peut être sous
seing privé; il n'est pas nécessaire qu'elle soit en forme authentique
(SIREY, 1, sous l'art. 572, Proc. c.)

II. — L'affirmation n'a pas besoin d'être faite sous serment.
(*Ibid.*, 2.)

ART. 494. — La déclaration énoncera les causes et le
montant de la dette; les paiements à compte, si aucuns ont
été faits; l'acte ou les causes de libération, si le tiers saisi

n'est plus débiteur; et, dans tous les cas, les saisies-arrêts ou oppositions formées entre ses mains. (Proc. civ., 485, 490, 491, 493 et suiv.)

Art. 495. — Les pièces justificatives de la déclaration seront annexées à cette déclaration : le tout sera déposé au greffe, et l'acte de dépôt sera signifié par un simple acte. (Proc. civ., 85, 190, 952.)

I. — Le tiers saisi est tenu de faire sa déclaration, alors même qu'il serait libéré, ou n'a jamais rien dû. (Sirey, sous les art. 573 et 574.)

II. — Et est irrégulière la déclaration faite par le tiers saisi qu'il ne doit rien à la partie saisie, sans expliquer s'il en était ainsi au moment de la saisie. (*Ibid.*, 2.)

FORMULE N° 134. — **Déclaration du tiers saisi et acte de dépot.**

Aujourd'hui, etc., a comparu au greffe du tribunal de paix de....., le sieur C... (*profession et demeure*), lequel a dit que, pour satisfaire à la citation en date du....., à la requête du citoyen A..., par suite de la saisie-arrêt formée entre les mains du comparant par exploit du....., il déclare et affirme qu'il doit *ou* qu'il ne doit pas au citoyen B..., etc.

Et pour justifier la présente déclaration. il nous a déposé comme pièces justificatives : 1° une quittance en date du.....; 2° ....., etc..., pour être communiquées audit citoyen A...

Desquels comparution, déclaration et acte de dépôt nous avons donné acte audit comparant, qui a signé avec nous, greffier, après lecture.....

FORMULE N° 135.
Signification de la déclaration du tiers saisi et acte de dépôt.

L'an....., etc....., à la requête du sieur C..., etc.....

J'ai, N..., huissier..... soussigné, signifié et donné copie au citoyen A..., etc....., en son domicile étant et parlant à.....

De l'expédition en due forme de la déclaration affirmative et acte de dépôt des pièces à l'appui. faits par le requérant, pour satisfaire à la citation à lui donnée à la requête dudit citoyen B..., par exploit du.....

Dont acte. Le coût est de.....

Art. 496. — S'il survient de nouvelles saisies-arrêts ou oppositions, le tiers saisi les dénoncera au premier saisissant, par extrait contenant les noms et élection de domicile des saisissants, et les causes des saisies-arrêts ou oppositions. (C. civ., 98. — Proc. civ., 478, 480, 484, 490, 550, 715.)

La sanction de cet article serait pour le tiers saisi de répondre envers le saisissant de tous dommages résultant du défaut de dénonciation; et non pas d'être constitué débiteur pur et simple des causes de la saisie.

FORMULE N° 136. — **Dénonciation du tiers saisi au premier saisissant.**

L'an....., et le.....

A la requête du sieur....., (*nom, prénoms, profession du tier ssaisi*) demeurant à.....

J'ai....., N..., huissier..... soussigné.,

Signifié et déclaré au citoyen (*nom, prénoms, profession, domicile*) premier saississant sur le citoyen B... (*profession, domicile*) entre les mains du requérant, au domicile dudit citoyen A..., où étant et parlant à.....

Que, par exploit de....., huissier de....., en date du....., le sieur D..., commerçant, demeurant à....., et pour lequel domicile a été élu chez M..., demeurant à....., (*lieu du domicile du tiers saisi*) a formé opposition entre les mains du requérant sur ledit citoyen B..., pour obtenir paiement de la somme de....., à lui due en vertu de... . (*énoncer le titre*)..... etc.

(*S'il y a plus d'une nouvelle opposition, les relater toutes dans la même forme par ordre de dates.*)

Art. 497. — Si la déclaration n'est pas contestée, il ne sera fait aucune autre procédure, ni de la part du tiers saisi, ni contre lui. (Proc. civ., 952.)

Art. 498. — Le tiers saisi qui ne fera pas sa déclaration, ou qui ne fera pas les significations ordonnées par les articles ci-dessus sera déclaré débiteur pur et simple des causes de la saisie.

I. — *Ordonnées par les articles ci-dessus.* C'est-à-dire les articles 492, 494 et 495. (*V.* Cass., 15 octobre, 19 nov. 1818 ; — L. P., sous l'art. 498.)

II. — Aucun délai fatal n'est fixé au tiers saisi pour faire sa déclaration affirmative (ou la régulariser); en sorte qu'elle peut avoir lieu en tout état de cause, et tant qu'il n'a pas été définitivement, et par jugement passé en forme de chose jugée, déclaré débiteur pur et simple des causes de la saisie. (SIREY, 1, 13 et suiv., sous l'art. 577, Proc. civ. — V. aussi les deux arrêts de notre tribunal de cassation cités à la note précédente.)

III. — Mais il a été jugé que, si, en thèse générale, le tiers saisi est recevable à faire sa déclaration affirmative après le délai accordé en ce que ce délai n'est que comminatoire, il en est autrement lorsqu'un jugement contradictoire et définitif a ordonné que le tiers saisi serait tenu de faire sa déclaration dans un certain délai, à défaut de quoi il serait réputé débiteur pur et simple des causes de la saisie. En ce cas, le défaut de déclaration dans le délai fixé emporte déchéance. (SIREY, 9, sous l'art. 577.)

IV. — A défaut de déclaration, le tiers saisi doit être déclaré débiteur pur et simple des sommes pour lesquelles la saisie a été faite, encore bien que ces sommes fussent plus fortes que celles qu'il devait réellement. (*Ibid.*, 12.)

V. — Si le tiers saisi ne doit rien au saisi, il doit en faire (tout de même) la déclaration et les significations voulues, sinon il encourra la rigueur de la loi. (MULLERY, p. 100.)

ART. 499. — Si la saisie-arrêt ou opposition est formée sur effets mobiliers, le tiers saisi sera tenu de joindre à sa déclaration un état détaillé desdits effets. (C. civ., 439 et suiv. ; — Proc. civ., 509.)

ART. 500. — Si la saisie-arrêt ou opposition est déclarée valable, il sera procédé à la vente et distribution du prix, ainsi qu'il sera dit au titre X *de la distribution par contribution.* (C. civ., 1860 ; — Proc. civ., 568 et suiv.)

Le créancier saisissant a-t-il un droit acquis au versement dans ses mains de la totalité de la somme saisie, à l'exclusion de nouvelles saisies survenues postérieurement au jugement de validité de la première saisie ? — La question, très controversée, semble avoir été résolue est fixée enfin dans ce sens que le jugement de validité d'une saisie-arrêt n'emporte, au profit du saisissant, attribution exclusive des sommes saisies, que du jour où il a acquis l'autorité de la chose jugée vis-à-vis du tiers saisi. Arrêts de la cour de cassation de France, 5 août 1856 ; 20 nov. 1860 ; et 13 fév. 1865. (*V.* les notes de Sirey, sous l'art. 579 Proc. civ., notamment note 6 au supplément ; — Boitard, note après le n° 883.)

FORMULE N° 137. — Jugement qui statue à la fois sur la saisie-arrêt et sur la délibération affirmative.

Le tribunal....., etc.,

En ce qui touche la saisie-arrêt :

Attendu qu'elle est régulière en la forme et juste au fond ; qu'elle est fondée sur un titre authentique ;

En ce qui touche la déclaration affirmative :

Attendu que cette déclaration est sincère et véritable ; qu'elle a été faite suivant les prescriptions de la loi et accompagnée des pièces justificatives ;

(*S'il y a eu des contestations, les mentionner avec les motifs de la décision.*)

Par ces motifs, déclare valable la saisie-arrêt pratiquée par le citoyen A..., entre les mains du sieur C..., sur le citoyen B...

Donne acte au sieur C... (*le tiers saisi*) de la déclaration affirmative par lui faite, déclare régulière ladite déclaration ; ordonne, en conséquence, le paiement entre les mains du citoyen A... (*le saisissant*) des sommes et valeurs dont ledit sieur C... s'est reconnu détenteur ; dit que, moyennant ce paiement, ledit sieur C... sera valablement libéré envers le citoyen B... (*le saisi*) ;

Condamne le citoyen B... (*le saisi*) aux dépens envers toutes les parties qui pourront les employer, savoir : le saisissant, comme accessoires de sa créance, et le tiers saisi comme frais privilégiés à prélever sur la somme par *lui due,* etc.

FORMULE N° 138. — Jugement sur la demande en validité, quand la saisie-arrêt est faite sans titre ou en vertu d'un titre non exécutoire.

Le tribunal, etc. ;

Attendu, etc. ;

Condamne le citoyen B... à payer au citoyen A..., la somme de.....

Et, pour en faciliter le paiement, déclare bonne et valable la saisie-arrêt pratiquée par le citoyen A..., entre les mains du sieur C..., sur le citoyen B...

En conséquence, ordonne que le tiers saisi sera cité en déclaration, et que les sommes et effets dont il se reconnaîtra ou sera jugé débiteur envers le saisi seront remis au citoyen A..., en déduction ou jusqu'à concurrence

de ladite somme de....., avec intérêts, frais et dépens ; à quoi faire
ordonne que le tiers-saisi sera contraint ; quoi faisant, déchargé ; et condamne
B... aux dépens liquidés à.....

ART. 501. — Les pensions, indemnités, traitements et
appointements dus par l'État ne pourront être saisis que pour
un tiers de leur montant. (Proc. civ., 482, 490, 502, 503.)

I. — Le principe qui rend insaisissable les deux tiers des pensions
tient à un intérêt d'humanité. La pension est accordée comme un
droit alimentaire, et à titre de nécessité présumée pour le fonctionnaire qui a cessé d'utiliser ses services à l'Etat. — Il faut qu'au
moins en partie, elle soit à l'abri des saisies.

II. — A l'égard des indemnités, traitements et appointements, le
motif de l'insaisissabilité tient à l'intérêt du service public, qui serait
entravé si l'on pouvait saisir, au moins en totalité, ces traitements du
fonctionnaire débiteur. (*V.* BOITARD, 835.)

ART. 502. — Sont insaisissables :

1° Les choses déclarées insaisissables par la loi ;

2° Celles déclarées insaisissables par le donateur ;

3° Les provisions alimentaires adjugées par justice ;

4° Les sommes et objets disponibles déclarés insaisissables
par le testateur ;

5° Les sommes et pensions pour aliments, encore que le
testament ou l'acte de donation ne les déclare pas insaisissables. (C. civ., 191, 247, 256, 499, 724, 725, 745, 835-1°, 925 ;
— Proc. civ., 503, 513, 514, 892.)

I. — Les sommes dues à l'État ne peuvent, en aucun cas, être
saisies par ses créanciers entre les mains de ses débiteurs, quels
qu'ils soient. C'est là un principe des plus certains. (SIREY, 19, sous
les art. 581 et 582 Proc. civ. — *V.* aussi *suprà* nos annotations 10
et suiv., sous l'art. 478.)

II. — Il en est de même des sommes dues aux communes. (Sirey, 31, *loco citato*.)

III. — Ainsi que de celles dues à des établissements de bienfaisance, tels que les hospices et autres établissements publics, et de celles dues aux fabriques d'église. (*Ibid.*, 22.)

IV. — *Quid* des fonds destinés aux entrepreneurs de travaux publics pour le compte de l'Etat, tant que les travaux ne sont pas terminés et reçus, sauf pour les créances provenant du salaire des ouvriers et pour fournitures de matériaux et autres objets servant à la construction des travaux? (*V.* Sirey, 34, sous les art. 581 et 582 pour l'insaisissabilité.)

Pour décider dans ce sens de l'insaisissabilité, n'y a-t-il pas même raison que pour les appointements des fonctionnaires ou les créances de l'État : — la nécessité de ne pas entraver le service public ?

V. — Des papiers saisis sur un prévenu pendant le cours d'une instruction criminelle et déposés au greffe ne peuvent être saisis-arrêtés par un créancier du prévenu dans le but d'empêcher que le greffier ne s'en dessaisisse après l'instruction, au préjudice du créancier saisissant. (Sirey, 45, *loco citato*.)

Art. 503. — Les provisions alimentaires ne pourront être saisies que pour cause d'aliments ; les dons et legs mentionnés aux numéros 2, 3 et 4 du précédent article pourront être saisis par des créanciers postérieurs à l'acte de donation ou à l'ouverture du legs ; et ce, en vertu de la permission du doyen et pour la portion qu'il déterminera. (C. civ., 724, 743 ; — Proc. civ., 513, 514.)

I. — *Les pensions alimentaires ne pourront être saisies que pour cause d'aliments.* — Il faut entendre par *aliments:* la nourriture, le logement, les vêtements, et même les visites des médecins et chirurgiens et les médicaments. (Sirey, 61, sous les art. 581 et 582, Proc. civ.)

II. — La saisie d'une pension alimentaire ne peut être autorisée par le juge que pour une portion seulement ; il ne lui est pas permis d'autoriser la saisie pour la totalité de la pension. (*Ibid.*, 68.)

TITRE VIII

Des Saisies-Exécutions

ART. 504. — Toute saisie-exécution sera précédée d'un commandement à la personne ou au domicile du débiteur, fait au moins six heures avant la saisie, et contenant notifi-cation du titre, s'il n'a été déjà notifié. (C. civ., 1102, 1135-3°, 1136, 1859, 1860, 1985, 2012 ; — Proc. civ., 58-7°, 78, 149, 469, 473, 505 et suiv., 518 et suiv., 585 et suiv., 680 et suiv., 704 et suiv., 717 et suiv., 910, 954 ; — C. com., 195.)

I. — Par la saisie-exécution, le créancier fait d'abord mettre sous la main de justice, puis vendre les meubles corporels de son débiteur, afin de se faire payer sur le prix. Le législateur a dû, dans cette matière, d'une part, prendre en considération l'intérêt légitime du créancier qui poursuit la réalisation de son droit, et d'autre part, établir des garanties protectrices de la propriété, afin que le débiteur ne fût pas trop promptement dépouillé de sa chose. (BOITARD, 840.)

II. — La saisie-exécution, à la différence de la saisie-arrêt, ne peut être faite qu'en vertu d'un titre exécutoire. Ce titre exécutoire peut être un jugement ou une obligation notariée. Dans le dernier cas, le créancier n'a qu'à se faire délivrer une grosse par le notaire, en vertu de laquelle il fera procéder à la saisie. (MULLERY, p. 101.)

III. — Doit être déclarée nulle la saisie-exécution faite le lendemain de la signification d'un jugement du tribunal de paix, sans donc attendre le délai d'appel, si l'exécution provisoire n'a pas été ordonnée par ledit jugement. (Cass., 8 nov. 1852 ; — L. P., sous l'art. .)

Bien entendu, croyons-nous, pourvu que l'appel ait été interjeté dans le délai. Car nous avons vu, page 324, note 5, sous l'article 22, que c'est l'acte d'appel qui est suspensif, et non pas seulement le délai d'appel.

IV. — Il faut au moins six heures d'intervalle entre le commandement et le procès-verbal de saisie ; mais le créancier est libre d'accorder un délai plus long. Ainsi, après un commandement fait aujourd'hui, la saisie pourrait être pratiquée demain, dans trois jours, huit jours, un mois, un an, en un mot, tant qu'il n'y a pas lieu de présumer que le saisissant a renoncé à ses poursuites. La saisie-exécution diffère, à cet égard, de la saisie-immobilière, qui doit être faite après les trente jours, mais dans les deux mois qui suivent le commandement, article 586. (*V.* BOITARD, 840.)

V. — *A la personne ou au domicile du débiteur.* C'est-à-dire à domicile réel; mais s'il y avait eu élection de domicile, pour l'exécution du contrat qui motive la saisie, le commandement serait valablement signifié au domicile élu. (*Ibid.*)

ART. 505. — Il contiendra élection de domicile jusqu'à la fin de la poursuite, dans là commune où doit se faire l'exécution, si le créancier n'y demeure, et le débiteur pourra faire à ce domicile élu toutes significations, même d'offres réelles. (C. civ., 98, 1044-6°, 1050; — Proc. civ., 69, 78, 710 et suiv.)

I. — Cette élection de domicile est attributive de juridiction au tribunal du lieu de la saisie, qui devient ainsi compétent pour statuer sur les demandes en mainlevée ou en nullité de la saisie. (BOITARD, 841.)

II. — Il y a controverse sur la question de savoir si l'élection de domicile est prescrite à peine de nullité. Boitard, entre autres, regarde cette formalité comme substantielle. Son omission entraînerait donc, à son avis, nullité. Sirey cite plusieurs arrêts contre.

III. — Dans tous les cas, la nullité pourrait être séparée par une élection de domicile faite postérieurement dans le procès-verbal de saisie. (SIREY, 2, sous l'art. 584, Proc. civ.; BOITARD, 841.)

IV. — La faculté accordée au débiteur, par l'article, de faire des offres au domicile élu, ne s'étend pas au cas où la convention des parties détermine un autre lieu pour le paiement. C'est à ce lieu que les offres doivent être faites, à peine de nullité. (SIREY, 6, sous l'art. 584.)

ART. 506. — L'huissier sera assisté de deux témoins, Haïtiens, ayant la jouissance et l'exercice de leurs droits civils et politiques, non parents ni alliés des parties ou de l'huissier, jusqu'au degré de cousin germain inclusivement, ni leurs domestiques; il énoncera sur le procès-verbal leurs noms, professions et demeures ; les témoins signeront l'original et les copies. La partie poursuivante ne pourra être présente à la saisie. (C. civ., 595 et suiv. — Proc. civ., 519.)

I. — L'huissier ne se présente pas seul pour opérer la saisie; il est assisté de deux témoins du sexe masculin, réunissant les conditions énumérées dans l'article. « Ces témoins, continue Boitard, 813, portent dans la pratique le nom de *recors*, du mot latin *recordari*, se souvenir ; ils sont là pour se rappeler les faits qui se passent sous leurs yeux, et les attester plus tard, s'il y a lieu. »

Nous verrons que ce terme de *recors* est employé dans l'art. 683.

II. — Les personnes qui ne savent pas signer ne peuvent être témoins d'une saisie, car l'article exige leur signature. (Mullery, p. 102.)

III. — Le saisissant ne doit assister à la saisie ni par lui-même, ni par un représentant. (Boitard.)

IV. — L'inobservation des formalités prescrites par l'article entraîne-t-elle nullité de la saisie ? Controversé. — Carré, entre autres Q. 2014, distingue entre les formalités substantielles et les formalités accidentelles. (*V.* Sirey, sous l'art. 585, Proc. civ.)

Art. 507. — Les formalités des exploits seront observées dans les procès-verbaux de saisie-exécution; ils contiendront itératif commandement, si la saisie est faite en la demeure du saisi. (C. civ., 91 et suiv. — Proc. civ., 69, 71, 78, 79, 473, 504, 508, 522.)

Quand la saisie se fait hors de la demeure du saisi, il n'est pas nécessaire, à peine de nullité, de lui faire l'itératif commandement, bien qu'il se trouve présent sur les lieux de la saisie. (Sirey, sous l'art. 586.)

Art. 508. — Si les portes sont fermées, ou si l'ouverture en est refusée, l'huissier pourra établir gardien aux portes pour empêcher le divertissement; il se retirera sur-le-champ, sans assignation, devant le juge de paix ou, à son défaut, devant l'officier chargé de la police, en présence de qui l'ouverture des portes, même celle des meubles fermants, sera faite, au fur et à mesure de la saisie.

Le juge de paix ou l'officier qui se transportera ne dressera point de procès-verbal ; mais il signera celui de l'huissier, lequel ne pourra dresser du tout qu'un seul et même procès-verbal. (Proc. civ., 507, 512, 727, 810; — Instr. crim., 22, 26, 36 et suiv., 73 à 77, 84, 85, 90, 91.)

I. — Lorsque l'huissier chargé d'une saisie ne trouve personne au domicile du saisi, et que les portes sont fermées, s'il les ouvre pour s'introduire au domicile du saisi, sans être assisté d'un officier public, la saisie est nulle, bien que l'ouverture des portes ait été faite sans fracture ni efforts. (SIREY, 1, sous l'art. 587, Proc. civ.)

II. — La présence d'un officier public est nécessaire quand il s'agit d'ouvrir de force le domicile du débiteur : c'est là un fait qui ne touche pas seulement à un intérêt privé, mais qui concerne un intérêt général. Il s'agit de suspendre, à l'égard du débiteur, dans les cas exceptionnels où la loi le permet, un droit constitutionnel, l'inviolabilité du domicile ; la présence de l'huissier, organe des intérêts privés, ne suffit pas. Il faut la présence d'un officier public représentant l'autorité elle-même ; la loi délègue à cet effet le juge de paix, l'officier de police (BOITARD, 844.)

III. — Si cet officier public n'obtient pas l'ouverture des portes par sa présence et ses injonctions, il pourra requérir la force armée et faire enfoncer les portes. Il faut que la formule exécutoire reçoive son effet. (*Ibid.*)

IV. — La saisie ne peut être déclarée nulle sur le motif que l'officier de police, appelé pour l'ouverture des portes, serait parent du saisissant au degré de cousin germain. (SIREY, 3, sous l'art. 587.)

ART. 509. — Le procès-verbal contiendra la désignation détaillée des objets saisis ; s'il y a des marchandises, elles seront pesées, mesurées ou jaugées, suivant leur nature ; on indiquera en outre les qualités. — Pr. civ. 499, 510, 511, 587, 683, 813.

ART. 510. — L'argenterie sera spécifiée par pièces et poinçons, et elle sera pesée. — Proc. civ., 543.

On appelle poinçon les marques à l'aide desquelles l'autorité publique fait contrôler le titre et le taux de l'argenterie, et donne le moyen d'en connaître la valeur. (BOITARD.)

ART. 511. — S'il y a des deniers comptants, il sera fait mention du nombre et de la qualité des espèces; l'huissier les déposera au greffe du tribunal, entre les mains du greffier, à moins que le saisissant et la partie saisie, ensemble les opposants, s'il y en a, ne conviennent d'un autre lieu et d'un autre dépositaire; auquel cas l'huissier sera tenu de déférer à leur réquisition. — Code civ., 925, 1043, 1045, 1723, 1728-4°, 1729, 1730; Proc. civ., 712.

ART. 512. — Si le saisi est absent, et qu'il y ait refus d'ouvrir aucune pièce ou meuble, l'huissier en requerra l'ouverture; et, s'il se trouve des papiers, il requerra l'apposition des scellés par le juge de paix ou l'officier appelé pour l'ouverture. — Proc. civ., 502, 507, 508, 514, 796 et suiv.

I. L'ouverture des pièces ou meubles fermés doit être requise dans la forme prescrite par l'article 518. (SIREY.)

II. Ne peuvent être saisis les effets obligatoires, c'est-à-dire les titres de créance, trouvés dans les papiers du saisi. (Sirey, 24, sous les art. 592 et 593.) Boitard enseigne que le droit de créance, qui est une chose incorporelle, n'est pas susceptible d'une saisie-exécution qui ne s'applique qu'aux meubles corporels; que les créanciers du saisi peuvent seulement s'opposer à ce que le débiteur de leur débiteur, le saisi, paye en d'autres mains que celles du saisissant; — en un mot, ils peuvent, à l'égard de la créance appartenant à leur débiteur, former une saisie-arrêt, mais non une saisie-exécution (845).

ART. 513. — Ne pourront être saisis (Proc. civ., 502, 514) :

1° Les objets que la loi déclare immeubles par destination (Code civ., 426, 428, 429, 1885-3°, 1900; — Proc. civ., 585 et suiv.);

2° Le coucher nécessaire des saisis, ceux de leurs enfants vivant avec eux; les habits dont les saisis sont vêtus et couverts (Proc. civ., 514);

3° Les livres relatifs à la profession du saisi;

4° Les machines et instruments servant à l'enseignement pratique ou exercice des sciences et arts;

5° Les équipements des militaires, suivant l'ordonnance et le grade;

6° Les outils des artisans, nécessaires à leurs occupations personnelles;

7° Les provisions nécessaires à la consommation du saisi et de sa famille pendant un mois;

8° Enfin, une vache et sa suite, ou trois brebis et leurs suites, ou deux chèvres et leurs suites, au choix du saisi. (Proc. civ., 515.)

Art. 514. — Lesdits objets ne pourront être saisis pour aucune créance, même celle de l'État, si ce n'est pour aliments fournis à la partie saisie, ou sommes dues aux fabricants ou vendeurs desdits objets, ou à celui qui aura prêté pour les acheter, fabriquer ou réparer; pour fermages, soit en nature, soit en argent, des terres à la culture desquelles ils sont employés; loyer des manufactures, moulins, pressoirs, usines dont ils dépendent, et loyers des lieux servant à l'habitation personnelle du débiteur. (C. civ., 1869.)

Les objets spécifiés sous les numéros 2, 5 et 7 du précédent article ne pourront être saisis pour aucune créance.

I. — On entend par coucher *nécessaire* les parties du lit indispensables au repos; par exemple, le bois de lit, matelas, lit de plumes, draps, couverture, traversin et même rideaux suivant l'âge ou l'état de santé du saisi. Mais est saisissable tout ce qui n'est que de luxe, comme ciels de lit, housses, courtes-pointes, dômes et tentures de tapisserie. (Sirey, 4, sous les art. 592 et 593, Proc. civ.)

II. — C'est aux tribunaux d'apprécier si on doit laisser un coucher pour chacun des époux et chacun des enfants; à l'égard de ces derniers, il est certain que l'on doit laisser des couchers séparés pour les garçons et pour les filles; et même autant de lits qu'il y a d'enfants, quoiqu'ils soient du même sexe (*Ibidem*, 7); à moins que le saisi ne soit dans l'usage de coucher plusieurs enfants dans le même lit. (Boitard.)

III. — Les habits dont le débiteur est revêtu sont insaisissables, alors même qu'il en serait revêtu sans nécessité. (Sirey, *loco citato*.)

27

— Naturellement les vêtements et linge de corps qui ne sont pas sur le débiteur peuvent être compris dans la saisie.

IV. — La saisie ne pourrait pas comprendre les objets d'équipement, quand même le militaire ne les porterait pas sur lui au moment de la saisie. L'équipement peut être nécessaire à la défense de l'État. On reconnaît également, dit aussi Boitard, 850, l'insaisissabilité des décorations et des armes d'honneur du militaire en activité ou en retraite; ces objets ont plus de valeur morale pour lui que de valeur vénale pour les créanciers.

V. — On ne peut saisir un manuscrit chez l'auteur. (Sirey, 13.)

Ce n'est pas le manuscrit même que les créanciers voudraient faire vendre pour se payer sur le prix, c'est le droit de le reproduire, de le multiplier par l'impression. Or, la saisie-exécution ne saurait atteindre une chose incorporelle, le droit de publication..... D'autre part, on ne saurait admettre qu'un législateur permette la saisie et la vente, la publication forcée de pensées que le débiteur ne comptait peut-être jamais soumettre à l'épreuve de la publicité. Un homme a écrit le journal de ses pensées, et ce journal contient sur lui-même, sur sa famille, sur ses amis, des jugements qu'il n'a écrits que pour lui; permettrait-on de publier malgré lui ses secrets? Encore, peut-on autoriser malgré l'auteur la publication d'un livre qui contient peut-être l'esquisse de sa pensée plutôt que sa pensée elle-même?

Voyez Boitard, n° 852, qui fait une belle discussion de la question : l'insaisissabilité des produits de l'intelligence, des objets qui constituent ce qu'on appelle la propriété littéraire, la propriété artistique et la propriété industrielle, ce droit exclusif que la loi accorde à l'auteur d'un livre, d'une pièce de théâtre, etc., de publier son livre, de le reproduire en autant d'exemplaires et d'éditions qu'il le juge convenable.

VI. — La loi récente du 6 octobre 1885 définit (art. 1er), les œuvres littéraires et artistiques; et (art. 5 et 6) en garantit la propriété exclusive à l'auteur, ou à son épouse devenue veuve, durant leur vie; aux enfants pendant vingt ans; aux autres héritiers ou propriétaires s'il n'y a pas d'enfants, pendant dix ans. Après quoi, les ouvrages tombent dans le domaine public.

En France, le droit de l'auteur ou de la veuve a la même durée qu'ici; mais ses héritiers ou ayants cause en jouissent après sa mort.

VII. — Si les animaux déclarés insaisissables par le n° 8 ont été donnés à cheptel par le saisi, ils deviennent saisissables..., bien entendu après partage. (SIREY, 22, *loco citato.*)

VIII. — La saisie n'est pas nulle par cela seul qu'elle comprendrait des objets déclarés insaisissables : il y a lieu seulement à la distraction des objets indûment saisis. (*Ibid.* 30.)

IX. — Si la vente de ces objets a eu lieu, le saisissant ou l'huissier est passible de dommages-intérêts. (*Ibid.*, 31.)

ART. 515. — En cas de saisie d'animaux et d'ustensiles servant à l'exploitation des terres, le juge de paix pourra, sur la demande du saisissant, le propriétaire et le saisi entendus ou appelés, établir un gérant à l'exploitation. (C. civ., 928, 1536, 1729; — Proc. civ., 513-8°.)

L'article 515 s'applique à l'exploitation des moulins, pressoirs et usines. (SIREY, sous l'art. 594; — BOITARD.)

ART. 516. — Le procès-verbal contiendra indication du jour de la vente. (Proc. civ., 523, 526, 534, 535, 955.)

Toutefois, fait observer Boitard, l'omission de l'indication de la vente n'entraînerait pas nullité du procès-verbal; seulement, le saisissant devrait, pour réparer cette omission, signifier au saisi un nouvel acte contenant fixation du prix de la vente. Et dans ce cas, les huit jours d'intervalle qui, aux termes de l'article 534, doivent séparer la vente de la signification de la saisie ne courraient que du jour de la signification de ce nouvel acte. (*V.* aussi SIREY, sous l'art. 595.)

ART. 517. — Si la partie saisie offre un gardien solvable et qui se charge volontairement et sur-le-champ, il sera établi par l'huissier. (C. civ., 928, 1729, 1826-4°; — Proc. civ., 508, 519, 524 et suiv., 685, 719, 721, 723, 728, 803; — C. pén. 331.)

ART. 518. — Si le saisi ne présente gardien solvable et de la qualité requise, il en sera établi un par l'huissier. (Proc. civ. 517.)

Art. 519. — Ne pourront être établis gardien, le saisissant, son conjoint, les parents et alliés jusqu'au degré de cousin germain, inclusivement, et ses domestiques ; mais le saisi, son conjoint, ses parents, alliés et domestiques pourront être établis gardiens, de leur consentement et de celui du saisissant. (C. civ. 595 et suiv., 925 ; — Proc. civ. 506, 719, 721.)

I. — L'un des témoins assistant l'huissier peut être établi gardien. (Sirey, sous les articles 596 à 598, Pr. c.)

II. — Ne peut être constitué gardien un agent diplomatique étranger : son caractère public et l'inviolabilité de son domicile ne permettent pas qu'il soit soumis à la contrainte par corps. (*Ibid.* 2)

III. — Il en est de même d'un mineur, d'une femme que la contrainte par corps n'atteint pas. (Art. 1832, 1833, C. civ. ; — Sirey, 3 ; Boitard.)

III. — Le gardien choisi par l'huissier est libre aussi d'accepter ou de refuser la mission qui lui est déférée. (*Ibid.*, 8 ; *Ibid.*)

IV. — Est nulle la saisie lors de laquelle le saisissant a été établi gardien. (Sirey, 5.) Cependant controversé

V. — Le gardien n'a droit à un salaire que tout autant qu'il a veillé avec soin à la conservation des objets confiés à sa garde. Si donc il détourne ou laisse détourner partie des objets saisis, il ne peut prétendre à aucun salaire, même en tenant compte de la valeur des objets détournés. (*Ibid.* 19. — Argument de l'article 524, Pr. c.)

Art. 520. — Le procès-verbal sera fait sur les lieux ; il sera signé par le gardien en l'original et la copie ; s'il ne sait signer, il en sera fait mention ; et il lui sera laissé copie du procès-verbal. (Proc. civ., 522, 532, 545, 547, 587, 683, 710, 813.)

I. — La saisie n'est pas nulle par cela seul qu'elle a été interrompue pendant deux jours, si ces deux jours étaient fériés. (Sirey, 1, sous l'art. 599, Pr. c.)

II. — La remise au gardien d'une copie du procès-verbal de saisie-exécution est une formalité substantielle dont l'observation emporte nullité.

... Et il y a également nullité, si la copie remise au gardien n'est pas revêtue de la signature de l'huissier, en ce qu'une telle copie doit alors être considérée comme n'existant pas. (*Ibid.* 5.)

Art. 521. — Ceux qui, par voies de fait, empêcheraient l'établissement du gardien, ou qui enlèveraient et détourneraient des effets saisis, seront poursuivis conformément aux dispositions du Code d'instruction criminelle ; l'huissier en dressera procès-verbal. (Proc. civ., 170, 324, 426, 776. — Instr. crim., 13, 46, 48 et suiv. — C. pén., 170 et suiv., 331.)

Art. 522. — Si la saisie est faite au domicile de la partie, copie lui sera laissée sur-le-champ du procès-verbal signée des personnes qui auront signé l'original; si la partie est absente, copie sera remise au juge de paix ou à l'officier qui, en cas de refus de portes, aura fait faire ouverture, et qui visera l'original. (C. civ., 91, 507, 508, 520, 960.)

Art. 523. — Si la saisie est faite hors du domicile et en l'absence du saisi, copie lui sera notifiée dans le jour, outre un jour par cinq lieues ; sinon les frais de garde et de délai pour la vente ne courront que du jour de la notification. (C. civ. 1729. — Proc. civ., 78, 507, 524, 534, 954.)

I. — Lorsqu'une saisie-exécution dure plusieurs séances, il n'est pas nécessaire de laisser au saisi une copie du procès-verbal à chaque séance; il suffit de lui donner copie entière du procès-verbal à la fin de la saisie. (Sirey, 4, sous les art. 601 et 602.)

II. — Si l'huissier se présente pour saisir et ne trouve que des choses insaisissables, ou que le débiteur loge dans une maison garnie dont aucun meuble ne lui appartient, l'huissier doit dresser, dans ce cas, un procès-verbal de *carence*, du mot latin *carere*, manquer; l'huissier constate que la matière saisissable manque. (Boitard, 84.)

III. — Quelquefois même, le créancier saisissant, sachant bien qu'il n'y a rien à saisir chez le débiteur, y envoie cependant un huissier pour y dresser un procès-verbal de carence.

C'est une exécution, qui, par conséquent, empêche, par exemple, un jugement par défaut de tomber en péremption lorsqu'il doit être exécuté dans les six mois de son obtention, aux termes de l'art. 159 du Code de procédure. Mais il est à noter que cet art. 159 n'est pas applicable en justice de paix. (Doctrine et jurisprudence unanimes.)

Art. 524. — Le gardien ne peut se servir des choses saisies, les louer ou prêter, à peine de privation des frais de garde et de dommages-intérêts, au paiement desquels il sera contraignable par corps. (C. civ., 928, 939, 1168, 1697, 1729, 1829.)

Art. 525. — Si les objets saisis ont produit quelques profits ou revenus, il est tenu d'en compter, même par corps. (C. civ., 1757, 1829; — Proc. civ., 133, 452 et suiv., 524.)

L'art. 1729 du Code civil est ainsi conçu : « L'établissement d'un « gardien judiciaire produit, entre le saisissant et le gardien, des obli- « gations réciproques.

« Le gardien doit apporter pour la conservation des objets saisis, « les soins d'un bon père de famille.

« Il doit les représenter, soit à la décharge du saisissant pour la « vente, soit à la partie contre laquelle les exécutions ont été faites, « en cas de mainlevée de la saisie.

« L'obligation du saisissant consiste à payer au gardien le salaire « fixé par la loi. »

Art. 526. — Il peut demander sa décharge, si la vente n'a pas été faite au jour indiqué par le procès-verbal, sans qu'elle ait été empêchée par quelque obstacle; et, en cas d'empêche- ment, la décharge peut être demandée un mois après la saisie, sauf au saisissant à faire nommer un autre gardien. (Proc. civ., 516, 534, 535.)

Si le gardien ne demande pas sa décharge, elle n'a pas lieu de plein droit. (Boitard.)

Art. 527. — La décharge sera demandée contre le saisis- sant et le saisi, par une assignation en référé devant le juge du lieu de la saisie; si elle est accordée, il sera préalablement procédé au récolement des effets saisis, parties appelées. (Proc. civ., 528, 532, 533, 537, 704 et suiv.)

I. — L'exploit par lequel un gardien d'objets saisis demande à être déchargé de ses fonctions ne peut être signifié au domicile élu par le saisissant dans le commandement à fin de saisie; il doit l'être à personne ou domicile réel, selon la règle générale : l'élection de domicile n'est établie qu'en faveur du saisi. (SIREY, sous l'art. 606.)

Le *récolement* est la comparaison du procès-verbal de saisie avec les objets saisis qui y sont mentionnés. Il a pour but de vérifier s'il y a eu détournement des objets saisis, ou si au contraire, ils sont tous représentés. (BOITARD, 860.)

ART. 528. — Il sera passé outre, nonobstant toutes réclamations de la part de la partie saisie, sur lesquelles il sera statué en référé. (Proc. civ., 704 et suiv.)

I. — Cependant, si les réclamations du saisi sont fondées sur des moyens de recours contre le jugement en vertu duquel la saisie a été pratiquée, comme l'opposition si le jugement est par défaut, et l'appel s'il est en premier ressort, ces réclamations arrêteront les poursuites, à moins que le tribunal n'ait ordonné l'exécution provisoire du jugement. (BOITARD, 861.)

II. — Le saisi peut demander la nullité de la saisie, soit comme irrégulière en la forme, soit comme mal fondée, si la dette n'existe pas ou si elle est éteinte. Mais ces demandes en nullité, qui se placent entre la saisie et la vente, ne tombent pas sous l'application de l'art. 528. Elles empêcheront la vente jusqu'à ce qu'elles aient été rejetées par un jugement définitif en dernier ressort. Si la demande en nullité est admise, la saisie tombe, et il ne peut plus être question de la vente. (*Ibid.*)

ART. 529. — Celui qui se prétendra propriétaire des objets saisis ou de partie d'iceux pourra s'opposer à la vente par exploit signifié au gardien; cet exploit sera en outre dénoncé au saisissant et au saisi, avec assignation, libellée contenant l'énonciation des preuves de propriété; le tout à peine de nullité; il y sera statué par le tribunal du lieu de la saisie, comme en matière sommaire. (C. civ., 454, 455, 1693, 1869-1°, et 4°, 2044; — Proc. civ., 69, 71, 78, 79, 401 et suiv., 530, 724 et suiv., 950; — C. com., 568 et suiv.)

Le réclamant qui succombera sera condamné, s'il y échet, aux dommages-intérêts du saisissant. (C. civ., 939, 1168; — Proc. civ., 135.)

I. — L'article 529 du Code de procédure civile trace en termes formels la voie à suivre pour revendiquer les objets saisis dont on se prétend propriétaire. Cette voie est tout à fait distincte de la saisie-revendication accordée au propriétaire pour réclamer la chose qui se trouve dans les mains d'un tiers. — Or, s'agissant d'objets frappés d'une saisie-exécution, la voie de l'opposition à la vente est celle qu'on est tenu de prendre lors de la saisie, non celle de la saisie-revendication. (Cass., 15 mars 1852; — L. P., sous l'article.)

II. — La peine de nullité portée par l'article contre l'acte de revendication d'objets saisis sur un tiers n'est pas restreinte au défaut d'énonciation, dans l'exploit des preuves de propriété; elle s'étend aussi au défaut d'assignation au saisissant et au saisi. L'omission de cette dernière formalité rend l'opposition nulle et comme non avenue : le saisissant peut, sans s'y arrêter, procéder à la vente. Toute assignation donnée après cette vente est sans effet. (Sirey, 7, sous l'art. 608.)

III. — Le saisissant ne peut être assigné par le tiers revendiquant au domicile élu dans le commandement qui a dû précéder la saisie : l'exception posée par l'art. 565 est seulement en faveur du débiteur saisi. (*Ibid.*, 8.)

Art. 530. — Les créanciers du saisi, pour quelque cause que ce soit, même pour loyers, ne pourront former opposition que sur le prix de la vente; leurs oppositions en contiendront les causes; elles seront signifiées au saisissant et à l'huissier chargé de la vente, avec élection de domicile dans le lieu ou la saisie est faite, si l'opposant n'y est pas domicilié : le tout à peine de nullité des oppositions, et de dommages-intérêts contre l'huissier, s'il y a lieu. (C. civ., 91, 98,

939, 1168, 1859, 1860, 1869-1°; — Proc. civ., 78, 81, 135, 139, 531, 536, 930.)

Le propriétaire de la maison ou de l'appartement occupé par le saisi ne jouit pas, quant à l'opposition, d'un droit plus étendu que les autres créanciers..... Il ne peut donc empêcher ni la saisie ni la vente; seulement, quand viendra le moment de la distribution du prix, il fera valoir, pour primer les autres créanciers, le privilège que lui accorde l'art. 1869-1° du Code civil. (BOITARD, 867.)

ART. 531. — Le créancier opposant ne pourra faire aucune poursuite, si ce n'est contre la partie saisie, et pour obtenir condamnation; il n'en sera fait aucun contre lui, sauf à discuter les causes de son opposition, lors de la distribution des deniers. (Proc. civ., 473, 478, 480, 568 et suiv., 952.)

ART. 532. — L'huissier qui, se présentant pour saisir, trouverait une saisie faite et un gardien établi, ne pourra pas saisir de nouveau; mais il pourra procéder au récolement des meubles et effets sur le procès-verbal, que le gardien sera tenu de lui présenter; il saisira les effets omis, et fera sommation au premier saisissant de vendre le tout dans la huitaine; le procès-verbal de récolement vaudra opposition sur les deniers de la vente. (Proc. civ., 78, 527, 533, 537, 565, 592, 629.)

I. — L'huissier envoyé par un second créancier ne peut procéder à une nouvelle saisie des objets compris dans la première saisie. C'est de cela qu'on disait autrefois ou qu'on dit encore : *Saisie sur saisie ne vaut.* (*V. suprà*, p. 62.)

II. — Mais saisie sur saisie peut valoir comme procès-verbal de récolement. (SIREY, 1, sous l'art. 611.)

III. — Quand une saisie a été faite sans établissement de gardien, il peut être procédé au nom d'un autre créancier, à une seconde saisie et à la vente même des objets déjà saisis; l'art. 532 est, en ce cas, sans application. (*Ibid.*, 2.)

ART. 533. — Faute par le saisissant de faire vendre dans le délai ci-après fixé, tout opposant ayant titre exécutoire pourra, sommation préalablement faite au saisissant, et sans former aucune demande en subrogation, faire procéder au récolement des effets saisis, sur la copie du procès-verbal de saisie, que le gardien sera tenu de représenter, et, tout de suite, à la vente. (C. civ., 1102, 1135-3°, 1136; Proc. civ., 469, 527, 537, 631 et suiv.; — t.)

Il s'agit ici de la *subrogation aux poursuites*, c'est-à-dire la substitution d'un créancier à un autre dans la poursuite de la saisie.

ART. 534. — Il y aura au moins huit jours entre la signification de la saisie au débiteur et la vente. (Proc. civ., 516, 523, 526, 535, 538.)

I. — Ce délai de huitaine est franc, c'est-à-dire que le prix de la signification et celui de la vente ne doivent pas être compris. (SIREY, sous l'art. 613; BOITARD.)

II. — Ce délai n'est pas invariable, mais seulement un minimum fixé. Le saisissant pourrait indiquer un prix plus éloigné pour la vente. (BOITARD, 871.)

ART. 535. — Si la vente se fait à un jour autre que celui indiqué par la signification, la partie saisie sera appelée avec un jour d'intervalle, outre un jour pour cinq lieues, en raison de la distance du domicile du saisi et du lieu où les effets seront vendus. (Proc. civ., 516, 523, 526, 534, 954.)

ART. 536. — Les opposants ne seront point appelés. (Proc. civ., 530, 532.)

ART. 537. — Le procès-verbal de récolement qui précédera la vente ne contiendra aucune énonciation des effets saisis, mais seulement de ceux en déficit, s'il y en a. (Proc. civ., 527, 532, 533.)

Art. 538. — La vente sera faite au lieu de la saisie, à moins que le tribunal n'ait désigné un lieu plus avantageux. — Dans tous les cas, elle sera annoncée la veille et le jour même au son du tambour ou d'une clochette :

1° Au lieu où sont les effets et dans celui où se fera la vente, s'ils sont différents;

2° Au marché ou dans une place publique du lieu. (Proc. civ., 539 et suiv., 569, 833 et suiv.)

Art. 539. — La publication indiquera les lieu, jour et heure de la vente, et la nature des objets sans détail particulier. (Proc. civ., 538, 540, 542, 557, 558, 596, 597, 614, 639, 734, 851.)

Art. 540. — Cette publication sera constatée par exploit. (Proc. civ., 78.)

Art. 541. — S'il s'agit d'arbres coupés ou abattus, le saisissant pourra les faire travailler, en tout ou en partie, afin d'en faciliter la vente, laquelle devra se faire sur les lieux où ils se trouveront.

La simple lecture de ces articles suffit pour en faire comprendre le sens et la portée.

Art. 542. -- S'il s'agit de canots, barges et autres bâtiments de mer, du port de dix tonneaux et au-dessous, il sera procédé à leur adjudication sur les ports, quais ou embarcadères où ils se trouveront et ce, dans les formes prescrites aux articles précédents. (C. civ., 434; — Proc. civ., 523, 534, 539, 954.)

L'art. 204 du Code de commerce contient une disposition différente : *l'adjudication sera faite à l'audience*, etc.; mais le Code de procédure étant postérieur (1835) au Code de commerce promulgué le 28 mars 1826, c'est notre article qui restera en vigueur.

ART. 543. — La vaisselle d'argent, les bagues et joyaux de la valeur de 60 gourdes au moins ne pourront être vendus qu'après les publications ci-dessus prescrites, et deux expositions, soit au marché, soit dans l'endroit où sont lesdits effets : sans que néanmoins, dans aucun cas, lesdits objets puissent être vendus au-dessous de leur valeur réelle, s'il s'agit de vaisselle d'argent, ni au-dessous de l'estimation qui en aura été faite par des gens de l'art, s'il s'agit de bagues et joyaux. (Proc. civ., 510.)

ART. 544. — Lorsque la valeur des effets saisis excédera le montant des causes de la saisie et des oppositions, il ne sera procédé qu'à la vente des objets suffisant à fournir somme nécessaire pour le paiement des créances et frais. (C. civ., 1868-1°; — Proc., civ., 137, 952.)

ART. 545. — Le procès-verbal constatera la présence ou le défaut de comparution de la partie saisie. (Pr. civ. 520, 533, 547.)

Les termes de ces articles sont assez clairs pour n'exiger aucune explication.

ART. 546. — L'adjudication sera faite au plus offrant, en payant comptant; faute de paiement, l'effet sera revendu sur-le-champ à la folle enchère de l'adjudicataire. (C. civ., 1434; Pr. civ., 547, 564, 620, 623, 640 et suiv.)

I. — L'officier public qui procède à la vente ne peut se rendre adjudicataire.

II. — Si l'adjudicataire ne peut payer, il a fait une *enchère folle ;* on remet donc immédiatement la chose en vente sur sa folle enchère. Si le prix de cette revente est supérieur à celui de la première, cette augmentation profite aux créanciers et au saisi; mais, si le prix de la revente est inférieur au prix offert par le fol enchérisseur (ce qui arrive le plus souvent), ce dernier est tenu de la différence. (BOITARD, 874.)

III. — Mais non par corps. Le *fol enchérisseur* n'est pas tenu *par corps* de la différence de son prix d'avec celui de la seconde adju dication : il n'en est pas comme en matière d'adjudication sur saisie immobilière. (Art. 648;—SIREY, 1, sous l'art. 624 Pr. civ.;—BOITARD, *loco citato,* etc.)

IV. — Et l'on ne peut, en vertu seulement du procès-verbal de vente, contraindre le fol enchérisseur à payer la différence : il faut pour cela un jugement, partie appelée. (SIREY, 2.)

ART. 547. — Les huissiers sont personnellement responsables, même par corps, du prix des adjudications, et feront mention, dans leurs procès-verbaux, des noms et domiciles des adjudicataires, ils ne pourront recevoir d'eux aucune somme au-dessus de l'enchère, à peine de concussion. (C. civ., 1170, 1699, 1826-3°; — Pr. civ., 139, 545, 546, 569, 951.)

I. — La responsabilité des officiers ministériels, pour le prix des ventes, dure vingt ans. (V. SIREY, 3, sous l'art. 625, Pr. civ.)

II. — Le procès-verbal doit désigner les adjudicataires, encore que ceux-ci paient comptant. (*Ibid.*, 4.)

III. — Ceux qui, dans les adjudications de la propriété, de l'usufruit, ou de la location des choses mobilières ou immobilières, d'une entreprise, d'une fourniture, d'une exploitation ou d'un service quelconque, auront entravé ou troublé la liberté des enchères ou des soumissions, par voies de faits, violences ou menaces, soit avant, soit pendant les enchères ou les soumissions, seront punis d'un emprisonnement de quinze jours au moins et de trois mois au plus.

Les mêmes peines auront lieu contre ceux qui, par dons ou promesses, auront écarté les enchérisseurs. (C. pén., art. 344.)

FORMULE N° 139. — Commandement tendant à saisie-exécution.

L'an..... et le....., à..... heure

En vertu de la grosse en forme exécutoire d'un jugement du tribunal de....., en date du....., dûment signé, scellé, enregistré et signifié (*ou* d'un acte portant obligation, reçu par Mᵉ....., notaire, etc., dont il est avec celle des présentes donné copie),

Et à la reqnête du citoyen A..... (*profession et demeure*) (*si le saisis-*

sant ne demeure pas dans la commune où se fait l'exécution; ajouter : pour lequel domicile est élu, jusqu'à la fin de la poursuite, en la demeure de *tel; ou bien* au greffe du tribunal.....),

J'ai, N....., huissier, etc., soussigné, fait commandement, aunom de la République, la loi et la justice, au citoyen B....., demeurant à....., en son domicile, où étant, parlant à.....

De, présentement et sans délai (*ou* dans vingt-quatre heures pour tout délai), payer au requérant ou à moi, huissier, porteur des pièces, la somme totale de quatre-vingt-quatre gourdes, composée, savoir : de 1° celle de quatre-vingts gourdes de capital, et 2° celle de quatre gourdes pour intérêts et frais liquidés par ledit jugement, sans préjudice de tous autres dus, droits, actions, intérêts, frais, dépens et mises d'exécution,

Lequel, en parlant comme dessus, ayant refusé de payer, je lui ai déclaré que (*ou* lui déclarant que, faute par lui de payer la somme dans ledit délai), il y serait contraint par toutes voies de droit, et notamment par la saisie-exécution de ses meubles et effets; à ce que le susdit n'en ignore; et je lui ai, domicile et parlant comme dessus, laissé copie du présent exploit, dont le coût est de.....

Si le débiteur payait sur-le-champ, il faudrait finir l'acte comme suit :

Lequel m'ayant compté ladite somme ainsi que le coût du présent acte, je lui ai remis ladite grosse, dont quittance; et domicile et parlant comme dessus, laissé copie du présent exploit, dont le coût est de.....

FORMULE N° 140. — Procès-verbal de saisie-exécution.

L'an....., le....., à..... heure.....
En vertu de la grosse..... (*Comme au modèle ci-dessus.*)
Et à la requête de..... (*id.*)

Je, N....., huissier, etc., en continuant les poursuites et diligences ci-devant faites, portant refus de payer, ai fait itératif commandement au nom de la République, la loi et justice, au citoyen B....., commerçant, demeurant à....., où je me suis expressément transporté avec les témoins ci-après nommés, en son domicile étant, parlant à.....

De, présentement et sans délai, payer au citoyen A....., ou à moi, huissier, etc. (*Comme au modèle qui précède.*)

Lequel a refusé de payer; pourquoi je lui ai déclaré que j'allais, à l'instant, procéder à la saisie-exécution de ses meubles, effets et marchandises; et de suite, en présence de mes témoins ci-après nommés, j'ai saisi-exécuté, et mis sous la main de la justice ce qui suit :

Premièrement, dans une pièce au rez-de-chaussée, ayant son entrée par la rue..... 1° douze chaises peintes en jaune avec dorures; 2° deux tables d'acajou; 3° une commode en bois de noyer et à deux tiroirs, etc., etc.

Deuxièmement, dans une autre pièce au premier étage : 1°....., 2°....., etc., etc. (*Désigner avec détail tout ce que l'on saisit; peser, mesurer ou jauger les marchandises suivant nature; indiquer les qualités* (art. 509); *spécifier l'argenterie par pièces et poinçons et les peser* (art. 510); *mentionner le nombre et la qualité des espèces, s'il y a des deniers comptants* (art. 511)......

Qui sont tous les meubles, effets et marchandises trouvés dans lesdits lieux, et que nous avons saisis; pour la garde desquels j'ai sommé ledit citoyen B....., en parlant comme dessus, de me donner bon et valable gardien pour se charger de tout ce qui est ci-dessus saisi, ce qu'il a refusé de faire: pourquoi j'ai établi en garnison réelle, en ladite maison, la personne de....., demeurant à....., lequel présent s'est chargé et rendu gardien de tous les objets saisis, et a promis de tout représenter, quand et à qui par justice il sera ordonné, comme dépositaire judiciaire, à la charge de ses frais de garde, qu'il ne pourra répéter contre moi, mais bien contre le saisissant; et j'ai signifié que la vente de tous les objets présentement saisis aurait lieu à la huitaine franche, échéant le....., à....., heure; et j'ai, audit citoyen B..... et au gardien ci-dessus nommé, en parlant comme dessus, laissé à chacun séparément copie du présent procès-verbal, après avoir vaqué, par double vacation, depuis huit heures du matin jusqu'à midi sonné.

Le tout fait en présence du gardien susnommé, et assisté de..... (*noms, demeures et professions des deux témoins*), tous deux témoins, qui ont signé avec le gardien et moi, huissier;

Le coût du présent procès-verbal est de.....

Cas de l'article 508, refus d'ouvrir les portes ou des meubles fermants :

L'ouverture des portes *ou de tel* meuble m'ayant été refusée, j'ai établi les citoyens (*noms, professions et demeures*), gardiens provisoires aux portes, lesquels présents ont promis de bien et fidèlement veiller à ce qu'il ne soit rien enlevé et diverti, et ont signé, etc.....

Ce fait, je me suis retiré devant M. le juge de paix de..... *ou* le citoyen...., suppléant du juge de paix de....., lequel, sur ma réquisition de se transporter sur le lieu pour ordonner l'ouverture de la porte *ou* des meubles susénoncés (*en cas de refus de la part du juge, l'huissier le constate et ajoute :* contre lequel refus j'ai, pour mon requérant, fait toutes réserves et protestations, et me suis alors retiré devant l'officier chargé de la police, le citoyen... ., lequel, sur ma réquisition à l'effet susdit, y a obtempéré et s'est transporté avec moi à ladite maison et a fait ouvrir les portes par le sieur....., serrurier, demeurant à.... ; et nous avons signé, etc.

En conséquence, j'ai saisi et mis sous la main de justice les objets suivants :

Dans un tiroir de l'armoire, ayant trouvé la somme de cent vingt gourdes en vingt-cinq billets de deux gourdes, cinquante pièces en argent de une gourde, et cent pièces en argent de vingt centimes, j'ai retenu ladite somme pour être déposée au greffe (*ou bien :* les parties étant convenues de les déposer entre les mains du sieur....., j'ai remis cette somme audit sieur....., qui le reconnaît, à la charge de la représenter, etc.)

Cas de l'article 512, scellés sur les papiers, lorsqu'il s'en trouve :

Dans un autre tiroir *ou tel endroit,* ayant trouvé plusieurs papiers, et attendu l'absence du saisi, Monsieur le juge *ou* l'officier de police les a renfermés dans une malle (*désigner la malle, sa longueur, sa largeur, sa couleur, etc.*); la clef de laquelle m'a été remise pour être déposée entre les mains du greffier du tribunal de paix ; ensuite, sur les extrémités de trois bandes de papier portant sur l'ouverture de ladite malle, le juge *ou* l'officier de police a apposé son sceau, dont l'empreinte est portée sur le présent procès-verbal et sur les copies.

Lesquels meubles, effets et marchandises ci-dessus énoncés sont ceux trouvés dans lesdits lieux, et que nous avons saisis ; pour la garde desquels, etc. (*comme ci-dessus pour finir, sauf la remise de la copie, qui est faite, pour le saisi absent, au juge ou à l'officier de police qui, en outre, vise l'original, article 522*).

' *Dépôt des effets au greffe :*

Et le..... etc., à..... heure de....., je, huissier susdit et soussigné, me suis transporté au greffe du tribunal de paix de....., et j'ai remis au citoyen R....., greffier : 1° la somme de cent vingt gourdes en vingt-cinq billets de deux gourdes, cinquante pièces d'argent de une gourde et cent pièces de vingt centimes ; 2° la clef de la malle sur laquelle les scellés ont été apposés comme il est dit ci-dessus ; 3° un extrait du procès-verbal constatant le présent dépôt, ainsi que le reconnaît ledit greffier, qui a signé avec moi. Dont acte.

Cas de rebellion.— (*V. formule n° 124, ou bien :*)

En ce moment de la saisie, le citoyen (*noms, profession et demeure*) ayant commis telle voie de fait, etc .....,je me suis retiré devant M. le commandant de la commune, et, sur l'exhibition de la grosse dudit jugement *ou acte,* il a envoyé, à ma réquisition, quatre hommes de police commandés par le citoyen ...., commissaire *ou* ....., pour prêter main-forte à l'exécution ; et étant revenu sur le lieu, j'ai continué à procéder.

Si la saisie-exécution est faite en vertu d'un jugement par défaut, et que la partie saisie déclare former opposition (1), *après le préambule, on ajoute :*

Au moment de procéder à la saisie, le citoyen B... (partie saisie) a

---

(1) Lorsque l'exécution est commencée avant l'expiration du délai de l'opposition, le condamné peut la former soit par declaration sur les commandements, procès-verbaux de saisie ou tout autre acte d'exécution, à la charge par l'opposant de la renouveler dans les trois jours. (Arg. C. proc. 28 et 163.)

déclaré que, le jugement en vertu duquel je procède étant par défaut, et étant encore dans le délai, il s'opposait formellement à son exécution pour les causes et moyens qu'il déduira ultérieurement, se réservant de réitérer ladite opposition dans les formes et délais voulus par la loi, et a ledit citoyen B... signé après lecture de la présente déclaration (*ou bien*, requis de signer, déclaré ne savoir).

(Signature du Saisi.)

Vu l'opposition qui précède, et attendu qu'elle est recevable quant à présent, j'ai suspendu ladite saisie et me suis retiré, en faisant, dans l'intérêt du saisissant, les plus expresses réserves de tous ses droits, etc.

Cas de référé :

Au moment de procéder à ladite saisie, s'est présenté M....., huissier....., qui m'a notifié, à la requête de....., demeurant à....., se disant propriétaire des objets que j'allais saisir, opposition à ladite saisie avec sommation de comparaître immédiatement, en référé, devant monsieur le juge de ...., pour voir statuer sur cette opposition ; en conséquence, j'ai suspendu ladite saisie après avoir établi gardien provisoire le citoyen...... l'un des témoins déjà nommés, pour empêcher le divertissement, jusqu'après la décision à intervenir ; et je me suis transporté à..... (*au local du tribunal ou chez le juge*), où j'ai trouvé ledit sieur....., opposant. Après avoir entendu ledit sieur....., et, pour le saisissant, moi, huissier soussigné, monsieur le juge....., a rendu l'ordonnance suivante :

(Transcrire ici l'ordonnance.)

Si l'ordonnance accueille les moyens de l'opposant, la mainlevée est ainsi conçue :

En conséquence, je, huissier soussigné, suis revenu au domicile du sieur .... (*ou autre lieu où sont les meubles*), où. après avoir relevé le citoyen..... de sa garde provisoire, j'ai déclaré n'y avoir lieu de continuer mon procès-verbal de saisie, sous la réserve la plus expresse de tous les droits du requérant, et notamment de se pourvoir contre ladite ordonnance de référé ou au principal. Et de tout ce qui précède, j'ai rédigé le présent procès-verbal clos à..... heure, dont, en parlant comme il a été dit, j'ai laissé copie audit sieur...., partie saisie et au gardien, chacun séparément, en présence du gardien et de....., témoins, avec moi soussignés.

Le coût du présent, etc.

Au cas contraire :

En conséquence, je, huissier....., suis revenu, etc., où, après avoir relevé, etc., j'ai procédé à la continuation de la saisie, ainsi qu'il suit : (*énumération des objets saisis*). Et de tout ce qui précède j'ai rédigé le présent, etc.

28

FORMULE N° 141. — Procès-verbal de carence.

Le préambule comme à la formule suprà, n° 140.

Lequel a refusé de payer ; pourquoi je lui ai déclaré que j'allais à l'instant procéder à la saisie-exécution de ses meubles, effets et marchandises, et en effet je me disposais, en présence de mes témoins ci-après nommés, à mettre sous la main de justice les objets mobiliers garnissant le domicile du citoyen B...; mais, après avoir visité les diverses pièces qui composent ledit domicile, je n'ai trouvé que (*énoncer le peu de meubles trouvés*).

Et, attendu qu'une partie de ces meubles, tels que lits...., etc., ne peuvent être saisis, étant réservés par la loi ;

Attendu que le surplus du mobilier ci-dessus décrit est d'une valeur modique et insuffisante pour acquitter les frais à faire afin de parvenir à la vente, j'ai laissé lesdits objets sans les saisir et converti le présent en procès-verbal de carence pour valoir et servir au requérant ce qu'il appartiendra (et notamment d'exécution du jugement par défaut, en vertu duquel je procède, et en empêcher la péremption) (1), sous réserve, pour le requérant, de se pourvoir par toutes autres voies.

Et j'ai audit citoyen B..., en parlant comme ci-dessus, laissé copie du présent procès-verbal clos à....., heures de.....

Le tout fait en présence des citoyens (*noms, professions et demeures des deux témoins*), tous deux témoins qui ont signé avec moi le présent procès-verbal ; dont acte.

Le coût est de.....

FORMULE N° 142. — Citation à l'effet de nommer un gérant à l'exploitation d'une ferme dont les bestiaux et ustensiles ont été saisis.

L'an....., etc., le....., à la requête de....., j'ai N..., huissier....., soussigné, cité :

1° Le citoyen B..., cultivateur, partie saisie, demeurant à....., en son domicile et parlant à.....

2° Et le sieur D....., planteur, propriétaire de la ferme de....., située à....., demeurant à....., en son domicile et parlant à.....,

---

(1) Il est bien entendu que cette péremption pour défaut d'exécution dans les six mois d'un jugement par défaut n'a pas lieu pour les jugements des tribunaux de paix. (Voir *suprà* note **19**, sous l'art. 27, Proc. civ.)

A comparaître le....., heure de....., par-devant M. le juge de paix de....., au lieu ordinaire de ses audiences, à....., pour, attendu qu'au nombre des objets saisis à la requête du citoyen A....., sur le citoyen B..., fermier du sieur D..., par procès-verbal du....., enregistré, se trouvent les animaux et ustensiles servant à l'exploitation de ladite ferme, ce qui rend nécessaire l'établissement d'un gérant pour son exploitation, voir, conformément aux termes de l'article 515 du Code de procédure civile, nommer par M. le juge de paix un gérant à ladite exploitation, si les parties ne s'accordent pas sur ce choix ; lequel gérant tiendra état de toutes les recettes et dépenses qu'il fera, pour en rendre compte à qui de droit, et sera, d'ailleurs, soumis à toutes les charges des gardiens judiciaires ;

Déclarant aux susnommés que, faute par eux de comparaître, il sera procédé à ladite nomination, tant en absence que présence, et s'entendre, en outre, en cas de contestation, condamner aux dépens, qui seront passés en frais de poursuite ;

Et j'ai, à chacun des sieurs B... et D..., et auxdits domiciles, parlant comme ci-dessus, laissé copie du présent, dont le coût est de.....

REMARQUE. — *Sur cette citation intervient un jugement dans la forme ordinaire.*

FORMULE N° 143. — Opposition à la vente d'objets saisis qui n'appartiennent pas à la partie saisie.

L'an....., le....., à la requête de.....

J'ai....., huissier.....

Signifié et déclaré au citoyen C..., cultivateur, demeurant à....., établi gardien à la saisie faite sur le citoyen B..., à la requête de A..., par procès-verbal du....., dans l'habitation dudit citoyen B..., veillant à la garde desdits meubles et effets (*ou bien* en son domicile susindiqué ou étant et parlant à.....) :

Que le requérant s'oppose formellement à la vente des effets ci-après désignés et saisis par le procès-verbal ci-dessus énoncé, savoir :

1° (*Énoncer les objets revendiqués.*)

2° ....., etc.

Ladite opposition fondée sur ce que lesdits objets appartiennent au requérant,

Déclarant audit citoyen E... que tout ce qui sera fait au préjudice de la présente opposition, et notamment l'enlèvement ou la vente desdits objets, serait frappé de nullité et donnerait lieu à des dommages-intérêts au profit du requérant,

Et je lui ai audit lieu, en parlant comme ci-dessus, laissé copie du présent exploit, dont le coût est de.....

Cet exploit est dénoncé au saisissant et au saisi, « avec citation à comparaître à l'audience du tribunal de....., etc., (*si la saisie a été faite en vertu d'un jugement à charge d'appel, la demande sera portée au tribunal civil*), pour voir dire : Attendu que les objets désignés audit acte appartiennent au requérant, ainsi qu'il résulte (*de telle preuve*); — que lesdits effets seront distraits de ladite saisie et remis au requérant; et, en outre, pour répondre et procéder aux fins de dépens. Dont acte. Le coût est de...

FORMULE N° 144. — Opposition au prix de la vente d'objets saisis.

L'an....., à la requête de.....,j'ai....., huissier.....

Signifié et déclaré :

1° Au citoyen A... (*profession*) , poursuivant la vente des meubles saisis à sa requête au préjudice du citoyen B... (*profession*), ledit citoyen A..., demeurant à....., en son domicile. en parlant à.....

2° Au citoyen N..., huissier du tribunal de paix de....., chargé de procéder à la vente desdits objets saisis,— demeurant à ...., en son domicile, en parlant à....;

Que le requérant s'oppose à ce que les deniers à provenir de la vente des meubles et effets saisis sur ledit citoyen B..., par procès-verbal du....., soient versés à son préjudice entre les mains du saisissant on de tout autre créancier opposant; déclarant que ladite opposition est faite pour sûreté et avoir paiement de la somme de....., due au requérant par ledit citoyen B..., pour (*causes de la créance*), ainsi qu'il en sera justifié; et que, faute par les susnommés d'avoir égard à la présente opposition, ils seront passibles de tous dommages-intérêts, et tenus personnellement de payer la somme à raison de laquelle elle est formée.

Si l'opposant ne demeure pas dans la commune, on y fait élection de domicile :

Aux fins de la présente opposition, le requérant fait élection de domicile chez le citoyen ...

Et afin que les susnommés n'en ignorent, je leur ai, auxdits domiciles, parlant comme dessus, laissé séparément à chacun d'eux copie du présent exploit, dont le coût est de.....

REMARQUE. — *Lorsque l'opposant n'a point de titre authentique, après cette opposition, il doit faire les poursuites de droit pour obtenir condamnation contre le débiteur.*

FORMULE N° 145. — **Procés-verbal de récolement à la requête d'un second créancier saisissant.**

(Même préambule que pour le procès-verbal de saisie-exécution, *suprá*, formule n° 140.)

Lequel a refusé de payer. Mais, au moment où j'allais procéder à la saisie de ses meubles, effets et marchandises, le sieur *(nom, prénoms, profession)*, demeurant à....., gardien établi, m'a représenté la copie d'un procès-verbal de saisie-exécution prátiquée le....., sur les meubles et effets dudit citoyen B..., à la requête du citoyen A..., et par le ministère de N..., huissier.

J'ai alors, conformément à l'article 532 du Code de procédure civile et en présence de mes témoins ci-après nommés, procédé au récolement des meubles, effets et marchandises saisis, sur la copie dudit procès-verbal qui m'a été représentée *(désigner sommairement tes effets)*.

Et sur la représentation desdits meubles, effets et marchandises , m'étant assuré qu'il n'y avait aucun autre objet à saisir dans ladite maison, j'ai laissé et maintenu le sieur.. .., gardien des effets saisis, lequel s'est obligé à en faire la représentation aussitôt qu'il en sera requis légalement.

Si des meubles ont été omis lors de la première saisie, l'huissier du second saisissant constate cette omission en ces termes :

Et sur la représentation desdits meubles, effets et marchandises, m'étant assuré que les objets ci-dessous avaient été omis dans la première saisie, j'ai, à l'instant, saisi lesdits objets ainsi qu'il suit :

1°... ·

2°.....

Desquels objets j'ai confié la garde au sieur..., demeurant à....., gardien déjà établi, qui s'en est chargé et a promis de les représenter à la première réquisition, à la charge de ses frais de garde, etc.

La dénonciation au premier saisissant se fait ainsi :

L'an....., etc....., signifié, dénoncé et avec celle des présentes donné copie du procès-verbal ci-dessus....., au citoyen....., etc...... parlant à....., avec sommation de faire procéder dans le délai de..... jours, à la vente des effets saisis, sinon proteste le requérant d'y faire procéder lui-même, etc.

FORMULE N° 146. — Sommation à la partie saisie d'être présente à la vente lorsqu'elle n'a pas eu lieu au jour indiqué par le procès-verbal de saisie.

L'an....., à la requête de....., j'ai......, huissier, etc., fait sommation au citoyen B..., partie saisie, etc., de se trouver en son domicile (*endroit où se fait la vente*), le....., heure de....., pour, faute par lui d'avoir payé au requérant le montant de sa créance en principal, intérêts et frais, être présent au récolement, enlèvement et vente des meubles, effets et marchandises saisis sur lui par procès-verbal du ministère de....., huissier....., en date du....., lui déclarant qu'il sera procédé auxdites formalités tant en son absence qu'en sa présence.

Et je lui ai, audit domicile, parlant comme ci-dessus, laissé copie du présent, dont le coût est de.....

FORMULE N° 147. — Sommation au saisi d'assister à l'estimation des bijoux saisis sur lui.

L'an....., à la requête de.. .., j'ai....., huissier,
Fait sommation au citoyen B..., etc.
De comparaître le....., à.....ı, heure de....., au tribunal de paix de....., pour y assister, si bon lui semble, à l'estimation des bijoux saisis sur lui, laquelle estimation sera faite par le sieur..., bijoutier expert choisi par le requérant, sauf audit B.. à se procurer un autre expert, s'il le juge convenable; lui déclarant que l'estimation sera faite, tant en l'absence que présence, et je lui ai, à domicile et en parlant à....., laissé copie du présent, etc.

Le procès-verbal de l'estimation est rédigé comme suit :

Aujourd'hui, etc....., à..... heure de....., par-devant nous, Ṅ..., juge de paix de la commune de....., assisté de notre greffier, — a comparu, en la salle d'audience du tribunal, le citoyen A..., etc., demeurant à....., lequel nous a requis de recevoir le serment du sieur..., expert par lui choisi pour procéder à l'estimation des bijoux, etc., saisis sur le citoyen B..., par procès-verbal du..... *(Si la partie saisie fait défaut, on le constate. Si elle se présente et qu'elle propose un autre expert, les parties doivent s'accorder; sinon le juge désigne l'expert.)*

En conséquence, le sieur... a prêté en nos mains le serment de bien et fidèlement procéder à l'estimation desdits effets; lesquels, ayant été présentés par le sieur..., gardien d'iceux, ont été estimés par ledit expert, en notre présence, ainsi qu'il suit : 1°.....; 2°..... (désigner les objets et le prix de l'estimation de chacun.

En foi de quoi, nous avons dressé le procès-verbal, etc.

FORMULE N° 148. —Annonce, Vente par autorité de justice,
ou Vente par suite de saisie-exécution.

On fait savoir à tous ceux qu'il appartiendra que, le....., à......
heure de....., il sera procédé (*en tel lieu, telle rue*), à la vente, au plus
offrant et dernier enchérisseur, des effets mobiliers consistant en tables,
chaises, armoires, etc. (*énoncer sommairement les objets à vendre*), vaisselle
d'argent, montre d'or, et autres bijoux actuellement exposés (*en tel lieu*).

Les susdits objets ont été saisis à la requête de A..., etc....., sur
B..., etc.

A la charge par les adjudicataires de payer comptant le montant de
leurs adjudications sous peine de folle enchère.

Fait à....., le....., etc.

*Cette annonce est dressée par le saisissant ou par l'huissier ; elle est visée
par le juge de paix et par le commandant de la commune.*

La publication se constate ainsi :

L'an. ..., etc., à la requête de....., j'ai....., huissier, etc. (après
avoir fait exposer en *tel* lieu, rue, etc., les bijoux, etc., saisis sur le
citoyen B...), publié l'annonce ci-dessus au son de caisse *ou de clochette*,
dans les endroits indiqués par la loi, afin que de son contenu personne
n'ignore ; dont acte.

FORMULE N° 149. — Procès-verbal de vente.

L'an....., heure de.....,

En vertu de la grosse en forme exécutoire d'un jugement..... *ou* d'une
obligation..... en date du....., et en conséquence des publications faites
à la date d'hier et d'aujourd'hui, annonçant la vente des effets saisis sur le
citoyen B..., à la requête du citoyen A..., par procès-verbal du....., etc.,

Je....., huissier..... soussigné, me suis transporté dans la maison
sise à....., rue....., etc., et j'ai procédé au récolement desdits effets
confiés à la garde du sieur..... ; les ayant tous vérifiés, je les ai trouvés
dans le même état et en même quantité qu'ils sont désignés audit procès-
verbal de saisie (*s'il y a des objets manquants ou détériorés :* excepté telle
chose, etc., sur quoi j'ai fait pour le requérant toutes réserves et protestations et pour le surplus) et j'ai donné décharge au gardien.

Procédant à... . heure....., à la réception des enchères, en présence
ou absence du citoyen B..., partie saisie. — Les objets ci-après désignés
ont été exposés, criés et adjugés au plus offrant et dernier enchérisseur
ainsi qu'il suit :

1° Une table d'acajou....., adjugée au sieur J^n Louis, domicilié à....., moyennant la somme de dix gourdes, cinquante centimes. . . . . ci.   10 50

2° Une glace....., adjugée au citoyen Paul, demeurant à....., moyennant la somme de neuf gourdes. . . . .   9 »

3° . . . .   5 »

4° . . . .   14 »

                                                   38 50

    Prélèvement de frais :

Au gardien pour..... jours. . . . .   0 »

Au tambour. . . . .   0 »

Procès-verbal, etc. . . . .   0 »   10 »

                                                     28 50

Net produit de la vente s'élevant à la somme de..... gourdes qui a été par moi remise au saisissant.

Ce fait, j'ai annoncé au public que la vente était terminée, et j'ai clos le présent procès-verbal, auquel j'ai vaqué depuis ladite heure de..... jusqu'à celle de .... et j'ai signé avec..., etc.

Lorsque la vente est arrêtée comme ayant atteint le chiffre des sommes dues (art. 544, Proc. civ.), on termine ainsi :

Et, attendu que le chiffre de la vente a atteint la somme due en principal, intérêts et frais, au saisissant et aux créanciers opposants (*ou bien* et qu'il n'y a pas d'opposition), j'ai arrêté ladite vente, et j'ai laissé ledit citoyen....., partie saisie, qui le reconnaît, en possession de tous les autres effets saisis et non vendus ; en conséquence, j'ai clos le présent, etc

Lorsque la vente est renvoyée, ce renvoi est indiqué en ces termes :

Et, attendu qu'il est nuit et qu'il ne se présente plus d'enchérisseurs, j'ai renvoyé la continuation de la vente à....., le....., heure de....., et j'ai signé avec..., etc.

Nota. — *C'est en vertu d'une loi spéciale que nous n'avons pas en Haïti, que l'officier public français, chargé de procéder à la vente, doit être assisté de deux témoins sachant signer et domiciliés. C'est pourquoi, comme Mullery (V. p. 107), nous ne faisons pas figurer des témoins dans notre formule.*

La revente à la folle enchère de l'adjudicataire qui ne paie pas a lieu sur-le-champ (art. 546), en ces termes :

Ledit sieur Jean Louis n'ayant pas acquitté le montant de son enchère, la table d'acajou a été remise en vente à sa folle enchère et adjugée au sieur....., moyennant la somme de....., ledit sieur Jean Louis demeurant passible de la somme de....., différence entre le prix de la vente et celui de la revente.

En cas d'opposition :

Vu l'opposition faite par les citoyens....., j'ai retenu ladite somme de....., pour être déposée au greffe conformément à l'article 569 du Code de procédure civile.

TITRE X

De la Distribution par Contribution.

D'après l'article 583 de notre Code (disposition qui ne se trouve pas dans la loi française), « si la somme à distribuer ne s'élève pas au delà de trois cents gourdes, la distribution par contribution sera faite par le juge de paix, et les formalités prescrites par les articles (568 à 582) seront observées, à l'exception de l'article 580) », lequel a trait à un rapport du juge-commissaire et à des conclusions du ministère public.

Mais nous pensons qu'il arrivera très rarement dans la pratique, à cause de la modicité de la somme à distribuer, qu'on ait recours, en justice de paix, à la contribution judiciaire, — procédure très compliquée, trop compliquée pour cette juridiction, — procédure où il est question de *productions, dires* et *contredits ; consignation, collocation, privilège, état de distribution, affirmation de créances, mandement aux créanciers,* etc.

Certes, on s'en tiendra toujours à la contribution amiable, qui fait, du reste, l'objet de l'article 568.

Nous nous bornerons donc à transcrire les articles du Code, après lesquels viendront quelques brèves observations et la formule.

ART. 568. — Si les derniers arrêtés ou le prix des ventes ne suffisent pas pour payer les créanciers, le saisi et les créanciers seront tenus, dans la huitaine, de convenir de la distribution par contribution. (C. civ., 925, 1860, 2218 ; — Proc. civ., 478, 500, 546, 547, 567, 569 et suiv., 653 et suiv., 880 ; — C. com. 211, 407, 552.)

Art. 569. — Faute par le saisi et les créanciers de s'accorder dans ledit délai, l'huissier qui aura fait la vente sera tenu de consigner au greffe du tribunal compétent, dans les deux jours suivants, outre les distances, et à la charge de toutes les oppositions, le montant de la vente, déduction faite de ses frais, d'après la taxe qui aura été faite par le juge sur la minute du procès-verbal : il sera fait mention de cette taxe dans les expéditions. (C. civ., 1043, 1045, 1868-1° ; — Proc. civ., 77, 470 et suiv., 547, 571, 712.)

Art. 570. — Il sera tenu au greffe un registre des contributions, sur lequel un juge sera commis par le doyen, sur la réquisition du saisissant, ou, à son défaut, de la partie la plus diligente ; cette réquisition sera faite par simple note portée sur le registre. (Proc. civ., 654 et suiv., 677.)

Art. 571. — Après l'expiration des délais portés aux articles 568 et 569, et en vertu de l'ordonnance du juge commis, les créanciers seront sommés de produire, et la partie saisie de prendre communication des pièces produites, et de contredire, s'il y a lieu. (Proc. civ., 190, 656 et suiv.)

Art. 572. — Dans le mois de la sommation, les créanciers opposants, soit entre les mains du saisissant, soit entre celles de l'huissier qui aura procédé à la vente, produiront, à peine de forclusion, leurs titres entre les mains du juge commis, avec acte contenant demande en collocation. (C. civ., 1102, 1103, 1107, 1135-3°, 1136 ; — Proc. civ., 85, 149, 190, 571, 576, 658, 950, 954.)

Art. 573. — Le même acte contiendra la demande à fin de privilège ; néanmoins, le propriétaire pourra appeler la partie saisie et le créancier le plus diligent en référé devant le juge-commissaire, pour faire statuer préliminairement sur son privilège, pour raison des loyers à lui dus. (C. civ., 1862, 1868, 1869 ; — Proc. civ., 704 et suiv., 717.)

Art. 574. — Les frais de poursuite pour la contribution seront prélevés par privilège, avant toute créance autre que celle pour loyers dus au propriétaire. (C. civ., 1868-1°, 1869-1° ; — Proc. civ., 137, 573, 624, 717 et suiv.)

Art. 575. — Le délai ci-dessus fixé expiré, et même auparavant, si les créanciers ont produit, le juge-commissaire dressera, ensuite de son procès-verbal, l'état de distribution sur les pièces produites ; le poursuivant dénoncera, par un simple acte, la clôture du procès-verbal, aux créanciers produisants et à la partie saisie, avec sommation d'en prendre communication et de contredire sur le procès-verbal du juge-commissaire dans la quinzaine. (Proc. civ., 85, 190, 950, 954.)

Art. 576. — Faute par les créanciers et la partie saisie de prendre communication entre les mains du juge-commissaire dans ledit délai, ils demeureront forclos, sans nouvelle sommation ni jugement ; il ne sera fait aucun dire, s'il n'y a lieu à contester. (Proc. civ., 572, 660 ; — C. com., 507, 586.)

Art. 577. — S'il n'y a point de contestation, le juge-commissaire clora son procès-verbal, arrêtera la distribution des deniers, et ordonnera que le greffier délivrera mandement aux créanciers, en affirmant par eux la sincérité de leurs créances. (Proc. civ., 458, 492, 493, 581, 582, 663, 671.)

Art. 578. — S'il s'élève des difficultés, le juge-commissaire renverra à l'audience ; elle sera poursuivie par la partie la plus diligente, sur un simple acte, sans autre procédure. (Proc. civ., 84, 93, 662, 952.)

Art. 579. — Le créancier contestant, celui contesté, la partie saisie et le premier opposant, seront seuls en cause ; le poursuivant ne pourra être appelé en cette qualité. (Proc. civ., 565, 573, 581, 664.)

ART. 581. — Après la signification du jugement à personne ou domicile, le juge-commissaire clora son procès-verbal, ainsi qu'il est prescrit par l'article 577. (Proc. civ., 582, 667.)

ART. 582. — Huitaine après la clôture du procès-verbal, le greffier délivrera les mandements aux créanciers en affirmant par eux la sincérité de leurs créances par-devant lui. (C. civ., 577, 671.)

ART. 583. — Si la somme à distribuer ne s'élève pas au delà de trois cents gourdes, la distribution par contribution sera faite par le juge de paix, et les formalités prescrites par les articles ci-dessus seront observées, à l'exception de l'article 580.

ART. 584. — Les intérêts des sommes admises en distribution cesseront du jour de la clôture du procès-verbal de distribution s'il ne s'élève pas de contestation ; en cas de contestation, du jour de la signification du jugement qui aura statué. (C. civ., 1675 ; — Proc. civ., 577, 580, 582, 667, 762.)

I. — Les règles de la distribution par contribution sont données pour le cas où le montant des créances dépasse le chiffre produit par la vente dans les saisies mobilières. Il faut alors procéder à une répartition des deniers au prorata des créances. Mais, si la somme produite suffit pour désintéresser tous les créanciers, chacun recevra ce qui lui est dû, et le surplus s'il en reste, sera remis au saisi.

II. — La contribution, dit BOITARD à ce propos, 887, est donc en général la distribution proportionnelle des deniers provenant d'une saisie-mobilière, entre les créanciers *chirographaires* ou *cédulaires*. Ces deux termes sont synonymes. Ils indiquent les créanciers qui n'ont pas d'hypothèque ou de privilège. Ils sont employés par opposition aux créanciers hypothécaires ou privilégiés.

III. — Le créancier qui, sans de justes motifs, met obstacle à une distribution à l'amiable, doit supporter les frais de la distribution par contribution faite en justice. (SIREY, 2, sous l'art. 656 ; — BOITARD, 895.)

IV. — La distribution par contribution doit être poursuivie

devant le tribunal du lieu de la saisie et de la vente, et non devant le tribunal du domicile de la partie saisie. (*Ibid.*, 1, sous l'art. 658.)

V. — Dans le cas de deux ou plusieurs saisies faites contre le même débiteur, et qui donneraient lieu à une distribution dans des différents tribunaux, il devient nécessaire de réunir les procédures, et de les continuer devant le tribunal qui a été le premier saisi de l'une de ces poursuites. (*Ibid.*, 2.)

VI. — L'affirmation des créances n'a pas besoin d'être faite avec serment. (*Ibid.*, 2, sous les art. 663 et 664.)

FORMULE N° 150. — Procès-verbal de distribution par contribution.

Aujourd'hui....., etc.,

Et par-devant nous, juge de paix, etc.,

Ont comparu : 1° le citoyen A... (*profession et demeure*), poursuivant la vente faite le....., des meubles saisis à sa requête au préjudice de B..., etc.

2° Le citoyen F. ., etc., créancier opposant au prix de la vente desdits objets.....

3° Le citoyen G..., etc., autre créancier opposant, etc.....

Lesquels nous ont dit qu'en conséquence des poursuites et diligences ci-dessus mentionnées, il a été procédé à la vente des meubles, effets et marchandises dudit sieur B..., par le ministère de....., huissier, et par procès-verbal du....., et à la requête de.....; qu'il existe....., oppositions faites par les citoyens F... et G... susdits, au prix de la vente; que le produit de cette vente, s'élevant à la somme de....., ne suffit pas pour payer les créanciers saisissant et opposants; et qu'il s'agit en conséquence de procéder à la contribution desdits deniers qui ont été déposés à cet effet au greffe de ce tribunal.

Et ont signé.

(Signatures des Comparants.)

Desquels comparution et dire avons donné acte aux parties.

Il résulte donc que la somme à distribuer s'élève à . . . . . 000. »
dont il faut déduire comme dettes privilégiées, pour *tels* et *tels*
     frais faits par . . . . 00. »
pour *telle* ou *telle* créance privilégiée . . . . 00. »

                                                      00. »

Il reste pour les créanciers non privilégiés . . . . 000. »

En comparant cette dernière somme à celle de....., montant des créances non privilégiées, on voit qu'il y a insuffisance; et comme tous les créanciers susnommés sont au même rang sans cause de préférence, il y a lieu de faire la distribution de cette somme de....., par contribution au centime la gourde.

Les calculs faits établissent qu'il revient à chaque créancier..... pour cent de sa créance, et que la répartition de la somme à distribuer produit les résultats résumés dans le tableau suivant:

CRÉANCIERS	SOMMES DUES	SOMMES à PAYER	SOMMES qui resteront DUES	OBSERVATIONS
ARTICLE PREMIER				
Le Sieur...	$	$	$	
Il lui est dû 200	200 »			
Son dividende est de . . . 100		100 »		
Il lui reste dû 100			100 »	
ART. 2.				
Le Sieur...				
Il lui est dû 100	100 »			
Son dividende est de . . . 50		50 »		
Il lui reste dû 50			50 »	
(*Ainsi de suite*).				
RÉCAPITULATION				
TOTAL des sommes dues. . 300	300 »			
TOTAL du dividende . . . 150		150 »		
Il reste dû aux créanciers. 150			150 »	

Ces résultats ainsi présentés, les créanciers du citoyen B..., susnommés, ont déclaré les trouver justes et exacts et approuver, dans toutes ses parties, l'état de répartition ci-dessus.

En conséquence, le greffier a immédiatement compté aux créanciers qui le reconnaissent: 1° au sieur..... la somme de..... (*indiquer la somme remise à chaque créancier privilégié ou ordinaire*), desquelles sommes payées les susnommés donnent quittance, — sous la réserve expresse par les sieurs..... (*créanciers ordinaires*) de faire valoir leurs titres que nous leur avons rendus, pour le surplus de leurs créances; quant aux sieurs, créanciers privilégiés, ils ont, en donnant quittance de l'entier montant de leurs créances, — remis leurs titres au citoyen B...

Dont acte fait et passé aux jour, mois et an que dessus, en présence de toutes les parties, qui l'ont signé avec nous et le greffier, après lecture.

TITRE XIV

De l'Emprisonnement.

I. — Nous avons vu, page 39, que l'exécution forcée se poursuit sur la personne et sur les biens du débiteur condamné.

II. — L'emprisonnement est cette contrainte exercée sur la personne pour forcer le débiteur à payer. (MULLERY, p. 108.)

III. — En effet, outre le droit de faire saisir les meubles et les immeubles de son débiteur, pour les faire vendre et se faire payer sur le prix, le créancier peut quelquefois procéder par une voie plus rigoureuse, celle de la contrainte par corps, qui s'exécute par l'emprisonnement du débiteur. L'incarcération du débiteur ne procure pas d'argent au créancier d'une manière aussi directe que la saisie des meubles ou des immeubles du débiteur. Mais on veut le contraindre à payer sur ses biens insaisissables, s'il en a; s'il n'en a pas, le créancier espère que sa femme, ses parents, ses alliés payeront pour lui, afin de le faire sortir de prison. (BOITARD, 1043.)

IV. — Les art. 1825 et suivants du Code civil et 133 du Code de procédure civile déterminent les cas où, en matière civile, la contrainte par corps peut avoir lieu. Hors ces cas, il est défendu aux juges de la prononcer, aux notaires et greffiers de recevoir des actes dans lesquels elle serait stipulée, et aux citoyens de consentir pareils actes, le tout à peine de nullité, dépens, dommages et intérêts. (Art. 1829, C. c.)

V. — Elle ne peut être prononcée contre les personnes ayant soixante ans révolus, les femmes, ni les filles que dans les cas de stellionat (art. 1832, C. c.); et encore, dans les cas de stellionat même, elle ne peut être prononcée contre les femmes mariées que lorsqu'elles sont séparées de biens, ou qu'elles ont des biens dont elles se sont réservé la libre administration, et à raison des engagements qui concernent ces biens. (Art. 1833, C. c.)

VI. — Dans aucun cas, pour dettes civiles, elle ne peut être prononcée contre les mineurs (art. 1830, C. c.), ni en général contre toutes personnes, pour une somme moindre de cent gourdes. (Art. 1831, Code civil.)

VII. — Mais en matière commerciale, elle a lieu pour toutes dettes, quel qu'en soit le chiffre, et contre toutes personnes, à l'exception des septuagénaires, dit l'art. 7 du décret de 1843.

A ce propos, l'art. 700-4° du Code de procédure ayant, de même que l'art. 1832 du Code civil, déterminé l'âge de 60 ans pour échapper à la contrainte par corps, il s'est élevé, pour savoir laquelle des deux dispositions devait être appliquée quant à l'âge requis: soixante ans ou soixante-dix ans,—une discussion dans laquelle on a raisonné ainsi:

Le Code de procédure ayant été remis en vigueur par une loi de 1845, ses dispositions doivent être considérées comme postérieures à celles du décret de 1843, qui se trouverait par là abrogé ou modifié en cette partie. Dans cette opinion donc, c'est l'âge de soixante ans qu'il faudrait adopter. (V. infra, notre annotation n° 5 sous l'art. 700.)

VIII. — Cette digression nous amène à rappeler ici quelques dates de notre législation sur la contrainte par corps en matière commerciale. — Après la loi du 7 juin 1805 (art. 4, titre IX), celle du 24 août 1808 régla la contrainte par corps (titre III, art. 18) en matière de commerce; mais cette dernière fut abrogée par l'art. 130 de la loi organique du 13 février 1826. — Et ainsi qu'il résulte d'un arrêt du tribunal de cassation du 11 octobre 1830 (1), — de cette époque de 1826 au 27 mai 1834, il n'y eut pas de loi sur la contrainte par corps en matière de commerce: les débiteurs commerçants purent «jouir du droit commun», c'est-à-dire rester soumis aux seules dispositions

_____

(1) L. P. sous l'art. 1837, C. civ.

du Code civil pour la contrainte par corps. — Cependant le Grand-Juge provisoire Voltaire fit, le 27 juillet 1827, une circulaire aux commissaires du Gouvernement, comme suit : «Attendu que c'est « par erreur que l'on a pensé ici que la loi du 13 février 1826 sur l'or- « ganisation judiciaire et la police des tribunaux abroge les disposi- « tions de l'art. 18 de la loi du 24 août 1808, relativement aux cas « où la contrainte par corps doit exister en matière de commerce, je « vous informe, citoyen commissaire, que, pour éviter toutes fausses « interprétations, lesdites dispositions doivent continuer à avoir leur « effet. — En conséquence, vous communiquerez la présente au tri- « bunal près duquel vous militez. » (N° 1108 des *Lois et Actes* de L. P.)

Que penser de cette circulaire, en présence du texte clair et formel de l'art. 130 de cette loi du 13 février 1826 : « Art. 130. — La pré- « sente loi abroge les dispositions de *toutes* les lois relatives à l'orga- « nisation judiciaire, à l'exception de celles de ces dispositions qui « déterminent la quotité des appointements des magistrats. » — Or, la loi du 24 août 1808 était relative à l'organisation judiciaire. C'est pourquoi l'arrêt cité n'a pas, avec raison, tenu compte de la circulaire du Grand-Juge.

Quoi qu'il en soit, la loi du 27 mai 1834 vint établir la contrainte par corps pour toutes dettes, — civiles aussi bien que commerciales, — et quelle qu'en fût la somme. Cette loi fut à son tour abrogée par l'art. 1er du décret du Gouvernement provisoire (22 février 1843), qui, supprimant ainsi la contrainte par corps pour dettes civiles, la maintient, — art. 7, — pour dettes commerciales. (*V.* le texte de cet article, page 590, note 5.)

Plusieurs fois depuis, des essais ont été faits, sans succès, pour l'abolition de la contrainte par corps en matière commerciale. Et tout récemment (1855), un projet ayant cela pour objet a été même voté par la Chambre des députés, mais repoussé au Sénat au moyen d'un contre-projet qui n'a pas été non plus accepté par la Chambre. En 1886, même essai infructueux, c'est-à-dire le même projet voté encore par la Chambre et rejeté par le Sénat.

IX. — La contrainte par corps, dans les cas mêmes où elle est autorisée par la loi, ne peut être appliquée qu'en vertu d'un juge-ment (art. 1834, C. c.). C'est la justice seule qui a droit de disposer de la liberté individuelle des citoyens. (Mullery, p. 108.)

X. — Il a été jugé que «aucune loi n'autorise à prononcer la con-

29

« trainte par corps pour les dépens en matière commerciale, bien qu'elle doive l'être pour le principal. — Cass., 2 mai 1859. (L. P., 1, sous l'art, 1829, C. c.); Bulletin des arrêts du tribunal de cassation, n° 2, arrêt n° 7. — Conformes divers arrêts cités par le *Journal du Palais*, Répertoire, art. *Contrainte par corps*, 424.

XI. — La contrainte par corps ne peut être prononcée contre une mère condamnée comme civilement responsable. Cass., 5 mars 1855, (L. P., 2, sous l'art. 1832, C. c.), la contrainte par corps étant uue voie rigoureuse qui ne peut être étendue à d'autres qu'à ceux nommément désignés par la loi.

XII. — Il en est de même au cas de l'époux d'un commerçant et non commerçant lui-même. Bien que soumis au paiement des dettes contractées par sa femme commune en biens et exerçant le commerce avec son autorisation, le mari n'est pas cependant, comme la femme elle-même, contraignable par corps. — Cass., 22 sept. 1857. (L. P., 2, sous l'art. 7 du décret du 22 mai 1843, voir son Code de proc. civ., page 201.)

XIII. — A l'égard de l'étranger, l'art. 8 du décret du 22 mai 1843 dispose que « tout jugement qui interviendra au profit d'un Haïtien contre un étranger emportera, de plein droit, la contrainte par corps pour trois ans. Avant le jugement de condamnation, mais après l'échéance ou l'exigibilité de la dette, le doyen du tribunal civil dans le ressort duquel se trouvera l'étranger pourra, s'il y a de suffisants motifs, ordonner son arrestation provisoire, sur la requête du créancier haïtien. Dans ce cas, le créancier sera tenu de se pourvoir en condamnation dans la huitaine de l'arrestation du débiteur, faute de quoi celui-ci pourra demander son élargissement. L'arrestation provisoire n'aura pas lieu, ou cessera, si l'étranger justifie qu'il possède sur le territoire haïtien un établissement de commerce d'une valeur suffisante pour assurer le paiement de la dette, ou s'il fournit pour caution un Haïtien reconnu solvable.

XIV. — Le mode d'exercice de la contrainte par corps ou de l emprisonnement se règle uniquement par la loi en vigueur à l'époque de la poursuite. Cela est incontestable et résulte de la force même des choses. (SIREY, 2, sous l'art. 780, Proc. civ.)

ART. 680. — Aucune contrainte par corps ne pourra être mise à exécution qu'un jour après la signification, avec commandement, du jugement qui la prononcée. (C. civ. 1836, 1935, 2012; — Pr. civ., 133, 150, 473, 504, 548, 585, 681 et suiv., 954; — C. com. 175.)

Cette signification sera faite par un huissier commis par ledit jugement ou par le juge du lieu où se trouve le débiteur, savoir : par le doyen du tribunal civil, si le jugement émane d'un tribunal civil; et par le juge de paix, si le jugement a été rendu par une justice de paix. (Pr. civ., 156.)

La signification contiendra aussi élection de domicile dans la commune où siège le tribunal qui a rendu un jugement, si le créancier n'y demeure pas. (C. civ. 98, 1825, 1829; — t. 48, 85.)

I. — Les formalités dont il s'agit, bien que non applicables en matière correctionnelle, doivent être observées au cas d'emprisonnement poursuivi par une partie civile, pour le recouvrement des dommages-intérêts et restitutions prononcées à son profit contre le prévenu par un tribunal conventionnel. Notamment, il y a nécessité, à peine de nullité, que la signification avec commandement qui doit précéder l'emprisonnement ou la recommandation soit faite par un huissier commis. (SIREY, 4, sous l'art. 780, Pr. civ.)

II. — N'y aurait-il pas même motif pour pareille poursuite en simple police?

III. — Quand une sentence arbitrale a été suivie d'une opposition à l'ordonnance d'*exequatur* et d'un jugement de débouté d'opposition, le commandement préalable à l'exercice de la contrainte par corps doit, à peine de nullité, contenir signification, non seulement de la sentence arbitrale, mais encore du jugement qui rejette l'opposition. (SIREY, 12, sous l'art. 780, Pr. civ.)

IV. — La contrainte par corps, prononcée par un jugement par défaut, maintenue sur opposition par un jugement contradictoire, ne peut être valablement exercée qu'après la signification du jugement contradictoire; la signification du jugement par défaut seul ne suffirait pas pour la validité de l'emprisonnement. (*Ibid.*, 6.)

V. — Mais, lorsqu'un jugement par défaut prononçant la contrainte par corps a été signifié avec commandement, il peut, après que la partie condamnée y a formé opposition, être mis à exécution sur la seule signification du jugement de débouté d'opposition, et sans nouveau commandement. (*Ibid.*, 7.)

VI. — La signification du jugement, faite avant le commandement par un huissier non commis, doit être renouvelée lors du commandement. (*Ibid.*, 17.) Le commandement, dit Mullery, page 110, doit être accompagné de la copie du jugement, quand même ce jugement aurait été précédemment signifié,

VII. — La copie du jugement signifié au débiteur doit être *entière* et non *partielle*. Ainsi, est nulle la signification du jugement qui, en prononçant la contrainte par corps contre le défendeur, a assujetti le demandeur à fournir cantion, si la copie signifiée ne contient pas cette dernière disposition. (*Ibid.*, 18.)

VIII. — Le commandement doit être signifié à la personne ou au domicile du débiteur. En conséquence, il est nul, lorsqu'il est signifié au débiteur, en parlant à son épouse, dans un lieu où il n'avait qu'une résidence momentanée. (*Ibid.*, 19.)

IX. — L'emprisonnement est nul, si la copie du commandement remise au débiteur ne contient pas la date du jour où il a été fait. Peu importe que la date soit dans l'original. (*Ibid.*, 21)

Huissier commis. — Délai.

X. — La contrainte par corps exercée en vertu d'un jugement par défaut, par un huissier commis pour signifier ce jugement, n'est point valable. Il faut que l'huissier soit *spécialement* choisi pour procéder (*Ibid.*, 25.)

XI. — Mais l'huissier commis pour mettre à exécution une contrainte par corps est virtuellement commis pour signifier le jugement prononçant cette contrainte. (*Ibid.*, 27.)

XII. — Lorsque le jugement ne porte pas commise d'huissier ou que l'huissier se trouve empêché, on présente la grosse au juge de paix de la commune où se trouve le débiteur, et sur la réquisition verbale du créancier, ce magistrat commet l'huissier pour faire le commandement. (Mullery, p. 110.)

XIII. — Le juge à qui l'on demande de commettre un huissier pour signifier un jugement prononçant la contrainte par corps ne peut s'y refuser sous prétexte que le jugement reposerait sur une fausse interprétation de la loi. (SIREY, 3, sous l'art. 780, au supplément.)

XIV. — L'ordonnance qui contiendrait un tel refus doit être attaquée par la voie de l'appel, sans qu'il soit d'ailleurs nécessaire de mettre en cause, devant le tribunal d'appel, le débiteur condamné. (*Ibid.*, 4.)

XV. — L'ordonnance qui commet un huissier n'a pas besoin d'être rédigée en minute et signée par le greffier; la signature du juge suffit. (*Ibid.*, 5.)

XVI — D'ailleurs la commise de l'huissier n'est exigée que pour faire le commandement; — après ce préalable, tout huissier requis pourra procéder à l'exécution, pourvu qu'il ait un pouvoir spécial de la partie ou de son mandataire. (Art. 477, Pr. civ.)

XVII. — Le jour qui doit être laissé entre le commandement au débiteur et l'emprisonnement doit s'entendre d'un jour franc, à partir de la fin du jour où a été fait le commandement, et non pas seulement d'un laps de temps de vingt-quatre heures, à compter du moment où le commandement a été fait. (SIREY, 35, sous l'art. 780.) Ainsi, le commandement signifié aujourd'hui ne peut être suivi de l'emprisonnement qu'après-demain.

ART. 681. — Le débiteur ne pourra être arrêté :

1° Avant le lever et après le coucher du soleil;

2° Les jours de fêtes légales; — C. civ., 131, 159, 184; — Pr. civ., 73, 706, 726; — C. pén. 22;

3° Dans les édifices consacrés au culte, mais seulement pendant les exercices religieux;

4° Dans le lieu et pendant la tenue des séances des autorités constitutives; — Pr. civ., 103 et suiv.;

Dans une maison quelconque, même dans son domicile, à moins qu'il n'en eût été ainsi ordonné par le juge de paix du lieu, lequel juge de paix devra, dans ce cas, se transporter dans la maison avec l'officier ministériel; — C. civ., 91.

I. — Le débiteur arrêté avant le coucher du soleil peut être écroué après, lorsque la prison est tellement éloignée du lieu de l'arrestation qu'il ne peut y être conduit de jour, c'est-à-dire avant le coucher du soleil. (SIREY, 3, sous l'art. 784.)

II. — La loi n'a pas voulu que l'arrestation d'un débiteur troublât, par la dispute ou les rixes qu'elle peut occasionner, les personnes qui participent à des exercices religieux dans un édifice consacré à leur culte. Mais ce n'est pas le lieu lui-même qui est considéré comme un asile. (V. BOITARD, 1050.) Ainsi, on peut arrêter dans les lieux consacrés au culte, dans tous les temps où les exercices religieux n'y sont pas célébrés. Mais on doit alors observer les formalités prescrites par le n° 5 de l'art. 681 pour les arrestations à opérer dans une maison. (SIREY, 3, *loco citato*.)

III. — Il en est de même dans les lieux où se tiennent les autorités constituées, avant ou après les séances. (*Ibid.*, 6.)

IV. — L'arrestation d'un débiteur est annulable si, pour y parvenir, l'huissier a pénétré dans le domicile du débiteur arrêté, sans être accompagné du juge de paix et sans en avoir préalablement obtenu la permission par une ordonnance, encore que le juge, sur la demande que l'huissier lui a faite, se soit transporté immédiatement dans la maison où l'arrestation a eu lieu. (*Ibid.*, 9.)

V. — Mais l'huissier qui, voulant procéder à l'arrestation d'un débiteur dans une maison, est obligé d'aller requérir, à cet effet, l'assistance de juge de paix, peut établir préalablement garnison à la porte de la maison, pour prévenir l'évasion du débiteur. (*Ibid.*, 10. — *Contrà*, CHAUVEAU, IX, 2650 *bis*.)

VI. — Un débiteur ne peut être arrêté sans l'assistance du juge de paix, dans une cour close dépendant des son domicile : toutes les dépendances que l'article 275 du Code pénal considère comme maison habitée doivent être réputées domicile du débiteur, dans le sens de l'article 681. (SIREY, 11.)

VII. — L'arrestation d'un débiteur ne peut non plus avoir lieu sans l'assistance du juge de paix, dans les magasins d'un établissement où le débiteur est employé, bien que l'entrée n'en soit point refusée à l'officier ministériel chargé d'opérer l'arrestation. Peu importe que ce débiteur habite dans la maison même où sont situés ces magasins. (*Ibid.*, 12.)

VIII. — L'huissier des mains duquel s'est échappé un débiteur arrêté ne peut pas, sans l'assistance du juge de paix, s'introduire dans la maison où ce débiteur s'est réfugié, pour y opérer de nouveau son arrestation. (*Ibid.*, 14.)

IX. — D'après Thomine, en cas d'absence ou d'empêchement du juge de paix et de ses suppléants, l'huissier devrait se retirer devant le doyen du tribunal civil qui commettrait un juge de paix voisin.

D'autres pensent que l'huissier pourrait s'adresser directement au juge de paix le plus voisin. (Sirey, 23, *loco citato*.)

X. — Cette assistance du juge de paix, à l'arrestation d'un débiteur dans une maison, est un acte de sa juridiction gracieuse.

Art. 682. — Le débiteur ne pourra plus être arrêté lorsque, appelé comme témoin devant un tribunal civil, correctionnel ou criminel, ou devant un juge d'instruction, il sera porteur d'un sauf-conduit. (C. com., 467 et suiv.; — Instr. cr.; 263, 264; — C. pénal, 307.)

Le sauf-conduit pourra être accordé par le juge devant lequel les témoins ont été entendus. Les conclusions du ministère public seront nécessaires. (Pr. civ., 89, 90, 118).

Le sauf-conduit réglera la durée de son effet, à peine de nullité. (Pr. civ., 950.)

En vertu du sauf-conduit, le débiteur ne pourra être arrêté, ni le jour fixé pour sa comparution, ni pendant le temps nécessaire pour aller et revenir. (Pr. civ., 38, 267, 951.)

I. — Le sauf-conduit accordé lors du cas prévu par l'article est nul de plein droit. Ainsi l'exécution de la contrainte par corps ne peut être suspendue par un sauf-conduit accordé au débiteur non appelé en témoignage. (Sirey, 1. sous l'art. 782.)

II. — Jugé cependant qu'un sauf-conduit peut être accordé à un plaignant appelé devant un tribunal pour lui donner des renseignements utiles à former sa conviction (*Ibid.*, 2.), ce qui équivaudrait à un témoignage. — Chauveau est contre.)

III. — On a agité en France la question de savoir si les tribunaux de commerce et de paix peuvent donner des sauf-conduits. — La négative a prévalu. — Selon un avis du Conseil d'État, si les parties ont à faire entendre, devant ces tribunaux ou ces juges, des témoins en état de contrainte par corps, elles doivent s'adresser au président du tribunal civil. Là-dessus Chauveau fait remarquer que l'avis du Conseil d'État n'a pas été inséré au *Bulletin des Lois*, ce qui lui ôte toute force obligatoire, mais il doit subsister comme raison écrite. (SIREY, 4, sous l'art. 782; — BOITARD, 1051.)

IV. — Y a-t-il lieu d'appliquer cette décision ici à l'égard des témoins à entendre par le tribunal de simple police ? — « Cependant, « ajoute BOITARD, *loco citato*, j'inclinerais à accorder au juge de paix, « considéré comme juge de police, le droit d'accorder un sauf-conduit « pour comparution devant cette juridiction. Dans ce cas, en effet, le « juge de paix peut prendre les conclusions du commissaire de police « chargé, devant le tribunal de simple police, des fonctions du minis- « tère public. » (Art. 144; — ici 125 ; — Instr. crim.)

Et à plus forte raison il en pouvait être ainsi chez nous, où le juge de paix, en quelque sorte, a des pouvoirs plus étendus, puisqu'il connaît de l'exécution des jugements; ce qui lui est refusé en France. (*V. suprà*, note 18, sous l'art. 44.)

ART. 683. — Le procès-verbal d'emprisonnement contiendra, outre les formalités ordinaires des exploits :

1° Itératif commandement;

2° Élection de domicile dans la commune où le débiteur sera détenu, si le créancier n'y demeure; l'huissier sera assisté de deux recors ayant les qualités prescrites pour les témoins en l'article 506, au titre *des Saisies-exécutions*. (C. civ., 98; — Proc. civ., 71, 506, 509, 587, 687, 689, 694, 813.)

Voir *suprà* les annotations de l'article 506.

I. — L'élection de domicile attribue compétence pour les demandes en nullité et en élargissement. (Art. 694, 695, 703.)

II. — Le procès-verbal d'emprisonnement doit, à peine de nullité, contenir mention des noms des recors qui ont assisté l'huissier; il ne suffirait pas qu'ils eussent signé le procès-verbal et que leurs noms fussent mentionnés dans l'acte d'écrou. (SIREY, 9, sous l'art. 783.)

ART. 684. — S'il s'est écoulé une année entière depuis le commandement, il sera fait un nouveau commandement par un huissier commis à cet effet. (Proc. civ., 680.)

La péremption du commandement entraîne la péremption de la commission donnée à l'huissier; en conséquence, le débiteur ne peut être incarcéré ni recommandé qu'après un nouveau commandement signifié par un huissier nouvellement commis à cet effet. (SIREY, 3, sous l'art. 784.)

ART. 685. — En cas de rébellion, l'huissier dressera procès-verbal et pourra établir garnison aux portes, pour empêcher l'évasion, et requérir la force armée; et le débiteur sera poursuivi conformément aux dispositions du Code d'instruction criminelle. (Proc. civ., 476, 681-5°; — Instr. crim., 50 et suiv., 149, 170 et suiv.)

Le simple refus d'obéir aux ordres de l'huissier ne constitue pas une rébellion tombant sous le coup de la loi pénale; il faut un acte de violence, une voie de fait, une résistance ouverte. (SIREY, sous l'art. 785.)

Voir *suprà* les notes 4 et suivantes de l'article 681, pour l'assistance nécessaire du juge de paix lors d'une arrestation dans une maison.

ART. 686. — Si le débiteur requiert qu'il en soit référé, il sera conduit sur-le-champ devant le doyen du tribunal civil ou le juge de paix du lieu où l'arrestation aura été faite, lequel statuera en état de référé; si l'arrestation est faite lors des heures de l'audience, le débiteur sera conduit chez le doyen ou le juge de paix. (Proc. civ., 687, 688, 704.)

I. — Cet article a pour but d'éviter des surprises qui occasionne-raient, par erreur, l'arrestation d'une autre personne que le débiteur, ou d'empêcher de donner suite à une arrestation irrégulière en la forme. Toute personne arrêtée a donc le droit de se faire conduire en référé, et si elle prouve, par exemple, qu'elle n'est pas le débiteur contre qui la contrainte par corps a été prononcée, que les formes de l'arrestation n'ont pas été accomplies, ou qu'elle était porteur d'un sauf-conduit régulier, elle devra être relâchée. — Mais le juge du référé ne peut examiner les causes de la condamnation; tout son pouvoir se borne à statuer provisoirement sur la régularité des formes de l'arrestation; par exemple, sur l'heure, le lieu de l'arrestation, ou même sur la prétention élevée par le débiteur qu'il a payé le montant de la condamnation. (BOITARD, 1055; sur l'irrégularité de la copie du commandement, V. SIREY, 3, sous l'art. 785.)

II. — *Quid* si le débiteur arrêté avait soixante ans révolus? — C'est-à-dire est-ce en référé ou par une demande en élargissement devant le tribunal que le débiteur sexagénaire se ferait mettre en liberté? — Si, dans l'opinion concédée à la note précédente *in fine*, le débiteur peut, en référé, se faire relâcher en prouvant qu'il a payé, il le pourra aussi en prouvant qu'il a commencé sa soixantième année. Car, pour le paiement, c'est en argumentant, entre autres, de l'article 700 que le juge du référé ordonnera la relaxation; or, cet article 700 prescrit l'élargissement du débiteur qui a payé aussi bien que de celui qui a commencé sa soixantième année. (2° et 4°.)

Peut-être faudrait-il distinguer entre celui qui aurait eu déjà ses soixante ans révolus lors du prononcé du jugement et celui qui aurait, seulement depuis, commencé sa soixantième année. — Alors le référé ne pourrait avoir lieu que pour ce dernier cas, — en ce qu'il est de principe que le juge des référés ne saurait statuer sur des exceptions nées avant le jugement. Il ne peut connaître que des faits postérieurs à ce jugement.

III. — Le débiteur peut demander à être conduit en référé tant que l'emprisonnement n'est pas effectué. (BOITARD.) Il en a encore le droit même arrivé dans la prison, tant que l'acte d'écrou n'est pas signé; le refus d'obtempérer à cette réquisition entraîne la nullité de l'emprisonnement. (SIREY, 4, sous l'art. 786.)

IV. — Lors de la recommandation d'un débiteur emprisonné, comme lors de l'emprisonnement, si le débiteur demande à être conduit en référé, il y a obligation, à peine de nullité, d'obtempérer à sa demande. (*Ibid.*, 6.) Seulement, comme on objecte que le geôlier manquerait à ses devoirs en laissant sortir le débiteur sans ordre de la justice, même sous la garde et la responsabilité de l'huissier, on s'est arrêté à permettre au débiteur d'introduire le référé, mais par le ministère et l'intermédiaire d'un avocat ou d'un fondé de pouvoir qui fera valoir ses moyens. (Boitard, 1059.)

V. — Le juge des référés ne peut être appelé à connaître des difficultés relatives à l'emprisonnement d'un débiteur que sur la demande de celui-ci. Spécialement, il ne peut, sur la demande du créancier, prescrire des mesures pour l'arrestation du débiteur. (Sirey, 7, *loco citato*.)

VI. — Celui qui, par erreur provenant de l'identité de son nom, a été emprisonné peut être privé des dommages-intérêts, pour n'avoir pas réclamé d'être conduit en référé. (*Ibid.*, 8.)

VII. — *Devant le doyen du tribunal civil ou le juge de paix du lieu...* Dans les lieux où siège un tribunal civil peut-on indifféremment conduire en référé devant l'un ou l'autre de ces magistrats? — D'abord il faut distinguer le cas de l'exécution d'un jugement de tribunal de paix en dernier ressort, et celui de l'exécution d'autres jugements, soit de tribunal de paix à charge d'appel, soit de tribunaux supérieurs. — Dans ce dernier cas, le référé sera porté devant le doyen dans le chef-lieu de la juridiction et devant le juge de paix dans les autres communes.

Mais s'il s'agit de l'exécution d'une sentence de juge de paix en dernier ressort, c'est au juge de paix qu'on devra s'adresser même dans les villes où siège un tribunal civil : l'article 25 du présent Code attribue formellement aux juges de paix la connaissance de l'exécution de leurs jugements de ce degré.

VIII. — De graves praticiens, cependant, soutiennent l'opinion qu'au chef-lieu de la juridiction, c'est toujours au doyen qu'il faut s'adresser; en ce que le juge de paix n'est compétent qu'exceptionnellement, — à défaut du doyen qui, lui, est le juge naturel des référés, — qui a plénitude de juridiction en matière de référé.

Ceci est bien conforme au système français qui refuse absolument au juge de paix le droit de connaître de l'exécution des jugements et ne leur donne aucun pouvoir de référé. Dans ce système, la disposition de l'article pourrait être considérée comme une dérogation à un principe général, — lequel principe devrait prévaloir toutes les fois que le motif de cette dérogation (l'éloignement du siège du doyen) ne se présenterait pas.

Tandis que chez nous, la règle posée par un article de loi, c'est le pouvoir donné aux juges de paix de connaître de l'exécution de leurs jugements en dernier ressort (art. 25) ; — d'où il suit que la disposition de l'article actuel ne peut être considérée que comme une application de cette règle, quant à ce qui regarde les jugements de tribunal de paix sans appel.

Une troisième opinion est qu'on pourrait indifféremment s'adresser au doyen ou au juge de paix. J'inclinerais à ne pas repousser cette opinion, tout en accordant une faculté seulement pour le doyen et le droit pour le juge de paix, à propos des sentences de justice de paix en dernier ressort.

Art. 687. — L'ordonnance sur référé sera consignée sur le procès-verbal de l'huissier et sera exécutée sur-le-champ. (Proc. civ., 683, 686, 694.)

Art. 688. — Si le débiteur ne requiert pas qu'il en soit référé, ou si, en cas de référé, le juge ordonne qu'il soit passé outre, le débiteur sera conduit dans la prison du lieu, ou, s'il n'y en a pas, dans celle du lieu le plus voisin ; l'huissier et tous autres qui conduiraient, recevraient ou retiendraient le débiteur dans un lieu de détention non légalement désigné comme tel, seront poursuivis comme coupables de détention arbitraire. (Proc. civ., 686, 687, 694 ; — Instr. crim., 450 et suiv.; — C. pén., 90, 289 et suiv.)

I. — Il peut arriver que la prison la plus voisine soit encore assez éloignée pour que l'huissier ne puisse y conduire le débiteur dans la journée. Dans ce cas, on admet que l'huissier devra faire désigner, par l'autorité locale, un lieu où le débiteur passera la nuit et sera gardé à vue. (Boitard, 1055 ; — Sirey, 2, sous l'art. 788.)

II. — Et un emprisonnement n'est pas nul par cela seul que l'huissier a fait avec le débiteur, une station momentanée dans une auberge sur la route. (Sirey, 4.)

Art. 689. — L'écrou du débiteur énoncera :

1° Le jugement ;

2° Les noms et domicile du créancier;

3° L'élection de domicile, s'il ne demeure pas dans la commune;

4° Les noms, demeure et profession du débiteur ;

5° Enfin, mention de la copie qui sera laissée au débiteur, parlant à sa personne, tant du procès-verbal d'emprisonnement que de l'écrou; il sera signé de l'huissier. (Proc. civ., 683, 690 et suiv., 703, 806 et suiv. — Instr. crim., 444 et suiv.)

I. — Le débiteur arrivé à la prison est écroué. — L'écrou est le procès-verbal de la remise du débiteur au gardien de la prison ou geôlier. Ce procès-verbal est transcrit sur le registre de la geôle, il charge le geôlier de la garde du débiteur et en décharge l'huissier. (Boitard, 1056.)

II. — On peut faire le procès-verbal d'écrou à la suite du procès-verbal d'emprisonnement, et transcrire le tout sur le registre de la geôle. Dans ce cas, le procès-verbal d'écrou est évidemment l'œuvre de l'huissier. (*Ibid.*)

III. — Mais le procès-verbal d'écrou peut être fait par acte séparé. L'huissier ou le geôlier pourra indifféremment rédiger, l'un ou l'autre, le procès-verbal d'écrou. (*Ibid.*) Jugé qu'il suffit que l'écrou soit signé de l'huissier. (Sirey, 2 sous l'art. 789.)

IV. — Le procès-verbal d'écrou doit, à peine de nullité, énoncer le domicile du créancier non domicilié dans le lieu de l'exécution; la mention de ce domicile au procès-verbal d'emprisonnement ne suffit pas. (*Ibid.*, 5.)

V. — *Idem* pour l'élection de domicile, si le créancier ne demeure pas dans la commune. (*Ibid.*, 7.)

VI. — Mais le domicile réel du créancier est suffisamment indiqué, dans un écrou, par ces expressions : *habitant de tel endroit.* (*Ibid.*, 6.)

VII. — Les procès-verbaux d'emprisonnement et d'écrou doivent, à peine de nullité, être dressés et notifiés le jour même de l'arrestation; l'huissier ne peut scinder cette opération sous prétexte que l'heure est trop avancée pour la terminer. Ainsi est nul l'emprisonnement, si les procès-verbaux n'ont été notifiés que le lendemain de l'arrestation. (*Ibid.*, 9.)

VIII. — Jugé encore que l'emprisonnement est nul si la copie du procès-verbal de l'huissier n'a été remise au débiteur que le lendemain de l'incarcération, encore bien que l'arrestation ait été faite à une heure avancée et suivie d'un référé qui s'est prolongé très tard : ces circonstances ne sauraient justifier le défaut de remise de la copie du procès-verbal..... Peu importe que, le jour même de l'incarcération, copie de l'acte d'écrou, énonçant ces mêmes circonstances comme obstacle à la remise ait été laissée au détenu. (*Ibid.*, 10.)

IX. — L'huissier doit, à peine de nullité, remettre au débiteur, copie tant du procès-verbal d'emprisonnement que de l'acte d'écrou; il ne suffirait pas de faire, sur la copie du procès-verbal d'emprisonnement, une simple mention de l'acte d'écrou. (*Ibid.*, 13.)

X. — L'écrou doit, de plus, et à peine de nullité, contenir mention que copie du procès-verbal d'emprisonnement a été remise au débiteur; il ne suffirait pas que le fait de remise de la copie fût constaté par le procès-verbal d'emprisonnement lui-même. (*Ibid.*, 14.)

XI. — Et si la mention que la copie a été laissée au débiteur avait été omise dans l'écrou, cette mention ne pourrait être réparée par une signification faite après la détention effectuée. (*Ibid*, 15.)

XII. — Jugé que le défaut de mention, dans l'acte d'écrou, qu'il en a été donné copie au débiteur, *parlant à sa personne*, entraîne nullité, lors même que la signification de la copie aurait eu lieu. (*Ibid.*, 17.) C'est nécessairement en parlant à la personne du débiteur que la notification doit être faite. (*Ibid.*, 16.)

XIII. — Les nullités qui se rencontrent dans la copie du procès-verbal d'écrou entraînent la nullité de l'emprisonnement, encore que l'original ne soit pas infecté de ces nullités. (*Ibid.*, 18.)

XIV. — Et, *vice versà*, lorsque l'acte d'écrou ne contient pas toutes les énonciations prescrites par la loi, l'emprisonnement est nul, même alors que ces énonciations se trouveraient dans la copie du procès-verbal d'emprisonnement et de l'acte d'écrou signifié au débiteur. (*Ibid.*, 19.)

Art. 690. — Le gardien ou geôlier transcrira, sur son registre, le jugement qui autorise l'arrestation; faute par l'huissier de représenter ce jugement, le geôlier refusera de recevoir le débiteur et de l'écrouer. (Proc. civ., 680, 688, 689, 694.)

I. — Ici la transcription du jugement est bien l'œuvre du geôlier. (BOITARD.)

II. — Dans la transcription du jugement sur le registre du geôlier, n'est pas absolument comprise la formule exécutoire; il suffit qu'il y ait transcription des parties constitutives du jugement d'après l'art. 148. (SIREY, sous l'art. 790.)

ART. 691. — Le créancier ne sera point tenu de fournir des aliments au débiteur. (Proc. civ., 680, 688, 689, 694.)

Le Code de procédure de 1825 (paraît-il), obligeait le créancier à fournir des aliments au débiteur; c'est en 1835 que l'article fut rédigé tel qu'il est, dans le Code refait. Le décret du 22 mai 1843 fit revivre le Code de 1825 et fixa (art. 9) à vingt-cinq centimes par jour la somme destinée à pourvoir aux aliments des débiteurs détenus, et devant être consignée d'avance pour trente jours au moins. Enfin la loi du 4 août 1845 remit en vigueur le Code de 1835 avec notre article tel qu'il est.

ART. 692. — Le débiteur pourra être recommandé par ceux qui auraient le droit d'exercer contre lui la contrainte par corps. Celui qui est arrêté comme prévenu d'un délit peut aussi être recommandé; et il sera retenu par l'effet de la recommandation, encore que son élargissement ait été prononcé et qu'il ait été acquitté du délit. (C. civ., 1829; — Proc. civ., 133, 474, 693 et suiv.)

ART. 693. — Seront observées pour les recommandations les formalités ci-dessus prescrites pour l'emprisonnement; néanmoins, l'huissier ne sera pas assisté de recors. (Proc. civ., 680, 689, 696.)

I. — La recommandation est un acte d'exécution. C'est pourquoi les mêmes formalités sont édictées pour la recommandation comme pour l'emprisonnement, sauf la présence des recors évidemment inulile ici. L'huissier fait venir le débiteur entre les deux guichets de la prison pour y recevoir la copie du procès-verbal de recommandation et du procès-verbal d'écrou, sauf à remettre la copie au geôlier si le débiteur refuse de venir. (BORRARD.)

II. — S'il demande le référé, V. suprà, note 4, sous l'art. 686.

III. — L'arrestation provisoire d'un étranger peut être suivie de recommandation, comme l'emprisonnement de tout autre débiteur. (SIREY, sous l'art. 792.)

IV. — L'huissier doit être muni d'un pouvoir spécial pour la recommandation comme pour l'emprisonnement. (Ibid. 1, sous l'art. 793.)

V. — En cas de recommandation, l'acte d'écrire doit contenir mention, à peine de nullité, de la remise au débiteur de la copie tant de la recommandation que de l'écrou. (Ibid., 4.)

ART. 694. — A défaut d'observation des formalités prescrites ci-dessus, le débiteur pourra demander la nullité de l'emprisonnement, et la demande sera portée au tribunal du lieu où il est détenu, si la demande en nullité est fondée sur des moyens du fond, elle sera portée devant le tribunal de l'exécution du jugement. (Proc. civ., 58-5°, 475, 695 et suiv.)

I. — La loi distingue deux sortes de nullités de l'emprisonnement, les nullités de forme et les nullités du fond. Il y a nullité du fond lorsque la créance est éteinte par une libération survenue depuis le jugement de condamnation comme la novation, la compensation de la créance survenue depuis le jugement. Quant aux nullités de formes, elles consistent dans l'inobservation des formalités prescrites pour l'emprisonnement. (BOITARD, 1060.)

II. — En matière de contrainte par corps, tout absolument est de rigueur : l'omission de la moindre formalité prescrite par la loi doit profiter au débiteur incarcéré et déterminer les tribunaux à prononcer la nullité de l'emprisonnement. (SIREY, 1 et 2, sous l'art. 794.)

III. — La demande en nullité d'un emprisonnement ne peut être repoussée par une fin de non-recevoir prise de l'acquiescement du débiteur ; on n'acquiesce point à une mesure qui tend à la privation de la liberté individuelle. (Ibid., 4.)

ART. 695. — Dans tous les cas, la demande pourra être formée à bref délai, en vertu de la permission du juge, et l'assignation donnée, par huissier commis, au domicile élu par l'écrou ; la cause sera jugée, sans instruction écrite. (C. civ., 98 ; — Proc. civ., 11, 58, 82, 83, 89, 90, 118, 401 et suiv., 467, 689-3°, 702, 703.)

I. — La procédure d'une demande en nullité d'emprisonnement se règle par les lois existantes à l'époque où la demande est formée, non par celles qui existaient à l'époque où l'emprisonnement a eu lieu. (SIREY, 1, sous l'art. 795.)

II. — L'assignation en nullité de l'emprisonnement donnée au domicile élu et à bref délai ne comporte pas d'augmentation de délai à raison de la distance du domicile réel. (*Ibid.*, 2.)

Le procès sur la liberté d'une personne est toujours une affaire urgente.

ART. 696. — La nullité de l'emprisonnement, pour quelque cause qu'elle soit prononcée, n'emporte point la nullité des recommandations. (Proc. civ., 692, 693.)

ART. 697. — Le débiteur dont l'emprisonnement est déclaré nul ne peut être arrêté pour la même dette qu'un jour au moins après sa sortie. (Proc. civ., 691, 954.)

C'est un jour franc.

ART. 698. — Le débiteur sera mis en liberté, en consignant entre les mains du geôlier de la prison les causes de son emprisonnement, et les frais de la capture. (C. civ., 1021 et suiv., 1044, 1868-1° ; — Proc. civ., 137, 700.)

ART. 699. — Si l'emprisonnement est déclaré nul quant au fond, le créancier pourra être condamné en des dommages-intérêts envers le débiteur ; si l'emprisonnement est déclaré nul pour vice de forme, l'huissier pourra être condamné en des dommages-intérêts, tant envers le créancier qu'envers le débiteur. (C. civ., 939, 1168 ; — Proc. civ., 135, 694, 951.)

Voir les distinctions entre les nullités de fond et les nullités de forme, note 1, sous l'art. 694.

Art. 700. — Le débiteur légalement incarcéré obtiendra son élargissement :

1° Par le consentement du créancier qui l'a fait incarcérer et des recommandants, s'il y en a. (C. civ., 904.)

2° Par le paiement ou la consignation des sommes dues, tant au créancier qui a fait emprisonner qu'au recommandant, des intérêts échus, des frais liquidés et de ceux d'emprisonnement. (C. civ., 1022, 1043 ; — Proc. civ., 698, 699, 702.)

3° Par le bénéfice de cession — (C. civ., 1051 et suiv., 1712. — Proc. civ., 787 et suiv. — C. com., 506 et suiv.)

4° Et enfin, si le débiteur a commencé sa soixantième année et si, dans ce dernier cas, il n'est pas stellionataire. (C. civ., 1825, 1832, 1833 — Proc. civ., 794 ; — C. com., 605 ; — C. pén., 53 à 55.)

I. — Les art. 694 à 699, concernant les demandes en nullité de l'emprisonnement ; les articles 700 à 703, concernant les demandes en élargissement, c'est-à-dire la mise en liberté du débiteur pour des causes postérieures à l'arrestation.

Ii. — Dans la demande en nullité, le débiteur allègue que l'emprisonnement est injuste ou irrégulier ; tandis que la demande en élargissement se concilie très bien avec l'idée d'un emprisonnement fondé en droit et régulier en la forme, au moment où il a été opéré. (Boitard, 1064.)

III. — Le débiteur qui, emprisonné à la requête de son créancier, a été mis en liberté du consentement de ce créancier, ne peut être réincarcéré pour la même dette, à moins qu'il ne soit survenu à ce sujet une convention expresse. Il ne suffirait pas que le créancier s'en fût réservé la faculté dans une mainlevée de l'écrou, si rien ne prouve que le débiteur ait connu cette réserve et l'ait acceptée. (Sirey, 1, sous l'art. 800.)

IV. — Il ne suffit pas, pour obtenir son élargissement, que le débiteur fasse office de cession : il faut que le bénéfice en ait été accordé. (Ibid., 4.)

V. — En matière commerciale, le débiteur condamné devrait, pour être à l'abri de la contrainte par corps ou obtenir son élargissement, avoir soixante-dix ans, selon l'art. 7, du décret du 22 mai 1843, ainsi conçu : « La contrainte par corps aura lieu contre toute personne « pour dettes résultant des actes de commerce ; mais elle ne pourra « être prononcée contre les septuagénaires, et le jugement de « condamnation devra en fixer la durée, qui sera d'un an au moins « et de trois ans au plus. »

Mais la question a été soulevée (voir *suprà*, note 7, sous le titre de l'emprisonnement), à savoir si, même en matière commerciale, il ne faut pas considérer plutôt l'âge de soixante ans, fixé par l'art. 700 du Code de procédure ; en ce que la loi de 1845, en remettant en vigueur le Code de procédure de 1835, lui a attribué, du même coup, une nouvelle date, — 1845, — postérieure au décret de 1843, qui s'en trouve ainsi modifié ou abrogé en tout ce qui est contraire à la loi postérieurement rétablie.

L'on sait d'ailleurs qu'en pareille matière et en cas de doute, le sens le plus généreux doit être toujours préféré.

VI. — Sauf cette modification touchant l'âge, l'article du décret précité conserve toute sa force ; en conséquence, le débiteur pour fait de commerce obtiendra encore sa mise en liberté par l'expiration du temps fixé par le jugement.

VII. — Enfin l'élargissement sera également obtenu par le débiteur en général, si la créance est éteinte pendant la durée de l'emprisonnement par un moyen quelconque d'extinction de la dette, autre que le paiement dont parle l'article.

ART. 701. — Le consentement à la sortie du débiteur pourra être donné, soit devant notaire, soit devant le juge de paix, sur le registre d'écrou. (C. civ., 1102 ; — Proc. civ., 689, 700-1°, 703.)

ART. 702. — La consignation de la dette sera faite entre les mains du geôlier, sans qu'il soit besoin de la faire ordonner ; si le geôlier refuse, il sera assigné à bref délai devant le tribunal du lieu, en vertu de permission : l'assignation sera donnée par l'huissier commis. (Proc. civ. 82, 88, 475, 695, 698, 700-2° 703.)

ART. 703. — Les demandes en élargissement seront portées au tribunal dans le ressort duquel le débiteur est détenu. Elles seront formées à bref délai, au domicile élu par l'écrou, en vertu de permission du juge, sur requête présentée à cet effet; elles seront jugées, sans instruction écrite, à la première audience, préférablement à toutes autres causes, sans remise ni tour de rôle. (Proc. civ. 82, 88 à 90, 118, 401 et suiv., 467, 475, 689-3°, 695.

Devant quel tribunal, tribunal de paix quelquefois ou toujours tribunal civil? Peut-être la solution doit être analogue à ce qui est dit *suprà*, notes 7 et 8, sous l'article 686.

FORMULE N° 151. — Commise d'huissier à l'effet de signifier le jugement qui prononce la contrainte par corps.

Nota. — *Lorsque le jugement ne porte pas commise d'huissier, ou lorsque l'huissier commis se trouve empêché, on présente la grosse au juge de paix de la commune où se trouve le débiteur, et sur la réquisition verbale du créancier, ce magistrat met en marge ou au bas de la grosse :*

En vertu de l'article 680 du Code de procédure, et sur la réquisition de la partie poursuivante, nous, juge de paix de....., commettons l'huissier *tel* pour signifier le présent jugement, avec commandement, au citoyen....., demeurant *ou* qui se trouve en ce moment dans la commune, etc.

FORMULE N° 152. — Signification d'un jugement qui prononce la contrainte par corps, avec commandement.

L'an....., etc., à la requête de A... (*profession et demeure, avec élection de domicile dans la commune. si le créancier n'y demeure pas*), j'ai....., huissier, etc., soussigné, commis par le jugement *ou* commis pour signifier le jugement ci-après énoncé, signifié et, avec ces présentes, donné copie au citoyen B..., demeurant à....., en son domicile parlant à.....

De la grosse d'un jugement contradictoirement rendu entre les parties par le tribunal de paix de....., en date du....., dûment signé, scellé, collationné et enregistré, portant condamnation par corps contre ledit citoyen B..., de la somme de cent quarante gourdes, au profit de requérant; à ce que du contenu audit jugement le susnommé n'ignore;

Et en vertu de la grosse d'icelui, étant en forme exécutoire, à pareille requête, demeure et élection de domicile que dessus, j'ai, huissier susdit et soussigné, fait commandement au nom de la République, la Loi et Justice, audit citoyen B..., en son domicile, parlant comme dessus.

De, dans vingt-quatre heures pour tout délai, payer audit citoyen A..., la somme de cent quarante gourdes, montant des condamnations prononcées par le Jugement susénoncé, et pour les causes y portées, sans préjudice de tous autres dus, droits, intérêts, frais, dépens et mise d'exécution.

Et, faute par le susnommé de satisfaire au présent commandement, je lui ai déclaré qu'en exécution du jugement susénoncé, il y serait contraint par corps, et je lui ai, en son domicile et parlant comme dessus, laissé copie dudit jugement et du présent exploit, dont le coût est de.....

(Voir la formule du pouvoir spécial donné à l'huissier pour faire l'emprisonnement, n° 25, sous l'art. 477 Pr. c.)

FORMULE N° 153. — Procès-verbal d'emprisonnement et d'écrou.

L'an....., le lundi quinze mars, neuf heures du matin, en vertu de la grosse d'un Jugement du tribunal de paix de....., en date du....., dûment enregistré, collationné, scellé, étant en forme exécutoire et signifié avec commandement au sieur B..., ci-après nommé, par exploit de N..., huissier commis à cet effet,

Et à la requête du citoyen A... *(profession et demeure, avec élection de domicile dans la commune si le créancier n'y demeure pas)*, je....., huissier, etc., assisté des recors ci-après nommés,

(Si l'arrestation doit se faire dans une maison) me suis transporté chez M....., juge de paix de la commune de....., en sa demeure *ou* en son bureau, où étant arrivé, j'ai exhibé et présenté à M. le Magistrat la grosse du jugement susénoncé, portant condamnation par corps contre le citoyen B... *(profession et demeure)*; et, après lui avoir exposé que ledit citoyen B... se tenait renfermé en sa demeure, ce qui empêchait d'exercer contre lui la contrainte par corps prononcée par ledit jugement, je l'ai requis de se transporter avec nous au domicile de B..., pour que nous puissions mettre à exécution ladite contrainte par corps ; sur quoi M. le Juge de paix a rendu l'ordonnance suivante :

« Nous, Juge de paix de....., Attendu que N..., huissier, nous a pré-
« senté la grosse en forme exécutoire d'un jugement emportant contrainte
« par corps, rendu au profit du citoyen A... contre le citoyen B...;

« Attendu que la signification dudit jugement avec commandement a été
« faite par un huissier commis, aux termes de la loi, le.....;

Attendu que rien n'empêche l'exécution de ladite contrainte par corps, disons que nous allons nous transporter avec ledit citoyen N..., huissier, et ses recors, en la demeure dudit citoyen B..., et avons signé

(Signature du Juge de paix.)

Et de suite, accompagné de mondit sieur...... juge de paix, et toujours assisté de mes recors. je me suis transporté en la demeure du citoyen B...

(*profession*), demeurant à....., où étant et parlant à sa personne, ainsi qu'il m'a dit être et se nommer, je lui ai fait itératif commandement au nom de la République, la Loi et Justice, de présentement payer au requérant ou à moi, pour lui porteur de pièces, la somme de....., montant des condamnations prononcées contre ledit citoyen B..., même par corps, au profit du requérant, par le jugement susénoncé et pour les causes y portées, sans préjudice de tous autres dus, droits, actions, intérêts, frais, dépens et mise d'exécution.

Lequel, parlant comme dessus, a refusé de payer; pourquoi je lui ai déclaré, de par la loi, que je l'arrêtais et qu'il était mon prisonnier; et l'ai sommé de me suivre a l'instant, en prison pour y être écroué;

Sur quoi, ledit citoyen B... ayant requis qu'il en fût référé devant M. le juge de paix de....., je l'ai conduit devant ce magistrat qui, après que nous lui avons expliqué le sujet de notre transport et avoir entendu ledit citoyen B..., a rendu l'ordonnance suivante :

« Nous....., Juge de paix de....., au principal, renvoyons les parties
« à se pourvoir et cependant et dès à présent et par provision,
« Attendu..... etc., Ordonnons que le citoyen B... soit mis provisoirement
« en liberté, *ou bien* ordonnons qu'il soit passé outre à l'exécution et procédé
à l'emprisonnement de B..., etc.

En conséquence (*si la mise en liberté est ordonnée*), j'ai remis ledit citoyen B... en liberté et je lui ai donné copie du présent procès-verbal en parlant à sa personne.

Le tout fait en présence et assistance de E... et R..., etc., recors, etc. (*Voir à la fin*).

(*S'il est ordonné de passer outre :*) En conséquence, j'ai, toujours assisté de mes recors ci-après nommés, conduit ledit citoyen B... en la maison d'arrêt de....., où étant arrivés à..... heure de......, je lui ai, entre les deux guichets, comme lieu de liberté, réitéré le commandement de payer ci-devant fait, auquel il a refusé de satisfaire.

Pourquoi je lui ai déclaré que j'allais à l'instant l'écrouer sur le registre de ladite maison à ce destiné; et de fait, en vertu de la grosse du jugement susénoncé, que j'ai représentée au geôlier, et fait transcrire sur le registre de la geôle, et à pareilles requête, demeure et élection de domicile que dessus, j'ai écroué ledit citoyen B..., toujours parlant à sa personne entre les deux guichets, comme lieu de liberté, sur le..... registre, folio.....; et ai remis et laissé sa personne à la charge et garde du citoyen L..., geôlier de la prison de....., lequel présent et moi parlant à sa personne, a promis se charger du citoyen B..., et le représenter quand il en sera légalement requis;

Et j'ai audit citoyen B..., audit lieu et parlant comme dessus, laissé copie du présent procès-verbal contenant arrestation, emprisonnement et écrou de la personne dudit B...

Le tout fait en présence et assistance des citoyens E... (*profession et demeure*), et F... (*profession et demeure*), tous deux Haïtiens et recors avec moi amenés, qui ont signé *ou* déclaré ne savoir signer ; dont acte que le geôlier a également signé avec moi. Le coût est de.....

REMARQUE. — *Quand l'acte d'écrou se fait séparément, on termine le procès-verbal d'emprisonnement comme suit :*

En conséquence, j'ai, toujours assisté de mes recors ci-après nommés, conduit ledit citoyen B... en prison ; et après avoir fait transcrire la grosse dudit jugement sur le registre de la geôle, j'ai remis la personne dudit citoyen B... à la charge et garde du citoyen L.., geôlier de la prison de..... etc.

Et j'ai audit citoyen B..., et audit lieu, en parlant comme dessus, laissé copie du présent procès-verbal. Le tout fait en présence et assistance des citoyens E... et F..., etc., recors, etc., qui ont signé avec moi. Le coût est de.....

Puis on ouvre le procès-verbal d'écrou par le même préambule que dessus, et on le finit ainsi :

En foi de quoi j'ai dressé le présent acte d'écrou, et j'en ai remis copie avec celle du procès-verbal d'emprisonnement audit citoyen B..., en parlant à sa personne. Dont acte. *Et le geôlier signe avec l'huissier.*

FORMULE N° 154. — Procès-verbal de recommandation.

L'an, etc. (Comme au modèle précédent.)
En vertu de la grosse, etc. —
Et à la requête de, etc. —

J'ai N..., huissier (*immatricule de l'huissier*), fait itératif commandement, au nom de la République, la Loi et Justice, au citoyen B... (*profession et demeure*), et actuellement détenu pour....., en la maison d'arrêt de....., où je me suis transporté, en parlant à la personne dudit sieur B..., amené à cet effet entre les deux guichets, comme lieu de liberté,

De, présentement et sans délai, payer audit citoyen A..., etc. (*Comme au modèle précédent.*)

Lequel, parlant comme dessus, ayant refusé de payer, je lui ai déclaré que j'allais l'écrouer et le recommander sur le registre de ladite maison d'arrêt, à l'effet de ne recouvrer sa liberté qu'après avoir entièrement acquitté la somme susdite,

Et de fait, en vertu de la grosse du jugement susénoncé que j'ai représentée au geôlier, et fait transcrire sur le registre de la geôle, j'ai recommandé et écroué la personne dudit citoyen B... sur le registre, folio....., et l'ai laissé à la charge et garde du citoyen L..., geôlier de la prison de....., auquel j'ai déclaré que ledit citoyen B... sera retenu pour la somme ci-dessusénoncée à dater du jour où il sera dégagé des causes pour lesquelles a lieu son emprisonnement primitif; lequel dit geôlier, présent et moi parlant à sa personne, a promis se charger dudit B..., et le représenter quand il en sera légalement requis.

Et j'ai, audit citoyen B..,, lieu et parlant comme dessus, et audit citoyen L...., geôlier, parlant comme dessus, laissé à chacun séparément copie du présent procès-verbal, contenant recommandation et écrou de la personne dudit B... Dont acte que le geôlier a signé avec moi. Le coût est de.....

(Signatures de l'Huissier et du Geôlier.)

Consulter la remarque du modèle précédent pour l'acte d'écrou, qui se fait séparément.

N° 5 — LOI

Sur les Procédures diverses

TITRE PREMIER

Des offres de paiement et de la consignation.

ART. 710. — Tout procès-verbal d'offres désignera l'objet offert, de manière qu'on ne puisse y en substituer un autre; et si ce sont des choses fongibles, il en contiendra l'énumération et la qualité. (C. civ., 1043; — Proc. civ., 351, 711 et suiv.)

ART. 711. — Le procès-verbal fera mention de la réponse, du refus ou de l'acceptation du créancier, et s'il a signé, refusé ou déclaré ne pouvoir signer. (C. civ., 1043.)

ART. 712. — Si le créancier refuse les offres, le débiteur peut, pour se libérer, consigner la somme ou la chose offerte, en observant les formalités prescrites par l'article 1045 du Code civil. (C. civ., 1045, 1050; — Proc. civ., 301, 560; — C. com., 206.)

S'il s'agit d'une somme, la consignation s'en fera au greffe du tribunal; s'il s'agit de tout autre objet, elle se fera au lieu indiqué par le juge, sur la demande du débiteur.

ART. 713. — La demande qui pourra être intentée, soit en validité, soit en nullité des offres ou de la consignation, sera formée d'après les règles établies pour les demandes principales; si elle est incidente, elle le sera par requête. (Proc. civ., 58-7°, 69, 71, 78, 79, 336, 337, 400.)

ART. 714. — Le jugement qui déclarera les offres valables ordonnera, dans le cas où la consignation n'aurait pas encore eu lieu, que, faute par le créancier d'avoir reçu la somme ou la chose offerte, elle sera consignée; il prononcera la cessation des intérêts du jour du dépôt. (C. civ., 1043, 1045, 1046, 1675.)

ART. 715. — La consignation volontaire ou ordonnée sera toujours à la charge des oppositions, s'il en existe, et en les dénonçant aux créanciers. (Proc. civ., 478 et suiv., 494, 496 et suiv.)

ART. 716. — Le surplus est réglé par les dispositions du Code civil, relatives aux offres de paiement et la consignation. (C. civ., 1043 à 1050.)

I. — Joignez les articles 1043 à 1040 du Code civil.

Lorsque le créancier refuse de recevoir en paiement, dit l'article 1043 du Code civil, le débiteur peut lui faire des offres réelles et, au refus du créancier de les accepter, consigner la somme ou la chose offerte.

II. — Mais pourquoi le créancier refuserait-il le paiement? Parce que, répond Boitard, 1072, la somme offerte lui paraît insuffisante, ou parce que le débiteur exige dans la quittance des conditions que le créancier n'accepte pas.

III. — Le débiteur qui veut se libérer, ajoute le même auteur, doit encore avoir recours aux offres réelles et à la consignation, sans que le créancier refuse de recevoir, lorsque les créanciers du créancier ont formé des saisies-arrêts entre les mains du débiteur. Il peut tenir à se libérer sans attendre l'issue d'une instance en saisie-arrêt.

IV. — Le débiteur doit faire des offres *réelles* c'est-à-dire présenter matériellement au créancier la chose ou la somme offerte, et être prêt à la lui remettre si les offres sont acceptées.

V. — Si c'est une somme d'argent qui est offerte, le procès-verbal doit contenir l'énumération et la qualité des espèces, indiquer, par exemple, non seulement quel est le montant des offres, mais combien de pièces d'or, combien de pièces d'argent de 1 gourde, de 50 centimes, de 20 centimes, etc., ont été offertes.

VI. — L'offre d'une somme en billets de banque est valable, quand la loi décide que ces billets seront reçus comme monnaie légale.

VII. — Le procès-verbal est fait ordinairement par un huissier. Toutefois on reconnaît généralement que les notaires pourraient aussi dresser ces sortes de procès-verbaux ; l'article 1044, n° 7 du Code civil exige seulement que ce soit un officier ministériel ayant caractère pour ces sortes d'actes. (BOITARD, 1073.)

VIII. — Par l'article 1044, n° 6, du Code civil, on voit que les offres peuvent être faites à domicile aussi bien qu'à la personne. Celui-là à qui la copie sera laissée au domicile et à l'absence du créancier, répondra vraisemblablement, dit Boitard, qu'il n'a pas mission de recevoir les offres. L'officier ministériel constate cette réponse sur son procès-verbal, déclare qu'il la considère comme un refus. — Si le créancier a l'intention d'accepter, dès que la copie sera parvenue, il ira trouver l'officier ministériel, et lui déclarera son acceptation.

IX. — La sommation prescrite par l'article 1045-1° du Code civil, indicative du jour, de l'heure et du lieu de la consignation des offres réelles, est valablement signifiée au domicile élu par le créancier pour l'exécution du contrat ; il n'est pas nécessaire qu'elle soit signifiée à son domicile réel. (SIREY, sous l'art. 814, Proc. civ.)

X. — Des offres faites à la barre du tribunal sont valables, sans besoin de consignation effective des valeurs offertes : il n'en est pas comme des offres réelles faites par exploit. Peu importe, au surplus, que ces offres à la barre aient été elles-mêmes précédées d'offres réelles non suivies de consignation ; l'inefficacité dont celles-ci se trouveraient frappées est sans influence sur les secondes. (*Ibid.*, 5.)

XI. — L'assignation en validité d'offres peut être donnée au domicile élu pour le paiement et auquel doivent être faites les offres. (*Ibid.*, 3, sous l'art. 815.)

XII. — Et l'assignation en nullité d'offres pour cause d'insuffisance est aussi valablement donnée au domicile élu dans l'acte d'offres. (*Ibid.*, 4.)

XIII. — Le juge de paix est compétent pour connaître d'offres réelles, si ces offres se rattachent à une contestation rentrant dans sa compétence. (*Ibid.*, 8.)

XIV. — Mais lorsque la demande en validité d'offres est faite *sauf à parfaire,* elle constitue une demande d'une valeur indéterminée qui doit être portée non devant le juge de paix, mais devant le tribunal civil. — Bordeaux, 19 juin 1852. (*V.* SIREY, au supplément, 3, sous l'art. 815, Proc. civ.)

FORMULE N° 155. — Procès-verbal d'offres réelles.

L'an....., etc., à la requête de.....; etc., j'ai....., huissier, etc., offert réellement et à deniers découverts, au citoyen B....., etc., en son domicile et parlant à ....., la somme de cent dix gourdes en vingt-cinq billets de caisse de la valeur de deux gourdes chacun et soixante billets de la valeur d'une gourde chacun, le tout ayant cours dans la République, pour libérer le requérant des condamnations contre lui prononcées en faveur dudit citoyen B..... par jugement du ....., etc., savoir : cent gourdes pour le principal, cinq gourdes pour les frais liquidés, deux gourde et demie pour les intérêts échus et deux gourdes et demie pour les frais non liquidés, sauf à parfaire ou diminuer d'après la taxe. (*Ou bien* : la somme de....., etc., le tout ayant cours dans la République, savoir : cent gourdes pour ouvrages et travaux faits par ledit B.... pour le requérant dans la maison où celui-ci demeure et pour lesquels ledit B..... demande une somme de cent vingt gourdes par son exploit de citation de....., huissier, en date du.....; 2° deux gourdes cinquante centimes pour les intérêts de ladite somme de cent gourdes ; 3° et sept gourdes cinquante centimes pour les frais et dépens qui ont pu être faits jusqu'à présent, à la requête dudit B....., et sauf à cet égard à parfaire ou ou diminuer d'après la taxe qui sera faite desdits frais et dépens.)

Les présentes offres sont faites à la charge pour le citoyen B..... de les recevoir et de m'en donner bonne et valable quittance et décharge.

Lequel susnommé, en parlant comme ci-dessus, ayant répondu

(*Si le créancier accepte et qu'il n'y ait pas d'opposition :*)

Qu'il est prêt à recevoir ladite somme, je lui ai remis à l'instant les cent dix gourdes susénoncées, ainsi qu'il le reconnaît ; en conséquence, il a déclaré décharger le requérant et m'a remis la grosse, etc.

(Si le créancier refuse :)

Qu'il refuse de recevoir ladite somme, je lui ai déclaré que j'allais en faire la consignation; en conséquence, je l'ai sommé, domicile et parlant comme dessus, de se présenter le ....., à ..... heures de ....., au greffe du tribunal de paix de cette commune pour voir opérer ladite consignation.

En foi de quoi j'ai dressé le présent procès-verbal, et le citoyen B..... ayant signé *ou* refusé de signer, je lui ai, en parlant comme dessus, laissé copie du présent, sous toutes réserves de droit pour ma partie. Dont acte. Le coût est de.....

En cas d'offres faites par un tiers saisi qui ne veut pas attendre l'issue de l'instance en saisie-arrêt :

Les présentes offres sont faites, à la charge par ledit citoyen B..... de les recevoir et de m'en donner bonne et valable quittance et décharge; plus, mainlevée pure et simple, entière et définitive et en bonne forme, d'une opposition formée sur ledit B. ..., ès-main de l'offrant, à la requête du sieur L....., par exploit de N....., huissier, en date du.....

Lequel susnommé, en parlant comme dessus, ayant répondu qu'il accepte *ou* qu'il refuse lesdites offres, j'ai, huissier susdit et soussigné, faisant toutes réserves de droit pour ma partie, et à pareilles requête et demeure que dessus, sommé ledit B..., domicile et parlant comme dessus, de comparaître demain....., à neuf heures du matin (défaut à dix heures du matin) au greffe du tribunal de paix de cette commune, pour être présent, si bon lui semble, au dépôt qu'y effectuera le requérant, de la somme présentement offerte et des intérêts courus jusqu'au jour dudit dépôt, à la charge de l'opposition susénoncée, lui déclarant qu'il y sera procédé tant en absence que présence, et qu'il sera dressé du tout procès-verbal, conformément à la loi.

En foi de quoi, etc.

FORMULE N° 156. — Procès-verbal de consignation.

L'an....., à la requête de.... , je....., huissier....., me suis transporté au greffe du tribunal de....., à l'effet de consigner la somme de....., aux risques du citoyen B..., par suite d'offres réelles à lui faites par procès-verbal du.....

Le citoyen B..., présent, ayant refusé de recevoir ladite somme (*ou bien* n'ayant pas comparu quoique dûment sommé à cet effet), j'ai remis au citoyen ....., greffier, qui le reconnaît, la somme de ....., consistant en ..... billets, etc.; le tout ayant cours dans la République, pour le compte dudit citoyen B..., qui en retirant ladite somme sera tenu de décharger le requérant, de lui remettre la grosse du jugement, etc., et de payer tous les frais des offres et consignation; et ce, sous la responsabilité spéciale dudit greffier. — En foi de quoi j'ai dressé le présent procès-verbal que le greffier a signé avec moi et dont copie a été remise audit greffier et audit citoyen B..., (*s'il est présent*).

En cas d'absence, la signification lui est faite en ces termes:

L'an....., à la requête....., j'ai....., signifié et donné copie du procès-verbal de consignation ci-dessus au citoyen B.. , demeurant à ......, en son domicile, parlant à ....., afin qu'il n'en ignore, le sommant de retirer, si bon lui semble, la somme déposée, en satisfaisant toutefois aux conditions dudit dépôt; dont acte, etc.

REMARQUE. — *Si les offres sont faites en exécution d'un jugement à charge d'appel, la demande en nullité ou la demande en validité doit être portée au tribunal civil.*

TITRE II

De la Saisie-gagerie et de la Saisie foraine.

ART. 717. — Les propriétaires, principaux locataires et fermiers de maisons ou biens ruraux, soit qu'il y ait bail, soit qu'il n'y en ait pas, peuvent, un jour après le commandement, et sans permission du juge, faire saisir-gager, pour loyers et fermages échus, les effets et fruits étant dans lesdites maisons ou bâtiments ruraux, et sur les terres. (C. civ., 1483, 1485, 1499-2°, 1869-1°, 2012; — Proc. civ., 473, 504, 548, 573, 574, 585, 680, 718.)

Ils peuvent même faire saisir-gager à l'instant, en vertu de la permission qu'ils en auront obtenue, sur requête, par ordonnance du juge.

Ils peuvent aussi faire saisir les meubles qui garnissaient la maison ou les bâtiments ruraux, lorsqu'ils ont été déplacés sans leur consentement; et ils conservent sur eux leur privilège, pourvu qu'ils aient fait la revendication, conformément à l'art. 1869 du Code civil.

ART. 718. — Peuvent les effets des sous-fermiers et sous-locataires, garnissant les lieux par eux occupés, et les récoltes

des terres qu'ils sous-louent, être saisis-gagés pour les loyers
et fermages dus par le locataire du fermier de qui ils tiennent;
mais ils obtiendront mainlevée en justifiant qu'ils ont payé
sans fraude, sans que néanmoins ils puissent opposer des paiements faits par anticipation. (C. civ., 1488, 1524, 1369-1°.)

Art. 719, — La saisie-gagerie sera faite en la même forme
que la saisie-exécution : le saisi pourra être constitué gardien. (C. civ., 928, 1729; — Proc. civ., 504 et suiv., 517 et
suiv., 720, 728.)

1. — La saisie-gagerie est la mise sous la main de justice d'effets,
meubles et fruits appartenant aux locataires ou fermiers, à la requête
des propriétaires ou principaux locataires pour sûreté des loyers ou
fermages (Boitard). — C'est un moyen prompt et facile donné aux
propriétaires ou principaux locataires de conserver ces objets garnissant les lieux loués ou qui en ont été enlevés, afin d'exercer sur eux
le privilège que leur accorde la loi. (Art. 1869-1°, C. civ.)

II. — *Faire saisir-gager à l'instant, en vertu de la permission.....*
C'est-à-dire sans le commandement préalable. (Sirey, 17, sous l'art.
819, Proc. civ., Boitard, 1082.) La garantie de la sommation préalable, dit ce dernier, est remplacée par celle de l'autorisation du juge,
qui ne devra l'accorder qu'en cas d'urgence ou de péril en la demeure.

III. — Si les causes de la saisie-gagerie rentrent dans la compétence du juge de paix, c'est à ce magistrat qu'il faut s'adresser pour
l'autorisation comme pour la validité. (Sirey, 18, *loco citato*; Boitard, 1082, 1088.)

IV. — Est nulle la saisie-gagerie lors de laquelle le saisissant a
été établi gardien. (Sirey, 2, sous l'art. 821.)

V. — Il n'est pas nécessaire, comme au cas de saisie-exécution
(art. 516), d'indiquer le prix de la vente (*Ibid.*, 3), — puisque la
vente, dans le cas où elle doit avoir lieu, ne pourra être faite qu'après
le jugement sur la validité de la saisie (art. 722). — Mullery, p. 116.

Art. 720. — Tout créancier, même sans titre, peut, sans
commandement préalable, mais avec permission du juge,
faire saisir les effets trouvés en la commune qu'il habite, ap-

partenant à son débiteur forain. (Proc. civ., 479, 721 et suiv., 724.)

Art. 721. — Le saisissant sera gardien des effets, s'ils sont en ses mains; sinon, il sera établi un gardien. (C. civ., 928, 1729; — Proc. civ., 517 et suiv., 719.)

I. — Le débiteur forain est celui qui habite *foras*, ou dehors, c'est-à-dire étranger à la commune où est domicilié le créancier. Il est bien entendu que le mot *étranger* s'applique ici à l'Haïtien ou autre qui n'habite pas la commune.

II. — Lorsque le saisissant n'a pas les effets en ses mains, l'huissier ne peut lui en confier la garde. Il ne peut non plus la confier au saisi. (Sirey, 1 et 2, sous l'art. 823.)

Art. 722. — Il ne pourra être procédé à la vente, sur les saisies énoncées au présent titre, qu'après qu'elles auront été déclarées valables; le saisi, dans le cas de l'article 719, le saisissant dans le cas de l'article 721, ou le gardien, s'il en a été établi, seront condamnés par corps à la représentation des effets. (C. civ., 1825, 1826-4°; — Proc. civ., 133, 534, 538 et suiv., 723.)

Art. 723. — Seront, au surplus, observées les règles ci-dessus prescrites pour la saisie-exécution, la vente et la distribution des deniers. (Proc. civ., 504 et suiv., 508 et suiv., 722.)

I. — Le tribunal compétent pour connaître de la saisie, est celui du lieu de cette saisie; et le tribunal de paix, si les causes de la saisie rentrent dans sa compétence. (Sirey, 1 et 2, sous l'art. 824; Boitard, 1088.)

II. — Un jugement de validité de la saisie est nécessaire, même alors que cette saisie a été faite en vertu d'un titre exécutoire. (Sirey, 4.)

FORMULE N° 157. — Commandement qui précède une saisie-gagerie.

L'an....., en vertu de l'art. 717 du Code de procédure civile; et à la requête de A..., (*profession et demeure*, avec élection de domicile dans la commune, *si le saisissant n'y demeure pas*), j'ai (*immatricule de l'huissier*) soussigné, fait commandement au nom de la République, la Loi et Justice, au citoyen B..., locataire sans bail, d'un appartement au rez-de-chaussée de la maison sise en cette ville de . .., rue ....., propriété du requérant, où demeure ledit citoyen B..., en son domicile étant et parlant à .....

De payer audit sieur A..., ou à moi huissier, la somme totale de quatre-vingt-dix gourdes pour trois mois échus le ....., des lieux qu'il occupe à raison de trente gourdes par mois, sans préjudice de tous autres dus, droits, actions, intérêts et frais.

Lequel, en parlant comme dessus, a refusé de payer; pourquoi je lui ai déclaré qu'il y serait contraint par toutes voies de droit, et notamment par la saisie-gagerie des meubles et effets dans les lieux par lui occupés; à ce qu'il n'en ignore, et je lui ai, etc.

FORMULE N° 158. — Requête à fin de saisir à l'instant et sans commandement préalable les meubles et effets garnissant les lieux occupés par le locataire.

A Monsieur le Juge de paix de .....

Le citoyen A..., propriétaire, demeurant à ....., expose bien humblement que le citoyen B..., l'un de ses locataires sans bail, en la maison sise en cette ville, rue ....., sa propriété, lui doit trois mois de loyers échus le ....., et formant une somme de quatre-vingt-dix gourdes;

Qu'il vient d'apprendre que ledit B... se dispose à faire enlever quelques-uns des meubles et effets garnissant les lieux, pour les soustraire, sans doute, aux poursuites de l'exposant;

A ces causes, il vous plaira permettre à l'exposant, pour sûreté, conservation et avoir paiement des loyers qui lui sont dus par ledit sieur B..., de faire saisir-gager à l'instant tous les meubles et effets se trouvant dans les lieux audit B..., dans ladite maison, rue ..... ; vu l'urgence, permettre aussi l'enregistrement de votre ordonnance ensemble avec l'exploit qui s'ensuivra. Et vous ferez justice.

(Signature de la partie.)

FORMULE N° 159. — Permission du juge.

Au nom de la République

Nous....., juge de paix de.....
Vu la requête qui précède, permettons en vertu de l'article 717 du Code de procédure, au citoyen A... de faire procéder à la saisie-gagerie sur le citoyen B..., ainsi qu'il est requis ; et, vu l'urgence, permettons l'enregistrement de notre présente ordonnance, ensemble avec l'exploit qui sera donné à l'effet que dessus.
Donné à..... le.'....

FORMULE N° 160. — Requête à fin de saisir les effets du débiteur forain.

A Monsieur le Juge de paix de.....
Le citoyen A..., marchand, patenté au n°....., demeurant en cette ville, expose qu'il est créancier du citoyen B..., demeurant à Léogane, de la somme de..... pour *telle* cause, etc.
Que, ledit B... actuellement en cette ville, étant sur le point de retourner à Léogane, il devient urgent de saisir, dans le plus court délai, les effets qui lui appartiennent et qui sont dans *tel endroit* de cette ville.
A ces causes, il vous plaira permettre au requérant, pour sûreté, conservation et avoir paiement de sa créance, de saisir à l'instant les effets appartenant au citoyen B..., et étant dans *tel endroit* chez *tel*, etc.

FORMULE N° 161. — Citation en validité de saisie-gagerie.

L'an....., à 'la requête de A..., *(profession et demeure,* avec élection de domicile, *s'il ne demeure pas* dans la commune).
J'ai (*immatricule de l'huissier*), soussigné, cité le citoyen B..., locataire sans bail, d'un appartement au rez-de-chaussée, etc., où il demeure, en son domicile étant et parlant à.....
A comparaître le....., à heure de....., par-devant M. le Juge de paix de....., pour..... attendu que le citoyen A... a loué au citoyen B..., moyennant le prix de trente gourdes par mois, un appartement, etc.
Se voir condamner, le citoyen B..., à payer au requérant la somme de quatre-vingt-dix gourdes pour trois mois de loyers des lieux dont s'agit, échus le....., avec les intérêts de ladite somme tels que de droit, et pour faciliter le paiement, voir déclarer bonne et valable la saisie-gagerie faite

sur ledit citoyen à la requête dudit citoyen A..., par procès-verbal de N...,
huissier, en date du....., enregistré, et voir pareillement dire et ordonner
qu'aux requête, poursuite et diligence du demandeur, il sera procédé à la
vente, au plus offrant et dernier enchérisseur, desdits meubles et effets
saisis, et ce, dans les formes établies par la loi; et à l'effet de tout ce que
dessus, voir aussi dire et ordonner que le gardien établi sera tenu de représenter lesdits meubles et effets; à qui il sera contraint, même par corps,
pour les deniers à provenir de la vente, être remis audit citoyen A...; de
préférence à tous autres créanciers, attendu la nature de son privilège, en
déduction ou jusqu'à due concurrence de sa créance en principal, intérêts,
frais, dépens, mise d'exécution en accessoires, et pour, en outre, répondre
et procéder comme de raison, à fin de dépens.

Et j'ai, au susnommé, en son domicile, et parlant comme dessus, laissé
copie du présent exploit, dont le coût est de.....

Remarque. — *Cette demande, étant l'exercice d'une action personnelle, se
porte au tribunal du domicile de la partie saisie.*

TITRE III

De la Saisie-Revendication.

Art. 724. — Il ne pourra être procédé à aucune saisie-
revendication qu'en vertu d'ordonnance du juge, rendue sur
requête : et ce, à peine de dommages-intérêts, tant contre la
partie que contre l'huissier qui aura procédé à la saisie. (C.
civ., 939, 1168, 1693, 1869-1°, 2044, 2045; — Proc. civ., 81,
139, 479, 529, 635, 720, 725 et suiv. — C. com., 570 et suiv.)

Art. 725. — Toute requête à fin de saisie-revendication
désignera sommairement les effets. (Proc. civ., 529, 626, 717.)

Art. 726. — Le juge pourra permettre la saisie-revendication, même les jours de fêtes légales. (Proc. civ., 13, 73,
691, 706, 958; — C. com., 131, 159, 184; — C. pén., 22.)

Art. 727. — Si celui chez lequel sont les effets qu'on veut
revendiquer refuse les portes ou s'oppose à la saisie, il en
sera référé au juge; et cependant il sera sursis à la saisie sauf

au requérant à établir garnison aux portes. (Proc. civ., 508, 704 et suiv.)

ART. 728. — La saisie-revendication sera faite en la même forme que la saisie-exécution, si ce n'est que celui chez qui elle est faite pourra être constitué gardien. (C. civ., 928, 1729; — Proc. civ., 504 et suiv., 517 et suiv., 719, 721.)

ART. 729. — La demande en validité de la saisie sera portée devant le tribunal du domicile de celui sur qui elle est faite; et si elle est connexe à une instance déjà pendante, elle le sera au tribunal saisi de cette instance. (C. civ., 91; — Proc. civ., 434, 955.)

I. — La saisie-revendication est, en général, l'action par laquelle une personne se prétend propriétaire d'une chose possédée par un tiers et demande que la possession en soit retirée à ce dernier. (BOITARD, 1089.)

II. — Mais notre droit reconnaît, outre cette revendication de propriété (art. 2044, C. civ.), une revendication de la possession à titre de gage, comme dans le cas de l'art. 1869-1°, C. civ. et 717 Proc. civ. (*Ibid.*)

III. — Ainsi le demandeur pourra former une saisie-revendication, soit qu'il se prétende propriétaire, dans les cas où la revendication des meubles est admise, soit qu'il veuille les faire réintégrer dans les lieux loués pour être affectés au gage de sa créance.

IV. — L'autorisation pour procéder à la saisie-revendication doit être donnée par le juge du lieu où est domicilié le détenteur des objets revendiqués. (SIREY, 1, sous l'art. 826.)

V. — Le jugement sur la demande en validité porte naturellement sur la forme et le fond. Pour avoir définitivement gain de cause, « il ne suffit pas à une partie de remplir toutes les formalités tracées « par la loi en matière de saisie. La permission du juge de saisir- « revendiquer ne peut avoir pour effet de lier le tribunal *dans son appré-* « *ciation*. Il peut donner mainlevée sur l'objet saisi, s'il reconnaît que « les droits du saisissant ne sont pas fondés. » (Cass., 19 août 1850; — L. P., sous l'art. 725, Proc. civ.)

FORMULE N° 162. — **Requête à fin d'avoir permission de saisir-revendiquer.**

A Monsieur le Juge de paix de.....

Le citoyen..... etc.

: Expose que B..., l'un de ses locataires, etc., est débiteur envers lui d'une somme de....., pour trois mois de loyer échus le.....;

Que ledit B..., ayant déménagé à l'insu de l'exposant, a transporté, le....., en une chambre dépendante d'une maison appartenant au sieur D..., sise en cette ville, rue....., la totalité des meubles qui, auparavant, garnissaient les lieux occupés par B... en la maison de l'exposant;

Pourquoi il vous plaira, Magistrat, permettre au requérant de faire saisir-revendiquer en ladite chambre, etc., les meubles dudit citoyen B..., qui y ont été transportés; etc.

N° 8 — LOI

Sur la cassation des jugements en matière civile et en matière de commerce.

TITRE PREMIER

Des ouvertures en cassation.

ART. 918. — Les demandes en cassation des jugements définitifs rendus en dernier ressort par les tribunaux de paix ne pourront avoir lieu que pour cause d'incompétence ou d'excès de pouvoir.

I. — C'est à cause de l'importance minime des affaires que les juges des paix décident en dernier ressort, que la loi n'autorise pas aussi le pourvoi en cassation contre leurs jugements, comme elle le fait à l'égard de ceux des tribunaux civils et de commerce pour *vices de forme, violation de la loi, fausse application de la loi, fausse interpretation de la loi.* (Art. 917.)

II. — *Pour cause d'incompétence ou d'excès de pouvoirs.* Au premier aspect, dit Boitard, ces deux expressions *incompétence, excès de pouvoir* se confondent (et en effet, dans l'énumération de l'art. 917, on s'est borné à employer le mot *excès de pouvoir*).... Quand un tribunal connaît d'une affaire pour laquelle il est incompétent, il est vrai de dire, à la lettre, que ce tribunal excède, dépasse ses pouvoirs ; et réciproquement, quand un tribunal excède les pouvoirs que lui a tracés la loi, quand il dépasse les limites dans lesquelles son autorité est renfermée, il est vrai de dire, dans le sens général du mot, qu'il commet un fait d'incompétence. Cependant, dans le langage exact et technique, on sépare ces deux mots : *incompétence* ou *excès de pouvoir.* L'art. 918 les emploie comme distincts.

III. — Ainsi on dira spécialement qu'il y a incompétence lorsqu'un tribunal aura connu d'une affaire dont la loi attribuait la connaissance et le jugement à un autre tribunal. Cette incompétence constitue bien une ouverture de cassation, sauf cependant à distinguer entre l'incompétence *ratione personæ* et l'incompétence *ratione materiæ.*

IV — Car il faut se rappeler que l'incompétence *ratione personæ* ne donnera lieu à cassation qu'autant que les parties n'y auront pas renoncé, ne l'auront pas couverte, et cette exception est couverte ou abandonnée par cela seul qu'elle n'est pas opposée dès le début de la procédure. (Boitard.)

V. — Quant aux excès de pouvoir, disait en France M. Barthe, garde des sceaux, en présentant à la Chambre des Pairs, le projet de la loi de 1838 sur les justices de paix, ils consistent, non dans les actes par lesquels le juge de paix aurait empiété sur les attributions d'une autre juridiction, mais dans ceux par lesquels il aurait fait ce qui ne serait permis à aucune juridiction établie, comme, par exemple, s'il avait disposé par voie réglementaire, fait un statut de police, taxé des denrées, défendu l'exécution d'une loi, contrarié des mesures prises par l'administration. Dans ces circonstances, toujours rares, mais importantes, l'ordre général est troublé, l'annulation de l'acte illégal ne peut être demandée à une autorité trop élevée. » (*Voir* Allain, tome II, n° 3170.)

VI. — Spécialement le juge de paix commet un excès de pouvoir lorsqu'en dehors de ses attributions, il condamne un huissier à l'amende. (Bioche, *Dictionnaire des Juges de Paix* ; — Cass., 4.)

VII — Lorsqu'en matière d'action *possessoire*, il cumule le possessoire et le pétitoire (*Ibid.*); puisque ce n'est permis à aucun tribunal.

VIII. — Il a été jugé qu'un juge de paix commet un excès de pouvoir, lorsqu'après avoir statué sur une demande, il y statue une seconde fois, sur une citation nouvelle donnée par le demandeur qui a déclaré se désister du premier jugement rendu à son profit..... peu importe qu'un nouveau chef de conclusions ait été ajouté à la seconde. (Cour de cassation de France, 22 avril 1830; *Ibid.*; — Jugement du trib. de paix, 129.)

IX. — Il a été jugé aussi par notre tribunal de cassation que, s'il ne résulte qu'un moyen de requête civile de ce qu'un tribunal a omis de prononcer sur un chef de demande, il en est autrement de l'omission de statuer sur un moyen de défense ou sur une exception du défendeur. Dans ce dernier cas, il y a violation du droit de la défense, et partant, excès de pouvoir. (27 sept. 1858; — L. P., 66, sous l'art. 917, Pr. c.; — *V.* aussi note 69 : Cass., 9 mai 1859 (1); — Note 73 : Cass., 19 août 1861 (2); — Notes 75 et suiv., etc.)

X. — Mais la partie qui a comparu volontairement devant la justice de paix pour y plaider de nouveau sur une question déjà décidée par un premier jugement, a, par là, renoncé à se prévaloir contre l'excès de pouvoir commis par le juge de paix. (Cass., 24 oct. 1831; — L. P., 1, sous l'art. 918.)

XI. — Lorsque, par un premier jugement, le juge de paix a jugé une contestation sur laquelle il a rendu encore un jugement contre lequel on se pourvoit, et qu'il résulte de ce dernier jugement que la demanderesse avait acquiescé à la nouvelle action de son adversaire, puisqu'elle a fait choix d'un expert pour l'estimation de l'ouvrage qui faisait l'objet du litige, — l'exception de la chose jugée étant une de celles auxquelles les parties peuvent renoncer, et que le juge n'est point tenu de suppléer d'office, il s'ensuit que le jugement attaqué n'est vicié ni d'incompétence ni d'excès de pouvoir, et qu'aux termes de l'art. 918 du Code de procédure civil, il n'est point susceptible de recours en cassation. (Cass., 7 juillet 1851 ; — L. P., 5, sous l'art. 918.)

---

(1) Bulletin des arrêts du tribunal de cassation, n° 2, arrêt n° 15.

(2) *Ibid.*, n° 31, arrêt n° 284.

XII. — Le rejet par le juge de paix d'un moyen de prescription, par appréciation du fond du procès, peut être un mal jugé, mais ne constitue pas un excès de pouvoir. (BIOCHE, *loco citato*, 128.)

XIII. — Le défaut de motifs ou de publicité n'est point un excès de pouvoir qui donne ouverture à cassation contre le jugement d'un tribunal de paix. (*Ibid.*, 130.)

XIV. — On peut toujours se pourvoir contre un jugement définitif rendu en dernier ressort. Peu importe qu'il soit mal à propos qualifié en premier ressort. (*Ibid.*, Cass., 9.)

ART. 919. — Les jugements interlocutoires qui préjugent le fond, et les jugements rendus en matière de compétence, peuvent être attaqués par la voie de cassation, mais le pourvoi ne suspendra pas le jugement du fond, sauf à la partie qui succombera à se pourvoir contre ce dernier jugement.

I. — Il s'ensuit qu'on n'est pas astreint à attaquer les jugements interlocutoires ensemble avec les jugements définitifs. — Il est facultatif de diriger le pourvoi séparément, uniquement contre les jugements interlocutoires. (*V.* L. P., 5, sous l'article ; — Cass., 17 avril 1860 ; — Bulletin et arrêts du trib. de cass. de la République, n° 13, arrêt n° 110.)

II. — En général, l'exécution, même volontaire, des jugements préparatoires ne peut être opposée comme fin de non-recevoir à un pourvoi de cassation. (Cass., 14 fév. 1831 ; — L. P., sous l'art. 919.) Le jugement interlocutoire, rapporte Bioche au mot *Cassation*, n° 11, — s'il ne cause aucun préjudice irréparable à la partie condamnée, doit être *ici* assimilé au jugement préparatoire.

ART. 920. — La contrariété de jugements rendus entre les mêmes parties sur les mêmes moyens en différents tribunaux donne ouverture à cassation.

I. — Bioche, dans son Dictionnaire des Juges de paix, au mot *Jugement du tribunal de paix*, — mentionne (110) cette ouverture de cassation. Il en résulte, semble-t-il, que, selon lui, l'article est applicable aussi aux jugements de justice de paix.

II. — *En différents tribunaux.* — Quand le cas se présente pour des jugements émanés du même tribunal, il constitue une ouverture de requête civile. (Art. 416.)

Art. 921. — L'acquiescement positif d'une partie à un jugement la rend non recevable à se pourvoir en cassation contre ce même jugement.

I. — Acquiescer à un jugement, c'est consentir volontairement et sans restriction à son exécution. Selon le vœu du législateur, il faut nécessairement que cette volonté soit positive et clairement exprimée. — Dès lors, le paiement fait avec réserves ne constitue nullement un acquiescement formel au jugement. (Cass., 4 juin 1860 ; — L. P., 9, sous l'art. 921 ; — Bulletin officiel, n° 16, arrêt n° 140.)

II. — Et même quelquefois sans réserves. Ainsi, de ce que le demandeur en renvoi a plaidé contradictoirement avec son adversaire par suite du rejet de son déclinatoire, il ne s'ensuit nullement qu'il ait renoncé à sa demande en renvoi ni qu'il y ait de sa part un acquiescement, qui ne saurait exister sans une volonté expresse. (Cass., 18 juin 1860 ; — *Ibid.*, 10 ; — Bulletin, n° 17, arrêt n° 147.)

III. — Ni quand la partie acquitte le montant des condamnations prononcées contre elle, pour obéir seulement aux ordres de la justice, et afin d'éviter les poursuites rigoureuses qui pourraient être exercées contre elle. (Cass., 8 mars 1830 ; — *Ibid.*, 1 ; — V. aussi notes 2, 3, 7, 8.)

IV. — De même, la partie qui ne satisfait que sur poursuites, aux condamnations prononcées contre elle par un jugement exécutoire par provision, n'acquiesce pas à ce jugement. Elle ne fait alors qu'obéir à la justice et céder à la force. (Bioche, *Acquiescement*, 38.)

V. — Mais il a été jugé que l'acquittement des frais sur simple commandement, et sans nulle réserve ni protestations quelconques, constitue un acquiescement positif au jugement, et rend le débiteur nhabile à se pourvoir en cassation contre ledit jugement (Cass., 6 mai 1839 ; — L. P., 6, sous l'art. 921 ; — *Contrà*, Cass., 28 février 1835 ; — L. P., 2.) — Voir un arrêt de la Cour de cassation de France, 25 août 1810, d'où il résulte que l'exécution sans réserves d'un jugement en dernier ressort, faite sur les poursuites de l'adversaire, par exemple le paiement des frais, ne rend pas le pourvoi en cassation non recevable. (BIOCHE, *loco citato*, 50.)

VI. — Enfin, pour enlever tout doute sur son intention, quand on ne veut pas acquiescer à un jugement qu'on est cependant obligé d'exécuter en tout ou en partie, il est prudent de faire ses réserves, — de déclarer formellement qu'on obéit aux ordres de la justice, *contraint et forcé*.

TITRE II

Des Délais pour se pourvoir.

ART. 922. — Les parties, leurs héritiers ou ayants cause auront trente jours pour faire leur déclaration de pourvoi, à dater de la signification du jugement à personne ou domicile.

Ce délai emportera déchéance; il courra contre toutes personnes, sauf le recours des personnes incapables contre ceux qui auraient dû agir pour elles. (Proc. civ., 929, 954.)

I. — *Trente jours*. — Le jour où commence ce délai doit être mis à l'écart, ne pouvant être compris dans les trente jours. Ainsi le jugement attaqué ayant été signifié le 27 mars, le pourvoi formé le 26 avril est régulier. (Cass., 17 oct. 1833; Cass., 7 juillet 1857; — L. P., 12 et 16, sous l'article.) Mais le jugement ayant été signifié le 10 décembre, l'acte déclaratif du pourvoi dressé le 11 janvier au lieu de l'être le 9 entraîne la déchéance. (Cass., 16 sept. 1861; — Bulletin n° 34, arrêt n° 302.)

II. — Lorsqu'il s'agit d'un jugement par défaut, le délai de l'art. 922 est suspendu pendant le temps que la voie de l'opposition reste ouverte à la partie défaillante (trois jours, dit l'art. 28, Pr. c.; — Cass., 12 août 1830; — L. P., 10).

III. — La déclaration du pourvoi faite avant la signification du jugement attaqué est nulle. (Cass., 26 mars 1838; — *Ibid.*, 2.)

IV. — D'après la doctrine consacrée par les arrêts du tribunal de cassation, la signification du jugement attaqué qui est réputée bonne et valable, est celle qui est faite au domicile réel et non au domicile élu. (Cass., 12 nov. 1838; — *Ibid.*, 4; — *V.* aussi note 2 : Cass., 26 mars 1838.)

V. — Lorsque dans le doute, une partie prend simultanément les deux voies de l'appel et du recours en cassation contre un jugement de tribunal de paix qui serait peut-être en dernier ressort mais qualifié de premier ressort, — il n'y a pas positivement conflit. Il en résulte seulement que l'un des deux recours demeurera non avenu. Si donc le tribunal de cassation reconnaît que le jugement attaqué est en dernier ressort et que le pourvoi est motivé sur l'incompétence et l'excès de pouvoir, il ne saurait déclarer la partie non recevable en son recours par le motif que cette partie se serait aussi pourvue en appel. — En effet, il pourrait advenir que la décision du tribunal d'appel rejetant le pourvoi parce que le jugement serait en dernier ressort, cette décision serait rendue trop tard pour que la partie se trouvât dans le délai de pourvoi en cassation. (*V.* Cass., 21 avril 1856; — L. P., 15.)

VI. — Il est de règle que personne ne peut se pourvoir pour et au nom des parties sans être muni d'un mandat spécial par lequel la partie qui veut recourir à cette voie déclare formellement sa volonté à cet effet. L'absence de ce mandat spécial s'oppose à ce qu'il soit constaté si le demandeur a eu réellement la volonté de recourir à la voie extraordinaire de la cassation contre le jugement. (Cass., 8 août 1848; — *Ibid.*, 13, sous l'art. 927; — *V.* aussi note 14.)

VII. — Les parties qui ne peuvent pas, conformément aux art. 922 et 926 combinés, se présenter elles-mêmes pour se pourvoir en cassation sont bien autorisées, d'après les règles du droit commun, à se faire représenter par un mandataire spécial. Mais, bien que la ratification ultérieure d'un acte lui donne la même force que s'il avait été consenti par le ratifiant lui-même, l'art. 922 fixant un délai pour se pourvoir en cassation, il est évident que la déchéance frappe également toute ratification qui n'aurait pas été faite dans le délai de la loi. (Cass., 16 sept. 1850; — *Ibid.*, 10, sous l'art. 926.)

' VIII. — Si la déclaration de pourvoi a été faite sans provocation, il faut, pour sa validité, qu'elle soit rectifiée par les parties dans le délai du pourvoi..... Mais, comme il n'entre nullement dans les attributions des juges de paix de recevoir et de délivrer des procurations, et comme ces actes ne peuvent être délivrés que par les notaires, seuls officiers publics ayant le caractère légal pour cet effet, il est évident que, si la procuration d'une partie pour se pourvoir en cassation a été reçue et délivrée par un juge de paix, cet acte ne peut être considéré comme une procuration authentique, n'ayant pas été reçu par l'officier public désigné par la loi pour le recevoir ; il ne peut non plus même être considéré comme procuration sous signature privée, n'ayant pas été signé par les mandants ; partant, cette procuration, ne portant aucun caractère légal, est nulle et de nul effet. Cass., 17 déc. 1855. (*Ibid.*, 14, sous l'art. 922.)

ART. 925. — Le ministère public près les tribunaux civils et le ministère public près le tribunal de cassation auront, même après l'expiration des délais, la faculté de se pourvoir contre les jugements, dans l'intérêt seul de la loi, et sans que les parties puissent, dans ce cas, profiter de son action ou en souffrir de préjudice. (Proc. civ. 923.)

Dans l'intérêt seul de la loi. — C'est-à-dire pour maintenir aux yeux des tribunaux et des citoyens l'unité d'interprétation dans la législation. (BOITARD.)

TITRE III

De la forme du pourvoi.

ART. 926. — Les parties et le ministère public près les tribunaux civils qui veulent se pourvoir en cassation contre un jugement doivent en faire la déclaration au greffe du tribunal qui a rendu le jugement.

Le ministère public près le tribunal de cassation devra faire sa déclaration de pourvoi au greffe du tribunal de cassation.

ART. 927. — Il sera tenu au greffe de chaque tribunal un registre de déclarations de pourvoi en cassation ; toute déclaration de pourvoi y sera inscrite, et il y sera fait mention du jugement, de sa date, de celle de sa signification, des noms et qualités des parties, du défenseur que le pourvoyant aura constitué, s'il en a constitué un. L'acte sera signé par le pourvoyant, ou mention sera faite qu'il ne sait ou ne peut signer.

Sur le registre du greffe du tribunal de cassation, il sera de plus fait mention du tribunal qui aura rendu le jugement. (Proc. civ., 71.)

Voir *suprà*, sous l'art. 922, notes 6 et 7, pour les déclarations faites par un mandataire.

I. — La forme du pourvoi en cassation est la même pour les tribunaux de paix que pour les tribunaux civils et de commerce. Selon l'esprit des articles 926 et 927 du Code de proc. civ., la déclaration de pourvoi est un acte du greffe, et, par conséquent, ne peut être attribuée qu'aux greffiers. Or la déclaration faite contre un jugement de la justice de paix et reçue par le juge suppléant au lieu de l'avoir été par le greffier chargé de l'inscrire sur le registre à ce destiné doit être considérée comme non avenue. — Cass. 2 mars 1840. (L. P., 6, sous l'art. 927.)

II. — Une déclaration de pourvoi est un acte introductif de toute demande en cassation. Par conséquent, les personnes soumises au droit de patente ne peuvent se dispenser d'en insérer le numéro dans ledit acte, à peine de nullité. — Cass., 13 sept. 1847. (L. P., 6, sous l'art. 926.)

Bien entendu, dans les causes touchant l'industrie pour laquelle la patente est exigée. — De plus, la loi actuelle dispose que, en cas d'omission, la production de la patente devant les tribunaux équivaudra à l'accomplissement de la formalité.

Voir *infrà*, note 4, sous l'art. 929.

III. — L'expédition de la déclaration de pourvoi doit être faite sur timbre de 20 centimes. C'est un acte fait, il est vrai, au greffe d'un tribunal inférieur, mais destiné au tribunal de cassation. (Voir arrêts Cass., 15 oct., 19 nov., 17 déc. 1849 ; 4 mars 1850.) — (L. P., 8 et 9, sous l'art. 926.)

IV. — Le demandeur en cassation qui produit un certificat constatant que l'administration n'était point pourvue de timbres (de la quotité voulue), lorsque l'acte fut signifié, n'encourt aucune déchéance. Ce certificat, qui n'est pas revêtu de la formalité de l'enregistrement, ne cesse pas d'être un acte régulier, en ce que l'article 7 de la loi sur l'enregistremen le dispense de cette formalité. Cass., 18 déc. 1863. (L. P , 69, sous l'art. 929.)

V. — De ce qu'un jugement peut avoir plusieurs chefs distincts de condamnation, il s'ensuit que la partie qui se croit lésée dans ses droits peut se pourvoir en cassation contre un ou plusieurs chefs de ce jugement sans l'attaquer dans son entier. — Cass., 29 janvier 1838. (L. P., 2, sous l'art. 926.) — (*V.* dans ce sens d'une cassation partielle, les arrêts du 2 mai et du 28 nov. 1859, nᵒˢ 7472 du *Bulletin des arrêts* du trib. de Cass. — *Id. J. du Palais,* Contrainte par corps. 428.)

VI. — Le pourvoi en cassation exercé par plusieurs parties ayant un intérêt même et encore indivis, ne peut être rejeté comme non recevable, sur le motif qu'il serait irrégulier à l'égard de l'une ou de quelques-unes de ces parties. Cette règle est d'autant plus incontestable qu'il est de principe que lorsque la cassation d'un jugement est prononcée sur le pourvoi d'une partie ayant avec une autre un intérêt même et indivis, la cassation profite à celle-ci alors même qu'elle ne s'est point pourvue. — Cass., 17 août 1857. (L. P., 18, sous l'art. 927.)

Art. 928. — Le pourvoi de cassation n'est pas suspensif ; néanmoins l'exécution du jugement attaqué ne pourra être poursuivie qu'après avoir fourni bonne et valable caution. (C. civ., 1835.)

Les discussions sur la caution offerte et sa réception seront portées au tribunal qui aura rendu le jugement attaqué. (Proc. civ., 442 et suiv.)

I. — Cette disposition n'est pas contraire au pouvoir, laissé à la prudence des juges en général, d'ordonner l'exécution provisoire avec ou sans caution. — Art. 142, Proc. civ. (*V.* tous les arrêts cités par L. P., sous l'art. 928). Il est vrai que le juge de paix, lui, ne peut accorder l'exécution provisoire que toujours à charge de donner caution. (Art. 22.)

II. — Le pourvoi en cassation ne suspend pas la contrainte par corps. (Art. 1835, C. civ.)

TITRE IV

Du mode de procéder et de l'Arrêt.

Art. 929. — Dans la huitaine de la déclaration du pourvoi, outre un jour par chaque cinq lieues de distance, si la signification a lieu à domicile, le demandeur fera signifier au défendeur, à personne ou domicile, un acte contenant ses moyens, avec assignation de fournir ses dépenses au greffe du tribunal de cassation dans les deux mois. (C. civ. 98 ; — Proc. civ., 69, 71-1°.)

Le délai de huitaine emportera déchéance contre le demandeur, sauf le recours prévu au second alinéa de l'article 922.

I. — Par ces expressions *dans la huitaine*, il est évident que, cette huitaine n'étant pas franche, la signification de l'acte contenant moyens doit se faire le neuvième jour (au plus tard), après la rédaction de l'acte de recours par le greffier du tribunal dont émane le jugement dénoncé. L'inobservation de ces principes constitue une déchéance. — Cass., 10 mars 1836, 8 nov. 1839. (L. P., 42 et 55, sous l'art. 929.) Bulletin n° 8, arrêt n° 66.

II. — Ainsi, la déclaration faite le 1er, la signification dont s'agit aura lieu le 9 au plus tard.

III. — De ce que la déclaration de pourvoi, dit un autre arrêt, a été faite le 16 et la signification des moyens du demandeur le 27 du même mois, à une distance de quatre lieues seulement, il résulte que cette signification a été faite deux jours trop tard, et qu'elle est par conséquent frappée de nullité. — Cass., 25 août 1836. (L. P., 4, sous l'art.) C'est plutôt trois jours trop tard.

IV. — La requête contenant les moyens de cassation d'un guildivier doit contenir le numéro de sa patente. L'omission de cette formalité étant irréparable, aux termes des articles 926, 927 et 929, du Code de procédure civile, rend le pourvoi inadmissible. — Cass., 25 sept. 1848. (L. P., 27, sous l'art.)

Mais la loi actuelle, celle du 24 octobre 1876, sur les impositions directes permet en général de réparer l'omission de cette formalité, en produisant la patente elle-même devant les tribunaux ou toutes autres autorités, dit l'article 32, deuxième alinéa. Ainsi ne pourrait-on pas, dans notre cas, admettre la production de la patente, au moins au greffe du tribunal de cassation, mais faite en temps utile, c'est-à-dire dans les quarante-cinq jours prescrits par l'article 930.

Il y a ici une certaine analogie avec la matière des arrêts cités *suprà*, notes 7 et 8, sous l'article 922, qui admettent la faculté de ratifier une déclaration de pourvoi faite sans autorisation, pourvu que cette ratification ait lieu dans le délai du pourvoi.

V. — L'acte contenant les moyens de cassation et la signification de cet acte étant identiques, aux termes de l'article 929, du Code de procédure civile, il est indifférent que le numéro de la patente du demandeur soit inséré dans l'un ou l'autre. — Cass., 27 nov. 1848. (L. P., 28.)

VI. — L'indication de la demeure du demandeur en cassation équivaut à la mention de son domicile, lorsque, du reste, il n'est point allégué qu'il ait son domicile ailleurs. — *V.* arrêt, Cass. 1ᵉʳ juillet 1853 (*Ibid.*, 34).

VII. Doit être déchu de son pourvoi le demandeur en cassation qui, au lieu d'un acte contenant ses moyens, n'a fait signifier au défendeur que sa déclaration du pourvoi. — Cass., 21 février 1853 (*Ibid.*, 39.)

VIII. — La signification doit être faite au domicile réel et non au domicile élu. (*V. ibid.*, note 58 : Cass., 23 avril 1860. *Bulletin n° 13*, arrêt n° 115.)

IX. — En principe, l'instance en cassation est indépendante de celle engagée devant les premiers juges ; mais, quoiqu'en droit l'acte contenant les moyens de cassation ne soit pas assujetti à toutes les formalités prescrites par l'art. 71 du Code de procédure civile, il est incontestable qu'il lie l'instance en cassation et qu'il donne ouverture aux déchéances lorsqu'il est atteint d'un vice substantiel. — Cass., 16 sept. 1861. (*Ibid.*, 66. — *Bulletin n° 34*, arrêt n° 34.)

X. — Les copies d'exploit laissées aux parties leur tiennent lieu d'original, et les vices de forme qui auraient pu annuler l'exploit s'ils avaient été dans l'original l'annulent également quoiqu'ils ne se trouvent que dans la copie. Cass., 23 mars 1835 ; — (L. P., 2) ; — Cass., 31 mars 1862. (*Bulletin des arrêts*, n° 38, arrêt n° 341.)

Ce même arrêt du 31 mars 1862, a jugé aussi que : « il est de principe général que l'exploit de l'huissier doit être signé de lui ; que cette formalité est substantielle ; que de là il suit que son inobservance constitue un vice radical ».

XI. — Lorsqu'il s'agit d'un pourvoi formé devant le tribunal de cassation contre le jugement d'un tribunal de paix autre que celui de la capitale, le demandeur, aux termes de l'art. 64 de la Loi organique, peut faire signifier l'acte contenant ses moyens de cassation, par un huissier assermenté près le tribunal qui a rendu le jugement. — Cass., 6 octobre 1837. (L. P , sous l'art. 64 de la *Loi organique* et note 8, sous l'art. 929.)

XII. — « Les huissiers militant près le tribunal de cassation instrumentent exclusivement à tous autres pour les affaires de la compétence dudit tribunal, dans l'étendue seulement du lieu de sa résidence et concurremment avec les autres huissiers, dans tout le ressort du tribunal civil du lieu de cette résidence ». (Art. 64, *Loi organique*, et art. 5 de la loi sur l'organisation du Tribunal de cassation ; 1868.)

XIII. — Jugé, en conséquence, qu'un huissier militant près la Cour de cassation ne peut, hors du ressort de la Cour impériale du Port-au-Prince, signifier valablement des moyens de cassation avec assignation. — Cass., 27 mars 1854. (L. P., 40, sous l'art. 929.)

XIV. — En principe, la partie qui est encore dans le délai prescrit par l'art. 922 du Code de procédure civile a la faculté d'annuler la première signification du jugement par elle faite à son adversaire ; et aucune loi ne défend qu'à partir de la seconde signification du même jugement, cette partie n'use du droit consacré par l'art. 929 ; Cass., 2 mai 1860 (*Ibid.*, 60.) *Bulletin n° 14*, arrêt n° 123.

Art. 930. — Dans les quarante-cinq jours de la signification de ses moyens, le demandeur devra, à peine de déchéance, s'inscrire au greffe du tribunal de cassation, et y déposer :

1° Une amende de cinq gourdes ;

2° L'acte dûment signifié, contenant ses moyens ;

3° L'acte de la déclaration de pourvoi ;

4° Une expédition signifiée ou une copie signifiée du jugement dénoncé ;

5° Les pièces à l'appui.

Il sera fait mention des pièces produites, au bas ou en marge de l'acte de dépôt.

I. — Le jour même à compter duquel la loi fait courir le délai de quarante-cinq jours doit être compris dans la supputation du temps dont se compose ce délai. — Cass., 24 sept. 1838. (L. P., 2, sous l'art. 930.) Il n'est pas franc.

II. — La signification des moyens ayant été faite le 11 mai 1846, et l'inscription le 16 juin suivant, il s'ensuit que cette formalité a été remplie dans le quarante-sixième jour, non compris la date de la signification. Les demandeurs sont donc déchus de leur pourvoi. — Cass., 26 mars 1849. (*Ibid.*, 8.)

III. — *Idem*, pour la signification des moyens, faite le 20 septembre et le dépôt fait le 5 novembre suivant, qui est le quarante-sixième jour de ladite signification. — Cass , 14 mars 1853. (*Ibid.*, 13.)

IV. — L'amende a été ainsi fixée à cinq gourdes par la loi du 17 novembre 1876, art. 2.

Art. 937. — Si le tribunal de cassation annule le jugement dénoncé, il ordonnera la remise de l'amende et renverra la connaissance du fond au tribunal le plus voisin de celui qui aura rendu le jugement, sauf le cas de suspicion légitime dûment prouvée.

I. — L'arrêt du tribunal de cassation qui prononce l'annulation d'un jugement remet les parties au même et semblable état où elles étaient *avant le procès*. — Cass., 1, avril 1837. (L. P., 1, sous l'art. 937.)

II. — Le renvoi d'une affaire, par suite de la cassation du jugement, a pour effet d'attribuer au tribunal auquel l'affaire est renvoyée le pouvoir de connaître de toutes demandes, de toutes exceptions, de tous incidents qui peuvent se rattacher à l'affaire sur laquelle avait statué le jugement annulé. — Cass., 29 déc. 1862. (*Ibid.*, 6.)

32

ART. 938. — Si le jugement de ce second tribunal est attaqué par un deuxième recours en cassation fondé sur les mêmes moyens, l'affaire sera jugée sous la présidence du Grand-Juge, et, dans ce cas seulement, le tribunal de cassation, après avoir entendu les parties, ou elles dûment appelées, rendra sur le fond un arrêt qui terminera le procès.

(Cet article est modifié et remplacé par l'art. 140 de la Constitution ci-dessus transcrite à la note 2.)

I. — Le tribunal de cassation, par un arrêt du 30 mai 1859 (1), a décidé, après avoir toutefois soutenu l'opinion contraire (arrêt du 6 juillet 1852, sous le régime de la Constitution impériale), que « par le fait de la mise en vigueur de la Constitution de 1846, l'art. 938 du Code de procédure civile, qui admet le Grand-Juge à présider le tribunal de cassation lors d'un second recours formé sur les mêmes moyens, demeure nécessairement abrogé. Cette Constitution déclare en termes formels que les pouvoirs sont indépendants les uns des autres. De plus, le secrétaire de l'État de la Justice, fonctionnaire faisant essentiellement partie du pouvoir exécutif, n'est même point le Grand-Juge dont parle l'art. 938, fonctionnaire qui n'existait que d'après la Constitution de 1816. Donc le tribunal de cassation doit se déclarer compétent pour statuer sur un second pourvoi fondé sur les mêmes moyens, et ce, sans l'assistance du secrétaire d'État de la Justice. »

II. — Depuis la Constitution de 1867, dont l'article 145 est le même que l'article 140 de la Constitution de 1879, il n'est pas nécessaire que le second recours soit fondé sur les mêmes moyens, pour que le tribunal de cassation, en cas d'admission du pourvoi, retienne l'affaire et prononce sur le fond.

Voici le texte constitutionnel :

ART. 140. — Ce tribunal ne connaît pas du fond des affaires. Néanmoins, en toutes matières autres que celles soumises au jury, lorsque, sur un second recours, une même affaire se présentera entre les mêmes parties, le tribunal de

---

(1) Bulletin des arrêts, n° 4, arrêt n° 24.

cassation, en admettant le pourvoi, ne prononcera pas de renvoi, *et* statuera sur le fond, sections réunies.

Nota. — C'est aussi les mêmes dispositions qui se trouvaient aux art. 146 et 147 de la Constitution de 1843.

Art. 939. — Aucun renvoi n'est ordonné lorsque la cassation est prononcée pour contrariété de jugements. Le tribunal ordonnera que, sans s'arrêter au second jugement, le premier sera exécuté selon sa forme et teneur. (Proc. civ., 416-5°, 920.)

Résumé de la procédure en cassation des jugements de justice de paix.

En résumé, la loi admet le pourvoi en cassation contre les jugements définitifs rendus en dernier ressort par le tribunal de paix, mais seulement pour incompétence ou excès de pouvoir. (Art. 918.)

Bioche, dans son *Dictionnaire des Juges de paix*, article *Jugement du tribunal de paix*, n° 110, semble l'admettre aussi pour contrariété de jugements.

Le délai du pourvoi est de trente jours, à dater de la signification du jugement à personne ou domicile (922); c'est-à-dire, la signification ayant eu lieu le 1er janvier, la déclaration du pourvoi doit être faite au plus tard le 31, au greffe du tribunal qui a rendu le jugement (927.)

Dans la huitaine de cette déclaration, outre le délai de distance, on signifie un acte sur timbre de vingt centimes, contenant les moyens avec assignation à la partie adverse de fournir ses défenses dans le délai de deux mois.

Et dans les quarante-cinq jours de la signification de ses moyens, le demandeur doit, à peine de déchéance, s'inscrire au greffe du tribunal de cassation et y déposer l'amende de cinq gourdes et les pièces énoncées en l'article 930.

Le reste de la procédure appartient entièrement à l'instance devant le tribunal de cassation.

Aucune voie n'est ouverte aux parties, pas même l'opposition, pour attaquer les arrêts rendus par le tribunal de cassation, si ce n'est la tierce opposition, contre les arrêts de rejet, permise aux parties intéressées qui n'auraient pas été appelées. (*Voir* art. 936,

Proc. civ., et les arrêts cités dessous par L. P., notes 4 et 6; —
Cass., 6 oct. 1857; — 9 avril 1861; — 15 sept. 1862.)

Ces deux derniers arrêts ne se trouvent pas dans le *Bulletin officiel*
publié sous la direction de M. E. BOURJOLY.

FORMULE N° 163. — Déclaration de pourvoi en cassation.

Aujourd'hui....,

A comparu au greffe du tribunal de paix de...., et par-devant nous,
greffier, soussigné, le citoyen A..., propriétaire, demeurant à...., lequel
nous a déclaré se pourvoir en cassation contre un jugement de ce tribunal,
rendu le...., entre lui et le citoyen B..., propriétaire, demeurant à....,
signifié le....; et que pour occuper sur le pourvoi, il constitue M⁰ L...,
défenseur public près les tribunaux de Port-au-Prince. Dont acte requis par
le comparant, qui a signé avec nous, après lecture.

(Signature du Comparant.)

(Signature du Greffier.)

FORMULE N° 164. — Moyens de cassation.

L'an...., etc.

A la requête de A..., propriétaire, demeurant à...., (*si le demandeur
veut constituer un défenseur public qui réside à la capitale*) : lequel constitue
M⁰ L..., défenseur public au Port-au-Prince.

(*Sinon, il faut faire élection de domicile au Port-au-Prince, arg. de
l'art. 71* :) pour lequel domicile est élu au Port-au-Prince, *chez tel.....* j'ai,
N..., huissier....., etc., signifié et déclaré au citoyen B..., demeurant
à....., en son domicile et parlant à.....

Que le requérant se pourvoit en cassation contre un jugement rendu
entre les parties à la justice de paix de....., le.....

Pour excès de pouvoir : en ce que le juge de paix a prononcé ledit jugement en dernier ressort, sans être assisté d'un suppléant.

En conséquence, j'ai donné assignation au citoyen B..., de fournir ses
défenses au greffe du tribunal de cassation, et de comparaître à la barre de
ce tribunal, dans le délai de deux mois, à huit heures du matin, pour voir
casser et annuler ledit jugement et renvoyer la cause à un autre tribunal
pour être de nouveau jugée.

Et afin que ledit B..., n'en ignore, je lui ai laissé copie du présent
exploit, dont acte. Le coût est de.....

TITRE V

Du mode de procéder à l'instruction et au jugement de la prise à partie.

(Voir *suprà*, les art. 438 et suiv., avec nos annotations.)

ART. 942. — Lorsqu'il y aura lieu à la prise à partie, il sera présenté au tribunal de cassation une requête signée de la partie ou de son fondé de procuration authentique et spéciale, laquelle procuration sera annexée à la requête, ainsi que les pièces justificatives, s'il y en a, à peine, de nullité. (C. civ., 1202, 1751 ; — Proc. civ., ¡950.)

Il ne pourra être employé aucun terme injurieux contre les juges ou le ministère public, à peine, contre la partie, d'une amende de soixante gourdes, et contre son défenseur, si elle en a constitué, de telle injonction ou suspension qu'il appartiendra. (Proc. civ., 15, 94, 438 à 441, 257 ; — C. pén., 322.)

I. — Cette amende est aujourd'hui de quinze piastres.

II. — La demande de prise à partie ouverte et dirigée par un défenseur public, au nom de sa cliente, en vertu d'une procuration générale et spéciale donnée postérieurement à la requête, doit être déclarée non recevable et le défenseur condamné personnellement à l'amende, en ce que cette procuration postérieure constate que le défenseur public avait antérieurement ouvert et dirigé l'action en prise à partie sans un pouvoir légale et spécial. — Cass. 11 fév. 1823. (L. P., 1, sous l'art. 942, p. 2.)

III. — La requête par laquelle on demande au tribunal de cassation à prendre à partie un juge de paix, étant le premier acte de recours, ne peut valider sans que la formation de l'enregistrement ait été préalablement remplie. — Cass,, 23 sept. 1844 ; — 24 fév. 1847 (*Ibid.*, 4 et 5.)

IV. — La prise à partie est une action civile que la loi ouvre à la partie qui se prétend lésée par le fait d'un magistrat qui a abusé de son

ministère. Or, toute action civile peut être dirigée contre les membres
du Corps législatif, sans autorisation préalable ; donc la prise à partie
demandée contre un juge de paix aujourd'hui sénateur de la République, et relative à un fait qu'on lui impute d'avoir commis dans
l'exercice de ses fonctions de magistrat, peut être ordonnée. — Cass.,
13 juillet 1840 (*Ibid.*, 3.)

V. — Mais si cette prise à partie contre le juge de paix devenu
sénateur a été présentée en même temps que la plainte faite pour
dénoncer un fait prévu par la loi pénale, le tribunal de cassation doit
surseoir. Quant à la mise en accusation, le tribunal est incompétent
pour la prononcer, quoique le fait dont on se plaint ait eu lieu durant
son exercice de juge de paix, et ce, aux termes des art. 90 du Code
pénal, et 92, 95 et 131 (aujourd'hui 98) de la Constitution. Même
arrêt.

Art. 943. — Le tribunal de cassation admettra ou rejettera
la requête.

Art. 944. — La requête devra être signifiée dans les deux
mois de son admission, en la personne du greffier, soit aux
juges, soit au ministère public pris à partie, qui seront tenus
de fournir au greffe du tribunal de cassation leurs défenses
dans les deux mois de la signification.

Ils s'abstiendront de la connaissance du différend.

Ils s'abstiendront même, jusqu'au jugement définitif de la
prise à partie, de toutes les causes que pourront avoir la partie, ou des parents en ligne directe, ou son conjoint, à peine
de nullité des jugements. (C. civ., 595 et suiv.; — Proc. civ.,
52, 56, 375, 383, 950.)

Cet article est pour le cas où la requête est admise, c'est-à-dire où
l'autorisation est accordée par le tribunal de cassation de poursuivre
la prise à partie. — Le cas de rejet ou de refus d'autorisation est réglé
par l'article suivant.

Art. 945. — Si la requête est rejetée, la partie sera condamnée à une amende de 100 gourdes au profit de la caisse
du greffe. (Proc. civ., 387, 441, 950.)

I. — Cette amende est aujourd'hui de 50 piastres.

II. — Il a été jugé qu' « en droit, l'amende prévue par l'art. 945 est une peine qui a pour but la répression de téméraire accusation. Pour la prononcer, il faut que les tribunaux aient la conviction de l'injustice ou de la témérité de la prise à partie : ce qui ne peut s'acquérir que par l'examen des griefs qui l'appuient. Or, le tribunal de cassation ayant déclaré ne pouvoir statuer sur les griefs portés dans une requête non enregistrée, et les dispositions de la loi sur l'enregistrement s'opposant à l'examen de cette demande, le tribunal ne saurait faire l'application de l'art. 945, qui n'a nullement rapport au cas prévu par la loi sur l'enregistrement. (Cass., 27 mai 1847 ; — L. P., sous l'art. 945.)

Voir n° 117, Formule de réquisition pour constater le déni de justice.

FORMULE N° 165. — Requête au Tribunal de cassation.

A Messieurs les Président et Juges composant le Tribunal de cassation de la République.

Le citoyen A..., propriétaire, demeurant à....., etc.

A l'honneur de vous exposer ce qui suit (*exposer les faits*).

Attendu qu'il résulte des faits qui précèdent que ledit sieur M... juge de paix de....., se trouve dans le cas de l'art. 438 du Code de procédure civile ;

Qu'en effet, un aussi long délai, sans qu'il ait été répondu ou donné suite à....., ne peut être considéré que comme un refus, et par conséquent comme un déni de justice de la part du sieur M....

A ces causes, l'exposant conclut à ce qu'il plaise au Tribunal,

Vu les deux actes de réquisition ci-joints, ensemble les pièces à l'appui,

Vu pareillement les art. 438 et suivants du Code de procédure, permettre à l'exposant de prendre à partie mondit sieur M..., et de lui faire signifier l'arrêt à intervenir, avec assignation devant vous dans les délais de la loi, pour voir admettre la prise à partie, voir ordonner en conséquence que M. le juge M... s'abstiendra de procéder et de juger dans la cause dont il s'agit ; s'entendre condamner en..... gourdes de dommages-intérêts envers l'exposant et s'entendre en outre condamner aux dépens, sous toutes réserves.

Présenté au Palais de Justice, à Port-au-Prince, le......

Lorsque la prise à partie a pour objet de faire annuler un jugement, on conclut ainsi :

Déclarer nul et de nul effet le jugement du tribunal de paix de....., rendu contradictoirement entre le requérant et le sieur.....; ce faisant, ordonner que les parties seront remises au même et semblable état où elles étaient avant ledit jugement, et, en conséquence, attendu qu'en exécution d'icelui, le requérant a payé, comme forcé et contraint, au sieur Pierre la somme de.....; dire et ordonner que ledit sieur Pierre sera condamné à rendre et restituer, sans délai, ladite somme au requérant, avec les intérêts du jour du paiement, et condamner mondit sieur M..., juge, aux dépens.

REMARQUE. — *Dans ce cas, il est nécessaire de mettre en cause la partie au profit de qui le jugement a été rendu, et, en conséquence, de l'assigner en déclaration d'arrêt commun. (V. formule n° 107.)*

FORMULE N° 166. — Signification de l'arrêt.

L'an ...., à la requête du citoyen A..., propriétaire, domicilié à... ., pour lequel domicile est élu au Port-au-Prince chez *tel,* j'ai....., huissier, etc., signifié et avec celle du présent exploit donné copie à M. M..., juge de paix de la commune de....., demeurant à....., en la personne du citoyen X..., greffier de ce tribunal,

De l'arrêt d'admission rendu par le tribunal de cassation de la République, sur la demande en prise à partie, présentée contre mondit sieur M..., juge, par le requérant; de laquelle il est aussi, avec ledit arrêt, donné copie; à ce que du tout mondit sieur M... n'ignore, je lui ai donné assignation, parlant comme dessus, de fournir ses moyens de défense au greffe du tribunal de cassation, et de comparaître, dans le délai de deux mois, à la barre de ce tribunal, à huit heures du matin, pour y plaider aux fins de ladite demande et se voir condamner à..... gourdes de dommages-intérêts, avec dépens envers le requérant, pour les causes portées audit arrêt; et j'ai audit sieur X..., greffier, en parlant à sa personne, laissé copie de l'arrêt avec la requête susmentionnés et du présent exploit; et il a visé mon original; dont acte. Le coût est de.....

REMARQUE. — La copie de l'arrêt et l'exploit se font sur timbre de vingt centimes.

FORMULE N° 167. — Requête contre une demande de prise à partie.

A Messieurs les Président et Juges composant le Tribunal de cassation.

M. M ... juge de paix de la commune de....., demeurant audit lieu, défendeur à la demande en prise à partie formée par le citoyen A... ci-après nommé et qualifié, et demandeur par la présente requête,

Contre le citoyen A..., demeurant à....., demandeur en prise à partie, et défendeur de la présente requête.

(On expose ici les faits et moyens.)

A ces causes, il plaira au tribunal déclarer le citoyen A..., purement et simplement, non recevable en sa demande en prise à partie, et, en tous cas, l'en débouter, même déclarer ladite demande injurieuse et vexatoire, et le condàmner en l'amende prononcée par la loi, et en.... gourdes de dommages-intérêts envers le requérant, M. M..., applicables, de son consentement, à l'hospice de....., et condamner, en outre, ledit sieur A... aux dépens.

N° 9 — LOI

Sur les dispositions générales

Art. 950. — Aucune des nullités, amendes et déchéances prononcées dans le présent code n'est comminatoire. (Proc. civ., 77, 247, 273 et suiv., 415, 416.)

I. — On appellerait *comminatoire*, dit Boitard, n° 1212, cette disposition où le législateur menacerait sans frapper, en laissant tacitement les tribunaux investis du pouvoir d'appliquer ou de ne pas appliquer la règle.

En présence de l'article 950, les tribunaux ne peuvent pas, sous prétexte d'équité, se relâcher de la rigueur de la loi, pour faire remise à une partie de la déchéance, de la nullité, de l'amende que sa négligence peut lui avoir fait encourir. Là où la nullité est écrite dans la loi, le juge, interprète des lois, doit la transcrire dans son jugement. *Dura lex, sed lex.*

II. — Mais aussi, dit l'art. 174, toute nullité d'exploit ou d'acte de procédure est couverte, si elle n'est proposée avant toute défense ou exception, autre que les exceptions d'incompétence.

Art. 951. — Aucun exploit ou acte de procédure ne pourra être déclaré nul, si la nullité n'en est pas formellement prononcée par la loi.

Dans le cas où la loi n'aurait pas prononcé la nullité, l'officier ministériel pourra, soit par omission, soit par contravention, être condamné à une amende, qui ne sera pas moindre de cinq gourdes, et n'excédera pas vingt gourdes. (Instr. crim., 315.)

I. — Cet article ne parlant que des *exploits* et *actes de procédure*, sa disposition ne saurait être étendue à des actes d'une autre espèce. (SIREY, 1, sous l'art. 1030.)

II. — Et même un acte purement de procédure peut être déclaré nul, encore que la nullité n'en soit pas formellement prononcée par la loi, si l'irrégularité reprochée vicie la *substance* de l'acte, si la nullité est substantielle (*Ibid.*, 3), comme, par exemple, si l'acte a été signifié par un huissier non commis dans les cas où la loi exige un huissier commis, — ou si l'huissier a agi hors de son ressort.

ART. 952. — Les procédures et les actes nuls ou frustratoires, et les actes qui auront donné lieu à une condamnation d'amende seront à la charge des officiers ministériels qui les auront faits, lesquels, suivant l'exigence des cas, seront, en outre, passibles des dommages-intérêts de la partie, et pourront même être suspendus de leurs fonctions. (Code civ., 936, 939, 1163. — Proc. civ., 81, 135, 139, 359, 448.)

ART. 954. — Le jour de la signification ni celui de l'échéance ne sont jamais comptés pour le délai général fixé pour les ajournements, les citations, sommations et autres actes faits à personne ou domicile; ce délai sera augmenté d'un jour à raison de cinq lieues de distance; et quand il y aura lieu à voyage ou envoi et retour, l'augmentation sera double. (Proc. civ., 160.)

I. — Le jour de la signification, ou autrement dit dans la pratique *dies a quo* ; celui de l'échéance, *dies ad quem*.

II. — Quant au *dies a quo*, c'est une règle de raison, une règle générale qui empêche de le compter, non seulement dans les actes déterminés par l'art. 954, mais dans toute espèce d'actes de signification, dans toute espèce de catégorie de délais. (BOITARD, 1216.)

III. — Pour les délais qui se composent d'un ou de plusieurs mois, ils doivent se compter de quantième à quantième, et non par le laps de trente jours. (SIREY, 7, sous l'art. 1033.)

IV. — Et pour ceux indiqués dans la loi par les mots *huitaine, quinzaine, six semaines* et autres semblables, ils doivent toujours se compter du jour qui sert de point de départ au jour correspondant et portant le même nom, de la semaine ou de l'une des semaines subséquentes, suivant l'étendue du délai. (*Ibid.*, 8.) Alors le délai n'est pas *franc*.

V. — Il a été jugé aussi que le délai par heures se compte *de momento ad momentum* et non *de die ad diem*. (*Ibid.*, 11.)

VI. — Quand la distance est moins de cinq lieues, il est certain qu'il n'y a à faire aucune augmentation de délai (1er alinéa de l'art. 10); mais si la distance est de plus de cinq lieues sans aller jusqu'à dix et même jusqu'à six, ces fractions de distance doivent, comme pour dix lieues, produire l'augmentation de délai. Ainsi jusqu'à cinq lieues, délai ordinaire. — Après cinq lieues jusqu'à dix, délai ordinaire augmenté d'un jour. A partir de dix lieues jusqu'à quinze, délai ordinaire augmenté de deux jours; et ainsi de suite. — *V. Supra*, 2 sous l'art. 10. — Voir aussi SIREY, *loco citato*, 13 et suivants, où est discutée la question, controversée avant la modification de l'article français.

VII. — Quand l'exploit est remis à la personne elle-même trouvée hors de son domicile, il y a lieu à augmentation de délai à raison de la distance de son domicile. On doit présumer que le cité ne s'est pas muni de ses pièces ou papiers d'affaires dans le lieu, où il est rencontré accidentellement. (*Supra*, note 3, sous l'art. 10; — Aussi SIREY, 19 et 20 sous l'art. 1033.)

ART. 956. — Quand il s'agira de recevoir un serment, une caution, de procéder à une enquête, à un interrogatoire sur faits et articles, de nommer des experts, et généralement de faire une opération quelconque en vertu d'un jugement, et que les parties ou les lieux contentieux seront trop éloignés, les juges pourront commettre un tribunal voisin, un juge, ou même un juge de paix, suivant l'exigence des cas; ils pourront même autoriser un tribunal à nommer soit un de ses membres, soit un juge de paix, pour procéder aux opérations ordonnées. (Code civ., 1143 et suiv., 1806; — Proc. civ., 253, 255, 305, 325, 442; — C. com., 16; — Instr. crim., 76.)

ART. 957. — Les tribunaux, suivant la gravité des circonstances, pourront, dans les causes dont ils seront saisis, prononcer, même d'office, des injonctions, supprimer des écrits, les déclarer calomnieux, et ordonner l'impression et l'affiche de leurs jugements. (Proc. civ., 94; — Instr. crim., 394; — C. pén., 332.)

La faculté accordée aux tribunaux par l'art. 957 appartient à tous les tribunaux indistinctement, et conséquemment aux tribunaux de paix ; la disposition de l'art. 15 n'est point exclusive de l'application aux autres cas de la disposition du présent article. (SIREY, au Supplément, 11 sous l'art. 1036, Proc. civ. — V. aussi note de L. P. sous l'art. 957 : Cass., 26 sept. 1836.)

ART. 958. — Aucune signification ni exécution ne pourra être faite avant le lever et après le coucher du soleil; non plus que les jours de fêtes légales, si ce n'est en vertu de permission du juge, dans le cas où il y aurait péril en la demeure. (Proc. civ., 13, 73, 681, 704, 706, 726; — Code com., 131, 159, 184 ; — Code pén., 22.)

1. — On ne peut, en vertu d'une permission du juge, faire des significations aux heures prohibées par l'article 958; la disposition finale de cet article n'est relative qu'aux significations à faire les jours fériés. (SIREY, 3, sous l'art. 1037; BOITARD, etc.)

II. — Les fêtes légales ne sont que celles qui ont été décrétées par la loi constitutionnelle de l'État. (Cass., 28 août 1837; — L. P., sous l'art. 958. — V., pages 230 à 232, ce que nous disons des fêtes en général.)

III. — «Quoique le respect qu'on doit avoir pour le septième jour soit véritablement un hommage qu'une nation essentiellement religieux rend à la religion, il est néanmoins constant que le dimanche ne peut être confondu avec les fêtes légales, qui ne sauraient être déterminées que par la loi. En supposant que l'usage eût admis le contraire, la signification d'une requête en opposition ne présenterait point une nullité, l'huissier seul serait répréhensible. D'où il suit, qu'en raisonnant différemment et en annulant, contrairement aux dispositions 34, 73, 951 et 958 du Code de procédure civile, ce juge ne s'est nullement pénétré de l'intention du législateur, dont l'amour pour la religion est cependant incontestable.» — Cass., 4 juin 1860. (L. P., 2, sous l'art. 958.) Bulletin, n° 16, arrêt n° 140.

C'est *a fortiori* en justice de paix, par argument de l'art. 13 de ce Code, qui dispose que «les juges de paix jugeront tous les jours, «même les dimanches et fêtes».

ART. 960. — Toutes significations faites à des personnes publiques préposées pour les recevoir seront visées par elles sans frais sur l'original.

En cas de refus, l'original sera visé par le ministère public près le tribunal civil de leur domicile. Les refusants pourront être condamnés, sur les conclusions du ministère public, à une amende qui ne pourra être moindre de cinq gourdes ni excéder vingt gourdes. (Code civ., 91; — Proc. civ., 89, 90, 118, 950.)

I. — C'est pour éviter le conflit d'assertions entre l'officier ministériel déclarant sur son original qu'il a remis l'exploit à telle personne, et le fonctionnaire public qui prétend n'avoir pas reçu cet exploit que la loi exige le visa. (BOITARD, 1221.)

II. — L'amende est aujourd'hui de deux gourdes et demie à dix gourdes.

III. — La disposition pénale de l'art. 960 est-elle applicable seulement quand l'exploit est adressé directement à la personne publique qui refuse le visa ou aussi bien quand il s'agit du visa que les fonctionnaires doivent donner dans le cas prévu par les articles 9, 78 et autres semblables? — Controversé. — SIREY avec CARRÉ soutient la première opinion (3, sous l'art. 1039), BOITARD n'admet pas de distinction (1221), ni MULLERY, p. 29, en note.

ART. 968. — Tous actes et procès-verbaux du ministère de juge, seront faits au lieu où siège le tribunal; le juge y sera toujours assisté du greffier, qui gardera les minutes et délivrera les expéditions; en cas d'urgence, le juge pourra répondre, en sa demeure, les requêtes qui lui seront présentées; le tout, sauf l'exécution des dispositions portées au titre *des référés*. (Proc. civ., 13, 93, 704, 706, 751.)

I. — Pour les juges de paix, ils peuvent donner audience chez eux, en tenant les portes ouvertes. (Deuxième alinéa de l'art. 13.)

II. — Et quand on dit que le greffier assistera le juge, cela s'entend des actes qui seront déposés au greffe et dont il restera minute : ll y a des actes dont il ne reste pas minute, telles sont les légalisations (Boitard, 1222), les cédules.

CHAPITRE VIII

I

Vices rédhibitoires.

On appelle *vices rédhibitoires* les défauts cachés de la chose vendue existant à l'époque de la vente et qui rendent la chose impropre à l'usage auquel on la destine ou qui diminuent tellement cet usage que l'acheteur ne l'aurait pas acquise ou n'en aurait donné qu'un moindre prix s'il les avait commis. (Art. 1426, Code civ.)

L'action que l'existence de ces défauts ouvre au profit de l'acheteur s'appelle action rédhibitoire.

Voici les principales dispositions du Code civil sur la matière, c'est-à-dire sur *la garantie des défauts de la chose vendue.*

ART. 1426. — Le vendeur est tenu de la garantie à raison des défauts cachés de la chose vendue qui la rendent impropre à l'usage auquel on la destine, ou qui diminuent tellement cet usage, que l'acheteur ne l'aurait pas acquise, ou n'en aurait donné qu'un moindre prix, s'il les avait connus.

ART. 1428. — Il (le vendeur) est tenu des vices cachés, quand même il ne les aurait pas connus; à moins que, dans ce cas, il n'ait stipulé qu'il ne sera obligé à aucune garantie.

ART. 1429. — Dans le cas des articles 1426 et 1428, l'acheteur a le choix de rendre la chose et de se faire restituer le prix, ou de garder la chose, et de se faire rendre une partie du prix, telle qu'elle sera arbitrée par experts.

ART. 1430. — Si le vendeur connaissait les vices de la chose, il est tenu, outre la restitution du prix qu'il en a reçu, de tous les dommages et intérêts envers l'acheteur.

ART. 1431. — Si le vendeur ignorait les vices de la chose, il ne sera tenu qu'à la restitution du prix et à rembourser à l'acquéreur les frais occasionnés par la vente.

L'action rédhibitoire cesse: 1° si les vices étaient apparents et que l'acheteur eût pu s'en convaincre lui-même (Code civ., art. 1427); 2° dans les ventes par autorité de justice (art. 1434); 3° en cas de vente sans garantie (art. 1428); 4° et par un trop grand laps de temps écoulé depuis la vente, car l'article 1433 dispose que cette action doit être intentée par l'acquéreur, dans un bref délai, suivant la nature des vices rédhibitoires et l'usage du lieu où la vente a été faite.

En général, pour qu'il y ait vice rédhibitoire, il ne suffit pas qu'il existe un vice caché, ôtant de l'*agrément* ou de la *valeur* à l'objet vendu : il faut que le vice caché rende la chose plus ou moins au service ou usage auquel elle est destinée. (Jurisprudence française.)

Et, à défaut d'usage constant dans une localité, les juges ont plein pouvoir pour décider dans quel délai l'action doit être intentée, en se rappelant que ce délai doit être bref. (*Idem.*)

La loi française du 20 mai 1838, qui a, du reste, fixé le délai, — trente jours et neuf jours selon les cas, — a spécifié aussi les vices qui donnent ouverture à l'action rédhibitoire.

Les voici :

« *Pour le cheval, l'âne ou le mulet,* la fluxion périodique des yeux, l'épilepsie ou le mal caduc, la morve, le farcin, les maladies anciennes de poitrine ou vieilles courbatures, l'immobilité la pousse, le cornage chronique, le tic sans usure des dents, les hernies inguinales intermittentes, la boiterie intermittente pour cause de vieux mal ;

« *Pour l'espèce bovine,* la phthisie pulmonaire ou pommelière, l'épilepsie ou mal caduc, les suites de la non-délivrance, après le part chez le vendeur; le renversement du vagin ou de l'utérus, après le part chez le vendeur;

« *Pour l'espèce ovine,* la clavelée : cette maladie reconnue chez un seul animal entraînera la rédhibition de tout le troupeau. La rédhibition n'aura lieu que si le troupeau porte la marque du vendeur. — Le sang-de-rate : cette maladie n'entraînera la rédhibition du troupeau qu'autant que, dans le délai de garantie, sa perte constatée s'élèvera au quinzième au moins des animaux achetés. — Dans ce dernier cas, la rédhibition n'aura lieu également que si le troupeau porte la marque du vendeur. »

FORMULE N° 168. — **Citation à fin de résolution de la vente de l'animal atteint de vice rédhibitoire.**

L an....., à la requête de....., j'ai..... signifié et, avec ces présentes, laissé copie au citoyen....., etc. :

1° De l'ordonnance, en date du....., de M. le juge de paix de....., étant au bas de la requête à lui présentée le même jour, ladite ordonnance portant nomination, comme expert, de Y....., vétérinaire;

2° Du procès-verbal, en date du....., dressé par mondit sieur Y....., vétérinaire, expert nommé par l'ordonnance susdatée, constatant que le cheval dont sera ci-après parlé est atteint d'un vice rédhibitoire;

Et à mêmes requête, etc., j'ai....., etc., cité ledit....., etc., pour, attendu que le cheval vendu au requérant par le citoyen..... est attaqué de la maladie ou défaut de la *pousse*, l'un des vices rédhibitoires donnant lieu à la résolution de la vente, d'après l'article 1426 du Code civil;

Attendu que le demandeur s'est pourvu assez à temps pour faire constater ce vice ou défaut caché, et qu'il était antérieur à la vente, ainsi qu'il résulte du procès-verbal *susdaté*, dressé par ledit expert;

En conséquence, ouïr dire et ordonner que la vente faite par le citoyen....., au requérant, d'un cheval, etc., moyennant la somme de....., payée comptant, sera et demeurera résiliée;

En conséquence, s'entendre, ledit citoyen....., condamner à rendre au demandeur la somme de....., pour le prix de ladite vente, comme aussi à payer et rembourser audit demandeur les frais de nourriture, logement et garde du cheval, ensemble les intérêts de toutes lesdites sommes, à compter du....., jour de la vente (du paiement *ou* de la livraison), et, en outre, s'entendre condamner à payer au requérant la somme de....., à titre de dommages-intérêts, et aux dépens, dans lesquels entreront ceux de l'expertise; et j'ai, au susnommé, etc.

33

II

Congé de location.

En matière de louage, on appelle *congé* la notification faite soit par le bailleur au preneur, soit par le preneur au bailleur, qu'il entend faire cesser le bail à l'époque qu'il indique.

Voici les dispositions du Code civil qui y ont particulièrement trait :

Art. 1507. — Si le bail a été fait sans écrit, l'une des parties ne pourra donner congé à l'autre qu'en observant les délais fixés par l'usage des lieux.

Art. 1508. — Le bail cesse de plein droit à l'expiration du terme fixé, lorsqu'il a été fait par écrit, sans qu'il soit nécessaire de donner congé.

Art. 1509. — Si, à l'expiration des beaux écrits, le preneur reste et est laissé en possession, il s'opère un nouveau bail dont l'effet est réglé par l'article relatif aux locations faites sans écrit.

(C'est là ce qui forme la tacite réconduction.)

Art. 1510. — Lorsqu'il y a un congé signifié, le preneur, quoiqu'il ait continué sa jouissance, ne peut invoquer la tacite réconduction.

Art. 1519. — L'acquéreur qui veut user de la faculté, réservée par le bail, d'expulser le fermier ou le locataire en cas de vente, est, en outre, tenu d'avertir le fermier au moins un an à l'avance, et le locataire au temps d'avance usité dans le lieu pour les congés.

Art. 1532. — S'il a été convenu, dans le contrat de louage, que le bailleur pourrait venir occuper la maison, il est tenu de signifier d'avance un congé aux époques déterminées par l'usage des lieux.

FORMULE N° 169. — Acte de congé.

L'an....., à la requête de....., j'ai....., etc., signifié et déclaré au citoyen B....., demeurant à....., locataire sans bail de deux chambres et un cabinet sis en cette ville, rue....., propriété du requérant, au domicile dudit B....., étant, parlant à.....

Que le requérant lui donne congé, par ce présent, des lieux ci-dessus énoncés qu'il occupe comme locataire, pour le....., jour auquel ledit B..... sera tenu de vider les lieux, les remettre en bon état de toutes réparations locatives avec les clefs, et de payer la somme de....., pour les loyers dus jusqu'alors. — Et j'ai au susnommé laissé copie, etc.

Si c'est le locataire qui donne congé au propriétaire :

L'an....., etc., à la requête de B....., *(profession)* demeurant à....., locataire sans bail, de....., propriété du citoyen ci-après nommé, j'ai....., huissier....., signifié et déclaré au citoyen A....., demeurant à....., en son domicile, parlant à.....,

Que le requérant lui donne congé, par ce présent, des lieux susénoncés, pour le....., offrant de lui remettre les lieux vides et en bon état de toutes réparations locatives avec les clefs, et de lui payer la somme de....., etc.

Remarque. — *Quand c'est un nouvel acquéreur qui donne congé, il faut qu'il signifie, en même temps, son contrat d'acquisition, par extrait, afin de se faire connaître d'une manière légale.*

FORMULE N° 170. — Sommation au locataire de sortir et citation.

L'an....., à la requête de....., j'ai....., fait sommation au citoyen B....., etc.

De sortir à l'instant des chambres et cabinet dont ledit citoyen A..... lui a donné congé pour les jour et terme du....., par exploit de moi, huissier, en date du....., et de satisfaire, en conséquence, à toutes les obligations et charges dont les locataires sont tenus, notamment à me justifier à l'instant du paiement de ses loyers, de faire les réparations locatives et remettre les clefs.

Lequel citoyen B....., en parlant comme dit est, ayant refusé de satisfaire à la présente sommation, j'ai, huissier susdit et soussigné, à pareilles requête et demande que dessus, cité ledit citoyen B....., parlant comme dit est, à comparaître le....., neuf heures du matin, par-devant M. le juge de paix de....., au lieu ordinaire de ses audiences pour, attendu que le congé a été donné en temps utile, voir dire et ordonner que ledit citoyen B..... sera tenu de sortir des lieux par lui occupés, faire place nette, remettre les clefs, justifier du paiement de ses loyers, faire faire de suite les réparations locatives, si aucuns il y a, sinon et à faute par ledit B....., de ce faire, que ledit citoyen A..... sera et demeurera autorisé à l'expulser, mettre ses meubles et effets sur le carreau et à les séquestrer pour sûreté des loyers dus et des réparations locatives qui seraient à faire;

Et j'ai, au susnommé, etc.,

FORMULE N° 171. — Procès-verbal d'expulsion du locataire.

L'an....., le.....

En vertu d'un jugement rendu par le tribunal de paix de..... (*ou* d'une ordonnance rendue sur référé par.....), le....., dûment enregistré et signifié, et à la requête de....., etc., j'ai....., huissier..... soussigné, fait sommation, au citoyen B....., etc.,

De présentement payer au requérant ou à moi, huissier, la somme de...., pour trois mois de loyers échus le....., et, après avoir satisfait à la présente sommation, d'évacuer les lieux à lui loués, mettre ses meubles et effets dehors, remettre les clefs et satisfaire aux obligations des locataires sortants; sinon et faute de ce faire, je lui ai déclaré qu'en exécution du jugement susénoncé, ledit B.... sera expulsé et ses meubles et effets mis sur le carreau; et ensuite séquestrés, pour sûreté, conservation et avoir paiement de ladite somme de....., et encore pour sûreté de la justification du paiement des réparations locatives.

Lequel dit B..... a refusé de satisfaire à tout ce que dessus; pourquoi je lui ai déclaré que nous allions procéder aux expulsion et séquestre; et, pour y parvenir, nous avons, en présence des témoins ci-après nommés, décrit tout ce qui s'est trouvé dans les lieux loués au citoyen B...... et qui consiste, savoir :

Dans la première pièce, en entrant, une *armoire*, etc., qui sont tous les meubles et effets qui se sont trouvés dans les lieux occupés par ledit B....., et ensuite nous avons fait appeler des hommes de peine, à l'aide desquels lesdits meubles et effets ont été descendus dans la cour de la maison, en présence de nosdits témoins et du citoyen B.....; et nous avons pareillement expulsé ledit B.... des lieux dont s'agit, dans lesquels nous avons constaté qu'il y avait une penture détachée à telle porte, *telle* dégradation *du fait des occupants*, etc.; et ensuite tous les meubles et effets sont restés comme séquestrés, pour sûreté des créances et répétitions ci-devant énoncées, dans un cabinet au rez-de-chaussée de ladite maison, à la garde du citoyen P....., qui s'est chargé desdits effets, pour en faire la représentation quand et ainsi qu'il appartiendra; et le citoyen B..... nous a remis les clefs, au nombre de....., des lieux qu'il occupait; et il a été vaqué à tout ce que dessus, depuis l'heure de..... jusqu'à celle de....., en présence et assisté des citoyens E..... et F..... (*profession et demeure*), tous deux témoins, qui ont signé avec le citoyen P....., gardien, tant le procès-verbal que les copies remises, à l'instant, l'une au citoyen B....., et l'autre au sieur P....., gardien. Dont acte.

Le coût du présent procès-verbal est de...{.

CHAPITRE IX

Code de Commerce, en ce qui touche la Justice de Paix.

HISTORIQUE, COMMENTAIRE ET FORMULES

Les années 1825 et 1826 virent s'accomplir de bien grands travaux législatifs. Toute la codification de nos lois était à faire. Celle donnée par le roi Christophe sous le nom de Code Henry (*V.* p. 42) avait disparu avec son auteur.

Dans ces deux années donc (époque mémorable), tous les Codes d'Haïti furent promulgués :

Le Code civil, le 27 mars 1825 ;
Le Code de procédure civile, le 3 mai 1825 ;
Le Code de commerce, le 28 mars 1826 ;
Le Code d'instruction criminelle, le 12 avril 1826 ;
Le Code rural, le 6 mai 1826 ;
Le Code pénal, le 19 mai 1826.

La loi organique des tribunaux (13 février 1826) ; la loi sur l'enregistrement (même date) ; celle sur la conservation des hypothèques (7 avril 1826) ; celle sur le notariat (19 mai 1826) viennent compléter l'ensemble de nos institutions judiciaires. Nous avions désormais un *corps de droit* haitien.

Déjà, depuis 1805, existaient un Code pénal militaire (26 mai) et une loi sur l'organisation des conseils spéciaux militaires (30 mai), modifiés ou remplacés en 1807 (arrêté du Sénat du 27 février) par des dispositions plus en harmonie avec le régime de la République.

Il y avait aussi, précédemment fait, un tarif des frais judiciaires, — loi du 15 septembre 1813.

Toute cette législation, pour arriver jusqu'à nous, fut plus ou moins retouchée, modifiée, remaniée; mais on peut dire du Code de commerce (comme à peu près aussi du Code civil) qu'il nous est parvenu presque tel qu'il avait été voté en 1826.

Les légers changements que, dans le cours des temps, l'on y a introduits, ont porté plutôt sur la loi n° IV, spéciale à l'organisation des tribunaux de commerce, leur compétence et la forme de procéder devant eux. — Et l'article 61, touchant la rédaction du jugement arbitral dans les contestations entre associés, — abrogé et remplacé en 1857, a été remis en vigueur par la loi du 11 janvier 1859. (*V.* cette loi dans l'ouvrage de M. E. Dubois, *Deux ans et demi au Ministère,* p. 28.)

Avant le Code de commerce, il y avait la loi du 23 avril 1807 qui donnait quelques règles sur le commerce, en remplacement de celles de l'empereur Dessalines. C'est parmi ces dernières que se trouve le décret du 1er février 1806, avec cette remarquable disposition (que nous avons déjà rapportée plus haut) :
« Art. 18. — En fait de commerce, tous les hommes étant
« regardés comme de la même nation, les tribunaux de com-
« merce ayant les mêmes attributions en cette partie que les
« ci-devant amirautés, pourront connaître privativement à
« tout autre, entre toutes personnes, de quelque qualité
« qu'elles soient, faisant le commerce tant haïtien qu'étranger,
« tant en demandant qu'en défendant, de toutes contestations,
« et de tout ce qui concerne la construction, les agrès et
« apparaux, avitaillement, équipement, ventes et adjudications
« des bâtiments et cargaisons. »

En parlant des fonctions de juge de paix, on dit souvent qu'elles sont modestes mais délicates et importantes. Délicates et importantes sont-elles, en effet, et bien plus chez nous que dans le pays qui nous sert de modèle; car, en France, le juge de paix ne connaît d'aucune exécution de jugement, matière hérissée de difficultés, ni de faits de commerce.

Dans ce chapitre donc, nous nous trouverons en face de difficultés pour la solution desquelles nous n'aurons pas toujours le guide ordinaire de nos études, la jurisprudence et les auteurs français.

Quant à la jurisprudence haitienne, à laquelle nous devrions pouvoir recourir, on sait bien quel est l'embarras de chacun sur ce point, devant l'absence de nos documents judiciaires disparus ou brûlés dans nos bouleversements ou incendies fréquents.

Nous en avons la substance heureusement encore dans les précieux ouvrages de M. Linstant Pradine. Et là, on peut voir que les arrêts recueillis sur les matières du Code de commerce sont en bien petit nombre, et précisément sur les points qui n'ont pas leur analogue en France, les arrêts manquent généralement.

C'est donc à la lumière des principes généraux qu'il faudra chercher à résoudre les difficultés, principes que nous devons encore, à l'occasion, retracer ou essayer de formuler.

« Dans son acception la plus générale, le mot *commerce,* rapporte G. Massé, citant Ricard, embrasse les communications de toute espèce qui peuvent exister entre les hommes. Si c'est le goût, le penchant qui les attire les uns vers les autres, c'est un commerce d'amitié; si c'est pour échapper à l'ennui qu'ils se recherchent, c'est un commerce de plaisir ou d'amusement; mais si c'est l'utile et le nécessaire qu'ils cherchent mutuellement, c'est un commerce d'*intérêt.*

« Employé, continue l'auteur, pour exprimer des rapports intéressés, le mot *commerce* a une signification générale qui s'applique à tous les contrats dont l'objet est la transmission d'une chose ou d'un droit. C'est en ce sens que dans le langage juridique (art. 919, 1382, C. civ.) on dit qu'une chose est ou n'est pas dans le commerce, alors qu'il s'agit de choses qu'on peut ou qu'on ne peut pas acquérir, se transmettre ou échanger..... Mais lorsque ces rapports intéressés ont lieu avec suite et fréquemment entre personnes dont, soit l'une ou l'autre, soit toutes les deux, se proposent un profit qui doit être le résultat des communications établies entre elles; alors ce commerce est d'une espèce particulière et constitue le commerce proprement dit. En ce sens plus restreint et plus usuel, le commerce consiste donc dans une *spéculation où l'on achète afin de revendre et où l'on vend ce que l'on a acheté pour le revendre.* » (*Le Droit commercial*, III.)

Il était nécessaire d'arriver à cette définition pour bien faire saisir, par exemple, le point de séparation qui existe entre la qualité d'artisan et la qualité de commerçant, c'est-à-dire entre le métier et le commerce, point de séparation qu'il est du reste très difficile quelquefois de caractériser.

Et spécialement pour le juge de paix, il faut qu'il sache faire cette distinction afin de savoir si la créance qu'on lui soumet est commerciale ou civile, et par conséquent s'il y a lieu ou non d'appliquer la contrainte par corps, et si la preuve testimoniale doit être admise au delà de seize gourdes ou non.

On a posé cette question : Quand le Code de commerce garde le silence, quelles sont les règles que doit suivre le juge pour la solution des difficultés qui lui sont soumises?

Répondons encore avec Massé, *Droit commercial,* t. I, 63 : « La loi civile étant la règle générale des actions des citoyens d'un État, et la loi commerciale n'étant que la règle particulière de certaines actions, on doit reconnaître en principe que, dans tous les cas où la loi particulière se tait, la loi générale ou le droit commun reprend son empire. *Casus omissus in statuto mercatorum,* dit Roccus, *remanet sub dispositione juris communis.* Ce principe est consacré et reconnu par la loi commerciale et par la loi civile elles-mêmes, puisqu'on voit la première se référer dans un grand nombre de cas au droit commun, dont la seconde est l'expression, et que celle-ci, dans plus d'une circonstance, s'est crue obligée d'avertir qu'elle n'entend pas déroger aux lois particulières du commerce. » — Plus loin, 83 : « Le Code de commerce..., loi générale du commerce..., est loin d'être complet...; et, dans un grand nombre de cas, il faut chercher, soit dans des lois particulières, soit dans d'autres codes, les dispositions qu'il paraîtrait devoir contenir. »

Doctrine qui est celle de la plupart des jurisconsultes, et

celle qu'a suivie généralement la jurisprudence. (*V.* encore les observations préliminaires de Sirey, au commencement du Code de commerce; — *V.* aussi *suprà* dans les Notices générales, p. 11.)

D'un arrêt du Tribunal de cassation du 28 novembre 1859, nous tirons cette proposition : « Le Tribunal de commerce, ayant une attribution spéciale, ne doit recourir aux prescriptions établies par le Code de procédure civile que dans les cas non indiqués par le Code de commerce. (L. P., 2, sous l'art. 648, C. com.; — N° 8 du *Bulletin des arrêts du Tribunal de cassation,* arrêt n° 68.)

A cette règle que, « pour que les articles de la procédure ordinaire (1) s'appliquent à une procédure spéciale, il suffit qu'ils n'en soient pas formellement écartés, » en d'autres termes, que « du silence de la loi dans une procédure exceptionnelle on peut conclure que les dispositions non formellement exclues peuvent se transporter de la procédure ordinaire à la procédure exceptionnelle, » il convient d'ajouter cette autre règle, d'une application particulière au régime haïtien :

Dans le concours de deux institutions spéciales, comme lorsqu'une juridiction qui a une procédure spéciale est appelée à connaître d'une matière qui a également sa procédure spéciale, en un mot, quand le tribunal de paix est saisi d'une affaire commerciale, à part que la règle générale qui est la procédure des tribunaux civils supplée au silence de la loi sur les justices de paix, et du Code de commerce, mais ces deux derniers doivent, toujours en tant que procédure, se compléter l'un l'autre.

D'autant plus qu'un même principe les domine, la raison déterminante des formes particulières à la procédure devant les tribunaux de commerce, c'est l'urgence d'un prompt règlement des intérêts sur lesquels ces tribunaux ont à statuer,

---

(1) Bien entendu, distingue Boitard, n° 662, quand les articles qu'on veut emprunter au droit commun ne sont pas des articles exorbitants, introduits dans la procédure ordinaire par des motifs nouveaux et tout à fait spéciaux.

comme aussi pour les tribunaux de paix, c'est la modicité des intérêts qui demande des formes peu dispendieuses, c'est-à-dire simples et rapides, pour que les frais n'absorbent pas le capital, le plus souvent. — Célérité dans les deux cas.

Notre Code de commerce, comprenant 632 articles, se compose de quatre lois : N° 1, loi sur le commerce en général; — N° 2, loi sur le commerce maritime; — N° 3, loi sur les faillites et banqueroutes; — N° 4, loi sur la juridiction commerciale.

N° 1 — LOI

Sur le Commerce en général.

TITRE PREMIER

Des Commerçants

ARTICLE PREMIER. — Sont commerçants ceux qui exercent des actes de commerce et en font leur profession habituelle. (C. civ., 18-5°, 199, 204, 397, 902, 919, 1093, 1211, 1784, 1994; — Proc. civ., 58-4°; — C. com., 2 et suiv., 610, 620-2°, 621.)

I. — Le terme de *commerçants,* qui est la dénomination générique employée par l'article 1er, équivaut à ceux de négociants, marchands, fabricants, banquiers, etc.

II. — Par les mots de l'article 1er, *profession habituelle,* on doit entendre un exercice assez fréquent et assez suivi pour constituer en quelque sorte une existence sociale.

III. — Ainsi, quelques actes isolés de commerce ne suffiraient pas pour rendre commerçants ceux qui les ont faits, quoique ces actes puissent les soumettre momentanément à la juridiction commerciale, en vertu de l'art. 620, C. com. (SIREY, 8, sous l'art. 1er, C. com.)

Jurisprudence française.

IV. — Sont réputés commerçants... les artisans ou industriels qui achètent des matières premières et les revendent après les avoir façonnées. (*Ibid.*, 34.)

V. — Les aubergistes . . . . . . (*Ibid.*, 38.)

VI. — Les bouchers . . . . — 39. $\Big)$

VII. — Les boulangers . . . . . . — 40. $\Big\}$ MASSÉ, 958.

VIII. — Les cabaretiers. . . . . . . — 41.

IX. — Les cafetiers . . . . — 42.

X. — Les voituriers. . . . . . . — 46.

XI. — Les pharmaciens. . . . . . — 47.

XII. — Les imprimeurs . . . . . . — 48.

XIII. — Les agents d'affaires . . . . — 49.

XIV. — Les spéculateurs sur les effets publics. (*Ibid.*, 53.)

XV. — Les spéculateurs en denrées.

XVI. — Les entrepreneurs de travaux publics. (SIREY, supplément, 4.)

XVII. — La femme qui tient en son nom un hôtel garni. (*Ibid.*, 9, sous les art. 4 et 5.)
Mais le fait de louer en garni les appartements et les meubles d'une maison dont on est propriétaire n'imprime pas par lui-même au locateur la qualité de commerçant. (*Ibid.*, 14, sous l'art. 1er, au supplément.)

XVIII. — Ne sont pas commerçants : l'artisan ou l'ouvrier qui ne fait que façonner moyennant salaire les choses qui lui sont confiées. (SIREY, 67, sous l'art. 1er.)

XIX. — Les charpentiers ou menuisiers . . (*Ibidem*, 71)

XX. — Les charrons . . . . — 72

XXI. — Les cordonniers . . . . — 73

XXII. — Les tailleurs de pierre . . . . . . — 74

XXIII. — Les jardiniers pépiniéristes qui se bornent au fait de vente des arbres provenant de leurs pépinières. (*Ibidem*, 75.)

XXIV. — L'entrepreneur d'un cercle de lecture, de jeux de cartes, de billard, etc., même sous le rapport des fournitures qu'il a pu faire aux abonnés dans le local même du cercle. (*Ibidem*, 81.)

XXV. — Les maîtres de pension. . .   —   82.

XXVI. — La sage-femme qui reçoit chez elle des pensionnaires pour leur donner les soins de son état. (*Ibidem*, 84.)

Jurisprudence haïtienne.

XXVII. — Celui qui achète des arbres sur pied pour les exploiter et les revendre fait un acte de commerce. (Cass., 30 mai 1831. (L. P., 1, sous l'art. 1er, C. com.)   . . .

Art. 2. — Tout mineur émancipé, de l'un et l'autre sexe, âgé de dix-huit ans accomplis, qui voudra profiter de la faculté que lui accorde l'article 397 du Code civil, de faire le commerce, ne pourra en commencer les opérations, ni être réputé majeur, quant aux engagements par lui contractés pour faits de commerce :

1° S'il n'a été préalablement autorisé par son père, ou par sa mère, en cas de décès, interdiction ou absence du père, ou, à défaut du père et de la mère, par une délibération du Conseil de famille, homologuée par le Tribunal civil;

2° Si, en outre, l'acte d'autorisation n'a été enregistré et affiché au Tribunal de commerce du lieu où le mineur veut établir son domicile. (C. civ., 91, 95, 130, 336 et suiv., 371, 386 et suiv., 1093; — Proc. civ., 776 et suiv.; — C. com., 3, 6, 63, 112.)

Art. 3. — La disposition de l'article précédent est applicable aux mineurs même non commerçants à l'égard de tous les faits qui sont déclarés faits de commerce par les dispositions des articles 621 et 622 du présent Code. (C. com., 112.)

I. — Le mineur est l'individu de l'un et de l'autre sexe qui n'a pas encore atteint l'âge de 21 ans accomplis (art. 329, C. c.); et ce n'est qu'à cet âge de 21 ans qu'on est capable de tous les actes de la vie civile (art. 398), sauf les exceptions de la loi.

II. — Le mineur ne peut être autorisé à faire le commerce qu'autant qu'il a dix-huit ans accomplis, quand même il aurait été émancipé avant cet âge. (Pardessus, n° 57 ; — Sirey, 1, sous les art. 2 et 3, C. com.)

III. — L'article 2, complétant l'article 397 C. com., impose deux conditions principales au mineur âgé de dix-huit ans accomplis qui veut faire le commerce : c'est d'être émancipé (art. 386 et suiv., C. com.) et d'être autorisé par ses parents.)

IV. — L'autorisation nécessaire au mineur pour faire le commerce doit être expresse : elle ne peut résulter, par voie de présomption, du silence du père, de la mère ou du conseil de famille, qui, voyant le mineur faire le commerce, ne l'en aurait pas empêché. (Syrey, 2, sous les art. 2 et 3.)

Ce n'est pas comme pour l'autorisation du mari à l'égard de la femme. (Note *infra*, sous l'art. 5, C. com.)

V. — Elle doit aussi être préalable aux engagements du mineur. (Sirey, *loco citato*.)

VI. — Le second alinéa de l'article 387, C. com., porte que l'émancipation s'opérera par la seule déclaration du père ou de la mère reçue par le juge de paix. La loi française est identique. Cependant les auteurs français admettent que l'autorisation du père ou de la mère peut être donnée devant le juge de paix, *ou devant un notaire* (*Ibid.*, 4) ; mais non par acte sous signature privée (5).

VII. — Pour que les actes du mineur autorisé à faire le commerce soient valables, il faut qu'ils soient relatifs à son commerce ; si donc le mineur se portait caution d'une dette, même commerciale, son engagement serait nul. (*Ibid.*, 13.)

VIII. — Il est bien entendu que les conditions ci-dessus sont nécessaires pour donner au mineur la qualité de commerçant et l'engager comme tel ; mais l'absence de ces conditions ne l'empêche pas, pour les engagements qu'il aurait contractés, d'être civilement obligé, au moins dans les limites posées par le Code civil.

IX. — Par l'article 917, C. com., on voit que les engagements contractés par les mineurs ne sont pas radicalement nuls, à moins que la loi ne l'ait exceptionnellement déclaré. Seulement, il est restituable en cas de lésion, c'est-à-dire lorsque l'opération lui est préjudiciable : *Minor restituitur non tanquam minor sed tanquam læsus*. Le mineur est restituable non en tant que mineur, mais en tant que lésé.

(*V.* Boileux, *Commentaire sur le Code Napoléon,* sous les art. 1124 et 1125.)

X. — Et même en cas de lésion, l'article 1093, C. civ., porte que « le mineur commerçant ou artisan n'est pas restituable contre les engagements qu'il a pris à raison de son commerce ou de son art », et l'article 1095, le mineur « n'est point restituable contre les obligations résultant de son délit ou quasi-délit. » La minorité n'est point une excuse, dit Boileux, sous l'article 1310. Toutefois, il faut supposer que le mineur est doué d'intelligence; autrement, les personnes chargées de le diriger seraient seules responsables. (Art. 1170.)

XI. — Ainsi, il a été jugé que le mineur émancipé qui fait le commerce sans avoir reçu l'autorisation nécessaire n'est pas réputé majeur pour les faits relatifs à ce commerce, et il n'est justiciable que du tribunal civil (mais il en est justiciable), à raison des obligations ayant le caractère commercial, par lui contractées. (*V.* Sirey, Supplément, 3, sous les art. 2 et 3, C. com.)

XII. — Jugé dans le même sens que le prêt fait à un mineur irrégulièrement habilité à faire le commerce n'est pas commercial. Dès lors, ce mineur n'est ni justiciable du Tribunal de commerce, ni contraignable par corps pour le remboursement de ce prêt dans la mesure du profit qu'il en a retiré. (*Ibid.,* 4)

XIII. — Et même le mineur est passible de la contrainte par corps si c'est à l'aide de manœuvres dolosives qu'il a obtenu un crédit pour ses opérations commerciales. (*Ibid.,* 5.) Cela rentrerait dans les caractères de l'escroquerie. (*V.* Formule n° 232, jur. gr.)

Art. 4. — La femme ne peut être marchande publique sans le consentement de son mari. (C. civ., 197, 199, 204, 1211; — C. com., 5, 7, 67, 111, 539 et suiv.)

Art. 5. — La femme, si elle est marchande publique, peut sans l'autorisation de son mari s'obliger pour ce qui concerne son négoce; et audit cas, elle oblige aussi son mari, s'il y a communauté entre eux. (C. civ., 204, 205, 1177, 1189, 1211; — C. com., 4, 7, 65, 67.)

I. — La femme peut être marchande publique sans l'autorisation ou le consentement exprès de son mari; il suffit, pour la réputer telle, qu'elle fasse le commerce au vu et au su de son mari, et sans qu'il s'y oppose. (Sirey, 6, sous les art. 4 et 5, C. com.)

II. — Le consentement du mari à ce que sa femme soit marchande publique peut être révoqué par lui à volonté. (*Ibid.*, 14.)

III. — La contrainte par corps est applicable à celui qui fait nommément le commerce. Ainsi, bien que soumis au paiement des dettes contractées par la femme commune en biens et exerçant le commerce avec son autorisation, le mari n'est pas cependant, comme la femme elle-même, contraignable par corps, à raison de ce commerce de la femme. (Cas., 22 sept. 1857; — L. P., sous l'art. 5, C. com. — *V.* aussi Sirey, 22, *loco citato.*)

TITRE II

Des Livres de Commerce.

Art. 8. — Tout commerçant est tenu d'avoir un livre-journal qui *présente*, jour par jour, ses dettes actives et passives, les opérations de son commerce, ses négociations, acceptations ou endossements d'effets, et généralement tout ce qu'il reçoit et paie, à quelque titre que ce soit; et qui *énonce*, mois par mois, les sommes employées à la dépense de sa maison; le tout indépendamment des autres livres usités dans le commerce, mais qui ne sont pas indispensables. (C. civ., 1114, 1115; — Proc. civ., 787; — C. com., 5, 9 et suiv., 83, 95, 101, 107, 115 et suiv., 133, 221, 448, 580, 581, 586, 587.)

Il est tenu de mettre en liasse les lettres missives qu'il reçoit et de copier sur un registre celles qu'il envoie.

Art. 9. — Il est tenu de faire tous les ans, sous seing privé, un inventaire de ses effets mobiliers et immobiliers, et de ses dettes actives et passives, et de le copier, année par année, sur un registre spécial à ce destiné. (C. civ., 1107; — Proc. civ., 831; — C. com., 10, 14, 481 et suiv., 540, 580-3°.)

Art. 10. — Le livre-journal et le livre des inventaires seront timbrés sur chaque feuillet du timbre de *cinq* centimes.

Ils seront cotés, parafés et visés, soit par un des juges du
Tribunal de commerce, soit par le juge de paix, dans les villes
où il n'y aura pas de Tribunal de commerce. Ils seront ensuite parafés et visés une fois par année.

Le livre des copies de lettres ne sera pas soumis à ces
formalités.

Tous seront tenus par ordre de dates, sans blancs, lacunes
ni transports en marge.

ART. 11. — Les commerçants sont tenus de conserver ces
livres pendant dix ans. (C. com., 10, 83.)

I. — La loi n'exige pas que celui qui tient un menu détail inscrive
sur son livre-journal, article par article, tout ce qu'il reçoit; il suffit
qu'il l'énonce en bloc, à la fin de chaque jour. (SIREY, 2, sous les art.
8 à 11, C. com., citant PARDESSUS, n° 86.)

II. — Jugé, même par notre Tribunal de cassation, que la paco-
tilleuse au petit détail, ne vendant qu'au comptant, ne peut être
astreinte à passer écriture de ses affaires, par conséquent n'est point
soumise aux formalités voulues par l'art. 8 du Code de commerce, qui
ne sont relatives qu'aux commerçants exposés à faire faillite. (Cass.,
22 nov. 1830; — L. P., sous l'art. 8, C. com.)

ART. 12. — Les livres de commerce, régulièrement tenus,
peuvent être admis par le juge pour faire preuve entre commerçants pour faits de commerce. (C. civ., 1114, 1115; —
C. com., 1, 13 et suiv., 621.)

ART. 13. — Les livres que les individus faisant le commerce sont obligés de tenir, et pour lesquels ils n'auront pas
observé les formalités ci-dessus prescrites ne pourront être
représentés ni faire foi en justice, au profit de ceux qui les
auront tenus, sans préjudice de ce qui sera réglé par la loi n° 3
sur les faillites et banqueroutes. (C. com. 17, 580, 581, 586-7°
et suiv.)

ART. 14. — La communication des livres et inventaires
ne peut être ordonnée en justice que dans les affaires de succession, communauté, partage de société, et en cas de faillite.

(C. civ., 674, 842, 1261, 1459, 1641 ; — C. com., 18 et suiv., 60, 437, 460.)

Art. 15. — Dans le cours d'une contestation, la représentation des livres peut être ordonnée par le juge, même d'office, à l'effet d'en extraire ce qui concerne le différend. (C. civ., 1139; — Proc. civ., 255; — C. com., 12, 16, 17, 107.)

Art. 16. — En cas que les livres dont la représentation est offerte, requise ou ordonnée, soient dans des lieux éloignés du tribunal saisi de l'affaire, les juges peuvent adresser une commission rogatoire au Tribunal de commerce du lieu, ou déléguer un juge de paix pour en prendre connaissance, dresser un procès-verbal du contenu, et l'envoyer au tribunal saisi de l'affaire. (Proc. civ., 956; — C. com., 618; — Inst. crim., 76.)

Art. 17. — Si la partie aux livres de laquelle on offre d'ajouter foi, refuse de les représenter, le juge peut déférer le serment à l'autre partie. (C. civ., 1114, 1152; — Proc. civ., 126, 127; — C. com., 12; — C. pén., 312.)

I. La seule circonstance que les livres d'un commerçant ne sont pas régulièrement tenus dans la forme voulue par le Code de commerce ne suffit pas pour faire présumer la fraude... — Bruxelles, 17 mars 1842. (Sirey, 15, sous l'art. 12 à 17.)

II. — *Peuvent être admis.* — Il résulte de la forme facultative de cette disposition de l'article 12 que les juges, en matière de commerce, peuvent chercher des preuves ailleurs que dans les livres de commerce. Argument de l'arrêt cass., 8 juin 1857. (L. P., 1 sous l'art. 12.) — Argument de l'art. 107, C. com.

III. — L'article 15 du Code de commerce n'établissant aucune distinction dans les livres dont le juge peut ordonner la représentation, on n'en saurait tirer aucune induction, devant les termes généraux de la loi, pour décider que les brouillards en sont exclus, lorsque surtout ils sont régulièrement tenus, et que les négociants qui les présentent ont été victimes d'un sinistre dont les ravages ne sont pas encore réparés. Cass., 19 novembre 1860. (L. P. sous l'art. 15.) *V.* cet arrêt au n° 202, *Bulletin des Arrêts*, etc., n° 23.

IV. — Les juges ont d'ailleurs un pouvoir discrétionnaire pour ordonner ou ne pas ordonner l'apport ou la représentation des livres

34

des commerçants : leur décision à cet égard est à l'abri de la cassation. (Sirey, 9, sous les art. 12 à 17 au supplément.)

V. — Alors même que l'une des parties ne veut ou ne peut produire ses registres, ce n'est pas une raison pour accorder nécessairement foi à ceux de l'autre partie ; les juges sont investis, à cet égard, d'un pouvoir souverain d'appréciation. (Sirey, 83.)

VI. — Comme aussi les juges ne sont pas obligés, sur le refus d'une partie de produire ses livres de commerce, de déférer le serment à la partie adverse qui déclare y ajouter foi : c'est là une pure faculté dont les juges sont maîtres d'user ou de ne pas user (*Ibid.* 44.)

Le titre III a trait aux *Sociétés commerciales.* (Art. 18 à 64.)

Le titre IV, aux *Séparations de biens.* (Art. 65 à 70.)

Le titre V, aux *Bourses de commerce, Agents de change et Courtiers.* (Art. 71 à 89.)

Le titre VI, aux *Commissionnaires en voitures.* (Art. 90 à 106.)

Le titre VII, ayant un seul article, est relatif aux *Achats et Ventes.*

Art. 107. — Les achats et ventes se constatent :

Par actes publics;

Par actes sous signature privée ;

Par le bordereau ou arrêté d'un agent de change ou courtier, dûment signé par les parties;

Par une facture acceptée ;

Par la correspondance ;

Par les livres des parties ;

Par la preuve testimoniale, dans le cas où le tribunal croira devoir l'admettre. (C. civ., 1102, 1103, 1107, 1126, 1168 et suiv.; — C. com., 8 et suiv., 49, 72, 76, 78, 575, 578, 621 ; — C. pén., 344 à 346.)

I. — Comme nous l'avons vu *suprà* (page 498), le Code de commerce, comme loi générale du commerce du pays, est loin d'être complet, c'est-à-dire qu'il ne contient pas nommément toutes les régles des rapports et contrats qui peuvent naître du commerce; d'où il suit que, dans un grand nombre de cas, il faut chercher soit dans les lois particulières, soit dans d'autres codes, les dispositions qui ne se trouvent pas dans le Code de commerce et qui sont pourtant le complément nécessaire. (*V.* Massé, I, 82.)

Ainsi, pour ce qui a trait à ses caractères, conditions, effets, etc., la vente commerciale est soumise, en général, aux règles du Code civil. (Art. 1369 et suiv.)

II. — *Par actes publics.* C'est-à-dire reçus par des officiers publics, tels que les notaires, avec les solennités requises. (Art. 1102, C. civ.)

III. — *Par actes sous signature privée.* Il n'est pas nécessaire que ces actes soient faits doubles comme en matière civile (art. 1110, C. civ.); lorsque le Code de commerce exige cette formalité, il le dit positivement. (Art. 39; — ROGRON, sous l'art. 109, C. com.).

IV. — *Par une facture.* C'est un état détaillé des marchandises vendues ou envoyées, et qui indique leur nature, leur quantité, leur qualité et leur prix. Mais pour qu'une facture fasse preuve contre une personne, il faut qu'elle soit acceptée par elle. (*Ibid.*)

V. — *Par la preuve testimoniale.* Le droit commun n'admet la preuve testimoniale sans commencement de preuve par écrit que jusqu'à 16 gourdes. (Art. 1126, C. civ.). Au delà, le législateur a craint que les parties ne trouvassent dans le gain du procès le moyen d'acheter des témoignages. Le commerce exigeait une dérogation au droit commun; la bonne foi en est l'âme, et la plupart des transactions qui s'opèrent ne peuvent être prouvées que par témoins; mais la loi laisse toutefois aux juges le droit d'admettre ou de refuser cette preuve dangereuse. (*Ibid.*)

VI. — On professe, du reste, qu'en matière commerciale, la preuve par témoins ou par présomption est admissible pour établir toutes les conventions, aussi bien à l'égard des tiers qu'à l'égard des parties elles-mêmes. (*Ibid.*, divers arrêts cités.)

Le titre VIII est le dernier de la loi n° 1. Il traite *de la lettre de change*, *du billet à ordre et de la prescription* de ces effets. (Art. 108 à 186.)

ART. 159. — Le refus de paiement doit être constaté le lendemain du jour de l'échéance, par un acte que l'on nomme *protèt faute de paiement.* (Proc. civ., 78; — C. com., 117, 150, 160 et suiv., 170 et suiv.)

Si ce jour est un jour de férie légale, le protèt sera fait le jour suivant. (C. com., 131.)

FORMULE N° 172. — Protêt faute de paiement.

L'an...... etc. A la requête de..... etc., je..... huissier, etc., me suis transporté au domicile du citoyen B..., etc.; et après avoir exhibé une lettre de change *ou* billets ainsi conçu : (*transcrire l'effet et les endossements*) « . . . . », j'ai sommé ledit B... en parlant à sa personne (*ou à tel*, ledit B... étant absent), de présentement payer au requérant ou à moi, huissier, pour lui, la somme de...., montant de l'effet ci-dessus transcrit, protestant, à faute de ce faire, du renvoi et de tout ce qui peut se protester en pareil cas ;

Lequel a répondu que..... etc.

Sommé de signer, il a signé *ou* refusé; laquelle réponse j'ai prise pour refus de paiement; en conséquence, j'ai pour le requérant protesté ledit billet, sous toutes réserves de droit; le tout fait en présence et assisté des citoyens R... et S..., (*profession et demeure*), tous deux témoins qui ont signé avec moi; et j'ai au susnommé, au domicile ci-dessus indiqué et parlant comme dessus, laissé copie tant dudit effet et ordre au dos que du présent. Dont acte. Le coût est de.....

ART. 169. — Indépendamment des formalités prescrites pour l'exercice de l'action en garantie, le porteur d'une lettre de change protestée faute de paiement, peut, en obtenant la permission du doyen, saisir conservatoirement les effets mobiliers des tireurs, accepteurs et endosseurs. (Proc. civ., 478 et suiv.; — C. com., 108, 116 et suiv., 133 et suiv., 137, 157, 161, 164, 170 et suiv.)

FORMULE N° 173. — Requête pour être autorisé à saisir conservatoirement les meubles et effets d'un débiteur de lettre de change ou billet à ordre.

A Monsieur le Juge.....

Le sieur..... etc., a l'honneur de vous exposer qu'il est créancier d'une somme de....., montant d'un billet à ordre souscrit par le sieur B..., demeurant à .... et protesté le..... Pourquoi, vu ledit billet et le protêt et es dispositions des articles 169 et 184 du Code de commerce, il requiert qu'il vous plaise lui permettre de faire saisir conservatoirement les meubles et effets dudit sieur B..., etc.

ART. 170. — Les protêts faute d'acceptation ou de paiement sont faits par deux notaires, ou par un notaire et deux témoins, ou par un huissier et deux témoins. (C. com., 108, 117, 127 et suiv,, 153, 158 à 160, 171 et suiv., 173 et suiv.)

Le protêt doit être fait :

Au domicile de celui sur qui la lettre de change était payable, ou à son dernier domicile connu (C. civ., 91 et suiv.; — Proc. civ., 79-5°);

Au domicile des personnes indiquées par la lettre de change pour la payer au besoin ;

Au domicile du tiers qui a accepté par intervention (C. com., 124 et suiv.) ;

Le tout par un seul et même acte.

En cas de fausse indication de domicile, le protêt est précédé d'un acte de perquisition.

Art. 171. — L'acte de protêt contient (C. com., 124) :

La transcription littérale de la lettre de change, de l'acceptation, des endossements et des recommandations qui y sont indiquées ;

La sommation de payer le montant de la lettre de change;

Il énonce :

La présence ou l'absence de celui qui doit payer;

Les motifs du refus de payer, et l'impuissance ou le refus de signer.

Art. 172. — Nul acte, de la part du porteur de la lettre de change ne peut suppléer l'acte de protêt, hors le cas prévu par les articles 147 et suivants, touchant la perte de la lettre de change. (C. com. 170, 171.)

Art. 173. — Les notaires et les huissiers sont tenus, à peine de destitution, dépens, dommages-intérêts envers les parties, de laisser copie exacte des protêts et de les inscrire en entier, jour par jour et par ordre de dates, dans un registre particulier, coté, parafé et tenu dans les formes prescrites pour les répertoires. (C. civ., 939, 1168; — Proc. civ., 81, 135, 137, 139, 952 ; — C. com., 170, 171.)

N° 2 — LOI

Sur le Commerce maritime.

(Art. 187 à 433.)

Nous n'en relèverons que les cinq articles suivants :

Art. 228. — Le capitaine et les gens de l'équipage qui sont à bord, ou qui, sur les chaloupes, se rendent à bord pour faire voile, ne peuvent être arrêtés pour dettes civiles, si ce n'est à raison de celles qu'ils auront contractées pour le voyage ; et même, dans ce dernier cas, ils ne peuvent être arrêtés, s'ils donnent caution. (C. civ., 1806, 1807, 1829 ; — Proc. civ., 132, 442 ; — C. com., 212.)

TITRE XIII

Des Prescriptions.

Art. 430. — Sont prescrites (C. com., 431) :

Toutes actions en paiement pour fret de navire, gages et loyers des officiers, matelots et autres gens de l'équipage, un an après le voyage fini ;

Pour nourriture fournie aux matelots par l'ordre du capitaine, un an après la livraison ;

Pour fournitures de bois et autres choses nécessaires aux constructions, équipement, et avitaillement du navire, un an après ces fournitures faites ;

Pour salaires d'ouvrier et pour ouvrages faits un an après la réception des ouvrages ;

Toute demande en délivrance de marchandise, un an après l'arrivée du navire.

Art. 431. — La prescription ne peut avoir lieu, s'il y a eu cédule, obligation, arrêté de compte, ou interpellation judiciaire. (C. civ., 1111, 2012 ; — Proc. civ., 69, 71, 79.)

TITRE XIV

Fins de non-recevoir.

Art. 432. — Sont non recevables (C. com. 433) :

Toutes actions contre le capitaine et les assureurs, pour dommages arrivés à la marchandise, si elle a été reçue sans protestation (C. com., 218, 327);

Toutes actions contre l'affréteur, pour avaries, si le capitaine a livré les marchandises et reçu son fret sans avoir protesté (C. com. 283, 394);

Toutes actions en indemnités pour dommages causés par l'abordage dans un lieu où le capitaine a pu agir, s'il n'a point fait de réclamation. (C. com., 302, 404.)

Art. 433. — Ces protestations et réclamations sont nulles si elles ne sont faites et signifiées dans les vingt-quatre heures et si, dans le mois de leur date, elles ne sont suivies d'une demande en justice. (Proc. civ., 69, 71, 78, 97, 954.)

La loi n° 3 dispose sur *les Faillites et Banqueroutes.* (Art. 434 à 606.)

N° 4 — LOI

Sur la Juridiction commerciale.

Le titre 1ᵉʳ s'occupe de l'organisation des tribunaux de commerce. (Art. 608 à 619.)

TITRE II

De la Compétence des Tribunaux de Commerce.

Ce titre complète l'article premier du présent Code. Il fait l'énumération des actes que la loi répute actes de commerce, détermine les actions qui tombent sous la juridiction commerciale.

Il mérite ici une attention spéciale parce que ces mêmes actions, lorsqu'elles seront d'une valeur ne dépassant pas cent cinquante piastres, resteront de la compétence du tribunal de paix jugeant en matière commerciale.

Art. 620. — Les tribunaux de commerce connaîtront :

1° De toutes contestations relatives aux engagements et transactions entre négociants, marchands et banquiers (Code com., 1);

2° Entre toutes personnes, des contestations relatives aux actes de commerce. (C. com. 621.)

Art. 621. — La loi répute actes de commerce (C. com., 620) :

Tout achat de denrées et marchandises pour les revendre, soit en nature, soit après les avoir travaillées et mises en œuvre, ou même pour en louer simplement l'usage ;

Toute entreprise de manufacture, de commission, de transport par terre ou par eau ;

Toute entreprise de fournitures, d'agences, bureau d'affaires, établissements de ventes à l'encan, spectacles publics ;

Toute opération de change, banque et courtage ;

Toutes les opérations des banques publiques ;

Toutes obligations entre négociants, marchands et banquiers ;

Entre toutes personnes, les lettres de change, ou remises d'argent faites de place en place (C. com., 101, 208, 623 et suiv.);

Toute entreprise de construction, et tous achats, ventes et reventes de bâtiments pour le cabotage ou la navigation de long cours (C. com., 195, 223);

Toutes expéditions maritimes ;

Tout achat ou ventes d'agrès, apparaux et avitaillements ;

Tout affrètement, emprunt ou prêt à la grosse (C. com., 278 et suiv., 283 et suiv., 311 et suiv.);

Toutes assurances et autres contrats concernant le commerce de mer (C. com., 329 et suiv.);

Tous accords et conventions pour salaires et loyers d'équipages (C. com. 329 et suiv.);

Tous engagements de gens de mer, pour le service des bâtiments de commerce. (C. com. 218 et suiv. 247 et suiv.)

ART. 622. — Les tribunaux de commerce connaîtront également :

1° Des actions contre les facteurs, commis des marchands ou leurs serviteurs, pour le fait seulement du trafic du marchand auquel ils sont attachés;

2° Des actions, formalités et actes concernant les faillites. (C. com., 434 à 579.)

ART. 623. — Lorsque les lettres de change ne seront réputées que simples promesses, ou lorsque les billets à ordre ne porteront que des signatures d'individus non négociants, et n'auront pas pour occasion des opérations de commerce, le tribunal de commerce sera tenu de renvoyer au tribunal civil, s'il en est requis par le défendeur. (Pr. civ., 169; — C. com., 168, 184, 624.)

ART. 624. — Lorsque ces lettres de change et ces billets à ordre porteront en même temps des signatures d'individus négociants et d'individus non négociants, le tribunal de commerce en connaîtra; mais il ne pourra prononcer la contrainte par corps contre les individus non négociants, à moins qu'ils ne soient engagés à l'occasion d'opérations de commerce, trafic, change, banque ou courtage. (C. civ., 1829; — Pr. civ., 133; — C. com. 623.)

ART. 625. — Ne seront point de la compétence des tribunaux de commerce : les actions intentées contre un propriétaire ou cultivateur, pour vente de denrées provenant de son crû; les actions intentées contre un commerçant pour paiement de denrées et marchandises achetées pour son usage particulier.

Néanmoins, les billets souscrits par un commerçant seront censés faits pour son commerce, lorsqu'une autre cause n'y sera point énoncée. (C. civ., 1135, 1137, 1138; — C. com., 1,621 et suiv.)

I. — La compétence commerciale est basée bien plutôt sur la nature des actes donnant lieu à la contestation que sur la qualité des personnes; « en d'autres termes, continue Sirey, 1, sous les articles 631, 632, Code de commerce, elle est plutôt matérielle (*ratione materiæ*) que personnelle (*ratione personæ*), en ce sens que, si certaines personnes (les commerçants ou négociants) sont, en général, soumises à la juridiction commerciale, c'est parce que les actes à raison desquels elles y sont appelées, sont présumés être des actes de commerce ou de négoce. De là il suit que, si l'acte porte en lui-même la preuve qu'il n'est pas commercial, il ne peut, malgré la qualité de commerçant de celui dont il émane, rendre ce dernier justiciable du tribunal de commerce. »

II. — De là il suit encore « qu'on peut faire des actes de commerce sans être commerçant, puisque celui-là seul est commerçant qui fait habituellement des actes de commerce. Mais il y a entre le non-commerçant et le commerçant cette différence capitale, quant aux actes par eux faits, que c'est au tiers qui prétend qu'un non-commerçant a fait acte de commerce, à prouver que l'acte a un but et un caractère commercial (1), tandis que c'est en général au commerçant qui prétend qu'un acte par lui fait n'est pas commercial à le prouver. — En d'autres termes, les actes faits par un non-commerçant ne sont pas présumés commerciaux, tandis que toute obligation entre commerçants, négociants, marchands ou banquiers, est jusqu'à preuve contraire, réputée commerciale, tant qu'un but contraire n'y est pas exprimé. (C. com., art. 621 ; — G. Massé, II, 965.)

III. — Le même raisonnement que ci-dessus s'applique à la contrainte par corps : c'est aussi la nature de l'acte qui la détermine.

---

(1) Sauf, bien entendu, le cas où cet acte est nécessairement commercial, par exemple lorsqu'il s'agit de lettres de change.

Pour décider si la contrainte doit être prononcée, il ne s'agit que de savoir si la dette est commerciale. Et le caractère commercial n'existe pas moins, quand l'acte est isolé et qu'il intervient entre individus n'exerçant pas habituellement le commerce, que lorsqu'il émane de commerçants et a rapport à leur négoce. (V. *Répertoire du Journal du Palais, Contrainte par corps*, 366 et 367.)

IV. — Rappelons ici qu'il a été jugé qu'aucune loi n'autorise à prononcer la contrainte par corps pour les dépens en matière commerciale, bien qu'elle doive l'être pour le principal. (Cass., 2 mai 1859; — L. P. 1, sous l'art. 1829 C. c.; — *Bulletin*, n° 2, arrêt n° 7.)

TITRE III

De la forme de procéder devant les Tribunaux de Commerce.

ART. 629. — Dans les cas qui requerront célérité, le doyen du tribunal pourra permettre d'assigner, même de jour à jour et d'heure à heure, et de saisir les effets mobiliers; il pourra, suivant l'exigence des cas, assujettir le demandeur à donner caution ou à justifier de solvabilité suffisante. Ses ordonnances seront exécutoires nonobstant opposition. (C. civ., 1806, 1807; — Pr. civ., 58-2°, 82, 401, 506 et suiv., 704 et suiv.)

Cet article est-il applicable en justice de paix, quant à ce qui est del a saisie conservatoire qui y est autorisée?

ART. 630. — Dans les affaires maritimes, où il existe des parties non domiciliées, et dans celles où il s'agit d'agrès, victuailles, équipages et radoubs de vaisseaux prêts à mettre à la voile, et autres matières urgentes et provisoires, l'assignation de jour à jour ou d'heure à heure pourra être donnée sans ordonnance, et le défaut pourra être jugé sur-le-champ. (Pr. civ. 152, 706; — C. com., 188, 277, 312, 331.)

ART. 631. — Toutes assignations données à bord à la personne assignée seront valables. (Pr. civ. 69, 71, 78, 79.)

Ces deux articles sont-ils applicables aussi en justice de paix ?

Quoi qu'il en soit, ces articles ne peuvent recevoir leur application que lorsque l'assignation a pour objet une affaire maritime.

Assignations données à bord. — C'est-à-dire que, dans le cas de l'article, le bord est réputé transitoirement le domicile de la personne assignée. (BOITARD, 647.) En conséquence il n'est pas nécessaire que l'assignation soit laissée *à la personne même* de l'assigné : elle peut être laissée en parlant à une personne de l'équipage trouvée à bord. (SIREY, 4, sous l'art. 419, Pr. civ.)

ART. 632. — Le demandeur pourra assigner, à son choix :

Devant le tribunal du domicile du défendeur (C. civ., 98);

Devant celui dans le ressort duquel la promesse a été faite et la marchandise livrée;

Devant celui dans le ressort duquel le paiement devait être effectué. (C. civ. 925, 1033.)

I. — Ici, c'est la compétence à raison de la personne qui est déterminée, tandis que les articles 620 et suivants déterminent la compétence à raison de la matière.

II. — Quand il s'agit d'affaires civiles, c'est devant le tribunal du domicile du défendeur (art. 7, Pr. civ.) ou de la situation de l'objet litigieux dans les cas spécifiés par l'article 8, Pr. civ., que la citation est donnée. Ici, le demandeur a le choix entre trois tribunaux différents, lorsque chacune des trois circonstances énumérées se trouve attachée à un tribunal différent. Exemple : un commerçant domicilié aux Gonaïves, se trouvant au Cap Haïtien, y achète et se fait livrer des marchandises qu'il s'engage à payer au Port-au-Prince.

Voir les notes des articles 7 et 8, Pr. civ.

ART. 635. — Les étrangers demandeurs ne peuvent être obligés, en matière de commerce, à fournir une caution de payer les frais de dommages-intérêts, auxquels ils pourront être condamnés, même lorsque la demande est portée devant un tribunal civil dans les lieux où il n'y pas de tribunal de commerce. (C. civ., 15; Pr. civ., 167, 168.)

On a déjà vu au Code de procédure civile que l'article 167 prescrit la caution *judicatum solvi, en toutes matières autres que celle de commerce.* Notre article ne fait donc que confirmer la disposition du Code de procédure.

Art. 637. — Le même jugement pourra, en rejetant le déclinatoire, statuer sur le fond, mais par deux dispositions distinctes, l'une sur la compétence, l'autre sur le fond. (Pr. civ., 141, 173, 289, 337.)

Voir *suprà* les annotations 2 et 3, sous l'article 173, Pr. civ. — Les considérations qui ont fait défendre aux tribunaux civils de joindre les déclinatoires au fond disparaissent dans les matières de notre juridiction, devant des idées d'une autre nature : le désir d'arriver promptement à la solution de l'affaire.

Art. 640. — Le tribunal pourra, dans tous les cas, ordonner, même d'office, que les parties seront entendues en personne, à l'audience ou dans la chambre, et, s'il y a empêchement légitime, commettre un des juges ou même un juge de paix pour les entendre, lequel dressera procès-verbal de leurs déclarations. (Pr. civ., 14, 15, 94, 125, 323 et suiv.)

Voir les notes sous l'article 125, Pr. civ.
Voir aussi les deux dernières notes sous l'article 14, Pr. civ.

Art. 647. — Aucun jugement par défaut ne pourra être signifié que par un huissier commis, à cet effet, par le tribunal. La signification contiendra, à peine de nullité, élection de domicile dans la commune, où elle se fait, si le demandeur n'y est domicilié. (C. civ., 91, 98; — Pr. civ. 159.)

Le jugement sera exécutoire un jour après la signification et jusqu'à l'opposition. (Pr. civ. 143, 144, 158, 950, 954.)

I. — C'est seulement à cause du second alinéa que nous rapportons cet article. L'exécution est-elle obligatoirement suspendue pendant un jour aussi pour les jugements des tribunaux de paix en matière de commerce? (*V.* note 2, *suprà,* sous l'art. 922, Pr. civ., et 6, sous l'art. 469, *id.*)

II. -- Nous avons vu, note 19, sous l'art. 27, Pr. civ., qu'en matière purement civile, la péremption des six mois (art. 159, Pr. civ.) n'a pas lieu en justice de paix. Mais l'article 4 de la loi du 21 juillet 1859 rend applicable aux jugements rendus par les tribunaux de commerce la disposition de l'article 159, Pr. civ.— Nous penchons à croire que le législateur de 1859 n'a pas entendu comprendre, dans la disposition, les jugements des tribunaux de paix.

Art. 648. — L'opposition à tous jugements par défaut rendus en matière de commerce est recevable jusqu'à l'exécution. (Pr. civ., 145, 950, 954.)

I. — On peut voir, note 9, sous l'article 28, Pr. civ., qu'en matière civile, la règle qui permet de former opposition jusqu'à l'exécution est inapplicable en justice de paix.

II. — En est-il de même lorsque le tribunal de paix a donné défaut en matière commerciale? Les termes du présent article nous paraissent assez généraux pour en autoriser ici l'application : *tous jugements par défaut rendus en matière de commerce,* et non pas seulement devant les tribunaux de commerce.

III. — Quoi qu'il en soit, l'article 29 qui permet au juge de paix, dans certains cas, de proroger le délai ou de relever le défaillant de la rigueur du délai, donne déjà une faculté assez large au défaillant pour l'opposition.

Art. 649. — L'opposition faite au moment de l'exécution, par déclaration sur le procès-verbal de l'huissier, arrêtera l'exécution ; à la charge, par l'opposant, de la retirer dans les trois jours par exploit contenant assignation ; passé lequel délai elle sera censée non avenue. (Pr. civ., 161, 162, 950 et 954.)

Il est de principe que la voie de l'opposition une fois prise doit être épuisée, étant la plus respectueuse ; et il en résulte que l'on n'est pas recevable à former un pourvoi en cassation contre le même jugement auquel il y a une opposition non encore vidée. (Cass., 12 déc. 1859 ; — L. P., 2, sous l'art. 649, C. com.; — *Bulletin*, n° 10, arrêt n° 77.)

LIVRE III

De la Justice de Paix en Haïti.

JURIDICTION GRACIEUSE

CHAPITRE Ier

Compétence extrajudiciaire. — Attributions.

Nous avons vu, page 117, au chapitre des attributions du juge de paix, qu'en outre des fonctions judiciaires, qui forment la *compétence judiciaire* ou *juridiction contentieuse,* les attributions de ce magistrat comprennent des fonctions extra-judiciaires qui forment sa *compétence extrajudiciaire* ou *juridiction gracieuse* ou *officieuse.*

La compétence extrajudiciaire embrasse de nombreux objets, en tête desquels se place la conciliation ou essai de conciliation des parties dans les affaires du ressort des tribunaux civils.

Le juge de paix est un magistrat de paix et de famille, essentiellement conciliateur. On en a même dit que c'est un père au milieu de ses enfants, et dont les soins constants doivent tendre à assurer le bonheur de tous. Son but principal doit être d'imposer, par la seule puissance de ses sages conseils, le respect des droits et l'exécution des obligations (1). (ALLAIN, *Notions préliminaires,* 1.)

---

(1) Les justices de paix, dit le grand juge A.-D. Sabourin, sont une espèce de juridiction de famille de la plus grande importance; la sagesse et l'esprit de modération des magistrats chargés de ces fonctions doivent produire le plus grand bien, et éviter les plus grands maux, en détruisant, dès son origine, le germe des procès, toujours trop nombreux. (Circulaire a l'occasion de sa nomination comme Grand-Juge, 30 octobre 1816. *Lois et Actes,* n° 451.)

Comme juge conciliateur, dit l'art. 38 de la Loi organique, il doit s'efforcer d'amener à accommodement les parties qui se présentent devant lui. Et dans un arrêt en date du 29 juillet 1873, le tribunal de cassation s'exprime comme suit : « Les juges « de paix, par les lois de leur institution, sont essentiellement « conciliateurs. Ce principe n'est pas établi dans le Code de « procédure civile, mais il se trouve consacré dans l'art. 38 « de la Loi organique ; devoir auquel le juge de paix ne peut « se soustraire. D'où il suit que si, dans l'origine, le différend « porté devant le juge de paix, par citation, paraissait conte- « nir une question de propriété, et s'il est constant que, lors « de la comparution des parties devant ce magistrat, le défen- « deur s'était reconnu auteur du fait qui avait donné lieu à la « citation, et demandé de maintenir le demandeur dans la « possession de la terre qu'il lui avait vendue, en reconnais- « sant qu'il avait eu tort de reprendre cette terre ; dès lors « tout litige avait disparu et le juge s'était trouvé dans le « domaine du pouvoir que lui confère la loi. Il suit de là, « qu'en disant que le juge de paix n'avait pas statué sur une « question pétitoire, le jugement attaqué n'a pas violé les « art. 8, 22 et 170 du C. de proc. civ., et a, au contraire, rendu « hommage à la volonté du législateur qui, dans l'art. 33 de « la Loi organique, dit que, comme juges conciliateurs, les juges « de paix doivent s'efforcer d'amener à accommodement les « parties qui se présentent devant eux. » (N° 2, sous l'art. 38, Loi org. 1835, *Lois et Actes*; L. P.) Voir aussi au même endroit la note suivante. (Cass., 3 sept. 1874.)

D'autre part, le juge de paix saisi par une citation en con- ciliation ne peut juger la contestation qui lui est soumise, quand bien même elle serait de sa compétence. Alors sa juri- diction gracieuse est complètement distincte de sa juridiction contentieuse. (J. du P., *Justice de paix*, 780.)

Dans ses fonctions extrajudiciaires, le juge de paix est chargé :

1° Par le Code de procédure civile :

De concilier les différends dont le jugement est réservé aux tribunaux civ. (Art. 57 et suiv.);

De donner le visa exigé par les art. 78 et 79 de ce Code, en cas d'absence des parties ou même du refus selon le dernier article;

D'exécuter les délégations judiciaires à l'effet de recevoir une caution, de procéder à une enquête, à un interrogatoire sur faits et articles, à une prestation de serment, soit d'experts, soit de parties, et généralement de faire une opération quelconque en vertu d'un jugement, etc. (256, 305, 325, 956);

De recevoir la déclaration affirmative du tiers saisi domicilié dans son ressort et hors de la ville où siège le tribunal qui doit connaître de la saisie-arrêt (492);

D'assister à l'ouverture des portes en matière de saisie-exécution; d'apposer, s'il en est requis, le scellé sur les papiers trouvés dans les pièces ou meubles ainsi ouverts; de nommer un gérant à l'exploitation, en cas de saisie d'animaux ou d'ustensiles destinés à la culture (508, 512, 515);

De légaliser la signature de l'imprimeur apposée sur le numéro du journal qui contient l'extrait dont fait mention l'art. 594, pour la saisie immobilière;

D'ordonner l'arrestation d'un débiteur condamné et contraignable par corps, lorsqu'il est trouvé dans une maison quelconque, et d'assister à l'arrestation (681);

D'apposer et de lever les scellés après décès, ou dans les autres cas où il y a lieu à apposition de scellés (796 et suiv., 816 et suiv.);

De dresser les procès-verbaux de carence, s'il n'y a aucun effet mobilier, lors de l'apposition des scellés, ou de description sommaire des effets qui, nécessaires à l'usage des personnes de la maison, ne peuvent être mis sous scellés (813);

De requérir d'office un notaire, ou, à son défaut, un membre du Conseil communal, pour représenter, à la levée des scellés, les intéressés demeurant hors de la commune (819), ou aux inventaires, les parties appelées et défaillantes (830);

35

De rendre l'ordonnance d'exécution d'un jugement arbitral, lorsque les parties ne se sont point réservé le droit d'appel, ou lorsque les arbitres ont dû décider comme amiables compositeurs (908).

2° Par le Code civil :

De recevoir les déclarations de naturalisation et le serment prescrit par l'art. 14 de ce Code ;

De délivrer des actes de notoriété en cas de mariage, pour suppléer au défaut d'acte de naissance (art. 70, 71), ou d'actes respectueux en cas d'absence de l'ascendant (143);

D'assister à l'inventaire du mobilier et des titres des absents (113);

De délivrer, sur la demande du père mécontent de la conduite de son enfant âgé de moins de quinze ans commencés, l'ordre d'arrestation à l'effet de détenir cet enfant pendant un temps qui ne pourra excéder 50 jours (316);

De recevoir les actes d'émancipation (387, 388);

De convoquer et présider le Conseil de famille des mineurs, des absents, des interdits, des sourds-muets dans les cas prévus par les art. 131, 146, 161, 299, 332, 336, 345, 353, 357, 365, 368, 372, 373, 374, 377, 378, 388, 390, 393, 394, 395, 404, 414, 420, 756, 1908, ainsi que pour la nomination des tuteurs aux substitutions (permises), et pour la réduction de l'hypothèque générale des femmes mariées dans le cas des art. 862 et 1911 ;

De dresser procès-verbal du refus ou retardement des conservateurs, soit de faire les transcriptions des actes de mutation ou les inscriptions des droits hypothécaires, soit de délivrer les certificats requis au bureau des hypothèques (1966);

3° Par le Code de commerce :

De coter, de parafer et viser le livre-journal et le livre des inventaires des commerçants ou le registre de bord des capitaines, dans les lieux où il n'y a pas de tribunal de commerce (art. 10 et 221);

D'exécuter les délégations des tribunaux de commerce à l'effet de vérifier les livres d'un commerçant et de dresser procès-verbal de leur contenu (16), ou d'entendre les parties en personne et dresser procès-verbal de leurs déclarations en cas d'empêchement légitime prévu à l'art. 640;

De nommer, à défaut du Doyen du tribunal de commerce, des experts à l'effet de vérifier et constater l'état des objets transportés, en cas de refus ou de contestation pour la réception des colis (105);

D autoriser, à défaut de tribunal de commerce dans son ressort, le capitaine de navire à emprunter la somme nécessaire pour le radoub ou l'achat de victuailles dans le cas de l'art. 231 (1);

De recevoir, en cas d'abandon d'un navire ou de relâche forcée, le rapport des capitaines dans les lieux où il n'y a pas de tribunal de commerce (239, 240, 242);

De recevoir également dans les lieux où il n'y a pas de tribunal de commerce et en cas de naufrage, le rapport des capitaines et l'interrogatoire des gens de l'équipage (243, 244);

De nommer, en vertu de l'art. 411, les experts chargés d'estimer l'état des pertes et dommages éprouvés par un navire par suite du jet à la mer;

---

(1) A cette question : *Cette autorisation peut-elle s'étendre à tout chiffre qui serait demandé par le capitaine?* question qui nous a été posée par un de nos hommes de loi les plus remarquables, nous répondons par l'affirmative.

L'article 231 ne distingue pas. Et l'on peut consulter (S. 1847, I. 766), un arrêt de la Cour de Cassation (France), en date du 24 Août 1847, d'où il résulte que cette autorisation n'a pas le caractère d'un jugement et ne constitue pas un acte de juridiction; qu'en effet elle n'est exigée que comme mesure de protection et de contrôle dans l'intérêt des tiers absents; et que, lors même qu'elle est donnée en France par un tribunal de commerce ou un juge de paix, et à l'étranger par le juge des lieux, elle n'exclut pas l'examen et la discussion ultérieure devant l'autorité judiciaire, entre le capitaine et les propriétaires du navire, des causes et de la necessité de l'emprunt.

De procéder à l'apposition et à la levée des scellés en cas de faillite; d'extraire des scellés les livres de commerce, etc., et d'assister à l'inventaire qu'il signe à chaque vacation (446 et suiv., 459, 460, 481);

4° Par le Code rural :

De délivrer gratis au propriétaire riverain de la mer une licence d'avoir des canots ou embarcations pour le transport de ses denrées à la ville, ou au bourg voisin (art. 4);

De choisir, conjointement avec le commandant de la commune et le Conseil communal, les citoyens qui doivent composer les Conseils d'agriculture, et de recevoir leur serment (103);

5° Par la loi sur l'enregistrement :

De recevoir le serment des experts et d'en nommer au besoin, lorsque le receveur de l'enregistrement demande une expertise pour l'évaluation des immeubles transmis entre vifs à titre gratuit (art. 25 et suiv.);

De certifier la copie des actes que les receveurs ont la faculté de tirer dans les cas prévus par l'art. 89;

De permettre aux receveurs de délivrer des extraits de leurs registres à d'autres que les parties contractantes, leurs héritiers ou ayants cause (95);

De coter et parafer, à défaut du contrôleur, les registres de l'enregistrement (114);

De délivrer exécutoire contre les redevables pour le remboursement des droits acquittés par les officiers publics (131);

De constater le motif du retard de l'enregistrement des actes déposés (141);

De viser et rendre exécutoires les contraintes décernées par le receveur contre les redevables (169);

De coter et parafer sans frais les répertoires et registres du greffier, les répertoires des huissiers de son ressort (art. 157; voir aussi la Loi du 23 août 1887 portant tarif des frais judiciaires, art. 170, et la loi organique, art. 114);

6° Par la loi sur l'arpentage :

De recevoir le serment des arpenteurs avant leur entrée en fonctions (art. 4);

De recevoir le dépôt préalable des émoluments que les arpenteurs pourront exiger (10), et des frais de revision et de contre-revision (31);

De choisir, au besoin, le troisième arpenteur en cas de revision (26);

7° Par la loi du 26 septembre 1860 :

De recevoir le serment des écrivains publics avant leur entrée en fonctions (art. 4);

8° Par la loi du 24 octobre 1876 sur les impositions directes :

D'afficher devant la porte de son tribunal le tableau des patentes, le rôle des propriétés soumises à l'impôt locatif que lui adresse le receveur communal (art. 5 et 45);

D'enregistrer, viser et émarger les patentes obtenues du Conseil communal (21);

D'exiger la prestation de serment des armateurs de bâtiment sous pavillon haïtien, prévue à l'article 23;

De délivrer, en cas de perte de la patente, une nouvelle expédition (25);

De nommer d'office un tiers arbitre à l'effet de déterminer au besoin, la valeur locative des propriétés assujetties à l'impôt (44);

9° Par le Code d'Instruction criminelle :

De recevoir, au cas où elle n'est pas faite à la personne, la notification qu'adresse le Conseil communal au citoyen appelé à faire partie du jury, et d'en donner connaissance à celui-ci (art. 223);

De délivrer le certificat d'indigence aux personnes qui, pour ce motif d'indigence, sont dispensées de consigner l'amende prescrite pour les pourvois en cassation en matière criminelle (327);

10° Par la loi sur le notariat:

D'apposer immédiatement les scellés sur les minutes et répertoires d'un notaire destitué, démis, changé ou décédé (art. 30).

En outre, il fait partie de la commission d'enquête chargée de donner son avis sur la nature, l'état et la valeur des biens du domaine national soumissionnés soit pour acquisition, soit pour échange, soit pour ferme. (Art. 10, 11, 12, 31, 45, 68, 69 de la loi du 16 août 1877 sur la vente, les échanges, la ferme et les concessions temporaires des biens appartenant à l'État.)

Il fait partie de la commission spéciale chargée de rechercher, déterminer et indiquer toutes les propriétés, soit rurales, soit urbaines, qui, dans l'étendue de la commune, peuvent être déclarés biens de l'État. (Art. 3 et 4 de la loi du 27 août sur le cadastre général, etc.)

Il fait partie de la commission chargée de prendre connaissance des soumissions pour concession de travaux publics par voie d'adjudication (Art. 13 et 14 de la loi du 23 août 1877 sur la direction et le mode de concession et d'exécution des travaux publics.)

Il fait partie des commissions locales de surveillance des écoles. (Art. 11 de la loi sur la surveillance et l'inspection des écoles, 29 Octobre 1878.)

Enfin, l'article 40 de la Loi organique, énumérant plusieurs des attributions déjà mentionnées, dit encore qu'il dresse tous procès-verbaux ou actes de notoriété ayant pour but de constater des droits de propriété ou l'adirement des titres y relatifs, la perte ou l'avarie des marchandises, ou tous autres faits résultant de force majeure, et dont la connaissance serait du ressort de la justice de paix.

Mais l'article 41 vient tout de suite lui défendre expressément, sous peine de destitution, de dresser aucune enquête ni de recevoir aucune déclaration ayant pour objet d'établir la preuve de la paternité en faveur des enfants naturels.

CHAPITRE II

Préliminaire de Conciliation.

COMMENTAIRE ET FORMULES

Le préliminaire de conciliation fait la matière du dernier titre de la loi des justices de paix, et l'objet des articles 57 à 67 du Code de procédure, que nous examinerons ici comme nous avons fait pour les premiers articles de cette loi, dans la partie contentieuse.

Art. 57. — Aucune demande principale introductive d'instance entre parties capables de transiger, et sur des objets qui peuvent être la matière d'une transaction ne sera reçue dans les tribunaux civils, que le défendeur n'ait été préalablement appelé en conciliation devant le juge de paix, ou que les parties n'y aient volontairement comparu. (C. civ., 201, 203, 329, 399, 409, 422, 916, 1811, 2013 ; — Proc. civ., 58 et suiv., 892.)

I. — L'utilité de ce préliminaire a été contestée. — « Mais, écrit Bioche (*D*^{re} *des Juges de paix*, art. *Conciliation*, 2), s'il est vrai que dans les grandes villes la conciliation soit rare, il est certain qu'elle est fréquente dans les villes peu importantes, et surtout dans les campagnes, où le juge de paix, par ses relations de chaque jour avec ses justiciables, a sur eux une grande influence. » — « Le nombre des conciliations, disait le garde des sceaux en 1835, pourrait devenir plus considérable si tous les juges de paix étaient également pénétrés de l'importance de leur mandat *principal*, de celui auquel ils doivent leur heureuse dénomination. L'essai de conciliation n'est pas une vaine formalité de procédure ; il faut que le magistrat le tente sé ieusement, patiemment ; qu'il l'encourage, qu'il le facilite, qu'il le protège de toute son influence. »

II. — *Principale et introductive d'instance.* Ces deux expressions n'ont pas la même signification : une demande peut être principale sans être introductive d'instance. La demande en garantie formée pendant le cours d'un procès est principale, relativement au garant, puisque c'est le premier acte de l'action formée contre lui ; mais elle n'est pas introductive d'instance, puisqu'il est appelé dans une instance déjà existante. Il en est de même dans le cas d'intervention ou de la mise en cause d'un tiers.

III. — *Sur des objets qui peuvent être la matière d'une transaction.* Il y a des demandes qui, indépendemmant des intérêts privés qui s'y rattachent, ne sont pas étrangères aux bonnes mœurs, à l'ordre public et à l'intérêt général. Les parties ne peuvent transiger sur ces sortes de demandes : on a dû dès lors les dispenser du préliminaire de conciliation.

IV. — Il y a controverse sur la question de savoir si le préliminaire de conciliation est une formalité d'ordre public dont l'inobservation autorise les juges à rejeter d'office la demande, alors même que les parties ont conclu au fond. (*V.* Sirey., suppl. 1, sous les art. 48 et 49.)

Art. 58. — « Sont dispensées du préliminaire de la conciliation (C. civ., 1228 ; — Proc. civ., 628, 762) :

« 1° Les demandes qui intéressent l'État et le domaine, les communes, les établissements publics, les mineurs, les interdits, les héritiers bénéficiaires, les curateurs aux successions vacantes (C. civ., 329, 399, 633, 641, 652 et suiv., 671 et suiv. ; — Proc. civ., 79-1°, 417, 888) ;

« 2° Les demandes qui requièrent célérité (Proc. civ., 82, 401) ;

« 3° Les demandes en intervention ou en garantie (C. civ., 1410 ; — Proc. civ., 69, 176, 338 et suiv., 403) ;

« 4° Les demandes en matière de commerce (C. com., 620 et suiv., 627) ;

« 5° Les demandes en mise en liberté, celles en mainlevée de saisie ou opposition, en paiement de loyers, fermages ou arrérages de rentes ou pensions ; celles des défenseurs publics et autres officiers ministériels, en paiement de frais (Proc. civ., 70, 319, 401, 487, 488, 694, 695);

« 6° Les demandes formées contre plus de deux parties,·
encore qu'elles aient les mêmes intérêts (Proc. civ., 69) ;

« 7° Les demandes en vérification d'écriture, en désaveu,
en règlement de juges en renvoi, en prise à partie ; les
demandes contre un tiers saisi, et en général sur les saisies,
sur les offres réelles, sur la remise des titres, sur leur communication, sur les séparations de biens, sur les tutelles et cura-
telles, et enfin toutes les causes exceptées par les lois. »
(C. civ., 19, 329 et suiv., 390, 414, 756, 1941 ; — Proc. civ.,
190 et suiv., 319, 344, 351 et suiv., 362 et suiv., 367 et
suiv., 401, 438 et suiv., 487, 491 et suiv., 549 et suiv., 628,
695, 713 et suiv., 737, 754, 762 et suiv., 768 ; — Instr.
crim., 128 ; C. pén., 26.)

I. — Le préliminaire de la conciliation ne devant avoir lieu que
sur des objets susceptibles de transaction (art. 57), les demandes
formées par les syndics définitifs d'une faillite sont dispensées de ce
préliminaire. (SIREY, Proc. civ., art. 49, n° 52.)

II. — *Idem* des demandes relatives à la dot des femmes mariées
sous le régime dotal (n° 55).

III. — *Enfin toutes les causes exceptées par les lois.* Ces causes
sont énumérées, entre autres, aux articles 319, 344, 487, 491, 628,
737, 754, etc., du Code de procédure. (Voyez d'ailleurs les chiffres
cités après le texte pour la conférence des articles.)

IV. — En cas de doute sur l'interprétation de la loi, on doit
recourir au préliminaire de conciliation : les dispenses n'ont été
créées que comme exception à la règle. (BIOCHE, *Conciliation*, 15.)

V. — Lorsque les parties se présentent en conciliation sur citation
devant le juge de paix, celui-ci ne peut d'office se déclarer incompétent par le motif que la cause serait dispensée du préliminaire de
conciliation. Il y a lieu seulement à laisser les frais de citation à la
charge du demandeur, comme frustratoires. (*Ibid.*, 6.)

ART. 59. — « Le défendeur sera cité en conciliation (Proc.
civ., 6, 69, 71, 79) :

« 1° En matière personnelle et réelle, devant le juge de
paix de son domicile ; s'il y a deux défendeurs, devant le juge

de l'un d'eux, au choix du demandeur (C. civ., 91 ; — Proc. civ., 7);

« 2° En matière de société, autre que celle de commerce tant qu'elle existe, devant le juge où elle est établie. (C. civ., 1601 et suiv.; — Proc., civ., 30, 69, 79 ; — C. com., 19 et suiv) ;

« 3° En matière de succession, sur les demandes entre héritiers, jusqu'au partage inclusivement ; sur les demandes qui seraient intentées par les créanciers du défunt avant le partage ; sur les demandes relatives à l'exécution des dispositions à cause de mort, jusqu'au jugement définitif ; devant le juge de paix du lieu où la succession est ouverte. » (C. civ., 97, 674, 681, 778 ; — Proc. civ., 69.)

I. — Les règles de cet article ne sont applicables qu'au cas où il y a citation ; elles sont sans application au cas où les parties comparaîtraient sans citation et volontairement (art. 57 *in fine*). En effet, les parties peuvent alors s'entendre très bien pour désigner d'un commun accord le juge de paix devant lequel elles se réuniront pour tenter la conciliation. (BOITARD, Proc. civ., t. I, n° 103.)

II. — En conséquence, la partie qui a volontairement comparu en conciliation devant un juge de paix incompétent ne peut ensuite, devant le tribunal civil, demander, pour cause d'incompétence, l'annulation du procès-verbal dressé par ce juge. (SIREY, 50, Proc. civ., note 4.)

III. — Des arrêts de tribunaux d'appel en France et des auteurs soutenaient que le défendeur doit toujours être cité en conciliation devant le juge de paix de son domicile réel, lors même qu'il y aurait élection de domicile de sa part ; l'élection de domicile ne peut avoir d'effet que relativement à l'ajournement. (*Ibid.*, 1.) — (Mais la Cour de cassation, par son arrêt du 9 Décembre 1851, a décidé le contraire, c'est-à-dire que l'élection de domicile a effet, non seulement pour l'ajournement, mais encore pour la citation en conciliation ; par suite, le défendeur qui a élu domicile en un lieu pour l'exécution d'un acte, peut être cité en conciliation devant le juge de paix du domicile élu, plutôt que devant celui de son domicile réel. (*Ibid.*, au Supplément, sous l'art. 50.)

ART. 60. — « Le délai de la citation sera de trois jours au moins, outre un jour pour cinq lieues, sous la même peine portée au troisième alinéa de l'article 10 ci-dessus. » (Proc. civ., 10, 82, 954.)

I. — Le délai est plus long que celui de l'article 10. L'importance des affaires et l'objet de la conciliation exigent plus de réflexions de la part du défendeur.

II. — Le délai est franc : on ne doit, en conséquence, y comprendre ni le jour de la citation, ni celui indiqué pour la comparution. Si la citation est du 1er, la comparution sera, au moins, pour le 5.

ART. 61. — « La citation sera donnée par un huissier de la justice de paix du défendeur ; elle énoncera sommairement l'objet de la citation. (Proc. civ., 6, 9, 65, 71 et suiv.)

I. — La loi est muette sur le détail des formes de la citation en conciliation. Il n'en faut pas conclure, dit BOITARD, n° 110, que ces formes soient arbitraires. Appliquer ici les formes générales tracées par l'article 6, pour les citations devant les juges de paix.

II. — De sorte que, si un exploit de citation en conciliation n'était pas daté, s'il ne contenait point la désignation de la personne qui cite ou de la personne qui est citée, il manquerait d'une forme essentielle, consécutive, substantielle, et devrait être annulé.

III. — Mais l'indication des moyens de la demande n'est pas ici exigée ; il suffit d'en énoncer sommairement l'objet. Donc une citation en conciliation n'est pas nulle par cela seul qu'elle ne contient pas les moyens de la demande. (SIREY, note 3, sous l'art. 52, Proc. civ.)

FORMULE N° 174. — Citation en conciliation.

L'an....., etc., à la requête de....,
J'ai....., etc., soussigné, cité le citoyen....., à son domicile, parlant à.....

A comparaître le....., heure de....., par-devant M. le juge de paix de....., tenant bureau de paix et de conciliation, au lieu ordinaire de ses séances.

Pour se concilier, si faire se peut, sur la demande que le requérant a l'intention d'intenter contre lui, devant le tribunal civil de....., en condamnation d'une somme de..... en principal, que ledit citoyen doit au requérant, ainsi qu'il résulte d'un billet par lui souscrit le....., enregistré le....., etc.

Lui déclarant que, faute par lui de comparaître, le requérant prendra les avantages de la loi ; et pour qu'il n'en ignore, etc.

ART. 62. — « Les parties comparaîtront en personne, sinon par un fondé de pouvoirs ; le juge peut les entendre à huis clos. » (C. civ., 1748 ; — Proc. civ., 14, 15.)

I. — Une grande latitude est laissée aux parties pour comparaître en personne ou par un mandataire, et pour choisir ce mandataire. Elles sont seuls juges des motifs qui peuvent les empêcher de se présenter personnellement ; elles ne sont pas obligées d'alléguer ces motifs.

II. — La loi ne pouvait attribuer à un juge qui n'a aucune compétence sur le fond de la demande le droit de contraindre une des parties à comparaître en personne. (BIOCHE, *Conciliation*, 123 ; CARRÉ, BONCENNE ; CARON, *Contrà*. CHAUVEAU SUR CARRÉ ; BOITARD). Ce qui ne nous permet pas, à nous autres, d'hésiter, c'est que dans notre texte il ne se trouve pas, comme dans l'article français, ces mots : *en cas d'empêchement* par un fondé de pouvoir. Notre faculté de nous faire représenter en conciliation est sans restriction.

III. — Le mari peut représenter sa femme au bureau de paix, sans être porteur d'une procuration : il est présumé son mandataire. Cette solution est admise surtout en cas de non-conciliation. Mais quand on arrive à transiger, quelques auteurs l'admettent bien pour le cas où il s'agit d'actions *mobilières* et la repoussent à l'égard des actions *immobilières ;* parce que l'article 1213, Code civil, ne confère au mari le droit de représenter son épouse que pour l'exercice de ses actions mobilières et possessoires.

IV. — Les avocats peuvent aussi, comme fondés de pouvoirs, représenter les parties au bureau de conciliation : la prohibition contenue dans les articles 13 de la Loi organique et 26 du Code de procédure, n'est que pour plaider. Une incapacité étant de droit étroit ne doit pas être étendue au delà des termes de la loi.

V. — La procuration n'a pas besoin d'être authentique. Dans

l'usage, on l'admet généralement sous seing privé, pourvu qu'elle soit sur papier timbré et enregistré. Et même, si elle est donnée dans une lettre, celle-ci peut être faite sur papier libre.

VI. — On voit ici qu'il n'est pas indispensable que l'audience soit publique ; la conciliation peut se tenter dans le cabinet, en présence seulement des parties et du greffier.

FORMULE N° 175. — Pouvoir pour comparaître en conciliation.

Le soussigné....., etc.

Donne pouvoir à...... de, pour moi et en mon nom, se présenter au bureau de paix et de conciliation tenu par M. le juge de paix de.....

Sur la demande que j'ai formée (*ou contre moi formée*) par exploit de....., etc.

Se concilier, si faire se peut, sur ladite demande, et généralement faire tout ce qu'il croira convenable à mes intérêts, promettant l'approuver.

Fait à....., le.....

Bon pour pouvoir.

(Signature.)

ART. 63. — Lors de la comparution, le demandeur pourra expliquer, même augmenter sa demande, et le défendeur former celles qu'il jugera convenables ; le procès-verbal qui en sera dressé contiendra les conditions de l'arrangement, s'il y en a ; dans le cas contraire, il fera sommairement mention que les parties n'ont pu s'accorder. (Proc. civ., 15, 66, 75.)

Les conventions des parties insérées au procès-verbal ont force d'obligation privée. (Cod. civ., 925, 1103, 1107, 1142, 1890 ; — Proc. civ., 66, 75.)

I. — Si le juge de paix n'a pas le droit d'interroger, à proprement dire, les parties, il a cependant (et cela va de soi) celui de provoquer toutes les explications et les éclaircissements qui peuvent amener une conciliation. (SIREY, note 1, sous l'art. 54.)

II. — Mais, en cas de non-conciliation, le procès-verbal ne fera que *sommairement* mention que les parties n'ont pu s'accorder. Le procès-verbal ne doit aucunement rapporter les dires, aveux ou dénégations des parties sur les points de fait litigieux entre elles.

III. — Le vœu de la loi a été que les parties, en paraissant devant le magistrat conciliateur, aient la certitude que leur inexpérience ou leur ignorance des affaires ne pourra, dans aucun cas, préjudicier à leurs intérêts: cette sécurité n'existerait pas si elles savaient que leurs déclarations pourraient être enregistrées et leur être opposées ultérieurement. D'ailleurs, un adversaire habile parviendrait, par des questions captieuses et détournées, à embarrasser l'autre partie, et amènerait ainsi des réponses et des déclarations compromettantes pour les intérêts de celle-ci. Ainsi l'aveu fait au bureau de conciliation est, en général, un aveu judiciaire ; mais l'aveu constaté par un procès-verbal de non-conciliation ne fait pas preuve lorsqu'il s'agit d'une somme supérieure à 150 piastres. (*V.* Bioche, *Conc.*, n° 151.)

IV. — Le juge de paix, saisi comme conciliateur, ne peut rendre un jugement sur l'objet du litige, quand même cet objet serait de sa compétence. (Sirey, n° 3, sous l'art. 54.) *V. supra*, p. 522.

V. — Mais le juge de paix, saisi comme juge, peut de même que lorsqu'il est nanti comme conciliateur, et si d'ailleurs les parties déclarent lui conférer cette qualité, dresser un compromis entre les parties. (*Ibid.*, 4.)

VI. — La juridiction du juge de paix est, du reste, prorogeable par le consentement des parties, pour la conciliation comme pour le jugement. (*Ibid.*, 5.)

VII. — Le juge de paix étant un officier public, les conventions insérées dans son procès-verbal auraient dû avoir force d'actes authentiques (C. civ., art. 1102); mais l'article 63, Proc. civ., dans la crainte que les parties, sous prétexte de se concilier, ne se présentassent devant le juge de paix pour obtenir sans le ministère des notaires un acte authentique, ce qui eût fait manquer aux juges de paix le but de leur institution, — n'accorde à ces conventions que *la force d'obligation privée.* — Ainsi la convention n'est pas exécutoire comme les actes notariés; elle n'emporte pas hypothèque, etc.; mais l'acte n'en est pas moins authentique, en ce sens qu'il sera reçu par un officier public et qu'il doit faire foi jusqu'à inscription de faux. (Sirey, n° 156.)

VIII. — *Quid*, lorsque ces conventions contiennent une de ces dispositions qui ne peuvent être valablement consenties que par acte notarié, comme une donation entre vifs? — Non avenue, pensons-nous.

IX. — Si l'acte de conciliation contient, dit Mullery, p. 189, des dispositions que la loi ne permet pas de faire par acte privé, telles

,qu'une reconnaissance d'enfant naturel, ou des conventions matrimoniales, ces dispositions seront nulles.

FORMULE N° 176. — Procès-verbal de conciliation contenant les conditions d'un arrangement.

Aujourd'hui le....., etc.

Par-devant nous, ..., juge de paix de ....., assisté de notre greffier .....

Ont comparu volontairement *ou* en vertu de la citation en date du......,
du ministère de ....., huissier, etc., les citoyens A... et B..., (*professions
et demeures*).

Le citoyen A... nous a demandé de le concilier sur le différend qui le
divise avec le citoyen B... au sujet de ....., etc.

Le citoyen B..., de son côté, a dit .. .., etc.

Sur quoi les parties se sont accordées de la manière suivante.

(*Conventions des parties.*)

En foi de quoi nous avons dressé le présent acte en la salle d'audience,
ou au greffe du tribunal de paix, les jour, mois et an que dessus; et après
lecture, les parties ont signé avec nous et notre greffier, — *ou* déclaré.....,
etc...

(Signatures du Juge, du Greffier et des parties.)

FORMULE N° 177. — Procès-verbal de non-conciliation.

Aujourd'hui....., etc. — Par-devant nous ....., etc. Ont comparu
....., etc.

Le citoyen A... nous a demandé ....., etc. Le citoyen B... nous a
dit qu'il ne pouvait se concilier sur la demande dont il s'agit.

Pourquoi, après avoir entendu les parties et employé inutilement notre
médiation pour les concilier, nous les avons renvoyés à se pourvoir par-devant qui de droit.

En foi de quoi ....., etc.

Art. 64. — « Si l'une des parties défère le serment à l'autre,
le juge de paix le recevra, ou fera mention du refus de le
prêter. » (Cod. civ., 1144 et suiv.)

I. — Le serment est un moyen de soutenir une demande et d'y
répondre. Le serment déféré en justice est de deux espèces : *serment
décisoire*, c'est celui qu'une des parties défère à l'autre pour en faire

dépendre la décision d'un procès ; *serment supplétoire,* c'est celui que le juge, dans le cours d'une contestation, défère d'office à l'une des parties pour suppléer à l'insuffisance des preuves. (*V.* les art. 1143 et suiv., C. civ.)

II. — La partie à qui le serment est déféré au bureau de paix peut le référer à l'autre.

III. — Mais le juge de paix ne peut le déférer d'office au bureau de paix ; ce serait d'ailleurs prononcer une sorte d'interlocutoire ; et le juge de paix, qui n'est compétent que pour la conciliation, ne peut rien ordonner qui se rattache au fond. (BIOCHE, n° 146.)

IV. — Si le serment est déféré ou référé à une partie représentée par un fondé de pouvoirs, le juge de paix constate que le mandataire est convenu du renvoi de la comparution à un autre jour pour que le mandant vienne en personne, s'il le juge convenable, prêter le serment déféré. (147.)

V. — Si le serment a été prêté, il produit tous les effets du *serment décisoire.* (C. civ., 1135.) — Les effets en seront appliqués par le tribunal civil. Le juge de paix ne peut ordonner aucune exécution. (148.)

VI. — Mais le refus de prêter le serment ne doit être considéré que comme un refus de conciliation, et ne saurait produire d'autres résultats : on ne peut appliquer aux parties qui comparaissent devant un juge de paix pour se concilier les articles 1147 et 1143 qui n'ont disposé que pour les cas où les plaideurs se trouvent devant le juge qui doit connaître de leur différend, et alors qu'en général, ils sont assistés de conseils qui les éclairent sur les conséquences d'un serment prêté ou refusé. Le juge de paix ne remplit aucune fonction judiciaire comme magistrat conciliateur ; sa mission unique consiste à rapprocher les parties et à constater soit la conciliation, soit la non-conciliation. Le refus de serment laisse entiers les droits des parties ; celle qui l'a déféré peut ne plus le demander devant le tribunal civil, de même qu'il ne peut être élevé aucune *fin de non-recevoir* contre la partie qui a refusé de le prêter. (N° 149.)

ART. 65. — « La citation interrompra la prescription et fera courir les intérêts ; le tout pourvu que la demande soit formée dans le mois, à dater du jour de la non-comparution ou de la non-conciliation. » (Cod. civ., 943 et suiv., 1675, 2013. — Proc. civ., 69, 71, 79.)

I. — La citation même devant un juge incompétent interrompt la prescription : «La citation en justice, donnée même devant un tribu-« nal incompétent, interrompt la prescription » (C. civ., 2014.) Pourquoi en serait-il autrement, disent les auteurs, dans le cas de conciliation? La citation, bien qu'irrégulière, témoigne suffisamment de l'intention du demandeur. (BIOCHE, *Conc.* 174.)

II. — L'article 1675, (Cod. civ.), faisant la distinction de l'intérêt légal et de l'intérêt conventionnel, dispose que *l'intérêt légal est fixé par la loi ; que l'intérêt conventionnel peut excéder celui de la loi, toutes les fois que la loi ne le prohibe pas.* C'est tout récemment (1885) qu'une loi vient d'être rendue sur l'intérêt légal, qu'elle fixe à six pour cent (6 °/₀) l'an en matière civile comme en matière commerciale. L'intérêt conventionnel reste libre. Avant cette loi, l'usage suivi dans nos tribunaux réglait l'intérêt légal à 6 °/₀ par an en matière de commerce et 5 °/₀ en matière civile.

III. — Les intérêts ne courent pas de plein droit; il faut qu'ils soient expressément demandés.

IV. — La procédure en conciliation n'est pas soumise à la péremption ; elle dure vingt ans, en sorte qu'elle conserve son effet, quoiqu'elle n'ait pas été suivie d'assignation dans le délai prescrit. (SIREY, note 11, sous l'art. 49, Proc. civ.)

V. — Et il en est ainsi alors même que la demande dont la procédure de conciliation a été suivie est tombée ultérieurement en péremption : cette péremption n'anéantit pas l'essai de conciliation, et ce préliminaire n'a pas besoin d'être rempli de nouveau. (S. note 12.)

ART. 66. — « En cas de non-comparution de l'une des parties, il en sera fait mention sur le registre du greffe de la justice de paix, et sur l'original ou la copie de la citation, sans qu'il soit besoin de dresser procès-verbal. » (Proc. civ., 62 et suiv.)

I. — La mention dont il s'agit est dispensée de tout droit d'enregistrement. (Décision ministérielle en France, 7 juin 1808.) — En est-il de même ici ? — Cette mention est-elle exempte de la formalité même de l'enregistrement? L'art. 73 de la loi sur l'enregistrement qui fait l'énumération des actes exempts de la *formalité* de l'enregistrement ne cite pas la mention de non-comparution en conciliation, tan-

36

dis que l'article 5, parlant des actes qui doivent être enregistrés sur minute, dit: «12° Tous procès-verbaux généralement quelconques des justices de paix, portant conciliation ou non-conciliation, défaut ou congé, remise ou ajournement.»

Il est vrai qu'ici il n'y a pas de procès-verbal. (*V.* d'ailleurs *supra* la note sous le modèle de répertoire du greffier, formule n° 1.)

FORMULE N° 178. — Mention de la non-comparution.

Le citoyen A..., demandeur, *ou* défendeur en conciliation, par citation en date du ....., exploit de N..., huissier, etc., n'a point comparu.

Donné à la réquisition du citoyen B..., défendeur, *ou* demandeur à ladite citation, au tribunal de paix de ....., le ....., à ... heures, etc.

ART. 67. — « Celle des parties qui ne comparaîtra pas sera condamnée, par le tribunal civil, à une amende de dix gourdes, et toute audience relative à l'affaire lui sera refusée, jusqu'à ce qu'elle ait justifié de la quittance du greffier. »

1. — C'est au tribunal civil seul et non au juge de paix qu'il appartient de prononcer l'amende.

II. — Le défaillant au bureau de paix est sujet à l'amende, soit qu'il se rende demandeur, soit qu'il ne soit que défendeur au tribunal civil. (SIREY, note 1, sous l'art. 56, Proc. civ.)

III. — Le demandeur qui, sur sa propre citation, n'a pas comparu au bureau de paix peut, en payant l'amende, assigner le défendeur au tribunal civil; il n'est pas tenu de citer de nouveau en conciliation. (*Ibid.*, 2. — Quelques auteurs *contra* cependant.)

VI. — L'amende est aujourd'hui de 5 piastres, conformément à l'article 2 de la loi du 10 août 1877 qui règle en monnaie forte les amendes, etc., prononcées dans les différents Codes.

CHAPITRE III

§ Iᵉʳ

Visa et légalisation, en cas de saisie immobilière.

Proc. civ. — Art. 588. — « Copie entière du procès-verbal de saisie sera, avant l'enregistrement, laissée au greffier du juge de paix de la commune de la situation de l'immeuble saisi, si c'est une maison; si ce sont des biens ruraux, aux officiers chargés de la police rurale des sections dans lesquelles se trouvent situés lesdits biens; le greffier et les officiers chargés de la police rurale viseront l'original du procès-verbal, lequel fera mention des copies qui auront été laissées. » (C. civ., 1978; — Proc. civ., 587, 625, 842, 950, 960.)

FORMULE Nᵒ 179. — Visa du greffier.

Visé par moi, greffier de la justice de paix de....., le présent procès-verbal de saisie immobilière, dont copie m'a été laissée.

A....., ce vingt-trois novembre mil huit cent quatre-vingt-six.

(Signature du Greffier.)

Proc. civ. — Art. 595. — « L'extrait prescrit par l'article précédent (594) sera inséré sur la poursuite du saisissant, dans un des journaux imprimés dans le lieu où siège le tribunal devant lequel la saisie se poursuit, s'il y en a; il sera justifié de cette insertion par la feuille contenant ledit extrait, avec la signature de l'imprimeur, légalisée par le juge de paix. » (C. civ., 1961; Proc. civ., 558, 613, 617, 765, 850; C. com., 454, 506, 563, 585, 592.)

FORMULE N° 180. — Légalisation par le juge de paix de la signature de l'imprimeur, apposée sur la feuille qui contient l'extrait prescrit par l'article 594, Proc. civ.

Vu par nous, juge de paix de la commune de....., pour légalisation de la signature ci-dessus, de M. Y..., imprimeur du journal *l'Unité Nationale*, qui se publie en cette ville.

A....., le.....

(Signature du Juge.)

§ II

Voies à prendre pour avoir expédition d'un Acte.

Proc. civ. — Art. 751. — « Les greffiers et dépositaires des registres publics en délivreront, sans ordonnance de justice, expédition, copie ou extrait à tous requérants, à la charge de leurs droits, à peine de dépens, dommages et intérêts.» (Cod. civ., 47, 939, 1168; Proc. civ., 135, 137.)

Un greffe est un dépôt public ouvert à tout le monde, où chacun peut lever les expéditions qui lui sont nécessaires.

Toute personne, en effet, peut se faire délivrer la copie d'un jugement, d'un acte de l'état civil ou l'extrait des inscriptions hypothécaires qui grèvent un immeuble. Les débats judiciaires sont publics en général, les jugements sont lus en audience publique, et il n'y aurait aucune raison pour que le greffier refusât la copie d'un jugement que chacun a pu entendre prononcer. Il est de l'intérêt général que l'état civil des personnes puisse être connu. Et pour les hypothèques, le principe de la publicité prévaut dans notre législation. (Art. 1963, C. civ. — *V.* Boitard.)

Toutefois, les greffiers des justices de paix, dépositaires de la minute des délibérations des conseils de famille, ne sont pas obligés d'en délivrer expédition à tous requérants qui ne justifient d'aucun intérêt particulier, de nature à rendre utiles les expéditions par eux requises. (Sirey, 2, sous l'art. 853, Proc. c.)

FORMULE N° 181. — Ordonnance d'injonction au greffier de la justice de paix de délivrer une expédition ou autre acte de son ministère. (Proc. civ., art. 751.)

Nous, juge de paix de....,
Vu l'exposé à nous fait à l'instant par....., demeurant à....., que le citoyen M....., greffier de notre justice de paix refuse de lui délivrer, malgré ses demandes réitérées, l'expédition de. ... (*énoncer l'acte*).

Enjoignons audit citoyen M....., greffier, de délivrer dans vingt-quatre heures, moyennant salaire suffisant, expédition en forme de..... (*énoncer l'acte demande*), sous les peines de droit.

Fait à....., le.....

(Signature du Juge.)

Proc. civ. — Art. 752. — « Une seconde expédition exécutoire d'un jugement ne sera délivrée à la même partie, qu'en vertu d'ordonnance du doyen du tribunal où il aura été rendu. » (Proc. civ., 742.)

La jurisprudence française décide que le président du tribunal civil est seul compétent, à l'exclusion du juge de paix, pour autoriser la délivrance d'une seconde grosse d'un jugement de la justice de paix. On décide pareillement pour le tribunal de commerce. (*Contrà*, CHAUVEAU Adolphe.)

« Nous avouons, observe N. A. Carré, ne pas saisir la raison, le but, la portée de ces décisions, et nous hésitons beaucoup à les accepter. » (Code annoté des Juges de paix, page 564.)

Quid pour ici?

Il est à propos de remarquer la différence des deux textes. — Dans le texte français (art. 854) se trouve ce second alinéa : *Seront observées les formalités prescrites pour la délivrance des secondes grosses des actes devant notaires*, qui, de cette façon, renvoie aux formalités de l'article 742 (844 français), où le doyen du tribunal civil est spécialement désigné.

C'est sans doute sur ce second alinéa que s'appuie la jurisprudence française. Or, nous ne l'avons pas dans notre texte.

D'où il suit que nous accorderons sans hésitation le droit au juge de paix de faire délivrer les secondes grosses de jugements de son tribunal.

FORMULE N° 182. — Requête pour obtenir une seconde grosse d'un jugement.

A M. le juge de paix de.....

Le citoyen, etc.,

A l'honneur de vous exposer que la grosse d'un jugement rendu par votre tribunal, le....., par lequel le sieur..... a été condamné à lui payer la somme principale de....., a été par lui égarée; que voulant poursuivre l'exécution dudit jugement, il lui importe d'en obtenir une seconde grosse; en conséquence, il conclut à ce qu'il vous plaise, Magistrat, lui permettre de se faire délivrer par le greffier du tribunal une seconde grosse dudit jugement.

Présenté à....., le.....

FORMULE N° 183. — Ordonnance.

Nous, juge de paix de..... : vu la requête qui précède; vu aussi l'art. 752 du Code de procédure civile : autorisons le citoyen..... à se faire délivrer par le citoyen....., greffier de ce siège, une seconde grosse du jugement rendu par le tribunal de paix de cette commune, le..... contre le sieur.....

Fait à....., le.....

CHAPITRE IV

Du Conseil de Famille

COMMENTAIRE ET FORMULES

Mullery écrit que « le conseil de famille est un tribunal domestique, institué dans l'intérêt des incapables, pour veiller à leur entretien, à leur conservation et à l'administration de leurs biens ». (MULLERY, page 122.)

Boileux, sous l'art. 419, Code Napoléon, dit aussi que ce tribunal domestique ne rend pas de jugements ; il a pour mission de donner des avis et de prendre des délibérations. Et ALLAIN (*Manuel des Juges de paix*, t. Ier, n° 904) enseigne que le conseil de famille n'est point un tribunal ; il n'exerce aucune espèce de juridiction. Sa mission est uniquement d'exprimer des avis ou de prendre des délibérations ; tel est le double caractère des différents actes du conseil de famille que le Code de procédure désigne sous le nom générique d'avis de parents. (*V.* art. 773 à 749 de notre Code de procédure.)

Enfin les auteurs définissent, en général, le conseil de famille une assemblée de parents ou, à défaut de parents, d'amis, réunis sous la présidence du juge de paix, pour délibérer sur la nomination des tuteurs et subrogés tuteurs, sur les dépenses de la tutelle, sur ce qui intéresse la personne ou les biens d'un mineur, d'un interdit, d'un absent ou de tout autre individu frappé d'incapacité légale.

Le juge de paix, présidant l'assemblée, se borne à délibérer avec elle, et ne procède pas par voie de jugement ; sa coopération a quelque chose d'administratif plutôt que de judiciaire, elle rentre dans la juridiction gracieuse. (BIOCHE, *Dictionnaire des Juges de paix*, Conseil de famille, 2.)

Des attributions du Conseil de famille.

Il y a lieu de convoquer le conseil de famille :

1° Pour nommer un tuteur au mineur à défaut de tutelle légitime ou testamentaire (C. civ., art. 336) ;

2° Pour nommer, sauf dans le cas de tutelle, de droit, du mari (C. civ., 415), un tuteur aux majeurs frappés d'interdiction (C. civ., 414);

3° Pour nommer aux pupilles (art. 345 et 414) un subrogé tuteur;

4° Pour délibérer sur le point de savoir si la tutelle doit être conservée à la mère qui veut convoler en secondes noces (C. civ., art. 332);

5° Pour délibérer sur la destitution ou l'exclusion des tuteurs ou subrogés tuteurs (art. 357);

6° Pour nommer, en cas de décès de la mère, un tuteur provisoire aux enfants dont le père est absent depuis six mois (art. 131); ou donner un tuteur *ad hoc*, soit à l'enfant désavoué (art. 299), soit au pupille qui se trouve en opposition d'intérêts avec son tuteur (C. de proc., art. 858), ou avec ses cohéritiers et copupilles (C. civ., art. 696);

7° Pour nommer un curateur à l'émancipation (C. civ., art. 390), un curateur *ad hoc* pour l'acceptation d'une donation faite à un sourd-muet qui ne sait pas écrire (C. civ., 756);

8° Pour désigner un tuteur à la substitution, à défaut de désignation par le donateur ou le testateur (C. civ., art. 861 et 862);

9° Pour délibérer sur la demande en détention, par voie de correction, d'un mineur pour cause d'inconduite (C. civ., art. 378), sur la collation ou la révocation de l'émancipation (art. 388 et 395), sur les causes d'interdiction (art. 404) ou sur celles de nomination d'un conseil judiciaire (art. 423);

10° Pour voter sur le choix de l'époux ou du tiers auquel, en cas de divorce, les enfants seront confiés (art. 289).

Indépendamment de ces attributions principales, le conseil de famille en a de nombreuses encore, comme :

1° D'autoriser, dans certains cas, le mariage des mineurs, ou de s'y opposer (C. civ., art. 146 et 161);

2° De régler, sous certains rapports, l'administration de la tutelle (art. 365);

3° D'autoriser certains actes à faire de la part du mineur ou de l'interdit, tels que négociations entre lui et le tuteur (C. civ., art. 361), emprunts, hypothèques, aliénations (art. 368), acceptations de donations (373) ou de successions (372), actions immobilières ou acquiescements (374), action en partage (375, 676), transactions (377);

4° De régler les conventions matrimoniales des enfants des interdits (C. civ., art. 420);

5° De décider, lors de la dation de la tutelle, s'il y a lieu de restreindre l'hypothèque légale à certains biens du tuteur (C. civ., art. 1908).

Composition du Conseil de famille.

C. civ. — Art. 337. — « Le conseil de famille sera composé du juge de paix et de six parents ou alliés, pris dans la commune où la tutelle sera ouverte, ou partout ailleurs, si le juge de paix le croit nécessaire, moitié du côté paternel, moitié du côté maternel, en suivant l'ordre de proximité dans chaque ligne. (C. civ., 337, 342, 343, 354, 595 et suiv.; — C. pén., 28, 283.)

« Les frères germains, s'ils sont au nombre de six ou au delà, composeront le conseil de famille.

« A défaut de parents, le conseil sera composé d'amis. »

En principe, le conseil de famille se compose de sept membres, c'est-à-dire le juge de paix et six parents, alliés ou amis; — sauf le cas où le nombre des frères germains du mineur s'élèverait à plus de six. — Ces frères germains entrent tous dans le conseil, que, du reste, ils composent seuls s'ils ne sont pas moins de six.

Les frères germains sont les individus issus du même père et de la même mère. La loi les distingue des frères *consanguins*, qui sont seulement de même père, et des frères *utérins*, qui sont seulement de même mère. Les frères germains sont parents *paternels* et *maternels* tout à la fois; les frères *utérins* sont parents maternels; les frères *consanguins* sont parents paternels.

Les frères germains ou leurs descendants (*neveux germains*), peuvent donc indifféremment être mis du côté paternel ou maternel —: *moitié du côté paternel, moitié du côté maternel*, excepté lorsque l'incapable est un enfant naturel qui n'a pas été reconnu de son père.

Le conseil de famille ne constitue pas un corps permanent dont le personnel ne puisse changer; si, dans l'intervalle d'une assemblée à l'autre, des parents ou alliés plus proches que ceux qui jusqu'alors avaient composé le conseil étaient arrivés sur les lieux, nul doute que le juge de paix devrait les appeler de préférence. (Demolombe.) — Excepté le cas où une affaire serait commencée : il faudrait alors, pour la terminer, composer le conseil de la même manière. (V. Boileux, sur l'art. 407, C. civ.)

L'insuffisance du nombre de parents ou d'alliés dans une ligne ne doit pas être complétée par des parents de l'autre. L'équilibre d'influence serait rompu. — En cas d'insuffisance de parents paternels, il faut de préférence appeler des amis du père, et de même des amis de la mère pour compléter la ligne maternelle. (V. Demolombe, n° 267, 268.)

Incapacités. — Exclusion.

C. civ. — Art. 354. — « Ne pourront être tuteurs, ni membres des conseils de famille :

1° Les mineurs, excepté le père et la mère ;

2° Les interdits ;

3° Les femmes autres que la mère et les ascendantes ;

4° Tous ceux qui ont, ou dont les père et mère ont avec le mineur, un procès dans lequel l'état de ce mineur, sa fortune, ou une partie notable de ses biens, sont compromis. »

Art. 355. — « L'infidélité, l'impéritie, l'inconduite notoire, la perte ou la suspension des droits civils, excluent et destituent de toute tutelle. »

Art. 356. — « Tout individu qui aura été exclu ou destitué d'une tutelle ne pourra être membre d'un conseil de famille. »

Loi du 30 octobre 1860 sur le mariage entre Haïtiens et étrangers.

Art. 7. — « Le père étranger ou la mère étrangère aura la tutelle légale de ses enfants légitimes.

« Le père naturel ou la mère naturelle pourra être nommé tuteur de ses enfants naturels légalement reconnus. »

Il en résulte que le père étranger n'est pas exclu du conseil de famille.

C'est en quelque sorte une dérogation au principe reconnu par la doctrine française que l'étranger, non résidant surtout, ne peut être ni tuteur, ni membre d'un conseil de famille : la tutelle est un attribut de l'état politique. (DEMOLOMBE, n° 267 ; — ZACHARIÆ, t. I, p. 160 ; — MASSÉ, t. I, n° 503 ; — BOILEUX, sous l'art. 13, C. Napoléon.)

Mais dans une espèce où il s'agissait de la tutelle de son propre fils, on a jugé (Paris, 21 mars 1862) que l'étranger *résidant en France* peut être tuteur de son enfant mineur. (S. v., 62, 2, 411.)

En matière d'interdiction (art. 405, C. civ.), ceux qui auront provoqué l'interdiction ne pourront faire partie du conseil de famille : cependant l'époux ou l'épouse, et les enfants de la personne dont l'interdiction sera provoquée, pourront y être admis sans y avoir voix délibérative.

Convocation.

C. civ. — ART. 336, 2e alinéa. — Le conseil sera convoqué, à la réquisition des parents du mineur, de ses créanciers, ou d'autres parties intéressées, et même d'office, par le juge de paix du domicile du mineur. Toute personne pourra dénoncer à ce juge de paix le fait qui donne lieu à la nomination du tuteur.

Le juge de paix peut convoquer d'office le conseil dans tous les cas où il le juge nécessaire, c'est-à-dire toutes les fois que l'intérêt du mineur l'exige (Arg., C. civ., 341). — Les articles 336, 346 et 357, qui lui confèrent expressément ce droit, lorsqu'il s'agit de la nomination et de la destitution d'un tuteur, ne sont pas limitatifs. (*V.* BIOCHE, *Conseil de famille*, 255.)

Il faut remarquer, dit Mullery, page 124, que c'est au juge de paix seul qu'il appartient de faire cette convocation ; que c'est lui qui doit désigner les membres pour composer le conseil. Cependant, comme ce magistrat peut ne pas connaître tous les parents et amis de l'incapable, la personne qui requiert la convocation doit fournir une liste générale des parents et amis habiles à composer le conseil, pour que ce magistrat puisse faire son choix.

Pour convoquer le conseil, dit le même auteur, il suffit d'expliquer verbalement le motif de la convocation au juge de paix pour obtenir une cédule, en vertu de laquelle les membres seront cités à la requête de la partie, ou à la requête du juge de paix, si ce magistrat agit d'office.

En effet, explique Bioche, entre autres, il n'est pas nécessaire de dresser un procès-verbal constatant la réquisition présentée pour la convocation du conseil, la composition de ce conseil et le permis d'assigner. Dans la pratique, après avoir obtenu l'assentiment verbal du juge de paix, on prévient les membres du conseil par de simples lettres ou même verbalement. On ne dresse qu'un seul procès-verbal, lors de la réunion du Conseil. (*Dictionnaire des Juges de paix*, Conseil de famille, 269.)

On ne procède par voie de citation que dans le cas où l'on soupçonne de la mauvaise volonté de la part des personnes qu'il s'agit de convoquer. (*Ibid.*, 270.)

L'Assemblée peut aussi avoir lieu sur la comparution volontaire des parties requérantes ou des parents appelés à délibérer, pourvu que l'ordre et la proximité soient observés. Souvent les parents et amis se rendent spontanément chez le juge de paix pour nommer un tuteur au mineur dépourvu de père et mère. Dans ce cas, le juge de paix agit prudemment en énonçant dans son procès-verbal qu'ayant agréé les membres qui se sont présentés devant lui, il les a autorisés à se réunir de suite en conseil de famille, sous sa présidence. (*Ibid.* 272.) Mais ces différents modes de convoquer n'étant ni officiels, ni complètement réguliers, les non-comparants ne peuvent être condamnés à l'amende prévue par l'article 340. (*Ibid.* 273. — MULLERY, p. 125.)

Le mode régulier de convocation est une citation notifiée par huissier à chacun des membres. La citation est donnée à *jour fixe*; il faut que les parties sachent exactement le jour précis de la réunion.

Il n'est pas nécessaire d'indiquer l'objet de la convocation.

Le domicile du mineur, au moment où la tutelle légale s'ouvre par la mort de l'un des époux, est au domicile de son père.

C. civ. — ART. 338. — « Le jour de la comparution sera fixé par le juge de paix de manière qu'il y ait un intervalle de trois jours, au moins, entre celui de la citation et celui de la réunion pour les personnes domiciliées dans la commune, et un jour de plus par cinq lieues, pour les personnes d'une autre commune. »

C. civ. — ART. 339. — « Les parents, alliés ou amis ainsi convoqués se rendront en personne ou se feront représenter par un mandataire spécial qui ne pourra jamais agir pour plus d'une personne. »

Le mandat doit être *spécial*, c'est-à-dire à l'effet de délibérer sur une certaine affaire spécifiée ou du moins sur les affaires qui seront traitées dans une certaine réunion spécialement déterminée. (Arg., C. civ., art. 1751.)

Mais la procuration ne doit pas énoncer le vœu du mandant ; le mandataire doit avoir pour se décider la même liberté d'appréciation qu'aurait eue le mandant lui-même, s'il eût comparu en personne. Pas de mandat *impératif*. Autrement, il n'y aurait pas de délibération, puisqu'on arriverait à l'Assemblée avec un vote tout fait.

Le fondé de pouvoir ne pouvant agir pour plus d'une personne, le même individu ne peut assister à la fois comme membre et comme représentant d'un autre membre.

Toute personne justifiant des droits civils est capable d'être choisie pour mandataire. Ainsi rien ne s'oppose à ce que le mandat soit confié à un huissier. (BIOCHE, etc.) A plus forte raison à un avocat.

C. civ. — ART. 340. — « Tout membre convoqué qui, sans cause légitime, ne comparaîtra point, encourra une amende qui ne pourra excéder douze gourdes et qui sera prononcée, sans appel, par le juge de paix. »

(Aujourd'hui six piastres.) Amende que le juge de paix peut librement abaisser, puisque la loi ne fixe pas de *minimum*.

C. civ. — ART. 341. — « S'il y a excuse suffisante, et qu'il convienne soit d'attendre le membre absent, soit de le remplacer, dans ce cas, comme en tout autre où l'intérêt du mineur semblera l'exiger, le juge de paix pourra ajourner ou proroger l'Assemblée. »

En cas de non-comparution de l'un des membres légalement convoqué, le juge de paix peut ou *ajourner* l'Assemblée, c'est-à-dire renvoyer la délibération sans en fixer le jour, ce qui rendra nécessaire une convocation nouvelle ; ou la *proroger*, c'est-à-dire remettre la délibération à un jour fixe, sans nouvelle convocation : les membres du conseil sont alors suffisamment avertis ; ou faire délibérer de suite, si les trois quarts des membres convoqués sont présents ; ou enfin, appeler un nouveau membre pour remplacer le non-comparant. (BOILEUX.)

Observons que la faculté conférée au juge de paix de proroger ou d'ajourner l'Assemblée, n'est pas limitée au cas de non-comparution de l'un des membres du conseil; il peut en user toutes les fois que l'intérêt du mineur l'exige, notamment lorsque l'Assemblée manque d'éléments suffisants pour délibérer.

Formes de la délibération du Conseil.

C. civ. — Art. 342. — « Cette Assemblée se tiendra chez le juge de paix, à moins qu'il ne désigne lui-même un autre local.

La présence des trois quarts au moins de ses membres convoqués sera nécessaire pour qu'elle délibère. »

Il ne suffirait donc pas qu'une délibération eût été prise à l'unanimité des membres présents, s'ils ne formaient pas les trois quarts des membres convoqués.

Ainsi, dans les cas ordinaires où l'Assemblée est composée de six membres convoqués, comme on ne peut prendre exactement les trois quarts de six, la présence de cinq membres est de rigueur.

C. civ. — Art. 343. — « Le conseil de famille sera présidé par le juge de paix, qui y aura voix délibérative, et prépondérante en cas de partage. » C. civ., 337. — Proc. civ., 773 à 779.

Dans une Assemblée, *voix délibérative* se dit par opposition à *voix consultative*. La voix délibérative confère le droit de suffrage. La *voix consultative* donne seulement le droit d'émettre un avis pour éclairer la discussion, mais sans que cet avis puisse compter dans la délibération. La voix *prépondérante* est celle qui, dans un partage d'opinions, fait pencher la balance.

Ainsi, lorsque le Conseil est au complet, c'est-à-dire lorsque les six membres convoqués sont présents avec le juge de paix, si quatre voix sont pour un avis, et trois voix, y compris celle du juge de paix, pour l'avis contraire, les quatre voix l'emporteront par la majorité qu'elles forment. Ici, il n'y a pas de partage.

Mais lorsque les trois quarts seulement des membres convoqués sont présents (c'est-à-dire cinq membres, ce qui donc avec le juge de paix fait six voix dans le conseil), si trois sont d'un avis et les trois autres de l'avis contraire, il y a alors partage, et le côté où se trouve la voix du juge l'emportera par la prépondérance du magistrat.

Si les voix se sont réparties inégalement sur plus de deux opinions, c'est-à-dire s'il s'est formé deux avis qui aient chacun la majorité relative par rapport au troisième avis, les membres de la fraction la plus faible doivent se réunir à l'une des deux autres, par analogie au cas des articles 122 et 123 du Code de procédure. (*V.* Boileux, sous l'art. 416, Code Napoléon.)

« Toutes les fois, dit l'article 774, Proc. civ., que les délibérations du Conseil de famille, ne seront pas unanimes, l'avis de chacun des membres qui le composent sera mentionné dans le procès-verbal. » Toutefois, l'énonciation des motifs n'est pas prescrite.

Proc. civ. — Art. 773. — « Lorsque la nomination d'un tuteur n'aura pas été faite en sa présence, elle lui sera notifiée, à la diligence du membre de l'Assemblée qui aura été désigné par elle; ladite notification sera faite dans les trois jours de la délibération, outre un jour par cinq lieues de distance entre le lieu où s'est tenue l'Assemblée et le domicile du tuteur. »

Proc. civ. — Art. 774. — « Toutes les fois que les délibérations du conseil de famille ne seront pas unanimes, l'avis de chacun des membres qui le composent sera mentionné dans le procès-verbal.

« Le tuteur, subrogé tuteur ou curateur, même les membres de l'Assemblée, pourront se pourvoir contre la délibération; ils formeront leur demande contre les membres qui auront été d'avis de la délibération, sans qu'il soit nécessaire d'appeler en conciliation. »

L'inobservation des règles prescrites sur l'organisation du Conseil de famille n'emporte nullité qu'autant que les vices sont substantiels: tel serait, par exemple, le cas où la délibération aurait été prise hors de la présence du président; celui où le Conseil n'aurait pas réuni le nombre de membres prescrits. (Boileux.)

Proc. civ. — Art. 776. — « Dans tous les cas où il s'agit d'une délibération sujette à homologation, une expédition de la délibération sera présentée au doyen, lequel, par ordonnance au bas de ladite délibération, ordonnera la communication au ministère public, et commettra un juge pour en faire le rapport à jour indiqué.

Parmi les délibérations du Conseil de famille, les unes ont effet par elles-mêmes, et sans aucune autre condition, par exemple celles contenant : 1° nomination de tuteur, tuteur *ad hoc*, cotuteur ou curateur, etc.; 2° autorisation d'accepter ou de répudier une succession échue au mineur, d'accepter une donation faite à son profit, d'introduire en justice une action relative aux droits immobiliers, d'acquiescer à une demande relative aux mêmes droits (C. civ., àrt. 372 à 375); 3° et en général, celles qui n'excèdent pas les bornes d'une simple administration.

Les autres sont soumises, au contraire, dans divers cas spécialement prévus par la loi, à la nécessité de l'*homologation*, c'est-à-dire à l'approbation du Tribunal civil du ressort de l'ouverture de la tutelle; telles sont, par exemple, les délibérations : 1° qui prononcent l'exclusion ou la destitution du tuteur (C. civ., art. 359); 2° qui autorisent le tuteur à aliéner ou hypothéquer les biens immeubles de son pupille, à emprunter ou à transiger pour lui (C. civ., 368, 369, 367, 393, 394); 3° celles relatives à la constitution dotale et aux conventions matrimoniales de l'enfant d'un interdit (C. civ., art. 420); 4° et en général, toutes les délibérations qui excèdent les bornes d'une simple administration.

Proc. civ. — Art. 778. — « Si le tuteur, ou autre chargé de poursuivre l'homologation, ne le fait pas dans le délai fixé par la délibération, ou, à défaut de fixation, dans le délai de quinzaine, un des membres de l'Assemblée pourra poursuivre l'homologation contre le tuteur, et aux frais de celui-ci, sans répétition. »

C. civ. — Art. 779. — « Ceux des membres de l'Assemblée qui croiront devoir s'opposer à l'homologation le déclareront, par un acte extrajudiciaire, à celui qui est chargé de la poursuivre; et s'ils n'ont pas été appelés, ils pourront former opposition au jugement. »

De la Tutelle.

La tutelle est le pouvoir, le mandat, confié par la loi ou avec la permission de la loi, à quelqu'un, de prendre soin de la personne d'un incapable et de le représenter dans les actes de la vie civile. Elle est d'ordre public, car, dans toute société bien organisée, il importe que ceux qui sont incapables de se gouverner eux-mêmes ne soient pas abandonnés sans défense. Aussi l'a-t-on toujours considérée comme un devoir public qu'il n'est point, sauf le cas d'excuse légitime, permis de refuser. (C. civ., art. 350 ; — ALLAIN, t. Iᵉʳ, 745.)

C. civ. — ART. 344. — « La tutelle est une charge personnelle qui ne passe point aux héritiers du tuteur; ceux-ci seront seulement responsables de la gestion de leur auteur; et s'ils sont majeurs, ils seront tenus de la continuer jusqu'à la nomination d'un nouveau tuteur. »

La loi distingue quatre espèces principales de tutelle

1° La tutelle *légale* (appelée aussi tutelle *naturelle*), du père ou de la mère survivant (C. civ., art. 331);

2° La tutelle *testamentaire* déférée par le dernier mourant des père et mère (C. civ., art. 334);

3° La tutelle *légitime* des ascendants (C. civ., art. 335);

4° Enfin la tutelle *dative*, qui est déférée par le Conseil de famille (C. civ., art. 336).

Le tuteur donné au mineur pour le représenter dans un certain acte s'appelle tuteur *ad hoc*. Cette tutelle *pour un objet déterminé* est la tutelle *spéciale* ou *provisoire* par opposition à la tutelle *définitive*.

Du Subrogé Tuteur.

C. civ. — ART. 345. — « Dans toute tutelle il y aura un subrogé tuteur, nommé par le conseil de famille.

« Ses fonctions consisteront à agir pour les intérêts du mineur, lorsqu'ils seront en opposition avec ceux du tuteur. »

C. civ. — ART. 346. — « Tout tuteur, avant d'entrer en

37

fonctions, devra convoquer un conseil de famille pour la nomination du subrogé tuteur. »

« S'il s'est ingéré dans la gestion de la tutelle avant d'avoir rempli cette formalité, le conseil de famille convoqué, soit sur la réquisition d'une partie intéressée, soit d'office par le juge de paix, pourra, s'il y a eu dol de la part du tuteur, lui retirer la tutelle, sans préjudice des indemnités dues au mineur. »

C. civ. — Art. 347. — «En aucun cas, le tuteur ne votera pour la nomination ou la destitution du subrogé tuteur. »

C. civ. — Art. 348. — « Lorsque la tutelle sera vacante par mort, absence ou abandon, le subrogé tuteur provoquera la nomination d'un nouveau tuteur, sous peine des dommages-intérêts qui pourraient en résulter pour le mineur. »

C. civ. — Art. 349. — « Les causes de dispenses, d'exclusions, et l'époque de la cessation des fonctions sont communes au tuteur et au subrogé tuteur. »

Ces causes sont réglées par les articles 350 et suivants.

De l'administration du Tuteur.

C. civ. — Art. 361. — « Le tuteur prendra soin de la personne du mineur, et le représentera dans tous les actes civils. »

« Il administrera ses biens en bon père de famille et répondra des dommages-intérêts qui pourraient résulter d'une mauvaise gestion. ».

« Il ne peut ni acheter les biens du mineur, ni les prendre à ferme, à moins que le conseil de famille n'ait autorisé le subrogé tuteur à lui en passer bail, ni accepter la cession d'aucun droit ou créance contre son pupille. »

C. civ. — Art. 362. — «Dans les dix jours qui suivront celui de sa nomination dûment connue de lui, le tuteur requerra la levée des scellés, s'ils ont été apposés, et fera procéder à l'inventaire des biens du mineur, en présence du subrogé tuteur. »

« S'il lui est dû quelque chose par le mineur, il devra le déclarer dans l'inventaire, à peine de déchéance, et ce, sur la réquisition que le notaire sera tenu de lui en faire, et dont mention sera faite au procès-verbal. »

C. civ. — Art. 363. — « Dans le mois qui suivra la clôture de l'inventaire, le tuteur fera vendre, en présence du subrogé tuteur, aux enchères reçues par un officier public, et après des publications dont le procès-verbal de vente fera mention, tous les meubles autres que ceux que le conseil de famille l'aurait autorisé à conserver en nature. »

Le tuteur n'a pas d'autres formalités à remplir que de dresser une annonce comme le modèle n° 148 pour la vente des objets saisis, avec cette variante :

Au lieu de : *Les susdits objets ont été saisis*, etc., mettre : *Cette vente aura lieu, en vertu de l'art.* 363 du Code civil, *à la requête du citoyen* . . . . ., *tuteur dudit mineur*, etc.

C. civ. — Art. 364. — « Les père et mère, tant qu'ils ont la jouissance propre et légale des biens du mineur, sont dispensés de vendre les meubles, s'ils préfèrent les garder pour les remettre en nature : dans ce cas, ils rendront la valeur estimative de ceux des meubles qu'ils ne pourraient représenter. »

C. civ. — Art. 365. — « Lors de l'entrée en exercice de toute tutelle, autre que celle des père et mère, le conseil de famille réglera par aperçu, et selon l'importance des biens régis, la somme à laquelle pourra s'élever la dépense annuelle du mineur, ainsi que celle d'administration de ses biens. »

« Le même acte spécifiera si le tuteur est autorisé à s'aider, dans sa gestion, d'un ou plusieurs administrateurs particuliers salariés, et gérant sous sa responsabilité. »

C. civ. — Art. 366. — « Ce conseil déterminera positivement la somme à laquelle commencera, pour le tuteur, l'obligation d'employer l'excédent des revenus sur la dépense. Cet emploi sera fait dans le délai de six mois ; passé lequel, le tuteur devra les intérêts, à défaut d'emploi. »

C. civ. — Art. 367. — « Si le tuteur n'a pas fait déterminer, par le conseil de famille, la somme à laquelle doit commencer l'emploi, il devra, après le délai exprimé en l'article précédent, les intérêts de toute somme non employée, quelque modique qu'elle soit. »

C. civ. — 368. — « Le tuteur, même le père ou la mère, ne peut emprunter pour le mineur, ni aliéner ou hypothéquer ses biens immeubles, sans y être autorisé par le conseil de famille. »

« Cette autorisation ne devra être accordée que pour cause d'une nécessité absolue, ou d'un avantage évident. »

« Dans le premier cas, le conseil de famille n'accordera son autorisation qu'après qu'il aura été constaté, par un compte sommaire présenté par le tuteur, que les deniers, effets mobiliers et revenus du mineur sont insuffisants. »

« Le conseil de famille indiquera, dans tous les cas, les immeubles qui devront être vendus de préférence, et toutes les conditions qu'il jugera utiles. »

C. civ. — Art. 378. — « Le tuteur qui aura des sujets de mécontentement graves sur la conduite du mineur pourra porter ses plaintes à un conseil de famille, et, s'il y est autorisé par ce conseil, provoquer la détention du mineur, conformément à ce qui est statué à ce sujet par la *loi sur la puissance paternelle.*

La détention ne peut avoir lieu ici que par voie de réquisition, c'est-à-dire en s'adressant au Doyen du tribunal civil. (*V. infrà* page 633.)

FORMULE N° 184. — Cédule de convocation.

Nous, ... juge de paix de ....., agissant d'office, *ou* sur la réquisition du citoyen ..... (*désigner ses qualités*),

Convoquons, pour composer le conseil de famille du mineur ....., les citoyens 1° ....., 2° ....., 3° ....., parents, alliés *ou* amis de la ligne ternelle (*dire le degré de parenté ou d'alliance*); et les citoyens 1° ....., 2° ....., 3° ....., etc., de la ligne maternelle,

Lesquels se réuniront le ....., heure ....., *(tel lieu)*, pour délibérer sur les intérêts dudit mineur ....., fils légitime de ..... et de ..... décédés.

Donné à ....., le .....

(Signature.)

La notification se fait comme suit :

Notifiée a été la cédule ci-dessus : 1° au citoyen ....., demeurant à ....., en son domicile, parlant à ....., 2° ....., 3° etc., par moi, ..., huissier exploitant près le tribunal de paix de ....., domicilié à ....., cejourd'hui le ....., etc., avec citation à comparaître le ....., heure ....., à (*tel lieu*) pour composer le conseil de famille qui doit délibérer sur les intérêts du mineur ..... Les prévenant que, faute de s'y présenter, ils encourront l'amende prévue par l'article 340 du Code civil; et afin que les susnommés n'en ignorent, je leur ai, à chacun séparément, laissé copie du présent exploit, en parlant comme dessus ; ce requérant le citoyen ....., demeurant à ..... Dont acte.

Le coût est de .....

FORMULE N° 185. — Procés-verbal de délibération du Conseil de famille

Aujourd'hui ....., à ..... heure de ....., au greffe de la justice de paix de .....

Par-devant nous, ..., juge de paix de la commune de ....., assisté de ....., greffier de cette justice de paix,

En vertu de la convocation faite par nous, agissant d'office,

Ont comparu, savoir :

Du côté paternel :

1° ..... ; 2° ..... ; 3° ..... ;

Du côté maternel :

1° ..... ; 2° ..... ; 3° .....

Ou bien :

Par-devant nous, etc.

A comparu le citoyen ....., etc.

Lequel comparant a dit qu'en conséquence de notre indication verbale à ces jour, lieu et heure (*ou bien* en vertu de notre cédule en date du ....., contenant indication de ces jour, lieu et heure), il a convoqué par-devant nous les parents et amis du mineur ....., à l'effet de se réunir en conseil de famille avec nous et sous notre présidence, et donner leur avis sur .....

Et, attendu la présence de toutes les personnes appelées à concourir à la formation dudit conseil de famille, ledit comparant nous a requis de le constituer et a signé après lecture.

(Signature.)

Ont aussi comparu, savoir :

Du côté paternel :

1° ..... ; 2° ..... ; 3° ..... ;

Du côté maternel :

1° ..... ; 2° ..... ; 3° .....

Lesquels parents et amis réunis en conseil de famille, sous notre présidence, après avoir délibéré avec nous sur l'objet de la convocation ;

Considérant que tout mineur sans tuteur doit en être pourvu par le conseil de famille, aux termes de l'article 336, Cod. civ.,

Le conseil a été unanimement d'avis de nommer, comme de fait il nomme par ces présentes le citoyen ....., tuteur du mineur ....., à l'effet de prendre soin de sa personne, le représenter et administrer ses biens, toujours au mieux de ses intérêts, et sous les charges et conditions édictées par la loi,

Lequel, étant présent, a déclaré accepter cette fonction, a prêté entre nos mains le serment de bien et fidèlement remplir les devoirs et obligations qu'elle lui impose ; et a signé après lecture.

(Signature.)

Le conseil, procédant ensuite à la nomination d'un subrogé tuteur,

Considérant que, dans toute tutelle il doit y avoir un subrogé tuteur nommé par le conseil de famille ; que ce subrogé tuteur doit être pris, hors le cas de frère germain, dans celle des deux lignes à laquelle le tuteur n'appartient pas ;

Après en avoir délibéré avec nous, hors de la présence du tuteur, a été unanimement d'avis de nommer, comme de fait il nomme, par ces présentes, M....., quatrième membre du conseil, subrogé tuteur du mineur ....., pour par ledit subrogé tuteur, en cette qualité agir et représenter ledit mineur dans tous les cas où il aurait des intérêts opposés à ceux de son tuteur, comme aussi pour faire tous actes conservatoires et de procédure prescrits par la loi ; — lequel a déclaré accepter ladite qualité de subrogé tuteur, prêté devant nous le serment de bien et fidèlement s'acquitter des devoirs qu'elle lui impose, et a signé, après lecture.

(Signature.)

Le citoyen ....., (*lorsque le tuteur revient après la nomination du sub-rogé tuteur*) ayant repris siège, a exposé qu'il y a un avantage certain pour le mineur à demander le partage de la succession qui lui est échue conjointement avec ..... ; qu'en effet (*motifs de cet avantage*); en consé-quence il demande au conseil de délibérer et de donner son avis sur l'auto-risation nécessaire, au vœu de l'article 375, Cod. civ., pour l'introduction de la demande en partage.

Après qu'il en a été délibéré avec nous,

Considérant que nul ne peut être forcé de rester dans l'indivision ; que tout partage de biens apportenant, en tout ou en partie, à des mineurs, doit être fait en justice;

Considérant qu'il y a avantage réel pour le mineur à demander ledit partage, qu'en effet (*les motifs de cet avantage*),

Le conseil a été unanimement d'avis d'autoriser, comme de fait, par ces présentes, il autorise M....., tuteur dudit mineur, à former en justice l'ac-tion en partage de la succession *ou* des biens dont il s'agit.

Dont acte. Fait et dressé le présent procès-verbal; les jour, mois et an que dessus, et ont les parties signé avec nous et le greffier, après lecture faite.

(Signatures.)

FORMULE N° 186. — Autre procès-verbal.

Aujourd'hui ....., à ..... heure, en vertu de la convocation faite par le citoyen A....., juge de paix de la commune de ....., agissant d'office (*ou* sur la réquisition du citoyen B..., etc.);

Le conseil de famille du mineur C... (*désigner ses qualités*) a pris siège (*en tel lieu*), et le greffier ayant fait l'appel nominal sur la liste des mem-bres convoqués, il résulte que les membres présents sont : 1° le juge de paix, président; 2° le citoyen B .., tuteur; 3° D....; 4° E...; 5° F...; 6° G...; 7° H...; 8° I...; 9° J...; tous les sept derniers, frères germains dudit mineur; et que les quatre membres suivants : K..., L..., M... et N..., aussi frères germains dudit mineur, n'ont point comparu, ni per-sonne pour les représenter.

En conséquence, le juge de paix a rendu l'ordonnance suivante :

« Vu la citation donnée aux citoyens K..., L..., M... et N... (*pro-« fessions et demeures*), par le ministère de l'huissier O..., le.....;

« Attendu que les susnommés ont été convoqués pour deux heures de « relevée; qu'il est maintenant plus de trois heures, et qu'ils n'ont point « comparu ;

« Mais, attendu que, des explications qui nous sont parvenues, le « citoyen L..... est empêché de comparaître par une cause légitime;

« Nous, A..., juge de paix de....., condamnons, au nom de la Répu-

« blique, lesdits citoyens K..., M... et N..., chacun à six gourdes d'amende
« envers la caisse publique, conformément à l'article 340 du Code civil, et
« aux dépens liquidés à..... »

Et, attendu que des douze membres convoqués pour former le conseil,
quatre n'ont point comparu; qu'aux termes de l'art. 342, il faut au moins la
présence des trois quarts des membres convoqués, pour délibérer; que les
huit membres présents ne forment pas les trois quarts de douze, partant
le conseil ne se trouve pas en nombre suffisant;

Usant des pouvoirs que nous confère l'art. 341 du Code civil, nous
ajournons l'assemblée. *Ou bien :* nous prorogeons l'assemblée à *tels* jour et
heure.

Et, après lecture faite aux membres présents, avons clos le présent procès-verbal les jour, mois et an que dessus, et avons signé, etc.

*Si le juge de paix trouve convenable de remplacer les membres absents,
le procès-verbal varie comme suit :*

« Usant des pouvoirs que nous confère l'art. 341 du Code civil, nous
« avons fait appeler les citoyens O..., P..., Q... et R... *(professions et*
« *demeures, et la désignation de leur degré de parenté ou relation avec le*
« *mineur),* pour remplacer lesdits citoyens K..., L..., M... et N... »

Lesquels, ayant comparu, ont pris siège avec les autres membres. Le
Conseil étant composé des treize membres suivants : MM. 1° A..., juge de
paix, président; 2° B..., tuteur; 3° D..., etc.

Le citoyen B... a obtenu la parole et a exposé que la tutelle du mineur
C... lui ayant été déférée par le testament du citoyen S..., père dudit
mineur, décédé le....., il requiert que le juge reçoive son serment, et que
le Conseil procède à la nomination d'un subrogé tuteur à son pupille.

La demande ayant été accueillie, le citoyen L... *(profession et demeure),*
frère germain du mineur, est élu subrogé tuteur, à l'unanimité de douze
votants, — le tuteur s'étant abstenu, — pour surveiller l'administration du
tuteur et agir pour la conservation des droits dudit mineur, lorsqu'il en
aura d'opposés à ceux du tuteur.

Le président, prenant la parole, a exposé au Conseil que, le subrogé
tuteur n'étant pas présent à son élection, il importe de désigner un des
membres pour lui en faire la notification, conformément à l'art. 773 du
Code de procédure.

La proposition du président ayant été adoptée, le Conseil a décidé que
l'extrait du procès-verbal de la séance contenant l'élection du subrogé
tuteur sera notifié audit citoyen L..., dans les trois jours de cette date, à
la diligence du citoyen B..., qu'il délègue à cet effet.

Et le citoyen B... a prêté entre les mains du juge de paix, conformément à l'art. 40 de la Loi organique, le serment de bien et fidèlement remplir les devoirs que lui impose la charge de tuteur du mineur C...

En foi de quoi, le présent procès-verbal a été dressé les jour, mois et an que dessus; et après lecture, les membres ont signé avec le greffier (*ou bien* excepté *tel*, qui a déclaré ne savoir signer*).

L'ordonnance du juge condamnant à l'amende est expédiée en forme exécutoire.

FORMULE N° 187. — Notification au subrogé tuteur du procès-verbal qui précède.

Notifié a été l'acte ci-dessus, par moi T..., huissier, etc., cejourd'hui le..... etc., au citoyen L..., subrogé tuteur du mineur C..., demeurant à....., en son domicile, parlant à....., avec sommation de se présenter le....., à..... heure, au greffe du tribunal de paix de....., pour prêter entre les mains de M. le Juge de paix le serment de bien et fidèlement exercer la charge de subrogé tuteur dudit mineur C..., et je lui ai en outre laissé copie du présent exploit avec celle dudit acte, en parlant comme dessus.

Dont acte, requis par le citoyen B..., tuteur dudit mineur, demeurant à....., délégué à cet effet. Le coût est de.....

FORMULE N° 188. — Règlement par le Conseil de famille de la dépense annuelle et de l'administration des biens du mineur, avec autorisation au tuteur de s'aider d'un ou de plusieurs administrateurs salariés, et obligation de sa part d'employer l'excédent des revenus sur les dépenses.

L'an..... etc. Par-devant nous..... a comparu N..... etc., au nom et comme tuteur de....., âgé de huit ans, fils légitime de....., et de....., décédés, son neveu, nommé à cette fonction qu'il a acceptée, par délibération du Conseil de famillle dudit mineur, reçue et présidée par nous, suivant procès-verbal du..... enregistré;

Lequel a dit que, suivant procès-verbal dressé par M..... et son collègue, notaires à. .., le....., il a été procédé, à sa requête, en présence du subrogé tuteur, à l'inventaire fidèle et description exacte des objets mobiliers, linge, hardes, bijoux, deniers comptants, titres, papiers et renseignements des successions et communauté de biens des père et mère de son pupille; qu'il résulte dudit inventaire que le produit des revenus dudit mineur peut être évalué à une somme de....., et que désirant, pour se conformer aux articles 365 et 366 dn Code civil, faire régler la somme à laquelle pourra s'élever la dépense annuelle du mineur, ainsi que l'administration de ses biens, et faire déterminer positivement la somme à laquelle commencera pour lui l'obligation d'employer l'excédent des revenus sur la dépense, il a, en exécution de notre cédule....., etc., convoqué....., etc., le Conseil de famille, composé de...., etc., pour délibérer sur les différents chefs de son exposé, et a ledit comparant requis acte de ses diligences, et a signé après lecture faite.

(Signature.)

Ont aussi comparu, savoir : du côté paternel : 1°.....; 2°.....; 3°.....; du côté maternel, etc.

Lesquels parents (et amis), réunis en Conseil de famille sous notre présidence, après avoir mûrement délibéré avec nous sur les différentes clauses de l'exposé du tuteur et hors de sa présence;

Vu l'inventaire susvisé et les différents actes y relatés;

Considérant que le revenu du mineur peut être évalué à une somme de P. 2,500; que son entretien ordinaire, les impositions de ses biens, les dépenses imprévues et les frais de gestion peuvent ensemble s'estimer à 1,500 piastres, ce qui réduit le revenu à mille piastres;

Considérant, en droit, que lors de l'entrée en exercice de toute tutelle autre que celle des père et mère, le Conseil de famille doit régler par aperçu et selon l'importance des biens régis la somme à laquelle pourra s'élever là dépense annuelle des mineurs, ainsi que celle d'administration de leurs biens;

Le Conseil, à l'unanimité, fixe et arrête la dépense annuelle du mineur..... à la somme de mille piastres, tant pour sa nourriture et entretien que pour son éducation, et les frais de la gestion du tuteur à celle de deux cent cinquante piastres par année (ou) et les frais d'un administrateur salarié, que le tuteur est autorisé à s'adjoindre, sous sa responsabilité, à celle de deux cent cinquante piastres; et, attendu que le produit net des revenus présente, après la dépense annuelle acquittée, un excédent de mille deux cent cinquante piastres (ou mille piastres), qu'il est convenable de placer au profit dudit mineur;

Le Conseil, également à l'unanimité, arrête que le tuteur sera tenu de faire chaque année, et dans les six mois suivants au plus tard, le placement en *immeubles* ou à intérêt dans telle maison ou établissement....., de ladite somme de....., et des intérêts annuels de cette somme, faute de quoi il sera passible de l'intérêt des sommes non employées.

Dont acte. Fait et dressé le présent procès-verbal que les délibérants et le tuteur, rappelé dans le conseil, ont signé avec nous et le greffier, après lecture faite.

FORMULE N° 189. — Consentement à mariage d'un mineur par le Conseil de famille

(Même préambule)

Lequel a exposé que M..... âgé de 32 ans, docteur en médecine, demeurant à....., recherche en mariage Mlle....., sa pupille, à laquelle ce mariage paraît convenir ; que la fortune du futur se compose d'immeubles d'une valeur d'environ..... et d'une somme de..... en deniers comptants, que les conditions dudit mariage projeté, détaillées dans un projet signé de l'exposant, par lui représenté, lequel est demeuré ci-annexé, après que dessus il en a été fait mention, paraissent convenables et avantageuses ; qu'en conséquence, il a, en exécution de notre cédule..... etc., convoqué et réuni......, etc.

Lesquels parents, réunis en conseil de famille sous notre présidence, après avoir mûrement délibéré avec nous, hors de la présence du tuteur ;

Vu l'exposé du tuteur, et le projet y joint, ainsi conçu :

Art. 1er.

Les futurs époux adoptent le régime dotal ; néanmoins, il y aura entre eux une Société d'acquêts, composée des bénéfices et économies que les futurs époux pourront faire pendant le mariage, tant en meubles qu'en immeubles, conformément aux dispositions des articles 1366, 1283 et 1284, C. civ. (1).

Art. 2.

Les biens du futur époux se composent *(les détailler)*.

Art. 3.

Les biens de la future épouse consistent :

1° En une propriété sise à. ..., affermée à....., etc.

2° ....., etc.

Et en ses habits, linge, hardes, bijoux, dentelles, meubles meublants, argenterie et effets mobiliers, le tout d'une valeur de....., d'après l'estimation qui en a été faite dans l'inventaire fait après le décès de feu sa mère ; le tout provenant à la future épouse de successions de ses père et mère.

Art. 4.

Les biens actuels de la future épouse seront dotaux ; mais tous ceux qui

_____

(1) Texte de ces articles.

pourront lui advenir et échoir dans la suite par succession, donation, legs ou autrement, lui seront paraphernaux, et elle en aura, en conséquence, l'administration et la jouissance particulière, sans avoir besoin d'autorisation de son mari.

ART. 5.

Les biens immeubles pourront être aliénés, pendant le mariage, par la future épouse, dûment autorisée de son mari, mais sous la condition que le prix de cette vente sera immédiatement employé en acquisition d'autres immeubles, lesquels, étant acceptés par la future épouse, auront également nature de biens dotaux et ne pourront plus être aliénés.

ART. 6.

Le survivant des futurs époux prélèvera, à titre de préciput, avant le partage de la Société d'acquêts, tels meubles et effets mobiliers qu'il voudra choisir jusqu'à concurrence d'une somme de....., suivant la prisée de l'inventaire, ou cette somme en deniers comptants à son choix.

La future épouse y aura droit, même en renonçant à la Société d'acquêts, et en cas d'insuffisance des biens de cette Société, elle pourra exercer la reprise de son préciput sur les biens provenant du futur.

ART. 7.

En cas de renonciation à la Société d'acquêts par la future épouse ou ses héritiers, ils reprendront seulement les biens dotaux ou paraphernaux propres à la future, mais ils n'auront aucune reprise à faire pour la partie de ses revenus qui aura pu tomber dans la société d'acquêts.

Telles sont les conventions arrêtées entre le tuteur et le futur époux, soumises à la délibération du conseil de famille.

Considérant que les conditions du mariage sont avantageuses pour la mineure; que ledit mariage présente sous tous les rapports les convenances et l'avantage qu'on peut désirer,

Le Conseil, à l'unanimité, déclare consentir au mariage de ladite mineure..... avec M....., aux conditions ci-dessus établies; qu'il approuve sans réserve, et autoriser, en conséquence, M....., tuteur, à passer le contrat de mariage suivant le projet par lui remis et dont les dispositions sont ci-dessus transcrites, à assister à la célébration dudit mariage, et y consentir pour le Conseil de famille, lui donnant, à cet effet, par ces présentes, tout pouvoir utile et nécessaire.

Dont acte. Fait et dressé le présent procès-verbal que les délibérants et le tuteur, rappelé dans le conseil, ont signé avec nous et le grefffier, après lecture faite.

Si le Conseil n'est pas unanime :

MM. C..., D... et F... ont été d'avis d'agréer lesdites propositions et de consentir au mariage; mais MM. E..., F... et H..., ont été d'avis contraire, les conditions du mariage, suivant eux, étant plus onéreuses que profitables à ladite mineure;

Sur quoi, nous, juge de paix, après avoir mûrement examiné les conditions du mariage, les fortunes et les familles des futurs époux, nous sommes réuni à l'avis de MM. C..., D... et F...

En conséquence, le Conseil, à la majorité de quatre voix contre trois, déclare consentir au mariage de ladite mineure..... avec M....., aux conditions ci-dessus établies qu'il approuve sans réserves, etc. (*le reste comme ci-dessus*).

FORMULE N° 190. — Décision du Conseil sur l'excuse du subrogé tuteur.

Aujourd'hui, etc.

Le Conseil de famille du mineur....., composé: 1° de M. le juge de paix....., président; 2° des citoyens B..., C... et D..., représentant le citoyen E..., en vertu de sa procuration par lettre en date du....., qui demeure annexé au présent procès-verbal, tous..... (parents à *tel* degré *ou* amis), du côté paternel; 3° des citoyens F... G... et K..., etc., du côté maternel,

Étant réuni (*en tel lieu*), le citoyen L..., etc., s'est présenté et a exposé que, par décision en date du....., il a été élu subrogé tuteur du mineur....., mais qu'ayant en sa faveur une cause de dispense prévue par la loi, en ce qu'il est atteint de *telle infirmité*, il requiert que le Conseil admette son excuse et le décharge de la fonction.

Le Conseil ayant délibéré, les citoyens B..., C..., D... et F... sont d'avis de rejeter la demande, attendu que la cause alléguée par le citoyen L..., n'est qu'une incommodité et non une infirmité grave comme il est dit dans la loi.

Mais les citoyens A..., président, et G... et K..., sont d'avis d'admettre la demande et de procéder au remplacement du subrogé tuteur.

En conséquence, le Conseil rejette, à la majorité, les moyens d'excuse proposés par le citoyen L..., et maintient sa nomination à la charge de subrogé tuteur du mineur.

Si l'excuse est admise :

Le Conseil admet, à la majorité, l'excuse proposée par le citoyen L..., le décharge de la fonction de subrogé tuteur du mineur.....

Le Conseil procédant à son remplacement, le citoyen M... est élu à l'unanimité *ou* à la majorité....., etc.

En foi de quoi, le procès-verbal a été fait et clos les jours, mois et an que dessus ; et, après lecture, les membres on signé avec nous et le greffier.

Nota. — Les membres contre l'avis desquels la décision est prise ne doivent pas refuser de signer, lors même qu'ils auraient l'intention de se pourvoir contre la décision ; leur avis est consigné dans le procès-verbal.

FORMULE N° 191. — Pourvoi contre la décision du Conseil.

L'an....., etc., à la requête de.. .., etc., j'ai....., huissier, etc....., donné assignation aux citoyens 1° B..., etc., demeurant à....., en son domicile, parlant à.....

2° C....., etc.;

3° ....., etc. (1)

Pour comparaître au Tribunal civil de....., dans le délai de la loi (outre celui de distance, *s'il y a lieu*), et à toutes les audiences suivantes, toujours à neuf heures du matin, jusqu'à jugement définitif, pour voir prononcer la nullité d'un acte portant délibération du conseil de famille du mineur H..., en date du..... Attendu que (*motifs*); en conséquence, voir ordonner que la délibération du conseil de famille dudit mineur..... reçu par M. le juge de paix de....., le....., sera rejetée purement et simplement, et que, etc.

Et afin que les susnommés n'en ignorent, je leur ai à chacun séparément, domicile et parlant comme dessus, laissé copie d'un extrait dudit acte avec celle du présent exploit. Dont acte. Le coût est de.....

FORMULE N° 192. — Requête à fin d'homologation d'une délibération de Conseil de famille.

A Monsieur le Doyen du Tribunal civil de.....

Le citoyen....., demeurant à....., au nom et comme tuteur de....., fils mineur de......,

Requiert qu'il vous plaise, Monsieur le Doyen, donner votre ordonnance, à l'effet d'homologuer, pour être exécutée selon sa forme et teneur la délibération ci-jointe, des parents et amis dudit mineur, reçue par M. le juge de paix de....., le.... . dûment enregistrée ; et vous ferez justice.

(Signature.)

---

(1) *On assigne tous les membres du conseil de famille qui ont été d'avis de la délibération, et dans les qualités à raison desquelles ils ont été appelés.*

FORMULE N° 193. — **Demande en homologation d'une délibération du Conseil de famille, contre le tuteur.**

L'an....., etc.

A la requête de....., demeurant à....., ayant fait partie du Conseil de famille du mineur ci-après nommé, etc.

J'ai....., huissier, etc., soussigné, donné assignation au citoyen...... tuteur du mineur....., fils de..... et de....., lequel tuteur nommé à cette qualité qu'il a acceptée, par délibération du Conseil de famille dudit mineur, reçue par M. le juge de paix de....., le....., lequel demeurant à....., en son domicile étant et parlant à.....

A comparaître au Tribunal civil, etc., pour, attendu que, par délibération des parents et amis dudit mineur, en date du......, laquelle autorise à provoquer la licitation d'une maison dont le mineur est propriétaire pour moitié, il a été dit que le citoyen ....., en sa qualité de tuteur dudit mineur, poursuivrait l'homologation de cette délibération dans la huitaine;

Attendu que plus de quinze jours sont écoulés, et que le citoyen..... ne se met pas en devoir de faire prononcer cette homologation,

Voir dire et ordonner que la délibération susénoncée sera homologuée, pour être exécutée selon sa forme et teneur, et pour, en outre, répondre et procéder comme de raison, à fin de dépens, auxquels ledit citoyen..... sera personnellement condamné, et que, sous aucun prétexte, il ne pourra employer dans le compte de tutelle; et je lui ai, en son domicile et parlant comme dessus, laissé copie du présent exploit. Dont acte. Le coût est de.....

FORMULE N° 194. — **Opposition à l'homologation d'une délibération du Conseil de famille.**

L'an.....

A la requête de.....

J'ai....., huissier....., etc., soussigné, signifié et déclaré au citoyen ....., au nom et comme tuteur du mineur....., etc., etc. :

Que le requérant entend contester la délibération du Conseil de famille dudit mineur, reçue par M. le juge de paix de....., le....., par laquelle ledit citoyen..... en sadite qualité de tuteur, a été autorisé à....., etc.; et en conséquence, que le requérant est opposant, comme par ces présentes, il s'oppose à ce qu'autrement qu'en sa présence ou lui dûment appelé, le citoyen..... en poursuive l'homologation; déclarant au susnommé que ledit citoyen...... requérant, proteste de nullité de tout ce qui serait fait au préjudice de ladite opposition; et je lui ai, domicile et parlant comme dessus, laissé copie du présent exploit. Dont acte. Le coût est de.....

FORMULE N° 195. — Assignation à l'opposant.

L'an....., à la requête de....., j'ai..... huissier, etc., donné assignation au citoyen....., etc., etc., à comparaître le..... (*jour et heure fixés par l'ordonnance du doyen pour entendre le rapport du juge*), à la Chambre du Conseil du Tribunal civil de....., devant MM. les doyens et juges dudit tribunal, pour déduire ses motifs d'opposition à l'homologation de la délibération du Conseil de famille, etc., etc.

———————

Dans les modifications que subit le Code civil en 1840, se trouvent celles qui attribuaient au Conseil de famille les opérations du partage de successions échues à des mineurs.

Voilà comment cette matière occcupe une si large place dans l'ouvrage de Mullery sur la Justice de paix.

Ces attributions exceptionnelles du Conseil de famille disparurent en 1843, par le décret du Gouvernement provisoire qui remet en vigueur le Code civil tel qu'il est.

Les formes du partage restent donc à la procédure du Tribunal civil.

CHAPITRE V

Des Scellés.

Scellé. — Apposition d'un sceau particulier faite par le juge de paix, sur les ouvertures d'un appartement ou d'un meuble pour empêcher d'y pénétrer et conserver ce qu'il renferme, dans l'intérêt des droits des tiers. (Bioche.)

C'est un acte conservatoire.

La loi n° 6 du Code de procédure s'occupe des scellés à l'occasion des successions; mais ils peuvent être apposés dans plusieurs autres circonstances, par exemple, en matière de faillite (art. 446 et suiv. du C. de com.); en matière de saisie-exécution, au cas prévu par l'art. 512 du Code de procédure; au cas de présomption d'absence, par application de l'art. 101, C. civ.; en matière de divorce (art. 258, C. civ.); en matière d'interdiction, etc.

Ainsi les dispositions de détail écrites pour l'apposition des scellés après décès sont-elles applicables pour la plupart aux scellés apposés pour une cause quelconque. (Boitard, 1126.)

Code de Procédure civile : De l'apposition des Scellés après décès.

Art. 796. — « Lorsqu'il y aura lieu à l'apposition des scellés après décès, elle sera faite par les juges de paix et, à leur défaut, par leurs suppléants. »

Art. 797. — « Les juges de paix et leurs suppléants se serviront d'un sceau particulier, qui restera entre leurs mains, et dont l'empreinte sera déposée au greffe du tribunal civil. »

Art. 798. — « L'apposition des scellés pourra être requise :

« 1° Par tous ceux qui prétendront droit dans la succession ou dans la communauté ;

« 2° Par tous les créanciers fondés en titre exécutoire, ou autorisés par une permission, soit du doyen du tribunal civil, soit du juge de paix de la commune où le scellé doit être apposé ;

« 3° Et en cas d'absence, soit du conjoint, soit des héritiers ou de l'un d'eux, par les personnes qui demeuraient avec le défunt, et par ses serviteurs et domestiques. »

ART. 799. — « Les prétendant droit et les créanciers, mineurs émancipés pourront requérir l'apposition des scellés, sans l'assistance de leur curateur.

« S'ils sont mineurs non émancipés, et s'ils n'ont pas de tuteur, ou s'il est absent, elle pourra être requise par un de leurs parents. »

ART. 800. — « Le scellé sera apposé, soit à la diligence du ministère public, soit sur la déclaration d'un membre du conseil des notables, et même d'office par le juge de paix :

« 1° Si le mineur est sans tuteur, et que le scellé ne soit pas requis par un parent ;

« 2° Si le conjoint, ou si les héritiers ou l'un d'eux sont absents ;

« 3° Si le défunt était dépositaire public ; auquel cas, le scellé ne sera apposé que pour raison de ce dépôt et sur les objets qui le composent. »

Cet article spécifie les cas où le juge de paix peut agir d'office.

ART. 801. — « Le scellé ne pourra être apposé que par le juge de paix des lieux ou par ses suppléants.

ART. 802. — « Si le scellé n'a pas été apposé avant l'inhumation, le juge de paix constatera, par son procès-verbal, le moment où il a été requis de l'apposer et les causes qui ont retardé soit la réquisition, soit l'apposition. »

Art. 803. — « Le procès-verbal contiendra

« 1° La date des an, mois, jour et heure;

« 2° Les motifs de l'apposition;

« 3° Les noms, profession et demeure du requérant, s'il y en a, et son élection de domicile dans la commune où le scellé est apposé, s'il n'y demeure;

« 4° S'il n'y a pas de partie requérante, le procès-verbal énoncera que le scellé a été apposé d'office ou sur le réquisitoire ou sur la déclaration de l'un des fonctionnaires dénommés dans l'art. 800;

« 5° L'ordonnance qui permet le scellé, s'il en a été rendu;

« 6° Les comparutions et dires des parties;

« 7° La désignation des lieux, bureaux, coffres, armoires, sur les ouvertures desquels le scellé a été apposé;

« 8° Une description sommaire des effets qui ne sont pas mis sous les scellés;

« 9° Le serment, lors de la clôture de l'apposition, par ceux qui demeurent dans le lieu, qu'ils n'ont rien détourné, vu ni su qu'il ait été rien détourné directement ni indirectement;

« 10° L'établissement du gardien présenté, s'il a les qualités requises; sauf s'il ne les a pas, ou s'il n'en est pas présenté, à en établir un d'office par le juge de paix. »

Art. 804. — « Les clefs des serrures sur lesquelles le scellé a été apposé resteront, jusqu'à sa levée, entre les mains du greffier de la justice de paix, lequel fera mention, sur le procès-verbal, de la remise qui lui en aura été faite; et ne pourront, le juge ni le greffier, aller, jusqu'à la levée, dans la maison où est le scellé, à peine d'interdiction, à moins qu'ils n'en soient requis, ou que leur transport n'ait été précédé d'une ordonnance motivée. »

Pour procéder donc à l'apposition des scellés, le juge de paix ou son suppléant se transporte sur les lieux avec le greffier, et commence son opération par l'apposition des scellés sur les objets dont il importe le plus d'assurer la conservation, tels que papiers (*V.* art. 805 et 806), l'argent comptant, l'argenterie, les bijoux, qu'on a soin de renfermer dans un meuble sûr fermant à la clef; — il ferme les meubles et les portes des chambres, et dépose les clefs entre les mains du greffier; — il applique justement au travers de l'entrée des serrures, de façon à la bien couvrir, une bande de papier parafée par lui et le greffier, attachée aux deux extrémités avec de la cire d'Espagne (cire à cacheter); chaque bout est scellé du sceau spécialement destiné aux scellés. — Il faut que l'empreinte du sceau porte moitié sur le papier et moitié sur l'objet, afin qu'on ne puisse ouvrir celui-ci sans rompre le cachet ou déchirer le papier.

Le juge de paix doit laisser libres les effets nécessaires à l'usage journalier des personnes qui habitent la maison. Il doit aussi laisser en évidence les objets dont le volume est trop considérable pour être mis sous scellés, en ayant le soin d'en faire la description au procès-verbal (art. 813). — Enfin, il doit, pour ne point gêner les personnes de la maison, faire renfermer dans une chambre ou un cabinet, s'il est possible, tous les objets qui doivent être mis en sûreté et apposer les scellés à la porte. (MULLERY.)

Quelquefois, pour empêcher que les scellés ne soient endommagés par inadvertance ou autrement, principalement les scellés extérieurs, on les couvre d'une plaque de tôle ou d'une planche attachée avec des clous.

C'est une question assez embarrassante que celle de fixer le rôle du juge de paix en présence du décès des étrangers. Où commencent, où s'arrêtent ses droits et ses prérogatives? se demande N. CARRÉ, *Code annoté des Juges de paix*, qui, à ce propos, donne l'extrait ci-dessous d'un rapport présenté par M. Dionis du Séjour à la Conférence des juges de paix de Paris, en 1858 :

« L'une des plus importantes attributions des juges de paix, c'est le droit qu'ils ont d'apposer les scellés quand une ouverture de succession leur est signalée.

« Les art. 907 et suivants du Code de procédure civile déterminent : 1° quelles personnes peuvent requérir l'apposition des scellés; 2° les formalités à remplir.

« Ces formalités sont les mêmes pour l'étranger *décédé en France*, que pour le Français regnicole.....

« Mais une autorité étrangère a-t-elle le droit d'intervenir soit pour conserver les droits des nationaux, soit pour administrer la succession?

« Des doutes sérieux pouvaient naître sur la nature et l'étendue de ce droit. En principe rigoureux, le droit de juridiction et de constatation n'appartient qu'aux magistrats du territoire. — Il semble donc qu'un ministre étranger devrait être exclu. Mais cette considération d'ordre public s'est effacée devant la nécessité reconnue par tous les peuples civilisés, que l'étranger mort sur une terre étrangère fût représenté par un magistrat de sa nation investi de la prérogative de faire les actes conservatoires nécessaires pour sauvegarder les droits des présomptifs héritiers et des créanciers.

« Ce magistrat est *le Consul*, magistrat préposé par le gouvernement de la nation qu'il représente, et qui n'a le droit d'exercer ses fonctions qu'autant que le gouvernement reconnu dans le pays où il les exerce lui a accordé ce qu'on appelle son *exequatur*.

« Toutefois, si le droit du consul est reconnu, c'est sous la condition de l'accomplissement de certaines règles qui limitent ce droit en tant qu'il pourrait blesser les droits de souveraineté du pays où l'étranger est décédé.

« En principe, ce sont les conventions diplomatiques qui déterminent le droit que peuvent avoir les agents consulaires de la nation à laquelle appartenait l'étranger de concourir à l'apposition des scellés.

« On va même plus loin dans la pratique. Le ministère des affaires étrangères admet que la faculté de concourir à l'apposition des scellés est susceptible d'être accordée aux agents consulaires des Etats dans lesquels il y a présomption que la même faculté est accordée aux agents français.

« Ce préliminaire établi, remarquons que les agents consulaires étrangers n'ont juridiction en France que sous la condition la plus expresse de réciprocité, ce qui veut dire que ces agents ne peuvent exercer des droits plus étendus que ceux que les agents consulaires français seraient admis à exercer sur le terrain où ils sont accrédités.

« Remarquons encore que les agents *concourent*, avec l'autorité judiciaire du lieu, à l'apposition des scellés et à la confection de l'inventaire; d'où la conséquence, que c'est, en France, le juge de paix du lieu où la succession s'est ouverte qui pose les scellés soit d'office, soit sur la réquisition qui lui est adressée, et qui dresse procès-verbal de l'opération. L'agent consulaire étranger intervient en croisant son propre sceau avec celui du magistrat. »

Et parmi les différentes nations avec lesquelles ont été conclues pour la France les conventions dont il s'agit, on cite la République dominicaine (8 mai 1852).

Aux termes d'une ordonnance de 1833, « en cas de décès d'un Français (dit ALLAIN, t. I, 1773), les agents consulaires doivent se borner à requérir, s'il y a lieu, l'apposition des scellés de la part des autorités locales, à assister à toutes les opérations qui en sont la conséquence, et à veiller à la conservation de la succession en tant que l'usage et les lois du pays l'y autorisent »,

Ibid., 1774. — « Si, les scellés étant déjà apposés par le juge de paix, l'agent consulaire croit devoir (dans le cas où les traités diplomatiques lui en donneraient le droit) *croiser* les scellés, il ne peut le faire qu'après avoir préalablement prévenu et appelé le juge de paix, qui, dans ce cas, doit, de son côté, constater par un procès-verbal l'état de ses propres scellés, l'intervention et l'opération du consul étranger.

Dans la pratique d'ici, cap Haïtien, par exemple, le consul dresse un procès-verbal distinct de celui du juge de paix (1).

---

(1) « Plusieurs gouvernements, écrivent MM. Alex. de Clercq et C. de Vallat, pour assurer le paiement des créanciers éventuels, font immédiatement procéder a cette opération (apposition de scellés après décès des étrangers) par leurs officiers de justice; — d'autres, et c'est le plus grand nombre, reconnaissent aux consuls le droit de croiser de leurs sceaux ceux de l'autorité territoriale; quelques-uns, enfin, consentent à ce que le consul seul appose ses sceaux, à la condition toutefois que dans le cas où il se présenterait des créanciers sujets du pays où le décès a eu lieu, leurs droits seront réservés.

« L'usage le plus général est, au surplus, que l'inventaire soit dressé en deux nstruments, l'un rédigé en français, l'autre rédigé dans la langue du pays..... inventaire....., dressé de façon à ce qu'il ait la même autorité légale devant la ustice française que devant la justice territoriale.

« A l'expiration des délais légaux, on procède à la reconnaissance et à l'enlèvement des scellés, ainsi qu'à la formation de l'inventaire. Lorsque le soin de dresser seul l'inventaire est abandonné aux consuls, c'est le chancelier qui instrumente, assisté de deux témoins ayant la capacité requise et du consul représentant légal des ayants droit absents. Lorsque, au contraire, l'autorité territoriale compétente intervient conjointement avec le consul pour l'accomplissement de cette formalité, c'est à son greffier qu'il appartient de tenir la plume.

« Si, pendant la rédaction de l'inventaire, on trouve un testament, il doit être mis sous scellés pour être ultérieurement ouvert dans la forme légale. » *C'est-à-dire* « par le juge compétent du lieu ou s'ouvre la succession ». (*Guide pratique des Consulats; — Juridiction consulaire en pays de chrétiente*, t. II, p. 352 et 354.)

Détournement.

Code civil. — Art. 651. — « Les héritiers qui auraient diverti ou recélé des effets d'une succession sont déchus de la faculté d'y renoncer : ils demeurent héritiers purs et simples, nonobstant leur renonciation, sans pouvoir prétendre à aucune part dans les objets divertis ou recélés. »

Code de commerce. — Art. 590. — « Seront déclarés complices des banqueroutiers frauduleux et seront condamnés aux mêmes peines que l'accusé :

« Les individus qui seront convaincus de s'être entendus avec le banqueroutier pour recéler ou soustraire tout ou partie de ses biens meubles ou immeubles;

« D'avoir acquis sur lui des créances fausses, et qui, à la vérification et affirmation de leurs créances, auront persisté à les faire valoir comme sincères et véritables. »

Code pénal. — Art. 325. — « Les soustractions commises par des maris au préjudice de leurs femmes, *par un veuf ou une veuve, quant aux choses qui avaient appartenu à l'époux décédé*, par des enfants ou autres descendants au préjudice de leurs pères ou mères ou autres ascendants, par des pères et mères ou autres ascendants au préjudice de leurs enfants ou autres descendants, ou par des alliés au même degré, ne pourront donner lieu qu'à des réparations civiles.

« A l'égard de tous autres individus qui auraient recélé ou appliqué à leur profit tout ou partie des objets volés, ils seront punis comme coupables de vol. »

Papiers trouvés. — Perquisition et ouverture de Testament.
(Code de Procédure)

Art. 805. — « Si, lors de l'apposition, il est trouvé un testament ou autres papiers cachetés, le juge de paix en constatera la forme extérieure, le sceau et la suscription, s'il y en a; parafera l'enveloppe avec les parties présentes, si

elles le savent ou le peuvent, et indiquera les jour et heure
où le paquet sera par lui présenté au doyen du tribunal civil,
si la commune est le siège d'un tribunal civil, ou par lui
ouvert si elle ne l'est pas ; il fera mention de tout sur son
procès-verbal, lequel sera signé des parties, sinon mention
sera faite de leur refus, »

Art. 806. — « Sur la réquisition de toute partie intéressée,
le juge de paix fera, avant l'apposition du scellé, la perquisition du testament dont l'existence sera annoncée ; et s'il
le trouve, il sera procédé ainsi qu'il est dit ci-dessus. »

Art. 807. — « Aux jour et heure indiqués, sans qu'il
soit besoin d'aucune assignation, les paquets trouvés cachetés
seront, dans la commune où siège un tribunal civil, présentés par le juge de paix au doyen dudit tribunal, lequel en
fera l'ouverture, en constatera l'état et en ordonnera le dépôt
chez un notaire, si le contenu concerne la succession.

« Dans les communes qui ne sont point le siège d'un tribunal civil, l'ouverture des paquets sera faite par le juge de
paix, en présence des parties intéressées et du membre
du conseil des notables, qui se trouvera de service ; le juge
de paix en ordonnera le dépôt comme il est dit ci-dessus. »

Art. 808. — « Si les paquets cachetés paraissent, par
leur suscription, ou par quelque autre preuve écrite, appartenir à des tiers, le juge ordonnera que ces tiers seront
appelés dans un délai qu'il fixera, pour qu'ils puissent
assister à l'ouverture ; il la fera au jour indiqué, en leur présence ou à leur défaut ; et si les papiers sont étrangers à la
succession, il les leur remettra sans en faire connaître le
contenu, on les cachètera de nouveau pour leur être remis à
leur première réquisition. »

Art. 809. — « Si un testament est trouvé ouvert, le juge
de paix en constatera l'état et observera ce qui est prescrit
en l'article 805. »

Incident.

Même Code. — ART. 810. — « Si les portes sont fermées, s'il se rencontre des obstacles à l'apposition des scellés, s'il s'élève, soit avant, soit pendant le scellé, des difficultés, il y sera statué en référé par le doyen du tribunal civil. A cet effet, il sera sursis et établi par le juge de paix garnison extérieure, même intérieure, si le cas y échet; et il en référera sur-le-champ au doyen du tribunal, à peine de dommages-intérêts.

« Pourra néanmoins le juge de paix, s'il y a péril dans le retard, statuer par provision, sauf à en référer ensuite au doyen. »

ART. 811. — « Dans tous les cas où il sera référé par le juge de paix au doyen du tribunal, soit en matière de scellé, soit en autre matière, ce qui sera fait et ordonné sera constaté sur le procès-verbal dressé par le juge de paix ; le doyen signera ses ordonnances sur ledit procès-verbal. »

Des obstacles, des difficultés — Par exemple, le juge de paix trouve sur les lieux une personne qui prétend que les meubles sur lesquels porterait le scellé lui appartiennent et non à la succession ; ou les personnes qui sont sur les lieux affirment que déjà l'inventaire a été fait, auquel cas les scellés ne peuvent plus être apposés (art. 812) ; ou ces personnes soutiennent que le requérant est sans droits pour provoquer les scellés ; ou le mobilier de la succession a été saisi avec établissement de séquestre.

S'il y a péril dans le retard, comme, par exemple, lorsque l'opération se fait hors du siège d'un tribunal civil et lorsqu'il sera impossible d'établir garnison, « le magistrat, dit N. Carré, fera bien d'user, avec certaine réserve, de ce pouvoir discrétionnaire que semble lui accorder l'article 810 ; et il ne devra passer outre aux oppositions matérielles ou juridiques que dans des cas très rares.

« Le juge de paix (ALLAIN, t. I, n° 1761) peut, à toute heure de nuit comme de jour, s'introduire dans la maison mortuaire pour une apposition de scellés d'office. Ce magistrat tient, en effet, de la loi (art. 810) le pouvoir le plus étendu en pareille matière, pouvoir dont il peut et doit user, sans que la loi fasse aucune distinction entre le jour et la nuit, toutes les fois qu'il y a péril en la demeure : autrement seraient illusoires les précautions prescrites pour l'apposition des scellés. On pourrait, en effet, profiter de la nuit pour faire disparaître des papiers d'une grande importance, par exemple, un testament, un titre de créance que le défunt avait contre l'un des héritiers présent à la mort et resté près du corps pendant la nuit. Le juge de paix, dans ce cas, étant chargé par la loi de représenter les incapables et les absents, est, à ce titre, membre de la famille et peut, dès lors, s'introduire à toute heure de jour et de nuit dans la maison mortuaire qui est devenue le domicile de la famille. C'est en vain qu'on invoquerait en pareil cas l'article de la constitution » qui proclame l'inviolabilité d'asile pour la maison des citoyens.

Art. 812. — Lorsque l'inventaire sera parachevé, les scellés ne pourront être apposés, à moins que l'inventaire ne soit attaqué, et qu'il ne soit ainsi ordonné par le doyen du tribunal.

Si l'apposition des scellés est requise pendant le cours de l'inventaire, les scellés ne seront apposés que sur les objets non inventoriés.

Par exemple, si l'inventaire est attaqué comme irrégulier, ou fait en fraude des héritiers ou des intéressés dans la succession, le scellé peut être apposé, mais seulement, comme dit l'article, d'après ordonnance du doyen du tribunal civil.

L'inventaire est un acte contenant l'énumération descriptive et estimative des effets mobiliers qui composent un patrimoine, ainsi que l'énonciation et l'analyse sommaire des papiers qui en dépendent..... Il a pour but de constater les forces de la succession ou de la communauté. (Boitard et Colmet-Daage, 1141.)

Les notaires on le droit exclusif de dresser l'inventaire.

Art. 813. — S'il n'y a aucun effet mobilier, le juge de paix dressera un procès-verbal de carence.

S'il y a des effets mobiliers qui soient nécessaires à l'usage des personnes qui restent dans la maison, ou sur lesquels le scellé ne puisse être mis, le juge de paix fera un procès-verbal contenant description sommaire desdits effets.

On ne doit pas s'attacher rigoureusement à la lettre de l'article ; sans quoi il n'y aurait jamais ou fort rarement, lieu à procès-verbal de carence ; car les personnes les plus pauvres laissent toujours quelques effets mobiliers, ne fussent que quelques vieilles hardes, un grabat, etc. ; mais le juge de paix peut sans danger dresser un procès-verbal de carence, toutes les fois que les frais des scellés, d'inventaire avec prisée et de vente absorberaient la valeur des objets compris dans la succession, Si, néanmoins, il y avait des papiers présentant un véritable intérêt, il devrait les mettre sous le scellé, attendu qu'il n'a pas qualité pour en faire l'inventaire, ou en laisser le dépôt à son greffier ou à l'un des héritiers. (ALLAIN, I. 1, n° 1732.)

Il n'est pas nécessaire de présenter requête au juge de paix pour requérir l'apposition des scellés. Dans le cas même d'un transport précédé d'une ordonnance portant permission, sur la demande d'un créancier non fondé en titre exécutoire, le procès-verbal est ouvert par cette ordonnance, sur la demande verbale du requérant ; il n'y a que la permission du doyen du tribunal civil qui se délivre sur requête. (*V.* MULLERY, p. 170.)

S'il n'y a pas eu d'ordonnance portant permission, s'il n'y a eu qu'une simple réquisition d'un ayant droit, du ministère public ou d'une déclaration d'un membre du Conseil communal, ou enfin si le juge de paix procède d'office, le transport se fait sans aucun acte préalable ; il suffit que le procès-verbal d'apposition le constate. *(Ibid.)*

FORMULE N° 196. — Ordonnance du juge de paix portant permission de faire apposer les scellés.

Aujourd'hui....., heure, etc.

Par-devant nous....., juge de paix de..... assisté de notre greffier,

A comparu le citoyen (*profession, demeure et élection de domicile, s'il est nécessaire, c'est-à-dire s'il ne demeure pas dans la commune*), lequel nous a exposé que le citoyen B..., etc., son débiteur d'une somme de....., *pour telle cause*, est décédé le..... (*en tel lieu, telle rue*) ; que pour sûreté de sa créance il a le plus grand intérêt à faire apposer les scellés sur les meubles et effets de son débiteur; mais, comme il n'a pas de titre exécutoire, il nous requiert de l'autoriser à faire procéder à l'apposition des scellés. Et pour appuyer sa demande, il nous a exhibé *telles pièces,* etc.

Sur quoi, nous, juge de paix, attendu que le comparant, en sa qualité de créancier, a intérêt à faire mettre sous les scellés les meubles et effets appartenant au citoyen B..., son débiteur, décédé, permettons audit citoyen....., requérant, de faire mettre lesdits scellés et disons que nous nous transporterons pour procéder à cette opération, aujourd'hui, à heures.....

FORMULE N° 197. — Procès-verbal d'apposition de scellés sans incidents.

L'an....., le....., heure de.....

A la requête du citoyen A, (*profession, demeure et élection de domicile, s'il est nécessaire, c'est-à-dire si le requérant ne demeure pas dans la commune*) autorisé par notre ordonnance *ou bien* par ordonnance de M. le Doyen du tribunal civil de....., en date de ce jour, *ou encore* porteur de *tel titre* expédié en forme exécutoire, etc.,

Pour sûreté et conservation de la somme de....., qu'entend réclamer le requérant.

Si c'est à la requête d'un parent ou d'une personne qui demeurait avec le défunt :

Vu la réquisition du citoyen B..., etc.. à cause de la minorité *ou* de l'absence de....., habile à se porter héritier ;

Si c'est par suite d'un réquisitoire :

En vertu d'un réquisitoire de M. le Commissaire du Gouvernement près le tribunal civil de....., en date du....., à cause de la minorité de.....,

Ou bien :

Sur la déclaration du citoyen....., membre du Conseil communal de....., à cause de.....;

Si c'est d'office :

Étant informé que le citoyen C... est décédé en ce jour, et que *tel*, son présomptif héritier est absent, *ou* mineur sans tuteur, etc.

Nous...... juge de paix de....., nous sommes transporté avec le citoyen... greffier, dans une maison sise à....., rue....., à l'effet d'apposer nos scellés sur les effets de la succession du citoyen....., de son vivant (*telle profession*), décédé le.....

Si c'est avant l'inhumation :

Nous avons trouvé le corps du défunt gisant sur le lit, dans *telle pièce de la maison.*

Si c'est après l'inhumation :

(*On a soin de constater au commencement l'heure de la réquisition.*)

Étant informé que le corps du défunt a été inhumé le....., nous avons demandé au citoyen....., le motif pour lequel il n'a fait la réquisition d'apposition des scellés qu'aujourd'hui, à..... heure. Sur quoi il a répondu.....

Ou bien :

La réquisition d'apposition nous a été faite hier, à..... heure, mais notre transport a été retardé par *tel motif.*

Conduit dans *telle pièce* éclairée sur la rue par deux ouvertures, nous y avons trouvé (*énoncer les personnes présentes*) auxquelles nous avons fait part du sujet de notre transport, et que nous avons invitées en conséquence, à nous indiquer tous les lieux dépendant de l'habitation du défunt *ou* composant l'appartement occupé par le défunt, lesquelles ont déclaré ne point s'opposer à l'apposition de nos scellés, sous la réserve néanmoins de tous leurs droits.

En conséquence, avons de suite procédé à l'apposition des scellés et à la description des objets en évidence, ainsi qu'il suit :

Nous avons successivement apposé nos scellés sur des bandes de papier (*ou lorsque, par exemple, la bande serait d'une longueur telle que le papier, de lui-même, pourrait se déchirer facilement :* à l'aide de rubans de fil blanc), cachetées à chaque extrémité avec de la cire rouge, empreinte de notre sceau savoir :

Étant au rez-de-chaussée, dans une chambre ayant ouverture dans le salon, éclairée par deux fenêtres donnant sur la rue; qui servait de chambre à coucher au défunt, — 1° sur les deux battants d'une armoire en acajou, de la hauteur de six pieds et demi sur quatre environ de largeur, nous avons apposé en haut, bas et milieu, trois bandes de papier scellées aux extrémités ; laquelle armoire fermée avec la clef remise au greffier, pour rester entre ses mains jusqu'à la levée des scellés ;

2°..... (*Désigner distinctement les effets scellés*) ;

3° Une bande de papier scellée aux extrémités, couvrant la serrure de la porte de ladite chambre, fermée de deux tours avec la clef remise au greffier, pour, etc.

De cette chambre nous avons passé dans la pièce voisine formant salon, où nous avons scellé 1°..... 2°..... etc.

De ce salon, nous avons passé dans un cabinet, situé après la chambre et donnant sur la cour; nous y avons réuni tous les effets trouvés dans la maison, excepté ceux ci-après désignés. Et après avoir fermé les deux fenêtres dudit cabinet et les avoir scellées par deux bandes de papier, nous avons fermé à clef la porte d'entrée, remis la clef au greffier, et attaché à l'ouverture de cette porte deux bandes de papier, aux extrémités desquelles nous avons apposé notre sceau, etc.

Sur la demande du citoyen...., nous avons laissé à sa disposition : 1°...., 2°....., etc., à la charge par lui de les représenter à toute réquisition, et il a signé avec nous.

Ensuite nous avons établi le citoyen..... (*profession et demeure*), gardien desdits scellés et des effets laissés en évidence, lequel, ayant accepté la charge, a promis de tout représenter à la première réquisition, comme dépositaire judiciaire, et il a signé, etc.

(Signature.)

Tous les lieux et les effets ci-dessus mentionnés étant les seuls qui nous ont été indiqués comme concernant le défunt, nous avons interrogé les personnes ci-après nommées, et reçu leur déclaration sous serment, ainsi qu'il suit :

Le citoyen D..., etc., après avoir prêté serment sur le Christ *ou* sur la Bible, a déclaré n'avoir rien détourné, ni vu ni su qu'il ait été rien détourné directement et indirectement, des meubles ou autres effets de la succession. et il a signé, etc.

(Signature.)

Le citoyen E..., etc. (*consigner chaque déclaration*).

A tout ce que dessus, il a été vaqué depuis ladite heure de..... jusqu'à celle de....., et nous avons dressé le présent procès-verbal que les parties ont signé après lecture, etc.

FORMULE N° 198. — Procès-verbal d'apposition de scellés avec incidents divers.

Même préambule, variant selon les circonstances, comme à la formule précédente.

OPPOSITION. — Au moment de commencer l'opération, a comparu C....., laquel nous a dit qu'il est le seul et unique héritier du défunt, comme étant son *parent à tel degré ;* et qu'étant majeur, il s'oppose à ce que les scellés soient apposés sur les effets de la succession. De laquelle opposition nous avons donné acte au comparant.

Le citoyen....., aussi présent, a objecté.....

Sur quoi, attendu qu'il y a urgence, nous avons ordonné que, nonobstant ladite opposition, et pour la conservation des droits de qui il appartiendra, les scellés soient apposés par provision, sauf aux parties à se pourvoir.

En conséquence, nous avons procédé ainsi qu'il suit :

Ou bien : RÉFÉRÉ. — Sur quoi, nous, juge de paix, ordonnons qu'il en soit référé sur-le-champ (*ou à telle heure*) à M. le Doyen du tribunal civil de ce ressort ; enjoignons aux parties de s'y présenter. En attendant la décision de ce magistrat, nous avons, pour la conservation des droits de qui il appartiendra, établi à l'extérieur, *ou* dans l'intérieur de la maison, etc., le citoyen....., gardien judiciaire, pour empêcher que rien ne soit déplacé, jusqu'à ce qu'il en soit autrement ordonné ; et après lecture, les parties ont signé avec nous, etc.

(Signatures.)

Étant arrivé à l'hôtel du Doyen, sur le rapport par nous fait et les explications des parties entendues, ce magistrat a rendu l'ordonnance suivante : *(Texte de cette ordonnance).*

Si l'ordonnance du Doyen défend le scellé :

Obtempérant à l'ordonnance ci-dessus, nous nous sommes transporté de nouveau dans ladite maison. Après avoir levé le gardien, nous avons laissé les effets en la possession du citoyen....., et nous nous sommes retiré. A tout ce que dessus il a été vaqué, etc.

Si l'ordonnance est de passer outre :

En conséquence de l'ordonnance ci-dessus, reprenant nos opérations, nous avons procédé ainsi qu'il suit :

Étant revenu dans ladite maison, etc......

PERQUISITION DE TESTAMENT. — Le citoyen..... nous a dit qu'il est à sa connaissance que le défunt avait fait son testament, lequel doit se trouver dans ses papiers, et nous a requis d'en faire la recherche.

Sur quoi, et en présence des citoyens....., nous avons cherché dans les tiroirs d'un bureau....., etc. (*désigner les meubles et les lieux où les perquisitions sont faites*), nous avons trouvé un paquet couvert d'une enveloppe de papier blanc, cacheté en cire rouge, scellé de tel sceau, etc. La suscription de ce paquet porte ces mots : *Ceci est mon testament, etc.*; après avoir parafé l'enveloppe dudit paquet avec les citoyens..... nous avons déclaré que ledit testament restera provisoirement entre nos mains et que le..... à..... heure de....., il sera par nous présenté au Doyen du tribunal civil du ressort, à son hôtel, *ou* en la chambre du conseil dudit tribunal, *ou si la commune n'est pas le siège d'un tribunal civil :* il sera par nous ouvert au greffe de notre tribunal) ; enjoignons aux parties de s'y trouver, si bon leur semble.

Si ce sont d'autres papiers cachetés pour lesquels il y a lieu d'appeler des tiers :

Ordonnons que, dans le délai de....., le citoyen....., demeurant à....., soit sommé d'assister à l'ouverture de *tel* paquet, etc.

Et après lecture, les parties ont signé, etc.

(Signatures.)

Continuant notre opération.

Au moment où nous allions procéder à l'apposition des scellés et à la description des objets en évidence, le citoyen..... nous a déclaré qu'il s'opposait à la continuation de l'apposition des scellés et requérait qu'il y fût sursis jusqu'après l'ouverture qui sera faite par M. le Doyen (ou par nous) dudit testament, et a signé.

(Signature.

Le citoyen..... a répondu que la découverte d'un testament lui était indifférente et étrangère à ses droits de créanciers; qu'en effet, quelles que fussent les dispositions du testament, les créanciers de la succession ne pouvaient voir diminuer leur gage; qu'en conséquence, il n'y avait pas lieu d'accorder le sursis, et a signé.

(Signature.)

Nous, Juge de paix, parties entendues,
Vu l'article 810 du Code de procédure ;
Attendu que le créancier de la succession peut requérir l'apposition des scellés, nonobstant tout testament ou donation, lors même que sa créance n'est ni liquide, ni exigible, pour la conservation de sa propre chose;
Attendu que les obstacles qui se présentent lors des opérations de scellés peuvent être jugés par le juge de paix, s'il y a péril en la demeure, sauf à en référer à M. le Doyen du Tribunal civil ;
Attendu qu'il y a lieu de craindre le détournement des valeurs mobilières dont se compose la succession, même avec des gardiens provisoires,
Disons qu'il en sera par nous référé à M. le Doyen du Tribunal civil de ce ressort, demain, quinze du présent mois d'Avril, dix heures du matin, en la Chambre du Conseil dudit Tribunal; et cependant, dès à présent et par provision, disons qu'il sera procédé et passé outre à la continuation de notre opération, et avons signé avec le greffier.

(Signatures.)

Continuant notre opération, nous avons successivement apposé nos scellés par des bandes de papier, etc., savoir :
Étant au rez-de-chaussée, etc. :
1° Sur.....; 2° ....., etc.
L'argent comptant trouvé dans le cours de l'apposition des scellés monte à la somme de....., en pièces de.....; laquelle somme (moins ce qui a été retiré pour les dépenses courantes, comme il est dit ci-après), du consentement des parties intéressées, a été remise au citoyen J..., qui s'en est chargé pour la représenter quand et à qui il appartiendra, et a signé.

(Signature.)

Et de laquelle somme, en effet, il a été préalablement retiré celle de..... laissée à L..., qui s'en est chargé pour fournir aux dépenses courantes de la maison, et sans que cela puisse lui attribuer d'autre qualité que celle qu'il jugera à propos de prendre par la suite, et a signé.

(Signature.)

Lesquels lieux et effets ci-dessus désignés sont tous ceux à nous indiqués par les comparants, lesquels ont prêté serment individuellement, devant

nous, qu'ils n'ont rien détourné, vu ni su qu'il ait été rien détourné directement ni indirectement des meubles, effets, titres, papiers et renseignements
dépendant de la succession dudit défunt ; et ledit citoyen..... s'est, desdits
scellés, et de tout ce que dessus, volontairement chargé, et a promis de représenter le tout quand et à qui il appartiendra, et a signé.

(Signature)

Ce fait, le citoyen....., a requis qu'il lui fût délivré expédition *ou* extrait
du procès-verbal.

A tout ce que dessus il a été vaqué depuis   heures du matin jusqu'à
heures de l'après-midi.

Fait et dressé le présent procès-verbal à....., les jour, mois et an que
dessus, et ont les parties signé avec nous et le greffier, après lecture.

(Signatures.)

FORMULE N° 199. — Sommation à un tiers d'assister à l'ouverture d'un paquet.

L'an....., etc., à la requête de R..., etc., héritier légitime *ou* créancier
sérieux et légitime du citoyen..... etc., j'ai....., huissier....., etc., fait sommation au citoyen..., etc., de comparaître le....., à   heure de....., en
la Chambre du Conseil, par-devant M. le Doyen du Tribunal civil de ce
ressort, *ou* au Greffe du Tribunal de paix, par-devant M. le Juge de paix
de la commune de....., pour assister, si bon lui semble, à l'ouverture d'un
paquet cacheté qui a été trouvé lors de l'apposition des scellés après le décès
du citoyen....., etc., portant pour souscription : *Papiers du citoyen R...*, pour
ledit paquet lui être remis, s'il y a lieu.

Et afin qu'il n'en ignore, je lui ai....., etc., en lui déclarant qu'il sera
procédé, ainsi que de droit, tant en absence qu'en présence, etc.

FORMULE N° 200. — Procès-verbal d'ouverture par le Juge de paix.

L'an....., le...., heures de.....

Nous....., Juge de paix, etc.

En conséquence de l'intimation faite aux parties par notre procès-verbal
d'apposition des scellés ci-dessus et des autres parts, et (*s'il y a lieu*), de la
sommation faite au citoyen R..., etc.

Étant assisté de notre greffier, en présence du citoyen....., membre du
Conseil communal de cette ville, et des citoyens....., etc., nous avons procédé à l'ouverture des paquets trouvés cachetés lors de l'apposition desdits
scellés sur les effets de la succession....

Lesdits paquets ayant été reconnus sains et entiers, après la vérification des parafes et des cachets par les parties (*ou bien* : lesdits paquets ont présenté les altérations suivantes..... *constater les altérations*), ensuite nous en avons fait l'ouverture ainsi qu'il suit :

1° Dans le paquet portant *telle suscription*, il s'est trouvé deux pièces entièrement étrangères à la succession B..., et qui sont reconnues appartenir au citoyen R...; pourquoi nous en avons fait remise à l'instant audit citoyen R..., qui le reconnaît et en donne décharge.

Ou bien : Ledit citoyen R... étant absent, nous avons remis les deux dites pièces sous cachet, pour lui être rendues à sa première réquisition.

2° Dans *tel autre* paquet, etc., nous avons trouvé un acte sous seing privé *ou* notarié, écrit sur trois pages d'une feuille de papier libre *ou* timbré de *tel type*; la première page commence par ces mots : *Testament olographe du citoyen B...*, et finit par ceux-ci ....., etc.; la seconde page, verso du premier feuillet, commence..... etc.; la troisième page, recto du second feuillet, etc.; ensuite est la signature, etc. (*S'il y a des renvois, des ratures, des parafes, il faut les constater.*)

Ce fait, nous avons bâtonné tous les blancs dudit acte ; coté et signé les pages écrites, en tête d'icelles; signé et parafé ledit acte au-dessous de la signature, ensemble l'enveloppe, et à l'instant nous l'avons remis à Me....., notaire en cette ville, pour être gardé en dépôt au rang de ses minutes.

En foi de quoi, nous avons clos le présent procès-verbal les jour, mois et an que dessus, et les comparants ont signé avec nous et le greffier.

FORMULE N° 201. — Procès-verbal de carence.

L'an....., etc., Nous, Juge de paix, etc.
Sur la réquisition de....., etc.

Nous sommes transporté à....., où, étant, a comparu le citoyen..... etc., lequel nous a dit que ledit sieur B... vient de décéder, et qu'il nous a fait appeler pour qu'il nous plût constater que le défunt ne laisse ni argent, ni papiers, ni effets, ou que ceux qu'il laisse sont d'une valeur trop minime pour nécessiter l'apposition des scellés, et a signé.

(Signature.)

Nous, Juge de paix, avons donné acte au comparant de sa déclaration et, après avoir visité le logement du défunt, composé d'une chambre unique, où reposait sur un lit le corps dudit sieur.....; ladite chambre située à (*description très sommaire*), nous nous sommes convaincu qu'il n'avait d'autres meubles que 1°....., 2°....., dont la valeur ne couvrirait pas les frais d'une apposition de scellés, de levée et d'inventaire; en conséquence, nous avons dressé le présent procès-verbal de carence, dont nous avons donné lecture au sieur....., qui l'a signé avec nous et notre greffier, après avoir prêté serment devant nous qu'il n'a rien détourné, directement ou indirectement, et promet de représenter les objets décrits, à qui il appartiendra.

(Signatures.)

Des oppositions à la levée des Scellés.

C. de proc. civ. — ART. 814. — « Les oppositions à la levée des scellés pourront être faites, soit par une déclaration sur le procès-verbal de scellé, soit par exploit signifié au greffier du juge de paix. »

(Se rappeler que le greffier en recevant la copie doit viser l'original.)

ART. 815. — « Toutes oppositions à la levée des scellés contiendront, à peine de nullité, outre les formalités à tout exploit :

« 1° Élection de domicile dans la commune où le scellé est apposé, si l'opposant n'y demeure pas;

« 2° L'énonciation précise de la cause de l'opposition. »

Les oppositions à la levée des scellés sont des actes conservatoires par lesquels toute personne prétendant droit dans la succession, demande que la levée des scellés soit différée, qu'on n'y procède qu'en sa présence, et que l'on prenne, en la faisant, telles mesures ou précautions nécessaires à ses intérêts.

Elles diffèrent de l'opposition à l'apposition même des scellés, en ce que cette dernière tend à empêcher l'opération même et nécessite toujours une ordonnance avant de passer outre, tandis que les oppositions à la levée ont uniquement pour but de faire appeler les opposants à la reconnaissance et levée des scellés. Les opérations continueront, seulement à la condition que les opposants seront appelés.

L'opposition à la levée peut être formée par toute partie intéressée, encore qu'elle n'ait ni titre authentique, ni permission du juge;

même par la partie qui, comme le créancier d'un successible (1), n'aurait pas eu qualité pour requérir l'opposition; il suffit d'un droit apparent. Le juge de paix n'est point juge du mérite des oppositions, et par conséquent il ne peut, sous aucun prétexte, se refuser à les recevoir, lui parussent-elles non fondées.

Mais si, pendant la levée des scellés, il survient des oppositions, le juge paix n'est pas tenu de surseoir ni d'en référer au doyen du tribunal civil; il doit seulement les constater sur son procès-verbal. (ALLAIN, 1811, 1812.)

FORMULE N° 202. — Opposition à la levée de scellés, par déclaration sur le procès-verbal.

Et le....., devant nous, a comparu le sieur....., etc., faisant élection de domicile chez....., lequel a dit qu'il est créancier du défunt, d'une somme de..... pour.....; et qu'il s'oppose à ce qu'il soit procédé hors de sa présence à la levée des scellés apposés après le décès dudit....., suivant le procès-verbal qui précède.

Et ledit sieur..... a signé, après lecture, avec nous et le greffier.

FORMULE N° 203. — Opposition par exploit.

L'an....., le....., etc., à la requête de..... (*noms, profession, demeure et élection de domicile, si le requérant ne demeure pas dans la commune*), j'ai....., huissier, etc., soussigné, signifié et déclaré au citoyen N..., greffier du tribunal de paix de la commune de....., que le requérant est opposant à la levée des scellés apposés sur les effets de la succession du citoyen....., si ce n'est en sa présence, ou lui dûment appelé; et ce, pour sûreté, conservation du paiement de la somme de....., que lui doit ladite succession pour..... (*causes*);

Et afin que ledit greffier n'en prétende cause d'ignorance, je lui ai laissé copie du présent exploit, en parlant à sa personne, lequel a visé l'original; dont acte. Le coût est de.....

De la levée du Scellé.

Les scellés restent placés sur les meubles et effets de la succession,

---

(1) L'art. 1860 du Code civil porte que les biens du débiteur sont le gage des créanciers, et l'art. 956 donne au créancier le droit d'exercer les actions de son débiteur.

jusqu'à ce que le juge de paix les enlève dans les formes prescrites par la loi.

Le juge de paix, après avoir reconnu que les scellés sont sains et entiers ou, dans le cas contraire, après avoir constaté leur état, les rompt successivement, afin de remettre les effets à la disposition des ayants droits.

Il y a trois espèces de levée de scellé, la levée définitive avec description (c'est-à-dire inventaire), la levée définitive sans description, et la levée provisoire et partielle.

La première a lieu lorsque des intéressés ne sont pas en état de veiller par eux-mêmes à la conservation de leurs droits ; qu'il n'existe pas de personnes revêtues de la confiance de la loi pour veiller pour eux ; et que dès lors il devient nécessaire que la justice prenne ce soin, jusqu'à ce que l'existence et l'état des effets de la succession soient constatés par un inventaire descriptif. (MULLERY)

La seconde, au contraire, doit avoir lieu lorsqu'elle est requise sans opposition, que l'ordre public et l'intérêt des parties n'ont rien à redouter. Elle a lieu lorsque les causes de l'apposition ont cessé ; comme si des intéressés absents lors de l'apposition viennent à se présenter ou envoient leur procuration spéciale pour se faire représenter, comme si des mineurs, alors sans tuteur, en sont pourvus ou émancipés, car, continue Mullery, le tuteur qui est investi de la confiance de la loi pour surveiller les effets sans contrôle pendant le court espace de l'inventaire (Arg. de l'art 800, proc. civ.) doit, autant que possible, épargner à son pupille des frais superflus (1). Cependant une seule partie peut en exiger la levée avec description, si elle croit que ses intérêts sont exposés à souffrir quelque préjudice.

La troisième a lieu lorsqu'il y a urgence, comme pour remettre des titres appartenant à des tiers, ou dans le cas prévu par l'article 460 du Code de commerce, pour extraire les livres du failli et les effets à courte échéance, sur la réquisition des agents de la faillite.

Proc. civ. — ART. 816. — « Le scellé ne pourra être levé, et l'inventaire fait, que trois jours après l'inhumation, s'il a été apposé auparavant, et trois jours après l'apposition, si elle a été faite depuis l'inhumation, à peine de nullité des procès-

---

(1) Ce point est controversé. Jugé dans le sens ci-dessus à Bruxelles, 13 mars 1821 ; Aix, 28 juillet 1830. (*Contrà*, entre autres, M. Carré, n° 3140 ; BOITARD, 1140.)

verbaux de levée de scellés et inventaire, et des dommages-
intérêts contre ceux qui les auront faits et requis ; le tout, à
moins que, pour causes urgentes et dont il sera fait mention
dans son ordonnance, il n'en soit autrement ordonné par le
juge de paix. Dans ce cas, si les parties qui ont droit d'assister
à la levée ne sont pas présentes, il sera appelé pour elles, tant
à la levée qu'à l'inventaire, un notaire nommé d'office par le
juge de paix. »

ART. 817. — « Si les héritiers ou quelques-uns d'eux sont
mineurs non émancipés, il ne sera pas procédé à la levée des
scellés qu'ils n'aient été ou préalablement pourvus de tuteurs,
ou émancipés. »

ART. 818. — « Tous ceux qui ont droit de faire apposer
les scellés pourront en requérir la levée, excepté ceux qui ne
les ont fait apposer qu'en exécution de l'article 798 n° 3 ci-
dessus. »

ART. 819. — « Les formalités pour parvenir à la levée des
scellés seront :

« 1° Une réquisition à cet effet, consignée sur le procès-
verbal du juge de paix ;

« 2° Une ordonnance du juge, indicative des jour et heure
où la levée sera faite ;

« 3° Une sommation d'assister à cette levée faite au conjoint survivant, aux présomptifs héritiers, à l'exécuteur testamentaire, aux légataires universels, ou à titre universel, s'ils
sont connus, et aux opposants.

« Il ne sera pas besoin d'appeler les intéressés demeurant
hors de la commune ; mais on appellera pour eux, à la levée
et à l'inventaire, un notaire requis d'office par le juge de paix,
et, à défaut de notaire, un membre du conseil des notables.

« Les opposants seront appelés aux domiciles par eux
élus. »

ART. 820. — « Le conjoint, l'exécuteur testamentaire, les
héritiers, les légataires universels et ceux à titre universel

pourront assister à toutes les vacations de la levée du scellé et de l'inventaire, en personne ou par un mandataire. Chaque partie paiera son mandataire.

« Les opposants ne pourront assister, soit en personne, soit par un mandataire, qu'à la première vacation ; ils seront tenus de se faire représenter, aux vacations suivantes, par un seul mandataire pour tous, dont ils conviendront ; sinon, il sera nommé d'office par le juge.

« Si parmi ces mandataires se trouvent des défenseurs publics près le tribunal civil du ressort, ils justifieront de leurs pouvoirs par la présentation du titre de leur partie ; et le défenseur le plus ancien, suivant l'ordre du tableau, des créanciers fondés en titre authentique, assistera de droit pour tous les opposants ; si aucun des créanciers n'est fondé en titre authentique, le défenseur le plus ancien des opposants fondés en titre privé assistera. L'ancienneté sera définitivement réglée à la première vacation. »

Art. 821. — « Si l'un des opposants a des intérêts différents de ceux des autres, ou des intérêts contraires, il pourra assister en personne, ou par un mandataire particulier, à ses frais. »

Art. 822. — « Les opposants, pour conservation des droits de leur débiteur, ne pourront assister à la première vacation, ni concourir au choix d'un mandataire commun pour les autres vacations. »

Art. 823. — « Le conjoint commun en biens, les héritiers, l'exécuteur testamentaire et les légataires universels ou à titre universel pourront convenir du choix d'un ou deux notaires et d'un ou deux experts ; s'ils n'en conviennent pas, il sera procédé, suivant la nature des objets, par un ou deux notaires, un ou deux experts, nommés d'office par le juge de paix. Les experts prêteront serment devant le juge de paix. »

Art. 824. — « Le procès-verbal de levée contiendra :

« 1° La date ;

« 2° Les noms, profession, demeure et élection de domicile du requérant;

« 3° L'énonciation de l'ordonnance délivrée pour la levée;

« 4° L'énonciation de la sommation prescrite par l'article 819 ci-dessus;

« 5° Les comparutions et dires des parties;

« 6° La nomination des notaires et experts qui doivent opérer;

« 7° La reconnaissance des scellés, s'ils sont sains et entiers; s'ils ne le sont pas, l'état des altérations, sauf à se pourvoir ainsi qu'il appartiendra, pour raison desdites altérations;

« 8° Les réquisitions à fin de perquisitions, le résultat desdites perquisitions et toutes autres demandes sur lesquelles il y aura lieu de statuer. »

Art. 825. — « Les scellés seront levés successivement et au fur et à mesure de la confection de l'inventaire; ils seront réapposés à la fin de chaque vacation. »

Art. 826. — « On pourra réunir les objets de même nature, pour être inventoriés successivement suivant leur ordre; ils seront, dans ce cas, replacés sous les scellés. »

Art. 827. — « S'il est trouvé des objets et papiers étrangers à la succession et réclamés par des tiers, ils seront remis à qui il appartiendra; s'ils ne peuvent être remis à l'instant et qu'il soit nécessaire d'en faire la description, elle sera faite sur le procès-verbal des scellés, et non sur l'inventaire. »

Art. 828. — Si la cause de l'apposition des scellés cesse avant qu'ils soient levés, ou pendant le cours de leur levée, ils seront levés sans description. »

Le délai de trois jours de l'article 816 est franc.

Pour parvenir donc à la levée des scellés, le requérant se présente devant le juge de paix, qui, sur sa réquisition, rend une ordonnance mise à la suite du procès-verbal d'apposition et indiquant le jour et l'heure où la levée sera faite avec les formalités ci-dessus.

FORMULE N° 204. — Réquisition et ordonnance pour la levée des scellés.

Et le....., etc., par-devant nous, juge de paix de....., etc., a comparu le citoyen..... (*qualités et élection de domicile*), lequel nous a requis de procéder à la levée des scellés apposés dans la maison sise à....., rue....., etc., sur les effets de la succession du citoyen B..., décédé le....., de nommer un notaire ou, à défaut de notaire, un membre du conseil communal pour représenter le citoyen S..., cohéritier présomptif de la succession, en ce moment absent de cette ville; et enfin de lui donner acte de ce qu'il déclare que les parties ont fait choix de M°....., notaire, et du citoyen X..., expert, pour procéder à l'inventaire des effets de ladite succession.

En conséquence, nous, juge de paix, faisant droit à la réquisition ci-dessus, ordonnons que le....., à..... heure de....., il soit procédé à la reconnaissance et levée desdits scellés, à la charge par le requérant d'appeler les parties intéressées, ainsi que les citoyens D..., C..., demeurant à....., avec élection de domicile chez....., parties opposantes;

Donnons acte au requérant, en sa déclaration, du choix de M°....., notaire, et du citoyen X..., expert, pour procéder à l'inventaire des effets de ladite succession. Et, après lecture, le requérant a signé avec nous et le greffier, etc.

FORMULE N° 205. — Sommation aux parties.

L'an....., etc., à la requête de....., etc., j'ai, huissier, etc., sommé :

1°....., en son domicile, parlant à.....

2°....., 3°....., etc., de se présenter le....., à..... heure, dans la maison sise....., pour assister, si bon lui semble, à la reconnaissance et levée des scellés qui ont été apposés sur les effets de la succession B..., et par suite à l'inventaire des effets, titres et papiers de cette succession,

Les prévenant qu'il y sera procédé tant en absence qu'en présence; et je leur ai, à chacun séparément, laissé copie du présent, etc.

Nota. — *La sommation indique la première vacation. On n'a pas besoin de la réitérer pour les vacations subséquentes.* (Arg. de l'art. 955, Proc. civ.)

FORMULE N° 206. — Procès-verbal de levée des scellés.

Et le..... heure de.....

Nous....., juge de paix, etc., assisté, etc. En conséquence de l'ordonnance délivrée par nous le....., et étant ensuite de la réquisition du citoyen..... ci-après nommé et qualifié, nous sommes transporté en la demeure où est décédé ledit citoyen....., sise à....., où, étant arrivé, devant nous, ont comparu :

1° Le citoyen....., demeurant à....., élisant domicile en la demeure de....., créancier sérieux et légitime du défunt, en cette qualité ayant fait apposer les scellés après son décès, et requérant actuellement leur levée ; lequel, assisté de Me....., avocat, nous a présenté l'original d'une sommation faite aux citoyens....., par ministère de....., huissier, en date du.....

Et, par suite de cette sommation :

2° Le citoyen....., habile à se dire et porter héritier du défunt, etc.

3°.....; 4°.....

Mais les citoyens....., dûment sommés, ayant fait défaut, nous avons requis d'office Me....., notaire en cette ville, pour les représenter à l'inventaire conformément à l'article 830 du Code de procédure.

Les parties étant présentes et dûment représentées, le citoyen....., expert, a prêté en nos mains le serment de bien et fidèlement procéder à l'estimation des effets de ladite succession, lesquels seront à l'instant inventoriés par Me....., notaire, aussi présent.

Et nous avons procédé ainsi qu'il suit :

(*Si les parties comparantes veulent faire des réquisitions ou des protestations, on consigne leurs dires*).

Les scellés apposés sur *tel meuble en tel lieu*, ayant été reconnus sains et entiers, nous les avons levés, et le greffier en a remis la clef audit Me...., notaire.

Les effets contenus dans *ce meuble* ayant été inventoriés et prisés, nous avons levé les scellés de *tel*....., etc.

Attendu qu'il est..... heures, nous avons renfermé en *tel lieu* les objets qui n'ont pu être inventoriés, et nous avons réapposé nos scellés....., etc.

Tous les effets inventoriés et les scellés subsistant sont et demeurent à la charge du citoyen....., gardien, qui est tenu de les représenter à toute réquisition.

Les parties opposantes s'étant accordées pour se faire représenter dans les vacations subséquentes par le citoyen..... ; à qui elles donnent tout pouvoir à cet effet, nous leur en avons donné acte, et nous avons remis la continuation de notre opération à demain..... à heure....., les parties seront tenues de s'y présenter, sinon il sera procédé tant en absence que présence.

Nous avons clos le présent procès-verbal ; et les parties, après lecture, ont signé, etc.

Seconde vacation.

Et le..... dudit mois de...... mil huit....., à..... heures....., en vertu de l'assignation prise à la séance d'hier, nous, juge de paix de la commune de....., etc., nous sommes transporté, etc.

En présence des citoyens..... etc., nous avons continué notre opération ainsi qu'il suit....., etc., etc.

Ce fait, après qu'il a été vaqué à tout ce que dessus et à l'inventaire, depuis ladite heure de....., jusqu'à celle de....., par double vacation, et ne s'étant plus rien trouvé à comprendre ni déclarer audit inventaire, dire et requérir au présent procès-verbal, et au moyen de ce qu'il ne se trouve plus aucun de nos scellés dans les lieux où nous sommes, ledit citoyen..... est et demeure déchargé de la garde des meubles et effets compris et décrits en l'inventaire, et les papiers lui ont été remis, ainsi que les clefs qu'avait notre greffier, le tout ainsi qu'il le reconnaît, et le citoyen a requis qu'il lui fût délivré expédition de notre procès-verbal de reconnaissance et levée des scellés, et ont, toutes les parties, signé avec nous et le greffier, les jour, mois et an susdits.

(Signatures.)

Ou bien : Nous avons continué notre opération ainsi qu'il suit...., etc.

En ce moment, a comparu le citoyen....., lequel nous a dit que son absence avait nécessité la levée des scellés avec description sur les effets de la succession, mais que sa présence faisant cesser les causes de cette formalité, il requiert que les scellés soient levés sans description.

Les autres parties intéressées, étant présentes, ont déclaré ne pas s'opposer à la demande dudit citoyen.....

En conséquence, faisant droit à la demande ; nous avons levé les scellés: 1° sur une armoire ; 2° sur un cabinet ; 3° ....., etc., et avons remis les clefs au citoyen....., etc.

Le gardien ayant présenté tous les effets laissés en évidence lesquels ont été reconnus sains, nous avons donné décharge audit gardien, et après lecture, avons clos le présent procès-verbal à...... heures, et les parties ont signé avec nous, etc.

CHAPITRE VI

Arbitrage volontaire.

Il y a deux sortes d'arbitrages : l'arbitrage volontaire et l'arbitrage forcé. Le premier fait l'objet de ce chapitre et, comme son nom l'indique, il est le résultat de la volonté des parties.

L'arbitrage forcé résulte de la loi. Les contestations qui s'élèvent entre certaines personnes n'ont pas paru au législateur, à raison même des rapports intimes qui existent ou qui ont existé entre ces personnes, devoir être livrées à l'appréciation des tribunaux ordinaires. Ainsi, l'article 51 du Code de commerce dispose que toute contestation entre associés, et pour raison de la société, sera jugée par des arbitres. Les parties que concerne cet article ne peuvent pas se soustraire à la juridiction arbitrale.

D'autre part, l'arbitre ici est constitué juge, il exerce donc une certaine magistrature ; il agit dans un caractère public. C'est pourquoi l'étranger ne peut être choisi pour arbitre.

Il en est autrement dans l'arbitrage volontaire : toute personne peut être nommée arbitre.

Le contrat par lequel les parties s'engagent à soumettre leurs contestations à des arbitres prend le nom de compromis.

C. de Proc. civ. — ART. 391. — « Toutes personnes peuvent compromettre sur les droits dont elles ont la libre disposition. »

ART. 893. — « Le compromis pourra être fait par procès-verbal devant les arbitres choisis, ou par acte devant notaire, ou sous signature privée. »

(*Voir* dans le Code les articles qui viennent après celui-ci, pour les conditions générales du compromis.)

FORMULE N° 207. — Compromis par acte sous seing privé.

Les soussignés,

Le sieur....., d'une part,

Et le sieur....., d'autre part,

Ont préliminairement observé :

Que, voulant éviter les frais et ennuis d'un procès qui pourrait s'élever entre eux relativement à (*désigner et expliquer ce qui fait l'objet du litige,*

Les susnommés consentent à s'en rapporter au jugement et à la décision de D....,. et de C...., lesquels, en cas d'acceptation des pouvoirs que les susnommés leur confèrent par ces présentes, décideront sur la difficulté qui divise les parties.

En conséquence, lesdites parties ont arrêté ce qui suit :

ARTICLE PREMIER. — Les arbitres ci-dessus nommés jugeront comme amiables compositeurs et sans être tenus de suivre la procédure tracée pour les tribunaux.

ART. 2. — Les arbitres rendront leur jugement dans..... jours, à compter de la date de l'acceptation des pouvoirs à eux conférés. Ce jugement sera rendu en dernier ressort.

ART. 3. — En cas de décès, refus, départ ou empêchement de l'un des deux arbitres ci-dessus nommés, celui des arbitres restant pourra, à son choix, nommer un nouvel arbitre.

ART. 4. — S'il y a partage entre les arbitres, ils pourront en tous cas faire choix d'un tiers arbitre, pour les départager ; lequel tiers arbitre après avoir conféré avec les arbitres divisés, sera tenu d'adopter l'une de leurs opinions et de prononcer son jugement dans les...... jours qui suivront la date de l'acceptation des pouvoirs à lui conférés.

ART. 5. — Les frais du présent compromis et de ce qui en sera la suite seront, en tous cas, compensés entre les parties.

Fait double à..... le.....

Constitution du Tribunal arbitral.

Si le compromis a été fait par procès-verbal devant les arbitres, la constitution du tribunal arbitral résulte du procès-verbal, dans lequel les arbitres devront déclarer accepter les pouvoirs qui leur sont conférés.

Si le compromis a été fait de toute autre manière, les parties comparaissent devant les arbitres qui, réunis sur leur invitation, dressent procès-verbal de comparution, remise de compromis, dires, observations, et se constituent en tribunal arbitral.

FORMULE N° 208. — Constitution du tribunal arbitral.

L'an.....

Par-devant nous *(qualités des arbitres)*,

Ont comparu....., lesquels ont exposé, etc.

En conséquence, nous avons donné acte aux parties de leur comparution et de la remise qu'elles ont faite dudit compromis, qui demeure annexé au présent procès-verbal.

Acceptant le mandat qui nous est confié, nous nous sommes constitués en tribunal arbitral pour statuer, dans la forme et les délais réglés par ledit compromis sur les objets qui y sont indiqués ; et pour entendre plus amplement les parties et examiner les pièces qu'elles produiront, nous nous sommes ajournés au mercredi que l'on comptera   du mois..... à....., heure de....., chez M....., l'un de nous, jour, lieu et heure auxquels les parties se sont engagées à comparaître sans sommation.

De tout ce qui précède, nous avons dressé le présent procès-verbal que *(noms des parties)* ont signé avec nous.

Nota. — *La sentence arbitrale se met à la suite de ce procès-verbal.*

Proc. civ. — Art. 905. — « En cas de partage, les arbitres autorisés à nommer un tiers seront tenus de le faire par la décision qui prononce le partage ; s'ils ne peuvent en convenir, ils le déclareront sur le procès-verbal, et le tiers sera nommé par le doyen du tribunal civil, dans la commune où siège un tribunal civil, et par le juge de paix dans les autres communes.

« Il sera, à cet effet, présenté requête par la partie la plus diligente.

« Dans les deux cas, les arbitres divisés seront tenus de rédiger leurs avis distincts et motivés, soit dans le même procès-verbal, soit dans des procès-verbaux séparés. »

FORMULE N° 209. — Requête à fin de nomination d'un tiers arbitre.

A Monsieur le Juge de paix de.....

Le sieur..... expose que lui et le sieur..... ont consenti, par acte sous seing privé en date du....., fait double et dûment enregistré, s'en rapporter, sur les contestations qui les divisent et énoncées audit compromis, au jugement et à l'arbitrage de..... et de....., qui tous deux ont accepté, par acte du....., les pouvoirs qui leur étaient conférés ·

Que lesdits arbitres ont été divisés d'opinion et qu'ils n'ont pu s'accorder pour la nomination du tiers arbitre, qu'on leur a donné la faculté de choisir eux-mêmes, ainsi que cela résulte du procès-verbal ci-joint, en date au commencement du.....

A ces causes, il vous plaira, magistrat, nommer d'office le tiers arbitre qui départagera lesdits D... et C..., premiers arbitres, en se conformant aux dispositions du compromis et du Code de procédure civile.

Et vous ferez justice.

(Signature.)

Proc. civ. — Art. 908. — « Lorsque les parties ne se seront point réservé le droit d'appel, ou lorsqu'elles seront convenues que les arbitres devront décider comme amiables compositeurs, l'ordonnance d'exécution du jugement arbitral sera rendue par le juge de paix de la commune où le compromis aura été fait.

« Dans les trois jours qui suivront le dépôt du jugement arbitral, le juge de paix sera tenu, à peine de tous dommages et intérêts, s'il y a lieu, d'envoyer au ministère public près le tribunal civil du ressort une copie dudit jugement, ainsi que du compromis. » .

Les arbitres, ou l'un d'eux, ou enfin l'une des parties, déposent au greffe du Tribunal la minute du jugement auquel l'ordonnance d'*exequatur* doit être apposée.

FORMULE N° 210. — Jugement arbitral.

Et le..... (*jour et heure*), nous, arbitres, prénommés et qualifiés, réunis chez M..., l'un de nous, avons rendu la sentence suivante :

Entre le sieur....., d'une part, et....., d'autre part.

La cause présente à juger au point de droit les questions suivantes : 1°..... 2°..... (*Énoncer les questions de fait et de droit résultant du procès*).

Vu (*indiquer toutes les pièces avec mention de l'enregistrement*);

Parties entendues en leurs observations respectives;

Considérant, sur la première question....., sur la seconde question..... ;

Par ces motifs, nous, arbitres susdits et soussignés, après en avoir délibéré, jugeant en dernier ressort,

Disons, ordonnons, *ou* condamnons, etc. ;

Condamnons..... aux dépens liquidés à..... (*ou* dépens compensés);
Et sur les autres demandes, fins et conclusions des parties, les mettons respectivement hors de cause, et avons signé après lecture.

(Signatures des Arbitres.)

FORMULE N° 210 *bis*. — **Ordonnance d'exécution,**
ou autrement dit d'*exequatur*

Au nom de la République,

Nous......, juge de paix de.....,

Ordonnons que le jugement arbitral ci-dessus rendu le......, entre les citoyens A... et B..., par les citoyens C..., D..., etc., arbitres, enregistré le....., soit exécuté selon sa forme et teneur.

Donné au greffe du Tribunal de paix de....., le.... En foi de quoi, nous avons signé la présente ordonnance avec le greffier.

REMARQUE. — *Du jour de cette ordonnance le jugement confère hypothèque. Art. 1890, C. civ.*

Proc. civ. — ART. 916. — « Il ne sera besoin de se pourvoir par requête civile ni appel, dans les cas suivants :

« 1° Si le jugement a été rendu sans compromis ou hors des termes du compromis;

« 2° S'il l'a été sur compromis nul ou expiré;

« 3° S'il n'a été rendu que par quelques arbitres non autorisés à juger en l'absence des autres;

« 4° S'il l'a été par un tiers, sans en avoir conféré avec les arbitres partagés;

« 5° Enfin, s'il a été prononcé sur choses non demandées.

« Dans tous ces cas, les parties se pourvoiront par opposition à l'ordonnance d'exécution, devant le Tribunal qui l'aura rendue, et demanderont la nullité de l'acte qualifié *Jugement arbitral*.

« Il ne pourra y avoir recours en cassation que contre les

jugements des tribunaux, rendus soit sur requête civile, soit sur appel d'un jugement arbitral. »

Le jugement du Tribunal de paix sur l'opposition à une ordonnance d'exécution d'un jugement arbitral doit être rendu par le juge de paix assisté de son suppléant. (Cass., 16 octobre 1837; — L. P. 1, sous l'article.)

Ce jugement n'est pas sujet à l'appel. (Cass., 16 octobre 1837; 21 avril 1836. — *Ibid.*, 2 et 3.)

Cet acte du juge de paix rentre dans la juridiction contentieuse.

FORMULE N° 211. — Opposition à l'ordonnance d'exécution.

L'an....,

A la requête de....,

J'ai...., huissier....,

Donné citation à B..., demeurant à....., en son domicile, parlant à....,

A comparaître à l'audience du tribunal de paix de....., le..... à..... heure....., pour voir donner acte au requérant de ce qu'il est opposant à l'ordonnance d'exécution apposée par M. le juge de paix de ladite commune le....., ensuite d'un acte qualifié Jugement arbitral rendu le..... par les citoyens....., d'après compromis en date du....; en conséquence, voir prononcer la rétractation de ladite ordonnance et la nullité dudit acte, avec dépens, contre ledit citoyen B...

Attendu que les arbitres ont prononcé hors des termes dudit compromis, *ou* sur un compromis nul, *ou* sur un compromis expiré, etc.

Et afin que ledit B... n'en ignore, je lui ai, à domicile et parlant comme dessus, laissé copie du présent exploit. Dont acte. Le coût est de.....

« C. civ. — ART. 1890. — « L'hypothèque judiciaire résulte des jugements, soit contradictoires, soit par défaut, définitifs ou provisoires, en faveur de celui qui les a obtenus. Elle résulte aussi des reconnaissances ou vérifications, faites en jugement, des signatures apposées à un acte obligatoire sous seing privé.

« Elle peut s'exercer sur les immeubles actuels du débiteur, et sur ceux qu'il pourra acquérir, sauf aussi les modifications qui seront ci-après exprimées.

« Les décisions arbitrales n'emportent hypothèque qu'autant qu'elles sont revêtues de l'ordonnance judiciaire d'exécution.

« L'hypothèque ne peut pareillement résulter des jugements rendus en pays étranger qu'autant qu'ils ont été rendus exécutoires par un tribunal haitien ; sans préjudice des dispositions contraires qui peuvent être dans les lois politiques ou dans les traités. »

« Art. 1915. — Pour opérer l'inscription, le créancier représente, soit par lui-même, soit par un tiers, au conservateur des hypothèques, l'original en brevet ou une expédition authentique du jugement ou de l'acte qui donne naissance au privilège ou à l'hypothèque.

« Il y joint deux bordereaux écrits sur papier timbré, dont l'un peut être porté sur l'expédition du titre ; ils contiennent :

« 1° Les nom, prénom, domicile du créancier, sa profession, s'il en a une, et l'élection d'un domicile pour lui dans un lieu quelconque du ressort du bureau ;

« 2° Les nom, prénom, domicile du débiteur, sa profession, s'il en a une connue, ou une désignation individuelle et spéciale telle, que le conservateur puisse reconnaître et distinguer, dans tous les cas, l'individu grevé d'hypothèque ;

« 3° La date et la nature du titre ;

« 4° Le montant du capital des créances exprimées dans le titre, ou évaluées par l'inscrivant pour les rentes et prestations, ou pour les droits éventuels, conditionnels ou indéterminés, dans les cas où cette évaluation est ordonnée, comme aussi le montant des accessoires de ces capitaux, et l'époque de l'exigibilité ;

« 5° L'indication de l'espèce et de la situation des biens sur lesquels il entend conserver son privilège ou son hypothèque.

« Cette dernière disposition n'est pas nécessaire dans le cas des hypothèques légales ou judiciaires : à défaut de convention, une seule inscription, pour ces hypothèques, frappe tous les immeubles compris dans le ressort du bureau. »

FORMULE N° 218 *bis*. — Bordereau d'inscription hypothécaire.

Hypothèque judiciaire à inscrire au bureau des hypothèques de.....

En vertu d'un jugement arbitral en date du....., enregistré et revêtu de l'ordonnance d'exécution délivrée le....., par M. le Juge de paix de...... enregistrée;

(*Si c'était par suite d'un jugement même du tribunal, on mettrait :* En vertu d'un jugement rendu contradictoirement *ou* par défaut par le Tribunal de... ., le....., enregistré*).

Le citoyen (*noms et profession*), demeurant à....., qui élit domicile chez....., demeurant en cette dite.....

Requiert contre le citoyen (*noms et profession*), demeurant à....., inscription de l'hypothèque judiciaire résultant du jugement susénoncé, sur tous les biens immeubles présents et à venir dudit citoyen....., qui sont ou seront situés dans l'étendue du ressort de.....

Pour sûreté : 1° de la somme de......, montant en principal des condamnations prononcées contre ledit citoyen..... au profit du requérant par le jugement précité, actuellement exigible et produisant intérêt à raison de..... pour cent par an, à partir du....., jour de la demande, ci . .. ..

2° De la somme de....., pour intérêts dudit capital courus depuis le....., jour de la demande, jusqu'à ce jour, ci. . . . .

3° De deux ans d'intérêts à échoir s'élevant à....., indépendamment de ceux de l'année courante, ci . . . .

4° De....., pour le montant des frais liquidés par ledit jugement, ci. . . . .

5° De....., pour les frais de mise à exécution, ainsi évalués sans nul préjudice, ci . . . .

Total à inscrire :

. . . .   Ci . . . .

Pour réquisition :

(Signature.)

CHAPITRE VII

Commissions rogatoires.

C. de proc. civ. — ART. 956. — « Quand il s'agira de recevoir un serment, une caution, de procéder à une enquête, à
un interrogatoire sur faits et articles, de nommer des experts,
et généralement de faire une opération quelconque en vertu
d'un jugement, et que les parties ou les lieux contentieux seront trop éloignés, les juges pourront commettre un tribunal
voisin, un juge ou même un juge de paix, suivant l'exigence
des cas ; ils pourront même autoriser un tribunal à nommer,
soit un de ses membres, soit un juge de paix, pour procéder
aux opérations ordonnées. »

C'est cette commission donnée par un tribunal à un juge d'un autre
siège qui se nomme *commission rogatoire.*

C. de commerce. — ART. 16. — « Lorsque les livres
dont la représentation est offerte, requise ou ordonnée, sont
dans des lieux éloignés du Tribunal saisi de l'affaire, les juges
peuvent adresser une commission rogatoire au Tribunal de
commerce du lieu, ou déléguer un juge de paix pour en prendre connaissance, dresser un procès-verbal du contenu, et
l'envoyer au Tribunal saisi de l'affaire. »

Le juge de paix, en procédant à l'exécution des actes pour lesquels il a été délégué par un tribunal quelconque, doit se conformer
aux règles qu'aurait à suivre le tribunal qui le délègue, s'il procédait
lui-même à cette opération, ou le juge-commissaire pris dans son
sein.

I

FORMULE N° 212, — Serment déféré à une partie et reçu par le juge de paix sur une commission rogatoire.

L'an....,

Par-devant nous....,

A comparu le citoyen A...,

Lequel a dit que, par exploit de...., huissier...., il a fait citer à comparaître devant nous, à ces jour, lieu et heure, le sieur B..., etc., pour assister à la prestation du serment déféré au comparant sur (*fait de l'affirmation*), par jugement du tribunal civil de .... *ou* par jugement du tribunal de paix de...., en date du...., enregistré, lequel nous commet pour recevoir ledit serment, suivant qu'il appert de l'expédition en forme qu'il nous a représentée;

Qu'en conséquence, il requiert qu'il nous plaise de recevoir son serment sur le fait dont s'agit, tant en absence qu'en présence dudit sieur B.... contre lequel il sera donné défaut en cas de non-comparution, et a signé.

(Signature.)

A aussi comparu le sieur B...,

Lequel a dit qu'il s'oppose à la prestation de serment, attendu (*motifs de son opposition*), et a signé.

(Signature.)

Sur quoi, nous, juge de paix,

Vu l'expédition, en forme, du jugement ci-dessus daté, à nous représentée par le citoyen A..., dont le greffier a donné lecture,

Acceptant la commission rogatoire qu'il contient, sans nous arrêter ni avoir égard à l'opposition du sieur B...; attendu (*motif*), avons reçu dudit citoyen A... le serment qu'il a, à l'instant, fait devant nous, la main levée, que... (*rapporter textuellement les faits objet du serment*);

De laquelle prestation de serment avons donné acte.

Fait et dressé le présent procès-verbal à...., les jour, mois et an que dessus, et avons signé avec le greffier, parties présentes, après lecture.

Si le cité ne s'oppose pas à la prestation de serment, au lieu de ces mots « sans nous arrêter, etc. », on dit :

Du consentement du sieur B...

Et si le cité ne comparaît pas, on varie ainsi :

Vu...., etc.

Attendu que le sieur B... n'a comparu ni en personne, ni par fondé de pouvoir, avons donné défaut contre lui, et pour le profit, avons pris et reçu dudit citoyen A... le serment, etc.

II

FORMULE N° 213. — Réception de caution par commission rogatoire.

L'an.....

A comparu....., lequel nous a dit que par, jugement rendu par le Tribunal civil de....., le....., enregistré, il a obtenu condamnation de la somme de..... contre le sieur B..., pour les causes énoncées audit jugement portant exécution provisoire, à la charge de donner caution, dont la réception nous a été déléguée;

Qu'il requiert, en conséquence, qu'il nous plaise lui donner acte de ce qu'il nous présente pour sa caution C..., propriétaire, demeurant à....., et le recevoir en cette qualité, tant en présence qu'en l'absence dudit sieur B..., qu'il a fait appeler à cette fin, à..... ces jour, lieu et heure, devant nous, par exploit de......, huissier....., dont il nous représente l'original avec l'expédition dudit jugement, et a signé.

(Signature.)

A aussi comparu le sieur B..., etc.

Lequel a dit que (*consentement ou opposition qu'il apporte à la réception de la caution*), et a signé.

(Signature.)

Sur quoi, nous, juge de paix, acceptant la commission qui nous est déléguée :

Vu l'expédition en forme du jugement et l'original de la signification susdatées;

Vu l'art. 956 pr. civ.,

Donnons acte aux parties de leurs comparutions et dires;

Et statuant sur la réception de caution....., attendu que la solvabilité du citoyen C... n'est pas méconnue par ledit sieur B..., disons qu'il est présentement reçu caution dudit citoyen A... pour l'exécution des condamnations dont il s'agit, et qu'il fera sa soumission au greffe dans les délais de la loi.

Si la caution est présente, au lieu d'un acte séparé fait au greffe, on ajoute, avant la clôture du procès-verbal :

A l'instant, le citoyen C... s'est présenté et a déclaré qu'il se rend caution pure et simple de A..., pour répondre de l'exécution des condamnations portées au jugement rendu contre le sieur C..., dont le greffier lui a donné lecture, et a signé.

(Signature.)

Dont acte ; et de tout ce que dessus nous avons fait et dressé le présent procès-verbal, à....., les jour, mois et an que dessus, et avons signé avec le greffier, en présence des parties et de la caution, après lecture.

(Signatures.)

III

Enquête sur Commission rogatoire.

(*Voir suprà*, note 2, sous les articles 264 à 267.)

FORMULE N° 214. — Procès-verbal d'ouverture de l'enquête.

L'an.....

Par-devant nous....., etc., commis pour procéder à l'enquête dont sera ci-après parlé,

A comparu au greffe de ce tribunal le citoyen A..., etc., assisté de M°..., avocat militant près le tribunal civil de.....

Lequel nous a dit que, par jugement contradictoirement rendu entre le citoyen A... et le sieur B..., le....., par le tribunal civil de....., enregistré et signifié tant à partie qu'à défenseur, il a été ordonné, avant faire droit, que le citoyen A... ferait preuve, par témoins, par-devant nous, juge commis et délégué à cet effet, des faits par lui articulés, et qui sont énoncés audit jugement, savoir que (*indiquer l'objet de l'enquête*);

Qu'en conséquence, requiert ledit citoyen A... qu'il nous plaise déclarer présentement ouverte l'enquête ordonnée, et à cet effet lui délivrer au bas de la requête qu'il nous présente et séparément des présentes, une ordonnance pour faire assigner les témoins qu'il se propose de faire entendre, ainsi que le sieur B..., pour être présent à l'audition desdits témoins, et ledit M°..., *ou* ledit citoyen A... a signé, sous toutes réserves.

(Signature.)

Nous, juge de paix, acceptant la délégation qui nous est faite,

Vu le jugement ci-dessus et les significations y jointes, régulières en la forme,

Donnons acte audit..... de ses comparution, dire et réquisition; en conséquence, déclarons ouvert le procès-verbal de l'enquête et disons qu'il sera délivré séparément, à l'instant même, une ordonnance pour faire appeler les témoins devant nous, le....., à....., heure....., et avons signé avec le greffier.

FORMULE N° 215. — Requête et ordonnance pour assigner les témoins.

A M. le juge de paix de .....

Le citoyen A..., etc. *(s'il est assisté d'un défenseur :* ayant pour défenseur constitué M°..., avocat du barreau de.....),

A l'honneur de vous exposer que, par jugement contradictoirement rendu le....., par le tribunal civil de....., entre ledit citoyen A... et le sieur B..., demeurant à....., vous avez été commis pour procéder à l'enquête ordonnée par ledit jugement; qu'en conséquence l'exposant requiert qu'il vous plaise l'autoriser à faire assigner devant vous les témoins qu'il se propose de faire entendre dans ladite enquête, pour les jour, lieu et heure qu'il vous plaira indiquer; et ce sera justice.

(Signature.)

Nous....., juge de paix de.....

Vu la requête ci-dessus, le jugement y énoncé et notre ordonnance d'ouverture de l'enquête dont il s'agit, en date de ce jour,

Autorisons l'exposant à faire citer à comparaître devant nous, au greffe de ce tribunal, le..... de ce mois, dix heures du matin, les témoins qu'il se propose de faire entendre dans ladite enquête, à laquelle sera appelé le sieur B..., demeurant à....., par exploit contenant notification des noms, profession et demeure des témoins, et ce plus de trois jours avant leur audition.

Fait à....., le.....

(Signature du Juge.)

FORMULE N° 216. — Assignation aux témoins.

L'an....., et le...

A la requête de....., etc., pour lequel domicile est élu au cabinet de M°..., avocat du barreau de....., lequel continuera d'occuper pour lui,

J'ai *(immatricule de l'huissier)*, soussigné, signifié et avec celle des présentes donné copie :

1° Au citoyen C..., demeurant à....., en son domicile où étant et parlant à.....;

2° ...

3° .....;

Premièrement, du dispositif d'un jugement contradictoirement rendu entre ledit citoyen ..... et le sieur ....., par le tribunal civil de....., enregistré;

Secondement, d'une requête présentée à M. le juge de paix de....,
commis pour procéder à l'enquête dont sera ci-après parlé, ensemble de l'ordonnance étant au bas de ladite requête, en date du....., enregistrée,

A ce que les susnommés n'en ignorent, et à mêmes requête, demeure, élection de domicile et constitution d'avocat, j'ai, huissier susdit et soussigné, en vertu de l'ordonnance susdatée, donné assignation auxdits susnommés, en leur domicile et parlant comme dessus, à comparaître et se trouver le....., heure de....., par-devant M. le Juge de paix de....., au greffe de cette justice de paix, pour dire et déposer vérité sur les faits dont ils ont connaissance, et dont ledit jugement a autorisé la preuve aux offres que fait le requérant de leur tenir compte de la taxe, si elle est requise par eux, leur déclarant que, faute par eux de comparaître aux lieu, jour et heure ci-dessus indiqués, ils encourront les amendes et dommages-intérêts prononcés par la loi et seront réassignés à leurs frais.

A ce que pareillement les susnommés n'en ignorent, je leur ai, en leur domicile et parlant comme dessus, laissé à chacun séparément copie tant des dispositif, requête et ordonnance susénoncées que du présent exploit. Dont acte. Le coût est de.....

FORMULE N° 217. — Assignation à la partie.

L'an....., à la requête de....., j'ai....., soussigné, certifié et laissé copie au sieur ....., demeurant à....., en son domicile où étant et parlant à.....

(*Ou bien si la partie a un défenseur constitué :* laissé copie au sieur....., demeurant à....., au cabinet de Mᵉ..., son avocat, où étant et parlant à.....),

D'une requête présentée à M. le juge de paix de..... (*comme au numéro précédent*),

Et à mêmes requêtes (*comme au numéro précédent*),

Pour être présent, si bon lui semble, à la prestation de serment et à la déposition des témoins qu'il se propose de faire entendre dans l'enquête ordonnée par ledit Jugement, lui déclarant que lesdits témoins seront :

1° Le sieur (*noms, profession et demeure*)

2° .....;

3° .....;

A ce que le susnommé n'en ignore, lui déclarant que, faute par lui de comparaître, il sera procédé à l'enquête dont s'agit tant en son absence qu'en sa présence.

Et je lui ai, etc.

FORMULE N° 218. — Procès-verbal d'enquête.

Et le... *(jour fixé par l'ordonnance)*,

Par-devant nous....., juge de paix de....., commis et délégué comme dit est en notre ordonnance d'ouverture d'enquête qui précède, et assisté de....., greffier de cette justice de paix,

A comparu au greffe de cette justice de paix, M°..., avocat de ce barreau et du citoyen..., demeurant à......

Lequel nous a dit qu'en vertu de notre ordonnance en date du....., enregistrée, le citoyen..., sa partie, a, par exploit du..., fait assigner les témoins qu'il se propose de faire entendre dans ladite enquête à comparaître cejourd'hui, dix heures du matin, au greffe où nous sommes présentement, et que, par autre exploit du même huissier, en date du....., il a fait assigner le sieur... (au cabinet de M°..., son avocat), pour être présent, si bon lui semble, à l'audition des témoins, ladite assignation contenant notification des noms, professions et demeures desdits témoins, desquels exploits il nous représente les originaux, et a signé sous toutes réserves.

(Signature de l'Avocat.)

A aussi comparu, M°..., avocat de ce barreau et du sieur...,

Lequel nous a déclaré qu'il ne s'oppose pas, pour sa partie, à ce qu'il soit procédé à l'audition desdits témoins, et a signé sous toutes réserves.

(Signature de l'Avocat.)

Desquelles comparutions et déclarations, nous, juge de paix, commissaire, avons donné acte aux parties, et, attendu que les témoins appelés sont présents, nous avons, en présence des avocats desdites parties susnommées, procédé à ladite enquête et à l'audition des témoins dans l'ordre et ainsi qu'il suit :

PREMIER TÉMOIN

Le sieur (*nom, prénoms, âge, profession, demeure*), lequel, après nous avoir représenté la copie de l'assignation à lui donnée et avoir prêté serment de dire vérité, et nous avoir déclaré qu'il n'est parent, ni allié, serviteur, ni domestique d'aucune des parties, a déposé de vive voix et séparément des autres témoins, ainsi qu'il suit :

(Transcrire la déposition)

Lecture faite au témoin de sa déposition, après lui avoir demandé s'il y persistait, il a répondu y persister, comme contenant vérité, et requis taxe que nous avons allouée à la somme de.......; et a, ledit témoin, signé avec nous et le greffier.

(Signatures du Témoin, du Juge et du Greffier.)

DEUXIÈME TEMOIN.

Le sieur..... etc. (*Comme pour le 1ᵉʳ témoin*).

TROISIÈME TÉMOIN.

Le sieur..... etc.

Constatation de reproches.

Avant qu'il fût passé outre à la déposition du témoin, Mᵉ..., avocat du sieur..., a dit : (*énoncer les motifs de reproches*).

Le témoin a répondu : (*sa réponse*).

Sur quoi, nous, juge de paix, commissaire, avons donné acte audit Mᵉ....., du reproche qu'il a proposé contre le témoin, et à ce dernier, de ses réponses, pour être statué par le Tribunal ce qu'il appartiendra.

(Signatures du Juge et du Greffier.)

Et a ledit témoin fait la déposition suivante :

(*Énoncer la déposition.*)

Défaut contre un témoin.

Attendu que M..., témoin, régulièrement cité, n'a point comparu ni fait parvenir d'excuse; vu l'article 264 du Code de procédure civile ainsi conçu : (*copier l'article*). Et après avoir entendu les réquisitions de la partie..., condamnons ledit sieur M... à..... gourdes de dommages-intérêts envers le citoyen....., et à une amende de.....; ordonnons qu'il sera réassigné à ses frais pour le....., heure....., auxquels jour et heure nous renvoyons l'enquête et les parties. Ce qui sera exécuté nonobstant opposition.

Fait à....., les jours, mois et an que dessus, et avons signé avec le greffier.

(Signatures du Juge et du Greffier.)

Motifs d'excuse proposés par un témoin.

Attendu que M..., cité, n'a point comparu, mais qu'il nous fait remettre un certificat....., duquel il résulte que.....;

Attendu que l'excuse proposée est valable, mais que l'audition du témoin est nécessaire, nous ordonnons qu'il sera réassigné pour le....., heure de....., jour et heure auxquels nous renvoyons l'enquête et les parties.

Si le témoin, infirme ou malade, ne peut se déplacer :

Attendu que du certificat...., il résulte que **M**..., témoin, ne peut comparaître devant nous, mais qu'il est requis qu'il soit entendu, nous ordonnons que sa déposition sera reçue par nous, à son domicile, auquel nous nous transporterons le..... à heure.....; enjoignons aux parties d'y comparaître, etc.

Continuation de l'enquête.

Et le....., heure de.....

Par suite de l'ajournement de nos opérations, indiqué dans notre procès-verbal qui précede,

Par-devant nous...., , assisté comme dit est,

A comparu M^e....., avocat du sieur..., lequel nous a dit qu'en vertu de notre ordonnance énoncée au procès-verbal qui précède, il a fait réassigner le....., etc., et a signé sous toutes réserves.

(Signature.)

A aussi comparu M^e..., avocat, etc.

(Signature.)

A également comparu le sieur..., lequel nous a représenté un certificat du docteur.., constatant l'état de maladie qui l'avait empêché de comparaître le ...., et nous a prié de le décharger des condamnations prononcées contre lui.

Sur quoi, nous, juge de paix, commissaire, ayant égard à l'excuse légitime et justifiée dudit témoin, le déchargeons de l'amende et des dommages-intérêts prononcés contre lui, ainsi que des frais de la réassignation à lui donnée, et ordonnons qu'il soit passé outre à son audition.

(Signatures du Juge et du Greffier.)

Et à l'instant, ledit témoin a déposé ainsi qu'il suit :..... etc.

Clôture du Procès-verbal.

Et attendu qu'il ne reste plus de témoins cités à entendre, nous, juge de paix, commissaire, avons clos et arrêté le présent procès-verbal d'enquête, dressé suivant les formalités prescrites par les articles 263, 264, 270, 271, 272, 273, 274 et 275 du Code de procédure civile, les jour, mois et an que dessus, et ont lesdites parties et leurs avocats signé avec nous et le greffier.

(Signatures.)

FORMULE N° 219. — Procès-verbal d'audition d'un témoin à domicile.

L'an...., nous....., etc.;

Vu le jugement contradictoirement rendu par le Tribunal civil de....; entre....., enregistrement et dûment signifié, lequel nous commet pour entendre à domicile le sieur....., sur les faits énoncés audit jugement;

Vu notre ordonnance en date du....., notifiée par exploit de...., huissier, etc., portant qu'il serait par nous procédé aujourd'hui, onze heures du matin, à l'audition à domicile du sieur....., demeurant à....., témoin appelé et excusé dans la cause existante entre les parties ci-dessus nommées, sur les faits articulés audit jugement,

Nous sommes transporté, à cet effet, à la requête dudit citoyen A..., au domicile du témoin, situé à....., où, étant entré dans une chambre au rez-de-chaussée, éclairée par deux portes ouvrant sur la rue, nous avons trouvé ledit témoin, assis dans un fauteuil, auquel nous avons fait part du sujet de notre transport, lequel a répondu qu'il est prêt à obéir à justice.

(*On constate ensuite la comparution des parties et leurs dires, on entend le témoin et on clôt le procès-verbal comme au numéro précédent.*)

IV

Interrogatoire sur faits et articles par un Juge de paix commis.

L'interrogatoire sur faits et articles est une voie d'instruction par laquelle une partie cherche à obtenir de son adversaire des aveux sur des faits qui doivent influer sur la décision du procès.

Proc. civ. — ART. 325. — En cas d'éloignement, le doyen ou le juge qui en remplira les fonctions pourra commettre le doyen du Tribunal dans le ressort duquel la partie réside, ou le juge de paix de la commune de cette résidence.

ART. 326. — Le juge commis indiquera, au bas de l'ordonnance qui l'aura nommé, les jour et heure de l'interrogatoire; le tout sans qu'il soit besoin de procès-verbal contenant réquisition ou délivrance de son ordonnance.

ART. 327. — En cas d'empêchement légitime de la partie, le juge se transportera au lieu où elle est retenue.

**FORMULE N° 220. — Ordonnance à mettre au bas de l'acte
qui commet le juge.**

Nous....., juge de paix de..... commis par l'ordonnance *ou* le jugement qui précède, à l'effet de procéder à l'interrogatoire sur faits et articles du sieur A..., demeurant à.....

Indiquons le....., heure de.. .., pour être procédé audit interrogatoire, au greffe de cette justice de paix; et commettons X..., huissier, pour donner assignation audit sieur A..., à comparaître devant nous.

Fait à....., le.....

(Signature du Juge.)

**FORMULE N° 221. — Notification de l'ordonnance ci-dessus
avec citation.**

L'an....., à la requête de.....

J'ai....., huissier....., commis à cet effet, soussigné, notifié et avec celle des présentes donné copie à....., etc. :

1° De la requête contenant les faits et articles sur lesquels le sieur B... a demandé à être autorisé à faire interroger le sieur A..., ladite requête en date du.... ;

2° Du jugement rendu sur ladite requête par le Tribunal civil de..... le....., enregistré, portant permission de faire procéder audit interrogatoire (*si le jugement même a commis le juge, on ajoute* :) et commettant à cet effet M. le Juge de paix de.....)

Sinon : 3° D'une ordonnance de M. le Doyen dudit Tribunal en date du....., enregistrée, étant à la suite d'une requête, à lui présentée le.... ensemble de ladite requête, par laquelle ordonnance il a commis M. le juge de paix de....., pour faire l'interrogatoire sur faits et articles dont il s'agit.

4° Et de l'ordonnance de mondit sieur le juge de paix de....., en date du....., contenant indication, par ce magistrat, des jour, lieu et heure auxquels il procédera à l'interrogatoire.

A ce que du tout le susnommé n'ignore, et à pareilles requête, demeure et élection de domicile que dessus, j'ai, huissier susdit et soussigné, donné assignation au sieur A..., en son domicile et parlant comme dessus, à comparaître en personne le....., heure de....., au greffe de la justice de paix de....., par-devant M. le juge de paix, commissaire, pour subir l'interrogatoire sur les faits et articles qui sont détaillés en la requête ci-dessus énoncée, lui déclarant que, faute par lui de comparaître et subir ledit interrogatoire, lesdits faits et articles seront tenus pour confessés et avérés, se réservant, le sieur ....., de prendre par la suite telles autres conclusions qu'il appartiendra ; à ce que du tout il n'ignore, et je lui ai, domicile et parlant comme dessus, laissé copie certifiée sincère et véritable et signée de Mᵉ..., avocat, des requêtes, jugement et ordonnance susénoncés et du présent exploit. Dont acte. Le coût est de.....

FORMULE N° 222. — Procès-verbal d'interrogatoire.

L'an....., heure.....,

Nous ....., juge de paix de....., étant au greffe de cette justice de paix, assisté de....., greffier de ce siège;

Vu le jugement du..... *ou* l'ordonnance en date du....., qui nous commet à l'effet de procéder à l'interrogatoire sur faits et articles du sieur....., demeurant à....., ainsi qu'il est expliqué au jugement de....;

Vu notre ordonnance indicative des lieu, jour et heure pour ledit interrogatoire, laquelle mise au pied de (*jugement ou ordonnance*) ci-dessus énoncé,

Le tout dûment enregistré et signifié,

Cas de transport : Et vu l'empêchement légitime (*énoncer lequel*) dudit sieur A... de se présenter devant nous, nous sommes transporté à son domicile sis à....., et toujours assisté de notre greffier, nous avons procédé ainsi qu'il suit à l'interrogatoire :

Demande. — (*Voir plus loin.*)

Défaut : Et attendu que le sieur A..., comparant, refuse de répondre aux questions que nous lui adressons,

Ou bien : Et attendu que le sieur A... a été assigné par exploit de....., en date du....., à comparaître ce jour, à..... heures de....., devant nous, pour être interrogé au désir de l'ordonnance *ou* du jugement susrelaté; qu'il est midi, et que le sieur A... ne comparaît pas, ni ne justifie d'aucun empêchement légitime,

Donnons défaut contre ledit sieur A..., pour le profit être ordonné par qui de droit.

En cas de comparution :

Et vu la comparution en personne dudit sieur A... qui se déclare prêt à subir l'interrogatoire sur les faits et articles insérés dans ledit jugement, nous avons procédé audit interrogatoire, ainsi qu'il suit :

Demande. Quels sont vos noms, âge, profession et demeure ?

Réponse. A..., âgé de....., propriétaire, demeurant à.....

D.....?

R.....

D. Demandé d'office si.....?

R.....

(*Chaque fait contenu en la requête est l'objet d'une semblable interpella-tion; après quoi, on clôt l'interrogatoire de la manière suivante :*)

Lecture faite audit sieur A... de son interrogatoire ci-dessus et de ses réponses faites sans lire aucun projet de réponse par écrit, sans assistance de conseil et hors la présence du requérant, il a dit lesdites réponses contenir vérité, y a persisté, déclarant n'avoir rien à ajouter, ni à diminuer ni retran-cher, et a signé avec nous et le greffier.

(Signatures.)

V

FORMULE N° 223. — **Procès-verbal de prestation de serment des experts devant le juge commis.**

(*Comparution volontaire.*)

L'an....., le.....,

Par-devant nous.....,

Ont comparu A..., B..., C...,

Lesquels nous ont exposé que, par jugement en date du....., rendu....., et dont ils nous ont représenté l'expédition, ils ont été nommés experts à l'effet de.....; que par le même jugement nous avons été commis pour recevoir leur serment; qu'ils nous prient, en conséquence, de procéder à cette formalité. Desdites comparution et réquisition nous avons donné acte; et nous avons reçu de chacun desdits A..., B..., C..., le serment qu'ils ont prêté de bien et fidèlement remplir la mission qui leur a été confiée; et ils nous ont déclaré qu'ils se transporteront sur les lieux pour commencer leur opération, le....., à..... heures de.....

De tout ce que dessus, nous avons dressé le présent procès-verbal que les comparants ont, après lecture, signé avec nous et le greffier.

(Signatures.)

RAPPORT DU JUGE DE PAIX DÉLÉGUÉ pour prendre connaissance des livres d'un commerçant et dresser procès-verbal de leur contenu. — Voir *infrà* au chapitre XII, p. 639.

CHAPITRE VIII

Naturalisation.

La naturalisation est l'acte par lequel un étranger devient citoyen d'un État autre que celui auquel il appartient.

Les dispositions légales qui, chez nous, régissent la matière, sont les suivantes :

Constitution. — ART. 4. — « Tout Africain ou Indien et leurs descendants sont habiles à devenir Haïtiens.

« Néanmoins, sur la proposition du Président d'Haïti, l'Assemblée nationale pourra délivrer des titres de naturalité à tout étranger de bonnes mœurs qui, après cinq années de résidence dans le pays, y aura introduit un art ou un métier utile, formé des élèves, ou se sera consacré à un établissement d'agriculture.

« La loi règle les formalités de ces deux modes de naturalisation. »

C. civ. — ART. 14. — « Tous ceux qui, en vertu de la Constitution, sont habiles à acquérir la qualité de citoyens haïtiens devront, dans le mois de leur arrivée dans le pays (1), faire devant le juge de paix le serment qu'ils renoncent à toute autre patrie qu'Haïti.

« Munis de l'expédition du procès-verbal du juge de paix, constatant leur déclaration qu'ils viennent se fixer dans la République et leur prestation de serment, ils se présenteront dans les bureaux du Président d'Haïti pour recevoir un acte du Chef de l'État qui les reconnaisse comme citoyens de la République (2) ».

---

(1) Ce qu'il ne faut pas prendre trop à la lettre, car à toute époque, évidemment, l'Africain ou l'Indien qui est dans le pays peut demander la naturalisation.

(2) C'est le texte actuel selon la modification faite de cet article 14, C. civ. par la loi du 6 septembre 1860. Il est tel dans l'ouvrage de M. E. Dubois, alors ministre de

Cet article du Code civil, de même que le premier alinéa de l'article constitutionnel, est relatif à la naturalisation *ordinaire*, et comprend seulement les étrangers de race africaine ou indienne.

Le second alinéa de l'article constitutionnel concerne la naturalisation *exceptionnelle* ou *extraordinaire*, et vise les étrangers de race blanche.

Ce ne sont pas, comme on serait porté à le croire, nos premières Constitutions qui refusèrent absolument au blanc la faculté de se faire naturaliser. L'exclusion ne fut écrite qu'en 1816. Il n'en a pas été de la naturalisation comme du droit de propriété immobilière.

L'article 12 de notre première Constitution (1805) ne permet à « aucun blanc, quelle que soit sa nation, d'être propriétaire en Haïti », mais immédiatement l'article 13 vient déclarer que la prohibition ne concerne pas « les femmes blanches qui sont naturalisées Haïtiennes par le Gouvernement, leurs enfants nés ou à naître, les Allemands et Polonais naturalisés par le Gouvernement ». Ce qui, implicitement, admettait la faculté de naturalisation pour les personnes de race blanche.

L'article 28 de la Constitution de 1806 reconnaît « Haïtiens les blancs qui font partie de l'armée, ceux qui exercent des fonctions, et ceux qui sont admis dans la République à la publication de la présente Constitution. »

En effet, l'histoire nous montre bon nombre de blancs au service du pays, comme militaires, médecins, prêtres, architectes, imprimeurs, etc.

Et dans le code Henry, 1812, on remarque cette disposition : « L'épouse d'un Haïtien, fût-elle *étrangère*, est de droit Haïtienne ».

Mais lorsqu'intervint la revision de 1816, l'article 39, après avoir

---

la justice, intitulé : *Deux ans et demi au ministère;* dans l'édition du Code civil, p. 351, faite à Paris en 1864 par les soins de M. T. Bouchereau, dont le nom y est ainsi mentionné : *Se vend chez T. Bouchereau;* et surtout dans le *Moniteur,* journal officiel de la République.

Cependant le code de Linstant Pradine contient cette variante : ART. 14. — ... Dans le mois de leur arrivée dans le pays, faire devant le juge de paix *de leur résidence, en présence de deux citoyens notables, la déclaration qu'ils viennent avec l'intention de se fixer dans la République. Ils prêteront en même temps entre les mains du juge de paix* le serment qu'ils renoncent à toute autre patrie qu'Haïti.

C'est avec ce texte de Linstant Pradine sous les yeux que nous avons rédigé la formule n° 224, où nous faisons figurer deux citoyens notables, comme le voulait, du reste, l'ancien article, mais dont la présence, on le voit, n'est plus requise aujourd'hui.

répété la disposition de l'article 28 ci-dessus cité, fit cette rigoureuse addition : « et nul autre à l'avenir, après la publication de la présente revision, ne pourra prétendre au même droit, ni être employé, ni jouir du droit de citoyen, ni acquérir de propriété dans la République ».

C'était alors que la France débarrassée de l'empire et de ses guerres, reportait ses regards sur l'ancienne colonie, dont elle regrettait tant la perte et que le Gouvernement de la Restauration se flattait de reconquérir par la force ou l'adresse.

Missions ostensibles aussi bien que missions secrètes envoyées par le Gouvernement français, menaces d'invasion tant dans les instructions officielles du ministre Malouet que dans les papiers publics de l'époque ; à cela joint l'isolement où nous laissait l'indifférence ou la prévention des autres puissances, tout concourait à entretenir les inquiétudes sous l'aiguillon desquelles fut décrétée l'exclusion absolue du blanc.

Donc, en cela, on ne saurait trop le répéter, ce n'est pas tant une haine de race qui inspira l'Haïtien, qu'une jalousie inquiète réveillée en lui pour la conservation des droits précieux qu'il avait conquis au prix de tant d'efforts et de sacrifices, et qu'on menaçait de nouveau de lui enlever par tous les moyens imaginables.

Les articles 8 de la Constitution de 1843, 7 de la Constitution de 1846 et 7 aussi de celle de 1849 continuèrent à déclarer formellement que « aucun blanc ne pourra acquérir la qualité d'Haïtien ».

Cependant les idées se modifiaient et les sentiments de méfiance tombaient peu à peu devant l'extension de nos relations commerciales, notre réconciliation sincère avec la France, la suppression de la traite par le monde civilisé, la reconnaissance de notre indépendance par les différentes puissances étrangères, l'abolition de l'esclavage.

Cet état des esprits rassurés et apaisés, d'où était sortie déjà (1860) la loi sur le mariage entre Haïtiens et étrangers dans un sens favorable à ces derniers, permit de réaliser un adoucissement pour la naturalisation, dans la Constitution de 1867, qui, du moins, procéda par réticence : elle supprima l'exclusion formelle consacrée dans les Constitutions précédentes et trouvée depuis déjà longtemps d'une trop grande crudité, sans aller néanmoins jusqu'à écrire cette faculté de la Constitution actuelle, article 4, transcrite plus haut et entrée dans notre droit public depuis la Constitution de 1874, article 7.

A notre législation sur la naturalisation on peut comparer les dispositions qui suivent de quelques législations étrangères :

En France, peut être admis à jouir de tous les droits de citoyen français l'étranger qui, après l'âge de vingt et un ans accomplis, a obtenu du gouvernement l'autorisation d'établir son domicile en France et y a résidé pendant trois années (loi du 29 juin 1867), ce délai pouvant être réduit à une seule année en faveur des étrangers qui auront rendu de grands services à la France (*Id.*), ou même être complètement supprimé pour ceux qui auront pris part à la défense de la France en 1870 (décret de cette année). Il est statué sur la demande en naturalisation, après enquête sur la moralité de l'étranger, par un décret du chef de l'État, rendu sur le rapport du ministre de la justice, le Conseil d'État entendu.

En Angleterre, la naturalisation ne peut être accordée que par un acte du Parlement (en présence duquel celui qui l'obtient doit prêter le serment appelé *of allegiance and suprematy*. — *Rép. de J. du P.*, art. *Dénization*). Mais la simple naissance dans le pays naturalise les enfants d'un étranger. (Vattel, liv. I, § 214.) Ce qu'on appelle *dénization* est la concession de l'exercice de certains droits, et est accordé par des lettres patentes du souverain. Les avantages résultant de la dénization sont : 1° d'être réputé «tenu et gouverné comme les fidèles sujets du roi nés en Angleterre; 2° d'acquérir et de posséder dans ses états des propriétés immobilières et d'exercer tous les droits qui s'y rattachent; 3° enfin, de jouir des libertés, franchises et privilèges du royaume, à condition toutefois de payer les droits pour les propriétés mobilières que payent les étrangers et de ne jamais devenir maîtres de navires... (*J. du P.*, *eod. verbo*, 2.) La dénization n'attribue à celui qui l'obtient aucun des droits qui appartiennent aux citoyens. (Blackstone, *Commentaire des lois anglaises*.)

Aux États-Unis d'Amérique, le pouvoir de faire des lois sur la naturalisation appartient au Congrès général. L'étranger qui veut devenir citoyen des États-Unis doit déclarer cette intention sous serment devant une autorité judiciaire et affirmer qu'il renonce à la nationalité précédente. Deux ans après cette déclaration, il peut obtenir sa naturalisation. (Kent.)

En Autriche, un étranger acquiert le droit de citoyen par sa nomination à des fonctions publiques. Ce droit peut aussi être directement conféré par les autorités administratives supérieures, après qu'on aura obtenu l'autorisation d'exercer une profession et sur la justification d'une résidence de dix ans dans un lieu quelconque de l'empire. Quant à l'admission au service militaire, elle n'entraîne pas avec elle la naturalisation. (DE PUTTLINGEN.)

Il en est à peu près de même en Prusse. Toutefois, les autorités administratives (régences) ont le pouvoir d'accorder la naturalisation à l'étranger par cela seul qu'il justifie d'une bonne conduite et de moyens d'existence, sans condition de résidence antérieure. Seulement, il existe des dispositions particulières à l'égard des juifs, des sujets d'un État faisant partie de la Confédération germanique (aujourd'hui de l'empire), des mineurs et autres personnes incapables de disposer. (SIMON.)

Aux termes de l'article 1er de l'édit du 26 mai 1818, qui forme une annexe de la Charte constitutionnelle de Bavière, le droit d'indigène s'acquiert par naturalisation, en vertu d'un décret royal, le Conseil d'État préalablement entendu, ou encore lorsqu'un étranger fixe son domicile dans le royaume et justifie en même temps de sa libération du lien de sujétion personnelle qui l'attachait à un État étranger. (MOY, *Droit public de Bavière*.)

Dans le royaume de Wurtemberg, le titre de citoyen est également acquis à l'étranger par sa nomination à une fonction publique ou par son admission dans une commune. (WEISHAAR, *Droit privé de Wurtemberg*.)

Dans le royaume des Pays-Bas, c'est au roi qu'appartient le pouvoir d'accorder la naturalisation. (Art. 9 et 10 de la loi fondamentale de 1815.)

En Russie, le serment prêté à l'empereur suffit pour conférer la naturalisation, et les étrangers naturalisés peuvent en tout temps renoncer à leur naturalisation et rentrer dans leur patrie. (FŒLIX, *Revue étrangère*.)

(Voir pour toute cette partie de législation comparée : PRADIER-FODÉRÉ, *Notes sur Vattel*, sous le § 217 du liv. Ier ; — *Supplément du Rép. du J. du Pal.*, *Naturalisation*, 57 bis.)

Enfin, l'article 7 de notre Constitution est ainsi conçu :

« ARTICLE 7. — Tout Haïtien qui se fait naturaliser dans le pays par-devant un représentant quelconque d'une puissance étrangère agit contre le droit commun des nations, et cette prétendue naturalisation demeure nulle et non avenue.

« Tout Haïtien qui se fera naturaliser étranger en due forme ne pourra revenir dans le pays qu'après cinq années, et s'il veut redevenir Haïtien, il sera tenu de remplir toutes les conditions et formalités imposées à l'étranger par le deuxième alinéa de l'article 4.

« La femme haïtienne, veuve d'un étranger dont elle n'aura pas eu d'enfants, pourra redevenir Haïtienne en se conformant seulement au premier alinéa dudit article 4. »

FORMULE N° 224. — Déclaration et prestation de serment de l'étranger qui veut se naturaliser Haïtien.

L'an....., etc.,

Par-devant nous....., juge de paix de....., etc.

A comparu le sieur J...., né à....., *ou* originaire de (*tel pays*), résidant actuellement à.....

Lequel nous a dit qu'étant habile, comme descendant d'Africain *ou* d'Indien, à acquérir la qualité d'Haïtien et désirant le faire, il venait (en présence des deux citoyens notables ci-après nommés) (1), faire devant nous la déclaration qu'il est arrivé le....., en Haïti, où depuis il a continué de résider, et qu'il est dans l'intention de se fixer dans la République, sans esprit de retour; qu'en conséquence, il nous requiert de recevoir de lui le serment prescrit en pareil cas.

Nous, juge de paix,

Vu les dispositions de l'article 14 du Code civil,

Vu la déclaration ci-dessus faite (en présence du citoyen D..., propriétaire, demeurant à....., et du citoyen E....., commerçant, demeurant à....., tous deux Haïtiens, habitants notables de ladite *ou* desdites communes (2),

Attendu que le sieur J... justifie qu'il est descendant d'Africain *ou* d'Indien,

Avons reçu le serment fait par lui, la main levée, qu'*il renonce à toute autre patrie qu'Haïti.*

Desquelles comparution, déclaration et prestation de serment ledit sieur J... nous a requis acte que nous lui avons octroyé pour servir et valoir ce que de droit; avons dressé le présent procès-verbal les jour, mois et an que dessus; et a ledit sieur J... (ainsi que les citoyens D... et E...) signé avec nous et le greffier, après lecture.

---

(1) (2) *Voir* la note 2 au bas de la page 619.

CHAPITRE IX

Actes de Notoriété.

I

Code civ. — Art. 70. — « L'officier de l'état civil se fera remettre l'acte de naissance de chacun des futurs époux; celui des époux qui serait dans l'impossibilité de se le procurer pourra y suppléer, en rapportant un acte de notoriété délivré par le juge de paix du lieu de sa naissance, ou par celui de son domicile. »

Art. 71. — « L'acte de notoriété contiendra la déclaration, faite par sept témoins, de l'un ou l'autre sexe, parents ou non parents, des prénoms, nom, profession et domicile du futur époux, et de ceux de ses père et mère, s'ils sont connus; le lieu, et, autant qu'il est possible, l'époque de sa naissance, et les causes qui empêchent d'en rapporter l'acte. Les témoins signeront l'acte de notoriété avec le juge de paix, et s'il en est qui ne puissent ou ne sachent signer, il en sera fait mention. »

Il a été jugé que l'acte de notoriété pour suppléer à l'acte de naissance, ne devant, en principe, être admis que pour le cas où la loi l'a spécialement autorisé, ne peut, par conséquent, servir à prouver la filiation de celui qui l'a obtenu, ni lui procurer les droits de famille, tels que celui de succéder; il n'est bon que pour le mariage (Arg., Colmar, 11 janv. 1831. — Voyez aussi Cass., 20 nov. 1845. — *J. P.* sous l'art. 71 C. civ.)

FORMULE N° 225. — Acte de notoriété pour suppléer à l'acte de naissance qu'un futur époux est dans l'impossibilité de se procurer.

L'an....., le....., heure de.....

Par-devant nous....., juge de paix de....., assisté de....., greffier de cette Justice de paix,

A comparu le sieur J. D..., rentier, né à....., demeurant à....., fils majeur de D... et de Louise M..., tous deux décédés ;

Lequel nous a exposé qu'étant sur le point de contracter mariage, et se trouvant dans l'impossibilité de se procurer son acte de naissance, il a, en conséquence de l'indication par nous verbalement faite de ces jour, lieu et heure, amené devant nous les sept témoins ci-après nommés, pour recevoir leurs déclarations et attestations à l'effet de suppléer à son acte de naissance, le tout conformément à la loi, et a signé, lecture faite.

(Signature.)

Et à l'instant ont aussi comparu les sept témoins, savoir :

(*On désigne ici les sept témoins, de l'un ou de l'autre sexe, par leurs noms, prénoms, âges, professions et demeures, et l'on indique leurs qualités de parents ou d'amis.*)

Lesquels, après lecture à eux faite par le greffier de l'exposé qui précède du sieur J. D..., et des articles 70 et 71 du Code civil, nous ont déclaré, certifié et attesté connaître parfaitement ledit sieur J. D..., requérant, et savoir qu'il est né à....., le 22 *ou* le 23 septembre 1864, du légitime mariage de D... et de Louise M..., demeurant tous deux alors à ...., et qu'il a été constamment l'objet des soins les plus empressés desdits sieur et dame D..., dont il a été constamment considéré et publiquement reconnu comme l'enfant légitime ;

Qu'il est impossible audit J. D... de produire l'acte de sa naissance pour le mariage qu'il est sur le point de contracter, parce que les registres de l'état civil de l'époque où il est né ont été brûlés (égarés *ou* détruits) lors de (*tel événement*) *ou bien* parce que, malgré les différentes demandes qn'il en a faites, il n'a reçu aucune réponse.

Desquelles comparution, déclaration et attestation nous avons donné acte aux comparants pour servir et valoir ce que de raison à qui de droit.

Dont acte. Fait à....., les jour, mois et an que dessus, et ont les comparants signé avec nous et le greffier, après lecture.

Code civ. — ART. 143. — « En cas d'absence de l'ascendant auquel aurait dû être fait l'acte respectueux, il sera passé outre à la célébration du mariage, en représentant le jugement qui aurait été rendu pour déclarer l'absence, ou, à défaut de ce jugement, celui qui aurait ordonné l'enquête, ou, s'il n'y a point encore eu de jugement, un acte de notoriété.

« L'acte de notoriété sera dressé par le juge de paix du lieu où l'ascendant a eu son dernier domicile connu. Cet acte contiendra la déclaration de quatre témoins appelés d'office par ce juge de paix. »

FORMULE N° 226. — Acte de notoriété pour constater l'absence d'un ascendant auquel il doit être fait un acte respectueux.

L'an....,etc.

Ont comparu :

1° Le sieur A..., âgé de trente-cinq ans, planteur, demeurant à.....

2° La dame B... (*âge, profession et demeure*) ;

3°...

4°.....,

Tous quatre Haïtiens, habitants notables desdites communes, lesquels, pour rendre hommage à la vérité, nous ont déclaré, certifié et attesté que L. F..., propriétaire, demeurant ci-devant à....., aïeul paternel de J. F..., charpentier, demeurant à....., fils légitime de P. F... et de Marie E....., décédés, est absent de son domicile depuis six années, sans que le lieu de sa résidence actuelle soit connu, et que la famille dudit E... n'a fait, jusqu'à ce jour, aucune démarche pour faire constater légalement son absence.

Desquels faits, que les comparants nous ont affirmés véritables, nous avons délivré le présent acte de notoriété pour servir audit J. F..., aux fins du mariage qu'il se propose de contracter avec H. G..., rentière, demeurant à....., en exécution de l'article 143 du Code civil.

Dont acte. Fait à....., les jour, mois et an que dessus, et ont les déclarants signé avec nous juge de paix et le greffier, après lecture.

II

Notre jurisprudence, ainsi qu'il appert de l'arrêt du tribunal de cassation en date du 20 novembre 1845 (L. P., sous l'art. 71, C. civ.), a admis qu'il résulte des dispositions rapprochées et combinées des articles 70 et 71 du Code civil et 40 de la Loi organique, que le législateur a donné attribution spéciale aux juges de paix de dresser tous actes de notoriété ayant pour but de suppléer les actes de naissance, mariage (?) (*et décès*), de constater les droits de propriété et l'adirement des titres y relatifs.

FORMULE N° 227. — Acte de notoriété pour suppléer à un acte de décès.

L'an....., etc.
Par-devant nous....., etc.
A comparu le sieur P. D..., rentier, demeurant à....., lequel, après avoir prêté serment en la forme ordinaire, nous a déclaré ignorer le lieu du décès ou dernier domicile de L. D..., son père ;
Ou bien que les registres de l'état civil de l'année où est décédé L. D..., son père, ayant demeuré à....., ont été brûlés (égarés *ou* détruits) dans l'incendie ou lors des événements de..... ;
Qu'en conséquence il nous requiert d'entendre et de recueillir le témoignage des quatre témoins ci-après nommés, à l'effet de suppléer à l'acte de décès dudit L. D..., son père, et a signé, lecture faite.

(Signature.)

Ont à l'instant comparu lesdits témoins, savoir :

1°...

2°...

3°...

4°.....

Tous quatre habitants notables de ladite *ou* desdites communes, lesquels, après lecture à eux faite de l'exposé qui précède, nous ont certifié et attesté par serment prêté en la forme ordinaire, l'exactitude du fait déclaré par ledit sieur P. D...

Dont acte. Fait à....., les jour, mois et an que dessus, et ont les comparants signé avec nous juge de paix et le greffier, après lecture.

(Signatures.)

III

Acte de notoriété pour constater des droits de propriété ou l'adirement des titres y relatifs

Quelle est la valeur juridique de ces actes de notoriété qu'on est encore dans l'usage de faire devant le juge de paix pour suppléer aux titres de propriété déclarés perdus ?

Quelle est la loi qui les autorise?

Il n'est peut-être pas inutile de chercher à répondre à ces questions.

La loi du 22 février 1825 était spéciale aux propriétés séquestrées ou réunies au domaine de l'État comme ayant appartenu aux anciens colons, mais qui pourraient être légitimement revendiquées par des héritiers dont les titres étaient perdus. Elle ne peut être donc la source du droit d'enquête supplétive pour toutes les propriétés en général dont les titres sont perdus.

L'article 40 de la Loi organique, répétant l'article 29 de la loi de 1826, dit bien que « les juges de paix dressent tous procès-verbaux ou actes de notoriété ayant pour but de constater des droits de propriété ou l'adirement des titres y relatifs », mais c'est très probablement pour se référer seulement à cette loi spéciale de 1825.

On peut croire que Linstant Pradine pense ainsi par le renvoi qu'il fait à la loi de 1825, dans ses deux notes à la suite de l'article 29 de 1826 et de l'article 40 de 1835.

C'est donc ailleurs que dans la Loi organique qu'il faudrait peut-être chercher la source de ce droit.

On peut en effet, nous semble-t-il, poser en principe que ce n'est pas dans la Loi organique que se trouvent ou doivent se trouver des prescriptions de droit civil pur. Elle est seulement indicative d'attributions et de règles de police dans les tribunaux.

Par une classification générale, on pourrait dire que la loi organique est la loi de la compétence ; elle détermine et sépare les attributions des juridictions ; — le Code de procédure est la loi de la forme : elle détermine la manière d'agir en justice ; — et le Code civil est la loi du fond : il contient les règles qui déterminent le droit même, les règles qui sont le fondement du droit civil. Dans cet ordre d'idées, c'est-à-dire en matière de droit civil, quand des lois spéciales disparaissent ou n'existent pas, c'est le Code civil qui reste dans toute sa force et ses conditions.

Or, l'enquête supplétive est certainement un moyen de prouver qu'on est propriétaire d'un immeuble dont on a perdu les titres, et les moyens de preuve rentrent positivement dans le cadre du Code civil. Alors dans quelle partie de ce Code chercher la source de ce droit d'enquête pour suppléer aux titres perdus ? Est-ce à l'article 1133-4° ?

Mais on serait encore recevable à objecter que la question des droits de propriété immobilière à discuter, vérifier, constater ou établir, même par la preuve testimoniale dans certains cas exceptionnels ; que cette question, touchant au pétitoire, ne peut être résolue par une simple attestation de témoins devant le juge de paix, et sans les formes voulues de l'enquête ordinaire.

Car il ne s'agit pas seulement de prouver la possession, ce qui, à la rigueur et en quelque sorte, pourrait faire rentrer ces actes de notoriété sous une catégorie analogue à celle des actions possessives. Il s'agit de suppléer aux titres, de constater le droit de propriété même, tout ou à peu près comme les titres perdus l'établissaient.

Quoi qu'il en soit, l'usage est de faire ces enquêtes pour les titres perdus. Et l'on est obligé de reconnaître qu'il est, en effet, raisonnable, indispensable même, qu'un moyen soit laissé aux propriétaires de suppléer aux titres qui se perdent si fréquemment chez nous, — expéditions et minutes, — dans les incendies et autres événements naturels ou politiques.

Mais c'est toujours, bien entendu, en réservant les droits des tiers, et en dehors de tout procès engagé devant le tribunal civil sur la propriété de l'immeuble réclamée par l'une et l'autre parties litigantes.

FORMULE N° 228. — Requête à fin d'enquête supplétive.

A Monsieur le juge de paix de.....

Le citoyen A..., etc., a l'honneur de vous exposer qu'il est propriétaire de *telle* maison sise en cette ville, rue....., n°....., pour l'avoir eue en héritage de son père; mais que, par suite (*ou* dans le cours) des événements de....., ses papiers de famille et notamment ses titres de propriété sur ladite maison ont été détruits (*ou* adirés); qu'en outre les archives de M° N..., notaire à....., chez qui avaient été déposées celles de M° X..., notaire à....., qui avait passé lesdits actes, ont été brûlées aussi, lors de l'incendie du.....

Qu'il y a donc lieu pour l'exposant de, par une enquête supplétive, faire constater ses droits de propriété sur ledit immeuble, aux jour et heure qu'il vous plaira indiquer par votre ordonnance, lui permettant de faire comparaître par-devant vous les témoins qu'il se propose de faire entendre à l'effet que dessus.

Et, vu l'urgence, qu'il vous plaise permettre aussi que votre ordonnance sera enregistrée en même temps que le procès-verbal d'enquête.

Salut et respect.

(Signature.)

A....., le.....

Ordonnance.

Vu la requête qui précède, et en vertu de l'article 40 de la Loi organique, Fixons le mercredi vingt-quatre novembre courant, à trois heures de l'après-midi, pour qu'il soit fait ainsi qu'il est requis, et autorisons l'enregistrement de notre présente ordonnance ensemble avec le procès-verbal qui sera dressé en conséquence.

Donné à....., le.....

(Signature du Juge.)

FORMULE N° 229. — Procès-verbal d'enquête supplétive.

Aujourd'hui mercredi, vingt-quatrième jour du mois de ...., etc., à..... heures de.....,

Par-devant nous, B..., juge de paix de....., assisté de notre greffier,

A comparu le citoyen A..., etc.,

Lequel nous a dit qu'en conséquence de l'indication de ces jour, lieu et heure faite par notre ordonnance du....., mise au bas de la requête à nous présentée le même jour, il a amené devant nous les témoins ci-après nommés et dont il nous requiert de recevoir les déclarations et attestations, à l'effet de constater ses droits de propriété sur *telle* maison, etc., dont les titres sont adirés.

Et à l'instant ont aussi comparu :

1° Le sieur F... (*âge, profession, demeure*);

2° .....;

3° .....,

Tous trois Haïtiens, habitants notables de la commune;

Lesquels, après lecture à eux faite de l'exposé qui précède ainsi que de la requête mentionnée, et après avoir prêté serment en la forme ordinaire, ont chacun séparément, et en l'absence les uns des autres, déclaré, certifié et attesté ce qui suit :

1 Le sieur F... déclare et atteste qu'il est à sa connaissance que depuis....., le citoyen A... a la possession et jouissance de la maison....., à titre de propriétaire ;

Et a signé, lecture faite.

(Signature du Témoin.)

2° Le sieur ... déclare savoir que la maison en question appartient au citoyen A... qui l'a eue en héritage de son père, le citoyen B..., que le présent témoin a toujours connu comme propriétaire de l'immeuble;

Et a signé, lecture faite.

(Signature du Témoin.)

3° ....., etc.

Desquels comparutions, dires, déclarations et attestations nous avons donné acte au citoyen A... qui le requiert, pour servir et valoir ce que de raison, les droits des tiers réservés.

Dont acte. Fait à....., les jour, mois et an que dessus; et a le requérant signé avec nous et le greffier, après lecture.

(Signatures.)

CHAPITRE X

Puissance paternelle et Émancipation.

§ Ier

Droit de correction des père et mère sur les enfants.

Code civil. — Art. 314. — « L'enfant, à tout âge, doit honneur et respect à ses père et mère.

« Il reste sous leur autorité jusqu'à sa majorité ou son émancipation.

« Le père seul exerce cette autorité durant le mariage. »

Art. 315. — « L'enfant ne peut quitter la maison paternelle sans la permission de son père. Le père qui aura des sujets de mécontentement très graves sur la conduite d'un enfant aura les moyens de correction suivants. »

Art. 316. — « Si l'enfant est âgé de moins de quinze ans commencés, le père pourra le faire détenir pendant un temps qui ne pourra excéder cinquante jours; et, à cet effet, le juge de paix devra, sur sa demande, délivrer l'ordre d'arrestation.»

Art. 318. — « Il n'y aura, dans les cas des deux articles précédents (316 et 317), aucune écriture ni formalité judiciaire, si ce n'est l'ordre même d'arrestation, dans lequel les motifs n'en seront pas énoncés. »

« Art. 319. — « Le père sera seulement tenu de souscrire une soumission de payer tous les frais et de fournir les aliments convenables. »

Art. 320. — « Le père est toujours maître d'abréger la

détention par lui ordonnée ou requise. Si, après sa sortie, l'enfant tombe dans de nouveaux écarts, la détention pourra être de nouveau ordonnée, de la manière prescrite aux articles précédents. »

D'après l'article 321, si le père est remarié, au lieu de procéder par voie d'autorité comme à l'article 316, il sera tenu d'agir par voie de réquisition, c'est-à-dire qu'il s'adressera au doyen du tribunal civil, qui, après en avoir conféré avec le ministère public, délivre ou refuse l'ordre d'arrestation, comme au cas où l'enfant serait âgé de plus de quinze ans. (Art. 317.)

Il en est de même (art. 322) de la mère survivante et non remariée, qui, en outre, ne peut agir qu'avec le concours des deux plus proches parents paternels, ou, à leur défaut, de deux amis.

C'est aussi la voie de réquisition, qui est suivie à l'égard de l'enfant, même au-dessous de quinze ans, qui a des biens personnels, ou qui exerce un état. (Art. 323.)

Quant à la mère remariée, elle peut seulement, si elle a été maintenue dans la tutelle (333, C. civ.), se faire, comme tutrice, autoriser par le conseil de famille à provoquer la détention du mineur (378, C. civ.); et ce sera, *a fortiori,* par voie de réquisition.

FORMULE N° 230. — Requête du père pour faire détenir son fils.

A Monsieur le Juge de paix de.....

Le citoyen L. R..., cordonnier, demeurant à.....,

Expose qu'il a des sujets de mécontentement très graves sur la conduite de S.-L. R..., son fils, âgé de quatorze ans;

A ces causes, vu son acte de naissance ci-joint, ledit citoyen, exposant, vous requiert, Monsieur le Juge, de délivrer l'ordre nécessaire pour faire arrêter ledit S -L. R..., son fils, et le faire détenir pendant cinquante jours dans la maison que vous indiquerez, aux offres que fait le requérant de payer tous les frais et de fournir les aliments convenables, et vous ferez justice.

Présenté à....., le.....

(Signature.)

REMARQUE. — Le père peut faire cette réquisition par une simple lettre, et même verbalement, ce qui est tout à fait dans l'esprit de la loi.

FORMULE N° 231. — Ordonnance du Juge de paix, Ordre d'arrestation.

Nous, Juge de paix, ..., etc.,

Vu l'article 316 du Code civil, et la demande ci-dessus du citoyen L. R..., cordonnier, demeurant à..... (*si le père est veuf, il faut ajouter :* veuf et non remarié), afin de faire détenir, par mesure de correction paternelle, S.-L. R..., âgé de quatorze ans, ainsi qu'il appert de l'acte de naissance représenté, son enfant, qui n'a aucuns biens personnels et n'exerce aucun état;

Ordonnons que S.-L. R... sera arrêté et conduit à..... (*nous pensons qu'à la capitale on pourra toujours indiquer la maison centrale*), pour y être détenu pendant cinquante jours, à moins que le père n'abrège la durée de cette détention, à la charge par ce dernier de payer les frais et de fournir les aliments convenables.

Délivré à....., le.....

§ II

Émancipation.

On considère que l'homme n'est, en général, capable d'administrer sa personne et ses biens qu'à l'âge de vingt et un ans; mais cette règle n'est pas sans exception : un mineur, parvenu à un certain âge, peut avoir acquis assez de maturité pour qu'il soit possible de l'affranchir de l'autorité paternelle et de la tutelle; de l'initier au secret de ses affaires et de le préparer progressivement à user des droits dont il aura le plein exercice, lors de sa majorité : tel est l'objet de l'émancipation. (V. Boileux.)

L'émancipation est donc l'acte en vertu duquel un mineur est dégagé soit de la puissance paternelle, soit de la tutelle, et acquiert avant la majorité le droit de se gouverner lui-même et d'administrer librement ses biens dans les limites déterminées par la loi. (V. Toullier, t. II, n° 1284.)

C. civ. — Art. 387. — « Le mineur, même non marié, pourra être émancipé par son père ou, à défaut du père, par sa mère, lorsqu'il aura atteint l'âge de quinze ans révolus.

« Cette émancipation s'opérera par la seule déclaration du père ou de la mère, reçue par le juge de paix assisté de son greffier. »

Art. 388. — « Le mineur resté sans père ni mère pourra aussi, mais à l'âge de dix-huit ans accomplis, être émancipé, si le conseil de famille l'en juge capable.

« En ce cas, l'émancipation résultera de la délibération qui l'aura autorisée, et de la déclaration que le juge de paix, comme président du conseil de famille, aura faite, dans le même acte, *que le mineur est émancipé.* »

FORMULE N° 232. — Émancipation par le père ou la mère.

Aujourd'hui.....

A comparu au greffe du tribunal de paix de...., et par-devant nous....., juge de paix assisté de notre greffier,

Le citoyen A... (*profession et demeure*) *ou* la dame A..., *exposer la cause de l'absence du père : décès, disparition, impossibilité de manifester sa volonté*), lequel nous a exposé que P. A..., son enfant mineur, âgé de quinze ans révolus, ainsi qu'il résulte de son acte de naissance à nous présenté, est en état de gérer ses affaires et administrer ses revenus; qu'en conséquence, ledit exposant déclare émanciper son fils P. A...

De laquelle déclaration le citoyen A... a requis acte que nous lui avons donné, et il a signé avec nous et le greffier, lecture faite.

Remarque. — *L'autorisation pour faire le commerce peut être donnée dans le même acte, si l'enfant a dix-huit ans.* (Code de comm., art. 2.)

Alors, après ces mots : ledit exposant déclare émanciper son fils J. A..., *on ajoute :* et l'autorise à faire le commerce.

FORMULE N° 233. — Émancipation par le conseil de famille.

Aujourd'hui.....,

Par-devant nous....., etc.,

A comparu le citoyen A..., agissant comme tuteur du mineur X... (*ou bien* le citoyen B..., parent *ou* allié du mineur X...), lequel nous a exposé que ledit X... est âgé de dix-huit ans accomplis: qu'il est en état de gérer ses affaires; qu'il y a lieu, en conséquence, de l'émanciper; que pour satisfaire à l'article 388 du Code civil, il a, sur notre autorisation et notre indication, convoqué verbalement *ou* par exploit de....., huissier, en date du....., pour ces lieu, jour et heure, par-devant nous, le conseil de famille dudit mineur, composé des mêmes membres qu'aux précédentes délibérations, à l'exception de....., décédé, qui sera remplacé au conseil par son fils L. B..., comme plus proche parent connu dans la ligne paternelle (*ou bien, s'il n'y a pas eu encore de conseil de famille :* par-devant

42

nous, les plus proches parents paternels et maternels dudit mineur X. ., domiciliés à....., pour composer, sous notre présidence, le conseil de famille), à l'effet de délibérer s'il y a lieu d'émanciper ledit mineur. Et a ledit citoyen A... signé après lecture.

(Signature du Requérant.)

Et à l'instant ont comparu,

Du côté paternel :

1°....., 2°....., 3°... ., etc., parents *ou* amis appelés à défaut de parents;

Du côté maternel,

1°....., 2°....., 3°....., etc.,

Lesquels constitués en conseil de famille sous notre présidence, et après lecture de l'exposé qui précède, ont délibéré avec nous et à l'unanimité (*ou à la majorité de..... voix, données par 1°....., 2°....., 3°....., 4°.....*) sont d'avis qu'il y a lieu d'autoriser l'émancipation dudit mineur;

En conséquence et en vertu de l'article 388 du Code civil.

Nous, juge de paix, président du conseil, disons que le mineur X....., né du légitime mariage de..... et de dame... ., décédés, est maintenant émancipé, pour jouir des droits attachés à l'émancipation, à la charge par lui de se conformer aux lois, notamment aux articles 391, 392, 393 et 394 du Code civil, sous peine de rentrer en tutelle.

Le conseil, procédant ensuite à la nomination d'un curateur audit mineur émancipé :

Vu les articles 390 et 392 du Code civil;

Considérant que tout mineur émancipé doit être pourvu d'un curateur pour l'assister dans les cas déterminés par la loi, est d'avis, à l'unanimité, de nommer, comme de fait il nomme, par ces présentes, pour curateur audit mineur X... émancipé, P. M..., son oncle maternel, quatrième membre du conseil de famille, lequel a déclaré accepter cette fonction, et a prêté serment de bien et fidèlement la remplir.

Dont acte. Fait et dressé le présent procès-verbal, que les parties ont signé avec nous et le greffier, après lecture.

Cette délibération est homologuée par le tribunal civil, enregistrée et affichée au tribunal de commerce, conformément aux n°s 1° et 2° de l'article 2 du Code de commerce, quand elle contient l'autorisation de faire le commerce.

CHAPITRE XI

Refus et retardement de Transcription.

Code civ. — Art. 1966. — Dans aucun cas, les conservateurs ne peuvent refuser ni retarder la transcription des actes de mutation, l'inscription des droits hypothécaires, ni la délivrance des certificats requis, sous peine de dommages et intérêts des parties; à l'effet de quoi, procès-verbaux des refus ou retardement seront, à la diligence des requérants, dressés sur-le-champ, soit par un juge de paix, soit par un huissier audiencier du tribunal, soit par tout autre huissier ou un notaire assisté de deux témoins.

Le juge de paix requis se transporte au bureau de la Conservation. A cause de l'urgence, il n'est pas nécessaire qu'il soit assisté du greffier, dit Bioche. (*D*ʳᵉ *des Juges de paix,* au mot *Conservateur des hypothèques,* 2.)

FORMULE Nᵒ 234. — Procès-verbal de refus ou de retardement de transcription, etc.

L'an. ..., etc., le mardi....., dix heures du matin.

Par-devant nous, etc.

S'est présenté le sieur.....

Lequel nous a exposé que le conservateur des hypothèques de l'arrondissement refuse *ou* retarde, malgré les diligences et les instances du requérant et les offres de celui-ci de lui tenir compte de ses droits, la transcription *ou* l'inscription *ou* la délivrance de *tel* acte (*spécifier l'acte ou l'objet du refus ou retardement*); qu'une telle conduite de la part de ce fonctionnaire public compromet gravement ses intérêts; qu'en conséquence, il s'empresse de nous en faire sa déclaration et requiert notre transport, aux fins de droit, et a signé.

(Signature de l'Exposant.)

Nous, juge de paix, etc.

Vu la déclaration ci-dessus, et l'article 1966 du Code civil,

Obtempérant à la demande, nous sommes immédiatement transporté au bureau de la Conservation des hypothèques, où étant, nous avons fait part à M. le conservateur de la réclamation dudit sieur.....

A quoi il a été répondu (*énoncer les motifs du refus ou du retard*);

De tout quoi, nous avons fait et rédigé le présent procès-verbal et a ledit sieur....., conservateur, signé avec nous et le greffier; *ou bien* et avons signé avec le greffier, à l'exception du conservateur, qui s'y est refusé, les jour, mois et an que dessus, après lecture.

CHAPITRE XII

Actes divers en Matière commerciale.

C. de comm. — Art. 16. — « Dans le cas où les livres dont la représentation est offerte, requise ou ordonnée, sont dans des lieux éloignés du tribunal saisi de l'affaire, les juges peuvent adresser une commission rogatoire au tribunal de commerce du lieu, ou déléguer un juge de paix pour en prendre connaissance, dresser un procès-verbal du contenu, et l'envoyer au tribunal saisi de l'affaire. »

FORMULE N° 235. — **Rapport du juge de paix délégué pour prendre connaissance des livres d un commerçant et dresser procès-verbal de leur contenu.**

L'an...., ,
Nous....., juge de paix de.....
A la réquisition du sieur....., négociant, demeurant à.....
Vu l'expédition en forme authentique du jugement rendu par le tribunal de commerce de....., en date du....., enregistré, par lequel nous sommes commis pour vérifier le livre-journal du sieur B....., et en constater l'état, etc.,
Nous sommes transporté au domicile dudit sieur B..., où étant, il nous a représenté le livre dont il s'agit, à l'examen duquel nous avons procédé comme il suit :
Ce livre contient cent feuillets, dont quatre-vingts sont écrits et les autres en blanc. Pour en garantir l'identité et assurer son état actuel, nous l'avons visé, coté et parafé, *ne varietur*, sur le revers du quatre-vingtième feuillet écrit, immédiatement après le dernier article finissant par ces mots : « ..... »
Après avoir parcouru tous les feuillets écrits, nous avons remarqué qu'il y existe vingt ratures, quinze surcharges, cinq interlignes, et trente renvois en marge des feuillets. Nous avons reconnu à la page cinquante-sixième, où se trouve l'article qui donne lieu à la contestation, que ledit article contient six lignes, les mots *tel et tel* surchargés, trois mots rayés, deux lignes en blanc entre ledit article et le suivant, et est ainsi conçu : (*copier l'article*).

De tout ce que dessus, nous avons fait et dressé le présent procès-verbal, qui sera immédiatement transmis à M. le doyen du tribunal de commerce de....., aux fins de droit.

A....., les jour, mois et an que dessus, et a ledit sieur B... signé avec nous et le greffier, après lecture.

C. de comm. — Art. 105. — « En cas de refus ou de contestation pour la réception des objets transportés, leur état est vérifié et constaté par des experts nommés par le doyen du tribunal de commerce, ou, à son défaut, par le juge de paix et par ordonnance au pied d'une requête.

« Le dépôt ou séquestre, et ensuite le transport dans un lieu désigné peut en être ordonné par le doyen du tribunal de commerce ou, à son défaut, par le juge de paix.

« La vente peut en être ordonnée en faveur du voiturier, jusqu'à concurrence du prix de la voiture. »

FORMULE N° 336. — Requête et ordonnance pour constater l'état des marchandises transportées.

A Monsieur le juge de paix de.....

Les sieurs F. B... et Cⁱᵉ, négociants consignataires, domiciliés à New-York (1) et établis en cette ville, où ils sont patentés pour la présente année au n°....., ont l'honneur de vous exposer que, sur leur demande, il leur a été expédié le....., sur la goelette « ... . », capitaine C..., dix caisses de....., moyennant un fret de..... gourdes par caisse; que ces marchandises viennent à l'instant d'être déposées devant leur magasin; mais que, s'étant aperçus, au déchargement, qu'une partie était avariée (ou qu'il en manque une caisse, etc.), ils ont refusé de les recevoir;

Pourquoi les exposants, désirant en faire constater l'état, requièrent qu'il vous plaise, Magistrat, nommer trois experts pour visiter et vérifier lesdites marchandises, en constater l'état, la qualité et le poids, par comparaison avec le connaissement ci-joint. Et vous ferez justice.

Miragoâne, le.....

(Signature.)

Vu la requête ci-dessus, le connaissement y joint et l'article 105 du Code de commerce,

_____

(1) Pour l'établissement des qualités du requérant étranger, on dit encore, par exemple : « J. L., domicilié à Paris, résidant à Port-au-Prince, etc. »

Nous....., juge de paix, etc.,

Nommons d'office, pour experts à l'effet de visiter, vérifier et constater l'état, la qualité et le poids des marchandises dont il s'agit, Messieurs (*noms, prénoms, professions et demeures des experts*); lesquels procéderont à cette opération le....., en présence du capitaine C..., ou lui dûment appelé, serment préalablement prêté devant nous par lesdits experts, dont le rapport devra être déposé au greffe de cette justice de paix, s'il n'a été rédigé par le greffier.

Donné à....., le.....

(Signatures du Juge et du Greffier)

C. de com. — Art. 231. — « Si, pendant le cours du voyage, il y a nécessité de radoub, ou d'achat de victuailles, le capitaine, après l'avoir constaté par un procès-verbal signé des principaux de l'équipage, pourra, en se faisant autoriser en Haïti par le tribunal de commerce, ou, à défaut, par le juge de paix, chez l'étranger par le consul haïtien, ou, à défaut, par le magistrat des lieux, emprunter sur le corps et quille du vaisseau, mettre en gage ou vendre des marchandises ou denrées jusqu'à concurrence de la somme que les besoins constatés exigent.

« Les propriétaires ou le capitaine qui les représente tiendront compte des marchandises ou denrées vendues, d'après le cours des marchandises ou denrées de même nature et qualité dans le lieu de la décharge du navire, à l'époque de son arrivée. »

FORMULE N° 237. — **Requête et ordonnance pour emprunter sur le corps et quille d'un navire.**

A Monsieur le Juge de paix de.....

Le sieur ..., capitaine du navire « ..... », du port de..... tonneaux, armateur L. R..., demeurant à....,; ledit navire amaré dans le port de..... (*ou* entré en rade de .....), a l'honneur de vous exposer que, son navire étant parti de....., le....., à destination de....., a éprouvé en mer par..... degrés de longitude, une avarie assez considérable (*ou* voie d'eau), qui l'a forcé de relâcher en ce port pour y être radoubé, afin de pouvoir continuer ensuite son voyage.

(*S'il s'agit de vivres dont le navire est dépourvu, on varie ainsi :*)

A l'honneur de vous exposer que, son navire étant parti de....., à destination de....., depuis..... jours, pendant lesquels il a battu les mers par des vents contraires (*ou* pendant lesquels il a fait plusieurs relâches), ce qui a occasionné la consommation totale des vivres dent ledit navire était approvisionné pour sa route ;

(*Ensuite, pour les deux cas, on continue ainsi :*)

Que ce fait est constaté par un procès-verbal régulier, signé des principaux de l'équipage (*ou* fait en leur présence, *pour le cas où ils ne savent pas signer*), le. ..., dont l'original est joint à la présente ;

Qu'en conséquence, il requiert qu'il vous plaise, Magistrat, l'autoriser à emprunter sur le corps et quille de son navire, ou mettre en gage, ou vendre des marchandises dont le navire est chargé, jusqu'à concurrence de la somme de....., estimée nécessaire par ledit procès-verbal pour le radoub du navire (*ou* pour l'achat de victuailles dont il a besoin pour continuer sa route). Et vous ferez justice.

(Signature du Capitaine.)

Vu la requête ci-dessus, le procès-verbal y joint et l'article 231 du Code de commerce,

Nous, ..., juge de paix de....., assisté de notre greffier soussigné,

Autorisons le capitaine... à emprunter sur le corps et quille du navire « ..... », qu'il commande, la somme de....., ou à vendre et mettre en gage des marchandises jusqu'à concurrence de cette même somme, pour subvenir aux besoins dont il s'agit, à la charge toutefois de rendre compte à l'armateur ou aux fréteurs du navire et à tous autres qu'il appartiendra.

Fait et donné à la Justice de paix de....., le.....

C. de com. — Art. 239. — « Le capitaine est tenu, dans les vingt-quatre heures de son arrivée, de faire viser son registre et de faire son rapport.

« Le rapport doit énoncer :

« Le lieu et le temps de son départ,

« La route qu'il a tenue,

« Les hasards qu'il a courus,

« Les désordres arrivés dans le navire et toutes les circonstances remarquables de son voyage. »

Art. 240. — « Le rapport est fait au greffe devant le doyen du tribunal de commerce.

« Dans les lieux où il n'y a pas de tribunal de commerce, ce rapport est fait au juge de paix de la commune.

« Le juge de paix qui a reçu le rapport est tenu de l'envoyer, sans délai, au doyen du tribunal de commerce le plus voisin.

« Dans l'un et l'autre cas, le dépôt en est fait au greffe du tribunal de commerce. »

Art. 242. — « Si, pendant le cours du voyage, le capitaine est obligé de relâcher dans un port haïtien, il est tenu de déclarer au doyen du tribunal de commerce du lieu les causes de sa relâche.

« Dans les lieux où il n'y a pas de tribunal de commerce, la déclaration est faite au juge de paix ou à toute autre autorité.

« Si la relâche forcée a lieu dans un port étranger, la déclaration est faite au consul d'Haïti, ou, à son défaut, au magistrat du lieu. »

Art. 243. — « Le capitaine qui a fait naufrage et qui s'est sauvé seul ou avec partie de son équipage est tenu de se présenter devant le doyen du tribunal de commerce, ou, s'il n'y en a point, devant le juge de paix ou devant toute autre autorité, d'y faire son rapport, de le faire vérifier par ceux de son équipage qui se seraient sauvés et se trouveraient avec lui, et d'en tirer expédition. »

FORMULE N° 238. — Rapport d'un Capitaine de navire à son arrivée, ou après relâche forcée ou volontaire.

L'an....., heure de.....
Par-devant nous, ..., juge de paix, etc.,
A comparu, au greffe de ce tribunal, le sieur ..., capitaine du navire « ... . », du port de ..... tonneaux, armé par L. R..., de....., lequel a déclaré qu'il est parti le....., du port de....., à destination de....., et a tenu (*expliquer quelle route il a tenue avec ses variations circonstanciées*); qu'il a couru les plus grands dangers ; qu'il est arrivé dans son navire (*rapporter les choses remarquables qui ont eu lieu pendant la traversée*); qu'il a eu notamment connaissance du navire « ..... » à la hauteur de....., lequel faisant route pour..... *ou* vers......., etc.

En cas de naufrage :

Qu'il a été atteint par une tempête le....., qui a désemparé son navire du..... (*désigner quel gréement, mât ou manœuvre*), *ou* qui lui a occasionné une avarie (*indiquer quelle avarie*), et l'a jeté à la côte de....., le....., à... . heures d....., dans lequel lieu est maintenant son navire, duquel il s'est sauvé avec (*désigner les individus*), faisant partie de l'équipage *ou* étant passagers à bord.

(*Dans les deux cas, le procès-verbal se termine comme suit :*)

Duquel rapport, qui sera transmis dans le plus bref délai au doyen du tribunal de commerce de....., nous avons rédigé le présent acte à....., les jour, mois et an que dessus, et a le capitaine ..., signé avec nous et le greffier après lecture.

(Signatures.)

C. de com. — ART. 244. — « Pour vérifier le rapport du capitaine, le juge reçoit l'interrogatoire des gens de l'équipage, et, s'il est possible, des passagers, sans préjudice des autres preuves.

« Les rapports non vérifiés ne sont pas admis à la décharge du capitaine et ne font point foi en justice, excepté dans le cas où le capitaine naufragé s'est sauvé seul dans le lieu où il a fait son rapport.

« La preuve des faits contraires est réservée aux parties. »

FORMULE N° 239. — Interrogatoire.

L'an.....

Nous....., juge de paix.....

Étant à....., et procédant par suite du rapport fait devant nous par le sieur ..., capitaine du navire « ..... », naufragé à....., dont nous avons dressé procès-verbal à la date de ce jour, nous avons mandé devant nous, en vertu de l'article 244 du Code de commerce, les ci-après nommés, auxquels nous avons fait subir interrogatoire sur le naufrage dont il s'agit, ainsi qu'il suit :

D. Quels sont vos nom, prénoms, âge, profession, domicile et lieu de naissance ?

R.....

D. Quel jour est parti le navire « ..... », et quelle route a-t-il faite, jusqu'au jour où il a fait naufrage ?

R....

D. Ce même jour le navire a-t-il été atteint par un coup de vent, *ou* a-t-il été abordé par....., *ou* a-t-il éprouvé une voie d'eau, *ou* touché sur un récif, — et que s'en est-il suivi?

R.....

D. Pouvez-vous nous dire ce qui a eu lieu au moment du naufrage ou quelques instants avant et quelle a été la conduite du capitaine dans cette circonstance?

R.....

D. Que s'est-il passé avant le naufrage ? — N'a-t-on rien soustrait du navire, etc., etc.?

R.....

Lecture faite, a persisté et a signé ledit ..., avec nous et le greffier.

(Signatures.)

On continue de la même manière pour tous les gens à interroger, et on clôt le procès-verbal :

Desquels interrogatoires nous avons fait et dressé le présent procès-verbal, qui sera transmis dans le plus bref délai à M. le doyen du tribunal de commerce de....., à telles fins que de droit, et avons signé avec le greffier.

A....., le.....

(Signatures.)

CHAPITRE XIII

----

§ Ier

**Licence pour avoir des canots au service
d'une habitation rurale.**

Code rural. — ART. 4. — « Aucun propriétaire riverain de
la mer ne pourra avoir de canots ou embarcations pour le
transport de ses denrées à la ville ou au bourg voisin, sans
être muni d'une licence qui lui sera délivrée gratis par le juge
de paix; sous aucun prétexte ces canots ne pourront être
employés à faire le cabotage des autres ports ou îlots voisins,
ni à faire la pêche si ce n'est pour l'usage de l'habitation. »

Ces défenses, dit M. Saint-Amand dans son commentaire du Code
rural, étaient commandées dans l'intérêt du cabotage qui est régi par
des lois particulières, et elles sont nécessaires pour empêcher les
fraudes et la contrebande, comme aussi pour faciliter la surveillance
des côtes. Note sous l'article 4.

FORMULE n° 240. — Licence pour avoir des canots, etc.

Il est permis à M...., propriétaire de l'habitation « ....., » située section
de....., commune de....., arrondissement de....., et riverain de la mer,
d'avoir un *ou* plusieurs canots et embarcations pour le transport de ses denrées (*ou* pour la pêche pour l'usage de l'habitation), mais à la charge par
lui de se conformer aux prescriptions de l'article 4 du Code rural.
    Délivré gratis, à....., le.....

Le juge de paix,

(Signature.)

NOTA. — Ces permis doivent être inscrits dans un registre spécial, tenu
par le greffier. — J. Saint-Amand, — à qui aussi nous avons emprunté la
formule de licence.

§ II

Injonction et exécutoire en matière d'enregistrement.

Loi sur l'enregistrement. — Art. 95. — « Du reste, les receveurs sont tenus de garder le secret sur les actes qu'ils enregistrent, et ce n'est que sur une ordonnance du juge de paix qu'ils peuvent délivrer des extraits de leurs registres à d'autres personnes que les parties contractantes, leurs héritiers ou ayants cause. »

FORMULE N° 241. — Ordonnance d'injonction à un receveur de l'enregistrement de délivrer un extrait de ses registres à un tiers qui n'est pas partie dans l'acte enregistré.

L'an....., etc., par-devant nous, etc., a comparu le citoyen....., etc.

Lequel nous a dit que, obligé de former une action contre....., demeurant à....., il lui est utile de connaître auparavant si un acte portant....., passé devant Me....., notaire à....., entre...., et....., demeurant à....., contient (*telle chose*); mais que n'étant ni héritier, ni acquéreur des parties contractantes audit acte, il a besoin de notre autorité pour avoir expédition de ladite pièce ; qu'en conséquence il requiert qu'il nous plaise autoriser le préposé aux droits d'enregistrement au bureau de....., à lui délivrer, dans vingt-quatre heures, moyennant salaire suffisant, copie en forme de l'extrait inséré sur les registres, de l'acte dont il s'agit, et a signé.

(Signature.)

Nous juge de paix,

Vu la réquisition ci-dessus, et l'article 95 de la loi sur l'enregistrement,

Autorisons M. le receveur de l'enregistrement de cette commune à délivrer copie de l'extrait ci-dessus requis, de lui certifiée et signée, moyennant salaire suffisant.

Fait à....., le.....

(Signature du Juge.)

Même loi. — Art. 131. — « Les officiers publics qui auraient fait, pour les parties, l'avance des droits d'enregistrement pourront prendre exécutoire du juge de paix de la commune de la résidence desdites parties, pour leur remboursement. »

FORMULE N° 242. — Exécutoire délivré à un officier public, pour le remboursement du droit d'enregistrement.

L'an....., etc.

Par-devant nous....., etc., assisté de....., greffier de cette justice de paix,

A comparu le citoyen.....,

Lequel nous a présenté une quittance de....., pour droit d'enregistrement de *tel* acte, qu'il affirme avoir avancé pour le citoyen B..., demeurant à..... ; et nous a requis exécutoire pour contraindre ledit citoyen....., au remboursement dudit droit, et a signé.

(Signature.)

Nous, juge de paix, assisté comme dit est, — vu la réquisition ci-dessus, l'acte présenté et l'article 131 de la loi sur l'enregistrement;

Considérant que le citoyen....., (*notaire, greffier ou huissier*) a avancé pour B... et pour droit d'enregistrement dudit acte, une somme de....., suivant l'affirmation du requérant,

Disons que, par le premier huissier de ce requis, le citoyen B... sera contraint par toutes voies de droit à payer au citoyen....., notaire, (greffier *ou* huissier), la somme de....., pour remboursement de l'avance par lui faite des droits de l'acte susénoncé.

Fait et délivré le présent exécutoire, à....., le.....

(Signatures du Juge et du Greffier.)

Même loi. — Art. 70. — « Seront enregistrés en débet, savoir :

« 1° Les actes et procès-verbaux des juges de paix, pour frais de police;

« 2° *Ceux* faits à la requête des commissaires du gouvernement, soit que l'enregistrement doive avoir lieu sur les minutes ou les expéditions;

« 3° *Ceux* des officiers de police rurale, pour délits ruraux;

« 4° Les actes et jugements qui interviennent sur ces actes et procès-verbaux. »

Art. 71. — « Il y aura lieu de suivre la rentrée des droits d'enregistrement de tous ces actes, procès-verbaux et jugements contre les parties condamnées, d'après les extraits des jugements qui seront fournis aux receveurs par les greffiers. Cette poursuite se fera dans la forme·prescrite par les articles 168 et 169 ci-après. »

Art. 168. — « Si le redevable se refuse au versement de tout ou partie soit du droit, soit de l'amende, le receveur décernera contre lui une contrainte. »

Art. 169. — « Cette contrainte sera visée et déclarée exécutoire par le juge de paix de la résidence actuelle du redevable, auquel elle sera signifiée. »

Art. 170. — « Le redevable aura trois jours, à dater de la signification, pour former opposition à l'exécution de la contrainte. »

Cette opposition est portée devant le tribunal civil, art. 171.

FORMULE N° 243. — **Visa pour rendre exécutoire une contrainte décernée par un receveur de l'enregistrement**

Nous....., juge de paix de.....
Vu la contrainte ci-dessus, délivrée contre le sieur... ., demeurant à....., pour paiement de la somme de....., pour droit d'enregistrement de *tel acte,*
Ordonnons qu'elle soit exécutée suivant sa forme et teneur.
Fait à....., le.....

(Signature du Juge.)

Remarque. — Ce visa et cette ordonnance exécutoire se placent au pied de la contrainte, qui, en général est ainsi libellée:

« Il est dû à l'administration de l'enregistrement la somme de....., au
« paiement de laquelle somme ledit sieur X... sera contraint par les voies
« autorisées par la loi.
« Fait à....., par le receveur de l'enregistrement soussigné, le..... »

(Signature.)

La loi n'ayant assujetti la contrainte à aucune formalité spéciale, elle est valable du moment qu'elle est libellée de manière à faire connaître au redevable l'objet des réclamations exercées contre lui. — (Bioche, *Dictionnaire de Procédure,* Enregistrement, 214.)

§ III

Certificat d'indigence.

Code d'Instruction criminelle. — Art. 327. — « Sont dispensés de l'amende (1) : 1° les condamnés en matière criminelle ; 2° les agents publics, pour affaires qui concernent directement l'administration.

« A l'égard de toutes autres personnes, l'amende sera encourue par celles qui succomberont dans leur recours ; seront néanmoins dispensées de la consigner celles qui joindront à leur demande en cassation un certificat d'indigence à elles délivré par le juge de paix de leur commune et visé par l'officier d'administration. »

Les condamnés au grand criminel sont seuls affranchis de la consignation d'amende. Il s'ensuit que doit être déclaré déchu de son pourvoi le condamné au correctionnel qui n'a pas fait la consignation exigée par l'article 326, ou qui n'a pas présenté un certificat d'indigence, Cass., 2 sept. 1874. (L. P., note 4,—sous l'art. 327, Instr. crim.)

Il en est de même du condamné en matière de simple police.

Loi sur l'enregistrement. — Art. 72. — Seront enregistrés gratuitement, savoir :

« 4° Les expéditions des jugements de condamnation, lorsqu'elles sont visées par le juge de paix du domicile des condamnés ou par celui du lieu où siège le Tribunal, attestant l'indigence des condamnés auxquels elles sont délivrées.

« Lesdits visa seront exempts d'enregistrement. »

FORMULE N° 244. — Certificat d'indigence.

Nous, juge de paix de.....

Certifions que le sieur (*noms et profession*), habitant dans cette commune, est en état d'indigence.

A....., le.....   (Signature du Juge.)

Visé par nous, préposé d'administration de....., le.....

                    (Signature de l'Officier d'administration)

---

(1) Amende à consigner en cas de recours de cassation ; aujourd'hui 15 gourdes ou la moitié, si le jugement est par défaut. (Art. 326, Instr. crim.)

CHAPITRE XIV

Prestation de Serment, cote et parafe.

---

§ Ier

Prestation de Serment de Fontionnaires

(Suppléants, Greffiers et Huissiers de Justice de paix, Arpenteurs, Écrivains publics.)

Le serment, répétons-nous, est l'acte réel de prise de possession ; c'est l'appropriation et l'acceptation, par le fonctionnaire, de la partie de la puissance publique à lui donnée par la commission qui le nomme.

FORMULE N° 245. — Prestation de serment par un fonctionnaire.

L'an....., etc.,

Par-devant nous, juge de paix de....., siégeant en audience publique, au lieu ordinaire de nos séances, assisté de....., greffier de cette justice de paix,

A comparu le citoyen.....

Lequel a représenté la commission qui lui a été délivrée par....., en date du....., dûment visée et enregistrée à....., pour exercer la fonction de......, et a demandé d'être admis à prêter le serment voulu par la loi.

Lecture faite par le greffier de la commission susdite présentée, le comparant a prêté entre nos mains le serment prescrit en ces termes :

« Je jure d'être fidèle à la Nation et au Gouvernement, de suivre dans
« l'exercice de mes fonctions les lois de ma patrie ; de respecter les droits
« de mes concitoyens, et de prêter un concours loyal en faveur de tout ce
« qui peut contribuer à la gloire et à la prospérité de la République. »

Dont acte, que ledit citoyen..... a signé avec nous et le greffier après lecture.

A....., les jour, mois et an que dessus.

(Signatures.)

43

§ II

Installation.

Après la *réception*, qui consiste dans la prestation de serment, vient l'*installation* du fonctionnaire. C'est l'acte par lequel un magistrat, un officier est mis en possession publique de la place qu'il doit occuper, c'est un simple acte de cérémonial. (Biochd.)

Pour les suppléants, greffiers et huissiers, l'installation résulte de prestation de serment même, qui a lieu devant leur propre tribunal.

Mais le juge de paix, qui a prêté serment à l'audience du tribunal civil, a besoin, lui, d'être installé par un autre acte.

Au siège des tribunaux civils, le commissaire du Gouvernement y procédera; dans les autres communes, le premier ou, à son défaut, le second suppléant pourra le faire. Et c'est pour ce dernier cas que nous donnons le modèle suivant :

FORMULE N° 246. — Procès-verbal d'installation du juge de paix.

L'an.,...., le....., en l'auditoire ordinaire de la justice de paix de.....

Par-devant M....., (*noms du suppléant*), premier suppléant de ladite justice de paix (*ou* second suppléant, *indiquer la cause d'empêchement du premier, ou* suppléant de service), assisté de....., greffier,

A comparu M..... (*noms et domicile*), lequel a dit que, par commission du Président d'Haïti, en date du....., il a été nommé pour remplir la place de juge de paix de ladite commune; que, le....., il a prêté serment en ladite qualité, à l'audience du Tribunal civil de....., dans le ressort duquel se trouve cette justice de paix ; qu'il remet présentement sur le bureau sa commission et expédition de son acte de prestation de serment, et qu'en conséquence, il nous requiert ici de l'installer en qualité de juge de paix de cette commune.

Sur quoi, pour satisfaire à ladite réquisition, avons ordonné qu'il fût donné lecture desdites pièces par notre greffier. Après laquelle lecture, en avons donné acte audit comparant et avons déclaré qu'il était installé dans les fonctions de Juge de paix de ladite commune de....., pour en exercer toutes les fonctions dès à présent, et qu'en conséquence, obéissance lui était due à ce titre.

En foi de quoi, nous avons dressé le présent procès-verbal et signé avec ledit sieur....., juge de paix, et le greffier.

(Signatures.)

§ III

Cote et parafe (Répertoire, Registres, etc.).

Loi organique, art. 114. — C. com., art. 10 et 221. — Loi sur l'enregistrement, art. 114 et 157. — Tarif, art. 170.

FORMULE N° 247.

Le présent....., contenant..... feuillets, a été coté et parafé par nous, juge de paix de....., à chacun desdits feuillets, pour servir à (*indiquer à quel emploi le répertoire ou registre, etc., est destiné.*)

Au Cap-Haïtien, le neuf Mars mil huit cent quatre-vingt-sept.

APPENDICE

EXTRAITS DE LOIS DIVERSES

Code Civil.

ART. 542. — Il n'est permis de planter des arbres qu'à la distance de six pieds de la ligne séparative des deux propriétés.

Le voisin peut exiger que les arbres plantés à une moindre distance soient arrachés.

Celui sur la propriété duquel avancent les branches des arbres du voisin peut contraindre celui-ci à couper ces branches. Si ce sont les racines qui avancent sur son fonds, il a droit de les y couper lui-même.

Les arbres qui se trouvent dans la haie mitoyenne sont mitoyens comme la haie ; et chacun des deux propriétaires a droit d'en jouir ou de requérir qu'ils soient abattus.

ART. 543. — Celui qui a fait creuser un puits ou une fosse d'aisances près d'un mur mitoyen ou non ; celui qui veut y construire cheminée, four ou forge est obligé de laisser la distance de trois pieds, pour ne pas nuire au voisin.

Les fours et les forges établis dans les villes ou bourgs auront toujours une cheminée.

V. les articles qui viennent après ceux ci-dessus touchant les *vues*, l'*égout des toits* et le *droit de passage* pour un fond enclavé.

LOI SUR L'ENREGISTREMENT
29 Juillet 1828

Tarif des Actes judiciaires et extrajudiciaires.

ART. 60. — Les actes judiciaires et extrajudiciaires sont ceux qui émanent des juges, commissaires du gouvernement, greffiers, huissiers, et généralement de tous officiers publics attachés aux tribunaux.

Les actes judiciaires et extrajudiciaires seront enregistrés moyennant le paiement des droits ci-après :

Art. 61. — Sont soumis au droit fixe de *cinq gourdes* (aujourd'hui P. 2 1/2. *V.* plus loin la loi modificative), savoir :

1° Chaque expédition ou extrait de jugement du tribunal de cassation délivré à partie ;

2° Les prestations de serment des juges, commissaires du gouvernement, défenseurs publics, notaires, greffiers, encanteurs, interprètes et autres officiers publics non compris au nombre 3° de l'article 63 ci-après.

Art. 62. — Sont soumis au droit fixe de *quatre gourdes* (c'est-à-dire P. 2), savoir :

1° Les jugements des tribunaux civils portant divorce ou interdiction ;

2° Le premier acte de recours au tribunal de cassation, soit par requête, mémoire ou déclaration en matière civile, criminelle, correctionnelle et de police.

Cependant, si l'acte de recours est accompagné d'un certificat d'indigence signé du juge de paix soit du lieu où siège le tribunal, soit du domicile du condamné qui se pourvoit, cet acte sera enregistré gratuitement ainsi que ledit certificat.

Art. 63. — Sont soumis au droit fixe de *trois gourdes* (c'est-à-dire P. 1 1/2), savoir :

1° Les déclarations et significations d'appel aux tribunaux civils ou du commerce ;

2° Les actes d'émancipation :
Le droit est dû pour chaque émancipé ;

3° Les prestations de serment des huissiers et autres officiers ministériels et de police préposés à l'exécution des actes judiciaires.

Art. 64. — Sont soumis au droit de *deux gourdes* (c'est-à-dire P. 1), savoir :

1° Les expéditions et extraits des jugements des tribunaux civils et de commerce qui ne doivent pas être enregistrés sur minutes ;

2° Tous jugements des tribunaux civils et de commerce contenant des dispositions définitives et qui doivent être enregistrés sur minutes.

ART. 65. — Sont soumis au droit fixe de *une gourde* (c'est-à-dire 50 centimes), savoir :

1° Les procès-verbaux d'opposition ou de reconnaissance et de levée de scellés :

Il est dû un droit par chaque vacation ;

2° Tous jugements des juges de paix contenant des dispositions définitives ;

3° Tous jugements et autres actes préparatoires ou d'instruction des tribunaux civils et de commerce ·

4° Les actes faits ou passés aux greffes des mêmes tribunaux ;

5° Les ordonnances des juges des mêmes tribunaux sur requêtes ou mémoires ; celles de référé, de compulsoire et d'injonction ; celles portant permission de saisir, revendiquer ou vendre, et celles des commissaires du gouvernement, dans les cas où la loi les autorise à en rendre.

ART. 66. — Sont soumis au droit fixe de *soixante-quinze centimes* (c'est-à-dire 37 centièmes et demi), savoir :

1° Les avis de parents ou délibérations du conseil de famille ;

2° Les jugements et autres actes préparatoires, interlocutoires ou d'instruction des juges de paix, certificats d'individualité, visa de pièces et d'actes ; les oppositions à la levée des scellés par comparution personnelle dans le procès-verbal ; les ordonnances et mandements d'assigner les opposants à scellés.

ART. 67. — Sont assujettis au droit fixe de *cinquante centimes* (c'est-à-dire 25 centimes), savoir :

1° Les exploits, significations, commandements, demandes, notifications, citations, offres ne faisant point titre au créancier et non acceptées, oppositions, sommations, procès-verbaux, assignations, protêts, interventions à protêts, protestations, publications et affiches, saisies-arrêts, séquestres, mainlevées et généralement tous actes extrajudiciaires des huissiers ou de leur ministère qui ne peuvent donner lieu au droit proportionnel.

Il sera dû un droit par chaque demandeur ou défenseur, en quelque nombre qu'ils soient dans le même acte, excepté les copropriétaires et cohéritiers, les parents réunis, les cointéressés, les débiteurs ou créanciers associés ou solidaires, les séquestres, les experts et les témoins, qui ne seront comptés que pour une seule et même personne, soit en demandant, soit en défendant, dans le même original d'acte, lorsque leurs qualités y sont exprimées ;

2° Tous autres actes judiciaires et extrajudiciaires non prévus aux sept articles précédents.

ART. 68. — Sont assujettis au droit fixe de *vingt-cinq centimes* (c'est-à-dire 12 centimes et demi), savoir :

Toutes dispositions d'actes judiciaires et extrajudiciaires non prévues aux sept articles précédents.

ART. 69. — Cependant les actes et les dispositions d'actes dont il est parlé aux articles 67 et 68 ci-dessus, seront assujettis aux mêmes droits que les actes civils et que les dispositions de ces actes tels qu'ils se trouvent tarifés aux articles 56 et 57 ci-dessus s'ils sont de la même nature que ces actes civils et que leurs dispositions.

Et dans l'énumération, à l'article 57, des actes civils soumis au droit fixe d'*une gourde* (c'est-à-dire 50 centimes), se trouvent :

1° Les actes et jugements des arbitres qui ne donnent point ouverture au droit proportionnel ;

2° Les inventaires de meubles, objets mobiliers, titres et papiers : Il est dû un droit par chaque vacation ;

3° Les intitulés et les clôtures d'inventaires.

Le droit n'est perçu qu'autant que l'intitulé ou la clôture ne fait pas corps avec la première ou la dernière vacation, c'est-à-dire lorsque l'intitulé ou la clôture porte des signatures indépendamment de celles qui sont apposées à la première ou à la dernière vacation ;

5° ..... Les procès-verbaux des arpenteurs et des experts ;

LOI

RELATIVE AU TARIF DES DROITS DE L'ENREGISTREMENT ET DE

LA CONSERVATION DES HYPOTHÈQUES

14 Novembre 1876

ARTICLE PREMIER. — A partir du 1er décembre prochain. les droits fixes de l'enregistrement et le traitement des conservateurs des hypothèques seront perçus, en monnaie forte, à 50 °/₀ du tarif de la loi du 20 juillet 1828, sur l'enregistrement, et de celui de l'article 6 de la loi du 7 avril 1826, relative à l'organisation de la conservation des hypothèques.

LOI SUR L'ORGANISATION JUDICIAIRE

9 Juin 1835

Du Corps judiciaire.

ARTICLE PREMIER. — Les juges, leurs suppléants, les commissaires du gouvernement et leurs substituts forment le corps judiciaire.

Les officiers ministériels exerçant près le corps judiciaire sont les défenseurs publics, les greffiers et les huissiers.

ART. 2. — Nul ne peut être membre du corps judiciaire, ni officier ministériel, s'il n'est âgé de vingt-cinq ans accomplis et s'il ne jouit de ses droits civils et politiques.

Néanmoins, on pourra être défenseur public à l'âge de vingt et un ans accomplis.

ART. 3. — Les membres du corps judiciaire et les officiers ministériels prêtent, avant leur entrée en fonctions, le serment suivant :

« Je jure d'être fidèle à la nation et au gouvernement, de suivre dans l'exercice de mes fonctions les lois de ma patrie, de respecter les droits de mes concitoyens et de prêter un concours loyal en faveur de tout ce qui peut contribuer à la gloire et à la prospérité de la République. »

ART. 4. — Les fonctions de membres du corps judiciaire et d'officiers ministériels sont incompatibles entre elles, et ne pourront être cumulées.

ART. 5. — Les membres du corps judiciaire et les officiers ministériels ne peuvent être requis pour aucun service public, hors le cas de danger imminent.

ART. 6. — Dans les cérémonies publiques, le corps judiciaire prend rang, en observant les divers degrés de sa hiérarchie.

Des Tribunaux.

ART. 7. — La justice est rendue, au nom de la République, par les tribunaux de paix, par les tribunaux civils et par le tribunal de cassation.

ART. 8. — Les tribunaux sont indépendants les uns des autres.

ART. 9. — Les tribunaux de paix se composent d'un seul juge, de plusieurs suppléants et d'un greffier.

ART. 10. — Les tribunaux civils et le tribunal de cassation se composent de juges, de suppléants, de greffiers et d'huissiers audienciers.

Il y a, en outre, près ces tribunaux, des officiers exerçant le ministère public sous le titre de commissaires du gouvernement et de substituts.

ART. 11. — Les parents ou alliés jusqu'au degré de cousins germains, inclusivement, ne peuvent entrer simultanément dans la composition du même tribunal.

ART. 12. — Chaque tribunal a un certain nombre d'huissiers exploitants qui sont commissionnés par le juge qui le préside, et révocables par le tribunal en cas d'inconduite ou d'insubordination.

ART. 13. — Les défenseurs publics peuvent militer devant tous es tribunaux, à l'exception des tribunaux de paix.

ART. 14. — Le serment prescrit en l'article 3 ci-dessus est prêté devant le tribunal, *en audience publique,* savoir :

Par le doyen du tribunal de cassation et le commissaire du gouvernement près ledit tribunal, entre les mains du Secrétaire d'État de la justice ;

Par les doyens des tribunaux civils, entre les mains du juge qui préside provisoirement le tribunal ;

Par les juges et les suppléants des tribunaux civils et de cassation, ainsi que par les commissaires du gouvernement, par les substituts des commissaires du Gouvernement et par les officiers ministériels, entre les mains du doyen du tribunal auquel ils appartiennent ;

Par les juges de paix, entre les mains du doyen du tribunal civil dans le ressort duquel ils doivent exercer leurs fonctions ;

Par les suppléants des tribunaux de paix et les huissiers y attachés, entre les mains du juge de paix qui préside le tribunal auquel ils appartiennent.

Des Audiences.

ART. 15. — Les audiences des tribunaux sont publiques, sauf le cas où la loi, dans l'intérêt des mœurs, autorise les juges à procéder aux débats à huis clos.

Des Tribunaux de paix.

Art. 29. — Il y a un tribunal de paix dans chaque commune de la République.

Le Président d'Haïti pourra aussi établir des tribunaux dans les quartiers et paroisses où le bien public l'exigera.

Art. 30. — Les divers quartiers et paroisses où il n'aura pas été établi des tribunaux de paix dépendront, pour la distribution de la justice, des tribunaux de paix les plus voisins.

Art. 31. — Chaque tribunal de paix se compose d'un juge, d'un greffier et de deux huissiers exploitants.

Il y aura, en outre, trois suppléants dans les tribunaux de paix dont le siège est au chef-lieu des tribunaux civils, et deux suppléants seulement dans les autres tribunaux de paix.

Art. 32. — Dans les affaires que les tribunaux de paix sont autorisés à juger en dernier ressort, le juge doit toujours être assisté d'un suppléant et du greffier, sauf à appeler un autre suppléant en cas de partage.

Dans tous les autres cas, l'assistance du greffier suffira.

Art. 33. — Les juges de paix et leurs greffiers, outre le traitement fixe qu'ils reçoivent de la caisse publique, ont encore droit aux frais établis par le tarif.

Art. 34. — Les suppléants ne sont point salariés par l'État ; mais lorsqu'ils remplacent le juge, ils perçoivent, pour leur propre compte, le produit de la taxe des frais.

Ils ont également droit au tiers de ladite taxe, quand ils assistent le juge.

Art. 35. — En cas de vacance de la place du juge de paix, le suppléant qui en remplira provisoirement les fonctions jouira du traitement fixe alloué audit juge.

Art. 36. — Dans le cas où les juges de paix et leurs greffiers seraient convaincus d'avoir exigé des frais plus élevés ou autres que ceux fixés par le tarif, ils seront, sur la plainte des parties, ou même d'office, à la diligence du ministère public, condamnés à la restitution de la totalité des frais perçus, sans préjudice des peines portées par la loi contre les concussionnaires.

Art. 37. — Les tribunaux de paix sont à la fois tribunaux de conciliation et de police.

Art. 38. — Comme juges conciliateurs, les juges de paix doivent s'efforcer d'amener à accommodement les parties qui se présentent devant eux.

Art. 39. — En matière de police, les attributions des juges de paix sont déterminées par le Code d'instruction criminelle.

Art. 40.— Les juges de paix reçoivent aussi les délibérations des conseils de famille.

Ils reçoivent le serment des tuteurs, subrogés tuteurs, curateurs, experts et arbitres, ainsi que celui des gérants ou administrateurs de biens ruraux (?).

Ils procèdent à l'apposition et à la levée des scellés dans le cas prévu par la loi.

Ils dressent tous procès-verbaux ou actes de notoriété ayant pour but de constater des droits de propriété ou l'adirement des titres y relatifs, la perte ou l'avarie des marchandises, ou tous autres faits résultant de force majeure, et dont la connaissance serait du ressort de la justice de paix.

Art. 41. — Il est expressément défendu aux juges de paix, sous peine de destitution, de dresser aucune enquête ni de recevoir aucune déclaration ayant pour objet d'établir la preuve de la paternité en faveur des enfants naturels.

Des Juges.

Art. 73. — Les juges sont tenus de résider dans la ville où est établi le tribunal dont ils sont membres.

Art. 76. — Les juges de paix sont amovibles.

Art. 77. — Toute ordonnance de prise de corps contre un juge pour faits civils ou autres emporte nécessairement la suspension de ses fonctions.

Art. 78. — La suspension des fonctions entraîne toujours, pendant sa durée, la suppression du traitement qui y est attaché.

DÉCRET DU GOUVERNEMENT PROVISOIRE

22 Mai 1843

Art. 7.—La contrainte par corps aura lieu contre toute personne, pour dettes résultant des actes de commerce, définis par l'article 621 du Code de commerce ; mais elle ne pourra être prononcée contre les septuagénaires, et le jugement de condamnation devra en fixer la durée , qui sera d'un an au moins et de trois ans au plus.

ART. 8. — Tout jugement qui interviendra au profit d'un Haïtien contre un étranger emportera de plein droit la contrainte par corps pour trois ans.

Avant le jugement de condamnation, mais après l'échéance ou l'exigibilité de la dette, le doyen du tribunal civil dans le ressort duquel se trouvera l'étranger pourra, s'il y a de suffisants motifs, ordonner son arrestation provisoire sur la requête du créancier haïtien.

Dans ce cas, le créancier sera tenu de se pourvoir en condamnation dans la huitaine de l'arrestation du débiteur, faute de quoi celui-ci pourra demander son élargissement.

L'arrestation provisoire n'aura pas lieu, ou cessera si l'étranger justifie qu'il possède sur le territoire haïtien un établissement de commerce d'une valeur suffisante pour assurer le paiement de la dette, ou s'il fournit pour caution un Haïtien reconnu solvable.

LOI SUR L'ARPENTAGE

ART. 4. — Les arpenteurs, avant d'entrer en fonctions, prêtent serment devant le juge de paix de la commune dans l'étendue de laquelle ils doivent exercer.

ART. 7. — Les arpenteurs sont tenus d'opérer par eux-mêmes et non par l'entremise de leurs aides.

ART. 8. — Il est défendu aux arpenteurs d'opérer pour leurs parents et alliés en ligne directe à l'infini, et en ligne collatérale jusqu'au degré de cousin germain, inclusivement.

ART. 10. — Les arpenteurs pourront exiger de leurs requérants le dépôt préalable, chez le juge de paix, des émoluments qui leur sont alloués par le tarif fixé au chapitre 7 de la présente loi; mais dans aucun cas ils ne seront en droit d'en exiger le paiement qu'après avoir terminé l'opération requise, et en remettant aux parties le plan et le procès-verbal y relatifs.

ART. 11. — Nul arpenteur ne peut se permettre de détruire ou de modifier, en opérant, les opérations d'un autre arpenteur, sauf le cas de revision.

Art. 13. — Tout arpenteur doit, lorsqu'il en est requis, communiquer à l'autorité civile et militaire les minutes de ses plans et procès-verbaux, même en donner toutes copies conformes.

Art. 16. — A la diligence du juge de paix de la commune, chaque arpenteur fera annuellement étalonner sa toise. Sa boussole sera également et à la même diligence touchée au moins deux fois par an avec une pierre d'aimant vérifiée par deux autres arpenteurs. Il sera dressé procès-verbal de cette vérification par les trois arpenteurs qui le signeront, ainsi que le juge de paix qui en aura requis l'opération.

Art. 20. — Lorsque les titres seront jugés valides et suffisants, l'arpenteur fixera le jour où l'opération devra avoir lieu. Alors, le requérant, par voie d'huissier du tribunal de paix, fera citer tous les propriétaires limitrophes connus, de se présenter ou de se faire représenter, avec leurs titres, plans et procès-verbaux d'arpentage, aux lieux, jour et heure, par l'arpenteur indiqué, en observant toutefois les délais prescrits par le Code de procédure civile pour les citations.

L'arpenteur sera tenu, dans le même délai, de prévenir l'officier chargé de la police rurale du lieu, de l'opération qu'il devra faire. Cet officier pourra y assister ou s'y faire représenter. Dans le cas où il ferait défaut, l'arpenteur passera outre à l'opération, et mention sera faite au procès-verbal de l'absence de l'officier de police.

Art. 24. — Les arpenteurs ne pourront, sous quelque prétexte que ce soit, enlever ou déplacer des bornes, ni remplacer celles qui auraient été enlevées ou qui seraient tombées de vétusté, qu'en présence et de l'accord de toutes les parties intéressées, sinon par autorité de justice.

Art. 25. — Néanmoins, en cas de contestation survenue sur les lieux entre les parties présentes, lors d'une opération d'arpentage, celle qui se croirait exposée à être lésée pourra faire opposition en présence de l'officier de police ou de son représentant, lequel sera tenu de faire discontinuer l'opération, et l'arpenteur ne pourra passer outre. La partie opposante sera obligée de faire vider le litige dans le délai des ajournements, par le juge de paix de la commune, à peine de tous dommages-intérêts.

Dans tous les cas, la partie qui succombera dans le jugement de l'opposition sera condamnée aux frais de transports et autres qui auront été occasionnés par l'opposition.

Lorsque l'arpenteur sera obligé de discontinuer son opération, il placera, non des bornes, mais des piquets de remarque, et en dressera procès-verbal.

FORMULE N° 248.— Citation pour faire vider l'opposition à une opération d'arpentage.

L'an....., à la requête de ....., j'ai ..., huissier....., etc., cité le citoyen B..., etc., à comparaître le....., etc.

Pour, attendu que le requérant est opposant à l'opération d'arpentage commencée le..... du mois courant, à....., sur un terrain limitrophe à la propriété du requérant, par l'arpenteur N..., et sur la réquisition dudit citoyen B...;

Attendu que cette opération lèse les intérêts du requérant, en ce que (*spécifier les motifs de l'opposition*);

Voir recevoir l'opposition du requérant; en conséquence, déclarer nulle l'opération commencée, faire défense au citoyen B... de.....; condamner ledit ... à ..... de dommages-intérêts, vu le tort occasionné au requérant par le fait dudit citoyen B...;

Pour, en outre, répondre et procéder comme de raison à fin de dépens.

A ce que le susnommé n'en ignore, etc.

Art. 26. — Toute revision sera faite par trois arpenteurs choisis, l'un par le réclamant, l'autre par l'arpenteur dont l'opération est contestée, et le troisième par les deux autres ou, à défaut, par le juge de paix de la commune dans laquelle est située la propriété qui fait l'objet de la contestation.

Art. 31. — Dans le cas de revision ou de contre-revision, le réclamant sera tenu, avant tout préalable, de déposer à la justice de paix le montant des frais qu'elles pourront occasionner.

Art. 32. — Le procès-verbal de revision ou de contre-revision sera transcrit à la suite de la minute primitive, et les nouveaux plans seront figurés sur l'ancien.

Les expéditions et plans ne pourront être délivrés qu'avec toutes ces additions, à peine de cinquante gourdes d'amende prononcée par le juge de paix contre l'arpenteur contrevenant (1).

---

(1) Cette amende doit être calculée à la moitié en piastres fortes, en vertu de l'art. 2 de la loi du 10 août 1877.

Art. 36. — Les copies des plans et les expéditions des procès-verbaux seront certifiées conformes et signées par l'arpenteur : elles ne pourront être délivrées, à moins d'ordonnance du juge de paix, qu'au propriétaire du terrain arpenté, ou à ses héritiers et ayants cause, à peine, contre l'arpenteur, d'une amende de cinquante gourdes (*c'est-à-dire vingt-cinq piastres*), sans préjudice des dommages et intérêts des parties : le tout, sauf le cas prévu en l'article 13 ci-dessus.

Art. 38. — Chaque arpenteur tiendra un répertoire où il enregistrera sommairement, par ordre de dates et de numéros, tous les procès-verbaux de ses opérations.

Ce répertoire, avant d'être employé, devra être coté et parafé, en la première et en la dernière page, par le juge de paix de la commune, et visé par lui, tous les six mois, ainsi que par le receveur de l'enregistrement.

Des Contraventions.

Art. 40. — Toutes opérations qui seront faites en contravention aux articles 7, 8, 11, 20 et 24 ci-dessus seront annulées par le juge de paix : dans ces différents cas, l'arpenteur en défaut supportera les frais, sans préjudice des dommages-intérêts des parties, s'il y a lieu.

L'arpenteur contrevenant pourra, en outre, être condamné à la suspension de ses fonctions, par le juge de paix, pendant trois mois au moins et six mois au plus, même à la destitution, par qui de droit, s'il y a récidive de sa part.

LOI ADDITIONNELLE A LA LOI ORGANIQUE

19 Juillet 1847

Art. 6. — Les commissaires du gouvernement et leurs substituts près les tribunaux civils seront tenus de faire, à tour de rôle, des tournées dans toute l'étendue de leurs ressorts respectifs, afin d'inspecter les justices de paix et de s'assurer de la manière dont la justice est répartie aux citoyens.

Ils vérifieront également la comptabilité des greffiers et toutes les perceptions qui aboutissent aux greffes, et ils dresseront, s'il y a lieu, contre les délinquants, tous procès-verbaux à fin de poursuites criminelles.

Ils recevront, à cet effet, des instructions du secrétaire d'État de la justice qui ordonnera lui-même les tournées, lorsqu'il le jugera convenable.

LOI DU 11 JUILLET 1859

Art. 2. — Les huissiers des tribunaux de paix, hors du lieu où siègent un tribunal civil et un tribunal de commerce, feront, concurremment avec les huissiers de ces tribunaux, tous les actes de leur ministère.

LOI SUR LE NOTARIAT

26 Août 1862

Art. 30. — En cas de destitution, démission, mutation ou décès d'un notaire, le juge de paix du lieu est tenu d'apposer immédiatement les scellés sur ses minutes et répertoires.

Le notaire qui sera appelé à le remplacer requerra la levée des scellés et prendra possession sous inventaire, dont un double sera remis au greffe du tribunal civil du ressort, des minutes et répertoires trouvés dans l'étude vacante, et délivrera, lorsqu'il en sera requis, toutes expéditions desdites minutes. Le notaire successeur tiendra compte à son prédécesseur, ou aux héritiers de celui-ci, de la moitié du bénéfice sur les expéditions des actes qui n'auraient pas encore été délivrées lors du remplacement.

Durant la suspension d'un notaire, le secrétaire d'État de la justice désignera celui qui pourra délivrer aux requérants les expéditions des minutes du notaire suspendu, aux mêmes conditions que dessus.

CODE RURAL

27 Octobre 1864

Art. 28. — Lorsqu'il surviendra des difficultés ou des différends entre les propriétaires et les fermiers, gérants ou contractants, la partie la plus diligente portera ses plaintes et réclamations à l'officier de la police rurale de la section, lequel, après avoir fait appeler et entendu les deux parties contradictoirement, tâchera de les concilier dans les vingt-quatre heures.

ART. 29. — Celle des deux parties qui ne voudra pas se rendre aux avis de l'officier de la police rurale pourra porter le différend devant le juge de paix de la commune, lequel statuera définitivement dans le même délai de vingt-quatre heures, les parties appelées, sauf recours si la décision du juge de paix est susceptible d'appel.

LOI

PORTANT MODIFICATION A CELLE DU 21 AOUT 1862 SUR LA RÉGIE
DES IMPOSITIONS DIRECTES

24 Octobre 1876

Des Patentes.

ART. 5. — Le conseil communal, après s'être assuré de la sincérité des déclarations, classera les patentes à délivrer d'après le tarif établi.

Le tableau des patentes sera dressé en conformité du modèle de la comptabilité communale et sera expédié au juge de paix de la commune, qui devra l'afficher devant la porte de son tribunal.

ART. 12. — Aucune rétribution, hors le coût du papier timbré, n'est due pour la délivrance du certificat de la déclaration faite au bureau du conseil communal, ni pour la délivrance de la patente, ni pour son enregistrement. Toute contravention à cette prohibition constitue une concussion punissable par la loi pénale.

ART. 18. — La patente doit être prise, chaque année, du 1er octobre au 1er novembre au plus tard.

Toute personne sujette à la patente qui ne l'aura pas prise cinq jours après le délai fixé, sera, sur la dénonciation du receveur communal, condamnée par le juge de paix à une amende de cinquante centimes par chaque jour de retard, plus dix pour cent du montant de la patente qu'elle aurait dû prendre (1).

---

(1) Le Juge de paix est ici le Juge de police.

L'amende, ainsi que le montant de la patente et des frais, seront, quarante-huit heures après la condamnation, s'ils ne sont pas payés, saisis d'office par le juge de paix sur les marchandises, denrées, meubles ou effets quelconques appartenant aux retardataires.

Les objets saisis seront, à bref délai, vendus à la criée publique jusqu'à concurrence des sommes à recouvrer. Les dispositions contenues dans le présent paragraphe ne portent pas préjudice à l'article 36 du Code pénal touchant la contrainte par corps.

ART. 21. — Les patentes obtenues du conseil communal seront immédiatement présentées au juge de paix, qui les enregistrera, les visera, et en fera mention en marge de la déclaration.

Les patentes, auxquelles aucune pièce ne pourra suppléer, ne valideront qu'autant qu'elles seront revêtues du visa du juge de paix.

ART. 23. — Tout bâtiment, pour naviguer sous le pavillon national, doit avoir été construit dans le pays ou être reconnu propriété haïtienne, tant par les pièces authentiques de l'acquisition que par la prestation de serment qui sera exigée de l'armateur, par le juge de paix, afin de s'assurer, avant de délivrer la patente, que le bâtiment est à lui, et qu'aucun étranger n'y a un droit de propriété.

Si le bâtiment se trouve dans un port autre que celui où est domicilié l'armateur, celui-ci pourra être représenté, pour le serment, par le capitaine ou par un fondé de pouvoir spécial.

Pour obtenir la patente il faut, en outre, produire un certificat signé du chef des mouvements du port, constatant les désignations, dimensions et tonnage du bâtiment ; ce certificat sera délivré sous la responsabilité personnelle dudit chef des mouvements du port et enregistré, sans frais, à la douane du lieu.

ART. 25. — Dans le cas de la perte d'une patente, la déclaration pour en avoir un duplicata sera adressée au juge de paix, lequel, après vérification de l'enregistrement, délivrera la nouvelle expédition, en mettant une apostille en marge du registre et en faisant mention si ladite expédition est deuxième, troisième, etc.

ART. 31. — La liste des négociants consignataires et des marchands en gros sera affichée non seulement aux justices de paix et aux conseils communaux, mais encore à la porte du tribunal de commerce et au bureau du chef de la police de chaque port ouvert au commerce extérieur.

ART. 32. — Aucune demande ne pourra être faite, aucune action ne pourra être intentée par les personnes soumises au droit de patente, ni être admise par les autorités constituées ou par les tribunaux, si la pétition, la requête ou l'exploit d'ajournement ne porte le numéro de leur patente pour l'année dans le cours de laquelle la demande est présentée, ou l'action intentée.

Néanmoins, en cas d'omission de la formalité ci-dessus indiquée, la production de la patente devant les tribunanx ou toutes autres autorités équivaudra à l'accomplissement de la formalité.

Art. 34. — Le juge de paix et le ministère public sont tenus, à peine de destitution, de poursuivre sans délai toute infraction à la présente loi, qu'ils auront découverte ou qui leur aura été signalée.

Art. 35. — Toutes amendes prononcées, soit par le juge de paix, soit par le tribunal correctionnel, pour infraction à la présente loi, appartiendront, moitié à qui aura découvert ou signalé l'infraction, et moitié à la caisse communale.

De l'Impôt locatif.

Art. 44. — Pour parvenir à déterminer la valeur locative ou le produit annuel de chaque propriété assujettie à l'impôt, le conseil communal se fera présenter les baux à fermes et à loyers, et s'il n'y en a pas, il consultera les locataires ou fermiers, pour connaître ce qu'ils paient par mois ou par année ; à défaut ou en cas d'insuffisance de ces renseignements, comme aussi lorsque le propriétaire occupera par lui-même sa propriété, le conseil communal fera apprécier la valeur locative ou le produit annuel de la propriété par deux arbitres, dont l'un sera à son choix, et l'autre désigné par la partie intéressée.

Après le délai de huitaine, si cette partie n'avait pas fait connaître son arbitre, elle ne sera point recevable à réclamer contre la décision de l'autre arbitre.

En cas de partage, les deux arbitres désigneront, dans les vingt-quatre heures, un tiers arbitre pour les départager ; faute par eux de s'entendre sur le choix, le juge de paix le nommera d'office sur la réquisition du conseil communal.

Art. 45. — Aussitôt que le conseil communal aura réuni les renseignements nécessaires, il inscrira sur le rôle les noms des contribuables, la nature du bien imposé, son produit annuel et la série de numéros.

Le rôle devra être confectionné le 15 septembre au plus tard.

Il sera expédié par le receveur communal au juge de paix de la commune, qui l'affichera devant la porte de son tribunal.

L'impôt locatif sera perçu, à partir du 1er octobre, par le receveur au bureau de la commune.

. . . .

ART. 46. — Il sera, dès le 15 novembre, procédé contre tout retardataire de la façon indiquée dans l'article 21 de la présente loi.

L'amende à prononcer dans ce cas sera de 25 centimes par chaque jour de retard, plus 5 °/₀ du montant de l'impôt locatif qui sera dû.

———

LOI DU 17 NOVEMBRE 1876

PROMULGUÉE LE 20

ART. 2. — Les articles 1, 2, 22, 83, 401 et 930 du Code de procédure civile, actuellement en vigueur, sont modifiés de la manière suivante : . . . .

ART. 83. — Si celui qui est assigné demeure hors du territoire haïtien, le délai sera :

1° Pour ceux demeurant dans les Antilles et sur tout le continent américain, de cent jours francs ;

2° Pour ceux demeurant au delà de l'un ou de l'autre océan, de deux cents jours francs.

ART. 401. — Seront réputés matières sommaires et instruits comme tels : les appels des juges de paix, etc.

———

LOI SUR LE TIMBRE

31 Octobre 1876

PROMULGUÉE LE 4 NOVEMBRE

ARTICLE PREMIER. — Dès la promulgation de la présente loi, il y aura huit timbres, savoir :

Le premier de. . . . . .P. » 05
Le deuxième de. . . . . » 10

Le troisième de. . . . . P. » 20
Le quatrième de. . . . . » 35
Le cinquième de. . . . . » 70
Le sixième de 1 35
Le septième de . . . . 2 »
Le huitième de. . . . . 4 »

Art. 2. — Les timbres de cinq centimes seront faits sur une demi-feuille de papier et les autres sur une feuille entière.

Art. 3. — La présente loi, à laquelle est annexé le tarif suivant, etc.

TARIF

ACTES SOUS SEING PRIVÉ.

Toute quittance de n'importe quelle somme ou valeur, la feuille. . . . . P. » 05
Tous actes ne stipulant aucune somme en espèce, la feuille. . . . . » 10

Droits proportionnels.

Obligations, billets et autres notes stipulant une valeur en espèces ou en nature n'excédant pas la somme de P. 500, la feuille » 10
—   1.000,   — » 20
—   2.000,   — » 35
—   3.000,   — » 70
    10.000,   — 1 35
Au delà de   10.000,   — 2 »

ACTES NOTARIÉS. — Droits fixes.

Toutes quittances, de n'importe quelle somme ou valeur, la feuille . . . . P. » 10
Tous actes ne stipulant aucune somme ou valeur, la feuille , ... » 10
Actes de Sociétés, de séparations. . . . . » 35
Inventaires. . . . . » 10
Contrats de mariage. . . . . » 35

Droits proportionnels.

Ventes d'animaux, ventes et donations de meubles, ventes, échanges, donations d'immeubles, obligations, baux à ferme ou à loyers et autres actes stipulant une valeur en espèces ou en nature n'excédant pas :

La somme de	P.	1.000, la feuille	P.	» 20
—		2.000,	—	» 35
—		4.000,	—	» 70
—		10.000,	—	1.35
Au delà de		10.000,	—	2 »

Pour déterminer la valeur du papier timbré d'un bail, on additionnera les termes de la durée, et le total servira de base à la valeur du timbre.

ACTES DE L'ÉTAT CIVIL.

Actes de mariage, la feuille	P.	» 20
Divorce, la feuille		4 »
Tous actes ou extraits		» 10

ACTES DE JUSTICE DE PAIX.

Cédules, la feuille	P.	» 5
Requête à la Justice de paix, la feuille		» 5
Jugements		10 »
Tous autres actes ou extraits		10 »

ACTES DES TRIBUNAUX CIVILS.

Requêtes, exploits, actes préliminaires, la feuille	P.	» 10
Jugements		» 20

ACTES DU TRIBUNAL DE CASSATION.

Requêtes, mémoires et autres actes, la feuille	P.	» 20
Arrêts, la feuille		» 35

ACTES DE COMMERCE. — *Droits fixes.*

Chaque feuille du Livre-Journal et de celui des inventaires, timbre de . . . . P. » 05

Patentes, y compris les quittances, la feuille de. . . P.   » 10
Connaissements à l'intérieur . . . .   » 10
     —   à l'étranger . . . .   » 70
Permis d'embarquement et de débarquement aux douanes
pour le commerce extérieur, la feuille. . . . .   » 05
Bordereaux de droits, la feuille de. . . . .   » 35
Rôles d'équipages des bâtiments allant à l'étranger, la
feuille de. 1 35
Rôles des caboteurs, la feuille de. . . . .   » 10
Acquits-à-caution pour caboteurs, la feuille de. . . . . .   » 05
Permis d'embarquement, la feuille de. . . . .   » 05
Police d'assurance . . . .   » 55

Droits proportionnels.

Comptes courants, comptes de ventes, factures n'excédant pas :

La somme de . . . . . . P.   1.000, la feuille . . . .   » 20
    —   . . . .   2.000,   —   . . . .   » 35
    —   . . . .   4.000,   —   . . . .   » 70
    —   . . . .   10.000,   — 1 35
Au delà de. . . . .   10.000,   —   . . . .   2 »

Autres actes. — *Droits fixes.*

Permis pour vaquer dans une commune, d'une commune à une
autre, d'un arrondissement à un autre, papier libre.
Pour aller à l'étranger, la feuille. . . . . P.   4 »
Pétitions aux autorités et autres pièces et actes, papier
libre.
Tous actes et pièces non prévus devant servir en justice ou
être présentés à une autorité, la feuille (1). . . . . . . P.   » 10

---

(1)   LOI SUR LE TIMBRE

10 Avril 1827 (a)

Article premier. — Le droit du timbre est établi sur tous les papiers destinés aux actes civils et judiciaires, et aux écritures qui peuvent être produites en
justice, et y faire foi.

. . . .

Art. 3. — Quiconque sera porteur d'un acte fait sur papier libre, quand la loi

(a) Il y a aussi une loi du 3 juin 1857 et une du 10 octobre 1863 sur le Timbre.

LOI

QUI RÈGLE EN MONNAIE FORTE LES AMENDES, DEPÔTS, CONSIGNATIONS,

DOMMAGES-INTÉRÊTS CONSACRÉS

DANS LES DIFFÉRENTS CODES *et autres lois* DE LA RÉPUBLIQUE

10 Août 1887

ARTICLE PREMIER. — Sera réglé en monnaie forte à 25 °/₀ des chiffres portés en monnaie nationale, le taux des amendes, dépôts, consignations et dommages-intérêts prescrits :

1° A l'article 1970 du Code civil ;

2° Aux articles 942 et 947 du Code de procédure civile ;

---

veut qu'il soit fait sur papier timbré, sera condamné à une amende égale à vingt fois la valeur du timbre auquel l'acte est assujetti.

Si l'acte est fait sur papier d'un timbre inferieur à celui qui est prescrit, l'amende sera égale à vingt fois la valeur du complément du timbre.

ART. 4. — Ces amendes seront prononcées par le juge de paix, soit d'office, soit sur la dénonciation des fonctionnaires publics qui auront reconnu la contravention. Lesdits juges enverront la sentence de condamnation à l'agent administratif du lieu, pour qu'il en ordonne la recette. Ils en enverront aussi une copie au Secrétaire d'État ; cette copie devra être revêtue de la signature de l'agent administratif.

ART. 5. — Tout acte frappé d'amende et portant la quittance de l'agent administratif qui l'aura perçue ne deviendra légal qu'après avoir été soumis aux formalités du timbre.

ART. 23. — Les écritures privées qui auraient été faites sur papier non timbré ne pourront être produites en justice, sans avoir été soumises au timbre et aux contrôles.

ART. 24. — Il est fait defense aux notaires, huissiers, greffiers, arbitres et experts d'agir, aux juges de prononcer aucun jugement, et aux administrations publiques de rendre aucun arrêté, sur un acte ou pièce non ecrit sur papier timbré du timbre prescrit.

Aucun Juge ou officier public ne pourra non plus coter et parafer un registre assujetti au timbre si les feuillets n'en sont timbrés.

ART. 25. — Il est également fait défense à tout receveur de l'enregistrement

3° Aux articles 24, 64, 65, 115, 146, 152, 276, 287, 301, 302, 310, 326, 330, 339, 350, 351, 352, 364, 375, 429, 440 et 441 du Code d'Instruction criminelle;

4° Aux articles 86, 96, 99, 137, 138, 145, 146, 148, 153, 154, 155, 157, 158, 160, 168, 179, 185, 194, 212, 237, 238, 264, 265, 278, 287, 320, 332, 341, 342, 343, 345, 349, 350, 352, 353, 355, 358, 359, 405 et 406 du Code pénal.

ART. 2. — Seront calculés à la moitié en piastres fortes les chiffres portés en monnaie nationale pour amendes, dépôts, consignations et dommages-intérêts non mentionnés à l'article ci-dessus et qui peuvent se trouver prescrits dans les Codes et autres lois de la République.

ART. 3. — Seront fixés à cinquante piastres (P. 50), les chiffres mentionnés aux articles 137, 172 et 304 du Code d'instruction criminelle et à cent piastres (100), ceux portés aux articles 130 et 132 du Code pénal.

---

d'enregistrer aucun acte ou pièce qui ne serait pas sur papier timbré du timbre prescrit.

ART. 26. — Les contrevenants, dans les cas prévus aux deux articles précédents, encourront les amendes déterminées par l'article 3.

ART. 27. — Le papier timbre qui aura été employé à un acte quelconque ne pourra plus servir pour un autre acte, quand même le premier n'aurait pas été achevé.

ART. 28. — Il ne pourra être fait ni expédié deux actes à la suite l'un de l'autre, sur la même feuille de papier timbré, nonobstant tout usage contraire.

Sont exceptés les ratifications des actes passés en l'absence des parties, les annexes, les quittances de prix de ventes, et celles de remboursement de contrat de constitution ou obligation, les inventaires, procès-verbaux de reconnaissance et levée de scellés qu'on pourra faire à la suite du procès-verbal d'apposition, et les significations des huissiers qui peuvent également être écrites à la suite des jugements et autres pièces dont il est délivré copie.

Il pourra aussi être donné plusieurs quittances sur une même feuille de papier timbré, pour acompte d'une même créance.

ART. 29. — Tout acte fait ou expédié en contravention aux articles 27 et 28 ci-dessus n'aura pas plus d'effet que s'il était sur papier non timbré.

LOI

(*Les articles 1er à 24, 156, 157, 158 et 168 se trouvent déjà trans-crits suprà aux chapitres I, III et IV du Livre II.*)

ART. 25. — Les gardiens, séquestres, interprètes judiciaires, té-moins et experts, en matières civiles et commerciales dont la connaissance appartient aux juges de paix, percevront la moitié de la taxe qui leur est allouée en matière de la compétence des Tribu-naux civils et de commerce.

Et voici cette taxe :

Taxe des gardiens, séquestres, interprètes judiciaires, témoins, experts et recors en matière civile.

ART. 69. (Proc. civ. 319.) — Il est alloué aux experts, pour chaque vacation de trois heures, quand ils opéreront dans les lieux où ils sont domiciliés (à chacun, par vacation), P. 1,25.

ART. 70. — Il leur est alloué deux vacations, l'une pour leur pres-tation de serment, l'autre pour le dépôt de leur rapport, chacune de P. 1.

Si le rapport n'est déposé que par un seul expert, il n'est dû qu'un seul droit.

ART. 71. — Il est alloué aux interprètes judiciaires :

1° Pour vacation en toutes affaires civiles, commerciales, correc-tionnelles ou criminelles, toutes les fois qu'ils en seront requis par vacation de trois heures, P. 2.

Chacune de ces vacations est due, encore que l'interprète n'y ait pas été employé trois heures.

2° Pour chaque traduction d'actes, par rôle de vingt lignes à la page et de douze syllabes à la ligne, P. 1.

ART. 72. (Proc. civ., 209, 233.) — Il sera taxé aux experts en vérification d'écritures et en cas d'inscription en faux incident par chaque vacation de trois heures, P. 1,25.

Il ne leur sera rien alloué pour prestation de serment ni pour dépôt de leur procès-verbal, attendu qu'ils opèrent devant le juge et le greffier.

ART. 73. (Proc. civ., 202, 205, 206, 222, 226.) — .....

ART. 74. — Il est alloué aux témoins appelés aux affaires civiles, par audition, P. 0,50.

ART. 75. — Si les témoins, experts ou dépositaires sont appelés à se transporter hors de la ville où ils demeurent, ils percevront, par lieue, pour leur transport, P. 1.

ART. 76. — Il est alloué aux gardiens ou séquestres, pour garde des scellés, des objets saisis et autres, par jour, P. 0,25.

ART. 77. — Il est alloué à chaque recors assistant à l'exécution de la contrainte par corps, P. 1.

LOI SUR LA PENSION CIVILE ET MILITAIRE

24 Septembre 1884

ARTICLE PREMIER. — La loi du 19 Novembre 1864 sur les pensions civiles, et celle du 24 Novembre même année, sur les pensions militaires, abrogées par la loi du 21 juillet 1871, sont remises en vigueur, sauf les dispositions des articles 18 et 36 de la loi du 19 Novembre 1864, qui sont modifiées comme suit :

ART. 18. — Tout citoyen aura droit à une pension sur le Trésor public lorsqu'il aura atteint l'âge de 60 ans révolus et aura rempli pendant trente années un service actif dans l'une ou plusieurs des fonctions législatives, judiciaires ou administratives énumérées au tableau annexé à la présente loi.

ART. 3. — A partir de la promulgation de la loi, les retenues suivantes seront faites par l'Administration des finances sur tous les appointements et traitements des fonctionnaires civils et employés publics énumérés au tableau ci-annexé, lesquelles retenues donneront droit à la pension :

1° Retenue d'un pour cent par mois;

2° Retenue d'un premier douzième d'augmentation sur les appointements et traitements ;

3° Retenue du premier douzième de nomination d'entrée en fonction.

———

LOI SUR LE TAUX DE L'INTÉRÊT LÉGAL DE L'ARGENT

Octobre 1885

ARTICLE PREMIER. — L'intérêt légal sera, tant en matière civile qu'en matière de commerce, de six pour cent (6 °/₀) par an.

FIN

TABLE ALPHABÉTIQUE
DES FORMULES

A

	Nos	Pages
Acte d'appel.	34	208
— de congé de location.	169	493
— de consignation à fin de requête civile.	114	355
— de notoriété pour constater des droits de propriété. 228 et 229		630-631
— — pour constater l'absence d'un ascendant.	226	627
— — pour suppléer à l'acte de naissance.	225	626
- — — à un acte de décès.	227	628
— de récusation	82	293
— de réquisition d'envoi. 86,	87	296
— d'opposition à un jugement par défaut.	40	226
— pour le rejet d'une pièce arguée de faux.	31	202
Affirmation du tiers saisi	134	384
Annonce.	148	417
Assignation à la partie (enquête).	217	611
— à l'opposant (homologation de délibération de conseil de famille).	195	570
— aux témoins	216	610
Attestation du greffier (exécution par un tiers	123	367

B

Bordereau d'inscription hypothécaire	211 *bis*	605

C

Cédule	4	161
— au cas de refus de représenter une pièce arguée de faux.	27	200
— de commise d'huissier.	8	176
— de convocation du Conseil de famille	184	558
— ordonnant le transport sur les lieux après le commencement de l'enquête	68	272
— pour abréger les délais.	12	181

	Nos	Pages
Cédule pour appeler des experts.	58, 76	253-284
— pour citer les témoins	66	266
Certificat — saisie-arrêt.	133	382
— de la partie poursuivante touchant un jugement à exécuter par un tiers.	122	367
— d'indigence.	244	650
Citation	5	168
— à fin de résolution de la vente d'un animal atteint de vice rédhibitoire.	168	491
— à la partie qui refuse de présenter au parafe une pièce arguée de faux.	28	200
— à l'effet de nommer un gérant à l'exploitation d'une ferme, etc.	142	413
— aux experts	59, 77	253-285
— aux ouvriers à fin de discontinuation de travaux . .	50	241
— aux témoins et sommation de comparaître	67	267
— en cas d'urgence	48	240
— en complainte.	45	237
— en conciliation	174	533
— en dénonciation de nouvel œuvre	47	240
— en garantie formelle.	62	259
— — simple	61	259
— en réintegrande.	51	242
— en tierce opposition	109	347
— en validité de saisie-gagerie	161	459
— pour faire vider l'opposition à une opération d'arpentage.	248	664
Commandement qui précède une saisie-gagerie	157	458
— tendant à saisie-exécution.	139	407
Commise d'huissier.	8	176
— — à l'effet de signifier le jugement qui prononce la contrainte par corps. . . .	151	446
Commissions rogatoires	212 et suiv.	607
Comparution en personne	17	190
Compromis par acte sous seing privé.	207	599
Conclusions . . . . Voir n°	5	168
Condamnation à l'emprisonnement (mention sur la feuille d'audience)	18	191
— pour insulte, etc.	19	191
Congé de location.	169	493
Conseil de famille.	184 et suiv.	558
Consentement à mariage d'un mineur par le Conseil de famille.	189	569
Constitution du tribunal arbitral.	208	600
Cote et parafe (registres, répertoires, etc.)	247	653

D

	N°ˢ	Pages
Décision du Conseil de famille sur l'excuse du subrogé tuteur .	190	567
Déclaration constatant que le demandeur au pétitoire à pleinement satisfait aux condamnations prononcées contre lui au possessoire.	56	251
— de pourvoi en cassation	163	478
— des parties qui demandent jugement.	14, 15	185
— et prestation de serment de l'étranger qui désire se naturaliser Haïtien	224	624
— du juge portant acquiescement à la récusation . . .	84	294
— du tiers saisi et acte de dépôt	134	384
— portant refus avec réponse aux moyens de récusation.	85	294
Demande en déclaration de jugement commun ou intervention forcée.	107	337
— en homologation d'une délibération du Conseil de famille contre le tuteur	193	569
— en intervention par citation.	105	336
— en mainlevée de saisie-arrêt	131	381
— en requête civile par citation	115	356
— en validité de saisie-arrêt	129	378
Dénonciation de la demande en validité.	130	379
— du tiers saisi au premier saisissant.	136	385
Déplacement de bornes.	45 bis	239
Déport du juge.	88	299
Descente sur les lieux.	73	281

E

Émancipation par le père ou la mère.	232	635
— par le Conseil de famille.	233	635
Emprisonnement.	153 et suiv.	447
Enquête	69, 219	274-615
Exécutoire délivré à un officier public, pour le remboursement du droit d'enregistrement	242	648
Exploit	5 et suiv.	168
— de saisie-arrêt	128	376

F

Feuille d'audience	37	217
Formule exécutoire.	37 bis, 97	217-320

G

	Nos	Pages
Garantie.	60 et suiv.	258
Grosse.	97 *bis*	321
— (seconde).	182, 183	544

H

Homologation de délibération de Conseil de famille. .	192 et suiv.	568

I

	Nos	Pages
Injonction au greffier de la justice de paix de délivrer une expédition ou autre acte de son ministère.	181	543
— à un receveur de l'enregistrement de délivrer un extrait de ses registres, à un tiers qui n'est pas partie dans l'acte enregistré.	241	647
Inscription de faux.	24 et suiv.	198
Interrogatoire de l'équipage d'un navire, en cas de naufrage. .	239	644
— sur faits et articles, ...	222	617
Intitulé	37 *bis*	217

J

	Nos	Pages
Jugement avec mandement	97	320
— arbitral.	210	601
— contradictoire ordonnant une opération.	57	252
— de défaut-congé	38	223
— de disjonction, sauf à statuer sur la demande en garantie	64	262
— définitif.	28	200
— définitif et en dernier ressort sur l'enquête	72	279
— — qui fait droit à la demande possessoire . . .	55	246
— — qui rejette.	54	245
— de mise en cause d'un garant. . . . . : .	60	258
— de remise après une abréviation de délai.	13	182
— d'incompétence prononcée d'office	101	327
— interlocutoire	32	205
— — au possessoire ordonnant une enquête.	53	244
— nommant des experts	75	284
— ordonnant la caution *judicatum solvi*	98	324
— la comparution en personne	17	190
— l'exécution provisoire	35	212
— réassignation	10	179

	Nᵒˢ	Pages

	Nᵒˢ	Pages
Jugement ordonnant une enquête.	65	266
— par défaut contre le défendeur	39	223
— préparatoire.	32 *bis*	205
— qui ordonne le dépôt des pièces. . . .	21	193
— prononçant le renvoi.	99	325
— qui accorde mainlevée de l'opposition	132	382
— qui admet la tierce-opposition	113	359
— qui constate le partage.	22	194
— qui donne acte de la non-reconnaissance d'écriture. .	25	199
— d'une déclaration d'inscription de faux	24	198
— d'une demande en intervention faite à l'audience	106	336
— d'un serment.	96 *bis*	307
— qui ordonne le renvoi d'une cause pour connexité. .	102	329
— une visite des lieux.	73	281
— qui prononce un sursis jusqu'à ce qu'il ait été statué sur la tierce opposition	110	349
— qui proroge le délai d'opposition	42	228
— qui rejette la tierce opposition, ...	112	349
— l'incompétence	100	326
— qui statue tout à la fois sur la saisie-arrêt et sur la déclaration affirmative	137	387
— qui suspend l'exécution d'un jugement attaqué en tierce opposition	111	349
— sur contestation d'une caution.	120	362
— sur exception de nullité admise.	103	329
— sur exceptions couvertes par la défense au fond. . .	104	331
— sur la demande en validité, quand la saisie-arrêt est faite sans titre en vertu d'un titre non-exécutoire.	138	387
— sur la demande principale et la demande en garantie.	63	261
— sur la requête civile	116	356
— sur opposition.	41	227
— qui relève de la tardivité de l'opposition	43	229
— sur visite des lieux et expertise, et en dernier ressort	81	290

L

| Légalisation . . . . | 180 | 342 |
| Licence pour avoir des canots pour la pêche, ou l'usage d'une habitation . . . . | 240 | 646 |

M

	Nᵒˢ	Pages
Mandat ou procuration	16	190
Mandement	97	320
Mention de non-comparution	178	540
Modifications à la formule générale d'assignation, relativement à la qualité de défendeur	91-96	304
Modifications à la formule générale des citations relativement aux personnes signifiées	6	169
— relativement aux requérants	7	169
Moyens de cassation	164	478

N

Naturalisation	224	624
Non-conciliation	177	537
Notification au subrogé tuteur du procès-verbal qui le nomme	187	563
— de l'ordonnance pour interrogatoire sur faits et articles	221	616
Notoriété (actes de)	225 et suiv.	626

O

Opposition à la vente d'objets saisis qui n'appartiennent pas à la partie saisie	143	413
— à levée de scellés par déclaration sur le procès-verbal d'apposition	202	590
— à levée de scellés par déclaration sur le procès-verbal par exploit	203	590
— à l'homologation d'une délibération de conseil de famille	194	569
— à l'ordonnance d'exequatur	211	603
— à un jugement par défaut	40	226
— au prix de la vente d'objets saisis	144	414
Ordonnance à mettre au bas de l'acte qui commet le juge pour procéder à l'interrogatoire sur faits et articles	220	616
— au pied d'une requête pour obtenir prorogation de délai	44	229
— de réassignation	11	180
— d'exequatur	210 bis.	602
— d'injonction au greffier de la justice de paix de délivrer une expédition ou acte de son ministère	181	543

		Nºs	Pages
Ordonnance d'injonction à un receveur de l'enregistrement de délivrer un extrait de ses registres à un tiers qui n'est pas partie dans l'acte enregistré. . .		241	647
—	du juge de paix portant permission de faire apposer les scellés	196	581
—	du juge de paix pour une saisie-arrêt	127	375
—	du Juge de paix sur la demande du père qui veut faire détenir son fils	231	634
—	pour assigner les témoins	215	610
—	pour constater l'état des marchandises transportées.	236	640
—	pour emprunter sur le corps et quille d'un navire.	237	641
—	pour faire délivrer une seconde grosse	183	544

P

	Nºs	Pages
Parafe	246	652
Parlant à (remarques sur le)	Voir n° 5	168
Permission du juge (saisie-gagerie)	159	459
Perquisition de testament. . . . . V.	198	584
Plumitif	36	216
Points de fait et de droit. . . . . V.	23	194
Pourvoi contre la décision du conseil de famille	191	568
Pouvoir pour paraître en conciliation	175	535
Pouvoir spécial donné à l'huissier pour exercer la contrainte par corps	125	371
Présentation de caution par citation	118	361
Prestation de serment de l'étranger qui désire se naturaliser Haïtien	224	624
— de serment par un fonctionnaire	245	651
Procès-verbal d'apposition de scellés avec incidents	198	584
— — — sans incidents	197	582
— d'audition d'un témoin à domicile	219	615
— de carence 141,	201	412-588
— de conciliation contenant les conditions d'un arrangement	176	537
— de consignation d'offres	156	454
— de délibération du conseil de famille. . . . 185,	186	559-561
— de distribution par contribution	150	423
— de levée des scellés	206	595
— d'emprisonnement et d'écrou	153	447
— de non-conciliation	177	537
— d'enquête. 69,	218	274-612
— de prestation de serment des experts	78	285
— — (com. rog.).	223	618

		N^{os}	Pages

Procès-verbal de rapport d'experts 80 287
— de rébellion dressé par l'officier insulté dans l'exercice de ses fonctions. 124 369
— de recommandation. 154 449
— de récolement à la requête du second créancier saisissant. 145 415
— de refus ou retardement de transcription . . . 234 637
— de saisie-exécution. 140 408
— de vente 149 417
— de visite des lieux avec assistance d'experts et jugement. 79 285
— d'expulsion du locataire. 171 494
— d'installation du juge de paix 246 652
— d'insulte ou irrévérence grave envers le Juge et condamnation à l'emprisonnement. 19 192
— d'interrogatoire sur faits et articles. 222 617
— d'offres réelles. 155 453
— d'ouverture de l'enquête. 214 609
— de paquets. 200 587
— en cas d'outrage. 20 192
Procuration par acte privé. 16 190
Prorogation de la contre-enquête. 71 277
Protêt faute de paiement 172 510

Q

Qualités. 6, 7, 9 169-176

R

Rapport du juge de paix délégué pour prendre connaissance des livres d'un commerçant et dresser procès-verbal de leur contenu. 235 639
— d'un capitaine de navire à son arrivée ou après relâche forcée ou volontaire. 238 643
Réassignation. 11 180
Réception de caution par commission rogatoire 213 608
Recommandation. 154 449
Récusation. . . . . 82 et suiv. 293
Refus de présenter au parafe une pièce arguée de faux. . . . 26 200
Registre. 2 147
Règlement par le conseil de famille de la dépense annuelle, etc. 188 563
Remise des exploits. 9 176

	Nos	Pages
Renvoi (jugement)	99	325
Répertoire de greffier.	1	139
— d'huissier	3	150
Réponse à la sommation à fin d'inscription de faux.	30	201
— par acte séparé à une présentation de caution. . . .	119	362
Réponses aux moyens de récusation	85	294
Requête à fin d'avoir permission de saisir-revendiquer. . . .	162	402
— à fin de nomination d'un tiers arbitre.	209	600
— à fin de saisir à l'instant et sans commandement préalable l s meubles et effets garnissant les lieux occupés par le locataire.	158	458
— à fin de saisir les effets du débiteur forain	160	459
— à fin d'homologation d'une délibération de conseil de famille.	192	568
— au tribunal civil pour contester les causes de déport.	89	299
— contenant demande en renvoi	90	300
— contre une demande en prise à partie.	167	482
— du père pour faire détenir son fils	230	633
— en prise à partie.	165	481
— et ordonnance pour assigner les témoins	215	610
— et ordonnance pour constater l'état des marchandises transportées.	236	640
— et ordonnance pour emprunter sur le corps et quille d'un navire.	237	641
— pour être autorisé à saisir-arrêter.	126	375
— pour être autorisé à saisir conservatoirement les meubles et effets d'un débiteur de lettre de change ou billet à ordre.	173	510
— pour obtenir une seconde grosse d'un jugement. . .	182	544
— présentée à un tribunal civil pour être autorisé à assigner en règlement de Juges.	108	339
Requête civile.	115, 116	356
Réquisition et ordonnance pour la levée des scellés.	204	595
Réquisition préalable à la prise à partie.	117	359

S

Sauf-conduit.	V. 69	274
Scellé	196 et suiv.	581
Serment déféré à une partie et reçu par le Juge de paix sur commission rogatoire	212	607
Signification de Jugement.	33	208
— de la déclaration du tiers saisi et acte de dépôt. .	135	384

	Nᵒˢ	Pages
Signification de l'arrêt d'admission (prise à partie).	166	482
— d'un jugement qui prononce la contrainte par corps avec commandement	152	446
Sommation à fin d'inscription de faux.	29	201
— à la partie saisie d'être présente à la vente lorsqu'elle n'a pas eu lieu au jour indiqué par le procès-verbal de saisie.	146	416
— au locataire de sortir et citation.	170	493
— à un tiers d'assister à l'ouverture d'un paquet. .	199	587
— au saisi d'assister à l'estimation des bijoux saisis sur lui.	147	416
— aux ouvriers de cesser les travaux.	49	241
— aux parties (levée des scellés).	205	595
— et citation à la partie qui refuse de présenter au parafe la pièce arguée de faux.	28	200
— préalable à la dénonciation de nouvel œuvre. . .	46	239
Soumission de la caution	121	363
Sursis au cas où le tribunal correctionnel est déjà saisi. . . .	52	242

V

Visa de l'acte de récusation	83	294
— du greffier de la justice de paix en cas de saisie immobilière.	179	541
— pour rendre exécutoire une contrainte décernée par un receveur de l'enregistrement.	243	649
Visite des lieux par le juge	74	281

TABLE ALPHABÉTIQUE ET ANALYTIQUE
DES MATIÈRES

―――――

(Le Chiffre indique la page.)

―――――

A

Abandon de navire pendant le voyage, 643.

Abréviation de délai, 180. (*Voy. Bref délai.*)

Abrogation de lois, 52.

Abstention du juge en matière de récusation, 294.

Acceptation de désistement, 343.

Accession, 66.

Achats — que la loi répute actes de commerce, 497.

Achats et ventes — comment constatés, 264, 508.

Acquiescement à un jugement, 39, 255, 316, 442, 466.

— déclaré par le juge de paix récusé, 294.

Actes :

Appel, 206.

Authentiques, 264, 509.

Copies, 150.

Délivrance, 542.

Divers de la juridiction gracieuse en matière commerciale, 639.

Écrou, 438.

Actes (*suite*) :

Enregistrement, 138.

— sur minute, 236.

État civil, 59.

Expédition, 676.

Frustratoires à la charge des officiers publics qui les ont faits, 484.

Grosse, 34, 320. (*Voy. Mandement.*)

Huissier, 166.

Notarié, 263, 509.

Notoriété : décès, 628 ; en cas de mariage, 625 et suiv. ; naissance, 626 ; titres perdus, 626 et suiv.

(Nullité des) de procédure, 483.

Passés en Haïti, exécutoires dans toute la république, 365.

Récusation, 293.

Reçus par les officiers étrangers, 365, 373.

(Rédaction des) d'huissier, 166.

Réputés de commerce, 513 et suiv.

Seconde grosse, 543.

Sous seing privé, 264, 509.

Synallagmatique, 68.

Voies à prendre pour en obtenir copie ou expédition, 542.

Actio judicati, 34. (*Voy. Effets du jugement.*)

Actions :

Définition, 12.

En garantie, 255 et suiv.

En réintégrande, 230.

Immobilières, 14, 15, 124.

Mixtes, 13.

Mobilières, 14, 124.

Pénales, 12.

Personnelles, 13, 124.

Pétitoires, 14.

Possessoires, 14, 15, 171, 230.

Pour dommages faits aux champs, fruits et récoltes, 171.

Privée, 12.

Publique, 12.

Qualités nécessaires pour exercer une action, 15.

Quel tribunal doit en connaître, 16.

Possessoires (notions générales, 230).

Choses qui peuvent ou non en faire l'objet, 231.

Compétence, 234.

Complainte, 231.

Délai dans lequel l'action doit être intentée, 232.

Dénonciation de nouvel œuvre, 231.

Preuve, 237.

Quand l'action a lieu, 237 et suiv.

Rapports du possessoire et du pétitoire, 247.

Recevabilité, 249, 255.

Réintégrande, 231.

Ad hoc (greffier), 142.

Adjudicataire (ventes de meubles), 405.

Adjudication des canots, barges et autres bâtiments de mer, 406.

Administrateurs des caisses publiques (saisies-arrêts formées entre leurs mains), 377.

Administrateurs des finances — l'État assigne en leur personne, 301.

Administration des biens des mineurs. (*Voy. Conseil de famille, Tutelle.*)

Administrations publiques, — comment assignées, 301.

Ad quem (jour), 309, 484.

Affaires de la compétence des juges de paix, 124, 125.

Affichage des jugements, 486.

Affiche, à la principale porte du tribunal, de l'exploit signifié à celui qui n'a aucun domicile connu en Haïti, 305.

Affinité (alliance), 157.

Affirmation du tiers saisi, 382.

Age requis pour être membre du corps judiciaire ou officier ministériel, 112.

— requis pour être à l'abri de la contrainte par corps, 426, 436.

Agents diplomatiques, 53, 503, 398.

Ajournement, 301.

Ajourner (conseil de famille), 551.

Aliments (saisie), 389.

Aller et retour (significations d'exploit), 484 et suiv.

Alliance, 157.

Amendes :

Cassation, 475, 612.

Comminatoires, 483.

Conciliation, 540.

Conseil de famille, 551.

Personnes publiques, 487.

Prise à partie, 479, 480.

Récusant, 296.

Témoins, 333.

Tierce opposition, 415.

Amiables compositeurs (arbitrage), 598.

Amovibilité, 112.

An, 163.

Anciennes ordonnances, 42 et suiv.

Animaux :

Dommages aux champs, etc., 171.

Saisie-exécution, 395, 397.

Animaux (*suite*) :

Annonce. Vente par suite de saisie, 404, 408, 416.

Anticipations. Usurpation de terres, 171, 272.

Antinomie-contradiction entre deux lois, 52, 54.

Appel, 124, 202, 206, 254.

Appelant, appellation, 206.

Appendice, 654.

Application des lois, 53.

Appointements dus par l'État; pour quel taux peuvent être saisis-arrêtés, 388.

Apposition des scellés, 571. (*V. Scellés.*)

Appréciation d'indemnités et dédommagements, 280.

A quo (jour), 309, 484.

Arbitrages, arbitres, 46, 598.

Arbres. Vente par suite de saisie, 405.

Argent comptant, 63, 64 (saisie), 394.

— emprunté par le capitaine.

Argenterie (saisie), 394.

Arpentage, 282.

— (loi sur l'), 662.

Arrangement en conciliation, 535.

Arrestation-contrainte par corps, 431.

— Dettes pour lesquelles on peut arrêter capitaine et gens de mer à bord ou se rendant à bord pour faire voile, 512.

Arrêts, 32, 472.

Assemblee de famille. (*V. Conseil de famille.*)

Assesseurs, 87, 126.

Assignation, 301 et suiv., 517 et suiv.

— en opposition au jugement par défaut, 224.

Assistance du greffier, 121, 123.

— du Juge requis en certains cas d'exécution, 392, 431.

— du suppléant, 121, 278.

Attestation du greffier qu'il n'exis point d'opposition au jugement p défaut, 366, 367.

Attributions diverses des juges de pai 117 et suiv., 52 et suiv.

— — des greffiers, 13 et suiv.

— — des huissiers, 1 et suiv.

Audience, 186, 305.

— chez le juge, 186 et suiv 188.

Audition de témoins, 262, 268, 272, 61

— reprochés, 270, 27 613.

— à domicile, 615.

Augmentation de délai, 178, 485.

Autorisation nécessaire à la femme m riée et au mineur pour faire le co merce, 502 et suiv.

Autorité de la chose Jugée, 36.

Avant faire droit (jugement), 38, 20 251, 254, 255.

Avertissement, 140, 190.

Aveu, 262.

Avis de parents. (*V. Conseil de famille*

Avis écrit, 291, 292.

Avocat, 79, 94, 218, 534, 550.

Ayants cause, 207.

B

Bacs et bateaux sont meubles, 63.

— saisie et vente, 405.

Bagues et joyaux (saisie), 406.

Bail, 455.

Banque, 303.

Barges, bateaux, bâtiments de me (*V. Bacs et Bateaux.*)

Bénéfice de cession, 444.

Bienfaisance (contrat de), 69 et suiv.

Biens. — Droit civil, 67 et suiv.

Bi-latéral (contrat), 68.

Bordereaux constatant les achats et ventes, 508.

Bordereau d'inscription hypothécaire, 605.

Bornes. — Déplacement, 171, 173.

— enquête, 266, 272.

Bref délai, 180, 443.

Bulletin des arrêts du tribunal de cassation, 10 et suiv.

Bureau de paix. (*V. Conciliation.*)

Bureaux publics. — Jours fériés, 155.

C

Canots. — Licence, 646. (*V. Bacs et Bateaux.*)

Capables, 502.

Capacité d'agir, 15.

Carence. — Procès-verbal, 399, 580.

Cas fortuit. — Cas de force majeure, 264.

Cas urgents. (*V. Bref délai.*)

Cassation. — Tribunal, 84 et suiv. — Recours, 402.

Causes de la saisie, 377, 385.

— dispensées du préliminaire de conciliation, 299 et suiv.

Cause en état, 20, 335.

Caution :

Exécution provisoire de jugement, 209.

Exécution de jugement attaqué en cassation, 471.

Présentation et réception, 211, 360.

Caution *judicatum solvi,* 21, 323 et suiv., 519.

Cédules, 160.

De commise d'huissier, 176.

Pour abréger les délais, 181.

Pour appeler les experts, 253.

Pour appeler les témoins, 253.

Pour convoquer le conseil de famille, 558.

Célérité. (*V. Bref délai.*)

Certificat :

D'indigence, 650.

Exécution de jugement par tiers, 322, 366.

Saisie-arrêt, 382.

Chaloupes. (*V. Bacs et Bateaux.*)

Champs (dommages aux), 171.

Chef (jugement), 203, 470.

Choix de tribunaux pour l'assignati au commerce, 518.

Chose jugée, 36.

Choses incorporelles, 394, 396.

— insaisissables, 368, 394.

Citation. — Conciliation, 531 ; Libell 257 ; Rédaction, 162, 166, 173.

Citoyen, 57, 58.

Clôtures. — Usurpation, 171.

Code civil. — Historique, 42 et sui

— Matières, 52 et suiv.

— de commerce. — Commentai 500. — Historique, 495.

— de procédure. — Commentair 159. — Historique, 77.

— Henry, 42.

— Napoléon, 43.

Codes (promulgation), 495.

Colporteur, 171.

Comédien ambulant, 171.

Commandement, 39, 390, 428, 435.

Commencement de preuve par écrit, 26

Commentaire de la loi sur la justice paix, 159.

— des autres articles du co applicables en justi de paix, 301.

— sur le Code de commer 495.

Commerçants, 500 et suiv.

Commerce, 495.

— maritime, 512.

Comminatoires. — Nullités et déchéanc 483.

Commise d'huissier, 173, 226.

Commis greffier, 141.

Commission rogatoire, 270, 284, 485, 606 et suiv.

   Enquête, 609.

   Interrogatoire sur faits et articles, 196.

   Prestation de serment d'expers, 618.

   Réception de caution, 608.

   Serment judiciaire, 606.

Commissions diverses dont le juge de paix fait partie, 528.

Communauté (propriété), 64.

Communes (saisie), 373, 388.

Commutatif (contrat), 69.

Comparution des parties, 186, 306, 519.

   — ordonnée, 190.

   — volontaire, 182.

Compensation de frais, 213.

Compétence :

   Criminelle, 125.

   D'attribution, 118.

   De dernier ressort, 119.

   D'exception, 119.

   De premier ressort, 121.

   Des juges de paix en général, 119.

   Extrajudiciaire, 521.

   Extraordinaire, 119, 521.

   Matières, 119.

   Ordinaire, 119.

   Ratione materiæ, 516.

   Ratione personæ, 516.

   Taux de la demande, 118.

   Territoriale, 119.

Compétence des tribunaux de commerce, 508, 487.

Complainte, 231.

Composition du tribunal de paix, 121.

Compromis, 599.

Comptabilité (registre), 136.

Computation de délai, 257, 484.

Conciliation, 529.

Conclusions, 19, 33, 315.

   — à toutes fins, 328.

Conclusions effets, 20.

   — modifiées, 19, 120.

   — rectificatives, 120.

   — réduites, 121.

Concussion, 104, 115.

Condamnation au possessoire, 250

Conflit et règlement de juges, 338.

Congé, juges de paix, 115.

   — location, 492.

   — défaut, 161, 219 et suiv.

Connexité, 23, 327 et suiv.

Conseil de famille, 545 et suiv.

   Administration du tuteur, 556.

   Ajourner, 551.

   Aliénation, 558.

   Amende, 551.

   Attributions, 545.

   Autorisation pour le commer 636.

   Composition, 547.

   Consentement à mariage, 565.

   Convocation, 549.

   Délibération, 552.

   Dépenses annuelles, 563.

   Émancipation, 635.

   Emprunt, 559.

   Étranger, 551.

   Exclusion, 548.

   Homologation, 554.

   Hypothèque, 558.

   Incapacité, 548.

   Interdiction, 548.

   Majorité absolue, 553.

   — relative, 553.

   Mandataire, 550.

   Matières de la délibération, 5 546, 552, 553.

   Nomination de tuteur, 555.

   — subrogé tuteur, 5

   Opposition, 552.

   Partage d'opinion, 553.

   Présidence, 552.

   Proroger, 551.

   Puissance paternelle, 558.

Conseil de famille (*suite*) :
  Transaction, 554.
  Tutelle, 555.
  Vente du mobilier, 557.
Conservateur des hypothèques. (*V. Refus et retardement de transcription.*)
Consignation de deniers et offres, 450.
— de frais au greffe, 295.
— faite par le débiteur incarcéré pour obtenir son élargissement, 443, 444, 445.
Constatation de l'état de marchandises transportées, 603.
Consul, 575.
Consultation. Ne peut être donnée aux parties par les Juges et les suppléants, 219, 258.
Contraint t forcé, 467.
Contrainte. (*V. Exécutoire.*)
— par corps, 39, 71, 235, 332, 363, 368, 425 et suiv., 471, 517.
Contrariété de Jugements, 351, 458, 477.
Contrat aléatoire, 69.
Contrats et obligations, 68.
Contredits. (*V. Distribution par contribution.*)
Contre-enquête. (*V. Enquête.*)
Contribution. (*V. Distribution.*)
Conventions des parties insérées au procès-verbal de conciliation, 535.
Copie d'actes, 151, 430.
— d'exploits en général, 165, 440, 473.
Correction paternelle, 632.
Costume, 113.
Cote et parafe, 138, 147, 149, 653.
Coucher qui ne peut être saisi, 394, 395.
— du soleil, 431. — Signification et exécution, 958.
Coût des actes, 165.
Coutumes. (*V. Anciennes ordonnances.*)
Créances pour lesquelles on peut saisir-arrêter certains objets, 394.

Créanciers :
  Ne doivent pas d'aliments débiteur incarcéré, 441.
  Peuvent employer simultaném plusieurs voies d'exécution,
  Qui refusent les offres des d teurs, 450.
  De l'État et des communes, 373
  Chirographaires ou cédulaires, 4
  Hypothécaires, 422.
  Privilégiés, 403.
Culte (arrestation), 431.
Cumul possessoire et pétitoire, 247.
— des voies d'exécution, 40.

D

Date.—Citation et exploits, 163, 327, 4
— Scellés, 571, 594.
Date certaine, 136.
Débats (Publicité et huis clos), 185, 3
Débiteur :
  Condamné, 39, 154.
  Condamné à faire une chose,
  Contrainte par corps, 431.
  Exhibition de la grosse, 41.
  Forain, 457.
Débouté d'opposition. (*V. Jugement défaut.*)
Décès, Acte de notoriété, 628.
— Apposition de scellés, 571.
Décharge demandée par le gardien objets saisis, 400.
Déchéance, 472, 474, 483.
Déclaration :
  Affirmative, 380 et suiv.
  De Jugement commun, 336.
  Des parties qui demandent ju ment, 182.
  De pourvoi en cassation, 467.
  De récusation, 294.
Déclinatoire, 328, 519.
Décret du Gouvernement provisoire, 426, 427, 428, 661.

Dédommagements, 280.

Défaillant au bureau de paix, 539, 540.

Défaut, 30, 162, 219 et suiv., 322, 467.

— congé, 36, 219.

— profit, joint, 222.

Défendeur, 17, 163, 170, 222, 320.

Défenses, 20, 188, 189.

— en cassation, 472.

— prise à partie, 480.

Défenseurs publics. (*V. Avocats.*)

Dégradations, 171.

Délai :

Accordé au débiteur pour le paiement (modéré), 309.

Ajournement (Huitaine).

Appel (30 jours), 206.

Cassation (30 jours), 467; — (8 jours), 472; — (45 jours), 474.

Citation en conciliation (3 j.), 533.

— ordinaire (1 jour), 178, 305.

— pour conseil de famille (3 jours), 550.

Contrainte par corps (1 jour après commandement), 428.

De distance (1 jour par 5 lieues), 178, 181, 377, 484.

Enquête (1 jour), 265.

Opposition (3 jours), 224, 226.

Pour faire inventaire et délibérer (2 mois et 40 jours), 330.

Prise à partie (3 mois après admission), 480.

Quand plusieurs parties citées (délai du domicile le plus éloigné), 222, 320.

Réception de caution (fixé par le jugement), 360.

Règlement de juges (délai des ajournements), 340.

Requête civile (45 jours), 352.

Saisie-arrêt (3 jours), 377.

Saisie-exécution (6 h^{res} au moins après commandement), 390.

Vente (8 jours), 404.

Délaissement d'un fonds, 235.

Délibération (*V. Conseil de famille et Tribunal*).

Demande :

Accessoire, 17.

Additionnelle, 18.

Alternative, 17.

Caractères, 17.

Définition, 17.

Dispensée du préliminaire de conciliation, 530.

En cassation, 402.

En élargissement, 445.

En garantie, 18, 255.

En nullité d'emprisonnement, 442.

En prise à partie, 357.

En référé, 435.

En renvoi, 22.

En validité de saisie-arrêt, 377.

— saisie foraine, 456.

— saisie-gagerie, 456.

— saisie - revendication, 457.

Incidente, 17, 18.

Indéterminée, 18, 120, 453.

Introductive d'instance, 529.

Nouvelle, 19, 121.

Originaire, 17.

Préjudicielle, 18.

Principale, 17, 529.

Provisoire, 18, 311.

Quotité, 120.

Reconventionnelle, 17, 18.

Réunie, 23.

Subsidiaire, 17.

Taux, 120, 209.

Demandeur, 17, 163, 258.

Demeure, 163, 314.

Démission, 116.

Dénégation d'écriture et de signature, 196.

Déni de justice, 53, 358.

Deniers comptants (saisie), 394.

Dénonciation de nouvel œuvre, 231.

Dépens, — Condamnation, 213.
— Compensation, 214.
— Liquidation, 363.
Déport, 283.
Dépositaires de registres publics, 542.
Dépositions orales, 269.
Dépôt (Droit), 71.
Dépôt sur le bureau, 193.
Dernier ressort, 209, 215.
Dérogation aux lois, 53.
Désaveu (Huissier), 370.
Descente sur les lieux, 272.
Description. (*V. Scellés et Inventaire.*)
Désistement, 29, 249, 342.
Détention arbitraire, 438.
Détournement. — Saisie, 398, 399.
— Scellés, 577.
Dette modique, 361.
Dette liquide et certaine, 367.
Dettes de jeu, 71.
Deuxième recours en cassation, 476.
Dies a quo, dies ad quem, 485.
Dilatoires. (*V. Exceptions.*)
Dimanches. — Audience, 186.
— Signification, 487.
Discipline, 114.
Discussion de caution. (*V. Caution.*)
Disjonction, 260.
Dispositif. (*V. Jugement.*)
Disposition générale et réglementaires, 53.
Dispositions générales du Code de procédure, 483.
Distance. (*V. Délai.*)
Distance à observer pour certaines constructions, 654.
Distribution par contribution, 422.
D'Office. — Enquête, 262, 269.
— Loi d'ordre public, 7.
— Renvoi, 326.
Dol. — Convention, 70.
— Prise à partie, 357.
— Requête civile, 351.
Domaine public, 301.
Domestiques, 267.

Domicile, 163, 169, 467, 473.
— de l'Administrateur des nances, 302.
— élu, 171, 381, 391, 428, 452.
— hors du territoire, 302, 352, 670.
— (Signification faite à), 17 suiv.
Dommages aux champs, 171.
Dommages-intérêts, 202, 298, 310, 443.
Donation (Droit), 68.
Doyen du tribunal civil, 437.
Droit :
   Administratif, 9.
   Canon, 6.
   Commercial, 8.
   Commun, 7, 499.
   Contesté, 172.
   Criminel, 8.
   Définition, 5 et suiv.
   De propriété immobilière, 66.
   Des gens, 8.
   Divin, 6.
   Exorbitant, 7.
   Humain, 6.
   Maritime, 9.
   Militaire, 9.
   National, 8.
   Naturel, 6.
   (Point de.) (*V. Jugement.*)
   Politique, 6.
   Positif, 6.
   Privé, 7.
   Public, 6.
Droits civils, 56; jouissance et e cice, 57.
— politiques, 56.
— et vacations. (*V. Vacations.*)

H

Eaux (*V. Entreprises sur les cours d'e*

Écritures, Requêtes signifiées non admises en justice de paix, 18.

Écrou.

Effet des obligations, 70.

— rétroactif, 52.

— suspensif. Appel, oui, 211 ; cassation, non, 471.

Effets de la citation, 167.

— du jugement, 34.

— mobiliers, 63.

— saisie-gagerie, 455.

Égalité des citoyens devant la loi, 4, 363.

Élargissement, 443.

Élection de domicile, 170, 374, 381, 391, 429, 434, 520.

Émancipation, 632, 634 et suiv.

Émancipé, 502.

Emoluments et frais perçus par le greffier, 133.

Emprisonnement, 425.

— pouvoir spécial, 370.

trouble à l'audience, 190, 191.

Emprunts. (V. Conseil de famille.)

Emprunt sur corps et quille d'un navire, 641.

Enchères, 407.

— (entrave à la liberté des), 408.

Enfants naturels, 60.

Enquête, 262, 332 :

Action possessoire, 243, 266.

Audition des témoins, 262, 268, 269, 273.

Commissions rogatoires, 268, 609.

Contre-enquête, 266.

Forme, 267.

Jugement, 252, 266.

Nullité, 268.

Preuve testimoniale, 263.

Procès-verbal, 273.

Prorogation, 277.

Publicité, 268.

Reproches, 267, 269, 333.

Témoins. (V. ce mot).

Enquête supplétive, 628 et suiv.

Enregistrement, 136, 138, 155, 169, 48 647, 654.

— sur minute, 136.

Entérinement, 354.

Entrepreneurs de travaux publics (s sie), 389.

Entreprises sur les cours d'eau, 17 272.

Épices, 97 et suiv.

Équipements militaires, insaisissable 395.

Équité (son empire), 54.

Esprit de retour, 58, 59.

Essai de conciliation. (V. Conciliation

Établissement en pays étranger, 58.

Établissements publics, assignation, 1€ 301.

— saisie, 368.

État, assignation, 167, 301 ; saisie, 37 380.

État civil, 59.

État des personnes, 59.

Étranger :

Arbitre, 598.

Arrestation provisoire, 428, 441

Caution judicatum solvi, 22, 32 518.

Contrainte par corps, 428.

Décès, 574.

Domicile, 170.

Naturalisation, 619.

Propriété immobilière, 66.

Qualité, 324, 456.

Scellés, 574.

Tribunal, 327, 365.

Tuteur, 544.

Exceptions :

Absolues, 21.

Caution, 21, 22, 323.

Connexité, 23, 24, 327.

Déclinatoires, 22.

Défenses, 20.

Définitions, 20.

Exceptions (*suite*) :
  Dilatoires, 21, 330.
  Fins de non-procéder, 21.
  Fins de non-recevoir, 21.
  Garantie, 255, 331.
  Incompétence, 22, 23.
  Litispendance, 23.
  Nullité d'exploit, 25, 329.
  Ordre dans lequel les exceptions doivent être proposées, 329.
  Péremptoires, 21, 24.
  Quand couvertes, 21, 165, 173, 325, 329.
  Quand proposées, 166.
  Relatives, 21.
  Renvoi, 325.
Excès de pouvoir, 463, 464.
Excuses proposées par un témoin, 268, 332.
Exécution des jugements, 462, 217, 358, 368, 519.
  — (nullité couverte par l'), 316.
  — en Haïti des jugements rendus et actes passés en pays étranger, 365.
  — forcée, 364, 486.
  — parée, 364.
  — provisoire, 209, 211, 311.
Exécutoire, 657.
Exequatur, arbitres, 602.
  — consul, 575.
  — jugements et actes passés.
  — en pays étranger, 365.
Exercice des droits civils, 57, 391.
Existence du saisissant justifiée au moment de la saisie-arrêt, 377.
Expédition, 34, 251, 312, 542.
  — (seconde), exécutoire d'un jugement, 543.
Experts: Avis, 281.
  — Citation, 252.
  — Récusation, 335.
  — Serment, 618.
Expertise. (*V. Experts*.)

Exploit, nullité, 484; rédaction, 151, 165.
Exposition des points de fait et de droit. (*V. Jugement*.)
Expulsion des lieux, 494.
Exterritorialité, 304.
Extinction des obligations, 70.

F

Fabriques des églises, assignation, 303.
  — saisie, 388.
Factures acceptées, constatant les achats et ventes, 508, 509.
Fait et cause. (*V. Garantie*.)
Faits (*V. Jugement*.)
Faits et articles (interrogatoire sur), 616.
Faits pertinents, 262.
Faux, expédition d'un Jugement non signé, 312.
  — inscription, 196.
  — frais, 213.
Femme marchande, 504.
  — mariée, capacité, 57.
  — — commerce, 504.
  — — contrainte par corps, 426.
Fermes, réparations, 170.
Fermiers, congé, 492.
  — saisie-gagerie, 455.
  — tacite réconduction, 534.
Fêtes légales, 155 et suiv., 186, 431, 487.
Feuille d'audience, 190, 215.
Fidéjusseur, caution, 324.
Filles, contrainte par corps, 426.
Fins de non-procéder, fins de non-recevoir. (*V. Exceptions*.)
Foi jusqu'à inscription de faux, 35.
Folle enchère, 405.
Fonctionnaires publics, 377, 381, 388.
Fonctions des greffiers, 130 et suiv.
  — huissiers, 144 et suiv.
  — juges de paix, 117 et suiv., 522 et suiv.

Fond, cause en état, 312.

— déclinatoire, 519.

Fondés de pouvoir, fondés de procuration, 160, 188, 534, 550.

Fongible (Chose), 64.

Forain (Débiteur), 456.

Force armée, rébellion du débiteur, 434.

Force de chose jugée. (*V. Chose jugée.*)

Forme de procéder en matière commerciale, 517.

Forme des jugements, 32.

— du pourvoi en cassation, 469.

Formule exécutoire, 34, 320, 364, 365.

Fossés, usurpation, 171.

Frais de bureau, 135.

— et dépens, 213, 362.

— frustratoires, 213, 265.

Franc (délai), 178.

Fraude, prise à partie, 357.

Frères germains, consanguins, utérins, 547.

Fruits, dommages, 171; restitution, 310.

G

Gage, nantissement, 71.

Gagerie. (*V. Saisie-Gagerie.*)

Garantie, définition, 255 et suiv.

— des défauts de la chose vendue, 394.

— formelle, 256.

— simple, 256.

Garants, 255, 330.

Gardien, saisie-exécution, 398.

Garnison, rébellion du débiteur, 434.

Gens de l'art, descente sur les lieux, 281.

— vente de bagues et joyaux saisis, 405.

Geôlier, contrainte par corps, 438, 440.

Gérant à l'exploitation, 397.

Gestes ou menaces, 191.

Gouvernement provisoire de 1843 (décret de), 51, 428.

Grand-Juge, 365, 476.

Grands fonctionnaires, 362.

Greffe, 129, 131, 542.

Greffiers :

Assistance, 123, 129, 131, 2
487.

Caractères, 131 et suiv., 311.

En général, 131 et suiv.

Fonctions exclusives, 132, 470.

Taxe, 133.

Traitement, 110.

Greffier *ad hoc*, 123, 142.

Grosse, jugement, 34, 320, 365.

— (seconde), 543.

H

Habitation, droit, 67.

Habitations rurales, réparations, 171.

Habits, saisie, 402.

Haies, usurpation, 171.

Haïtien, 59.

Heure, bureaux publics, 155 et suiv.

— comparution, 163, 166.

— signification, 486.

Historique :

Code civil, 42.

Code de commerce, 495.

Code de procédure civile, 77.

Contrainte par corps, 427.

Épices-traitement des juges, 97

Loi organique, 84.

Loi sur les enfants naturels, 60.

Naturalisation, 619.

Homologation, 553.

Hoquetons, traitement, 108.

Hospices, 303, 389.

Huis clos, 188, 306, 534.

Huissier, 41, 144, 163, 173, 218, 3
407, 473, 474, 484, 666.

— ses fonctions, 146.

— Audiencier, 146.

— Commis, 224, 428, 430, 51

Hypothèque, refus et retardement, 537

— résultant de jugement,

Hypothèque résultant de jugement arbitral, 603.

I

Immatricule, huissier, 163.
Immeubles, 61.
Impression, Cas où les tribunaux peuvent ordonner celle de leurs jugements, 486.
Inamovibilité, 89.
Incapables, 58, 502.
Incident, 196, 335, 568.
Incompatibilité, 112.
Incompétence, 22, 325 et suiv., 463.
—   absolue, *ratione materiœ*, 119, 327.
—   relative, *ratione personœ*, 119.
—   moyen de cassation, 402.
Indemnités, non-jouissance du fermier. 171.
—   constatation, 280.
—   saisie-arrêt, 388.
Indication du juge, 164.
Indigence (certificat d'), 650.
Inimitié capitale. (*V. Récusation.*)
Injonctions, 479, 486.
—   au greffier, 543.
—   enregistrement, 647.
In limine litis, 21, 166, 325.
Insaisissabilité, 373, 388.
Inscription de faux, 196.
Inscription et dépôt au greffe du Tribunal de cassation, 474.
Inscription hypothécaire, 604.
Installation, 652.
Instance, 17.
Institution des Tribunaux, 83 et suiv.
Instruction, procédure, 20.
Instruments insaisissables, 394.
Insulte envers le juge, 190.
—   les officiers ministériels, 369.

Interdit, 58.
Intérêt. — Mesure de l'action, 15, 16.
Intérêt de la loi. — Cassation, 469.
Intérêt de l'argent, 121, 539, 678.
Intérêts, 291.
Interlocutoire. (*V. Jugement.*)
Interpellations. — Enquête, 272.
Interprétation des jugements, 35.
—   des lois, 53.
—   par voie d'autorité et voie de doctrine, 54.
Interprète. — Enquête, 269.
Interrogatoire. — Navire naufragé, 6
—   sur faits et articles, 6
Intervention, 335.
Intimé. — Appel, 206.
Intitulé. — Grosse, 320.
Inventaire. — Exception dilatoire, 3
—   Scellés, 580.
Irrévérence envers le juge, 190.
Irrévocabilité des jugements, 36.
Itératif (Commandement), 392, 434.

J

Jeu (Dette de), 73.
Jonction, 23, 327, 423, 519.
Jouissance des droits civils, 56.
—   politiques, 57, 391.
Jour, 163, 165.
Jours fériés, 155, 180, 486.
Judicatum solvi. (*V. Caution.*)
Juge, 53, 83, 219, 363.
— (Indication du), 164.
Juge de paix :
    Age, 112.
    Amovibilité, 112.
    Attributions, 117.
    Audience, 186.
    Conditions générales, 112.
    Congé, 114.
    Costume, 113.
    Démission, 116.
    Discipline, 114.

Juge de paix (*suite*) :

Dommages-intérêts, 203, 204.

Empêchement, 122.

Fonctions extrajudiciaires, 522.

Greffier, 129.

Incompatibilités, 112.

Installation, 652.

Nomination, 111.

Parenté, 112, 291.

Pension.

Prise à partie, 357.

Récusation, 291.

Résidence, 113.

Serment, 113.

Suppléant, 121.

Suspension, 116.

Taxe, 109.

Traitement, 108, 109.

Visa, 176, 301.

Jugement, 31 et s., 306.

Action possessoire, 230.

Affichage, 486.

Appel, 206, 254.

Autorité de la chose jugée, 36.

Avant faire droit, 36, 203, 251, 254.

Cassation, 462.

Chose jugée, 36.

Commun, 336.

Conclusions, 19, 299.

Contradictoire, 36.

Définitif, 36, 254.

Dernier ressort, 209, 215, 603.

D'expédient, 32.

Dispositif, 33.

Effets, 34.

Exécution, 39 et s., 217, 360, 519.

Exécution provisoire, 209.

Expédition, 34, 251, 312.

Formalités, 32, 312.

Forme, 31, 312.

Formule exécutoire, 34, 320.

Impression, 486.

Interlocutoire, 36, 202, 253. 465.

Interprétation, 35.

Jugement (*suite*) :

Irrévocabilité, 35.

Mention des pièces, 32, 319.

Minutes, 34, 215, 253.

Motifs, 32, 204.

Opposition, 219, 320.

Par défaut, 30, 219, 320, 467.

Points de fait et de droit, 32, 315.

Premier ressort, 209.

Préparatoire, 30, 193, 202, 204, 254, 465.

Profit-joint, 222.

Prononciation, 188.

Provisoire, 31.

Publicité, 188.

Qualités, 32, 313.

Recours, 37.

Rectification, 193.

Rédaction, 32, 33, 312.

Signature, 34, 132.

Signification, 428 et s.

(*V.* la *Table des Formules.*)

Jugement arbitral, 601.

— de jonction. (*V. Jonction.*)

— d'instruction, 202, 203, 251, 255, 264.

Juridiction commerciale, 515.

— contentieuse, 105.

— en général, 117.

— gracieuse, 251, 521.

— (prorogation de), 182.

Jurisprudence, 10.

Jus ad rem, Jus in re, 13.

Justice, 1, 53, 84.

Justice *apparente.* Justice *réelle,* 188.

Justice de paix :

Assesseurs (historique), 87, 126.

Audience, 186.

Classement, 106 et s.

Commis greffier, 141.

Compétence, 117 et s.

Composition, 105.

Discipline, 114.

Fourniture de bureau 135

Justice de paix (*suite*) :
Greffier, 122.
Historique, 86 et s.
Hoqueton, 108.
Huissier, 144.
Institution, 83, 105.
Juge, 108.
Nombre, 106 et s.
Organisation, 105.
Planton, 142.
Police de l'audience, 190.
Registre, 136, 138 et s.
Suppléant, 126.
Surveillance, 114.
Tarif, 109.
Taux, 120.
Traitement, 108.

L

Lecture de procès-verbaux, 273, 333.
Légalisation, 541.
Législation étrangère sur la naturalisation, 624.
Legs déclarés insaisissables, 388 et s.
Lettres. — Procuration, 189.
Levée des scellés, 590.
Lever du soleil, 431, 486.
Libellé vague et obscur, 164.
Liberté. — Élargissement, 443.
Liberté individuelle, 441.
Licence pour avoir des canots, 646.
Lieue.—Délai de distance, 178, 377, 484.
Lieux contentieux (délaissement des), 235.
— (expulsion de), 489.
(transport sur les), 253, 272.
(visite des), 253, 272, 281.
Liquidation de dommages-intérêts, 309.
— frais et dépens, 310, 363.
— en argent, 368.
Liquide (créance), 367.
Litispendance, 23.

Livres de commerce, 505.
— insaisissables, 394.
Locataires. — Indemnités, 171.
— — Saisie-gagerie, 455.
Loi :
Abrogation, 5.
Application, 5, 53.
Civile, 7.
Date, 52.
Définition, 1 et s.
De police, 52.
De procédure, 7.
Distinction, 5.
Effets, 52.
Interprétation, 53.
Naturelle, 2.
Organique, 87 et s.
Positive, 3.
Promulgation, 52.
Publication, 52.
Sanction, 5.
Silence, 55.
Spéciale, 6, 55.
Loi organique du tribunal de cassati
87.
— sur le mode de procéder à la jus
de paix, 159.
— sur l'enregistrement, 647.
Lois (Extraits de) :
Additionnelle à la loi org., 66ᵉ
Amendes, etc., réglées en m. f., 6
Arpentage, 662.
Code civil. — Distance à obser
pour certaines constructio
654.
Code rural, 666.
Décret du gouv. prov., 661.
Domiciliés hors du territoire, 6
Enregistrement, 654.
Huissiers, 666.
Impôt locatif, 669.
Notariat, 666.
Organisation judiciaire, 958.
Patentes, 667.

Lois (Extraits de) (*suite*) :
Pension civile, 677.
Tarif, 671.
Taux de l'intérêt légal, 678.
Timbre, 673.
Louage (contrat de), 489.

M

Machines. — Saisie, 394.
Mainlevée de saisie-arrêt, 380.
— — -gagerie, 455.
Maison (Arrestation dans une), 431.
Maison meublée, 63.
Maladie invoquée par le défaillant, 228.
Mandat d'amener.—Témoins défaillants, 332.
Mandat. — Droit civil, 71.
— spécial. — Pourvoi en cassation, 469.
Mandataires. (*V. Fondés de pouvoir et Conseil de famille.*)
Mandement, 34, 320.
Manuscrit (Saisie), 396.
Marchands. (*V. Commerçants.*)
Mari de la femme commerçante, 504.
Mariage d'un mineur. (*V. Conseil de famille.*)
— entre Haïtiens et étrangers, 621.
Matières :
Commerciales, 265, 299.
Compétence du juge de paix, 123, 124.
Criminelles, 125.
D la juridiction gracieuse, 522.
Du Code civil, 52 et s.
Personnelle et mobilière, 171.
Méconnaissance d'écriture, 196.
Menaces, 191.
Mention des pièces dans le jugement, 33, 307.
— Exploit, 163, 175.
Meubles. Droit civil, 62 et s.
— Saisie, 390.

Meubles meublants, 63.
Mineurs :
Age, 502.
Capacité, 58.
Commerce, 501.
Correction paternelle, 532. (*V. C seil de famille. — Émanci tion. — Mariage. — Tutelle*
Ministère public, 175, 218, 295, 301, 4 487.
Minorité, 502.
Minute. — Jugement, 31, 215, 253.
— Signature, 131.
Mise en cause. — Garant, 255.
Mise en liberté, 443, 444.
Mixte (Action), 13.
Mobilier, 63.
Mode de procéder et arrêt en cassati 472.
Mois, 162.
Mort. (*V. Décès.*)
Motifs. — Jugement, 204, 318.
— Récusation, 293.
Moulins sont immeubles, 61.
Moyens .
Cassation, 472.
Citation, 163.
Opposition, 244.
Moyens de preuves, 26.

N

Naissance (Acte de) (*V. Acte de notoriet*
Nantissement. — Droit civil, 71.
Naturalisation, 619.
Naufrage. — Rapport du capitaine, 64
Navires sont meubles, 63.
Nécessité de l'étude de la procédure, 7
Négligence des juges de juger les affair en état, 358.
Noms :
Dans la citation, 162.
Des Juges dans le jugement, 31
Des parties — — , 31

Nombre des tribunaux civils et de paix, 108 et s.

Non-comparution en conciliation, 539.

Non-conciliation, 534.

Non domiciliés, 167, 301, 304.

Non-jouissance, 171.

Notaire. (Droit exclusif de dresser l'inventaire, 580.

— (Minutes et répertoires), 666.

— (Visa d'exploit), 175.

Notification, 41, 173.

Notions générales de droit, 1.

Notoriété. (*V. Actes de notoriété.*)

Nouvel œuvre (Dénonciation de). (*V. Action possessoire.*)

Nouvelles saisies-arrêts, 385, 386.

Novation. Droit civil, 70.

Nullités :

　Absolues, 25.

　De forme et du fond, 443.

　De jugement couvertes par l'exécution sans réserve, 316.

　D'exploit, 163, 164, 166, 329.

　En général, 269, 312, 329, 439, 442, 389.

　Extrinsèques, 26.

　Intrinsèques, 25.

　Relatives, 25.

Numéro de la patente, 470, 473.

O

Objet de la demande, 163, 164.

Obligations. — Droit civil, 68.

Octroi, 99.

Officiers de police. — Copie et visa, 174.

— 　　　ministériels, 129, 483.

— 　　　publics, 406.

Offres réelles, 391, 450.

Omission. — Requête civile, 351.

Opposition :

　Arpentage, 662.

　Homologation, 554.

Opposition (*suite*) :

　Jugement par défaut, 37, 219, 2 320, 520.

　Ordonnance d'exécution du ju ment arbitral, 603.

　Saisie-arrêt, 372.

　Scellés, 589.

　Opposition sur opposition ne va 229.

Ordonnances. (*V. la Table des formule*

Ordonnance d'*exequatur*, 601.

Ordre public, 7, 25.

Organisation des justices de paix, 1

— 　　　des tribunaux, 83.

Original de l'exploit, 151.

— (visa de l'), 175.

Outils qui ne peuvent être saisis, 395.

Outrages envers les magistrats d l'exercice de leurs fonctions, 191.

Ouverture de cassation, 462.

— 　portes, pièces ou meubl 392.

— 　requête civile, 351.

— 　testament et papier cachet 577, 587.

P

Paiement:

　Offres, 450.

　Subrogation, 370.

Papiers. — Saisie, 394.

— Scellés, 568.

Papier timbré, 151.

Paquets. (*V. Scellés.*)

Parafe, 651.

Pareatis, 365.

Parenté. — Parents :

　Huissier, 175.

　Juges, 291.

Parlant à, 166, 175, 430. (*V. Form n° 5.*)

Partage de voix. — Juge et suppléa 121, 193.

Partage d'opinion :
    Arbitres, 600.
    Experts, 284.
    Conseil de famille, 559.
Parties (qualités des), 32, 314.
Patente (le n°), 469, 472.
—   loi, 666.
Paternité. — Recherche interdite, 528.
Pension civile, 677.
Pensions. — Saisie, 388.
Péremption d'instance, 24, 25, 202, 203,
    341, 539.
—   de jugement par défaut, 222.
Permission :
    Bref délai, 456, 457.
    Fête légale, 458, 486.
    Péril en la demeure, 456, 486.
Perquisition du testament, 577.
Personne (signification faite à), 174.
Personnes :
    Capacité d'agir, 15.
    Définitions, 56.
    État, 59.
    Non demeurant en Haïti, 167, 301,
      303, 377.
    Publiques, 487.
Perte de la qualité de citoyen, 58.
Pétitoire, 230, 247. (V. Achat possessoire.)
Phases de la procédure, 16.
Pièces :
    A parafer, 196.
    Copie, 164.
    Dépôt au tribunal de cassation,
      475.
    Mention dans le jugement, 32,
      319.
Pièces et poinçons. — Argenterie, 388.
Planton, 144.
Plaidoiries. (V. Huis clos et Publicité.)
Plénitude de juridiction, 119.
    Plumitif, 216.
Pluralité de juges, 94, 126.
Pluralité de voix. (V. Partage d'opinion.)
Plus offrant, 405.

Plus pétition, 20.
Poids de l'argenterie. (V. Inventaire.)
Poinçons. (V. Pièces et Poinçons.)
Points de fait et de droit, 33, 315.(V. J
    gement.)
Police des audiences, 190, 305, 306.
—   (lois de), 52.
Portes :
    Du tribunal ouvertes, 186.
    (Garnison aux), 435.
    (Refus de), 392.
    Scellés, 578.
Porteur de pièces (huissier). — Comma
    dement, 407.
Possesseur à titre précaire, 73, 233.
Possession, 73, 231 et suiv.
—   annale, 231.
Possessoire. (V. Action possessoire.)
Possession d'État, 59.
Pourvoi :
    Au pétitoire, 14.
    Contre la décision du conseil
      famille, 554.
    En cassation, 469.
Pouvoir. Arbitres, amiables compositeu
    599.
—   (excès de), 462, 463.
—   (fondé de), 160, 188.
—   spécial (huissier), 370, 441.
Préliminaire de conciliation, 529 et sui
Premier ressort, 209.
Prénoms, 163.
Préparatoire. — Jugement, 31, 465.
Préposés d'administration. — Assign
    301.
Prérogatives, 115.
Prescription, 35, 72, 257, 538.
Présentation volontaire. (V. Comparuti
    volontaire.)
Présidence du Grand-Juge au tribunal
    cassation, 476.
Président d'Haïti. — Nomination d
    membres du corps judiciaire, 111.
Présomptions, 28.

Prestation de serment :
    Arpenteurs, 651.
    Écrivains publics, 651.
    Experts, 252, 281, 618.
    Greffiers, 651.
    —   ad hoc, 142.
    Huissiers, 651.
    Interprètes, 269.
    Juges, 113.
    Naturalisation, 624.
    Parties en personne, 307, 308.
    Suppléants, 651.
    Témoins, 267.
Preuve, 26.
    — littérale, 28, 263.
    — par écrit (commencement de), 264.
    — testimoniale, 28, 263, 509.
Principale introductive d'instance (demande), 529, 530.
Principes généraux de procédure, 12.
Prise à partie, 337, 479.
Prison. (V. Emprisonnement.)
Privation des frais de garde, 400.
    — de traitement, 115.
Privilège (louage), 455.
Privilèges et hypothèques, 112.
Procédure :
    (Code de). — Historique, 77 et suiv.
    Phases, 16.
    Principes généraux, 12 et suiv.
Procès civil ou criminel. — Récusation, 328.
Procès-verbal :
    Audition de témoins, 273 et suiv.
    De carence, 399, 580, 588.
    Emprisonnement, 434, 439.
    Insulte ou irrévérence, 190. (V. la Table des formules.)
Proches du défaillant, 228.
Procuration, 189, 468, 479, 534.
Productions de la terre. — Meubles ou immeubl s, 61.

Profession des parties, 163, 314.
Profit du défaut, 221.
Profit-joint, 222.
Prohibition, 116, 305.
Projet écrit interdit. — Interrogatoire sur faits et articles, 617.
    —   — témoin, 269.
Prolongation de délai, 228.
Promulgation des lois, 52.
Prononciation du jugement, 188.
Propriétaire (qualité de), 162, 314.
Propriété. — Droit, 65 et suiv.
    — immobilière, 66.
    — littéraire et artistique, 396.
Prorogation :
    Délai, 228.
    Enquête, 273.
    Juridiction, 182.
Proroger. (V. Conseil de famille.)
Protestations, 254. (V. Acquiescement.)
Protêt faute de paiement, 509.
Provisions insaisissables, 388, 395.
    — alimentaires, 388 et suiv.
Publication. Lois, 52.
    — Vente des objets saisis, 404.
Publicité des audiences, 188, 305.
Puissance paternelle. 633.
Pupille. V. Tutelle.
    — des juges, 306.

Q

Qualité, 33.
    — de citoyen, 57, 59.
Qualités des parties, 33, 313.
Quasi-contrat, 71, 264.
Quasi-délit, 71, 264.
Question :
    d'État, 59.
    Point de droit, 33, 315.
    Préjudicielle, 18.

R

Rabattre le défaut, 221.

Raison sociale. — Citation, 301, 303.

Rapport :

Capitaine de navire, 643.

Experts, 283, 334.

Experts qui ne savent pas lire, 133.

Sur les livres d'un commerçant, 639.

Ratione materiæ, 119, 326, 516.

Ratione personæ, 119, 518.

Réassignation, 179, 220, 332.

Rébellion, 369, 435.

Réception de caution, 211, 360, 608.

Recevabilité des actions possessoires, 231.

Receveurs. — Saisie, 377.

Recherche de la paternité interdite, 528.

Récidive. — Manque de respect aux juges, 190.

Récolement. — Saisie, 401, 403.

Récoltes. — Dommages, 171.

— saisie-gagerie, 455.

Recommandation. — Emprisonnement, 537, 443.

Reconduction (tacite), 489.

Reconnaissance d'écriture, 198.

— des scellés, 594.

Reconvention, 17, 18.

Recors, 392, 434.

Recours (voies de), 37.

Recours en cassation, 462.

— (second), 476.

Recréance. — Jouissance provisoire. — Action possessoire, 234.

Récusation :

Experts, 282, 334,

Greffiers, 297, 299.

Juges, 291 et suiv.

Rédaction :

Citation, 166.

Jugements, 30, 31, 312.

Rapport d'experts, 133.

Référé :

Débiteur arrêté, 435,

Refus de portes, 392.

Saisie, 400.

Scellés, 581.

Réformation de jugement, 37.

Refus de marchandises transportées, 6

— de serment, 538.

— transcription, 637.

— visa, 301, 487.

Registre, 136, 146.

Règlement de frais, 213.

— de juges, 23, 338.

Réintégrande. (*V. Action possessoire.*)

Remise de cause, 204.

— de la copie des exploits, 1 (*V. formule n° 9.*)

Renvoi (demande en), 298, 324 et sui 382.

— d'une affaire par suite de cas tion, 476.

— récusation, 295, 298.

Réparations locatives, 171.

Répertoire :

Greffier, 138.

Huissier, 146.

Réponses aux moyens de récusation, 2

— mentionnées au procès-ver d'offres, 450.

Représentations pour non-comparuti 228.

Réprimande au greffier, 140.

Reproches. (*V. Enquêtes* et *Témoins.*)

Requête. (*V. la Table des formules.*)

Requête. — Refus d'y répondre. — D de justice, 358.

Requête civile, 38, 348 et suiv.

Réquisition :

Déni de justice, 359.

Récusation, 295.

Transport, 253, 272, 280.

Réquisitoire pour opposition de scell 582.

Rescindant, 354.

Rescisoire, 354.

Réserves, 254, 255, 466.

Résidence des juges, 113.

— du défendeur, 170.

Res inter alios, 345.

Res judicata, 35, 36, 37.

Respect dû à la Justice, 190.

— (manque de), 190.

Ressorts des Tribunaux civils et de paix, 106.

Résultat des avis d'experts, 290.

— des dépositions de témoins, 278.

Résumé de la procédure en cassation, 477.

Retardement d'inscription, 637.

Retour, computation de délai, 257.

Rétractation de jugements, 37.

Revente sur folle enchère, 406.

Revendication de meubles garnissant les lieux, 403.

— d'objets saisis, 401.

Rit, prestation de serment, 309.

Rôle, audience, 188.

— d'écriture, 133.

S

Saisi absent, 394, 406.

Saisie-arrêt ou opposition, 372.

Conservatoire, 510.

Exécution, 390.

Foraine, 455, 456.

Gagerie, 455.

Revendication, 460.

Saisies en général, 39, 367.

Saisie sur saisie ne vaut, 40, 403.

Saisissant :

Élection de domicile, 375.

Existence justifiée, 377.

Ne peut être établi gardien, 397, 456.

Peut faire travailler les arbres coupés ou abattus, 404.

Sauf-conduit, 159, 433.

Sceau (*V. Scellés*).

Scellés :

Apposition, 571.

Carence, 580.

Consul, 575.

Détournement, 577.

D'office, 572, 580.

Étranger, 574.

Incidents, 579, 584.

Inventaire, 580.

Levée, 590.

Obstacle, 579.

Opposition, 589.

Papiers trouvés, 577.

Référé, 589.

Sceau, 571.

Testament, 577.

Scellés croisés, 576.

Séances, arrestation, 431.

Second recours en cassation, 476.

Seconde grosse, 543.

Secret des plaidoiries. (*V. Huis clos.*)

Seing privé. (*V. Acte.*)

Sentence, 32.

Séquestre, 235, 236.

Serment :

Décisoire, 537.

Des experts, 252, 281.

Des juges, 113.

Des suppléants, etc., 651.

Des témoins, 266.

Judiciaire, 307, 587, 537, 607.

Supplétoire ou déféré d'office, ℓ

Services fonciers. (*V. Servitudes.*)

Serviteurs, 266.

Servitudes, 67.

Signature : exploit, 473.

— minute, 215, 222, 312.

—· privée. (*V. Acte sous se privé.*)

Significations de pièces ne sont admises, 163.

— en général, 155, 428, 4

Significations réparées par une seconde signification, 474.

Silence, audience, 306.

Silence de la loi, 56, 498.

Simple acte, 342.

Situation de l'objet litigieux, 171.

Sociétés de commerce, 167, 301, 303.

Solvabilité de caution, 361.

Sommations. (V. à la Table des formules.)

Soumission-caution, 211.

— de payer les frais en cas de désistement, 344.

Sourd-muet témoin, 269.

Sous-garant, 258.

Sous-locataire, 455.

Statut personnel, 53.

Subrogation aux poursuites, saisie, 404.

Subrogé tuteur, 555.

Successions, 68.

Suppléants-juges, 121, 122, 126, 215, 278.

— taxe, 109, 129.

— traitement, 108, 129.

— voix délibérative, 122.

Suppression d'écrits ordonnée par les tribunaux, 958.

Sursis :

Prise à partie, 480.

Récusation, 294.

Refus des portes, 460.

Règlement de juges, 338.

Requête civile, 353.

Saisie mobilière, 360.

Tierce opposition, 348.

Surveillance des juges de paix et suppléants, 114.

Suscription des testaments et papiers cachetés. (V. Scellés.)

Suspension des magistrats, 115.

— officiers ministériels, 479.

Suspicion légitime, 298, en note.

Synallagmatique (acte, contrat), 68.

Syndics de faillite, assignation, 301.

T

Tableau des justices de paix, 106.

Tacite réconduction, 491.

Tambour, annonce de la vente, 404.

Tarif, 676. (V. Taxe.)

Taux de la compétence, taux de la mande, 118, 209.

Taxe et vacations.

— juge de paix, 109.

— greffier, 129.

— huissier, 144.

Témoins :

A domicile, 615.

Alliés, 269.

Amendes, 333, 612.

Assignation, 610.

Audition, 262, 268, 269, 273, (615.

Avocat, 270.

Changements et additions, 333

Chirurgien, 269.

Citation, 252, 265.

Défaillants, 269, 332, 612.

Dispensés, 270.

Domestiques, 267.

Dommages-intérêts, 613.

Empêchés, 266.

Etrangers, 269, 270.

Excuses, 613,

Femmes, 269.

Huissier, 270.

Interprète, 269.

Médecin, 270.

Notaire, 270.

Parents, 269, 270.

Pharmacien, 270.

Prêtre catholique, 270.

Reprochés, 260, 333, 612.

Sage-femme, 270.

Sauf-conduit, 266.

Signature, 268.

Sourd-muet, 269.

Taxés, 274.

(*V. Enquête.*)

Témoins instrumentaires.

— Actes de notoriété, 625 et suiv.

— Contrainte par corps, 392, 434.

— Saisie-exécution, 391.

Terre, usurpation, 171, 359.

Testament, droit, 68. (*V. Perquisition de testament, Scellés, Suscription.*)

Tierce opposition, 344 et suiv.

— — incidente, 346.

— — principale, 346.

Tiers (exécution de Jugement par un), 320, 366.

Tiers arbitre, 601.

Tiers saisi, 374 et suiv.

Timbre, 151, 469.

— (loi sur le), 670.

Titre de créance, 394.

— de l'argenterie, 393.

— exécutoire, 367, 390.

— perdu, 264. (*V. Actes de notoriété.*)

Titre onéreux (contrat à), 69.

Tour de rôle, demande en mise en liberté, 445.

Traduction. (*V. Interprète.*)

Traité qui peut être fait entre Haïti et une puissance étrangère pour l'exécution des jugements et actes, 365.

Traitement, fixation, 108.

— historique, 97.

— saisie, 389.

— suppression, 116.

Transcription sur le registre du geôlier, 441. (*V. Refus et retardement de.*)

Transport de l'huissier, 153.

— sur les lieux contentieux, 253, 272.

Trésor trouvé, 68.

Trésoriers, saisie-arrêt entre leurs mains, 377.

Tribunal arbitral, 600.

— de cassation, 85.

— d'exécution, 368.

Tribunaux civils, 86.

Tribunaux d'appel, 83.

— de commerce, 86.

— de paix, 86, 104.

— étrangers, 337, 338, 365.

— haïtiens, 83.

Trouble, action possessoire, 232.

— Audience, 190, 306.

Tutelle :

Administration, 556.

Dative, 555.

Destitution, 556.

Dispenses, 556.

Etranger, 548.

Exclusion, 556.

Excuses, 557.

Incapacités, 548.

Interdiction, 548.

Légale, 555.

Scellés, 556.

(*V. Conseil de famille.*)

Tuteurs, nomination et notification nomination, 553.

— homologation, 554.

— spécial, *provisoire ou ad 1* 551.

— subrogé tuteur, 555.

— (*V. Conseil de famille en tute.*)

U

Ultrà petita, 257, 352.

Unilatéral (contrat), 68.

Unité de Juge, 94, 126.

Union et direction de créanciers, 301.

Urgence, 443.

Usage, droit, 66.

Usages des lieux. (*V. Congé de locati*

— du commerce comme source droit commercial, 8.

Ustensiles servant à l'exploitation terres, 397.

Usufruit, droit, 31.

Usurpation de terre, arbre, etc., 1 272.

Utilité publique, expropriation forcée, 65.

V

Vacances, 186.
Vacations. (*V. Taxe.*)
Vache et sa suite, qui ne peuvent être saisies-exécutées. 395.
Vaisselle d'argent, saisie et vente, 406.
Valeur des indemnités réclamées, 294.
Valeur estimative des effets saisis, 405.
Validité (demande en).
— congé de location, 489.
— offres réelles, 450.
— saisies, 377, 456.
— des conventions, droit, 68.
Vente, droit, 71.
— garantie. (*V. Vices rédhibitoires.*)
— saisies, 404.
Vérification d'écritures, 196.
— des lieux pour reconnaître la compétence, 328.

Veuve, délai pour délibérer et faire inventaire, 330.
Vice substantiel, signature de l'exploit, 474.
Vices de forme.
— dans la copie de l'exploit annulent l'original, 474.
— emprisonnement, 445.
— rédhibitoires, 489.
Visa, 175, 292, 301, 366, 487, 541.
Visite de lieux, 253, 272, 281.
Voie parée, 364.
Voies de recours, 37.
— de réformation, 37.
— de rétractation, 37.
— d'exécution, 39.
— extraordinaires pour attaquer les jugements, 344.
Voisin du défaillant, 228.
— remise d'exploit, 176.
Voix délibérative, consultative, prépondérante, 552.
Vue d'un lieu utile, 281.

7461. — Paris. — Imprimerie Vᵉ Éthiou Pérou et Fils, rue de Damiette, 2 et 4.